BEIFANG MINZU DAXUE XIAOSHI

北方民族大学校史

(2014—2024)

《北方民族大学校史(2014—2024)》编纂委员会　编

民族出版社

《北方民族大学校史（2014—2024）》编纂委员会

主　任：刀　波　李俊杰

副主任：高岳林　东·华尔丹　王永强　保文星

李岩青　陈永奎　伍永章　李红燕

王宏晓　毛建东

委　员：党政职能部门、教辅单位主要负责人

教学单位党政主要负责人

《北方民族大学校史（2014—2024）》
编写组

主　编： 刀　波　李俊杰

副主编： 东·华尔丹

成　员：（以姓氏笔画排序）

丁　剑　丁志勇　丁雪鹏　万自如
马小华　马广成　马少刚　马玉龙
王　村　王　恒　王　哲　王岩平
王建伟　韦海成　牛跟田　毛建东
田宏印　白华龙　冯雪红　齐　赫
李　健　李　群　李树宇　李颖霞
杨　卓　余国林　陈永平　陈学琴
赵　茜　赵　智　秦鹏飞　铁志文
高　原　曹晓虹　景兆玺　焦向炜
强金成　蔡永敦

序 言

• PREFACE •

序言

PREFACE

2012 年 11 月 8 日至 14 日，党的十八大胜利召开。

2017 年 10 月 18 日至 24 日，党的十九大胜利召开。

2022 年 10 月 16 日至 22 日，党的二十大胜利召开。

2019 年 10 月 1 日，庆祝中华人民共和国成立 70 周年大会隆重举行。

2021 年 7 月 1 日，庆祝中国共产党成立 100 周年大会隆重举行。

2014 年 9 月 28 日至 29 日，第四次中央民族工作会议召开。2021 年 8 月 27 日至 28 日，第五次中央民族工作会议召开。

2016 年 12 月 7 日至 8 日，全国高校思想政治工作会议召开。

2018 年 9 月 10 日，全国教育大会召开。

2018 年 12 月 18 日，庆祝改革开放 40 周年大会隆重举行。

2014 年 1 月 6 日至 7 日，北方民族大学第一次党代会胜利召开。

2019 年 12 月 25 日至 26 日，北方民族大学第二次党代会胜利召开。

新时代的中国，气势恢宏，气贯长虹，波澜壮阔，勇立潮头。

新时代的北方民大，自信自立，接续奋斗，团结拼搏，追求卓越。

十年来，学校坚持政治立校，传承红色基因，全面贯彻党的教育方针。学校高举中国特色社会主义伟大旗帜，坚持以习近平新时代中国特色社会主义思想为指导，坚决

捍卫“两个确立”，增强“四个意识”，坚定“四个自信”，做到“两个维护”。坚持“党办的大学让党放心、人民的大学不负人民”要求，传承民族高校“因党而生”“为党而立”“跟党而行”的红色基因，扎根中国大地办大学，坚持社会主义办学方向，为人民服务，为中国共产党治国理政服务，为巩固和发展中国特色社会主义制度服务，为改革开放和社会主义现代化建设服务。认真学习贯彻习近平总书记关于教育、科技、人才、文化、思想政治、青年、生态文明等工作的重要讲话重要指示批示精神，坚决贯彻落实党中央及国家民委、自治区各项决策部署，全面加强党的建设，坚持全面从严治党，坚持党建与业务深度融合，努力将学校建设成为让党中央放心、让人民满意的现代化综合大学。学校成为“全国民族团结进步教育基地”，自治区文明校园、民族团结示范区示范学校。

十年来，学校坚持铸牢中华民族共同体意识工作主线，坚持党的教育方针和民族政策相结合。学校认真学习贯彻习近平总书记关于加强和改进民族工作的重要思想，深刻领悟这一重要思想的深刻内涵，深刻理解这一重要思想对民族高等教育、民族高校转型发展乃至生存的重大意义。以创建铸牢中华民族共同体意识示范校为目标，对标主线、围绕主线、聚焦主线，深入研究建立铸牢中华民族共同体意识的工作体系、人才培养体系、理论研究体系、制度体系、实践体系等，修改学校章程，修订人才培养方案，编写校本讲义，优化调整学科专业结构，调整院系设置，组建研究队伍，开展有组织科研，打造宣传教育中心，建设彰显中华民族共有精神家园特色的校园文化等，让校园成为中华民族大家庭的缩影，成为铸牢中华民族共同体意识的“石榴园”。

十年来，学校坚持“国之大者”，服务国家战略和民族工作大局，不断优化顶层设计。学校认真学习贯彻习近平总书记关于高质量发展的重要论述，贯彻落实创新、协调、绿色、开放、共享的新发展理念，

修订完善《北方民族大学章程》，先后实施质量立校、人才强校、科技强校、管理兴校、以本为本、特色发展、一流引领、服务宁夏八大战略，制定“十二五”“十三五”“十四五”三个事业发展五年规划并有效组织实施，奋力完成提高质量、提升水平、文化传承、条件保障四大任务。坚持党委领导下的校长负责制，依法治校、依法办学，健全学术治理体系，充分发挥学术权力作用，健全完善教代会、学代会制度，强化全过程人民民主，不断优化管理体制和运行机制，学校治理体系和治理能力现代化水平得到不断提高。

十年来，学校坚持立德树人根本任务，培养堪当民族复兴大任的时代新人。学校认真学习贯彻习近平总书记关于教育的重要讲话精神，紧紧围绕“培养什么人、怎样培养人、为谁培养人”这一根本问题，把立德树人贯穿办学治校全过程各环节，坚持德才兼备、全面发展的培养目标，围绕这一目标设计学科专业体系、教学体系、教材体系、管理体系、服务保障体系等。全面加强和落实“三全育人”体系，坚持学校引领教育、教师陪伴教育、学生自我教育、家长协同教育模式，坚持教学工作中心地位，在坚定理想信念上下功夫，在厚植爱国主义情怀上下功夫，在加强品德修养上下功夫，在增长知识见识上下功夫，在培养奋斗精神上下功夫，在增强综合素质上下功夫，树立健康第一教育理念，全面加强和改进学校美育，在学生中弘扬劳动精神。学校坚决贯彻落实国家民委关于委属高校转型发展的决策部署，把立德树人融入思想政治教育、文化知识教育、社会实践教育各环节，优化调整学科专业结构，构建高水平人才培养体系，突出人才培养中心地位。现有材料科学与工程等 4 个国家级特色专业，化学工程与工艺等 13 个国家级一流本科专业建设点，软件工程等 9 个省部级一流本科专业建设点，汉语言文学等 9 个省部级优势特色专业，自动化等 7 个省部级重点专业（群），机械电子工程等 5 个省部级产教融合人才培养示范专业，1 个国家级材料科学实验教学示范中心和化工技术基础等 8 个

省部级实验教学示范中心。国家级一流本科课程8门、省部级一流本科课程73门。坚决把学生培养成政治坚定、德才兼备的合格人才，培养成铸牢中华民族共同体意识的“火种”，成为祖国统一、社会稳定的捍卫者，民族团结、中华民族共同体的践行者，民族地区现代化的建设者，中华优秀传统文化的传承弘扬者，中华文明、中国故事的传播者。

十年来，学校坚持人才是第一资源、核心竞争力理念，大力实施人才强校战略。学校认真学习贯彻习近平总书记关于人才工作的重要论述，在缺乏“地利”条件下，充分顺应“天时”，积极发挥“人和”优势，大力打造“人才绿洲”。创新引进机制，拓宽引进渠道，优化人才成长环境，用心揽才、主动求才、精准选才，先后实施“名师工程”“双百博士计划”“聚才引智”“高端引智”“培育英才”“高峰高原”等专项行动计划，形成“引才稳才育才用才助才”工作模式，推动高端人才、高层次人才引进取得突破。全面加强师德师风建设，有效实施“四有”好老师培养计划、班导师“领航计划”等。全面推进人才工程、人才政策、人才平台、人才服务升级，从住房、配偶就业、子女入学、医疗保障等“关键小事”入手，持续提升人才工作成效。完善贯通教师规划发展工作长效机制，强化学科带头人、学术带头人、教学带头人三支队伍建设，按照思想政治教育型、教学为主型、教学科研型、社会服务型，帮助教师分类发展，助人成功。通过努力，学校建设了一支德才兼备、业务精湛、结构合理、满足需要的高素质专业化教师队伍。

十年来，学校坚持学科发展核心和龙头地位，大力实施一流引领战略。学校认真学习贯彻习近平总书记关于建设教育强国的重要讲话精神，守正创新，坚持融入主流彰显特色，努力在立破并举、改革创新中实现“特色”与“一流”的高度融合，坚持围绕学科发展统全局、建队伍、促教学、强科研。坚持以建设一流学科为目标、以学位点建

设为抓手，以专业建设为着力点，科学统筹教学、科研、师资队伍、条件保障等，2个学科进入ESI全球排名前1%，获批博士学位授予单位、民族学博士后科研流动站，建成数学等9个省部级一流学科，化学工程与技术等10个省部级重点学科，建设完成民族学、数学2个一级学科博士学位授权点、材料科学与工程等13个一级学科硕士学位授权点、电子信息等14个专业硕士学位授权点。通过学科建设，推动教育教学质量、科研水平及办学实力整体提高。

十年来，学校坚持科研追求原创、科研促进教学、科研服务地方理念，大力实施特色发展和科技强校战略。学校认真学习贯彻习近平总书记关于科技创新的重要论述，聚焦服务国家战略和区域经济社会发展需要，秉持“顶天、立地、育人”的科研宗旨，深化科研体制机制改革，开展有组织科研，把论文写在大地上、把成果用在实践中。突出创新引领，围绕主线加强平台建设、团队建设，加强产学研深度融合，提升科研育人成效，推动科技成果有效转化，科研工作有力支撑了学科发展和教育教学工作。学校建成1个国家地方联合工程研究中心、1个示范型国家国际科技合作基地；8个省部级重点实验室、5个省部级人文社科研究基地；1个省级技术创新中心、2个省级工程技术研究中心、1个省级工业设计中心；3个教育部/国家民委国别和区域研究中心、2个宁夏高校新型智库、2个国家级科普基地。学校在铸牢中华民族共同体意识理论研究、粉体材料与特种陶瓷研究、工业废弃物循环再利用、葡萄种植与葡萄酒酿造技术、生态保护与修复、兴边富民与乡村振兴等方面形成了一定的特色和优势。学校被科技部等确定为“扩大高校和科研院所自主权，赋予创新领军人才更大人财物支配权、技术路线决策权”试点单位。科研领域“放管服”改革激发了创新活力，推动科研工作快速发展。

十年来，学校大力实施管理兴校战略，大力推进治理体系和治理能力现代化。学校认真学习贯彻习近平总书记关于中国式现代化和社

会治理的重要论述，聚焦“党的全面领导、人才培养、科学研究、社会服务、文化传承创新、合作交流、人才队伍建设、行政管理、内部控制、服务保障、安全稳定”等关键，着力加强制度建设，着力强化制度执行，着力建设制度文化。团结带领广大师生，不断探索实践，不断改革创新，突出坚持和完善支撑学校事业长足发展的根本制度、基本制度、重要制度，着力固根基、扬优势、补短板、强弱项，构建系统完备、科学规范、运行有效的制度体系。加强系统治理、依法治理、综合治理、源头治理，把学校制度优势更好地转化为治理效能，为实现学校事业内涵式高质量发展提供有力保证。“创新北民大、活力北民大、法治北民大、美丽北民大、团结北民大”的建设目标一步步得以实现。2021 年，学校被评为自治区首批校园治理达标和示范校。

十年来，学校坚持统筹发展和安全两件大事，大力推进“平安校园”建设。学校认真学习贯彻习近平总书记关于统筹发展和安全的重要论述，全面贯彻落实总体国家安全观，坚持发展是第一要务，安全是第一任务，稳定是第一责任，制定并严格执行“日自查、周会商、月检查”工作机制，从政治安全、食品安全、消防安全、实验室安全、公共设施安全、学生身心健康安全、疫情防控安全、网络信息安全、交通安全、施工安全、生物安全、规模性活动安全、其他方面安全等 13 个方面抓紧抓实安全稳定工作，全面落实安全生产和校园稳定责任制，着力防范和化解安全风险隐患，坚决守住安全稳定底线红线，以治理体系和治理能力现代化夯实学校高质量发展之基，切实把学校建设成为安全稳定、团结和谐之校。

奋进新征程，建功新时代。北方民族大学因党而生、为党而立、跟党而行，40 年来，学校高举中国特色社会主义伟大旗帜，在党的民族政策光辉照耀下阔步前行，奋发图强，在一片风沙窝、盐碱地上建设起了一座现代化综合大学，培养的 7 万余名各民族英才奋战在祖国的大江南北、长城内外，成为研究宣传党的民族理论政策、培养造就

各民族优秀干部人才、服务支撑民族地区经济社会发展的重要基地。党的十八大以来，学校以习近平新时代中国特色社会主义思想为指引，在国家民委、自治区正确领导下，植根宁夏、立足西北、面向全国、放眼世界，深刻理解贯彻新理念新思想，以铸牢中华民族共同体意识为主线重塑学校发展生态，坚持走内涵式发展道路，推动学校实现规模、结构、质量、效益、特色的协调发展，推动学校转型发展、高质量发展。40年众志成城，40年砥砺奋进，40年春华秋实，“北民大实力”显著增强，“北民大面貌”焕然一新，“北民大自信”更加坚定。在强国建设、民族复兴伟业的新征程中，北方民族大学将更加紧密地团结在以习近平同志为核心的党中央周围，与党中央保持高度一致，秉持艰苦奋斗、求真务实、同舟共济、追求卓越的办学传统，发扬“踏实、坚韧、执着、自信”的“骆驼精神”，传承“团结进取、砥砺成才”校训，自信自强、守正创新，凝心聚力、埋头苦干，把学校建设成为高水平现代化综合大学，为中华民族伟大复兴的中国梦作出应有贡献。

掩卷回首，唯有感谢。衷心感谢国家民委和宁夏回族自治区给予学校的亲切关心和大力支持，衷心感谢社会各界朋友和广大校友对学校的帮助和鼓励，衷心感谢40年来为学校事业发展付出心血和汗水并接续奋斗着的北方民大人！

历史不会忘记，事业永续前行。

是为序。

李俊杰

2024年6月6日

◆朝气蓬勃、团结进取的大学生

◆校训文化石

◆社会主义核心价值观

◆校园东区

◆校园西区

◆行政主楼

◆行政主楼夜景

◆教学主楼

◆教学楼

◆实验楼

◆风雨操场

◆图书馆

◆体育馆

◆游泳馆

◆三思亭（思学亭）

◆三思亭（思和亭）

◆三思亭（思敏亭）

◆学生公寓

◆校园一角

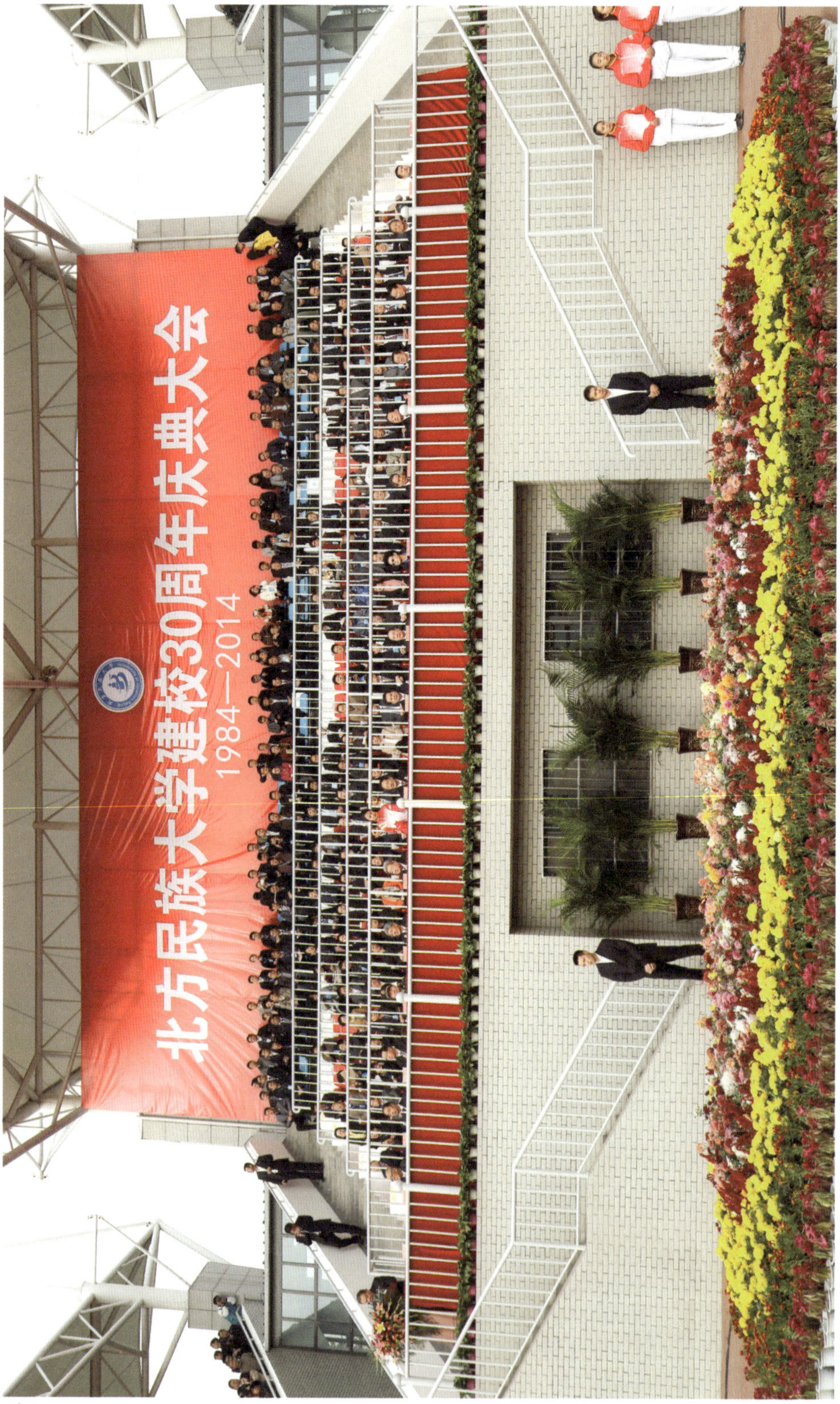

◆2014 年 10 月 16 日，我校隆重举行建校 30 周年庆典大会

目 录

CONTENTS

01

第一章 | 高举旗帜领航向

习近平新时代中国特色社会主义思想引领学校发展

◆ 2014 年 1 月 6 日，中国共产党北方民族大学第一次代表大会开幕

◆ 2019 年 12 月 26 日，中国共产党北方民族大学第二次代表大会开幕

◆ 2017 年 10 月 18 日，中国共产党第十九次全国代表大会隆重开幕
广大师生收听收看大会开幕盛况

◆ 2022 年 10 月 16 日，中国共产党第二十次全国代表大会隆重开幕
广大师生收听收看大会开幕盛况

◆ 2019 年 9 月 28 日，我校隆重举办
“万人唱响中国梦　我与祖国共奋进”大型演出活动

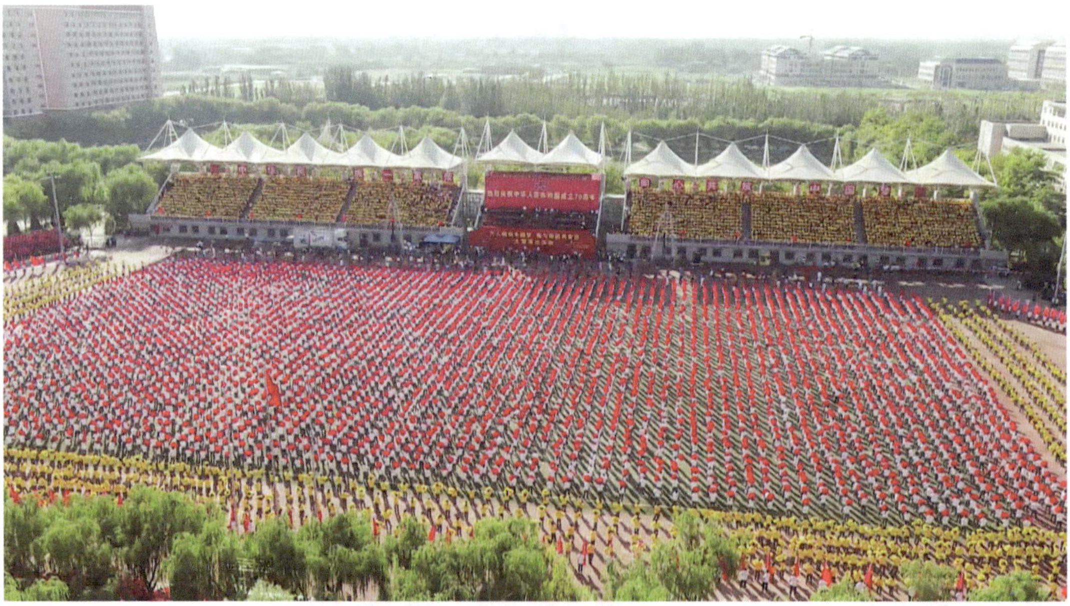

◆ 2019 年 9 月 28 日，我校隆重举办
“万人唱响中国梦　我与祖国共奋进”大型演出活动

◆ 2021 年 7 月 1 日，我校广大师生收听收看庆祝中国共产党成立 100 周年大会

◆ 2021 年 7 月 1 日，我校隆重举行庆祝中国共产党成立 100 周年“七一”升国旗活动

◆ 2021 年 10 月 1 日，我校举办“庆国庆·感党恩——重走长征路”主题教育活动

◆ 2014 年 2 月 26 日，我校召开党的群众路线教育实践活动总结大会

◆ 2020 年 12 月 21 日，国家民委党组第二巡视组
巡视北方民族大学党委工作动员会议

◆ 2021 年 3 月 4 日，我校召开党史学习教育动员部署会

◆ 2022 年 3 月 11 日，我校召开 2022 年全面从严治党工作会议

◆ 2023 年 4 月 18 日，我校召开学习贯彻
习近平新时代中国特色社会主义思想主题教育动员部署会

◆ 2023 年 9 月 14 日，我校举办第 10 次学习暨
《习近平新时代中国特色社会主义思想概论》集体备课会

◆校党委理论学习中心组（扩大）专题学习
习近平总书记在中共中央政治局第九次集体学习时的重要讲话精神

◆学校精心编创“石榴花开——中华民族一家亲·同心共筑中国梦”主题思政课

习近平总书记强调，在党的坚强领导下，全面贯彻党的教育方针，坚持马克思主义指导地位，坚持中国特色社会主义教育发展道路，坚持社会主义办学方向，立足基本国情，遵循教育规律，坚持改革创新，以凝聚人心、完善人格、开发人力、培育人才、造福人民为工作目标，培养德智体美劳全面发展的社会主义建设者和接班人，加快推进教育现代化、建设教育强国、办好人民满意的教育。(2018年9月10日，习近平总书记在全国教育大会上的重要讲话精神)

第一节　深入推进习近平新时代中国特色社会主义思想“三进”工作

学校党委始终坚持以习近平新时代中国特色社会主义思想为指导，深入学习宣传贯彻党的二十大精神，以铸牢中华民族共同体意识为主线，全面贯彻党的教育方针和民族政策，落实立德树人根本任务，深入推进习近平新时代中国特色社会主义思想进教材、进课堂、进师生头脑工作。

一、加强“习近平新时代中国特色社会主义思想概论”课程建设

一是课程开设情况。我校于2020年下半年开设“习近平新时代中国特色社会主义思想概论”课程，授课对象为大三学生，文理科学院分别在第五、六学期授课。课程性质为通识必修课，课时为48课时，学分为3学分。

二是教材使用情况。在国家统编教材出版使用之前，参照马克思主义理论研究和建设工程统编教材《毛泽东思想和中国特色社会主义理论体系概论》（2021年版）第八章至第十四章，组织“习近平新时代中国特色社会主义理论体系概论”课教学。把《习近平新时代中国特色社会主义思想学生读本（大学）》《习近平新时代中国特色社会主义思想三十讲》《习近平新时代中国特色社会主义思想学习纲要》《习近平新时代中国特色社会主义思想学习问答》、党的二十大报告等党的创新理论成果作为授课的参考资料。

2023年8月，《习近平新时代中国特色社会主义思想概论》出版发行，这是第一部全面系统阐述习近平新时代中国特色社会主义思想的统编教材，是高校思想政治理论课的权威用书，是推进中国特色哲学社会科学教材体系建设的重要成果，该教材的编写出版和使用对于更好用党的创新理论铸魂育人，引导青年学生树立正确的世界观、人生观、价值观，努力成为担当民族复兴大任的时代新人具有十分重要的意义。

2023年9月14日，我校召开党委理论学习中心组（扩大）2023年第10次学习暨《习近平新时代中国特色社会主义思想概论》集体备课会，深入学习习近平新时代中国特色社会主义思想，并围绕《习近平新时代中国特色社会主义思想概论》教材进行集体备课。2023年9月，给全校每名教职工人手发放了一册《习近平新时代中国特色社会主义思想概论》教材，作为开展思政课程和课程思政的重要指导用书。

三是教学效果。通过制定详细的教学计划，开展多形式、分层次、全覆盖的教学活动，深入学习领会习近平新时代中国特色社会主义思想的时代意义、理论意义、实践意义、世界意义，深刻理解其核心要义、精神实质、丰富内涵、实践要求；在系统全面、融会贯通上下功夫，深刻把握这一思想贯穿的马克思主义立场观点方法；自觉用这一思想指导解决实际问题，切实把学习成效转化为做好本职工作、推动事业发展的生动实践。

2020—2022年，“习近平新时代中国特色社会主义思想概论”督导评价平均值为91.6，领导同行评价平均值为90.67，学生评价平均值为92.85，综合评价平均值为91.52。

二、完善习近平新时代中国特色社会主义思想教学体系

一是将相关课程纳入人才培养方案。学校在制定2019版本科人才培养方案时，将“习近平新时代中国特色社会主义思想概论”作为通识必修课开设，设置3学分、40学时（32理论学时，8实践学时），从2021级本科生开始执行；将“习近平法治思想概论”作为学科基础课，设置2学分、32学时，面向2021级及以后年级法学本科生大一第一学期开设；在外国语言文学类本科专业中设置《习近平谈治国理政》多语种版本相关课程。

二是发挥思政课主渠道作用。学校自2022—2023学年春季学期起，依托法学院和经济学院教师教学团队，在全校范围内面向全体本科生开设通识选修课《习近平法治思想概论》（2学分，32学时），《习近平经济思想概论》（1.5学分，24学时）通识选修课，形成必修和选修相结合的课程体系。积极筹划开设《习近平生态文明思想》《习近平外交思想》等系列通识类选修课程。研究生院结合2022版研究生培养方案修（制）订工作，在硕士研究生思想政治公共课《中国特色社会主义理论与实践》的课程设置中，明确要求增加铸牢中华民族共同体概论专题内容。

三是加强教材工作体制机制建设，严格选用流程，确保教材选用质量。加强教材选用日常督查审核，将教材选用管理纳入各类教学检查中进行日常督查，并结合专项排查工作，对开设课程教材进行全面排查审查。

三、支持开展重点难点问题研究和教育教学改革创新

一是积极争取上级部门的大力支持，建立习近平新时代中国特色社会主义思想研究中心（院），为高质量推进“三进”工作提供理论指导和资源支持。完善教育部直属高校协作共建机制，与北京大学协同推进“三进”工作。列出专项经费，引导和鼓励党的创新理论研究，争取形成一批研究成果。

二是学校设立相关项目并给予经费支持。学校不仅针对教师设立课程

思政、中华民族共同体等教学科研专项项目，还通过设立博士、硕士研究生创新项目铸牢中华民族共同体意识专项、课程思政专项提升研究生科研能力与创新能力。鼓励深入开展习近平新时代中国特色社会主义思想系统化、学理化、学科化研究阐释，推出一批高质量、有深度、有分量的研究成果。

三是推进铸牢中华民族共同体意识学科建设，建设铸牢中华民族共同体意识的本科课程、研究生课程、博士生课程。招收铸牢中华民族共同体意识专业本科生、研究生。申报建设铸牢中华民族共同体意识博士学位点。

四、建强教师队伍

一是加强教师理论武装。将习近平新时代中国特色社会主义思想作为学校各级党组织理论学习中心组学习和党支部“三会一课”重要内容，提高领导干部、全体教师的理论水平和工作能力。建立健全习近平新时代中国特色社会主义思想教育培训常态化工作机制，每年组织开展学校领导干部、哲学社会科学教学科研骨干、思政课教师、党务思政工作人员等理论研修活动，每周末组织思政课教师参加教育部“周末理论大讲堂”。定期组织教师开展实践研修和考察，引导教师在深入了解党和人民的伟大实践中汲取养分、丰富思想，在比较分析中拓宽视野、坚定自信。

二是打造骨干师资队伍。马克思主义学院于2020年下半年成立“习近平新时代中国特色社会主义思想概论”课程教研室，抽调教学骨干充实教研室队伍建设，确保课程开设质量。从2022—2023年春季学期开始，吸纳学校思想政治理论课教学创新团队共90人加入课程授课，进一步充实教学力量。依托学校思想政治理论课教学创新团队，充分发挥学校党政领导干部、思政课教师、专业课教师、辅导员和班主任的主体作用，建设一支专兼结合、优势互补的“三进”工作师资团队。

三是给予人才引进的重点倾斜。学校加大培养和引进习近平新时代中国特色社会主义思想教育教学和专业研究亟需人才，在编制配备、经费保障、政策待遇等方面给予重点倾斜。实施“习近平新时代中国特色社会主义思想教育教学名师”计划，遴选建设一批教学名师工作室，定期开展“学

习新思想、争做四有好老师”推选展示活动；完善特聘教授制度，遴选特聘教授、鼓励特聘教授开展讲座宣讲。

四是切实加强师德师风建设。根据教育部《新时代高校教师职业行为十项准则》《落实研究生导师立德树人职责的意见》以及我校教师管理相关规定，为进一步提高教师理论素养、治学和管理能力，积极组织教师参加相关教学、科研及工作能力提升培训等系列活动。

五、开展系列社会实践活动

一是组织开展习近平新时代中国特色社会主义思想“三进”工作社会实践。开展“劳动育人 · 筑梦青春”主题教育，把劳动教育和美育教育作为开展学生思想政治教育工作的重要内容；开展“小我融入大我，青春献给祖国”“投身脱贫攻坚，喜迎建党百年”等主题的大学生暑期“三下乡”、寒假“返家乡”等社会实践活动。通过爱心支教、殷殷家访红色教育等方式，用心感受乡村振兴成果，引导和帮助学子上好理论与实践相结合的“大思政课”。

二是开展“听党话、感党恩、跟党走”系列活动。组织国家勋章和国家荣誉称号获得者、最美奋斗者、时代楷模、道德模范、大国工匠等新时代先进人物进校园，举办先进事迹报告会，推动“让有信仰的人讲信仰”。研究生院成立“铸牢中华民族共同体意识”学习小组，突出习近平新时代中国特色社会主义思想和铸牢中华民族共同体意识。

三是注重日常思政活动。坚持实施“每天一分钟”自我教育计划、周日主题晚班会，打造形成“家园”新生主题教育晚会、“再见民大”毕业生主题教育晚会、“爱我中华”韵律操、“八个一百”等思政工作品牌，举办“高雅艺术进校园”等精品文化活动。

四是注重校园文化体系建设。通过深度挖掘校训、校歌、校园历史建筑、档案文献中蕴含的探究真理、崇尚科学、创新创业、服务社会、传承文明等价值观念、家国情怀和人格修养，强化校园文化浸润，突出习近平新时代中国特色社会主义思想和铸牢中华民族共同体意识。

五是利用新媒体新技术开展宣传。积极组织观看以“三进”在线开放

精品课程为主体的“空中思政课”；充分利用校园网和微信、微博、手机客户端等媒介，运用 VR 全景、H5 微场景、动画图解等新技术新手段，组织开展嵌入式、渗透式理论宣传普及活动；组织举办以“学习新思想、奋进新时代”为主题的学生微电影大赛。

第二节　深入学习宣传贯彻党的三次全国代表大会精神

一、深入学习宣传贯彻党的十八大精神

（一）组织师生收听收看

2012 年 11 月 8 日早晨，学校行政主楼、教学主楼、图书馆、美术馆电子屏上“热烈庆祝中国共产党第十八次全国代表大会胜利召开”的字幕格外鲜红。北方民族大学 56 个民族的 18000 余名师生满腔热情地迎来了党的十八大胜利召开。上午 8:30，校领导与师生代表集体收看大会盛况。上午 9:00，全校无课学生和思想政治理论课的师生分别在教室、图书馆、宿舍收看收听大会盛况。

（二）专题学习研究部署

2012 年 11 月 8 日 10:50，大会开幕式刚一结束，校党委书记张京泽立即主持召开党委中心组（扩大）学习座谈会，大家围绕党的十八大胜利召开、胡锦涛总书记作的大会报告，结合民族高等教育的发展和学校的工作实际展开热烈讨论。11 月 22 日，校党委中心组（扩大）召开会议，传达学习贯彻党的十八大精神。校领导及各教学单位、行政部门负责人、师生党员代表参加。张京泽书记从“如何领会、如何学习、如何贯彻”三个方面对学习贯彻党的十八大精神提出了指导意见和具体要求。11 月 30 日，校党委书记张京泽主持召开党委会，学习传达中共中央《关于认真学习宣传贯彻党的十八大精神的通知》和习近平总书记 11 月 29 日参观“复兴之路”展览时发表的重要讲话精神，研究部署进一步深入学习宣传贯彻党的十八大精神工作。校党委委员出席会议，相关部门负责人列席会议。会议要求，校领导班子，各党总支、党支部，各单位和全体教职工，要按照

中央、国家民委党组、自治区党委学习宣传贯彻党的十八大精神的总体安排，按照校党委的部署、要求，认真学习宣传贯彻落实党的十八大精神。一要把学习宣传贯彻党的十八大精神与学习领会习近平总书记 11 月 29 日在参观“复兴之路”展览时发表的重要讲话精神将结合，勿忘昨天的苦难与辉煌，无愧今天的责任与使命，不负明天的梦想与追求，立足实际、脚踏实地，为实现“中国梦”做出应有的贡献。二要把学习宣传贯彻党的十八大精神与贯彻落实国家民委党组中心组（扩大）学习贯彻党的十八大精神专题学习班会议精神相结合，努力适应民族地区经济社会发展需要，培养更高质量的各民族优秀人才。三要把学习宣传贯彻党的十八大精神与学校的实际工作相结合，与破解学校发展难题和改善民生结合起来、与转变学校发展方式结合起来、与人才培养结合起来、与提高工作能力和教学科研水平结合起来、与转变工作作风结合起来、与做好当前工作结合起来，坚持理论联系实际，坚持学以致用，坚持推进学校的发展。四要利用好学校网站、微博、宣传栏、电子屏幕、报刊等舆论宣传阵地，通过举办报告会、宣讲会、研讨会、征文比赛等活动，扎扎实实地学习、认认真真地学习，迅速在全校掀起学习宣传贯彻党的十八大精神的高潮。

（三）深入开展专题宣讲

2012 年 11 月 26 日，党的十八大代表、自治区党委常委、宣传部长蔡国英，专门到我校为教师代表、学生代表、辅导员和班主任代表、全体中层干部作专题辅导报告。自治区党委宣传部副部长杜秀岚、自治区民委副主任李文明与我校领导张京泽、任维桢、杨敏、雷崇民、张维民、高岳林一同出席报告会，张京泽书记主持报告会。

（四）深入开展座谈交流

2012 年 11 月 9 日，学校召开学生工作者学习党的十八大工作报告座谈会。校党委书记张京泽出席并讲话。党委、校长办公室、学工部（处）负责人，各学院党总支书记、副书记、辅导员参加了座谈会，学工部部长、学生处处长韩叶盛主持会议。

（五）党的十八大代表

2012 年 6 月 9 日，自治区第十一次党的代表大会选举产生了中国共产

党第十八次全国代表大会代表。我校管理学院王建伟院长当选，是宁夏高校中唯一的党的十八大代表。11 月 5 日，校党委书记张京泽、副校长闵文义代表校党委、行政和全校师生欢送我校党的十八大代表、管理学院院长王建伟教授赴京参加党的十八大，校党办 / 校办、组织部、宣传统战部、管理学院负责人参加了欢送仪式。11 月 16 日，王建伟教授和宁夏代表团一同乘飞机返回银川，学校党委、行政委托学校组织部部长东·华尔丹等代表校领导前往机场迎接。

二、深入学习宣传贯彻党的十九大精神

（一）深入学习宣传贯彻党的十九大精神

1. 同步收看集体学

党的十九大召开前夕，学校党委下发了《关于组织收听收看习近平总书记在中国共产党第十九次全国代表大会上的报告的通知》，并于 2017 年 10 月 18 日上午，组织全体校领导、“两委”委员、各单位党政主要负责人及相关部门副处以上干部与师生代表同步收听收看了党的十九大开幕会，认真聆听了党的十九大报告。

2017 年 11 月 1 日，学校组织全体处、科级干部及师生代表聆听了党的十九大代表、自治区党委常委、宣传部长赵永清所作的“深入贯彻党的十九大精神，加快教育现代化，办好人民满意的教育”的宣讲报告。2017 年 11 月 13 日，学校组织全校副处级以上干部，收看全国民委系统学习贯彻党的十九大精神专题研讨班辅导报告，集中学习了国家民委主任、党组书记巴特尔同志和党的十九大精神宣讲团成员、中共中央政策研究室原副主任施芝鸿所作的辅导报告，引导全体干部进一步深刻领会习近平新时代中国特色社会主义思想和党的十九大精神核心要义，增强推动民族工作创新发展的信心和决心。

2. 领导干部引领学

党的十九大闭幕后，学校党委立即召开常委会议，专题学习习近平总书记所作的报告，研究讨论学习宣传贯彻党的十九大精神的具体意见，对全校学习宣传贯彻党的十九大精神作出了部署安排。2017 年 12 月 4 日，

学校召开了学习宣传贯彻党的十九大精神工作部署会。会上，校党委书记杨敏作了题为《以习近平新时代中国特色社会主义思想和党的十九大精神为指导，开启北方民族大学发展新征程》的动员讲话。此外，校党委中心组多次召开专题理论学习会，学习传达党的十九大精神和习近平总书记关于进一步纠正“四风”、加强作风建设重要批示精神。12 月 4 日，学校纪委召开学习党的十九大精神专题交流会，校党委副书记、纪委书记雷崇民以《以坚如磐石的决心持之以恒正风肃纪》为题为全校纪委委员、各学院党委（党总支、党支部）纪检委员上党课。

3. 深入基层宣讲学

2017 年 12 月，校党委专门召开党的十九大精神宣讲工作会议，成立了由校党委书记杨敏任团长，校党委常委、副校长李岩青任副团长，党群部门主要负责人、各学院 (系) 党委 (党总支) 书记、机关党委各支部书记为成员的习近平新时代中国特色社会主义思想和党的十九大精神宣讲团。随后，宣讲团成员共有 57 人次先后在全校各单位开展了习近平新时代中国特色社会主义思想和党的十九大精神宣讲活动。其中，8 名校领导每人至少为基层党组织进行了一次宣讲。

4. 选派干部脱产学

自 2017 年 10 月以来，学校先后选派部分校领导和处级干部脱产参加了国家民委和自治区党委及教育工委组织的干部学习培训班。2017 年 12 月至 2018 年 1 月，先后有 6 位校领导赴北京参加国家民委系统学习贯彻党的十九大精神第一、第二期专题研讨班。2017 年 11 月至 2018 年 2 月，校党委副书记张维民参加了中国干部网络学院举办的“学习贯彻党的十九大精神”网上专题班。2018 年 2 月 27 日至 4 月 12 日，校党委常委、副校长高岳林参加了教育部第五十六期高校领导干部进修班。2017 年 11 月 20 日至 29 日，选派 3 名处级干部赴中央民族干部学院参加第 11 期国家民委系统中青年干部培训班。2017 年 12 月 11 日至 29 日，先后分三期共选派 6 名处级干部参加自治区县处级干部学习宣传贯彻党的十九大精神示范培训班。2018 年 3 月 5 日至 14 日，选派 2 名处级干部参加自治区第 1 期学习贯彻习近平新时代中国特色社会主义思想和党的十九大精神专题研讨班和

推进民主法治建设专题研讨班。2018年3月5日至4月28日，选派1名处级干部参加自治区党校第72期县处级干部进修班。2018年4月8日至27日，选派8名校领导、19名处级干部、7名马克思主义学院教师、4名辅导员分三批参加了自治区教育工委举办的学习习近平新时代中国特色社会主义思想专题轮训班。2018年5月、7月分别选派处级干部参加自治区党校第73期县处级干部进修班和中组部井冈山干部学院专题培训班学习。

5. 校内集中轮训深入学

遵照国家民委和自治区党委的部署安排，校党委研究制定了《北方民族大学处级干部学习贯彻习近平新时代中国特色社会主义思想和党的十九大精神集中轮训工作方案》。2018年4月23日至27日，学校举办了处级干部学习贯彻习近平新时代中国特色社会主义思想和党的十九大精神第一期集中轮训班。校党委副书记、校长郭郁烈作了首场专题讲座，校党委副书记张维民作了开班轮训动员讲话，全校各教学单位、科研院所正处级干部和党群行政部门、直属单位副处级干部共69人参加了第一期集中轮训。

本次集中轮训共设置了7场专题讲座，先后由中共中央党校李民教授，上海财经大学马克思主义学院汪青松教授，自治区民委副主任丁克家，校党委副书记、校长郭郁烈教授，自治区党校姜晓芸教授及我校马克思主义学院杨红星博士、韩建夫博士，分别作了《学习把握十九大党章精神》《习近平新时代中国特色社会主义思想》《认真贯彻党中央与自治区党委重大战略决策部署，做好新时代宁夏民族宗教工作》《深入学习贯彻习近平教育思想，努力推进北方民族大学改革发展》《新时代党的建设新要求》《中国共产党“不忘初心”的历史轨迹与现实启迪》《习近平新时代中国特色社会主义思想的中国智慧与世界情怀》专题辅导报告。培训结业式上，6名参训学员代表作了交流发言，并对全体参训学员进行了理论学习知识测试。随后，学校又于5月7日至11日举办了第二期处级干部学习贯彻习近平新时代中国特色社会主义思想和党的十九大精神集中轮训班。

6. 全面覆盖在线学

在委托国家教育行政学院远程培训中心开通了处级、科级干部在线学习班的基础上，开通了全校基层党支部书记在线学习，实现了学习习近平

新时代中国特色社会主义思想和党的十九大精神全覆盖。在线学习课程设置分为必修课程、选修课程两个模块，每个模块都有明确的学习时间要求；在线学习内容以习近平新时代中国特色社会主义思想和党的十九大精神为重点。

2017 年处级干部在线学习人数 191 人，144 人完成了年度必修课的学习任务，占 75.4%。科级干部在线学习人数 106 人，其中 96 人完成了年度必修课的学习任务，占 90.5%。未完成在线学习必修课任务的处科级干部在本年度补课。2018 年全校参加网络培训处级干部 191 人，科级干部 106 人，党支部书记 64 人。

截至 2018 年 4 月，全校应参加习近平新时代中国特色社会主义思想和党的十九大精神学习培训的处级干部 192 人，科级干部 106 人。实际参加培训处级干部 177 人，科级干部 103 人。未参加学校学习培训的干部中，有 14 名挂职（借调、扶贫）处级干部和 3 名挂职（借调、扶贫）科级干部共 17 人参加挂职地方的培训，1 名处级干部在国外访学。截至 2018 年 4 月底，学校举办处级干部学习贯彻习近平新时代中国特色社会主义思想和党的十九大精神集中轮训班一期，69 名处级干部参加轮训。第二期集中轮训计划于 5 月 7 日至 11 日举办，108 名处级干部参训。

7. 学习取得显著成效

一是提高了党员干部的政治站位。通过开展一系列的学习培训工作，使广大党员干部、特别是领导干部，进一步坚定了理想信念，增强了“四个意识”，提高了政治站位，保持了在思想上政治上行动上同以习近平同志为核心的党中央保持高度一致的政治自觉；按照“学懂弄通做实”的要求，通过深入持久学、融会贯通学、联系实际学，坚持用习近平新时代中国特色社会主义思想武装头脑、指导实践、推动工作，进一步增强了干部队伍的事业心和责任感，为推动学校事业健康发展打下了坚实的思想理论基础。

二是明晰了改革发展的思路举措。面对新形势新任务新要求，学校党委牢牢把握社会主义办学方向，扎根中国大地办大学，始终坚持把学习贯彻习近平新时代中国特色社会主义思想和党的十九大精神与落实从严治党

的政治责任结合起来、与全面深化综合改革结合起来、与加强和改进思想政治教育工作结合起来、与落实立德树人根本任务结合起来，进一步明确了学校发展的目标方向，厘清了试点改革的思路举措。

三是落实了从严管理的制度要求。在开展学习培训工作中，学校不断完善干部教育培训管理制度，严格考勤、严肃纪律，印发学习资料，开展了理论学习知识测试。明确要求全体党员干部认真参加集中学习，主动开展自主学习，积极撰写学习心得体会。组织部门将各级干部教育培训情况进行实时统计，做好学时登记和材料归档工作，并把干部参训情况纳入年终考核内容。

四是取得了理论学习阶段性研究成果。在认真学习习近平新时代中国特色社会主义思想和党的十九大精神的同时，还积极开展学习研究工作并取得部分成果。校党委书记杨敏撰写的《开启北方民族大学发展新征程》在国家民委微信公众号发表，并被中国民族宗教网、民族画报等多家媒体转发。在自治区教育工委组织的党的十九大精神融入高校思想政治工作主题征文中，我校有 9 篇文章上报教育工委，其中马克思主义学院教师提交了 5 篇。音乐舞蹈学院党委书记马广成同志撰写的文章《以习近平新时代中国特色社会主义思想为统领　认真扎实做好高校党的基层组织立德树人工作》发表在 2017 年 10 月 30 日的人民网上，这是我校教师首次在人民网发表署名文章。

（二）深入扎实推动习近平新时代中国特色社会主义思想在北方民大落地生根开花结果

2018 年 6 月 14 日上午，学校召开干部大会，宣布国家民委党组对我校领导班子调整的决定。校党委在前期学习宣传贯彻的基础上，持续深入扎实推动习近平新时代中国特色社会主义思想在北方民大落地生根开花结果。

1. 深入学习习近平总书记最新重要讲话精神。第一时间组织干部师生迅速学习贯彻习近平总书记致西藏民族大学建校 60 周年贺信精神、在纪念马克思诞辰 200 周年大会重要讲话、在庆祝改革开放 40 周年大会上的重要讲话精神和全国教育大会讲话精神。

2. 举办“学习新思想千万师生同上一堂课”报告会。为深入学习宣传贯彻习近平总书记在北京大学师生座谈会和纪念马克思诞辰200周年大会上的重要讲话精神，教育引导广大师生把习近平总书记重要讲话精神内化于心、外化于行，按照教育部党组和《宁夏“学习新思想　千万师生同上一堂课活动”工作方案》的有关要求。6月27日下午，我校“学习新思想千万师生同上一堂课”报告会在大学生活动中心举行，校党委书记刀波同志为全校师生作了题为《认真学习贯彻习近平总书记关于办好中国特色社会主义大学的重要论述，开启北方民族大学发展的新征程》的主题宣讲。

3. 举办“深入开展大学习，争做‘四有’好老师”专任教师培训班。学校于10月26日至28日、11月2日至4日，分两期在大学生活动中心举办了以“深入开展大学习，争做‘四有’好老师”为主题的专任教师培训班。本次培训是我校第一次对全体专任教师开展轮训，共有800余名教师参训，具体由党委宣传部牵头负责，基本实现了专任教师全覆盖。培训内容丰富、形式多样、重点突出，在参训教师中得到了普遍好评。大家一致反映授课专家理论水平高、讲课生动形象，通过培训提高了大家的理论政策水平，增强了责任感和使命感，对今后更好地开展教书育人工作大有助益。

4. 举办“深入开展大学习，争做‘四有’好干部”科级以上干部专题培训班。为持续深入学习贯彻习近平新时代中国特色社会主义思想和党的十九大精神，加快忠诚干净担当的高素质干部队伍建设，根据国家民委、自治区党委有关要求和校党委培训工作安排，我校于11月30日至12月2日举办了以“深入开展大学习，争做‘四有’好干部”为主题的科级以上干部专题培训班。校党委书记刀波，校党委副书记、校长郭郁烈出席了开班式、结业式并讲话，校党委常委、副校长高岳林，校党委常委、副校长李岩青分别主持开班式和结业式。校领导和全校各教学单位、党群行政部门、直属单位科级以上干部、专职辅导员共260余人参加了培训。

5. 加强党的创新理论宣传阐释。党委书记刀波在《中国民族》上发表署名文章《立足中国大地办好人民满意的民族高校　开启新时代北方民族大学发展的新征程》，在《中国民族报》上发表《不忘初心　砥砺前行开

创北方民族大学各项事业发展新局面》的署名文章。校长郭郁烈在《中国民族报》上发表《牢记使命，奋发作为　努力建设有特色高水平现代民族大学》的署名文章。2018 年底，教育部思想政治工作司公布了首批新时代高校党建示范创建和质量创优工作评审结果，我校音乐舞蹈学院党委获评首批“全国党建工作标杆院系”，是宁夏唯一获评此殊荣的党组织。

三、深入学习宣传贯彻党的二十大精神

北方民族大学党委以习近平新时代中国特色社会主义思想为指导，以党的二十大精神为引领，以铸牢中华民族共同体意识为主线，以改革发展、转型升级为关键，深入学习贯彻党的二十大精神、国家民委事业单位改革发展部署会精神，统一思想、凝聚力量，坚持学思用贯通、知信行统一，奋进高等教育新征程，书写民族工作新答卷。

（一）坚持高位推进，聚焦总体要求，“三个迅速”高起点抓好组织领导

一是第一时间，迅速学习。党的二十大胜利开幕当天，学校召开党委常委会会议暨党委理论学习中心组（扩大）2022 年第 9 次集体学习会，专题学习习近平总书记代表第十九届中央委员会向党的二十大作的报告，中心组成员进行了交流发言。二是多次研究，迅速部署。学校多次召开校党委常委会会议、党委理论学习中心组（扩大）学习会、《习近平新时代中国特色社会主义思想概论》课集体备课会、党的二十大精神进课堂集体备课会等会议，传达学习党的二十大精神，研究贯彻落实举措。三是印发文件，迅速行动。印发《北方民族大学“争做排头兵　我为党的二十大作贡献”主题教育方案》《北方民族大学关于学习宣传贯彻党的二十大精神的方案》，高标准、高质量统筹组织好学习宣传贯彻党的二十大各项任务。

（二）坚持政治引领，聚焦学懂弄通，涵养“永远跟党走”的定力，答好“忠诚之问”

一是全力以赴抓学习，入脑入心入思想。邀请自治区政协主席陈雍同志到校给干部师生代表宣讲党的二十大精神。通过党委常委会、党委理论学习中心组、座谈会、研讨会、备课会等方式，建立干部领导“带学”、

专家学者“授学”、集中讨论“研学”、个人钻研“深学”、调查研究“助学”、培训借鉴“促学”机制。二是全力以赴抓培训，全面全员全覆盖。组织全校处级以上干部和教师代表参加国家民委举办的学习贯彻党的二十大精神专题辅导报告会、培训班，组织全校围绕国家民委事业单位改革发展部署会精神开展学习研讨。组织思想政治理论课教学创新团队、“石榴籽”大学生宣讲团等开展集中宣讲，在6月前实现全校师生学习全覆盖。同时，面向自治区企业单位、银川市大中小学生宣讲党的二十大精神。三是全力以赴抓研究，出智出力出成果。组织力量对党的二十大精神进行理论阐释和解读，围绕党的二十大理论创新开展研究攻关，《人民日报》刊发校党委书记刁波署名文章《牢牢把握铸牢中华民族共同体意识这条主线》；《宁夏日报》刊发校党委副书记、校长李俊杰署名文章《以高质量高等教育支撑中国式现代化建设》。中国民族报、宁夏日报等刊发我校教师有关理论文章3篇。四是全力以赴抓宣传，有声有色有亮点。开通学习贯彻党的二十大精神专题学习网站，组织校内各类媒体开展全景式、立体化、高频次宣传，充分利用网站、微信、微博和宣传栏、电子屏等平台，营造“天天都是进行时、处处都是主战场、时时都是宣传声”的浓厚学习宣传氛围。中央电视台新闻联播、朝闻天下等媒体宣传报道我校各族学子喜迎党的二十大主题教育活动。学校“爱心护航”包机助学生返乡经《人民日报》等主流媒体报道后产生广泛社会影响。

（三）坚持使命引领，聚焦主题主线，激发“担当作为干事创业”的动力，答好“初心之问”

学校围绕国家民委新“三定”方案，认真贯彻潘岳同志在国家民委事业单位改革发展部署会上的讲话精神，进一步聚焦增强共同性，强化“融”的导向，主动作为，积极服务民族工作大局和民委工作全局。一是狠抓主线重点工作。贯彻落实《北方民族大学贯彻落实中央民族工作会议精神方案》《“十四五”铸牢中华民族共同体意识规划》，深入实施“5398”专项计划，起草学校转型升级发展总体方案，加快铸牢中华民族共同体意识示范校建设，不断优化完善中华民族共同体意识教育的工作体系、教育体系、研究体系、学科专业体系布局，积极融入“三交史”的编撰、大学生

志愿服务民族地区计划、民族外宣等国家民委重点工作。二是加强主线理论研究。围绕民族领域基础理论问题和重大现实问题开展科研攻关，立项45万元，建设22项铸牢中华民族共同体意识研究专项。修订完善了《中华民族共同体概论》校本讲义，举办“铸牢中华民族共同体意识高层论坛”“第十届全国民族高校和民族地区高校中国语言文学学科与专业建设研讨会”等学术活动。三是深化主线宣传教育。聘请30余名校内外专家，进一步加强国家民委中华民族共同体研究基地建设。建成3000余平方米“铸牢中华民族共同体意识宣传教育中心”并举办“我们——铸牢中华民族共同体意识主题展”，自治区11家单位500余人次来校参观学习，在自治区形成一定影响力。深化“中华经典诵读工程”，举办“中华文化大讲堂”，开展“我讲中央民族工作会议”等主题教育精品活动。与银川市联合共建宁夏首个“铸牢中华民族共同体意识实践研究中心”，与西安交通大学等高校发起成立“西北高校青年铸牢中华民族共同体意识宣讲联盟”。制定专门文件，大力宣传推广“道中华”平台，并开展中华优秀传统文化工程。《半月谈》专题报道我校铸牢中华民族共同体意识工作开展情况，阅读量达102.8万人次。新华社《内参选编》介绍了我校铸牢中华民族共同体意识工作开展情况的做法和经验。

（四）坚持思想引领，聚焦改革发展，凝聚“办好人民满意教育”的合力，答好“责任之问”

学校坚持问题导向，聚焦改革发展，实施质量提升工程，努力办人民满意的教育，为党育人、为国育才。一是用二十大精神引领党的建设。精心组织思想政治理论课教学创新团队围绕讲好党的二十大精神进行集体备课研讨，举办“党的二十大精神进课堂”专题研讨会，高质量推进《习近平新时代中国特色社会主义思想概论》课建设。着力推进“专题党课”讲授，各党委书记面向本单位师生讲授专题党课。高质量推进“每周一课”，在全体学生宿舍内设置专栏，将党的二十大精神的主要内容张贴在专栏，每周推出一个专题，强化学生的日常学习。二是用党的二十大精神引领立德树人工作。认真落实《关于深化习近平新时代中国特色社会主义思想进教材进课堂进师生头脑工作实施方案》，获批第三批国家级一流本科专业

建设点 9 个、自治区级本科专业建设点 3 个，累计获批国家级一流本科专业建设点达 13 个。建设 17 项省部级课程思政精品项目、102 项校级“课程思政”改革项目，评选 19 项课程思政好教案。与泰国清迈大学合作举办的软件工程专业本科教育项目成为宁夏首批中外合作办学项目。举办“三全育人”工作展，召开“三全育人”综合改革工作会议暨新学期“开学第一课”，推进实施落实国家民委直属高校“三全育人”工作交流会精神实施方案、班主任工作“领航计划”等重点项目，获批委属高校和宁夏高校首家教育部审核认定的“一站式”学生社区综合管理模式自主试点建设单位。三是用党的二十大精神引领高质量发展。制定《中共北方民族大学委员会贯彻落实国家民委事业单位改革发展部署会精神工作方案》，推进落实《北方民族大学“十四五”事业发展规划》，组建“北方民族大学乡村振兴研究基地”，与地方企事业单位共建先进装备制造现代产业学院等，激光雷达大气遥感科技创新团队、先进智能感知控制技术科技创新团队获评自治区优秀科技创新团队。2022 年，获批国家社科基金项目 24 项，国家自然科学基金项目 16 项，国家自然科学基金区域创新发展联合项目 3 项，实现学校历史新突破。入选第二批“全区高校黄大年式教师团队”2 个。启动新一轮硕士、博士点申报工作，全面推进审核评估迎评工作。

第三节　深入开展六次党内集中教育

一、2013 年 6 月党的群众路线教育实践活动

按照党中央的总体部署，在国家民委党组、自治区党委的正确领导下，在国家民委第四督导组的具体指导下，按照“照镜子、正衣冠、洗洗澡、治治病”的总要求，校党委制定了《北方民族大学开展党的群众路线教育实践活动工作实施方案》及各环节实施方案，指导学校党的群众路线教育活动。狠抓学习教育，集中学习了中央群众路线教育实践活动有关文件及习近平总书记系列重要讲话精神，组织开展了“扪心三问”师生观念大讨论，举办学习成果交流会，组织观看警示教育片。聚焦“四风”，通

过多种途径，深入查摆问题、找准突出问题。认真撰写对照检查材料，就班子及班子成员在“四风”方面存在的突出问题及问题根源做深刻剖析，虚心接受批评，扎实开好领导干部专题民主生活会。制定整改方案、专项治理方案和建章立制方案，积极、扎实、有序推进整改工作。通过党的群众路线教育实践活动教育引导党员、干部树立群众观点，弘扬优良作风，解决突出问题，保持清廉本色，使党员、干部思想进一步提高，作风进一步转变，党群干群关系进一步密切，为民务实清廉形象进一步树立。

二、2015 年“三严三实”专题教育

按照党中央的统一部署，根据国家民委党组、自治区党委的具体要求，“三严三实”专题教育从 2015 年 5 月开始，2016 年 1 月下旬基本结束。校党委制定了《北方民族大学关于在处级以上领导干部中开展“三严三实”专题教育实施方案》，召开了“三严三实”专题教育动员大会。

根据实施方案的总体要求，全校各级党组织认真做好 3 个关键动作：一是党组织书记带头讲专题党课。在第一专题的学习教育中，聚焦“三严三实”，紧扣“三个讲清楚”，校党委书记任维桢为全校处级以上干部讲了专题党课，31 个基层党组织书记在本单位、本部门讲了专题党课。二是组织开展学习交流和专题研讨。从 2015 年 5 月到 12 月，各基层党组织按照每两个月一个专题、每个专题至少进行一次学习交流和专题研讨的要求，召开了学习交流会或专题研讨会。三是召开专题民主生活会和组织生活会。通过开展“三严三实”专题教育，全校处级以上领导干部在党性上得到了“补钙”和“加油”，在作风上进行了“透视”和“体检”，在守纪律讲规矩上受到了强化和锤炼，从严治党的政治氛围更加浓厚，领导干部的示范标杆作用更加明显，实现了专题教育“三个见实效”的目标要求。

三、2016 年“两学一做”学习教育

学校党委认真贯彻党中央、国家民委和自治区党委关于开展“两学一做”学习教育的部署要求，制定了《北方民族大学关于在全体党员中开展“两学一做”学习教育实施方案》，成立了北方民族大学“两学一做”学习教育协调小组。学校各级领导班子和领导干部走在前、做表率，全体校领

导和各级党组织书记认真讲好专题党课，各党支部围绕“三查三树”等内容深入开展学习研讨。坚持把思想教育放在首位，教育引导广大党员尊崇党章、遵守党规，用习近平总书记系列重要讲话精神统一思想行动，不断提高思想认识水平，不断增强思想行为自觉，努力做合格党员。在学习教育过程中，校党委坚持宣传引导与学习教育相结合；坚持“线上”学习与“线下”学习相结合；坚持查摆问题与专题研讨相结合；坚持丰富内容与创新形式相结合。通过开展“两学一做”学习教育，进一步提高了基层党组织的凝聚力和战斗力，增强了每一位党员政治意识、大局意识、核心意识、看齐意识。

2017 年，校党委制定了《北方民族大学关于推进“两学一做”学习教育常态化制度化实施方案》，推进“两学一做”学习教育常态化制度化。

四、2019 年“不忘初心、牢记使命”主题教育

学校党委以习近平新时代中国特色社会主义思想为指导，在国家民委党组直属高校第三指导组、自治区党委第六巡回指导组悉心指导下，从增强“四个意识”、坚定“四个自信”、做到“两个维护”的政治高度，紧紧围绕“守初心、担使命，找差距、抓落实”的总要求，围绕主题主线，在抓思想认识、检视问题、整改落实、组织领导上下功夫，始终把学习教育、调查研究、检视问题、整改落实贯穿主题教育全过程。

校党委坚持高位推进，以“时不我待”的紧迫感抓好组织领导，制定《中共北方民族大学委员会关于开展“不忘初心、牢记使命”主题教育的实施方案》《中共北方民族大学委员会“不忘初心、牢记使命”主题教育专项整治工作方案》等，成立了主题教育领导小组，开通主题教育专题网站，聚焦主题主线，校党委召开 6 次理论学习中心组学习，举办 8 期主题教育读书班和专题辅导、4 期主题教育思政工作专题班，1 场形势报告会和 1 场党史、新中国史专题讲座。校党委班子成员讲授专题党课 11 场。校党委进行 9 次专题学习研讨，校党委班子每名成员结合学习重点进行交流发言和集中研讨 69 人次。结合主题教育和民族工作实际，校党委书记刀波在《人民日报》刊发题为《充分发挥民族高等院校独特作用　有力维护民

族地区改革发展稳定大局》、在《中国民族报》刊发题为《坚定走中国特色社会主义民族高等教育发展之路》的两篇署名理论文章。校党委副书记、校长李俊杰出版的《民族地区特殊类型贫困与反贫困研究》专著引起学界热议，《中国民族报》等发表了关于该部著作的书评文章。

聚焦学校内涵发展开展调查研究，校党委采取“六不一直接”的方式，广泛深入开展了调查研究共计 56 次，形成了 10 篇较高质量的专题调研报告。全校各基层党组织也按照学校统一部署，围绕本单位师生反映强烈的问题深入开展了调查研究，形成了 60 余个调研报告。以“刀刃向内”的勇气抓好检视问题，形成了 36 项主要问题的问题清单，制定了专项整改方案和 103 条整改措施。

聚焦新中国成立 70 周年大庆，隆重举办“万人唱响中国梦　我与祖国共奋进”大型演出活动，被列为自治区庆祝中华人民共和国成立 70 周年重要活动之一，热情讴歌了 70 年来在中国共产党领导下新中国翻天覆地的历史巨变和取得的巨大成就。组织 11 个民族的 32 名师生参加天安门广场中华人民共和国成立 70 周年庆祝大会群众游行“民族团结”方阵。学校开展主题教育以来，人民日报、中央电视台、新华社、学习强国、光明日报、中国民族报、宁夏日报、宁夏电视台等主流权威媒体对学校报道次数达 50 余次。其中，中央电视台新闻联播、新闻频道等 20 多家主流媒体就“万人唱响中国梦　我与祖国共奋进”大型演出活动进行了报道，学校首次登上新闻联播。

五、2021 年党史学习教育

学校党委以习近平新时代中国特色社会主义思想为指导，在国家民委、自治区党委指导下，从增强“四个意识”、坚定“四个自信”、做到“两个维护”的政治高度，紧紧围绕铸牢中华民族共同体意识这条新时代党的民族工作的主线，认真落实“学史明理、学史增信、学史崇德、学史力行”各个环节任务，学党史、悟思想、办实事、开新局，确保学校党史学习教育走深走实。

坚持高位推进，聚焦总体要求，高起点抓好组织领导。成立党史学习

教育领导小组，制定印发《北方民族大学关于开展党史学习教育的实施方案》《北方民族大学党史学习教育月度工作计划》等 10 余个文件。校党委理论学习中心组 (扩大) 开展学习 15 次，举办学习贯彻党的十九届五中全会精神专题、党史学习教育专题、党的十九届六中全会和中央民族工作会议精神培训班，全校处级以上干部参加多轮全覆盖式学习，思想政治理论课教学创新团队开展师生全覆盖式宣讲，召开专题组织生活会等。结合学校工作实际，认真落实“大学习、大调研、大讨论、大培训”的工作要求，组织领导干部深入基层一线，开展调研走访，梳理出“解决一批师生民生实事、提供一批师生特色服务、优化一批师生服务设施、改造一批基础设施”等 4 个方面共 25 项“我为群众办实事”项目，梳理确定了“我为群众办实事”重点民生项目清单 13 项，重点解决服务条件、基础设施方面的重大民生问题。

通过党史学习教育，深刻感悟党的理论成果和思想伟力，聚焦理论学习有收获，党员干部理论素养进一步提高；深刻感悟党的光辉历程和伟大贡献，聚焦思想政治受洗礼，党员干部理想信念进一步坚定；深刻感悟党的性质宗旨和初心使命，聚焦干事创业敢担当，党员干部履责热情进一步激发；深刻感悟党的光荣传统和优良作风，聚焦为民服务解难题，党员干部宗旨意识进一步强化。

六、2023 年学习贯彻习近平新时代中国特色社会主义思想主题教育

学校党委坚持以习近平新时代中国特色社会主义思想为指导，从坚决捍卫“两个确立”、忠诚践行“两个维护”的政治高度，牢牢把握“学思想、强党性、重实践、建新功”的总要求，成立学校主题教育工作领导小组，制定学校主题教育实施方案，统筹推进理论学习、调查研究、推动发展、检视整改、干部教育整顿和建章立制工作。认真贯彻落实习近平总书记关于“以学铸魂、以学增智、以学正风、以学促干”的 12 条具体要求，立足创建铸牢中华民族共同体意识示范校实际，以实际行动坚定不移走好“铸牢中华民族共同体意识、加强中华民族共同体建设”第一方阵，推动主题

教育各项目标任务落细落小、落地见效。

（一）理论学习突出“深”，学在深处谋在新处

自4月3日主题教育开展以来，校党委召开常委会会议26次，开展理论学习中心组学习8次，及时传达学习党中央、国家民委党组主题教育有关文件精神，认真学习习近平新时代中国特色社会主义思想的“必读篇”“民族篇”“教育篇”“人才篇”，持续推动主题教育走深走实。以自学、专题研讨和现场教学“三结合”的方式共举办3期读书班，专读精读《习近平著作选读》《习近平关于调查研究论述摘编》等资料文献，围绕“赋予所有改革发展以‘三个意义’，加强中华民族共同体建设”等专题进行研讨。坚持组织引领，全校24个二级党组织，坚持“规定动作”一个不少、“自选动作”务实管用，认真制定主题教育具体工作方案；各基层党支部坚持标准化规范化建设，坚持党建和业务深度融合，认真落实“三会一课”、主题党日、集体学习交流研讨等制度。7月13日，党委书记、校长李俊杰以《把论文写在祖国大地上——学习贯彻习近平总书记关于调查研究的重要论述》为题，讲授专题党课，教育引领全校党员干部、师生员工不断增进对党的创新理论的政治认同、思想认同、理论认同、情感认同。

（二）调查研究突出“实”，聚焦难题化解愁盼

在学校主题教育工作领导小组下设调研组，认真制定《北方民族大学大兴调查研究工作方案》，确定13个方面的重点调研任务。校领导牵头开展调研10项，党政职能部门及教辅单位主要负责人开展调研26项，教学单位党政主要负责人结合开展调研39项。召开调研成果交流会，形成73个阶段性调研成果，真正把调查研究的“成绩单”转化为攻坚克难的“施工图”“效果图”。校领导2篇调研报告获评自治区学习贯彻习近平新时代中国特色社会主义思想主题教育优秀调研报告，其中党委书记、校长李俊杰撰写的《北方民族大学以党建引领学校转型升级高质量发展阶段性调研成果报告》获评一等奖，校党委副书记东·华尔丹撰写的《聚焦学校转型升级和改革发展加强人才队伍建设　促进学校高质量发展阶段性调研成果报告》获评二等奖。3个教育部国别和区域研究中心撰写的10篇调研报告被有关部门采用，为服务党中央、国家民委和自治区决

策发挥了积极作用。

（三）检视整改突出“准”，一体推进真改实改

成立整改整治组，下发《关于抓好主题教育整改整治工作的通知》，制定并修改完善学校主题教育问题清单，共梳理20个问题、46项整改措施。召开3次主题教育领导小组办公室整改整治工作专题会议，主题教育期间，全部问题已销号，确保专项整治、典型剖析、督促指导、问题解决一体推进。

校党委将坚持做到“以学铸魂、以学增智、以学正风、以学促干”永远在路上，坚持学思用贯通、知信行统一，以严的作风、实的态度、干的冲劲，围绕“新三定”，聚焦“融转通”，在主动适应党的民族工作高质量发展需要、主动适应中国式现代化建设需要、主动适应教育强国、科技强国、人才强国建设需要中，加快创建铸牢中华民族共同体意识示范校，不断开创学校转型升级高质量发展新局面，为民族复兴、强国建设作出北方民大贡献。

第四节　热烈庆祝中华人民共和国成立70周年和中国共产党成立100周年

一、热烈庆祝中华人民共和国成立70周年

2019年是中华人民共和国成立70周年，为深入学习贯彻习近平新时代中国特色社会主义思想，庆祝新中国成立70周年，热情讴歌70年来在中国共产党领导下新中国翻天覆地的历史巨变和取得的巨大成就，根据学校党委部署，党委宣传部分别于2019年5月、7月制定了《北方民族大学关于开展庆祝新中国成立70周年系列活动》《北方民族大学开展庆祝新中国成立70周年系列活动的实施方案》，经校党委常委会会议审议后印发实施。同时，积极与西夏区宣传部对接，经北方民族大学和西夏区委、政府研究决定，双方联合举办“万人唱响中国梦　我与祖国共奋进”大型演出活动。

（一）以理论武装为重心，融“不忘初心、牢记使命”主题教育于庆祝活动中

学校各级党组织以开展庆祝活动为契机，融“不忘初心、牢记使命”主题教育于庆祝活动中，持续深入推进习近平新时代中国特色社会主义思想和党的十九大精神的学习宣传贯彻，不断强化理论武装工作，加强思想政治引领。10月1日上午，学校组织广大师生员工通过电视、网络、广播、手机客户端等形式，积极收听收看庆祝中华人民共和国成立70周年大会直播盛况，认真聆听了习近平总书记在庆祝大会上的讲话。大会盛况和习近平总书记的重要讲话引起了全校各族干部师生的广泛热议，大家反响热烈，倍感振奋，深受鼓舞，纷纷表示要将认真学习贯彻习近平总书记在庆祝中华人民共和国成立70周年大会上的重要讲话精神，增强“四个意识”，坚定“四个自信”，做到“两个维护”；要不忘初心、牢记使命，立足岗位、勤奋工作，认真学习、增长才干，为实现“两个一百年”奋斗目标、实现中华民族伟大复兴的中国梦而努力奋斗。

（二）以立德树人为根本，融全校师生思想政治教育于庆祝活动中

学校坚持立德树人根本任务，紧紧围绕为党育人、为国育才，创新形式，融全校师生思想政治教育于其中，由党委宣传部牵头组织，学校办公室、团委、学生处、人事处、音乐舞蹈学院等单位配合实施，开展了一次主题鲜明、效果明显的大型庆祝活动。9月28日下午，学校在体育场隆重举办“万人唱响中国梦　我与祖国共奋进”大型演出活动。我校56个民族的1.1万余名师生和银川市西夏区3800名小学生共聚一堂，唱响时代主旋律，向中华人民共和国成立70周年献礼。本次活动以习近平新时代中国特色社会主义思想为指导，旨在庆祝新中国成立70周年，重温党的光辉历史，弘扬党的优良传统，高扬新时代主旋律正能量，弘扬社会主义核心价值观，铸牢中华民族共同体意识，增强师生的“五个认同”，坚定师生永远跟党走的永恒初心，展示我校的办学成就，进一步激励我校广大师生不忘初心、牢记使命，开拓创新、奋发有为，更加有力推动有特色高水平现代民族大学建设步伐。

本次大型演出活动经国家民委党组和自治区党委批准，列为自治区庆

祝中华人民共和国成立70周年重要活动之一，由北方民族大学与银川市西夏区委、政府联合主办，得到了银川市委、政府的大力支持。自治区人民政府副主席、民建中央常委、自治区主委杨培君，国家民委教科司副司长周晓梅，国家民委党组直属高校“不忘初心、牢记使命”主题教育领导小组第三指导组组长、西南民族大学原党委副书记、校长曾明，国家民委所属兄弟院校主要负责同志，自治区党委组织部、党委宣传部、党委统战部、教育厅、民委、体育局和银川市委有关负责同志，西夏区委、人大、政府、政协主要负责同志和班子成员，北方民族大学校领导和来自全国各地的校友代表及全体教师参加。校党委书记刀波致辞，校党委副书记、校长李俊杰主持。

整场演出活动由“解放——建国创业新纪元”“改革——改革开放新华章”“复兴——伟大复兴新时代”3个篇章组成。万人同唱18首主旋律歌曲，万人同跳“爱我中华”韵律操，万人同声诗朗诵，2万余人次参与，气势壮观、场面震撼。热情讴歌了70年来在中国共产党领导下新中国翻天覆地的历史巨变和取得的巨大成就。我校师生一首首深情动人、荡气回肠、慷慨激昂的爱国主义歌曲，万余名学生伴随着18首歌曲，变换出16个大型场景，强烈的现场视觉冲击和心灵震撼，激发起在场干部、群众、师生强烈的爱国主义热情，达到了思想政治工作潜移默化、润物无声的效果，对每名观众产生深刻的思想教育和影响。

参会师生和干部纷纷表示，本次演出活动凸显了政治性、艺术性、创新性和教育性，将思想政治工作融汇到爱国主义教育、社会主义核心价值观教育和民族团结进步教育之中，是一堂既生动又深入人心的大思政课。能有机会参加这样一次大规模、具有重大意义的活动，感到非常荣幸，也非常激动。深深激发了北方民族大学师生学习强国、实干兴校的激情和热情，坚定了56个民族2.1万余名师生为实现“中华民族一家亲，同心共筑中国梦”和中华民族伟大复兴的中国梦的巨大信心和坚定决心。

（三）以民族团结为核心，融铸牢中华民族共同体意识于庆祝活动中

以把我校建设成为全国和宁夏民族团结进步模范之地为目标，以铸牢中华民族共同体意识为主线，以贯彻落实《北方民族大学全面深入持久开

展民族团结进步创建工作铸牢中华民族共同体意识的实施意见》为牵引，着力构建实施由民族团结进步创建工作“领航工程”“共享工程”“亮点工程”“固本工程”组成的民族团结进步创建工作“四大工程”体系。10月1日上午，我校组织的32名来自维吾尔族、回族、壮族、佤族等11个民族的老师和同学参与到北京天安门广场第23个群众游行方阵——“民族团结”方阵，他们与中央民族大学学生队伍及社会各界群众等千余人一起组成了“民族团结”游行方阵，共同经历和见证了这一荣耀时刻。

这是我校历史上第一次参加国庆庆祝活动。学校党委把选派各民族师生参加新中国成立70周年庆祝大会作为学校深入落实立德树人根本任务、铸牢中华民族共同体意识的重要举措。参加庆祝大会群众游行的32名师生以严明的组织纪律，不怕苦不怕累的精神和优良的团结协作作风为学校争得了荣誉，为祖国母亲献上了北方民大人最诚挚的祝福。

同时，学校还组织音乐舞蹈学院、经济学院230余名学生参加了由自治区党委宣传部、自治区教育工委、教育厅举办的“我和我的祖国”大型学生歌咏大会。组织80名志愿者和160名挥旗手参与了10月1日在自治区银川市人民广场隆重举行的万人“同升一面旗，同唱一首歌”升国旗活动。这些活动为处于“拔节孕穗期”的青少年扣好了人生第一粒“扣子”。

（四）以宣传报道为载体，融贯彻党的教育方针和民族政策于庆祝活动中

充分发挥主流媒体和新兴媒体作用，采取“通讯、消息、快闪、抖音、短视频”等形式，“报、网、端、微、屏”全面发力，全方位、多角度、立体化推动宣传报道。其中，“万人唱响中国梦　我与祖国共奋进”大型演出活动演出当天，学校通过官方微信、微博等平台进行了直播，观看人次达27.8万。中央电视台、人民日报等20余家主流媒体进行了报道。其中，中央电视台新闻联播播出了《欢乐喜迎国庆　同心祝福祖国》；中央电视台新闻频道播出了《银川万名师生迎国庆》；人民日报刊发了《“万人唱响中国梦　我与祖国共奋进”大型演出活动举行》；光明日报客户端刊发了《“万人唱响中国梦　我与祖国共奋进”大型演出活动为祖国庆生》。人民网、中国日报中文网、光明网、宁夏电视台、宁夏新闻网等主流新闻

媒体对此次活动进行了专题报道。学校还编印了《“万人唱响中国梦 我与祖国共奋进”思想政治教育主题活动——红歌背后的故事》读本，便于师生学习合唱曲目的同时，帮助师生了解爱国歌曲背后的历史背景和故事，重温光辉历史，高扬新时代主旋律正能量，进一步激发师生的爱国主义热情，引导广大党员干部、师生群众提高政治站位，坚定理想信念，增强爱国爱校情怀。

二、热烈庆祝中国共产党成立100周年

2021年是中国共产党成立100周年，也是“两个一百年”奋斗目标的重要历史交汇点。为深入学习贯彻习近平新时代中国特色社会主义思想，庆祝中国共产党成立100周年，热情讴歌中华民族实现伟大复兴的百年奋斗历程，颂扬中国共产党的丰功伟绩，继承和弘扬党的光荣传统和优良作风，提高各级党组织的凝聚力、号召力和战斗力，增强广大共产党员的光荣感、责任感和使命感。根据校党委部署安排，由党委宣传部牵头制定《中共北方民族大学委员会关于开展庆祝建党100周年系列活动的实施方案》《北方民族大学庆祝中国共产党成立100周年“七一”升国旗活动方案》，对全校庆祝中国共产党成立100周年活动作出全面安排。

（一）集中收听收看中国共产党成立100周年庆祝大会等重大庆祝活动

7月1日上午8时，庆祝中国共产党成立100周年大会在北京天安门广场隆重举行。中共中央总书记、国家主席、中央军委主席习近平发表重要讲话。在这全党、全国欢庆的伟大历史时刻，我校组织56个民族的1.5万余名师生员工通过电视、网络、手机客户端等各类媒体平台，认真收看大会盛况。学校领导刀波、李俊杰、高岳林、东·华尔丹、李岩青、陈永奎、伍永章与1000余名师生在学校主会场，各部门、各学院组织干部、教师、学生在分会场，共同收看大会盛况，认真聆听习近平总书记的重要讲话。大学生活动中心内，座无虚席，会场摆放的“热烈庆祝中国共产党成立100周年”的大型标语令人振奋，现场气氛庄严而热烈。每位干部师生脸上都掩饰不住的激动，鲜艳的党旗和五星红旗在手中挥舞，鲜红党徽在胸前闪耀，尽情展现了广大干部师生们心中的喜悦与昂扬。

观看盛典后，激动的师生们深受鼓舞、深受感动，倍感激动、倍感振奋。大家纷纷表示，作为一名共产党员，我们无比自豪！无比骄傲！无比光荣！我们不忘初心、牢记使命，牢记党史，认真学习贯彻习近平总书记在庆祝中国共产党成立100周年大会上的重要讲话精神，按照习近平总书记对全党发出的伟大号召，用坚定理想信念，努力为党和人民争取更大光荣，在全心全意为人民服务中增强“四个意识”、坚定“四个自信”、做到“两个维护”，为全面建成社会主义现代化强国的第二个百年奋斗目标迈进，为实现中华民族伟大复兴的中国梦而努力奋斗。庆祝中国共产党成立100周年大会结束后，学校迅速召开党委常委会会议进行专题学习研讨。各党委（党总支、直属党支部）和机关党委各党支部，也分别召开党委（党总支、直属党支部）会议和党支部会议进行了专题学习研讨。

（二）开展深学细悟习近平总书记关于民族工作的重要论述大学习、大讨论、大调研、大培训活动

结合庆祝中国共产党成立100周年，学校党委制定印发《中共北方民族大学委员会关于开展深学细悟习近平总书记关于民族工作的重要论述大学习、大讨论、大调研、大培训活动的实施方案》，深入学习贯彻习近平总书记关于民族工作的重要论述。组织部分干部教师参加专题调研和培训、参观庆祝中国共产党成立100周年有关展览。

（三）组织开展系列主题教育活动

1. 开展“两优一先”表彰活动。6月下旬，学校召开“两优一先”表彰大会，表彰一批优秀共产党员、优秀党务工作者和先进基层党组织。通过表彰活动，进一步增强全校基层党组织的创造力、凝聚力、战斗力，提升基层党组织组织力；激发广大党员干部干事创业的积极性、主动性、创造性，增强党员的先锋模范作用，推动学校教育事业再上新台阶。

2. 举办“红歌嘹亮”校园系列文艺汇演活动。在全区高校广大师生中率先唱响“没有共产党就没有新中国”，组织开展“红歌嘹亮”等多种形式的校园系列文艺汇演，通过热情歌颂我们党在革命、建设、改革各个历史时期的丰功伟绩，以深深的心灵震撼，促使广大师生永远跟党走、不断

开创中国特色社会主义事业新局面的坚定信念。6月下旬，配合自治区教育工委、教育厅组织千校万人同唱“没有共产党就没有新中国”大型文艺演出，并通过各类网络平台链接全区广大师生，大力营造“党的盛典、人民的节日”团结奋进、开创新局的浓厚氛围。

3. 举办“党课开讲啦”党课征集展播活动。围绕学习践行习近平新时代中国特色社会主义思想、坚定理想信念、恪守党的性质和宗旨、践行初心使命，在全校党员领导干部、各级党组织书记、党员专家学者、先进模范人物、优秀党员教师等中，征集一批党课课件，组织观摩交流，评选优质精品党课，增强党课的吸引力和感染力，引导广大师生党员自觉做习近平新时代中国特色社会主义思想的坚定信仰者和忠实实践者。

4. 举办“党在我心中——感念党恩情系教育”征文活动。面向全校师生开展“我与北方民大”征文活动，征集离退休老干部老党员和教育工作者回忆纪念文章与对党的教育事业感悟，激励全校师生增强守初心、担使命的思想自觉和行动自觉，激发爱党之情，强化爱国之志。

5. 举办“永沐党恩　牢记初心”书画摄影展。面向全校师生、离退休人员和校友中的书画爱好者、摄影爱好者征集作品，以艺术形式展现对党的热爱与忠诚、对幸福美好生活的赞美和追求，对中国共产党成立100周年来光辉历程的热情讴歌，展示不忘初心、牢记使命、胸怀理想、拼搏向上的精神风采和北方民大人在推进民族高等教育事业发展中的生动实践。

6. 举办“三尺讲台育桃李、一颗红心报党恩”红色经典朗诵比赛、演讲比赛。紧扣主题，联系实际，以颂扬建党100周年的伟大成就、颂扬先进典型人物为主要内容，教育引导广大师生心向党、跟党走，忠于党、忠于祖国的情感信念。充分展示我校广大党员和干部群众爱岗敬业、无私奉献、开拓创新、积极推动学校发展的良好精神风貌，进一步营造全校师生爱党、爱国、爱校、爱岗位的浓厚氛围，激发全校师生落实立德树人根本任务，把爱国爱党的奋斗精神转化为实实在在的行动和贡献。

7. 召开庆祝中国共产党成立100周年座谈会。结合巩固深化“不忘初心、牢记使命”主题教育成果，召开庆祝中国共产党成立100周年座谈会。

邀请部分离退休人员、校友代表和在职教职工畅谈心得体会，回顾中国共产党团结带领全国各族人民坚强奋斗取得的历史巨变和伟大成就，讲述北方民族大学的发展历程、巨大成绩，展望前景，凝聚人心促发展。

8. 开展“送温暖、显真情”走访慰问活动。“七一”前夕，组织开展走访慰问获得党内功勋荣誉表彰的党员、生活困难党员、老党员、老干部和烈士遗属、因公殉职党员干部家属活动。

（四）隆重举行庆祝中国共产党成立 100 周年“七一”升国旗活动

百年征程波澜壮阔，百年初心历久弥坚。为热烈庆祝中国共产党成立 100 周年，充分表达我校 56 个民族师生对伟大中国共产党、伟大祖国的热爱，充分表达我校 56 个民族师生永远听党话、感党恩、跟党走的心声，充分表达我校 56 个民族师生坚定不移铸牢中华民族共同体意识的信心决心，7 月 1 日清晨，我校隆重举行庆祝中国共产党成立 100 周年“七一”升国旗活动。学校领导刀波、李俊杰、高岳林、东·华尔丹、李岩青、陈永奎、伍永章和全体干部、教师、在校学生共 1.5 万余人参加。

校园被浓厚的庆祝中国共产党成立 100 周年的氛围包裹。主干道上悬挂着“热烈庆祝中国共产党成立 100 周年！”“百年征程波澜壮阔　百年初心历久弥坚！”“伟大的中国共产党万岁！”的大红横幅。校门口、主楼广场两侧、体育馆、体育场等校园各处摆放着印有“伟大的中国共产党万岁！”“热烈庆祝中国共产党成立 100 周年”等标语和口号的展架、宣传板，猎猎的红旗、绽放的鲜花、高悬的气球汇成一片红色的海洋。

上午 7 时 10 分，升国旗仪式正式开始。学校国旗班队员迈着整齐的步伐，护卫庄严神圣的五星红旗步入国旗台。伴随着庄严雄壮的国歌声，现场人员肃立起敬，在乐队伴奏下同唱《中华人民共和国国歌》，行注目礼，鲜艳的五星红旗冉冉升起，高高飘扬在校园上空。

升国旗仪式后，1.5 万余名师生分别站立在主楼东西两侧、体育场和南北两条主干道，用歌声、欢呼声和挥舞的党旗、国旗，深情表达对党的百年华诞的祝福，尽情表达各族师生的兴奋之情、喜悦之情、感恩之情。

一曲《唱支山歌给党听》拉开了万人同唱红歌活动的序幕。全体师生

用嘹亮激扬的声音，饱含真情地唱出了中国共产党百年来的丰功伟业，唱出了对中国共产党的真挚情感，真切表达了“永远跟党走”的坚定信念。

“团结就是力量，团结就是力量。这力量是铁，这力量是钢，比铁还硬，比钢还强……”一首《团结就是力量》传唱70余年，历久弥新。铿锵有力的歌声展现了北方民大人团结一心、振奋精神、实干兴校的昂扬斗志，体现了北方民大学子传承红色基因，为实现中华民族伟大复兴而奋勇向前，唱响了一曲无愧前人、无愧时代、无愧人民的青春之歌。

师生们的深情吟唱《再唱山歌给党听》，唱的是无限的感激、唱的是深情的告白、唱的是不懈的奋斗、唱的是美好的未来、唱的是铸牢中华民族共同体意识的心声。

最后一曲《没有共产党就没有新中国》，唱出了北方民大人对伟大中国共产党的热爱与忠诚，唱出了对伟大祖国的热爱与忠诚，也唱出了北方民大人永远追随党、投身中华民族伟大复兴的理想与追求。

伴随着悠扬深情的歌声，民大学子们身着民族服饰翩翩起舞，生动表达了爱党、爱国、爱社会主义之情，体现了各民族学子“中华民族一家亲，同心共筑中国梦”的共同心愿。

活动最后，56个民族的1.5万余名师生对伟大中国共产党深情祝福的心声响彻了整个校园——“伟大的中国共产党万岁！”“伟大的中国共产党万岁！”“伟大的中国共产党万岁！”。

这是一场感人的为党深情祝福的盛典，这是一堂生动的大思政课，这是一次深刻的爱国主义教育，这是一次特殊的铸牢中华民族共同体意识教育。北方民族大学办学37年来，在党的光辉政策沐浴下茁壮成长，始终与党和人民同心同向同行，始终传承红色基因、不忘初心使命，始终以铸牢中华民族共同体意识为主线、落实立德树人根本任务，为党育人、为国育才。在新时代，北方民族大学以习近平新时代中国特色社会主义思想为指导，以昂扬姿态投身全面建设社会主义现代化国家新征程，为实现中华民族伟大复兴中国梦而不懈奋斗。

第五节　隆重召开中国共产党北方民族大学第二次代表大会

在全校上下深入学习贯彻党的十九届四中全会精神，扎实开展“不忘初心、牢记使命”主题教育，全面开启新时代有特色高水平现代民族大学建设新征程之际，校党委高举习近平新时代中国特色社会主义思想伟大旗帜，在国家民委党组和自治区党委的亲切关怀和正确领导下，扎实做好第二次党代会各项准备工作，如期顺利召开了第二次党代会。

一是认真做好学校现有党组织和党员的调查摸底，明确筹备工作责任分工、具体工作进程和工作方案。二是做好与国家民委党组、自治区党委和自治区教育工委相关部门的请示报告、沟通联络和协调工作。三是牵头开展学校第二次党代会代表选举和酝酿推荐“两委”委员候选人工作，指导各选举单位做好代表选举，做好“两委”委员候选人酝酿推荐考察工作。四是牵头做好大会日程安排，完成各项会议安排及相关文稿的起草、校对、印制、分发、归档。五是做好大会会务及各类会议准备工作，确保第二次党代会顺利召开。

2019 年 12 月 26 日，中国共产党北方民族大学第二次代表大会隆重开幕。国家民委党组成员、副主任陈改户，自治区党委常委、宣传部部长李金科，自治区教育工委书记、教育厅党组书记、厅长李秋玲，自治区党委组织部副部长景瑜，国家民委人事司司长黎树斌，国家民委教育科技司司长田联刚和宁夏大学、宁夏医科大学、宁夏师范学院校领导和国家民委办公厅、人事司，自治区党委组织部、宣传部、教育工委等有关部门嘉宾到会祝贺。校领导刀波、李俊杰、雷崇民、高岳林、东·华尔丹、王永强、保文星、李岩青、李红燕和大会主席团成员出席。非党员校领导、学校内设机构主要负责人、学校各民主党派主要负责人、无党派人士、人大代表、政协委员应邀列席大会。

校党委书记刀波代表中共北方民族大学第一届委员会向大会作了题为《坚守民族院校初心使命　全面开启新时代有特色高水平现代民族大学建设新征程》的报告。学校党委向大会报告了党费收缴、使用和管理情况的

书面报告。学校纪律检查委员会向大会提请审议《聚焦主责主业　忠诚履职尽责　为建设新时代有特色高水平现代民族大学提供坚强保证》的书面报告。

第二次党代会圆满完成了各项议程，于12月26日晚胜利闭幕。会议选举产生了新一届中共北方民族大学委员会和中共北方民族大学纪律检查委员会。大会一致通过了《中国共产党北方民族大学第二次代表大会关于中国共产党北方民族大学第一届委员会工作报告的决议》和《中国共产党北方民族大学第二次代表大会关于中国共产党北方民族大学纪律检查委员会工作报告的决议》。

第二次党代会全面客观地总结了学校第一次党代会以来的主要工作，深刻分析了学校事业发展面临的机遇和挑战，确定了学校未来的发展目标、发展战略、重点任务和主要指标，对扎实推进党的建设工作作出了全面部署，准确把握学校所处的历史方位和面临的新形势新挑战，明确了"两步走"发展战略目标和建设"创新、活力、法治、美丽、团结"北方民大，构建八大特色高水平办学体系等强校发展新路径，坚定了"北方民大自信"，凝聚了"北方民大力量"。始终把加强党的领导融入和内嵌到办学治校、教育教学全过程、各环节，党委在学校改革发展中的领导核心和政治核心作用得到有效发挥。

第六节　党建引领，依法治校
推进学校治理体系和治理能力现代化

一、坚持问题导向，坚持党建引领，切实提高学校治理体系和治理能力现代化水平

（一）健全党组织政治建设制度

一是校党委和班子成员积极发挥"头雁作用"，带头严格执行重大事项请示报告制度，就"学习、贯彻、落实党和国家的各项方针、政策和上级组织有关精神、工作部署的情况；党的政治建设、思想建设、组织建

设、作风建设、纪律建设和制度建设方面的重要情况；学校的发展方向、指导思想和发展规划的情况；学校内部单位、机构增设和撤并情况；学校教学、科研、管理、后勤等改革的方案和其他重大的改革举措；政治、治安等方面突发事件的发生和处理情况以及科级以上干部违法乱纪和处理的情况；学校主要负责人出差、出国（境）的请假事宜”等重大事项及时向国家民委党组、自治区党委请示报告，坚决杜绝迟报、漏报、瞒报等情况发生。

二是学校党委以习近平新时代中国特色社会主义思想为指导，深入贯彻落实党的十八大、十九大和二十大精神，学习宣传贯彻习近平总书记视察宁夏重要讲话精神，扎实开展党的群众路线教育实践活动、“三严三实”专题教育、“两学一做”学习教育、“不忘初心、牢记使命”主题教育、党史学习教育、学习贯彻习近平新时代中国特色社会主义思想主题教育，在主动适应党的民族工作高质量发展需要、主动适应中国式现代化建设需要、主动适应教育强国、科技强国、人才强国建设需要中，加快创建铸牢中华民族共同体意识示范校，不断开创学校转型升级高质量发展新局面，为民族复兴、强国建设做出北方民大贡献。

三是加强干部教育培训，不断提升干部履职尽责能力和水平。学校党委深入学习贯彻党的十八大、十九大、二十大精神，通过分类分级、线上线下相结合的方式，开展习近平新时代中国特色社会主义思想、党的基本理论、党的民族理论和民族政策及民族团结教育、专业化能力等方面的教育培训，加强干部政治引领，推动干部履职基本知识体系不断健全、知识结构不断完善、综合素质不断提高。重点举办了学习贯彻党的十九届四中、五中、六中全会精神、习近平总书记视察宁夏重要讲话精神、“不忘初心、牢记使命”主题教育、党史学习教育、学习贯彻党的二十大精神等专题培训班；委托中央民族干部学院、宁夏六盘山干部学院、延安干部学院、西安交通大学、宁夏区委党校，开展管理干部能力提升专题培训、中青年干部培训、高层次人才培训、基层党组织书记能力提升培训等班次；依托国家教育行政学院、中央民族干部学院在线学习平台，开展了“深入学习党的十九届五中全会精神开创‘十四五’时期教育高质量发展新局

面”“追溯建党初心，共话百年辉煌”、铸牢中华民族共同体意识等专题在线学习；选派干部参加中央党校、国家民委系统、宁夏区委党校、宁夏教育厅等举办的各级各类专题研讨班，实现了处级干部、科级干部、党支部书记培训全覆盖。

（二）完善党组织领导制度

一是充分发挥党委领导核心作用，把方向、管大局、抓班子、带队伍、做决策、保落实，旗帜鲜明讲政治，全面贯彻党的教育方针和民族政策，紧紧围绕“培养什么人、怎样培养人，为谁培养人”这个根本问题，围绕中华民族共同体意识主线，从政治上认识办学治校、从政治上落实立德树人，从政治上完善内部治理，从政治上加强队伍建设，牢牢掌握党对学校工作的领导权，增强“四个意识”，坚定“四个自信”，做到“两个维护”。

二是坚持和完善党委领导下的校长负责制，校党委书记主持党委全面工作，切实完善学校党委统一领导、分管领导各负其责、各单位具体抓落实、全体干部职工积极参与和支持的领导工作体制机制。不断完善规章制度，规范工作流程，坚持“当下改”和“长久立”紧密结合，推动制度建设“废、改、立”工作，不断巩固用制度管人、管事、管权的良好局面。

三是制定《中共北方民族大学委员会贯彻落实习近平总书记重要讲话重要指示批示精神的办法》，进一步提高学校党委贯彻落实习近平总书记重要讲话精神重要指示批示的政治自觉、思想自觉和行动自觉，做好贯彻落实工作，确保习近平总书记重要讲话精神重要指示批示落地生根、开花结果。

（三）完善党组织议事决策机制

一是修订完善了学校党委会（常委会）、校长办公会议议事规则。修订完善《学术委员会章程》，改选学术委员会，进一步明确了党的全面领导下行政权力与学术权力关系。

二是制定《合同管理办法（试行）》《公务用车制度改革实施方案》，提升依法治校水平，保障学校合法权益，以实际行动建设节约型、廉洁型校园。

三是开展《北方民族大学院(系)党政联席会议制度实施细则》《中共北方民族大学委员会院（系）党组织会议议事规则(试行)》执行情况自查自纠。各学院党委（党总支、直属党支部）根据学校制定的《北方民族大学×××学院党委会会议议事规则（示范文本)》《北方民族大学×××学院党政联席会议议事规则（示范文本)》，制订各学院“两个议事规则”，确保应由学院党组织会议讨论和决定的事项，必须由党组织集体研究决定，自觉扛起管党治党政治责任，以实际行动践行“两个维护”。

四是制定《北方民族大学督查督办工作办法》《北方民族大学领导批示件办理工作规程》，对督办的事项分解立项、明确要求、落实责任、跟踪催问、限期办理，并及时向党委领导反馈落实情况，确保校党委做出的决定在二级党组织不折不扣贯彻执行。

（四）完善基层党组织建设机制

一是在全校配备了专职组织员，并选配兼职组织员工作。开展在学生公寓建立党小组工作。对全校教师党支部书记“双带头人”情况进行梳理，现已实现全覆盖。举办北方民族大学“建党百年映初心，党建引领显力量”第四期高校基层党务工作者履职能力提升专题网络培训班等，加大教师党支部书记党务工作能力培训力度。

二是对全校二级党组织及党支部进行了改选、换届。出台《关于进一步规范党支部主题党日活动的实施细则（试行)》《“三会一课”季报和督查通报实施办法（试行)》等制度。出台《中共北方民族大学委员会关于教师党支部书记“双带头人”培育工程实施方案（试行)》。深入实施基层党组织“对标争先”建设计划，开展党建工作“标杆学院”“样板支部”“双带头人”教师党支部书记工作室培育创建工作，获批第二批全国高校“百个研究生样板党支部”1个，入选第三批全国党建工作样板支部培育创建单位2个。2个首批全区高校标杆学院培育对象、4个首批全区高校样板支部培育对象，2个首批全区高校“双带头人”教师党支部书记工作室培育建设对象；目前共有1个校级标杆学院、8个校级样板支部、9个校级“双带头人”教师党支部书记工作室；全校“双带头人”教师党支部书记达100%，做到全覆盖。

三是深入开展“星级基层党组织”创建工作，制定“五星级党组织”“五星级党支部”考评指标体系，获批3个全区教育系统“五星级基层党组织”、2个全区教育系统第三批“五星级基层党组织”培育对象、各级党组织先开展评星定级自评工作，学校量级评定后，“五星级”要抓好巩固，“四星级”要抓好提升，“三星级”以下要抓好转化，努力使每一个基层党组织每年在原有基础上都有新提高，服务功能有新提升。

四是加大对青年教师特别是学科骨干、学术带头人、优秀青年教师和留学归国教师的教育培养力度。严格执行《北方民族大学发展党员工作实施细则（试行）》《北方民族大学校院两级党员领导班子成员联系青年教师实施办法》，坚持政治标准，进一步规范发展党员工作，推进发展党员工作的科学化、规范化和制度化建设，不断提高党员发展质量。制定近三年各基层党组织发展教工党员指导性计划，早发现，早培养，注重在优秀年轻教师、海外留学归国教师、高知识群体中发展党员。

（五）完善从严治党体制机制

一是校党委书记认真履行全面从严治党第一责任人职责，重要工作亲自部署、重大问题亲自过问、重点环节亲自协调、重要案件亲自督办；领导班子其他成员对分管部门、联系单位党组织全面从严治党工作负重要领导责任，按照“一岗双责”要求，领导检查督查分管部门、联系单位党组织全面从严治党工作。

二是纪委认真履行全面从严治党监督责任，推动主体责任、监督责任贯通联动、形成合力、同向发力，协助校党委召开年度全面从严治党工作会议，下达全面从严治党责任书，开展学校党委巡察工作，层层传导压力，加强对各级党组织履行全面从严治党责任情况的监督检查，坚决落实“一岗双责”考核工作。

三是扎实开展廉洁教育。制定“廉政警示教育周”“清风校园月”活动方案，以中心组专题学习、主题党课、集体提醒谈话等形式开展“廉政警示教育周”活动，以召开主题晚班会、开展廉洁主题“每天一分钟”教育、主题演讲比赛等形式开展“清风校园月”活动。印发《北方民族大学“清风校园月”“廉政警示教育周”活动纪实手册》，巩固深化廉洁教育活动成

果，营造风清气正校园政治生态。

四是巩固和运用党的制度建设成果，制定《北方民族大学党委落实全面从严治党主体责任清单》《北方民族大学党委落实国家民委党组全面从严治党主体责任清单及重点任务安排》《中共北方民族大学委员会巡察工作实施办法（试行）》《北方民族大学巡察组工作规则（试行）》等制度，着力将学习教育、调查研究、检视问题、整改落实等主题教育的成熟举措固化下来，加强对各级党组织履行全面从严治党责任情况的监督检查。

五是深化学校纪检监察体制改革，设立纪委办公室、监察处、党委巡察办公室职能工作部门，履行监督专责。目前，学校专兼职纪检监察干部共 39 人，其中专职纪检监察干部 6 人，校纪委委员、机关纪委委员、二级单位党组织纪检委员等兼职纪检干部共计 33 人。

注重实效，保证质量。要求因公出访团组师生强化赴国（境）外执行公务期间严守外事纪律、增强保密意识、维护国家尊严、保障国家安全的自觉性和警觉性，确保规范安全、务实高效完成出访学习任务。行前教育包括因公出国境外事纪律、出访相关国家的安全形势、相关政策要求、国家安全教育等。按照“谁派出谁跟进、谁主管谁负责”的原则，安排专人利用微信、邮件、电话等多种方式定期不定期与出国境师生保持联系。因公出国（境）师生在返回国内后，采取文字报告、交流座谈、归国访谈等方式全面掌握归国师生的思想政治状况。

六是加强对境外非政府组织和各种基金会在教育系统活动的严格监管。规范接受资助审批程序，建立接受资金资助国家安全风险评估机制，坚持关口前移，未经依法审批的，不得接受境外资金和非政府组织资助。加强《中华人民共和国境外非政府组织境内活动管理法》的学习宣传教育，进一步加强出国境师生经费来源的审查，明确经费类别和来源渠道，实行严格的审批和报备。

七是坚决防范和抵制境外非政府组织利用讲学、邀请访问、学术交流、培训、项目合作等名义从事渗透破坏活动，严禁合作开展涉及敏感问题和重要资源信息的项目，有重点地加强涉外科研项目、讲座保密审查。举办哲学社会科学国际会议须严格按照有关规定履行报批程序，加强过程

监管。加强外籍人员相关背景审查。与自治区教育厅、自治区外办、自治区科技厅（外国专家局）、自治区安全厅、自治区公安厅等部门建立了联动机制，筑起严格审核、联动审核、前置审核的坚强防线。

二、立章行章遵章，依法依章治校

大学章程对大学有重要意义，常被称为大学的“宪法”。大学章程对明晰大学与社会以及大学内部各种关系，明确大学的法律地位和办学自主权，规范学校行为，维护各方合法权益，提高办学水平具有重要的引导、规范和保障作用。以大学章程为核心的制度体系是高校治理体系现代化的重要特征，是推进高校治理现代化的重要依托和坚实保障。

2006 年，教育部倡导高校要将章程制定“作为学校加强现代制度建设，推进依法治校的重要抓手”，一些高校的“章程”开始陆续公布。2010 年 7 月，《国家中长期教育改革和发展规划纲要（2010—2020 年）》指出要建设中国特色现代大学制度，学校要建立完善符合法律规定、体现自身特色的学校章程和制度，依照章程规定管理学校。国家围绕大学章程连续出台了一系列政策法规，这些法规对高校章程制定的原则、内容、程序、监督等环节进行了全面规范。由此，制订符合现代大学制度要求的大学章程，根据章程依法治校成为各高校的重要工作和任务。正是在这种背景下，按照教育部和国家民委的要求，我校于 2015 年正式启动了大学章程制定工作，学校从而开启了以大学章程为核心的现代大学制度建设的新征程。

（一）编制章程，初步构建依章治校的总框架（2015—2021 年）

1. 不断论证完善，编制章程文本

2015 年，国家民委下发了《关于转发〈教育部关于印发《中央部委所属高等学校章程建设行动计划（2013—2015）》的通知〉的通知》要求做好章程制定工作。按照教育部和国家民委的要求，我校启动了《北方民族大学章程》（以下简称《章程》）编制工作。

学校高度重视章程建设工作，成立了由校党委书记和校长任组长，其他校领导任副组长，各职能处室、直属单位负责人、学院院长和书记为成员的章程编制工作领导小组，统筹推进章程编制工作。办公室设在发展规

划处，负责落实领导小组各项决策部署，协调推进章程修订工作。

学校组织负责起草工作的人员参加教育部举办的专题培训会和交流会，认真学习教育部和部分省教育厅核准的近百部大学章程，收集研读与大学章程相关的 18 部法律法规和其他政策文件，调研民委兄弟高校的章程编制经验，对学校现行的管理体制和规章制度进行了分析研究。并依据相关法律法规，认真研究学校办学历史，总结经验，明确了学校章程制定的指导思想和基本内容体系。将学校办学理念、体制机制改革、教授治学、师生权益保障等方面的先进经验和好的做法，凝练到章程内容中。经过多次讨论，5 次大篇幅修改，40 多次修订之后，形成了章程草案。

学校先后组织了 9 场座谈会，各类人员共计 240 多人参加了座谈研讨，收集了 330 多条意见建议。学校组织专家咨询会，认真分析梳理收集到的各类意见，对涉及学校发展定位、人才培养目标、管理体制机制以及关乎师生员工切身利益的重大问题进行了研讨和论证。章程建设领导小组召开专门会议，对章程编制中需要解决的问题进行了认真研究，并提出了修改意见，形成了章程（征求意见稿），向全校师生、政府有关部门和宁夏其他高校广泛征求意见。在此基础上，修订形成了章程（草案）。

2. 依法审核，完成规定程序

2015 年 6 月，章程（草案）提交学校第五届教职工代表大会第三次会议讨论通过，并根据教代会提出的 89 条意见建议对章程进行了修改完善。经 2015 年第 14 次校长办公会议审议通过，根据会议意见进行修改后，提交 2015 年第 16 次校党委常委会审定，形成《北方民族大学章程》（报送核准稿）。经国家民族事务委员会同意，报教育部核准。

2016 年 12 月 16 日，经教育部 2016 年第 49 次部务会议审议通过，核准《北方民族大学章程》，自 2017 年 1 月 11 日起生效。

3. 章程实施，初步构建起学校内部治理的核心架构

大学章程是现代大学制度的载体。根据我国高等教育的特点，学校章程重点围绕党委领导、校长负责、教授治学、民主管理及社会参与等初步构建起了学校内部治理的核心架构。

一是实行党委领导下的校长负责制。坚持党的领导，实行党委领导下

的校长负责制，是中国特色现代大学制度最重要的特征，也是建设中国特色现代大学制度必须坚持的前提和方向。《章程》进一步健全和完善党委领导下的校长负责制，理顺学校党委与行政的关系，科学决策与有效监督的关系。进一步优化学校内部组织结构，明确内部组织职责，建立有效的管理体制和运行机制，确保学校各项办学活动依法有序开展。

二是积极推行教授治学。《章程》首次将学术委员会明确为学校的最高学术机构，下设教学指导委员会、科学研究指导委员会、教师职务评审委员会等专门委员会。学术委员会、学位评定委员会成为教授治学科、治学术、治教学、治学风，参与学校的学术事务管理等机构的有效载体。

三是切实加强民主管理和监督。“民主管理”既是现代大学管理的基本模式，也是现代大学制度建设的重要组成部分。民主管理的核心是“平等参与、共同决策、有效监督”。作为高校民主管理的基本载体，教代会是教职工行使民主管理的基本形式和权力机构。建立健全教代会制度的关键，就是形成以工会为核心的一套健全完善的教代会组织体系和民主管理工作网络。进一步明确和落实教代会的职权，以确实保障教职工民主参与、民主决策和民主监督工作的实效性。与教代会相对应，学代会要以学生为主体、代表学生参与学校的管理和监督工作，维护学生的合法利益。还要全面推进校务公开，校务公开的核心是透明和公开，本质的问题在于监督。

四是主动拓展学校与社会的联系。按照《章程》规定，利用办学资源和办学优势主动对接国家和地方经济社会发展需求，大力推动协同创新，积极探索高校与行业、企业密切合作共建模式，推进高校与科研院所、社会团体的资源共享，形成协调合作的有效机制，为国家及地方的经济发展和社会繁荣提供服务和支撑；积极筹建理事会，发挥理事会在学校建设中的重要咨询功能；充分发挥教育发展基金会的作用，依法通过多种渠道筹措资金，支持学校事业发展；加强校友会建设，完善校友会组织架构，建设地域性和行业性校友会，形成互信、互帮、互利的合作机制，实现学校与社会的多层次互动。

五是有效履行大学职能。《章程》将把人才培养、科学研究、社会服

务、文化传承创新这四项职能明确列为学校的基本职能。要按照《章程》规定，不断创新人才培养模式，有效提升人才培养质量；积极探索科研激励和评价机制，着力提升科学研究水平；拓展社会服务广度和深度，提升社会服务的质量和水平；以社会主义核心价值观为引领，建设学校特色的大学文化，推进文化传承创新。这既是对大学职责和使命的积极践行与自觉担当，更是对民大精神与文化的历史传承与当代弘扬。

（二）与时俱进，进一步完善章程内容（2021 年—2023 年）

1. 修订依据和背景

2021 年 11 月 18 日，国家民委教科司下发《关于转发教育部启动新一轮高等学校章程修订工作要求的通知》，要求委属各高校按照《教育部办公厅关于启动新一轮高等学校章程修订工作的通知》精神，严格按照《高等学校章程制定暂行办法》规定的程序推进章程修订工作。章程修订工作以习近平新时代中国特色社会主义思想为指导，重在深入贯彻落实习近平总书记加强和改进民族工作的重要思想、关于高等教育的系列重要讲话精神，贯彻党的十九大以来党中央、国务院就高等教育改革发展作出的一系列新的决策部署，贯彻落实中央人才工作会议、全国教育大会、全国高校思想政治工作会议、国家民委民族高校座谈会等精神，与时俱进对章程进行修改，以适应新的要求。

2. 集思广益，按程序完成章程修订

2021 年 12 月，经学校 2021 年第 30 次校长办公会研究，依据《高校章程制定暂行办法》《关于启动新一轮高等学校章程修改工作的通知》精神，成立了校党委书记、校长为组长的章程修订工作领导小组，统筹推进章程修订工作，办公室设在发展规划与学科建设处，负责落实领导小组各项决策部署，协调推进章程修订工作。2022 年 3 月 8 日，召开章程修订工作领导小组会议，讨论通过《北方民族大学章程修订工作方案》，3 月 16 日，2022 年第 5 次校长办公会议研究同意校长关于启动章程修订工作的提议，并经 2022 年第 8 次党委常委会批准，正式启动章程修订工作。2022 年 3 月 21 日，学校下发《北方民族大学章程修订工作方案》，成立章程修订工作组，进一步强化章程修订的责任，明确修订工作的时间表、任务图，由

发展规划处牵头，校办、组织、人事、宣传等部门共同组成修订工作组。工作组采取“总体研究 + 分块负责”的工作方式，结合工作实际，认真开展修订工作，于 2022 年 4 月形成文本初稿。工作组分章分块、逐字逐条研究章程文本，反复打磨，最终形成章程修正案征求意见稿。

修订工作组线上线下结合，通过咨询会、座谈会等形式，面向校内外广泛征求意见。涉及教师、学生、校友、离退休教职工、校外专家代表、民主党派代表以及学术委员会等群体，同时聘请相关单位负责人、校学报编审专家、法律顾问对文本的规范表达和法律风险进行校验审核。修订工作组多次召开专题工作会，对意见建议进行系统梳理、筛选、整合和论证，最大限度地凝聚共识，反复打磨，数易其稿，逐步完善，形成章程修正案（草案）文本。

章程修正案草案先后经 2022 年 4 月学校第七届教职工代表大会四次会议、2022 年 6 月章程修订工作领导小组会议、第 16 次校长办公会讨论审议，并提交第 20 次党委会审议通过，形成修正案送审稿。报国家民委审核同意后，于 2023 年 1 月 31 日上报教育部。

章程的修订过程，体现了民主、法治的精神，贯彻了改革、自主的原则，是全校上下共同智慧的结晶。

3. 与时俱进，为推动学校高质量发展提供坚强的制度保障

章程修正案是在认真总结章程实施以来学校改革发展取得的新进展新经验，研究新时代教育高质量发展对学校提出的新要求，深入思考新时代学校改革发展的目标定位的基础上产生的，修订工作凝聚了各方面共识，进一步凝练了学校办学特色、明确了学校改革方向，完善了自我监督机制，必将为引领学校下一阶段的改革发展，推动学校高质量发展提供坚实的制度保障。

修订后的章程保持原 10 章不变，总条目由原来的 85 条修订为 84 条，新增 11 条，将原章程中的 68 条条文，在保持内容基本不变的基础上，规范优化调整为 56 条。重点对以下内容进行了加强：

（1）深入贯彻习近平总书记关于加强和改进民族工作的重要思想、关于高等教育的系列重要讲话精神，把落实好党的二十大精神及十九大以来

党中央、国务院颁发的有关高等教育改革发展的系列新精神新要求贯穿章程修订始终。突出以党的创新理论为指导，把“坚持以习近平新时代中国特色社会主义思想为指导”“全面贯彻习近平新时代中国特色社会主义思想”、增强“四个意识”、坚定“四个自信”、做到“两个维护”等内容写入办学指导思想、学校党委的主要职责等。

（2）强化党对学校的全面领导，坚持和完善党委领导下的校长负责制。根据《中华人民共和国高等教育法》《中国共产党普通高等学校基层组织工作条例》等，聚焦治理结构、治理体系及制度创新优化等进行修订。

一是坚持和加强党的全面领导。把“把方向、管大局、做决策、抓班子、带队伍、保落实”写入学校党委主要职责，并对校长的主要职责、学校纪委的主要职责、学校基层党组织等条目进行了相应修订。贯彻中央人才工作会议精神，在章程中进一步强调了“党管干部、党管人才”的相关内容。二是完善治理体系。重点针对原章程第五章“治理结构”中校院两级决策机制、民主管理和民主监督机制、统一战线建设、学术委员会等相关表述进一步优化完善，健全决策、咨询与自我管理、监督机制。三是优化管理体制。进一步明确学校两级管理体制，并对财务管理体制、审计监督制度、国有资产管理等进行规范和明确，持续优化学校管理体制和管理架构，促进学校制度体系创新优化。

（3）全面贯彻党的教育方针和民族政策，落实立德树人根本任务。聚焦新时代党和国家关于教育的重大决策部署、方针政策，集中进行了如下几方面修订。

一是把“为党育人，为国育才”作为学校改革创新发展的重要任务，把坚持教育“四为”“铸牢中华民族共同体意识”“培养德智体美劳全面发展的社会主义建设者和接班人”融入办学实践、写入历史使命、凝练为办学宗旨。二是坚持弘扬社会主义核心价值观，对学生、教职工的基本权利和义务进行修订，把“践行社会主义核心价值观”“师德师风第一标准”“四有”教师等内容写入修正案。三是主动服务国家重大战略和地方经济社会发展需求。把坚持“服务国家战略和地方经济社会发展需求”“扩大和保障科研机构和科研人员享有相应的科研自主权”“鼓励科技创新和科技成果转

化”等内容写入修正案，进一步强化提高基础创新能力、服务社会能力。四是凸显了教师和学生的主体地位。在学校义务、教师和学生权利等条款，增加了建立和完善教师发展机制、建立和完善与学校发展水平相适应的内部收入分配机制、为学生提供资助和帮扶、就业创业教育、支持学生开展社会实践、自主创业等内容。

（4）深入总结学校改革发展取得的新进展新成效新经验。认真研究新时代教育高质量发展提出的新要求，把学校第二次党代会提出的战略部署、“十四五”发展规划提出的战略目标等写入修正案。结合“以本为本、人才强校、特色发展、一流引领”强校兴校战略、“建设特色鲜明的高水平现代化综合大学”的目标愿景以及新时代学校历史使命等，对学校的目标定位、使命愿景、发展战略、学科建设等有关条文进行修订，进一步凝练学科发展特色，彰显学校优势特色。

除此之外，修正案对章程部分条款进行了补充完善，对个别条款的文字表述进行了规范和优化，对修正案的合法合规性进行了审查。

（三）遵章重行，依法治校

章程作为学校的纲领与基本法，是学校一切行动的基本依据，健全以学校章程为龙头的制度体系，是学校章程落地生根、真正发挥作用的前提，也是贯彻实施学校章程的有力保障。

章程发布后，为推进章程的宣传工作，推动全校学习章程，依法依章办事活动。发展规划与学科建设处制作了《〈北方民族大学章程〉解读》，制作印刷了《北方民族大学章程》和《北方民族大学章程 80 问》宣传册，发放给全校师生，以供宣传使用；在学校网站和发展规划处网站的显著位置上都放置了章程文本。同时，为进一步推动章程落实，发展规划与学科建设处向学校提出了需要推进 7 项工作的建议。包括：章程宣传工作、规范学术委员会、成立教师学生权益保护申诉受理机构、成立理事会事宜、已有制度的合法性审核、标识更换、网址更换等内容，经 2017 年 5 月 16 日第 9 次校长办公会议审议，确定了任务牵头部门，协力推进各项工作逐步落实。

章程核准后，学校及时制定了关于加强制度建设的意见，要求各级领

导干部带头牢固树立章程执行意识，自觉贯彻章程、认真执行章程、按章程规定科学民主决策、民主管理。并以章程为依据，全面梳理学校的各项规章制度，推进规章制度“废改立释”工作，陆续制定出台了一些新的配套管理制度，对一些规范性文件进行修订，形成根本制度稳定、基本制度完备、具体制度配套的校内规章制度体系，构建起了用制度管权管事管人的长效机制。同时，把章程实施情况作为信息公开的重要内容，主动接受教育主管部门、社会公众、师生员工的监督。使大学章程真正成为推动学校治理体系现代化的重要依托和坚实保障。

三、建立完善学术治理体系

学术治理体系是指在学术领域中，通过制定规章制度、建立管理机制、加强监督检查等手段，维护学术道德、规范学术行为、促进学术发展的一套完整的管理体系。学术治理体系的建立和完善，对于保障学术独立性、公正性、透明度，提高学术水平和国际竞争力，具有重要的意义。

学术治理体系的建立需要制定一系列规章制度。这些规章制度包括学术机构的组织管理、学术评价的标准和程序、学术成果的评价和认定、学术不端行为的处理等方面。这些规章制度的制定需要充分考虑学术自由、学术独立、学术公正等原则，同时也需要考虑到学术发展的需要和社会的期望。

学术治理体系的建立需要建立一套有效的管理机制。这些管理机制包括学术机构的内部管理、学术评价的程序和标准、学术成果的认定和评价、学术不端行为的处理等方面。这些管理机制需要充分考虑学术自由、学术独立、学术公正等原则，同时也需要考虑到学术发展的需要和社会的期望。

大学推进依法治校和教授治学的重要举措，是加强学校内涵建设、提升学校治理能力的战略行动，是建设现代化大学治理体系中尤为重要的一环。

2019 年 7 月，根据学校机构设置调整方案，新组建了发展规划与学科建设处，将学术委员会、学位评定委员会相关工作纳入发展规划与学科建设处管理。

（一）学术委员会发展历程

1. 1999 年 4 月 27 日，西北第二民族学院召开院务会议，决定成立西北第二民族学院学术委员会，审议通过《西北第二民族学院学术委员会工作条例（试行）》，4 月 28 日印发《关于印发西北第二民族学院学术委员会工作条例（试行）的通知》（院政字〔1999〕010 号）、《关于成立西北第二民族学院学术委员会的通知》（院政字〔1999〕012 号），学校学术委员会构架、制度初见雏形，此为学校第一届学术委员会。

2. 2006 年 7 月，西北第二民族学院召开院务会议，审议通过西北第二民族学院学术委员会组成人员名单、西北第二民族学院学术委员会顾问名单、《西北第二民族学院学术委员会议事规程》和《西北第二民族学院学术委员会章程》，7 月 7 日印发《关于印发〈西北第二民族学院学术委员会组成人员名单〉的通知》（院办字〔2006〕25 号），《关于印发〈西北第二民族学院学术委员会顾问名单〉的通知》（院办字〔2006〕26 号），《关于印发〈西北第二民族学院学术委员会章程〉的通知》（院政发〔2006〕20 号），《西北第二民族学院学术委员会议事规程》（院政发〔2006〕21 号），此为学校第二届学术委员会，首次加入了学术委员会顾问，颁布了学术委员会章程。

3. 2010 年 5 月 13 日，学校召开校长办公会议研究决定对学校学术委员会进行调整，5 月 14 日印发《北方民族大学办公室关于调整学校学术委员会组成人员的通知》（校办发〔2010〕20 号），此为学校第三届学术委员会。

4. 2012 年 6 月 13 日，学校召开校长办公会议研究改进校学术委员会产生办法、启动新一届校学术委员会委员遴选工作。2012 年 12 月 20 日召开校学术委员会委员选举大会，31 人当选新一届校学术委员会委员，2013 年 1 月 10 日印发《关于新一届校学术委员会组成人员的通知》（校发〔2013〕3 号）。2014 年，学术委员会对章程进行修订，9 月 2 日校长办公会审议通过，2014 年 9 月 11 日印发《关于印发〈北方民族大学学术委员会章程（修订稿）〉的通知》（校发〔2014〕93 号），此为学校第四届学术委员会。

5. 2019 年，发展规划与学科建设处接手学术委员会工作后，着手启动

学术委员会换届选举和章程修订工作。2020年，学校党委常委会审定通过修改学术委员会章程，2020年6月6日印发《关于印发〈北方民族大学学术委员会章程〉的通知》（校发〔2020〕32号），2020年7月，遵照《北方民族大学章程》《北方民族大学学术委员会章程》，完成了学术委员会的换届选举工作，2020年9月5日印发《关于北方民族大学第五届学术委员会组成人员的通知》（校发〔2020〕69号）。根据学校学术委员会发展历程，发展规划与学科建设处首次确立了届次，将本届学术委员会确立为第五届校学术委员会。

（二）学术委员会工作成效

自成立以来，学校学术委员会作为学校的最高学术机构，坚持正确的政治方向和学术导向，以推动学术进步为宗旨，坚守学术责任，维护学术声誉；紧紧围绕学校中心工作，认真履职尽责，在学校科学研究、人才引进、学科建设等各项学术事务中有效发挥作用，取得了显著的成效。

1. 1999—2020年，学校学术委员会是在校长领导下的学校的学术咨询、评议、评审机构，主要负责审议学校的学科建设规划、专业建设规划、师资队伍建设规划、科学研究计划以及科研项目评审、科学研究成果评议等有关的学术事项。

2. 2019年，为进一步规范和加强学校各级学术委员会的组织和行为，完善内部治理结构，保障学术委员会在教学、科研等学术事务中有效发挥作用，按照学校整体工作部署，发展规划与学科建设处于9月底，启动《北方民族大学学术委员会章程》修订及校学术委员会委员改选工作。

3. 2020年5月，为进一步完善校院两级学术治理体系，规范校院两级学术机构运行机制，构建学校学术机构合理组织架构，发展规划与学科建设处在校内校外深入开展专题调研。在校内，先后召开部分学院、校学术委员会现任委员、职能部门等多个层面的调研座谈会，广泛征求校内对于校学术委员会章程修订和委员改选的意见和建议；在校外，由处长带领相关工作人员，分别赴上海交通大学、中南民族大学、华中科技大学、武汉理工大学等不同办学层次的高校，就其校学术委员会的职责范围、组织架构、运行机制、管理制度以及校院两级学术委员会体系建设等具体情况和

相关工作进行深入调研。经过反复调研、征求意见、座谈讨论，学校完成了《北方民族大学学术委员会章程》修订和《北方民族大学学院学术委员会规程》的制定工作，并向全校印发。6月，又完成了各学院学术委员会的规范设置工作，进一步完善了校院两级的学术治理体系。

（1）建章立制，完善制度体系建设。2020年6月至12月，修订了《北方民族大学学术委员会章程》，出台了《北方民族大学学院学术委员会规程》《北方民族大学教学工作委员会章程》《北方民族大学人才与师资队伍建设委员会章程》《北方民族大学科学研究委员会章程》《北方民族大学学术道德委员会章程》。

（2）完成校学术委员会换届选举工作。2020年7月，遵照《北方民族大学章程》《北方民族大学学术委员会章程》，完成了学术委员会的换届选举工作，并根据学校学术委员会发展历程，首次确立了届次，将本届学术委员会确立为第五届校学术委员会。

主任委员：保文星

副主任委员：东·华尔丹　靳治良　杨保军

委员：（按姓氏笔画排序）

马少龙　马少娟　马惠兰　王冬梅　王　凯　王建伟　王建国　王　瑛
毛建东　刘晨红　苏淑霞　李济民　杨占河　杨　蕤　杨德亮　陈永奎
陈宇红　赵　虎　袁　红　高岳林　郭艳华　黄爱学　曹晓虹　韩凤兰
景何仿　穆春阳　魏玉清

（3）规范设置学院学术委员会。根据《北方民族大学学院学术委员会规程》，各学院对本单位的学术机构进行了梳理和规范，确立了学院学术委员会是学院最高学术机构，改变了一院多个学术机构并行或不设学术机构的现状。同时，各学院正在制定出台学院学术委员会章程。

4. 2021年学校学术治理体系建设有所突破，学术管理机制和体制得到了进一步完善。

（1）完善制度体系建设。2021年1月，出台了《北方民族大学教学工作委员会章程》《北方民族大学科学研究委员会章程》《北方民族大学人才与师资队伍建设委员会章程》《北方民族大学学术道德委员会章程》；

9月出台《北方民族大学学位评定委员会章程》，结束了学校多年来无学位评定委员会章程可循的历史。

（2）强化校学术委员会内部机制建设。为进一步适应学校学术发展，组建北方民族大学教学工作委员会、科学研究委员会、人才与师资队伍建设委员会、学术道德委员会4个专门委员会，强化了学术治理体系机制。

（3）强化对学院学术委员会的监督指导。2021年10月，由校学术委员会主任主持召开学院学术委员会主任联席会议，听取了19个学院学术委员会的运行情况汇报。学院学术委员会的规范设置，使学院在人才培养、科学研究、学科建设、职称评审、学术评价、教学工作等方面充分发挥了学术权威性，提升了学术治理能力，规范了学术管理，有力地推动学院工作，就学院学术委员会内设机构、章程规范性、学术委员会和学位评定委员会的职责进行指导说明。

5. 2022年5月10日，召开2021年学术委员会工作总结会议，校学术委员会秘书长从进一步强化学术委员会运行机制体制建设、校学术委员会履职情况、各专门委员会履职情况、学院学术委员会履职情况、校学术委员会存在的问题几方面对2021年校学术委员会工作进行汇报总结。一年来校学术委员会委员结合学校学科建设、人才培养、师资建设、科学研究等学术事务发展的实际需要，勇于担当作为，弘扬学术精神，鼓励学术创新，认真有效地履行了学术事务的决策、审议、评定、咨询等职责，较好地完成了本年度的各项工作任务，在学校学术事务中发挥了重要作用，进一步促进了学校学术治理水平的提升。但是与学校加快推进内涵式高质量建设的要求相比，校学术委员会的工作还存在一些不足之处，需要在下一步的工作中不断地加强和完善。

因校学术委员会委员任先增调离，启动增补学术委员程序，经校学术委员会通过，党委常委会审议，2022年5月31日印发《关于增补校学术委员会委员的通知》（校发〔2022〕44号），增补张景明教授作为校学术委员会委员。

（三）学位评定委员会发展历程

1. 1996年3月25日，西北第二民族学院召开院务会议，决定成立西

北第二民族学院学士学位评定委员会，审议通过《西北第二民族学院学士学位条例暂行实施细则》，4月2日印发《关于成立西北第二民族学院学士学位评定委员会的决定（附西北第二民族学院学士学位条例暂行实施细则）》（院政字〔1996〕012号），学校学位评定委员会构架、制度初见雏形，此为学校第一届学位评定委员会。

2. 2006年6月2日，因人事变动和工作需要，西北第二民族学院院务会议研究决定对西北第二民族学院学位评定委员会组成人员进行调整，印发《关于调整西北第二民族学院学位评定委员会组成人员的通知》（院办字〔2006〕20号）。

3. 2007年6月12日，因人事变动和工作需要，学校对西北第二民族学院学位评定委员会组成人员进行调整，印发《关于调整西北第二民族学院学位评定委员会组成人员的通知》（校办发〔2007〕63号）。

4. 2010年5月13日，因人事变动和工作需要，校长办公会议研究决定对学校学位评定委员会组成人员进行调整，印发《北方民族大学办公室关于调整学校学位评定委员会组成人员的通知》（校办发〔2010〕19号）。

5. 2012年5月16日，因人事变动和工作需要，校长办公会议研究决定对学校学位评定委员会组成人员进行调整，印发《关于调整学校学位评定委员会组成人员的通知》（校办发〔2012〕23号）。

6. 2013年11月5日，根据校领导分工变动和工作需要，校长办公会议研究决定对学校学位评定委员会组成人员进行调整，印发《关于调整学校学位评定委员会组成人员的通知》（校办发〔2013〕41号）。

7. 2015年10月10日，因学校部分职能处室和教学单位的主要负责人进行了调整，为了保证校学位评定委员会工作的正常开展，校长办公会议研究决定对学校学位评定委员会组成人员进行调整，印发《关于新一届校学位评定委员会组成人员的通知》（校发〔2015〕81号）。

学校自1996年成立学位评定委员会以来，进行过6次人员调整，2019年前校学位评定委员会分别由研究生处、教务处、科研处行使职权，在制度建设上除1996年印发的《西北第二民族学院学士学位条例暂行实施细则》外，2015年研究生处起草过《北方民族大学学位评定委员会条例》，

并征求过相关职能部门意见，但最后没有正式发文，没有学位评定委员会章程。此6个文件只说明了因学校人事变动调整，学校学位评定委员会委员的组成人员名单，其中第5个校办发〔2013〕41号文件中的校学位评定委员会委员为部门，其余的文件中校学位评定委员会委员为个人。

8. 2021年9—12月，发展规划与学科建设处接手学位评定委员会相关工作后，为促进学位与本科生、研究生教育的持续健康发展，规范学位授予行为，保证学位授予质量，提升学位授予水平，根据《中华人民共和国学位条例》《中华人民共和国学位条例暂行实施办法》《北方民族大学章程》有关规定，结合学校实际，发展规划与学科建设处2021年起草、制定《北方民族大学学位评定委员会章程》，2021年9月29日印发《关于印发〈北方民族大学学位评定委员会章程〉的通知》（校发〔2021〕100号）。

2021年12月，发展规划与学科建设处遵照《北方民族大学学位评定委员会章程》，按照公开、公平、公正、民主的程序完成了新一届校学位评定委员会的组建工作。同时，首次规范设置19个学院学位评定分委员会，建立健全校、院两级学位工作授予体系，明确校院两级职责，助推学校学术治理能力提升。

四、科学谋划，推进实施“十三五”“十四五”规划

规划编制工作是面向未来、关系学校长远发展的基础性、先导性和全局性的一项核心工作，是对学校事业方向性、全局性问题做出的总体谋划，是学校全面深化改革的现实需要，是学校事业发展和战略管理的顶层设计和愿景蓝图，是引领学校改革发展的行动纲领，对推动学校实现高质量发展具有十分重要的战略意义。2014年至2024年十年间，紧随高等教育事业不断发展和教育改革深入推进，学校坚持“一张蓝图绘到底”，科学合理编制“十三五”“十四五”事业发展规划并深入推进实施，以完善治理体系、提升治理能力现代化、全面推进综合改革为着力点，遵循高等教育发展规律，认真研究关系学校事业发展的全局性、战略性、永久性的关键问题，科学谋划学校发展的总体目标、任务措施和保障机制，以高水平规划引领学校教育事业高质量发展，达到了促进资源配置合理优化，激

发办学活力，增强办学效益，加快内涵发展的目的。“十三五”“十四五”事业发展规划的实施，在推动学校改革发展转型升级，建设特色鲜明的高水平现代化综合大学中发挥了关键引领作用。

（一）全力推进实施学校“十三五”事业发展规划

“十三五”时期是我国高等教育全面深化综合改革，破解深层次矛盾的关键时期。高等教育在新形势下面临发展方式和治理方式的双重转型，国家统筹推进世界一流大学和一流学科建设战略、深化高等学校创新创业教育改革的提出和实施，“中西部高等教育振兴计划”的继续推进，促使国内高校纷纷瞄准机遇、以质图强，力求在提高核心竞争力的过程中实现主要指标的突破。“十三五”时期更是学校发展的关键时期。30 余年来，学校利用自身特色优势，在宁夏和周边地区发挥了人才支撑、技术和智力支持及社会服务等作用。但学校的人才培养能力与社会需求还有很大差距，办学水平和办学条件与高水平大学还有较大的差距，面临前所未有的机遇和挑战，必须尽快适应环境变化，遵循教育发展规律，充分信任和依靠广大师生，团结进取、改革创新，奋力提高学校的办学水平。

1. 学校高度重视，部署规划编制工作

2015 年 3 月，学校印发《北方民族大学“十三五”发展规划编制工作方案》《关于做好北方民族大学“十三五”发展规划编制工作的通知》，成立了由书记、校长任组长，其他校领导任副组长的编制工作领导小组；成立了校领导牵头、责任单位负责的各类规划编制小组；明确了“1 个总体事业发展规划 +8 个专项规划 +3 个专题规划”的规划体系；明确了全校各单位“十三五”规划编制的工作任务和工作安排，提出了明确的工作要求。

2015 年 3 月 23 日，学校召开“十三五”规划编制工作动员大会，学校“十三五”规划编制工作全面启动。校党委书记任维桢作动员讲话，校领导闵文义、张维民、高岳林出席，全校职能处室和各学院党政负责人参加了会议。会议对“十三五”规划编制工作进行了全面部署。任维桢书记在会议上进行了动员讲话，指出学校要以“十三五”规划编制工作为抓手，面对现实，应对挑战，迎接机遇，破解难题，深化改革。

学校“十三五”事业发展规划是学校贯彻落实《国家中长期教育改革

和发展规划纲要（2010—2020年）》和国家民委高等教育工作的重要载体。是学校继续深化改革，指导和推动学校未来五年发展的纲领性文件。站在新的历史起点上，学校规划领导小组认真总结“十二五”期间的发展成就、全面审视经济社会发展的新要求、认真思考学校承担的重要责任和肩负的历史使命、科学分析学校面临的机遇和挑战基础，广泛调研、广泛征求各方面意见，对学校的发展进行科学规划。“十三五”规划编制坚持问题导向、需求导向和特色导向，认真分析了国内外高等教育的形势和学校发展的内外环境，回顾总结了“十二五”期间学校改革发展的成功经验，进行了全校范围内的问卷调查，发动广大教职员工献计献策，制定印发了《北方民族大学“十三五”规划编制指导意见》，成立“十三五”规划调研小组。

动员会后，各单位高度重视，认真部署，规划编制工作进展顺利。比如国际合作交流处和国际教育学院共同召开了“北方民族大学‘十三五’国际化建设规划专家论证会”，邀请宁夏教育厅、宁夏大学、宁夏医科大学和我校专家对本单位发展规划进行研讨。2015年10月初，学校“十三五”事业发展规划及专项专题规划初稿形成。

10月13日，校党委书记任维桢主持召开学校“十三五”规划编制工作领导小组会议，杨敏校长做了总结讲话。会议听取了“十三五”规划编制工作领导小组办公室对学校“十三五”规划编制工作的进展情况和下一步规划编制工作的具体安排，以及“十三五”事业发展规划初稿的编制框架、编写指导思想和设计思路的汇报和介绍。会议强调，编制“十三五”规划是学校发展历史上第一次我们自己认真地为学校以后的工作做正式五年规划，事关学校今后五年和中长期改革发展大局，社会关注、师生期待。希望大家团结一心、齐心协力，高质量、高标准地做好“十三五”规划编制工作。

2015年10月，学校下发《关于开展“十三五”规划调研工作的通知》，成立6个“十三五”规划调研小组，从10月15日至11月底，在校内广泛开展“十三五”规划的调研工作。每个调研小组由校领导亲自带队参加调研工作，分别听取二级教授和三级、四级教授代表，各学院书记、院长，青年教师代表，民主党派、无党派人士，系主任代表，党群行政部门、直

属单位负责人对学校未来发展的建议。召开规划编写小组与各专项专题规划工作小组研讨会，召开专项专题规划工作小组负责单位、配合单位研讨会，各专项专题规划负责单位向项目分管校领导汇报规划编制情况、修订情况。召开包括离退休人员、教代会代表、学术委员会全体成员、教授代表（非学术委员会成员）、青年教师代表、学生代表、校外专家、国家民委、教育部门以及相关政府部门专家等各方人员的系列座谈会，征求意见，进行论证。全面完善学校“十三五”事业发展规划和各专项专题规划。

在学校领导的高度重视和周密部署下，在全校各部门的一致努力下，经过9个多月的精心编制，2016年12月16日，《北方民族大学“十三五”事业发展规划（2016—2020）》正式发布实施。“十三五”规划认真分析了学校发展中的重点领域和突破口，明确了建设和改革的关系。通过加强学科建设、师资队伍建设、学生工作体系建设、教育国际化建设、实验室建设、校园建设和党的建设等七个方面的建设，人才培养体系、人事制度、科研管理体制、评价制度和治理结构等五个方面的改革，提出了“十三五”期间的重要改革任务和措施，在不同建设和改革任务中有针对性列出20多项主要举措项目。“十三五”规划是指导学校“十三五”期间发展的纲领性文件，进一步明确了学校的办学定位、发展目标和发展路径。

各专项专题规划也加速推进编制进度，2017年10月，学校“十三五”学科建设与研究生教育发展、本科教育、人才队伍建设、科研发展建设、校园建设、实验室建设、党的建设、文化建设8个专项规划，国际合作与交流建设、智慧校园建设、图书资料建设3个专题规划，全部发布实施。

2. 突出建设与改革，推进实施“十三五”规划

为推进“十三五”规划的全面实施，充分发挥“十三五”规划在学校事业发展中的统筹和导向作用，确保“十三五”规划提出的目标任务和战略举措顺利完成，2017年4月，学校印发《〈北方民族大学“十三五”事业发展规划（2016—2020）〉主要任务分解与实施方案》，提出“三年见效、五年完成”的实施目标，紧密围绕“十三五”规划明确的“七个方面的建设”和“五个方面的改革”内容，以24项主要量化指标为建设目标，确定16项建设重点举措和计划、9项改革重点举措和项目，进行分解并组织

实施。9 月，印发《北方民族大学“十三五”规划宣传工作方案》，号召全校师生深入了解“十三五”规划内容、明确目标任务，统一思想、提高认识，将规划的各项目标转化为自觉行动，积极参与到学校的建设和改革工作之中。努力把学校建设成为影响当地、辐射周边、国内知名的具有鲜明特色的民族性、区域性综合性大学，为实现有特色高水平现代民族大学而努力奋斗。

3. 有序推进规划实施，开展“十三五”规划中期评估工作

“十三五”规划进一步明确了学校的办学定位、发展目标和发展路径。提出了学校发展的总体目标，即“到 2035 年（即建校 50 周年后），建成西北一流、国内知名、特色鲜明的高水平现代民族大学。”明确了学校“十三五”建设目标，即“学校办学水平明显提高，综合实力显著增强。人才培养质量全面提高，人才队伍建设层次大幅提升，学科建设实现新突破，特色领域达到国内先进水平，努力建成博士、硕士、学士三个学位层次并存的人才培养体系，多领域、多形式地拓展一批科研服务平台、产生一批标志性科技成果或政策服务。到 2020 年，把学校建设成为影响当地、辐射周边、国内知名的具有鲜明特色的民族性、区域性综合性大学。”同时提出了人才培养、队伍建设、学科专业建设、科学研究、治理改革等方面的具体建设目标。

“十三五”规划实施以来，全校各单位协作奋进，全校师生员工和衷共济，大力推动了学校各项事业发展不断取得新的成绩。2018 年 10 月至 2019 年 6 月，对 2016 年 1 月至 2018 年 12 月期间学校总体规划及各专项专题规划实施情况梳理分析、进行评估，总结了三年来学校在人才培养、学科建设、师资队伍建设、科研发展建设等 11 个方面取得的成效，形成了《北方民族大学“十三五”规划实施情况中期评估报告》。截至 2018 年底，“十三五”事业发展规划中确定的人才培养量化指标、学科建设量化指标、师资队伍建设量化指标、科学研究量化指标这 4 大类主要量化指标中，设定的 20 项发展指标中 ,18 项完成率超过 50%，其中：3 项超额完成，1 项完成 100%，2 项完成 90% ～ 100%，10 项完成 60% ～ 80%，2 项完成 50% ～ 60%；4 项实现突破的指标中，1 项实现，3 项未实现。在 7 个

方面的建设和5个方面的改革中提出的25项主要举措，顺利实施并取得实质性成效的有23项，13个牵头单位在项目推进中共计采取36项成效显著的改革措施。这些成绩的取得，为推动学校构建“四梁八柱”性质的改革、进入以质量为核心的内涵式发展“精装修”阶段奠定了基础，进一步明确了“十三五”下一步实施的具体任务和目标。

2020年，全面总结学校“十三五”事业发展情况，对“十三五”期间党建和思想政治工作、人才培养、学科专业建设、科学研究能力、师资队伍建设、对外合作交流、服务社会发展、文化传承创新、条件保障建设、治理能力提升等十个方面进行了全面总结，形成《北方民族大学“十三五”规划执行情况报告》。“十三五”时期，学校坚持以习近平新时代中国特色社会主义思想为指引，在国家民委正确领导下，在自治区党委、政府及有关部门的关心支持下，紧紧围绕高水平现代化综合大学建设目标，广大教职工砥砺奋斗、团结进取，学校各项事业得到长足发展，办学实力明显提升，基本完成了“十三五”规划确立的各项任务，党的建设全面加强，思想政治工作形成新格局；办学体系更趋完善，人才培养质量迈上新台阶；办学条件明显改善，办学水平实现新跨越；科研水平大幅提升，社会服务能力跃上新高度；助力脱贫攻坚，人才科技展现新作为；校园文化建设特色突出，社会声誉得到新提升；对外合作交流持续深化，深度广度实现新拓展；制度体系更加健全，治理能力建设取得新进展；全面夯实了高水平现代化综合大学建设基础。

（二）“十四五”规划编制实施情况

“十四五”规划编制以习近平新时代中国特色社会主义思想为指导，全面贯彻党的十九大和十九届二中、三中、四中全会精神，以习近平总书记在全国教育大会上的重要讲话、习近平总书记关于教育工作和民族教育工作的重要论述、中央民族工作会议精神为根本遵循，以《中国教育现代化2035》《2021—2035年国家中长期科技发展规划》为制定依据，以国家民委、教育部、自治区相关精神和要求为指导，全面落实学校第二次党代会提出的奋斗目标和战略任务，紧密围绕“四大战略”、建设“五个北民大”和“构建八大特色高水平办学体系”的办学治校方略，全面总结“十三五”

主要成就和经验，精准把握时代变化发展特征，科学研判制约学校发展的内外部条件，认真做好顶层设计，科学谋划“十四五”发展方向和路径，高水平编制规划，用规划引领学校各项事业再上新台阶。“十四五”规划是学校立足“两个一百年”奋斗目标历史交汇点，乘势而上开启全面建设社会主义现代化国家新征程、向第二个百年奋斗目标进军的顶层设计；是坚持党的全面领导，坚持立德树人根本任务，贯彻高等教育高质量发展理念、主动担当铸牢中华民族共同体意识时代使命、推进学校治理体系和治理能力现代化、建设特色鲜明的高水平现代化综合大学的重要载体；也是落实第二次党代会精神的重要行动纲领。

1. 集思广益，有序推进规划编制工作进程

高度重视，提前谋划。2020年3月下旬即开始着手准备“十四五”规划编制工作，召开了职能部门和学院两个层面规划工作专题会议，征求规划编制思路和建议。4月26日，出台《北方民族大学“十四五”规划编制工作方案》，成立了规划编制工作领导小组，由刀波书记和李俊杰校长担任组长，各分管校领导领衔各专项规划编制，确定了“1+6+21”的规划体系，明确了编制工作程序。4月28日，学校召开“十四五”规划编制工作启动暨2019年工作业绩突出团队表彰会，学校“十四五”规划编制工作全面启动。

开门问计，深入调研。3月31日，启动“十四五”规划调查问卷工作。4月至5月分类设计问卷，形成《北方民族大学“十四五”发展规划调查问卷》初稿，后经完善修改、校外专家修订，于6月4日发布了《关于开展北方民族大学“十四五”发展规划调查问卷的通知》，6月5日至30日，在全校1081名教职工、5014名本科生、506名研究生、303名校友中开展抽样问卷调查。8月底，形成教职工、本科生、研究生、校友4类问卷调查数据分析要报，为编制学校“十四五”规划提供了真实有效的信息支持。

上下联动，系统推进。2020年5月启动规划纲要编制工作，5月底形成初稿，随后召开9次专项会议，向26个党政职能部门及教辅部门、21个学院、全体校领导、校内外专家共计90余人次征求意见，经过多次修改完善，10月15日形成《北方民族大学“十四五”事业发展规划纲要

（2021—2025 年）》，并提交规划领导小组会议审议通过。2020 年 7 月至 12 月，各专项规划和各学院规划初稿形成；2020 年 10 月下旬至 2021 年 3 月，依据规划纲要形成总规划初稿，分别召开教师代表、离退休教职工代表、学术委员会委员代表、民主党派代表、学生代表、行政职能及教辅部门、学院、专项规划负责部门、校内外专家、校领导等 10 个层面的集中讨论和征求意见座谈会，共征求意见超过 200 人次，征求意见建议千余条，经反复研讨、修改、完善，共计 12 稿。“十四五”规划的整体布局借鉴了国家“十四五”规划的架构，采用章目及专栏形式编制，内容更为丰富，体裁更为新颖。

2021 年 4 月 17 日，“十四五”规划（讨论稿）提交学校第七届教职工代表大会第三次会议审议通过。2021 年，在中央民族工作会议和国家民委直属高校工作座谈会召开后，为切实落实铸牢中华民族共同体意识主线要求，贯彻落实党的十九届六中全会、中央民族工作会议、中央人才工作会议、国家民委直属高校工作座谈会等会议精神，又经过多次修改完善，2022 年 6 月，《北方民族大学“十四五”事业发展规划（2021—2025 年）》正式发布，同时发布铸牢中华民族共同体意识工作、人才培养、师资队伍建设、学科建设、基础能力建设、校园基本建设 6 个专项规划，完成 21 个学院规划备案，构建了 1 个总规划、6 个专项规划、21 个学院规划的“1+6+21”规划体系。与此同时，《北方民族大学“十四五”事业发展规划（2021—2025 年）任务分解方案》同步发布，对学校“十四五”事业发展规划的主要指标和主要任务进行了分解，明确了各项主要指标和主要任务的责任单位，为有效落实“十四五”规划提供了指导和保证。

2. 科学设计规划架构及内容

“十四五”规划立足新发展阶段，贯彻新发展理念，深度融入新发展格局，阐明了学校发展战略部署和目标，提出了 8 个方面的重点战略任务、45 项重点建设计划、121 项具体实施措施，是学校全面贯彻落实国家民委总体要求、彰显新时代办学使命的全局性行动纲领。分为序言和十个章目。序言提出制定依据，第一至第十章是规划的具体内容。第一章是规划基础，总结了“十三五”时期学校取得重大突破的各项成就，分析了

“十四五”时期学校开启全面建设新时代高水平现代化综合大学新征程的重大机遇和挑战，明确了规划的指导思想、基本原则、总体战略、发展目标和主要指标。第二章至第九章，结合校情实际，立足“十四五”时期学校改革发展的总体需要和发展趋势，按照学校事业发展重点领域，从8个方面对相关工作进行了规划，依次为：铸牢中华民族共同体意识，彰显民族院校初心使命；坚持立德树人，培养新时代一流人才；推进人才强校，锻造高水平师资队伍；推进内涵发展，高质量建设“双一流”；强化科研创新，提升社会服务能力；强化基础支撑，构建协调高效的综合保障体系；扩大对外开放，提高对外合作交流水平；坚持守正创新，建设高质量发展的现代治理体系。同时各章开列了相应专栏和实施计划项目，基本涵盖了“十四五”时期学校发展建设的方方面面。第十章为保障措施，对抓好规划落实提出了明确要求，按照完善规划体系的思路予以强化，分别从强化资源投入保障、细化任务分解落实、健全检查考核机制等三个过程进行规划。

铸牢中华民族共同体意识专项规划聚焦创建铸牢中华民族共同体意识示范校，统筹谋划推进铸牢中华民族共同体意识工作、全面建设铸牢中华民族共同体意识坚强阵地、把铸牢中华民族共同体意识贯穿教书育人全过程、深入开展民族团结进步创建工作，从战略高度谋划了学校“十四五”期间铸牢中华民族共同体意识工作。

人才培养专项规划全面总结学校“十三五”人才培养成绩，客观分析面临的机遇与挑战，把加强为党育人为国育才作为重中之重，落实立德树人根本任务，突出“以本为本”，构建高水平人才培养体系，全面提高人才培养能力，谋划了本硕博一体化的人才培养规划。

师资队伍建设专项规划坚持党管干部、党管人才，坚持“人才是第一资源”理念，明确围绕“人才强校”战略，按照“以人为本、分类施策、强化保障、激发活力”的工作思路，以建设高层次人才队伍、创新团队，培养优秀青年后备人才为重点，努力建设一支规模适当、结构合理、师德高尚、业务精湛、充满活力的高水平师资队伍。实施“聚才引智”“高端引智”“培英育才”“高峰高原”四大行动计划，强化师德师风第一标准。

学科建设专项规划进一步明确学科发展要紧密围绕国家重大战略，对接区域经济社会发展需求，实施“一流引领”与“特色发展”战略。优化学科布局，构建分类分层的学科建设体系，打造“精品文科、优势理科、特色工科”多学科融合发展的学科生态。按照引领型学科、提升型学科、发展型学科3个类别层次，重点建设一批有基础、有潜力的基础性、战略性、引领性优势学科，做好建强中华民族共同体学学科，通过重大理论现实问题研究实现学科建设新突破，全面推动学科的可持续发展和学科建设水平的提升。

基础能力建设专项规划着力于进一步提高学校办学资源配置水平，提升各类办学资源的运行效益，聚合学校基建、信息化建设、实验室建设、图书信息服务能力、后勤、财务、国资、档案管理、校园安全等方面的保障能力建设。

校园基本建设专项规划立足构建设施完善、功能齐全、布局合理、和谐优美的校园环境，提升校园环境育人功能，综合学校财力，按照校园东区和西区建设的总体进程，确定重点建设项目，分阶段集中建设，逐步改善教学、科研和师生工作生活条件。

3. 守正创新突出规划核心要义

一是提高政治站位，加强规划统筹，全面赋能“十四五”时期学校发展改革大局向纵深推进。在“十四五”规划编制的组织和实施过程中，始终高举习近平新时代中国特色社会主义思想伟大旗帜，全面贯彻党的教育方针和民族政策，切实增强“四个意识”、坚定“四个自信”、做到“两个维护”。紧紧围绕建设新时代有特色高水平现代民族大学的第一要务，将“十四五”规划作为全面推进民族高等教育现代化建设进程的基础蓝图。通过基础的调查摸底和科学衡量，内容编制的谋篇布局和优化组合，实施载体的综合考量和整体协同，依托“十四五”规划，明确了“十四五”时期学校建设的发展目标、主要任务、实施路径等关键内容和要素，为全方位、全领域推动办学水平向高质量阶段迈进打下坚实的战略基础。

二是多向对接协调，夯实规划基础，大力推动“十四五”时期学校各项事业向全域推进。在“十四五”规划的总体定位上，将“十四五”时期

学校总体发展建设统摄于“五个北民大”的顶层设计之内，将铸牢中华民族共同体意识贯穿于学校发展各领域。“十四五”规划通篇贯彻学校“以本为本、人才强校、特色发展、一流引领”四大战略。立足学校发展改革实际，坚持目标导向和问题导向，加强制度设计和创新。在“十四五”规划的衔接协调上，面向国家重大发展战略，面向民族地区和地方经济社会发展要求，积极贯彻落实国家民委战略部署，紧密对接自治区“十四五”规划，整合协调校内各专项规划和学院、部门规划。在“十四五”规划的功能要素上，将思想政治、人才培养、师资队伍、学科发展、科研创新、综合保障、对外合作、现代治理 8 个高质量办学体系融和为一个有机整体，覆盖教育全域，加快推进学校教育现代化进程。

三是突出实体支撑，强化科学编制，全面推进“十四五”时期学校发展改革各项建设任务落细落实。通过征求和汇总全校“十四五”及中长期发展建设计划项目，在初步评价全校资源支撑能力和发展潜力的基础上，量力而行，聚焦关键领域，着眼重大任务，合理规划实施项目，明确有效工作抓手。在“十四五”规划中确定了 38 个建设方面、47 个具体行动计划、123 个具体实施项目，确保规划目标具有明确的承接载体，发展任务具有可操作、可落实的项目实体，“十四五”规划执行实施的有效性得到了充分保障。

四是体现师生愿望，强化民主参与，共同谱写奋进新征程的行动纲领。“十四五”规划编制是一项系统工程，编制过程既是一个发扬民主、汇集众智、反映师生意愿的过程，也是一个统一思想、科学决策、凝聚共识的过程。“十四五”规划编制坚持深化研究和深入调研相结合、顶层设计和问计于师生相统一，编制过程中，广泛发动了院系、部门、师生员工参与，超过 75% 的教职工、25% 的在校本科生、50% 的在校研究生参与了规划问卷调查，21 个教学单位编制了学院规划，26 个党政职能部门和教辅单位直接参与了总规划的纲要和文本的撰写，15 个单位承担了 5 个专项规划的编制。全校上下联动、群策群力，形成了相互联系、衔接统一的学校总体、专项、学院三级规划。规划编制汇集了全校师生的智慧，实现了学校战略意图和广大师生共同意愿的统一，使“十四五”规划成为学校履

行职责的主要依据，成为全体师生的行动纲领。

“十四五”规划编制工作历时近一年，始终坚持“一张蓝图绘到底”“总规分规一盘棋”的整体推进思维，固根基、扬优势、补短板、强弱项，切实把“十四五”规划编好用好，转化为发展实效，形成了能够全面反映学校事业发展全貌的规划体系。

第七节　全面加强意识形态工作

意识形态工作是党的一项极端重要的工作。高校是人才培养的重要基地，是意识形态工作的前沿阵地，它不仅承担着以马克思主义理论引领社会思潮的重要使命，而且也决定着社会主义建设者和接班人的政治素质和培养质量。切实加强高校意识形态阵地建设，是一项关乎社会主义办学方向、关乎中国特色社会主义事业前途命运的战略工程、固本工程、铸魂工程。北方民族大学党委始终坚守党管意识形态、党管宣传思想工作的政治原则，始终把意识形态工作摆在十分重要的位置，牢牢掌握党对意识形态工作的领导权，围绕中心，服务大局，为学校的改革发展建设提供有力的思想保证。

一、组织领导

学校通过加强组织领导，成立学校意识形态工作领导小组和 5 个学校各工作领域意识形态工作小组。凡涉及意识形态领域工作，先由意识形态工作领导小组专题研究，再由党委常委会专题研究，不再与其他议题同时研究。强化“党委领导、宣传部统筹协调、各相关部门各负其责、齐抓共管”的工作机制。各单位、各部门切实担负起意识形态工作的领导责任，坚持一把手亲自抓，把意识形态工作摆上重要议事日程，经常分析研判意识形态领域的新情况、新动向，及时有效地加以应对，防范和处理好意识形态领域的突出问题。

学校党委不断提高政治站位，增强“四个意识”，坚定“四个自信”，坚决做到“两个维护”。及时传达学习中央、国家民委党组和自治区党委

关于意识形态、宣传思想、民族宗教工作的重要精神，通报意识形态领域重要情况，定期分析研判师生思想动态和心理状况。2018 年 6 月，学校领导班子组成后，认真扎实落实自治区和国家民委领导同志的重要批示指示精神，针对我校意识形态工作中的短板和漏洞问题，集中人力物力精心查摆、立查立改，取得了一定成果。

二、体制机制

按照中央、国家民委党组、自治区党委关于意识形态工作的总体部署，认真落实意识形态工作责任制和网络意识形态工作责任制，牢牢掌握意识形态工作的领导权管理权话语权。开展意识形态整改工作，成立学校意识形态工作领导小组和宣传思想工作领导小组，党委常委会每半年至少研究一次意识形态工作，与各二级单位签订网络意识形态工作责任书，按照属地管理、分级负责和谁主办谁负责的原则，明确了学校各级党组织和各单位意识形态工作的领导责任、主体责任、风险点、考核对象、考核内容、考核评价与结果使用等，着力完善学校意识形态工作体制机制，推动意识形态工作责任制落实落细落小。

三、制度建设

在组织领导、理论学习、责任落实、阵地管理和舆论宣传等方面，制定印发了《北方民族大学网络舆情应对与处置办法（试行）》等相关规章制度 50 余项，着力构建“1+N”意识形态工作制度体系，着力健全完善意识形态工作体制机制。

四、理论学习

校党委始终坚持社会主义办学方向，把加强干部和教职工理论学习作为意识形态工作的重要内容，多措并举，切实把各项措施落小落细落实。通过调训、集中轮训和专题培训等形式，组织处科级干部、全体专任教师、学工队伍和大学生记者团开展多层次、大范围、针对性强的专题集中培训学习，深入学习贯彻落实习近平新时代中国特色社会主义思想，贯彻落实中央文件精神和国家民委、自治区党委有关意识形态工作责任实施办

法的精神。

坚持校院两级党委理论学习中心组学习，深入学习宣传贯彻落实习近平新时代中国特色社会主义思想，制定宣传思想工作要点、理论中心组学习计划，开展每月至少一次的校党委中心组集中学习活动。各基层党组织也认真开展好每月至少一次的中心组理论学习。全校各级党团群组织和马克思主义学院也充分利用晚班会、主题党团日活动、民主生活会、集中学习轮训会、思想政治理论课、校园文化建设等多种渠道，学习贯彻党中央的决策部署，推动和保证党的教育方针政策严格、正确实施。

五、监督考核

坚持把意识形态工作作为学校党的建设重要内容，纳入重要议事日程、党建工作责任制和领导班子、领导干部目标管理，与业务工作同部署、同检查、同考核，并作为领导班子和领导干部业绩评定、奖励惩处、选拔任用的重要依据。把意识形态工作纳入执行党的纪律的监督检查范围、重点巡察范围和党内问责的重要内容，加大督查督办和跟踪问效、问责力度。

学校设立了党委巡察工作办公室，印发了《中共北方民族大学委员会巡察工作实施办法（试行）》《北方民族大学巡察组工作规则（试行）》等，加强对各学院开展巡察，同时，强化对意识形态工作的专项督查，推动全校意识形态工作责任制落实。

六、舆情管控

落实网络意识形态工作责任制，强化与自治区网信部门沟通协调，加强网络舆情分析研判，建立网上网下一体化快速应对处置机制，加强敏感时期、重点时段、特殊群体的舆情信息收集、分析和研判，以便准确把握整体舆情动态，引导网上舆论。畅通舆情反馈渠道，健全网络舆情处置机制，校长办公会议定期研究通报有关学校的舆情信息，及时开展教育引导及危机化解，针对特殊的时间节点，进行跟踪监测，对发现的不当言论进行汇总分析，及时上报，确保做到早发现、早预防、早化解。不定期对全校各单位网站建设情况进行全面检查。

七、阵地建设

严格报告会、研讨会等管理。开展学术成果投稿（出版）事前登记工作，加强对报告会、研讨会、讲座、论坛、读书会和学术沙龙等的引导管理，按照“谁主办、谁负责，谁审批、谁监督”的原则，严格执行“一会一报”“一事一报”制度。

严格教育教学领域意识形态管控。学校在教师聘用、年度考核、专业技术职称评审、评优奖励中注重政治立场的考察，实行师德师风和学术道德考核一票否决制。严把新入职教师思想政治、品德关，在招聘工作中对应聘人员的思想政治表现、道德品质、心理健康等进行综合考核和把关。学校成立教材工作领导小组，负责对哲学社会科学教材选用进行政治把关，审查引进教材，审议学校教材建设规划，审定特色教材立项，指导制定教材遴选使用、质量监控和评价等相关管理规定。制定了《北方民族大学教材选用征订管理办法（试行）》，从教材的选用原则、选用标准、选用程序、征订程序、责任追究和处理、日常管理等6个方面对教材的选用和征订作出明确规定。统一征订全校开设的“马工程”课程教材，确保“马工程”教材对应课程均能做到学生上课人手一本教材。学校通过期初教学检查、期中教学检查对教材使用情况进行检查，开展专门针对“马工程”重点教材有关使用情况的检查等。

严格执行教育教学管理的各项规章制度，明确广大教师必须处理好坚持正确政治方向与学术自由的关系，处理好学术研究与课堂教学的关系，在事关政治方向和根本原则问题上，旗帜鲜明，立场坚定，守土有责、守土有方。深入教材审查工作，加大对通识选修课意识形态方面的审查力度，开展“在线课程”意识形态方面的排查审查。

严格执行“三审三校”和“一测三审精编四校二读”制度，持续做好《北方民族大学报》和《北方民族大学学报》编辑出版。更新建设网站58个，加强校内媒体平台的报备和内容审核工作。强化对校报、校园广播电视、宣传栏、网站、微信公众平台等各类新媒体的管理，规范审批备案等工作。

八、社团管理

制定下发了《北方民族大学学生社团建设管理办法》和《北方民族大学学生会（研究生会）深化改革实施方案》。完善处级干部联系学生社团制度，强化对学生社团的管理报备工作，加强对学生社团开展活动的思想引领。加强对学生社团的管理和监督，学生社团管理实行登记成立、注册年检、活动审批、量化考核、星级评定的基本管理办法。禁止学生社团收取会费，严禁以各种形式组织“老乡会”，所有活动必须经过申报、审批、开展、总结等环节，审批通过的校级社团活动经费全部由学校支持。学校各相关部门、各学院团委按照“谁指导，谁负责”的原则，加强对所属学生社团的指导和管理。目前，在册学生社团 87 个，所有学生社团均配有指导教师，均为无偿指导，保证了学生社团正确政治方向、价值导向。

九、涉外管理

严格执行国际合作交流方面的法律法规，持续加强对中外合作办学、对外交流、学术交流合作等涉外活动的管理。密切关注相关国家和地区安全风险，对具体审批环节予以严格管控和把关，加强对选送境外高校“交换生”和访问学者的思想政治教育工作，认真落实“行前有教育，学中有访查，归国有跟进”的要求，通过邀请有关方面专家开展专题讲座等多种方式，对每批团组出国前进行行前教育；针对出国时间在 15 天以上长期交流的项目，指派专人通过电话、微信等渠道关心和了解；在交流、访问结束回国以后，每个团组都要报送总结材料并在校内予以公布。

十、防范抵御宗教渗透

坚持教育与宗教相分离的原则，与辖区公安、教育、民宗等单位建立联动协调沟通机制，定期召开工作会议，互通信息，研判形势。落实“平安校园计划”和警校共建协议。经积极协商，西夏区公安局在我校建立了警务室，开展安全教育、整治周边环境、及时处置各类校园突发事件。面向学工队伍开展专题培训，使广大教职员工对当前高校思想政治工作、安全稳定工作和意识形态领域斗争严峻形势有了深刻认识。每两周召开一次

学生工作例会，校党委书记参加，分管校领导主持，及时通报情况、掌握动态，协调解决相关问题。

十一、持续壮大主流思想舆论

2018 年 9 月以来，学校加强与人民日报、新华社、中央电视台、光明日报等中央媒体，中国民族报、民族画报、民族团结杂志社等国家民委所属媒体以及宁夏日报、宁夏电视台等区内主流媒体的深度合作交流，着力构建学校大宣传工作格局。近五年来，人民日报、中央电视台、新华社等各类各级主流媒体宣传报道学校近 500 余次，极大地提升了学校的美誉度和形象。

第八节　全面加强基层党组织建设和干部队伍建设

一、持续加强基层党组织建设

（一）凝心铸魂，推进习近平新时代中国特色社会主义思想落地生根

在国家民委党组和自治区党委的坚强领导下，学校党委坚持以习近平新时代中国特色社会主义思想为指导，以铸牢中华民族共同体意识为主线，把学习宣传贯彻党的十八大精神、党的十九大精神、党的二十大精神作为首要政治任务和头等大事，与学习贯彻习近平总书记视察宁夏重要讲话和重要指示批示精神、中央民族工作会议精神、委属高校工作座谈会精神一体贯通、一体推进、一体落实，开展“大学习、大讨论、大宣传、大实践”活动。

坚持把政治建设摆在首位，向各级党组织传递“抓好党建是最大政绩”的强烈信号。通过召开党委常委会、理论学习中心组传达学习习近平总书记重要讲话精神、重要指示批示以及党中央、国家民委、自治区重大决策部署。牢固树立“四个意识”，坚定“四个自信”，做到“两个维护”，坚决维护习近平总书记党中央的核心、全党的核心地位，坚决维护党中央权威和集中统一领导。

（二）初心不改，全面落实从严治党主体责任

持续优化学校党委、基层党委（党总支）、党支部和党员四级党建工作体系，将抓党建的责任层层传导、落细落实。坚持以党的政治建设为统领，严格落实党委领导下的校长负责制，充分发挥学校党委把方向、管大局、抓班子、带队伍、作决策、保落实的领导作用，选优配强党组织领导班子，不断强化基层党委（党总支）书记抓基层党建工作述职评议考核及结果运用，进一步压紧压实党建责任，推动落实“五个到位”。严格落实学校党委会（常委会）、校长办公会议议事规则，强化党组织政治把关定向作用，建立政治生态定期研判机制，营造良好的校园政治生态和育人环境。制定《北方民族大学院（系）党政联席会议制度实施细则》《北方民族大学发展党员工作实施细则（试行）》《“三会一课”季报和督查通报实施办法（试行）》《关于进一步规范党支部主题党日活动的实施细则（试行）》《北方民族大学党费收缴、使用和管理办法》《中共北方民族大学委员会关于教师党支部书记“双带头人”培育工程实施方案（试行）》等，进一步贯彻落实全面从严治党要求，切实加强学校基层党建工作，确保了党的组织生活正常开展。

（三）重点发力，持续加强基层党组织建设

坚决贯彻落实党中央和国家民委党组、自治区党委及自治区教育工委重大决策部署，认真完成全区教育系统基层党建工作重点任务，切实把基层党组织建设成为“宣传党的主张、贯彻党的决定、领导基层治理、团结动员师生、推动改革发展”的坚强战斗堡垒。深入贯彻落实《中国共产党支部工作条例（试行）》《中国共产党党员教育管理工作条例》《中国共产党普通高等学校基层组织工作条例》《中共北方民族大学委员会落实全区教育系统“四强化六提升”工程实施方案》等，严格执行学院两个议事规则。聚焦学校主责主业抓党建，强化党建示范引领，每年召开全面从严治党工作会议和党建工作领导小组会议，印发党的建设工作要点，认真履行好管党治党主体责任。音乐舞蹈学院党委通过全国党建工作标杆院系验收，化学与化学工程学院研究生党支部获批第二批全国高校“百个研究生样板党支部”并通过验收。化学与化学工程学院化学工程与工艺专业学生党支部、

机电工程学院工业设计系教师党支部入选第三批全国党建工作样板支部培育创建单位。积极推进自治区级、校级标杆学院、样板支部、“双带头人”教师党支部建设，3个基层党组织被命名为全区教育系统“五星级基层党组织”，目前有2个全区教育系统第三批“五星级基层党组织”培育对象、2个首批全区高校标杆学院培育对象、4个首批全区高校样板支部培育对象、2个首批全区高校“双带头人”教师党支部书记工作室培育建设对象；1个校级标杆学院、8个校级样板支部、9个校级“双带头人”教师党支部书记工作室。以年度党建重点任务为聚力点，结合庆祝中国共产党成立100周年、迎接党的二十大胜利召开等重要节点，表彰优秀共产党员、全区优秀党务工作者和先进基层党组织，举行新党员入党宣誓、老党员重温入党誓词仪式，讲专题党课，为基层党组织和广大党员发放学习资料等，不断提升基层党建工作质量和水平，以高质量党建进一步增强事业高质量发展的内生动力，为学校各项事业发展提供坚强政治保证。

二、全面加强干部队伍建设

2014年以来，学校党委坚持以习近平新时代中国特色社会主义思想为指导，深入落实新时代党的建设总要求和新时代党的组织路线，按照新时代好干部标准，坚持德才兼备、以德为先，坚持事业为上、人岗相适、人事相宜，多措并举，逐步选优配强学校各部门（单位）领导班子，努力建设忠诚干净担当的高素质干部队伍，为坚持铸牢中华民族共同体意识主线、落实立德树人根本任务、推进学校事业改革发展夯实组织基础，提供坚实保障。

（一）优化调整内设机构，推进学校治理体系建设

为不断推动学校综合改革，优化调整学校职能配置，提升机构和人员管理水平，推动学校治理体系建设，学校党委开展机构调整工作。

2014年，学校相继成立了阿拉伯语学院、国际教育学院、继续教育学院、党委人才工作办公室、机关党委、国防教育教学中心、校友工作办公室、档案馆等处级建制机构。以提高管理服务水平和教育教学质量为出发点，制定印发了《关于北方民族大学2014年处级领导干部聘任岗位职数配

置的通知》，全校设置处级机构65个（含附属中学），其中，教学单位25个，科研院所7个，党群、行政部门25个，直属单位8个。通过机构增设和岗位职数设定，健全了机构，补充了岗位，建立了部门间的协调配合机制，从而为提高服务师生水平奠定了良好基础。

2017年5月将原阿拉伯语学院并入外国语学院，同年12月成立党委教师工作部。

2018年7月，根据当时民族学一级学科博士点建设需要和民族学及相关学科资源分布情况，学校党委对原文史学院及校属科研机构进行调整。一是将校属6个科研院所由学校内设处级机构调整为校级非独立设置的科研平台，挂靠学科相近的教学单位。二是将原文史学院更名为文学与新闻传播学院，北方语言研究院并入文学与新闻传播学院。三是将非物质文化遗产研究所、回族学研究院、社会学与民族学研究所、西夏研究所、原文史学院历史系合并组建民族学学院。

2019年4月，开展全校范围内的机构调整工作，印发《北方民族大学机构调整方案》。调整后学校机构分为党政职能部门、教辅单位、教学单位三类。党政职能部门调整情况为：档案馆与学校办公室合署办公，将全校数据统计审核发布职责、合同管理职责、法律事务职责并入学校办公室；将机关党委并入党委组织部；整合学校各类媒体资源，在党委宣传部成立全媒体中心；成立党委武装部，与党委学生工作部（学生处）合署办公，将就业指导工作职责划归党委学生工作部（学生处），不再保留就业指导处、国防教育教学中心；成立党委保卫部；工会与离退休工作处合署办公；组建发展规划与学科建设处，将原发展规划处的职责、学科建设办公室的职责以及综合改革职责、政策研究职责、国内合作职责等整合，组建发展规划与学科建设处，校友工作办公室划归发展规划与学科建设处管理，为副处级机构，学校学术委员会办公室和学位委员会办公室设在发展规划与学科建设处，不再保留发展规划处；将国际合作交流处的本科生国际化合作办学项目管理、本科生国际交流管理职责，教师教学发展中心的教学研究管理职责，基础教育学院的通识选修课程管理职责划归教务处；教学质量监控与评价处与教师教学发展中心合署办公；将研究生处的

研究生教学质量监控与评价职责、科研处的科研工作质量评价职责划归教学质量监控与评价处；将国际合作交流处的国家外专项目管理职责划归科研处；将实验室建设与管理处设备管理部分职责、学校办公室办公用房分配职责、后勤管理处土地与房产管理职责划归国有资产管理处；将国际教育学院并入国际合作交流处，对外保留国际教育学院的牌子；成立信息化建设与管理处，不再保留网络信息技术中心；后勤管理处更名为后勤保障处，将国有资产管理处的办公家具维修维护职责，网络信息技术中心的电视电话管理职责，大学生活动中心、设计艺术楼报告厅、图书馆报告厅和多功能厅管理职责，体育场、中心教学楼的电子屏设备管理职责，学生处的学生宿舍、图书馆的保洁管理职责，管理学院的接待中心管理职责等划归后勤保障处，成立后勤集团；不再保留党委人才工作办公室。教辅单位调整情况为：组建基础实验教学与工程实训中心，将文科综合实验中心职责、宁夏分析测试中心职责、理工科公共基础实验职责、材料科学与工程学院金工实训职责、电气信息工程学院电工电子实训职责、校内大型共享仪器管理与服务职责整合，组建基础实验教学与工程实训中心；对外保留宁夏分析测试中心牌子，不再保留文科综合实验中心。教学单位调整情况为：将医学影像技术系并入电气信息工程学院；将基础教育学院职能调整到教务处和相关开课学院，不再保留基础教育学院。机构调整后，学校党政职能部门 23 个，教学单位 21 个，教辅单位 4 个。本次机构调整是学校立足发展实际，聚焦现实发展需要，解决发展突出问题的有力举措，也是实现有特色高水平现代民族大学建设的重要改革。通过此次机构调整，内设机构由调整前的 65 个减少为 48 个，内设机构设置更加科学，职能更加优化，权责更加明确，协同、监管更加有力，为学校全面深化改革、推进各项事业发展提供了更加坚实有力的组织保障。

2020 年 9 月，为适应高等教育改革发展的形势与要求，推进学校治理体系建设，根据教育部有关文件精神和国家民委关于学科专业优化调整有关要求，学校对部分学科和专业结构布局进行了优化调整。为更好地开展相关工作，学校党委对研究生处、教务处、教学质量监控与评价处、教师教学发展中心等学科专业管理机构进行了协同调整。设立研究生院（党委

研究生工作部），负责学校研究生思想政治教育、招生、培养、学位评定等工作，不再保留研究生处。教务处与教师教学发展中心合署办公。不再保留教学质量监控与评价处。将教学质量监控与评价工作职责中除研究生教学质量监控与评价、科研工作质量评价之外的职责划归教务处，研究生教学质量监控与评价职责调整到研究生院，科研工作质量评价职责调整到科研处。中华民族共同体建设工作处，与党委宣传部（全媒体中心）合署办公。

2020 年 9 月，为落实全面从严治党，严肃党内政治生活，净化党内政治生态，加强党内监督，根据上级部门有关要求和《中共北方民族大学委员会巡察工作实施办法（试行）》，学校设立党委巡察工作办公室，为党委巡察工作领导小组的日常办事机构。

2020 年 10 月，为统筹推进学校铸牢中华民族共同体意识相关工作，学校设立中华民族共同体建设工作处，与党委宣传部（全媒体中心）合署办公；同时设立中华民族共同体研究院。

2021 年 5 月，设立中华民族共同体学院，与中华民族共同体研究院合署办公。同年 9 月，将继续教育学院由教学单位调整为教辅单位。

2022 年 4 月，根据上级单位工作要求，成立人民武装部，撤销原党委武装部。

2022 年 10 月，为持续深入贯彻落实习近平总书记关于加强和改进民族工作的重要思想，贯彻落实国家民委党组部署要求，加强学校铸牢中华民族共同体意识工作体系建设，学校对已设立的中华民族共同体学院进行了优化调整。在已设的中华民族共同体学院、民族学学院基础上，组建新的中华民族共同体学院，与中华民族共同体研究院合署办公。

2023 年 5 月，为深入贯彻落实委属事业单位改革发展部署会精神和国家民委“新三定”方案要求，坚持铸牢中华民族共同体意识主线，推进学校治理体系建设和高质量发展，对学校部分内设机构进行了优化调整，将中华民族共同体建设工作处更名为中华民族共同体处，单独设立，不再与党委宣传部（全媒体中心）合署办公；将对外保留党校牌子，调整为组织部与党校合署办公；设立继续教育中心，负责学校非学历继续教育和学

历继续教育、国家级专业技术人员继续教育基地建设、校内专业技术人员继续教育培训等工作，人事处（党委教师工作部）与继续教育中心合署办公，不再保留继续教育学院；实验室建设与管理处和基础实验教学与工程实训中心（宁夏分析测试中心）合署办公。

（二）坚持正确用人导向，加强干部队伍建设

2014 年以来，学校先后开展 3 次全校处级、科级干部换届聘任工作。

2014 年处级领导干部聘任工作于 2014 年 9 月至 2015 年 1 月进行，历时 4 个月分三批次完成。第一批聘任正处级干部主要为学校处级机构主要负责人岗位，第二批聘任副处级领导干部主要为学校党群、行政、直属单位副处级领导岗位和学院党委（党总支）副书记岗位，第三批主要聘任教学单位副院长岗位。此次干部换届聘任坚持德才兼备、以德为先的标准和“公开、平等、竞争、择优”的原则，注重工作实绩，尊重群众公论。从召开动员大会、公布聘任方案和岗位开始，经过了自荐报名、资格审查、各单位民主推荐（会议推荐、谈话推荐）、学校大会推荐、征求分管校领导意见、确定考察对象、发布考察预告、组织考察、民主测评、征求纪委意见、党委研究确定拟聘建议、任前公示、宣布任免决定、集体谈话等环节和步骤。其间，学校组织部门严守工作纪律，严格聘任程序，统一工作要求，将每一个工作环节的完成情况及时进行公示或公告，保障了广大教职工的知情权和监督权。此次共聘任处级领导干部 195 人，其中，正处级领导干部 79 人，副处级领导干部 116 人。聘任的 195 名处级干部中，平级聘任干部 118 人，新提拔干部 77 人，提拔正处级干部 14 人，提拔副处级干部 63 人。此次聘任科级干部 105 人，其中平级聘任干部 21 人，新提拔干部 84 人，新提拔正科级干部 70 人，新提拔副科级干部 14 人。本次处级、科级干部换届聘任工作的开展，积极推进处级领导班子和领导干部结构进一步优化，坚持德才兼备、以德为先、注重实绩，坚持群众公认原则，发挥广大教职工的民主监督作用，切实营造了能上能下的良性竞争氛围，有效推动学校处级领导班子建设，提高了干部队伍素质。

2019 年处级科级干部聘任工作于 2019 年 4 月至 7 月开展。此次干部聘任工作以习近平新时代中国特色社会主义思想和党的十九大精神为指

导，认真贯彻落实新时代党的组织路线，深入落实全国组织工作会议精神，严格按照新修订的《党政领导干部选拔任用工作条例》规定程序，国家民委党组、校党委的安排部署及《北方民族大学机构调整方案》《北方民族大学处级领导干部聘任工作方案》《北方民族大学科级及以下岗位聘任工作方案》等开展各项工作，历时近 3 个月，圆满完成各项任务，达到了预期目的。本次干部换届是干部队伍建设制度化、规范化、科学化的必然要求，充分发挥了学校党委在选人用人上的领导把关作用，进一步调整优化机构设置，理顺关系、明确职责、提高效率和服务保障质量，推进学校治理体系和运行机制的科学化水平。通过此次机构调整和干部聘任，一是学校机构设置更加合理，学校内设机构由调整前的 65 个减少为 48 个，减少了 17 个；处级干部岗位由调整前的 210 个减少到 197 个，其中处级管理岗位减少到 107 个，在精简机构、整合资源的同时，也严格落实了国家民委人事司批复的岗位职数要求。二是进一步明确了机构职责，有效解决了调整前个别机构职责不清、交叉重叠，影响工作正常开展的问题。三是进一步推进干部队伍建设，处级干部结构和梯队建设更趋合理。此次共聘任处级干部 183 人（其中正处级干部、五级职员 70 人，副处级干部、六级职员 113 人）；科级干部 145 人（正科级干部、七级职员 126 人，副科级干部、八级职员 19 人）。183 名处级干部中，40 岁以下的年轻处级干部由聘任前的 37 人增长到聘任后的 58 人，少数民族干部由聘任前的 70 人增长到聘任后的 75 人，充分发挥优秀年轻干部生力军作用、少数民族干部在民族和谐共进中的桥梁纽带作用。同时，聘任期间学校大力加强对高学历、高职称人才的培养选拔及对现有专业技术岗位处级干部的教育引导，着力提升干部业务能力及科研工作水平。四是进一步规范了学校岗位管理。此次聘任过程中坚持问题导向，根据上级单位有关规定和学校岗位结构比例，厘清人员岗位聘用管理关系，落实一人一岗、薪岗对应，除聘任到双肩挑岗位人员外，其他人员均不能同时聘任到管理岗位和专业技术岗位，实现人员管理由“身份管理”向“岗位管理”转变。五是推动了干部交流轮岗，切实突出了在多岗位交流实践中砥砺品质、增长才干的导向，激发干部队伍活力，激励广大干部担当作为、干事创业的积极性。

在开展集中换届聘任工作的基础上，根据学校改革发展和干部队伍建设需要，开展不定期干部选拔任用工作。2014 年开展部分处级领导干部岗位，部分学院处级、副处级领导岗位，财务处等部门内设科级机构负责人岗位等干部选拔方案，提拔处级干部 28 人，科级干部 7 人。2015 年至 2016 年开展三级岗位人员聘用、化学与化学工程学院院长、机电工程学院副院长、附属中学副校长、机电工程学院教学工作办公室主任等处科级岗位的选拔任用工作，提拔处级干部 4 人、科级干部 1 人。2018 年为外国语学院选拔 2 名副院长，为马克思主义学院选拔 1 名院长、1 名副院长。2021 年选拔人民武装部部长、学生工作部副部长、学生处副处长、学生资助管理中心主任，基建处处长，学院党委（党总支）书记（专业技术岗位），医学技术学院院长，中华民族共同体学院院长、中华民族共同体研究院院长等岗位正处级干部 8 人；选拔党委宣传部副部长，党委统战部副部长，国有资产管理处副处长、招标采购中心主任，学生心理健康服务中心主任，化学与化学工程学院副院长，医学技术学院副院长，中华民族共同体学院副院长、中华民族共同体研究院副院长等岗位副处级干部 7 人。2022 年选拔马克思主义学院党总支副书记（专业技术岗位），土木工程学院党总支副书记（专业技术岗位），法学院副院长，马克思主义学院副院长，机电工程学院副院长，管理学院副院长等岗位副处级干部 6 人。2023 年选拔党委保卫部副部长、保卫处副处长，教务处副处长、招生办公室主任，财务处副处长，后勤保障处副处长等岗位副处级干部 4 人。

为进一步优化班子结构，合理配备干部，同时为多岗位锻炼和培养干部，丰富干部的工作经历，结合学校工作实际、机构调整情况和岗位需求，适时调整处科级干部岗位。2014 年轮岗交流 21 名处级干部、44 名科级干部；2015 年对学生处、原后勤管理处、基建处等处级领导岗位干部进行了调整；2016 年对党委宣传部、党委统战部、科研处、国有资产管理处等职能部门及相关学院的处级干部岗位进行了调整，交流轮岗处级干部 15 人；2017 年调整相关学院处级干部 5 人；2018 年对学校办公室、党委宣传部、人事处、审计处、财务处等职能部门及相关学院处级干部共 15 人进行了调整；2020 年根据研究生院、教务处、原教学质量监控与评价处等

机构调整情况，对相关处级、科级干部的岗位进行了调整；2021 年对 13 个基层党委（党总支、直属党支部）书记岗位、1 个院长岗位和 3 个党政职能部门副处级岗位进行了调整；2022 年对党委保卫部、保卫处，科研处、实验室建设与管理处、基建处等职能部门的处级岗位进行了调整，对原民族学学院处级、科级干部的岗位进行了调整。

2023 年处科级干部换届聘任工作于 2023 年 1 月启动，目前尚在进行中。

（三）加强干部教育培训和能力建设

学校党委高度重视干部教育培训工作，以学习贯彻习近平新时代中国特色社会主义思想和党的十八大、十九大、二十大精神为重点，将全国高校思想政治工作会议精神、全国组织工作会议精神、全国教育大会精神、党章党规、民族政策理论和党风廉政建设纳入学习培训之中，分层次、有重点地开展干部教育培训工作，切实将坚定理想信念、提高办学能力、转变工作作风贯穿学习培训全过程。

学校党委重视干部教育培训统筹谋划，研究出台了《北方民族大学 2014—2018 年干部教育培训规划》《北方民族大学 2019—2023 年干部教育培训规划》，并制定年度教育培训计划，按照“围绕主线、服务大局，统筹兼顾、突出重点，提高效率、抓好落实”的原则，采用线上线下相结合的方式，推动处科级干部培训全覆盖，引导全体干部用习近平新时代中国特色社会主义思想武装头脑、指导实践、推动工作，不断提高政治判断力、政治领悟力、政治执行力，自觉把学习成果贯穿到学校改革事业发展各个领域、全面从严治党各个方面、本职工作各个环节，提升以铸牢中华民族共同体意识为工作主线，坚持立德树人根本任务，不断开创学校事业高质量发展新局面，为建设高水平现代化综合大学提供人才保障。举办的重点班次如下：

2014 年，举办新提任处级干部提升领导艺术和领导素质培训班、科级干部坚定理想信念提升理论修养培训班，选派处级干部参加中央民族干部学院民族院校行政管理干部能力建设培训班，脱产培训干部总计 131 人。举办北方民族大学处级干部学习贯彻习近平总书记系列讲话精神轮训。

2015 年，委托中央民族干部学院举办了 2 期民族院校管理干部能力建

设培训班，处级科级干部 140 人参加培训。在校内举办为期两天的处级干部学习贯彻十八届四中全会精神轮训班。

2016 年，为湖南省邵阳市政协系统、湖南省邵阳市、娄底市政府系统举办了 2 期精准扶贫干部培训班，培训干部 120 余名。

2017 年，举办处科级干部学习贯彻习近平总书记系列重要讲话精神和学习贯彻党的十八届六中全会精神专题集中轮训。

2018 年，举办学习贯彻习近平新时代中国特色社会主义思想和党的十九大精神集中轮训班（2 期）、党组织书记培训班和处级干部教学科研工作专题培训班。

2019 年，举办“不忘初心、牢记使命”主题教育处级以上干部培训班等集中培训轮训，培训对象覆盖学校全体党员干部和专任教师。

2020 年，举办十九届四中全会精神系列培训和党员干部学习贯彻习近平总书记视察宁夏重要讲话精神教育培训，实现处级以上干部全覆盖。

2021 年，举办处级以上干部贯彻党的十九届五中全会精神专题、党史学习教育、处级干部铸牢中华民族共同体意识、处级干部学习贯彻中央民族工作会议精神、基层党组织书记增强党性修养等 7 个专题研修、培训班。

2022 年，举办全校科级以上干部和党支部书记学习贯彻党的十九届六中全会精神集中研修班、学习贯彻习近平总书记视察宁夏重要讲话和重要指示批示精神和深入学习自治区第十三次党代会精神培训班。在自治区党校举办基层党组织书记政治能力提升暨统战工作专题培训班。

2023 年，举办学习贯彻党的二十大精神培训，处级以上干部参加培训。委托西安交通大学举办管理干部现代化建设能力提升培训班，学院党政负责同志及部分党政职能部门负责同志参加培训。委托六盘山干部学院举办中青年干部培训班。

学校党委高度重视干部实践能力锻炼。2012 年至 2020 年脱贫攻坚期间先后派出 6 批共 60 名干部作为国家民委派驻武陵山片区联络员赴湖南武陵山片区开展挂职扶贫工作。2014 年以来先后派出 6 名干部教师作为中组部“博士服务团”成员赴陕西榆林、甘肃陇南等地挂职工作。积极发挥学校人才优势，落实服务地方职能，2014 年以来先后派出 5 批共 5 名处级干

部、9 名科级干部分别作为驻村第一书记和工作队员，先后赴宁夏泾源县六盘山镇杨庄村、石嘴山市大武口区星海镇新民社区开展驻村扶贫、驻社区帮扶工作；先后选派 13 名处级干部和专业技术人才先后赴银川市辖区、石嘴山市、吴忠市、固原市基层县区和单位挂职，服务宁夏地方脱贫攻坚、乡村振兴和经济建设。每年根据上级单位具体要求，选派干部教师到国家民委机关、工作专班及其他中央单位、宁夏地方党政单位挂职、借调工作，加强干部实践锻炼，切实提升干部人才综合素质。

（四）注重严管厚爱，激励领导干部担当作为

1. 持续加强和优化干部考核工作。2020 年 12 月印发《北方民族大学处级领导班子和处级干部考核工作办法（试行）》，对处级领导班子和处级干部的年度考核、平时考核、专项考核、任期考核等考核内容、程序、结果的认定与运用等进行了明确规范。坚持严管和厚爱结合、激励和约束并重，将考核结果与选拔任用、培养教育、问责追责等结合起来，奖勤罚懒、奖优罚劣，调动处级领导班子和处级干部积极性、主动性、创造性，树立讲担当、重作为、改革创新、干事创业的鲜明导向。

2. 强化干部监督管理，加强干部作风建设。先后印发《北方民族大学校外挂职干部管理办法》《北方民族大学处级领导干部政治把关和政治素质考察实施办法》《北方民族大学推进领导干部能上能下实施办法》《北方民族大学干部校内挂职管理办法》《北方民族大学处科级干部外出请假管理办法（试行）》《北方民族大学处级干部因私出国（境）管理暂行办法》《北方民族大学处级干部兼职管理办法（试行）》等，强化干部监督管理。做好领导干部个人有关事项报告查核工作，切实做好各年度集中录入、汇总统计、随机抽查和查核验证等工作，同时在学校处级干部聘任、党代会“两委”委员候选人考察过程中，严格落实有关规定，开展对相关干部的重点查核。2020 年 10 月印发《北方民族大学处级以上干部深入基层联系学生实施办法（试行）》，持续贯彻落实好相关工作，促进学校领导干部把工作重心下移到基层单位，把工作重点放到学生思想政治工作上，推动落实“三全育人”，形成育人合力。

第九节　全面加强统战工作

学校党委高度重视统战工作，始终坚持以习近平新时代中国特色社会主义思想为指导，认真学习领会习近平总书记关于做好新时代党的统一战线工作的重要思想，认真贯彻《中国共产党统一战线工作条例》，把做好新时代高校统战工作作为一项重要的政治任务，坚决落实党中央和国家民委关于统一战线工作的一系列重大决策部署，紧紧围绕新时代高校统战工作的新任务新要求，以铸牢中华民族共同体意识为主线，发挥高校教育资源优势和人才智力优势，守正创新、多措并举，持续深入推进学校统战工作走深走实，不断推进统战工作取得新成效，北方民族大学统一战线呈现出团结、奋进、开拓、活跃的良好局面。

一、学校统一战线工作发展历程

学校党委不断加强统战工作，凝聚人心，集中力量，明确目标，形成共识，使统一战线在促进学校各项事业发展、维护民族团结进步和校园和谐稳定等方面发挥了重要作用。学校历届党委高度重视统战工作，通过定期研究部署，不断加强工作力度，改进工作方式，着力构建校党委统一领导，党政齐抓共管，党委统战部牵头协调，相关职能部门、二级单位党组织各负其责、相互配合的大统战工作格局。校领导雷崇民、高岳林、张维民、东·华尔丹、李岩青、王宏晓先后分管统战工作。

建校后较长一个时期，学校宣传与统战为一个部门，即宣传统战部，在人员配备紧张、力量薄弱、工作任务繁重的情况下，开展了大量工作，学校统一战线工作取得了一定的成效。学校通过制定《北方民族大学统战工作职责》、召开统战工作座谈会、建立“党员领导干部联系民主党派及与党外知识分子交友谈心”制度、规范和完善《北方民族大学统战人员信息档案》、划拨专项经费、支持统战成员参加学习培训并开展调研考察等一系列举措，为统战工作提供条件保障，切实发挥统战对象的积极作用。

2015年，中央统战部、教育部召开了第二次全国高校统战会议，对高校统战工作作出重要安排部署。面对新形势、新任务，学校党委把加强统战工作作为落实全面加强党的建设以及从严治党主体责任的重要内容，作为学校党委履行党建工作和意识形态工作责任的重要方面，推动统战工作科学化规范化制度化建设。2015年8月25日，为认真贯彻落实中央及自治区党委统战工作会议精神，学校成立了党委统战部（处级建制）。同年，各学院先后召开党员代表大会，在新成立的学院党委中增设统战委员，由学院党委（总支）书记兼任。学校党委中心组理论学习，视情况邀请各民主党派负责人参加。

在学校党委的坚强领导下，学校统战工作有了长足的发展。2016年9月30日，学校成立中共北方民族大学委员会统一战线工作领导小组，10月，校党委正式配备了统战部领导班子，任命陈永平同志为校党委统战部部长，学校统战工作自此独立出来，结束了宣传统战合署办公局面。2018年以来，学校党委统战部部长由校党委常委担任，学校统一战线工作进入了规范化快速发展时期。

在北方民族大学建设与发展的历史进程中，镌刻着学校民主党派成员、无党派代表人士以及广大党外知识分子的贡献，他们在认真搞好教学、科研和管理工作的同时，活跃在政治协商、参政议政和民主监督的舞台，围绕地方经济建设、文化教育、社会发展等方面开展社会调查和科研科普活动，向地方党委、政府积极建言献策，为经济社会发展作出了积极贡献，为学校赢得了诸多荣誉，扩大了社会影响。

二、学校全面加强统一战线工作

学校党委把统战工作作为必须做好的分内事、必须种好的责任田，按照“不忘初心、维护核心、服务中心、凝聚人心”的工作定位，坚持立德树人根本任务，加强组织领导，完善制度机制，突出团结引领，强化自身建设，大统战理念深入人心，大统战工作格局逐步形成。

（一）加强理论学习，不断提高政治站位

学校党委坚持把政治建设摆在抓统战工作的首要位置，深入学习贯彻

习近平总书记关于做好新时代党的统一战线工作的重要思想、关于加强和改进民族工作的重要思想和关于宗教工作的重要论述以及视察宁夏重要讲话指示批示精神，及时传达学习中央、国家民委、教育部和自治区党委有关统战工作会议精神和具体要求，坚决贯彻《中国共产党统一战线工作条例》，深刻认识和把握铸牢中华民族共同体意识的重大意义和基本要求，在思想上、政治上、行动上同以习近平同志为核心的党中央保持高度一致，不断增强“四个意识”，坚定“四个自信”，坚决做到“两个维护”。多次邀请自治区党委宣传部、统战部领导就意识形态工作和民族宗教工作、贯彻落实《中国共产党统一战线工作条例》等进行专题辅导，组织开展“基层党组织书记政治能力提升暨统战工作专题培训班”，着力提升统战干部政治把握能力、统战思维能力、调查研究能力、宣传引导能力、狠抓落实能力。

（二）压实主体责任，着力构建大统战格局

学校党委坚决扛起党管统战工作责任，切实履行统一战线工作主体责任，不断加强政治引领，夯实统一战线团结奋斗的共同思想政治基础，引导广大统战成员紧密团结在党的周围，坚定不移知党情、感党恩、听党话、跟党走。充分发挥构建大统战格局牵头抓总的作用，不折不扣执行好党的统战工作各项方针政策，对学校统一战线工作进行安排部署，注重加强顶层设计，研究破解制约统战工作创新发展的“瓶颈”问题，切实把统战工作放到学校改革发展全局中抓好抓实。2020 年 12 月，《中国共产党统一战线工作条例》修订颁布后，学校党委历年研究审议《中共北方民族大学委员会统一战线工作要点》，听取《北方民族大学宗教工作报告》，先后审议印发多项统战工作制度规范，在推进统战工作的科学化规范化制度化建设，构建校党委统一领导、统战部门牵头协调、有关方面各负其责的大统战工作格局上取得显著成绩。

（三）健全制度机制，强化支撑保障

学校党委坚持强弱项，补短板，努力推进统战工作治理体系和治理能力现代化。先后出台《中共北方民族大学委员会关于加强和改进新时代统

一战线工作的实施意见》《中共北方民族大学委员会关于落实统一战线工作责任制实施办法》，进一步理顺各部门在协同推进学校统战工作中的合作关系，明确学校各级党组织统战工作责任，强化党委主体责任，提高统战工作力度，夯实学校大统战工作格局制度基础。出台《中共北方民族大学委员会关于进一步健全和完善党员领导干部与党外代表人士联谊交友实施办法》，研究制定《北方民族大学统战成员重大节日走访慰问制度》，进一步贯彻党的群众路线，密切党内外关系，凝聚思想共识，更好地发挥党外代表人士在推动学校事业内涵式高质量发展进程中的积极作用。

（四）注重队伍建设，扩大团结服务范围

在学校党委的关心指导下，各民主党派基层组织在学校始终保持着蓬勃发展。2004 年，九三学社北方民族大学支社成立；2011 年，民盟北方民族大学总支成立；2012 年，农工党北方民族大学支部成立；2013 年，民进北方民族大学支部成立；2017 年，民建北方民族大学支部成立；2021 年，民革北方民族大学支部成立；2021 年 10 月，经九三学社宁夏区直工委批准，九三学社北方民族大学支社升格为九三学社北方民族大学委员会。至此，有 6 个民主党派在学校建立了基层组织。截至 2023 年 11 月，学校民主党派成员共 105 人，其中，民革 7 人、民盟 37 人、民建 12 人、民进 11 人、农工党 9 人、九三学社 29 人，党外知识分子 470 人、归国留学人员 156 人，学校统一战线队伍不断壮大，工作广度和深度不断拓展，团结服务的“朋友圈”越来越大。2020 年 10 月和 12 月组织成立“北方民族大学党外知识分子联谊会”和“北方民族大学留学人员联谊会”，努力把联谊会建成党外知识分子和归国留学人员之家，建成学校党委联系广大党外知识分子和归国留学人员的桥梁和纽带。2023 年 12 月 27 日，组织成立北方民族大学归国华侨联合会，进一步团结动员全校归侨侨眷汇集侨智、发挥侨力。

（五）以统战服务为宗旨，做好思想引领工作

制定民主党派和统战团体负责人政治学习例会制度，传达学习中央、国家民委、自治区和学校的最新指示精神，引导民主党派成员凝聚政治共

识。引导各民主党派自觉开展主题教育，不断加强思想政治学习，提高参政议政能力和水平。先后组织统战对象和统战委员代表赴延安、井冈山、西柏坡、遵义等地开展爱国主义教育培训。组织召开纪念中共中央发布“五一口号”75 周年座谈会、学习习近平总书记致欧美同学会成立 110 周年重要贺信精神座谈会、党外人士座谈会、中秋国庆茶话会等各类座谈会，深入开展谈心交流，沟通思想，加强引导，增进共识。组织开展民主党派趣味运动会和拓展训练，为民主党派之间交流创造有利条件。设立民主党派活动室，为民主党派和统战团体开展活动提供政策支持、资金和场地保障。支持各民主党派成员、无党派人士、党外知识分子、统战成员积极参加各民主党派区委会及上级统战、教育部门组织的各级各类教育培训、区情考察、座谈会 300 余人次。

（六）推动发挥作用，凝心融智聚力

学校党委重视发挥党外代表人士独特优势作用，支持鼓励他们在国家社会经济发展和学校“双一流”建设中双岗建功，作出贡献。2018 年，在自治区党委统战部和学校党委的大力支持下，围绕思想政治引领，突出创新创业，以学校创业孵化园为依托，以大数据、物联网、高新科技为重点，充分整合创业孵化园内 40 家中小微企业创业平台，成立北方民族大学党外知识分子实践创新基地——“民大同心园”，出台《北方民族大学党外知识分子统战工作实践创新基地建设方案》，为学校党外知识分子施展才华提供平台。按照“六有”标准和人才培养目标，形成校内园区创业“育种”“育苗”为主，校外创业“育树”“育果”为主的特色鲜明的大学生自主创业孵化链条，努力将“民大同心园”建设成为党外知识分子教育培养、互助合作、人才聚集、创新创业、科技成果转化五大示范点。

（七）以铸牢中华民族共同体意识为主线，全力助推示范校建设

学校党委围绕铸牢中华民族共同体意识这一新时代党的民族工作主线加强顶层设计、完善办学理念、优化学科设置，构建形成由校党委统一领导、书记校长牵头抓总、主责部门组织协调、各单位协同落实，全校上下联动推进的工作格局，大力推进铸牢中华民族共同体意识示范校建设，让

铸牢中华民族共同体意识贯穿办学治校全过程各领域。

充分发挥学校党内外统战智库专家和各民主党派成员作用，积极推荐民族宗教领域专家加入自治区政协理论和统战理论研究会，组织申报校内外统战理论研究和实践创新课题。2020 年以来，学校获批自治区统战理论研究重点项目 4 项，一般项目 3 项；中国高校教育学会统战工作研究分会一般课题 1 项。荣获自治区统战理论研究二等奖 2 项，1 篇研究报告获得全国统战理论政策研究创新成果三等奖，1 篇论文获评民盟中央教育委员会第八届民盟教育论坛优秀论文。结合新时代统一战线新形势新任务，学校统战部按照中央有关文件要求，实行党委命题，党派答题的形式，鼓励各民主党派结合自身特点开展大调研形成调研报告，推荐优秀成果报送自治区统战理论研究会。编辑印制《北方民族大学铸牢中华民族共同体意识研究成果初编》。数篇学校教师撰写的社情民意信息、调研报告被自治区相关部门采用，并得到自治区主要领导批示。

深入开展马克思主义国家观、民族观、历史观、文化观、宗教观宣传教育。组织全校教职工运用“铸牢中华民族共同体意识　树立正确民族观”学习平台开展学习，发放《铸牢中华民族共同体意识知识手册》《坚持我国宗教中国化方向知识手册》1500 余套，带动全校上下深学践悟、细照笃行。与西安交通大学共同筹备发起成立“西北高校青年铸牢中华民族共同体意识宣讲联盟”并积极开展社会宣讲工作，组织承办华侨大学、江苏省民宗委等委托的统战干部“铸牢中华民族共同体意识”专题研修班，取得良好社会反响。

（八）坚持底线思维，切实履行统一战线风险防控责任

学校党委高度重视，认真按照有关文件精神要求，推进实施校园安全稳定“日自查、周会商、月检查”工作机制，把防范化解统一战线风险隐患纳入学校维稳工作，加强摸底排查、监测预警、定期分析研判，制定风险化解处置工作预案，维护校园安全和谐稳定。加强与属地民宗、国安和公安的协调联动机制，加强校警合作，配合有关部门加大对校园周边非法宗教活动治理力度，坚决做好防范和抵御宗教向校园渗透。

第十节　全力推进全面从严治党，切实履行监督责任

一、切实加强党的纪律建设和反腐败斗争

党的十八大以来，以习近平同志为核心的党中央以前所未有的勇气和定力推进全面从严治党，推动新时代全面从严治党取得了历史性、开创性成就，产生了全方位、深层次影响。学校纪委坚持以习近平新时代中国特色社会主义思想为指导，深入学习贯彻党的十八大、十九大和二十大精神，坚决落实十八届、十九届、二十届中央纪委历次全会部署，坚持稳中求进、坚定稳妥，实事求是、守正创新，坚定不移推进学校全面从严治党，学校纪检监察工作呈现新变化新面貌，有力有效为学校事业发展和营造良好政治生态提供保障。

二、聚焦“两个维护”强化政治监督

2022 年 9 月，新冠病毒奥密克戎变异株突降银川市，疫情多点散发、快速增长。11 月下旬，学校 1 万余名学生滞留在东西两个校区，防控形势严峻复杂。学校纪检监察部门坚持“快”字为先、“严”字当头，研究制定监督工作方案，及时通报落实学校疫情防控工作部署情况，全过程不间断开展重点部位、值守点位现场检查，向有关单位通报监督发现的问题，形成“检查、反馈、整改、评估再检查”监督工作闭环。

“疫情当前，必须坚决贯彻落实习近平总书记重要指示批示精神，坚决扛起各方责任，坚决落实各项措施，坚决维护校园安全。纪检监察部门的工作就是发现问题，提出问题，推动整改，保障安全”，校党委委员、纪委书记伍永章带队开展现场检查时说。

密切关注党中央关切，对标对表中央要求，紧跟党中央重大决策部署，紧盯习近平总书记重要指示批示精神贯彻落实，紧紧围绕学校中心工作，学校纪委不断推动政治监督常态化具体化，把捍卫“两个确立”、践行“两个维护”体现在忠诚履职上，充分发挥监督保障执行、促进完善发展作用。

学校纪委深入思考、积极探索政治监督“督什么”“怎么督”等问题，以铸牢中华民族共同体意识为主线，围绕“四个聚焦”做实做细政治监督。聚焦“两个维护”，加强对习近平总书记重要指示批示精神和党中央重大决策部署贯彻落实情况的监督。聚焦“国之大者”，推动落实立德树人根本任务，紧盯痛点难点堵点，推动相关主责部门攻坚克难，不断提升立德树人成效。围绕铸牢中华民族共同体意识示范校建设，督促加强和改进各方面工作。聚焦国家民委、学校党委重大决策部署落实等情况加强监督，对开展主题学习教育、坚守意识形态阵地等方面进行监督。制定实施《北方民族大学加强对“一把手”和领导班子监督实施办法》《北方民族大学运用监督执纪第一种形态的实施办法》《中共北方民族大学委员会巡察工作实施办法》《北方民族大学党风廉政建设专项监督检查办法》《北方民族大学党政领导干部问责制实施办法》。跟进开展巡视巡察整改、疫情防控监督，推动开展群众评议学校和干部作风活动，集中整治形式主义、官僚主义等“四风”问题，专项治理侵害群众利益不正之风、乡村振兴领域腐败和作风问题，组织开展党风廉政建设专项监督检查。紧盯学校政治生态，分析研判信访举报，认真回复党风廉政建设意见，建立廉政档案。政治监督的对象越来越明确，监督的“工具箱”越来越丰富，“全周期管理”推动政治监督具体化常态化机制不断完善。

十年来，在坚定不移强化履行政治监督首要职责的生动实践中，学校纪委督促学校各级党组织切实把为党育人、为国育才的政治责任落实到实际行动上，积聚起推动党中央各项决策部署落实落地的强大动力。

三、聚焦“权力运行”，做实做细日常监督

2019 年 7 月，针对学校纪委受理涉及基本建设、维修修缮、物资采购等项目招投标问题线索的有关情况，时任校党委副书记、纪委书记雷崇民主持召开专题会，基建、后勤、国资、财务、审计等单位自查廉洁风险、研究制定廉洁风险防控措施。雷崇民指出“要加强制度建设，完善程序，堵塞漏洞，规避风险，确保‘干部、项目、资金’安全。与会各部门一是要落实好主体责任，建立健全风险防控体系。主要领导不但要严格

自律，作为党风廉政建设的第一责任人，还要履职到位，管好干部，带好队伍，使全处室的同志在每一个风险点、关键处，在每一次运用手中权力的时候，都要把对个人前途、家庭幸福、学校利益的考量结合起来，做好立项、招标采购及验收等各环节的公开工作，让权力在阳光下运行。二是要强化监督，要做好工程的跟踪审计、强化审计，对基建、采购、后勤三部门，财务、审计部门要做好资金投入的审核与把关，纪检监察部门要做好再监督，抓早抓小，对顶风违纪、主观故意、情节严重的要从严从重处理。”会后，纪检监察部门强化监督，推进规章制度废改立，强化了内控机制。

重点部门、岗位、始终是学校纪检监察部门强化日常监督工作的重要部位、关键领域。开展了对基本项目建设、修缮维修、物资采购招标的专项监督检查。就党建、落实意识形态工作责任制、大学生思想整治教育、师德师风建设、第一种形态落实情况进行巡查。就领导干部利用名贵特产类特殊资源谋取私利问题、经商办企业等问题开展整治督查。新时代的十年，特别是深化落实纪检监察体制改革的这些年，纪检监察部门从实地调研到推动开展自查自纠，从信访研判到开展行业突出问题集中整治，从召开廉洁风险专题研判会到推动开展专项治理，从日常工作约谈到严肃查处问题线索，对重点日常监督持续发力，久久为功。

学校纪检监察部门紧盯关键领域、关键环节、关键岗位，不断完善日常监督工作，健全校院两级监督体系，强化对相关主责部门的监督职责，综合运用听取汇报、约谈、谈话等形式，重点对选人用人、基建项目、招标采购、招生工作、科研经费、后勤管理等重要领域和关键岗位干部履行职责和行使权力情况进行再监督，形成监督合力。总结日常监督、巡视巡察、问题线索核查过程中发现的问题与漏洞，提出意见建议，推动改革和制度建设。

做实做细日常监督，学校纪检监察部门的监督越来越精准，确保让权力在阳光下运行。特别是 2021 年 12 月，中共中央印发《中国共产党纪律检查委员会工作条例》，“条例”对学校纪委依规依法履职，强化日常监

督的方式、手段做了明确规定，进一步提升了学校纪检监察部门做深做细日常监督的底气。

十年来，在坚定不移跟进监督、精准监督的生动实践中，学校纪委给学校各类权力运行戴上“紧箍咒”，公正用权、依法用权、廉洁用权的意识深入人心。

四、协助并推动落实全面从严治党主体责任

2020 年，新冠肺炎疫情对高校毕业生就业工作带来很大冲击。为有力推进毕业生就业工作，推动落实各部门各单位工作责任，学校纪委协助党委开展了 2020 届本科毕业生就业工作监督检查，促进 2020 年毕业生顺利就业、尽早就业，推动学校各职能部门、各学院不断完善毕业生就业工作长效机制。

自 2021 年学校党委首轮巡察以来，学校纪委协助学校党委实现了对 10 个党组织的政治巡察，协助学校党委组织开展校内巡视始终是学校纪委的重要职责。在做好巡视整改及成果运用“后半篇文章”上下大力气，以整改促进事业发展，对照国家民委党组巡视学校反馈意见问题整改方案，定期督促指导落实整改任务。协助开展校内巡察、巡视整改是学校纪检监察机构立足职责职能，贯通“两个责任”，同题共答的一个缩影。

学校纪委坚持做到推动不代替、到位不越位，协助党委不断压紧压实管党治党政治责任，组织召开全面从严治党会议、党风廉政建设警示教育大会，协助党委积极谋划年度全面从严治党、党风廉政建设工作；完善约谈、督查考核工作机制，压紧压实各级党组织管党治党、办学治校主体责任。协助制定主体责任清单和党风廉政建设工作要点，及时向党委传达通报上级纪检监察机关重要文件和会议精神，对需要贯彻落实的事项及日常监督中发现的共性问题，提出意见建议，推动整改落实。

十年来，在积极发挥协助职能，层层压实管党治党、办学治校主体责任的生动实践中，学校纪委推动和保障各项工作任务落地落实，不断推动“两个责任”形成合力、同频共振。

五、完善制度机制，筑牢不能腐的堤坝

学校纪委突出“精、准、严、实”要求，向有关党组织和单位提出纪检监察建议，着力强化监督检查，推动整改落实见底清零，聚焦重点问题做好查办违纪案件“后半篇文章”，深化以案促改、以案促治、以案促建。2020 年 3 月，针对个别部门存在未严格落实服务保障用工考勤制度问题，要求相关单位按照有关规定和要求，切实履行管理职责。2020 年 10 月，针对有关项目的合同执行和验收工作中存在不严谨的问题，要求进一步加强项目合同管理、执行和验收工作，切实履行管理和监督职责。2021 年 3 月，在查办有关违纪案件后，向相关部门发出纪律检查建议书，要求加强对干部的日常管理和监督。

特别是“三转”以来，学校纪委从协助党委完善学校全面从严治党制度体系、工作机制和推动重点领域、关键部门强化内控规章制度建设两个方面着手，一步一个脚印推进规章制度体系建设。

校内巡察制度、巡察成果运用办法、主体责任清单、全面从严治党考核体系、抓早抓小办法、纪检监察机构设置及权限任务有关规定……学校层面落实全面从严治党主体责任和监督责任制度体系不断完善，工作规则逐步健全，工作方式日益规范。

学校纪委针对监督检查、线索处置、巡视巡察发现问题，及时发出纪律检查建议、开展专题调研，推动查补漏洞、及时开展专项治理，加强对国家民委党组巡视集中整改制度建设情况监督，推动完善重点领域、关键部门内控制度体系。

十年来，在持续推动用制度管人、管事的生动实践中，全覆盖、多维度落实全面从严治党、从严治校制度体系逐渐建立并持续完善，防范和化解重大廉洁风险的体制机制不断健全，不能腐的笼子持续扎牢。

六、强化教育引导，增强不想腐的自觉

2017 年 12 月 8 日，学校召开“用身边事教育身边人”警示教育大会，全体校领导、副处级以上干部参加会议。校长主持会议，校党委书记讲话，纪委书记通报违纪违规典型案例并提出纪律要求。200 余名干部现场

接受了警示教育。

“听到曾经的同事违纪违规被处分通报，也给我敲响了一记警钟。”

“通报的案例都是很具体的身边事、身边人，内心的触动很大，今后的工作中一定引以为戒，严格遵守纪律规矩，绝不为案中人，绝不做案中事。”警示教育大会后，干部们纷纷表示。

学校纪委始终坚持“严”的主基调不动摇，时刻挺纪在前，对违规违纪问题做到动辄则咎，发现一起、查处一起，党风廉政建设和反腐败斗争成效显著。同时，有效运用监督执纪“四种形态”，重点运用好第一种形态，及时咬耳扯袖、红脸出汗。

学校纪委立足监督第一职责，结合学校实际，坚持教育在先、提醒在先、预防在先，充分发挥先进典型的引领示范和反面典型的警示震慑作用，引导广大党员干部、教师员工自觉筑牢拒腐防变的思想防线。通过组织观看警示教育片、到警示教育基地接受警示教育等方式开展好“廉政警示教育周”“清风校园月”活动。深化纪律教育，坚持党性党风党纪一起抓，持续强化党性初心宗旨教育，把纪律教育寓于日常监督管理。严格纪律执行，坚持执纪必严、违纪必究，要使铁的纪律转化为党员干部的日常习惯和自觉遵循。

学校纪委贯彻落实党中央和学校加强新时代廉洁文化建设的部署要求，加强家庭家教家风建设，健全廉洁文化建设常态化长效化机制，将廉洁文化融入校园文化，把廉洁教育和师德师风、校风学风相融合，与学生廉洁从业教育相结合已经成为学校纪检监察机构推进不想腐的又一个有效路径。把牢学校育人基本职责，从源头入手，帮助青年学生树牢理想信念，夯实不想腐的思想根基，为社会培养清正廉洁的源源不断的后生力量打牢坚实思想基础。

十年来，在持续推动廉洁文化与校风政风学风相融合的生动实践中，警示教育的针对性、实效性更加凸显，校园廉洁文化建设的渗透力和感染力不断增强，党员干部师生的纪律意识、廉洁意识不断树牢，不想腐的堤坝日益稳固。

七、打铁必须自身硬，锻造忠诚干净担当干部队伍

学校纪委深化“三转”后，退出议事协调机构 8 个，强化了对学校各部门落实监管责任的再监督，职责界限越来越明晰。纪检监察部门严格执行监督执纪工作规则，依纪依规依法安全文明办案，建立健全并严格落实回避、保密等内控制度，不断优化线索处置、审查审理、纪律处分流程。

学校纪检监察部门始终坚持职能定位，认真履行党章赋予的职责使命，始终坚持问题导向、目标导向，从细微处着眼、在关键处着力，有力有效保障了事业的发展。学校的纪检监察工作也得到了上级部门的充分肯定和学校广大干部职工的广泛认可。

纪检监察干部牢记“政治素质高、业务能力强”的要求，强化政治引领，牢牢把握新时代纪检监察工作的“纲”和“魂”，深入学习习近平新时代中国特色社会主义思想，跟进学习领悟习近平总书记关于高等教育、全面从严治党、党风廉政建设和反腐败斗争的重要论述，努力掌握其中蕴涵的马克思主义立场观点方法，结合学校纪检监察工作实践，坚决贯彻、全面落实，不断强化纪法意识、纪法思维、纪法素养，着力提高专业化水平。

十年来，学校纪检监察干部在坚持不懈跟进学习、系统学习、联系实际学习的生动实践中，政治判断力、政治领悟力、政治执行力不断提高，对“两个确立”决定性意义的认识和理解不断深化，“两个维护”的思想和行动自觉越来越强，在持续强化规范化、法治化、正规化建设的生动实践中，业务能力得到有力锻造，思想作风更加过硬、能力本领更加高强。

决心坚如磐石，定力坚不可摧。立足新时代、新起点、新征程，学校纪委将继续以习近平新时代中国特色社会主义思想为指导，深刻领悟“两个确立”的决定性意义，坚决落实党中央关于党的自我革命战略思想，担当尽责、忠诚履职，充分发挥全面从严治党政治引领和政治保障作用，以高质量监督推动学校各项事业高质量发展，在新时代新征程上作出更加优异的贡献。

02

第二章　石榴花开共繁荣

坚持主线推动学校转型发展

◆ 2023 年 9 月 28 日，我校召开创建
铸牢中华民族共同体意识示范校推进会

◆铸牢中华民族共同体意识宣传教育中心

◆李俊杰带队参观学习铸牢中华民族共同体意识
文物古籍展和中华民族共同体体验馆

◆我校全体师生观看线上“铸牢中华民族共同体意识文物古籍展”活动

◆“石榴花开——中华民族一家亲 同心共筑中国梦”主题思政课

◆我校万名师生同上“旗帜——学习新思想奋进新时代”主题思政课

◆我校师生赴京开展“中华魂　黄河情”庆“七一”主题展演

◆西北高校青年铸牢中华民族共同体意识宣讲联盟成立仪式及首场宣讲展示活动在我校举办

◆ 2022 年银川市暨西夏区铸牢中华民族共同体意识“百场万人”宣讲进校园活动启动仪式在我校举行

◆ 2022 年 2 月 25 日，我校召开 2022 年工作部署暨学科建设推进会

◆ 2022 年 3 月 1 日，我校《中华文化导论》课程教学全面启动

◆ 2022 年 6 月 18 日，我校召开推进中华民族共同体建设理论与实践学术研讨会

◆ 2023 年 9 月 13 日，我校举行学习《中华民族共同体概论》授课辅导

◆我校承办江苏省民宗委
铸牢中华民族共同体意识专题培训班

◆我校承办拉萨市统战系统干部
铸牢中华民族共同体意识专题培训班

◆我校承办云南省昭通市民族
宗教工作暨民族团结进步创建工作培训班

习近平总书记强调，我国有独特的历史、独特的文化、独特的国情，决定了我国必须走自己的高等教育发展道路，扎实办好中国特色社会主义高校。我国高等教育发展方向要同我国发展的现实目标和未来方向紧密联系在一起，为人民服务，为中国共产党治国理政服务，为巩固和发展中国特色社会主义制度服务，为改革开放和社会主义现代化建设服务。（2016年12月7日，习近平总书记在全国高校思想政治工作会议上的重要讲话精神）

第一节　坚守初心使命，聚焦工作主线
奋力创建铸牢中华民族共同体意识示范校

党的十八大以来，以习近平同志为核心的党中央高度重视党的民族工作，习近平总书记在多个场合反复强调党的民族工作和铸牢中华民族共同体意识，形成了习近平总书记关于铸牢中华民族共同体意识的重大原创性论断和习近平总书记关于加强和改进民族工作的重要思想。作为我国唯一一所设立在民族地区的中央部委高校，学校党委始终以习近平新时代中国特色社会主义思想为指导，深入学习贯彻习近平总书记关于加强和改进民族工作的重要思想，认真贯彻落实党中央和国家民委重大决策部署，把铸牢中华民族共同体意识作为落实立德树人根本任务的“纲”和“本”，

办学治校的“根”和“魂”，系统全面推进铸牢中华民族共同体意识工作深入开展，构建形成铸牢中华民族共同体意识的工作体系、教育体系、研究体系、制度体系和实践体系，让铸牢中华民族共同体意识成为学校鲜亮的底色。

一、构建形成铸牢中华民族共同体意识的工作体系

学校党委高度重视主线工作，党委常委会会议专门研究铸牢中华民族共同体意识工作。2021 年 5 月，成立了由时任党委书记刀波、校长李俊杰“领衔”的铸牢中华民族共同体意识工作领导小组，办公室设在党委宣传部，由党委宣传部常务副部长马广成同志担任办公室主任。2021 年 6 月，成立了中华民族共同体建设工作处，与党委宣传部（全媒体中心）合署办公，由马广成同志同时担任中华民族共同体建设工作处处长，郭伟同志担任副处长。2023 年 5 月，学校党委将中华民族共同体建设工作处更名为中华民族共同体处，单独设立，不再与党委宣传部（全媒体中心）合署办公。2021 年 6 月，学校依托马克思主义学院民族理论与民族政策教研室力量设立了中华民族共同体学院、中华民族共同体研究院，由马惠兰同志担任院长。2022 年 10 月，学校党委在原中华民族共同体学院、中华民族共同体研究院的基础上，整合民族学学院，成立新的中华民族共同体学院、中华民族共同体研究院，分院由杨蕤、马惠兰同志担任院长。通过这些举措，构建形成了由校党委统一领导、领导小组具体指导、党委宣传部、中华民族共同体建设工作处牵头抓总、各单位分工负责、全校上下联动推进的工作格局，体系化推进学校铸牢中华民族共同体意识工作。2021 年 8 月中央民族工作会议召开后，学校党委提出并推进深入实施“5398”专项计划，即完善铸牢中华民族共同体意识工作的五大体系，加强“两个重点学院”和“一个研究院”建设、加强《中华民族共同体概论》课程建设、加强铸牢中华民族共同体意识工作的精品项目建设，开展“九个一百”系列学习宣传活动和“八个专项”系列专题教育活动。

二、构建形成铸牢中华民族共同体意识的教育体系

（一）聚焦增进“共同性”，强化“融”的导向，加强学科建设

根据国家民委党组部署，学校在中华民族共同体学院民族学一级学科博士点、民族学一级学科硕士点和中国史一级学科，下设中华民族共同体理论教研室、中华民族共同体实践教研室、“三交史”教研室，搭建起中华民族共同体研究的基本组织和学术构架。明确规定民族学一级学科博士点和一级学科硕士点下每个二级学科必须至少设立 1 个铸牢中华民族共同体意识或者中华民族交往交流交融的研究方向，开设了“中华文化与铸牢中华民族共同体意识研究”“铸牢中华民族共同体意识的理论与实践探索”“中华民族经济共同体研究”“中华民族多元一体史研究”“中国特色民族理论与铸牢中华民族共同体意识研究”等研究方向。民族学一级博士点拟增“中华民族共同体研究”二级学科，民族学一级学科硕士点增设“中华民族共同体研究”“中国特色民族理论与铸牢中华民族共同体意识研究”“中华民族共同体发展史”等研究方向。中国史一级学科硕士点下设“中国古代史”“中国专门史”“中国历史地理学”3 个二级学科，关涉共同体研究的方向有“中华民族交往交流交融史”“地理环境与中华民族凝聚力研究”等。

（二）聚焦增进“共同性”，强化“融”的导向，加强共同体课程教育

2021 年 6 月以来，学校先后召开了中华民族共同体教育教材建设与理论研究工作研讨会，制定了《〈中华民族共同体概论〉课程建设方案》《〈中华文化导论〉课程建设实施方案》《〈国家安全教育〉课程建设实施方案》，开设了《习近平新时代中国特色社会主义思想概论》《中华民族共同体概论》《中华文化导论》《国家安全教育》4 门新思政课程，修订完善了《中华民族共同体概论》校本讲义，试讲试用国家民委《中华民族共同体概论》教材，把聚焦“共同性”贯穿中华民族共同体重大基础理论和实践问题研究全过程。在新修订 2022 版培养方案中，全校各专业硕士研究生开设的公共政治课增加了中华民族共同体教育的内容，在已有的本科生通识必修课基础上申请了校级重大教改项目，探索建设本、硕、博一体化课程和教育体系。在民族学博士点、硕士点下分别设立了“中华民族文化研究”“构建中华民族共同体的理论与实践研究”研究方向。

三、构建形成铸牢中华民族共同体意识的研究体系

（一）着力加强研究基地建设

经过不懈努力，2021 年 12 月，学校获批国家民委第一批中华民族共同体研究基地，由党委书记刀波任基地主任，校长李俊杰任基地首席专家，马惠兰同志为基地执行主任；基地的学术事务由中华民族共同体研究院牵头负责，基地的日常行政事务由中华民族共同体建设工作处牵头负责，新的中华民族共同体学院、中华民族共同体研究院成立后，日常运转事务均交由新成立的学院和研究院负责。2023 年 5 月，根据学校部署，由科研处、中华民族共同体研究院共同牵头，积极申报四部委中华民族共同体研究基地。同时，学校依托该研究基地和中华民族共同体研究院，整合校内外相关研究力量，设置专项课题进行集中攻关研究，制定了《关于贯彻落实国家民委主要领导专题党课“十个问题”专项研究的实施方案》《北方民族大学专项研究课题指南》，以铸牢中华民族共同体意识为主线，设置专项课题进行集中攻关研究，共投入经费 164 万元，立项 61 项铸牢中华民族共同体意识专项课题。

（二）扎实开展有组织科研

近 5 年来，教师共获批铸牢中华民族共同体意识相关研究项目 52 项，其中国家级项目 10 项，省部级项目 42 项。获批自治区习近平新时代中国特色社会主义思想“三进”项目 5 项，承担自治区统战委托课题 9 项。教师在《人民日报》《宁夏日报》等报纸和刊物发表有关铸牢中华民族共同体意识研究的文章 14 篇。《北方民族大学学报》设置“中华民族共同体研究专题”，共发表研究论文 18 篇。

（三）积极参与国家民委重点工作

2022 年以来，中华民族共同体学院有近 10 名教师和博士生参与自治区“三交”史料的收集编纂工作，完成了《石榴花开：铸牢中华民族共同体意识论集》的编辑工作，已交商务印书馆进入编辑程序，2023 年上半年付印。学校组织民族学团队骨干力量参与“民族团结进步授荣”“涉民族法规政策”“宁夏基层民族工作队伍状况”等调研工作。学校与自治区扶贫办联合推出《中国脱贫攻坚的宁夏样本》融媒图书和 8 集《拥抱小康》

纪录片。

四、构建形成铸牢中华民族共同体意识的制度体系

2021 年至 2023 年 6 月，根据学校党委部署，由党委宣传部、中华民族共同体处牵头，有关部门和单位结合工作职责，先后制定出台《北方民族大学全面深入持久开展民族团结进步创建工作铸牢中华民族共同体意识的实施方案》《北方民族大学贯彻落实中央民族工作会议精神方案》《北方民族大学“十四五”铸牢中华民族共同体意识规划》《关于创建铸牢中华民族共同体意识示范校的实施方案》《北方民族大学铸牢中华民族共同体意识学科建设方案》《中共北方民族大学委员会关于深入开展“争做两个接班人”专题教育活动的实施方案》和《北方民族大学关于开展深学细悟习近平总书记关于民族工作的重要论述大学习、大讨论、大调研、大培训活动的实施方案》等 10 余个文件，不断建立健全铸牢中华民族共同体意识工作的制度体系。同时，深入推进实施由“领航工程”“共建工程”“亮点工程”“固本工程”组成的民族团结进步创建工作“四大工程”。

五、构建形成铸牢中华民族共同体意识的实践体系

（一）精心编创两堂“网红”主题思政课

2020 年 10 月、2021 年 3 月，根据学校党委部署安排，由党委宣传部牵头，团委、音乐舞蹈学院等单位密切配合，紧紧围绕习近平新时代中国特色社会主义思想，突出铸牢中华民族共同体意识工作主线，组织力量分别编创了“旗帜——学习新思想奋进新时代”和“石榴花开——中华民族一家亲同心共筑中国梦”主题思政课，1000 余名各族学生参与演出，连演 20 场次，实现了全体师生全覆盖，线上线下 60 万余人次观看。新华网、人民论坛等区内外媒体进行了广泛宣传报道，引起社会各界广泛赞誉，被誉为“网红思政课”。国家民委党组成员、副主任边巴扎西和自治区领导给予了充分肯定。

（二）加强思想政治理论课教学创新团队建设

2020 年 12 月，校党委按照领导干部“人人能讲思政课、个个会讲新思想”的理念，成立了学校“思想政治理论课教学创新团队（党委宣讲

团）”，主要承担“习近平新时代中国特色社会主义思想概论”“中华民族共同体教育概论”和党史学习教育宣讲、教学任务。团队由时任校党委书记刀波、校长李俊杰担任组长，其他校领导担任副组长，成员包括校领导、党委部门主要负责人、学院党委书记和马克思主义学院专任教师共90人构成，办公室设在党委宣传部，由党委宣传部常务副部长马广成、马克思主义学院院长张鲲担任办公室主任。团队共分10个小组，每个组由一名校领导牵头，集体学习、集体研讨、集体备课、分工课程讲授和理论宣讲任务。2021年以来，面向全体教师开展党史学习教育、党的十九届六中全会和中央民族工作会议精神宣讲110场次，教师听讲次数达1.4万余人次；开展党的二十大精神宣讲100余次，2.2万余人次听课；处级以上领导讲《习近平新时代中国特色社会主义思想概论》46次。选派学校领导班子成员及13名教师加入自治区党史学习教育宣讲团、自治区铸牢中华民族共同体意识主题教育宣讲团、自治区党的十九届六中全会精神宣讲团、自治区中央民族工作会议精神宣讲团，先后在26家单位进行宣讲，听讲超过3000人次。10名宣讲团成员赴全区机关、企事业单位、5市中小学开展7场次学习贯彻党的十九届六中全会和中央民族工作会议精神专题宣讲。

（三）加强“石榴籽”大学生宣讲队伍建设

党委宣传部牵头与银川市、西夏区联合举办铸牢中华民族共同体意识“百场万人”宣讲进校园活动。党委统战部牵头与西安交通大学等高校发起成立“西北高校青年铸牢中华民族共同体意识宣讲联盟”。校团委牵头组织“红石榴计划”志愿服务团赴新疆开展助学捐赠活动，“石榴籽”大学生宣讲团在新疆小学开展铸牢中华民族共同体意识主题宣讲，大力营造有形、有感、有效的铸牢中华民族共同体意识宣传教育浓厚氛围。目前，“石榴籽”大学生宣讲团开展宣讲2000余场次，引起社会广泛好评。

（四）精心打造宣传教育展示平台

2022年5月，在校园西区30号、31号教学楼建成3000余平方米的铸牢中华民族共同体意识“四个共同”主题展，现已成为宁夏干部群众和全校师生常态化开展铸牢中华民族共同体意识教育的重要阵地和载体。承接自治区2022年民族团结月专项活动，截至2024年7月，已有内蒙古、湖

北、福建、河北、宁夏等地有关部门和高校6000余人次参观学习。团中央书记处常务副书记徐晓，自治区党委副书记庄严，自治区党委常委、统战部部长马汉成，自治区政协副主席郑震等领导来校调研参观，并给予高度评价。展览已成为集宣传、教育、成果展示一体化高端平台，在潜移默化中推进铸牢中华民族共同体意识深入人心。

（五）组织师生赴京开展主题展演

2023年6月29日至7月2日，学校组织60余名师生在中华民族共同体体验馆开展以“中华魂　黄河情”为主题的展演。本次展演，由校党委书记、校长李俊杰担任组长，校党委副书记、副校长王永强担任副组长，总体由党委宣传部牵头组织实施。根据学校党委部署安排，党委宣传部认真制定工作方案并筹备学校办学展览，音乐舞蹈学院、设计艺术学院精心做好展演节目和美术展览的准备。党委宣传部积极协调新华社、光明日报、央广网、中国新闻网、中国教育电视台、宁夏电视台、宁夏日报和“道中华”、中国民族报、民族画报、民族团结杂志社等媒体进行了全方位宣传报道。6月30日，中国新闻网以“北方民族大学师生在京开展铸牢中华民族共同体意识展演”为题，分别在网页和APP客户端专题报道，浏览量合计达121.7万，形成了良好的舆论效果。学校将活动情况以专报方式报送国家民委，潘岳书记作出批示。

（六）大力推广“道中华”平台

一是加强服务“道中华”平台的顶层设计。2022年，印发《北方民族大学深入推进“道中华”中华优秀传统文化传播工程的实施方案》，推动“道中华”中华优秀传统文化进入思政课程、进入课程思政、进入教师思政，鼓励师生以“道中华”中华优秀传统文化为素材编创艺术作品，把“道中华”专题文章纳入“石榴籽”大学生宣讲团固定宣讲内容，常态化开展“道中华杯”中华优秀传统文化传播宣讲大赛，利用“道中华”专题文章内容，开展主题党团日、主题晚班会、“每周一课”和“每天一分钟”自我教育计划等日常主题活动，宣传好、学习好、运用好“道中华”民族外宣品牌。二是通过官方平台宣传“道中华”。学校始终将学校官方网站、微信公众平台作为宣传“道中华”的主要渠道，开通专题专栏，与“道中华”微信

公众号同步，及时更新转发相关内容，努力扩大“道中华”在我校的影响力。截至目前，“北方民族大学”微信公众号转发“道中华”文章620余条。“石榴籽”大学生宣讲团以“道中华”微信公众号推送文章为契机，积极主动推出“我讲‘道中华’”系列宣讲短视频，推出高质量原创视频7条。“每天一分钟”自我学习计划推出“我讲‘道中华’”微视频70余条。三是积极组建“道中华”工作室。积极整合校内力量组成“道中华”工作室，每个工作室由1—3名教师牵头负责，学生成员为15—30人。聚焦服务新时代党的民族工作大局、国家民委工作全局，明确工作室的“建设定位、成员组成、职责任务、组织保障、管理考核、类型划分”等机制建设，开展选题策划、课题研究并形成相关成果。我校申报的“道中华”华美视觉工作室、“道中华”传承的声音工作室、“道中华”双语文化传播工作室获批国家民委首批“道中华”高校工作室。四是鼓励教师向“道中华”供稿。学校积极发动专家学者向“道中华”微信公众号供稿。中华民族共同体学院教师杨蕤的《好用管用，“甥舅之谊”：一段唐宋时期民族关系的佳话》《西夏的小钱币如何串起大历史？》、马建民的《宁夏古代墓葬：少数民族何以随乡入俗？》、马志英的《从“北风凛冽”到“贺兰晴雪”：贺兰山何以滋养中国文人的精神世界》，经济学院教师刘七军的《山海情·扶贫事业里的中国故事》等11篇文章被“道中华”公众号推送。主题思政课“石榴花开”中的视频《幸福路》、音乐舞蹈学院教师创作的舞蹈作品《丽影》、外国语学院华韵文化双语社的《“五星出东方利中国”用英语怎么说》《谷雨春光晓　山川黛色青》《今日立夏》等14部视频作品在“道中华”视频号中亮相。五是开展“道中华”系列宣讲活动。2022年，由校团委牵头，举办全区“道中华杯”中华传统文化主题演讲大赛，14所高校近100名选手参加。2023年举办学校“道中华杯”中华优秀传统文化宣讲比赛，1100人次参加。我校毛吾丽旦·吐尔逊同学荣获首届“道中华杯”民族（地区）院校大学生演讲比赛二等奖。“石榴籽”大学生宣讲团推出“我讲‘道中华’”系列宣讲短视频，共推出高质量原创视频6条。通过2023年寒假“返家乡”社会实践活动，成立推广“道中华”公众号宣讲员，1000余名学生参与推广“道

中华”公众号活动。2022年，学校在第二课堂成绩单版块学生开始必修5个第二课堂学分，设置“铸牢中华民族共同体意识”版块共开展58个项目，其他涉及推广“道中华”的项目12项。

（七）精心打造系列精品活动

一是开展“每天一分钟”自我教育计划。每堂课前安排一名学生利用一分钟时间进行主题宣讲，青年人讲，青年人听，搞活教育形式，“每天一分钟”已经成为青年学子自我教育的重要载体。这项工作从2018年开始推广实施，取得了良好的效果，这一做法得到中央教育领导小组秘书局有关领导肯定。二是推广“爱我中华”韵律操。从2019年上半年开始，学校选取整合8个民族中最具典型的舞蹈元素和最具特色的音乐，编创“爱我中华”韵律操，组织全校56个民族学生同跳“爱我中华”韵律操，将铸牢中华民族共同体意识贯穿到日常体育文化活动中，成为校园一道亮丽的风景线。三是开展重大主题教育活动。紧紧围绕庆祝新中国成立70周年、中国共产党成立100周年、党的二十大胜利召开等有利契机，组织开展“万人唱响中国梦　我与祖国共奋进”“七一”升国旗暨唱红歌、“争做排头兵，喜迎二十大”主题教育活动、“我讲中央民族工作会议精神”“校园重走长征路”“各族学子看美丽新宁夏”等主题教育精品活动，唱响“共产党好，黄河水甜”时代主旋律。四是推进校园文化品牌建设。落实《持续深化“中华经典诵读工程”实施方案》《“中华文化大讲堂”建设方案》，举办“中华文化大讲堂”18期，着力打造校园文化和学术阵地品牌。编创“家园”“再见民大”主题教育活动，推广“爱我中华”韵律操，开展“每天升国旗”“国旗下的微党课”“‘五四’青春诗会”等品牌活动。

（八）深度服务地方主线工作

2020年来，学校与银川市、石嘴山市、中卫市、西夏区等多地政府签订战略合作协议，参与地方教育发展联盟建设，与银川市联合共建宁夏首个“铸牢中华民族共同体意识实践研究中心”、与银川市、西夏区联合举办铸牢中华民族共同体意识“百场万人”宣讲进校园活动，通过干部师生与社区结对子、组织师生开展志愿服务和支教活动，主动对接和服务自

治区九大重点产业发展等举措，积极服务地方铸牢中华民族共同体意识工作。学校和自治区民委、教育厅共同举办了自治区中小学铸牢中华民族共同体意识研讨会，承办宁夏教育系统庆祝中国共产党成立100周年“永远跟党走”千校万人红歌汇活动，自治区党委常委、宣传部部长李金科出席观看并给予充分肯定。组织师生深度参与自治区庆祝中国共产党成立100周年文艺晚会、宁夏统一战线庆祝中国共产党成立100周年文艺汇演等大型演出活动，生动展现了各族师生“中华民族一家亲，同心共筑中国梦”的心声。2023年5月4日上午，自治区党委书记、人大常委会主任梁言顺结合主题教育到学校开展调查研究，看望在校教师和青年学生，参加“中华文化传播月”主题活动，向广大青年和青年工作者致以节日的祝贺。

（九）持续壮大主流思想舆论

2018年9月以来，党委宣传部积极协调人民日报、中央电视台、新华社等各类各级主流媒体宣传报道学校400余次。学校获评第六批全国民族团结进步教育基地、全国党建工作标杆院系、全国群众体育先进单位、自治区民族团结进步示范单位示范校、自治区第一批文明校园、自治区级民族团结教育示范校、自治区级依法治校示范校、银川市民族团结进步创建示范单位等荣誉称号。建校以来，学校为民族地区培养了7万余名“留得下、用得上、靠得住”的杰出人才，为维护民族团结、边疆稳定发挥了重要作用。

第二节　坚持“四个服务”
着力推动学科建设，实现新发展新跨越

学科建设水平是学校发展质量的重要参数，体现在能否培育出高层次人才，能否创造出高水平研究成果，能否服务国家、区域经济社会发展形势。2015年以来，学校紧盯国家、区域经济社会发展需要，把握学科正确建设方向，不断调整学科结构，优化学科布局，汇聚各方力量，整合全校资源，重点建设优势特色和重点学科，整体建设水平取得长足进步。

一、发展概况

回顾过去十年发展进程，学校坚持以建设一流学科为目标、以学位点建设为抓手，以专业建设为着力点，科学统筹教学、科研、师资队伍、实验室和行政管理建设。截至目前，学校拥有国家民委重点建设学科 10 个，自治区一流建设学科 3 个，自治区重点培育学科 6 个，自治区优势特色学科 3 个。建设完成一级学科博士学位授权点 2 个，一级学科硕士学位授权点 13 个，专业硕士学位授权点 14 个。

二、发展历程

（一）学科优化调整

学科建设要紧跟科技前沿、国家政策和社会发展需求，不断优化调整。2015 年，经原研究生处（现研究生院）学科办组织专家初审，校学术委员会会议审定，向教育厅推荐材料科学与工程、计算数学、电路与系统、化学工程为优势特色学科，推荐民族学、宪法与行政法学、思想政治教育、语言学及应用语言学、计算机应用技术为重点学科。

2016 年，根据国家关于加快建设一流大学和一流学科的精神要求，为提高学校学科建设水平和人才培养质量，加快推进有特色高水平现代民族大学建设，依托国家民委“中央高校建设世界一流大学（学科）和特色发展引导专项”资金支持，围绕《北方民族大学“十三五”事业发展规划》，制定了《北方民族大学一流学科建设实施方案》《北方民族大学学科建设实施意见》和《北方民族大学关于中央高校建设世界一流大学（学科）和特色发展引导专项实施方案》，按照差异化发展战略，分层、分期实施学科建设“高水平学科建设计划”和“特色学科对接计划”。其中“高水平学科建设计划”（Ⅰ类学科），包括民族学（民族学学院）、数学（数学与信息科学学院）、计算机科学与技术（计算机工程与技术学院）、材料科学与工程（材料科学与工程学院）4 个学科，“特色学科对接计划”（Ⅱ类学科），包括电子科学与技术（电气信息工程学院）、生态学（生物科学与工程学院）、化学工程与技术（化学与化学工程学院）、中国语言文学（文学与新闻传播学院）、应用经济学（经济学院）、公共管理（管理学院）、马克思

主义理论（马克思主义学院）7 个学科，力争实现一级学科博士点的突破，打造一批服务民族地方经济发展的工科和应用学科，建设一批宁夏区内优势学科，提高社会服务能力。此外，确立了一批学校重点培育学科（Ⅲ类学科），包括工商管理、机械工程、水利工程、法学、外国语言文学、体育学、音乐与舞蹈学、美术学，形成优势特色学科带动学科整体建设水平的上升。

2021 年，根据《中华人民共和国国民经济和社会发展第十四个五年规划和 2035 年远景目标纲要》，发展规划与学科建设处起草了《北方民族大学“十四五”学科建设规划（2021—2025 年）》，对接国家、区域经济社会发展需求，坚持以铸牢中华民族共同体意识为主线，坚持立德树人根本任务，实施“一流引领”与“特色发展”战略，凝炼学科特色，优化学科布局，构建分类分层的学科建设体系，打造文理兼备、理工融合、以工科为特色的多学科协同发展的学科布局。按照引领型学科、提升型学科、发展型学科 3 个类别层次，重点建设一批有基础、有潜力的基础性、战略性、引领性优势学科。（参见表 1）

表 1　“十四五”时期学科建设分类分层表

学科建设分类	学科名称	学科数量	备注
引领型学科	民族学	4	现有一级学科博士点和自治区一流学科
	数学		
	电子科学与技术		
	材料科学与工程		
提升型学科	应用经济学	9	现有一级学科；部分培育申报一级学科博士点或博士专业学位点
	中国语言文学		
	马克思主义理论		
	中国史		
	工商管理		
	生态学		
	计算机科学与技术		
	化学工程与技术		
	食品科学与工程		

续表

学科建设分类	学科名称	学科数量	备注
发展型学科	数学	6	部分硕士专业学位点对应学科
	电子科学与技术		
	材料科学与工程		
	外国语言文学		
	土木工程		
	水利水电工程		

根据2021年第五次中央民族工作会议精神，国家民委指示批示，2022年学校在民族学学院基础上成立中华民族共同体学院，设立中华民族共同体学科，民族学学科也以铸牢中华民族共同体意识为主线展开建设，进一步向共同性发展。

到2025年，学科综合实力进一步增强，持续强化博士学位授予单位建设，力争新增理工科一级学科博士学位授权点1—2个，博士学位授权点达到2—3个；一级学科硕士学位授权点达到14—15个，硕士专业学位授权点达到16—17个；积极申报博士专业学位授权点。学科评估努力实现进位上位，力争1—2个学科进入B类档，1—2个学科排名进入ESI全球前1%；全力做强优势特色学科，力争1—2个学科达到国内一流水平，2—3个学科进入西部一流，5个学科达到区域一流水平。

（二）学科建设取得新成果

1．申博增硕工作稳步推进

2014年，学校成立申博领导小组和申博办公室，召开申博工作动员大会，充分认识申博工作重要性，同时扎实推进申报博士点各项工作。2016年4月，学校申博领导小组召开会议，确定“4+1”申博方案，即民族学、数学、材料科学与工程、计算机科学与技术和马克思主义理论为我校一级学科博士点建设学科。2017年，申博增硕工作进展顺利，经学校第三次学位评定委员会审核决定申请新增博士学位授予单位，后经自治区学位评定委员会审定，我校数学、民族学符合一级学科博士授权点条件予以通过，生态学、电子科学与技术、马克思主义理论、化学工程与技术、应用经济学5个符合一级学科硕士授权点条件予以通过，艺术、会计、应用统计、

国际商务、法律、翻译及金融7个学科符合专业硕士授权点条件予以通过。2018年，北方民族大学获批为博士授予单位及民族学一级学科博士点建设单位，同时新增生态学、电子科学与技术、化学工程与技术和应用经济学4个一级学科硕士学位授权点，艺术、会计、应用统计、国际商务、金融和法律6个专业学位硕士授权点。2019年，学校组织召开“博士学位授予单位建设民族学一级学科博士点评估推进工作专题会”，对博士学位授予单位建设相关情况及新一轮申博工作进行了分析总结和安排部署。民族学院圆满完成首批6名博士研究生招生任务，并成功获批教育部本科专业认证，建立了本科—硕士—博士立体式人才培养体系。2021年11月，国务院学位委员会公布《关于下达2020年审核增列的博士、硕士学位授权点名单的通知》（学位〔2021〕14号）和《关于下达2020年动态调整撤销和增列的学位授权点名单的通知》（学位〔2021〕15号），学校获批数学一级学科博士学位授权点，马克思主义理论、中国史、食品科学与工程及工商管理4个一级学科硕士学位授权点，能源动力、土木工程、翻译、新闻与传播4个专业硕士学位授权点。至此，学校拥有一级学科博士授权点2个，一级学科硕士学位授权点13个，专业硕士学位授权点14个。

2．学科内涵建设提质增效

2017年，学科办完善并提交了《北方民族大学“十三五”学科建设与研究生教育发展规划》，对学校“十三五”期间学科建设做了整体规划。根据国务院《关于印发统筹推进世界一流大学和一流学科建设总体方案的通知》和《宁夏回族自治区西部一流大学和一流学科建设方案》精神，学校制定《北方民族大学关于加强自治区一流学科建设的实施方案》，方案指出，通过10年时间持续建设，学科内涵建设实现重大突破，整体水平大幅上升，我校列入自治区一流建设学科的电子科学与技术（A类）、数学（B类）和材料科学与工程（B类）3个一级学科达到国内或西部一流学科水平。随着一流学科的建设，3个学科在科研立项上不断突破，科研经费实现了跨越式增长。数学学科获得国家自然科学基金项目和国家社科基金项目10项，资助金额共计350.5万元，创学院国家级项目立项历史新高。其中，马少娟教授的“基于多源随机因素影响下非线性转子系统的建

模及动力学研究”和杨叙副教授的“连续时空分枝过程与相关带跳随机方程”获得国家自然科学基金面上项目。在论文方面，数学学科发表论文 55 篇，其中被 SCI 检索论文 22 篇，SCI 二区以上发表论文 11 篇，《中国科学：数学》1 篇。电子科学与技术学科发表论文被 SCI、EI 检索 10 篇；学科资助学术著作 3 部；获得授权发明型专利 5 件，实用新型专利 12 件；新增校级“先进智能感知控制”重点实验室 1 个，校级“激光雷达大气遥感探测”创新团队 1 个；独立研发了“宁夏农产品质量安全溯源服务平台”，在服务地方经济社会发展方面取得了重要成果。

2018 年，电子科学与技术在自治区一流学科绩效评估中位于第一层次，数学和材料科学与工程位于第二层次，对于学校的发展及“双一流”建设有着里程碑式的重大意义，科研成果的数量与质量也随之逐步提升。2018 年民族学学科共申请各类科研项目 22 项，争取科研经费 817.74 万元，其中束锡红教授研究团队申报的“中国北方岩画文化遗产资料集成及数据库建设”获得国家社科基金重大项目，实现了建校 34 年来国家级重大项目的历史性突破。另外，民族学学科成功获批宁夏高校新型智库平台：宁夏生态移民可持续发展研究中心，为服务地方经济社会发展注入了新的动力。数学学科获得国家自然科学基金项目和国家社科基金项目 11 项，项目数量再创新高。材料科学与工程学科获批厅局级以上及横向课题科研经费总计达 1104 万元；出版英文著作 2 部（德国 Springer 出版社出版），专业学术论文 61 篇，其中，SCI 收录 22 篇（二区以上论文 13 篇），EI 收录 8 篇，中文核心期刊论文 31 篇；授权专利 5 项，申报发明专利 7 项。电子科学与技术学科论文被 SCI、EI 检索 10 篇；学科资助学术著作 3 部；获得授权发明专利 5 件，实用新型专利 12 件。

2020 年，国家民委发布了《国家民委关于增设北方民族大学化学工程与技术等 4 个一级学科为国家民委重点学科的通知》，“化学工程与技术、中国语言文学、工商管理、食品科学与工程”4 个一级学科新增为国家民委重点学科。至此，连同 2014 年之前立项的“信息与计算科学、信息工程、民族学、数学、中国古代文学、生态学”，共有 10 个国家民委重点学科。到第十三个五年发展计划结束，学校构建了“特色工科、优势理科、

精品文科”的学科建设体系，共有17个省部级重点学科，其中，有3个自治区一流学科、4个自治区“十三五”重点学科、10个国家民委重点学科。

2021年5月，数学因在自治区一流学科一期建设中成效丰硕，和电子科学与技术一起被列为自治区一流学科二期建设A类建设学科，材料科学与工程被列为B类建设学科。同时，民族学、应用经济学、中国语言文学、生态学、化学工程与技术和计算机科学与技术被列为自治区一流学科二期建设重点培育学科。至此，学校共有19个省部级重点学科，其中，有3个自治区一流学科、6个自治区“十三五”重点学科、10个国家民委重点学科。

（三）学科建设的制度保障

1. 完善学科建设制度

2017年，为深入贯彻落实国务院《关于印发统筹推进世界一流大学和一流学科建设总体方案的通知》（国发〔2015〕64号）和《宁夏回族自治区西部一流大学和一流学科建设方案》（宁政办发〔2016〕221号）文件精神，充分发挥学科建设龙头作用，加快建设一批高水平、有特色学科，不断提升学校综合实力和核心竞争力，制定《北方民族大学关于加强自治区一流学科建设的实施方案》（校发〔2017〕23号）

2021年，为加强学科建设，规范学科管理，激发学科活力，强化学科建设责任，增强服务国家、区域社会经济发展能力，进一步深化学校自治区一流学科一期建设成果，发展规划与学科建设处制定了《北方民族大学学科建设管理办法（试行）》（校发〔2021〕135号）和《北方民族大学自治区一流学科二期（2021—2025年）建设实施方案》（校发〔2021〕134号）。

2023年，根据教育部、国家发展改革委、工业和信息化部、财政部、人力资源社会保障部五部委联合印发的《普通高等教育学科专业设置调整优化改革方案》和国家民委下发的《国家民委关于以铸牢中华民族共同体意识为主线调整优化委属高校学科专业设置的意见》（民委发〔2023〕70号）要求，为将铸牢中华民族共同体意识融入办学治校、教书育人全过程，学校出台了以铸牢中华民族共同体为主线的《北方民族大学学科专业设置调整优化实施方案》。在此基础上出台《北方民族大学学科专业设置调整优

化工作方案》，成立了工作专班，设置了专班运行机制，明确了责任分工，进一步推动学科专业设置调整优化工作落实落细。

2．强化评估促进建设

2016 年，为进一步提高学科建设水平，找差距、查不足，拉近与其他高水平高校办学差距，学校第 14 次党委常委会会议决定，参加全国第四轮学科评估工作，并制定《北方民族大学参加第四轮学科评估的工作方案》（校办发〔2016〕50 号）。本次学科评估我校参评学科共 9 个：民族学、数学、材料科学与工程、计算机科学与技术、软件工程、中国语言文学、马克思主义理论、生态学、电子科学与技术。

2020 年 7 月，学校电子科学与技术、数学、材料科学与工程 3 个自治区一流学科参加全区“双一流”一期建设总结验收，评审专家通过查阅自评报告、听取现场汇报、查看建设成果等方式，认为一期建设开展扎实，成果丰硕。11 月，为贯彻落实中共中央、国务院《深化新时代教育评价改革总体方案》精神，学校召开第五轮学科评估工作推进会及 2021 年国家科研项目申报动员会，民族学、电子科学与技术、数学、材料科学与工程、中国语言文学、应用经济学、生态学、化学工程与技术及计算机科学与技术 9 个学科参加评估。第五轮学科评估是对学校人才培养、科学研究、社会服务等各方面工作的一次全面检验，对学校政策制定、资源配置等方面具有重大影响。

2023 年，学校启动学科“十四五”规划中期评估工作，从学科队伍建设、科学研究和服务社会能力、人才培养质量等方面全面评估学科建设质量。

3．加强资金投入保障

学校学科建设资金主要来源于国家民委、自治区财政拨款和自筹资金。根据《国家民委关于 2016 年中央高校建设世界一流大学（学科）和特色发展引导专项资金预算的通知》（民委发〔2016〕71 号），2016—2023 年，国家民委向我校累计投入“双一流”建设财政专项资金 7110 万元。

根据《宁夏回族自治区西部一流大学和一流学科建设方案》（宁政办发〔2016〕221 号），自 2017—2020 年，自治区财政每年拨付我校自治区一流学科建设专项经费 1000 万元，共计 4000 万元。学校按照 1:1 比例每年

配套 1000 万元建设经费，配套经费 4 年共计 4000 万元。2021—2025 年，自治区财政每年拨付我校自治区一流学科建设专项经费 1000 万元，共计 5000 万元。学校按照 1:1.1 比例每年配套 1100 万元建设经费，配套经费 5 年共计 5500 万元。

三、规范教材建设和选用

学校高度重视教材建设和选用管理工作，特别是党的十八大以来，站在“教材是国家事权”的高度来认识加强教材建设和选用管理工作的重要性，认真贯彻落实上级关于加强教材建设管理的规定要求，2015 年制定下发《北方民族大学教材选用征订管理办法（试行）》，对教材选用的原则、标准、程序和征订以及日常管理等环节进行了规范。为进一步加强教材管理，2018 年成立教材工作领导小组，并根据人员变动、日常运行等工作实际，及时调整补充领导小组成员；指导各学院成立教材工作领导小组，由学院书记和院长任双组长，确保组织健全、领导有力。教育部《普通高等学校教材管理办法》（教材〔2019〕3 号）、《宁夏回族自治区普通高等学校教材管理实施细则》（宁教工委〔2021〕32 号）等文件印发后，及时召开专题会议学习研究贯彻落实措施，研究制定学校配套措施，加强日常教材建设与管理，确保办法及时落到实处。

（一）加强组织领导，健全工作机构

学校实行校院两级教材管理体系。为确保党委对教材工作的全面领导，学校 2018 年成立了教材工作领导小组，并分别于 2020 年 3 月和 2021 年 10 月对领导小组成员和职责进行了调整和规范，由党委书记和校长任组长，负责教材建设整体规划，健全教材建设与管理制度，推进教材项目、质量评价、推广使用等方面工作。2022 年 3 月成立了学校教材建设委员会，并根据专业特点建立了教材审核专家库，进一步健全了教材编写、选用、审核、更新的常态化机制；21 个学院分别成立教材工作领导小组，由学院书记和院长任组长，主要负责落实本单位教材建设和选用等工作；在教务处成立课程与教材科，确保学校教材工作领导机构设置科学合理、职责明晰、运行顺畅。

（二）建立健全制度，规范教材管理

为全面贯彻党中央、国务院《关于加强和改进新形势下大中小学教材建设的意见》，根据教育部《普通高等学校教材管理办法》和国家民委、自治区相关部署要求，学校教材工作领导小组及时传达学习上级印发的有关制度文件和会议精神，研究贯彻落实措施，系统梳理学校教材建设与管理工作中存在的问题，分析原因，研究制定改进措施。2015 年印发《北方民族大学教材选用征订管理办法（试行）》，对教材选用的原则、标准、程序和征订以及日常管理等环节进行了规范。2021 年印发《北方民族大学教材管理办法》，进一步严格教材建设审核把关，从严规范教材选用、出版流程，不断提高教材建设科学化、规范化水平。目前，已构建形成了校党委统一领导、分管领导牵头负责、各单位分级负责的教材管理体制。

（三）严格选用流程，确保选用质量

在每学期开展的教材选用工作中，严格执行教育部《普通高等学校教材管理办法》等制度文件，下发专项通知提出具体要求，坚持凡用必审、优中选优原则，规范教材选用和审批程序，严格按照任课教师推荐、教研室（系）集体研究讨论、专家审读、学院教材工作领导小组研究和公示、学校教材工作领导小组审议的流程，逐本教材填写《北方民族大学选用教材审批表》，确保高质量高水平的教材进课堂。一是严格落实“马工程”教材使用管理。学校严格贯彻落实“哲学社会科学相关专业必须统一使用马克思主义理论研究和建设工程重点教材”的要求，结合每年度教材选用和高等教育质量监测国家数据平台“马工程”教材使用情况统计工作，对照已出版的“马工程”教材名单，全面梳理统计“马工程”教材使用情况。通过教材工作领导小组会议、教学工作例会等途径，及时通报“马工程”教材使用情况，责令未使用已经出版“马工程”教材的学院限时整改，确保“马工程”教材得到全面使用。二是严格加强对一般教材的审查。严格按照任课教师推荐教材、教研室（系）集体讨论研究、学院学术专家全文通读审查的方式进行审查，确保教材符合学校人才培养目标和教学大纲要求，能够反映本学科前沿最新发展水平。三是严格境外教材和民族语言类教材审核把关。为确保选用境外教材和民族语言类教材的政治方向、紧跟

专业学科先进成果、无意识形态问题，专门指派马克思主义理论和思想政治教育方面的专家对此类教材进行全面审读、审查，并给出审查意见，确保教材坚持社会主义办学方向，符合学校人才培养目标。

（四）加强督查检查，严把教材选用关口

一是强化日常督查。严格落实学院教材选用管理的主体责任，将教材建设管理纳入日常教学检查中，重点检查教材选用要求是否落实、选用流程是否规范、是否存在未经学校审核擅自订购、发放教材等情况。二是严格专项排查。结合教材专项排查工作，采取全面摸清底数、学院全面清查自查、学校重点排查审查的方法步骤，对人才培养方案开设的所有课程使用的教材情况进行了全面无遗漏的排查审查。对各类存疑问题的教材，统一聘请校内外专家再次逐本进行意识形态审查。

（五）严格审核把关，提高教材建设质量

根据《全国大中小学教材建设规划（2019—2022 年）》（以下简称《规划》）中提出的重点任务进行教材建设规划与落实。一是严把编写审查审核关。严格执行“凡编必审”要求，建立了严审参编资格、严审教材内容机制，教师所在单位、教学主管部门逐本教材通读审查，并填写《北方民族大学教学成果投稿（出版）登记表》，确保教材出版无意识形态问题。二是周密做好教材建设奖评选。以开展首届全国教材建设奖评选工作为契机，从全校优秀教材中推荐 4 部本科生教材参加全国优秀教材自治区初评，推荐 1 人参加全国教材建设先进个人自治区初评，推动教材建设质量整体提升。三是加强校本教材建设立项。以“科学布局、分类建设、重点引领”为原则，整合专业优势与教材资源，落实立德树人根本任务，积极推进和深化学校专业建设和课程改革，加强学校本科教材建设，将教材建设纳入学校“十四五”发展规划和本科教育质量提升工程实施方案（2021—2025），每年支持出版特色精品教材 10 ～ 15 部。2021 年以来，采取个人申报、学院审核推荐、校内外专家评审、学校会议研究的方式，累计投入 210 万元支持《金属材料及热处理》等 25 项为校级本科教材建设项目（2021 年 16 项 96 万元，2022 年 5 项 30 万元，2023 年 14 项 84 万元）。

第三节 坚持服务国家战略，加强有组织科研推动基础理论和实践研究取得新成效

在 2021 年 8 月召开的第五次中央民族工作会议上，习近平总书记强调，要以铸牢中华民族共同体意识为主线，全面加强和改进新时代党的民族工作。这标志着铸牢中华民族共同体意识成为民族工作的“纲”，所有工作都要向此聚焦。我们作为党办的民族高等教育，自然承担着铸牢中华民族共同体意识“第一方阵”的历史使命。根据党中央的重大决策部署和国家民委党组的部署安排，学校坚持“四个面向”，围绕增进“共同性”和强化“融”的导向，扎实有效开展有组织科研，大力开展铸牢中华民族共同体意识理论研究，不断提升服务铸牢主线和中国式现代化的能力和水平。

一、围绕主线开展科研攻关

学校聚焦服务国家重大战略需求和区域经济社会发展需要，充分发挥学校学科专业优势，组织教学科研人员围绕民族领域、中华民族共同体领域基础理论问题和重大现实问题以及国家民委重点工作开展科研攻关。由科研处牵头，各单位各学院配合，在 2019—2021 年，投入经费 119 万元，立项 39 项铸牢中华民族共同体意识专项课题；2022 年，以“十六个问题”为研究课题，以“重点工作”“重点委托”“公开招标”“后期资助”项目等立项方式投入专项经费 100 万元立项 47 项课题，培育产出高水平成果；获批国家社科基金项目“新中国成立初期中华民族共同体建设研究（1949—1957）”“建党百年中华民族形象建构的历史演进与当代价值研究”“中华民族共同体视域下两宋与西夏、辽、金文学互动交融关系研究”等校级以上铸牢中华民族共同体意识相关研究项目 75 项，其中国家级项目 34 项，省部级项目 35 项。2021 年，由党委宣传部牵头，积极申报并获批自治区习近平新时代中国特色社会主义思想“三进”项目 5 项。2022 年以来，由中华民族共同体研究院牵头，承担自治区党委统战部《宁夏加快建设铸牢中华民族共同体意识示范区的理论意义和实践价值》等委托课题 10 项，积

极参与自治区《中华民族交往交流交融史料汇编·宁夏卷》编纂工作。

二、围绕主线加强平台建设

学校投入专项经费重点支持国家民委中华民族共同体研究基地和铸牢中华民族共同体意识研究创新团队建设，支持基地、团队自主设立科研项目、组建科研团队、开展学术交流。2021 年以来，学校成立了校级习近平新时代中国特色社会主义思想研究团队和习近平经济思想、习近平法治思想研究团队，以不同学科、领域深化习近平新时代中国特色社会主义思想研究。

基地获批国家级科研项目 9 项，发表《民族互嵌研究现状与未来走向》等中华民族共同体研究论文 48 篇。完成“宁夏民族团结进步创建和授荣工作调查研究”“基层民族工作队伍建设情况调查研究”“宁夏铸牢中华民族共同体意识示范区的理论意义和实践价值”等一批招标课题，发表了《肩负新时代民族院校使命铸牢中华民族共同体意识——学习贯彻习近平总书记全国民族团结进步表彰大会重要讲话》《中华民族共同体意识理论的大众化和生活化》《民族地区应在小康社会与现代化建设中同步铸牢中华民族共同体意识》《民族团结故事助力中华民族共同体教育进课堂》《习近平关于加强和改进民族工作重要思想的时代价值与实践路径》等一批高质量研究成果。同时，基地组织专家学者深入宁夏各地市持续开展铸牢中华民族共同体意识宣讲，作为自治区民族团结进步创建第三方测评专家主动为自治区统战、民宗部门提供政策咨询服务，组织编写了《中小学中华文化读本》，推动铸牢中华民族共同体意识主线工作向纵深开展。

三、围绕主线加强团队建设

学校积极引导哲学社科人才在研究阐释的学理化和通俗化上下功夫，引导科技人才在助力民族地区现代化上下功夫，引导文化艺术人才在构筑中华民族共有精神家园上下功夫，引导新闻舆论和出版翻译人才在提高传播力、引导力、影响力、公信力上下功夫，以“四个引导”为目标，加强团队建设，不断推动铸牢中华民族共同体意识、中华民族共同体研究走向深入、持续推进新时代党的民族工作高质量发展。通过学科融合凝练，逐

步形成了一支以马克思主义理论、民族学、历史学学科等近70人为骨干的“铸牢”研究团队。团队成员有国家级“百千万人才工程”、国务院政府特殊津贴、国家民委突出贡献专家、自治区哲学社会科学领军人才等学术带头人。

四、围绕主线加强成果转化

学校教师发表与中华民族共同体意识研究相关的科研成果近300篇，占人文社科类成果数的四分之一左右。在《人民日报》《宁夏日报》等报纸和刊物发表有关铸牢中华民族共同体意识研究的文章35篇。70余项成果获省部级哲学社科成果奖。

（一）咨政建言

《南疆地区基层组织建设状况的调查报告》被新华社“国内动态清样”刊发并得到汪洋同志批示。《移民村是如何成为“亿元村”的——宁夏银川市西夏区昊苑村的融合发展之路》被自治区党委书记梁言顺、自治区政府主席张雨浦肯定性批示。6篇报告获得自治区领导批示，为政府决策提供了重要参考。《共同富裕背景下民族地区巩固脱贫攻坚成果的难点及对策》获国家民委全国民族工作优秀调研报告一等奖。8篇研究报告刊登在《民族工作研究》《成果要报》，15项决策咨询类的成果被省部级及以上领导批示，为政府决策提供了重要参考。

（二）脱贫攻坚与乡村振兴

学校教师从乡村振兴和脱贫攻坚统筹衔接视野，为斩断返贫之根，开展相关研究工作。主持完成自治区人民政府重大行政决策咨询研究重点课题，调研报告“共同富裕背景下民族地区巩固脱贫攻坚成果难点及对策”获得2021年度国家民委优秀调研报告奖励，其撰写的“宁夏巩固拓展脱贫攻坚成果面临的挑战”，被吸纳入《以“四大提升行动”为载体推动宁夏巩固拓展脱贫攻坚成果与乡村振兴有效衔接》的调研报告，并获得时任自治区党委书记陈润儿批示。“乡村振兴战略背景下宁夏农村基础设施建设研究——天然气下乡专题研究的调查服务”“宁夏贫困地区农业特色优势产业发展研究——固原市肉牛产业研究的调查服务”等研究报告，助力宁夏乡

村振兴事业的发展。

（三）移民研究

学校教师坚持深入基层，开展生态移民地区产业兴旺内生动力、金融效率等方面的调研，并接受相关政府部门委托开展了宁夏海原县、泾阳县、西吉县、原州区、彭阳县的扶贫政策绩效评价工作，获国家民委社会科学研究成果奖（调研报告类）三等奖 1 项。

（四）地方法规政策起草

学校教师受委托起草、编制的《宁夏回族自治区森林防火办法》《宁夏回族自治区“十三五”时期文化发展改革规划纲要》《宁夏回族自治区食品药品安全“十三五”规划》《宁夏回族自治区“十三五”老龄事业发展和养老体系建设规划》等已经自治区人民政府同意并印发实施。

（五）中华民族共同体历史研究

在中华民族共同体历史研究方面，引导科研人员在“融”的导向、增加“共同性”上下功夫。近年来，发表了一系列研究成果，弘扬了中华民族历史观。《书写辉煌灿烂的中华民族史》《好用管用，“甥舅之谊”：一段唐宋时期民族关系的佳话》《西夏的小钱币如何穿起大历史》《近现代少数民族名人群体的国家认同》《草原丝绸之路视域下北方民族交往交流交融研究》《辽代京城两种形制的形成与民族交往交流交融——以辽上京、中京城为中心》《宁夏古代墓葬：少数民族何以入乡随俗》《宋初西北边疆的蕃汉婚姻与人口买卖》等成果在重要学术期刊及“道中华”平台发表。这些成果均是在大中华民族历史观的视域下，凸显民族之间的“三交”价值引领方面的探索。

五、围绕主线加强学术交流

为进一步促进学科建设和人才培养，扩大学校学术影响力，学校积极与委属高校、合肥工业大学、华侨大学、暨南大学、集美大学深入开展科研合作，与民族团结杂志社、中央民族歌舞团等签署合作协议，围绕铸牢中华民族共同体意识，关注学科前沿，汇聚名家大师，探讨学术真谛，学校每年围绕“铸牢”“中华文化”“推动民族地区高质量发展”等举办高层

次学术会议 25 场，不断增强“铸牢”研究的学术影响力和话语权。

第四节　坚持聚焦“融”的导向
开好《中华民族共同体概论》《中华文化导论》课程

2021 年下半年，为深入学习贯彻中央民族工作会议精神和习近平总书记关于加强和改进民族工作的重要思想，深入广泛开展铸牢中华民族共同体意识教育，大力推动铸牢中华民族共同体意识教育进教材、进课堂、进头脑工作，培养担当历史大任的时代新人，国家民委对民族院校开设《中华民族共同体概论》《中华文化导论》课程作出部署安排。

一、开设《中华民族共同体概论》课程

（一）制定实施方案

2021 年 9 月开始，学校党委决定由党委宣传部、中华民族共同体处牵头起草《北方民族大学关于加强〈中华民族共同体概论〉课程建设的实施方案》，方案几经修改完善，于当年 11 月先后提交校长办公会议、党委常委会会议研究审议通过后开始组织实施。方案从指导思想、基本原则、主要内容、组织保障、实施说明等 5 个方面进行了明确。提出了坚持政治引领、加强顶层设计，坚持遵循规律、健全运行机制，坚持知行合一、注重改革创新 3 个基本原则，明确了课程定位、教材建设、教学建设、教改研究、队伍建设、考核评价、一体化建设等 7 个方面的主要内容。成立了由党委书记、校长担任组长，分管铸牢中华民族共同体意识、本科生和研究生教学工作的校领导任副组长，党委宣传部、中华民族共同体建设工作处、教务处、党委学生工作部、党委研究生工作部、团委、科研处、人事处、马克思主义学院和中华民族共同体学院等单位负责人为成员的《中华民族共同体概论》课程建设委员会，统筹领导本方案的组织实施。

（二）加强课程建设

2020 年 9 月，按照国家民委关于编写自编讲义的相关指示精神，学校召开专题会议研究部署，成立了由党委书记和校长任组长，部分校领导、

职能部门和部分学院相关专家组成的北方民族大学中华民族共同体意识教育课程校本讲义编写工作组。由教务处牵头，制定了《北方民族大学〈中华民族共同体意识教育〉课程校本讲义编写工作实施方案》。同时，集中学习研究习近平总书记关于铸牢中华民族共同体意识工作的重要论述，深刻理解和把握国家民委关于编写《中华民族共同体意识教育》课程讲义的有关要求，研究确定讲义提纲和主要内容，组织讲义的编写和统稿工作。为确保讲义编写质量，学校又先后组织召开各层次专题会议研讨，并在会后根据讨论意见建议组织修改完善，形成《中华民族共同体意识教育》课程校本讲义，并上报国家民委审核把关。随后，教务处组织中华民族共同体学院从 2020—2021 学年秋季学期起面向全体本科生开设。

（三）修订校本讲义

2022 年 7 月，国家民委要求委属高校在各校前期自编的《中华民族共同体概论》讲义基础上，进一步修改完善各校自编讲义。对此，学校党委、行政高度重视，专门召开专题会议研究部署，成立由刀波、李俊杰同志任组长，王永强、陈永奎任副组长，党委宣传部、中华民族共同体建设工作处、教务处和中华民族共同体学院等单位组成的修订工作领导小组；成立由校内有关学院教师组成的讲义修订编写工作组，具体负责方案制定、组织协调和修订工作。7 月 20 日，由党委宣传部、中华民族共同体学院牵头起草制定了北方民族大学《中华民族共同体概论》课程讲义修订方案并报国家民委教育司。暑期，教材编写组按照修订方案认真进行了修改，并及时报送国家民委教育司。

这次自编讲义修订，主要增加的内容包括：（1）习近平总书记关于加强和改进民族工作的重要思想；（2）第五次中央民族工作会议精神，如铸牢中华民族共同体意识的重要意义、“十二个必须”“四个与共”等内容；（3）历史上中华民族交往交流交融的史实，各民族间经济互补、文化互鉴；（4）历史上大一统政治模式下的治理方案；（5）当前依法治理民族事务、民族治理事务治理体系和治理能力现代化；（6）推进民族地区现代化的遵循和举措；（7）中华民族共有精神家园建设的遵循和影响因素、各民族文化与中华文化的关系；（8）民族工作中正确处理好“四个关系”，各

民族交往交流交融和社会互嵌治理结构；（9）加强中华民族共同体对西方文化多元主义、民族国家理论的超越等内容。

这次自编讲义修订，建设的资料主要包括：各章节编写者在讲义编写过程中重点对马克思主义民族理论中关于民族团结联合的重要论述、马克思主义共同体思想、中华文化和中华文明特点、中华民族共同体建设、共有精神家园建设以及批判西方文化多元主义等方面的资料进行收集整理。对中华民族历史观的相关文献进行系统梳理。这次自编讲义修订，在编写人员安排上，将原讲义的编写组成员和现成立的编写工作组成员进行统筹协调，讲义的原编写组成员依旧负责相应的章节，与新成员互相配合，共同完成该章节的修订和编写工作。

这次自编讲义修订，在时间进度安排上分为六个阶段。一是学习研讨阶段。7 月 13 日至 18 日，领导小组、编写工作组成员深入学习习近平新时代中国特色社会主义思想尤其是习近平总书记关于加强和改进民族工作的重要思想、习近平总书记视察新疆重要讲话精神，学习潘岳同志专题党课、调研中央民族大学讲话、在中央党校省部级干部民族和宗教工作专题研讨班上的辅导报告精神，集体进行研讨，确定正式修订方案、编写人员和讲义具体章节目录。二是资料汇总阶段。7 月 19 日至 24 日，开展资料的搜集整理工作，确定修订的具体内容和辅助材料。三是修订编写阶段。7 月 25 日至 8 月 9 日，编写工作组成员按确定的拟增加内容和任务分工进行修订、编写。四是统稿审核阶段。8 月 10 日至 18 日，完成讲义的统编工作，并报学校修订工作领导小组、教材工作领导小组、办公会和常委会会议进行审定。五是报送审核阶段。8 月 19 日，经学校研究审议后报送国家民委教育科技司。六是投入使用阶段。根据安排，自编讲义拟在 9 月份新生开学后正式投入使用，面向 2020 级、2021 级、2022 级本科生开设《中华民族共同体概论》课程，开课数量达 110 余班次。

（四）开展试讲试用工作

2023 年 1 月，国家民委在中央民族干部学院举办了首届《中华民族共同体概论》骨干教师培训班，陈永奎副校长带队参加培训。随后，国家民委要求从 2023 年 3 月开始，在委属高校试讲试用国家民委组织编写的《中

华民族共同体概况》教材。对此，学校党委高度重视，积极组织力量开始试讲试用工作。根据学校人才培养方案和教学计划安排，2023 年春季学期《中华民族共同体概论》（下文简称《概论》）课程面向人文社科 2022 级本科学生开设，教学计划为第 1—16 教学周（每周 2 学时），共计 20 个教学班，涉及 10 个学院、25 个专业、2527 名学生，由 8 位教师担任授课任务（教授 2 名、副教授 2 名、讲师 4 名，均为博士研究生，马克思主义民族理论与政策或民族学专业）。根据国家民委相关通知要求，为了确保教材试讲试用工作的针对性，于学期初将教学计划调整为 2—5 教学周进行实践教学，于第 6 教学周开展理论教学，教学进展顺利。

试讲试用期间，中华民族共同体学院按照“边学习研究、边试讲试用、边改进提高”的工作思路，持续开展集体备课、交流研讨、教学观摩等教研活动，持续优化教学设计，不断提高课堂教学质量。教育引导学生树立马克思主义国家观、民族观、历史观、文化观、宗教观，增强“五个认同”，塑造各民族学生的中华民族共同体的认同，厚植中华民族共同体情感，铸牢中华民族共同体意识，为“中华民族一家亲　同心共筑中国梦”贡献正能量。

1. 加强组织领导，充分认清试讲试用工作的重要性。学校成立由书记、校长任组长，分管教学副校长、教务处和中华民族共同体学院等为组员的中华民族共同体教育领导小组，切实履行领导、监督和服务责任，通过指导集体备课、听课、检查等引导、督促全体教师认真学习领会教材体系和核心内容，通过真学、真信、真讲、真用，切实提高政治站位，把试讲试用作为一项重要政治任务，扛起教材和课程建设的政治责任。周密安排、各负其责、稳步推进，认真教学，保障教材试讲试用的实效，在中华民族共同体意识培育中发挥更大作用。

2. 深入开展教研室活动，保证教学的正确性和时效性。组织全体任课教师原原本本学习《概论》教材，组织集中备课、集体研讨，科学设置讲授专题，制作完善课件，确保课件统一规范。讲授内容中突出中华民族共同体建设和共同体意识培育的价值体系，各民族历史至今交往交流交融事实的知识体系以及讲义从“史”到“理”、史论结合的逻辑体系以及教师

在凸显主要内容基础上改进教学方法的育人效果体系。

3. 高质量完成试讲试用工作，确保教学全覆盖和质量。按照教学计划安排，扎实做好本学期面向法学院、管理学院、中华民族共同体学院、经济学院、文学与新闻传播学院、外国语学院、设计艺术学院、商学院、体育学院、音乐舞蹈学院 10 个学院、25 个专业的 2527 名学生开设课程的教学任务。按照民委“关于毕业生全覆盖”要求，结合毕业生实际，计划于 5 月底，结合毕业生离校教育，围绕铸牢中华民族共同体意识进行专题教育，做到人员和内容全覆盖。

4. 持续推进修订完善工作，积极建言献策。组建教学团队和工作坊，鼓励任课教师在紧扣铸牢中华民族共同体意识主线前提下，结合自身所长，以多样化的手段和方法阐述授课内容，确保授课内容的价值性、知识性、生动化。每一专题讲授之后，任课教师结合课堂讲授和自己的思考及学生的反馈，10 日内对讲义内容观点、史实史料、案例和插图增减、本讲参考书目及思考题等修改意见建议向教研室反馈，教研室指定专人整理汇总、集体研究讨论，形成修订意见建议，经学校审定后，报国家民委和教材编写组，为后续修改修订教材贡献智慧力量。

5. 培养核心骨干师资队伍，加强课程建设。学校抽调《概论》课程骨干教学力量，由主管教学的副校长带队，学院主要领导、教研室主任、骨干教师等 10 人组成的团队，前往中央民族干部学院学习国家民委统编教材最新精神，在 10 天学习中，边学习、边研讨，进一步提高了对《概论》课程重要性的认识，厘清了中华民族共同体演变发展的历程。依托中华民族共同体学院和马克思主义学院师资力量，组建多学科、多梯队任课教学团队，通过开展集体备课、教研活动、教师说课、教学竞赛等活动，筛选出 2—3 名理论功底扎实、学养深厚、讲授能力强的教师作为示范课教师，参加民委的示范课程讲授；通过教师的传帮带作用，把我校的《概论》课建设成为一门理论精、知识强、教学生动、方法多样的“思政金课”。

6. 加强教学督导检查，严把政治关。强化日常教学过程中的督查检查，对照教学任务安排，采取进入课堂全程听与组织专家随机查相结合的方式，每周组织校院领导班子、教学督导和班主任全程听课和督导检查，

切实加强对课堂教学内容的政治把关，帮助教师完整准确讲述教材内容，确保正确的政治方向和价值导向，确保教学内容讲授到位。

7. 举行学习《中华民族共同体概论》授课辅导。为深入学习贯彻习近平新时代中国特色社会主义思想，持续推动习近平总书记关于加强和改进民族工作的重要思想入脑入心，持续推进铸牢中华民族共同体意识融入办学治校、教书育人全过程，帮助授课教师进一步从理论上把握《中华民族共同体概论》教材的核心要义和叙事体系，学校举办了三场次授课辅导。

2023 年 9 月 13 日下午，我校举行党委理论学习中心组（扩大）2023 年第 9 次学习暨学习《中华民族共同体概论》授课辅导。校党委书记、校长李俊杰主持并讲话。会议邀请我校马克思主义学院行政负责人、中华民族共同体研究院院长马惠兰教授作专题授课辅导。校领导东·华尔丹、保文星、伍永章、王宏晓、李红燕出席。处级以上干部（含处级组织员）、部分教职工参加。马惠兰结合学习和试讲试用《中华民族共同体概论》的思考，分别从《中华民族共同体概论》课程及教材的演变、《中华民族共同体概论》教材的主要内容和遵旨、《中华民族共同体概论》第八讲章节的示范教学、《中华民族共同体概论》所呈现的历史观和方法论等四个方面，进行了全面系统地阐释和解读。

2023 年 9 月 21 日下午，我校在大学生活动中心举行学习《中华民族共同体概论》授课辅导（第二场）。校领导李俊杰、高岳林、东·华尔丹、伍永章出席，校党委常委、副校长王宏晓主持。会议邀请我校中华民族共同体学院教师张福强作专题授课辅导。处级以上干部（含处级组织员）、部分教职工参加。张福强结合参与编写和试讲试用《中华民族共同体概论》的思考，重点围绕“新中国与中华民族新纪元”这一章进行了授课，分别从重塑现代中国、建设中华民族大家庭、促进中华民族大进步三个方面进行了细致的讲解。

2023 年 9 月 27 日下午，我校在大学生活动中心举办学习《中华民族共同体概论》授课辅导（第三场）。校领导李俊杰、保文星、伍永章出席，校党委副书记东·华尔丹主持会议。会议邀请我校马克思主义学院教师马永吉作专题授课辅导。马永吉结合学习和试讲试用《中华民族共同体概论》

的思考，分别从“我校《概论》课程的升级和教材改版”“国家民委新编教材的主要教学目标和教学重点”“示范授课——隋唐时期中华民族共同体在政治、经济、社会、文化等方面呈现的史实和特征”“阐释‘四个共同’中华民族历史观”四个方面，进行了全面系统地阐释解读。

二、开设《中华文化导论》课程

（一）制定课程建设方案

为深入学习贯彻习近平总书记关于弘扬中华优秀传统文化的重要论述，贯彻国家民委和教育部关于开设《中华文化导论》课程的部署，2022 年 3 月开始，学校党委决定由党委宣传部牵头，教务处和文学与新闻传播学院配合，起草制定《北方民族大学〈中华文化导论〉课程建设方案》。同年 4 月 21 日，2022 年第 8 次校长办公会议审议通过了课程建设方案，并将《中华文化导论》纳入 2019 版本科人才培养方案。方案从课程建设的总体目标、基本原则、主要内容、组织保障、实施说明等方面进行了规定。明确了坚持突出工作主线、坚持思想政治引领、坚持全校共建机制 3 个基本原则。从课程定位、教材建设、课程建设、教学改革研究、师资队伍建设、课程一体化建设、课程实践体系、课程考核评价等 8 个方面明确了课程建设的主要内容。

（二）举办开课启动仪式

2022 年 3 月 1 日上午，学校在设计艺术楼报告厅举办《中华文化导论》课开课仪式，这标志着中华文化课程教学实现本科生全覆盖工作全面启动。校党委书记刀波，党委副书记、副校长王永强出席，副校长陈永奎主持。教务处副处长李娜介绍了《中华文化导论》课程建设方案，文传学院教师吕颖代表授课团队作交流发言。文传学院院长郭艳华教授讲授《中华文化导论》第一课，授课对象为文传学院 2021 级学生，参会校领导以及党委宣传部、中华民族共同体建设工作处、教务处、中华民族共同体学院、文传学院等学院负责同志、全体授课教师与学生同上第一堂课。会议强调，学校开设《中华文化导论》课，是以学习研究中华文明、弘扬中华文化精神为核心目标，以铸牢中华民族共同体意识为主线，让广大学生在

文化浸润中感受中华文明的伟大，在学思践悟中增进“五个认同”，争做中华文化的传承弘扬者、社会主义核心价值观的践行者、铸牢中华民族共同体意识的捍卫者。

（三）着力加强课程建设

《中华文化导论》课作为学校重点建设课程，由党委宣传部、中华民族共同体建设工作处、教务处共同负责。课程性质为全校通识教育必修课，2 学分、32 学时，纳入 2019 版本科人才培养方案，学校着力把《中华文化导论》课打造成为我校深化铸牢中华民族共同体意识教育的重要载体和平台。学校成立了《中华文化导论》课程教研室，以文学与新闻传播学院教师力量为主，整合包括了马克思主义学院、中华民族共同体学院、文学与新闻传播学院、设计艺术学院、音乐舞蹈学院等相关学院的师资力量组建了课程教学团队。《中华文化导论》课程共有 7 章内容，课程体系围绕中华优秀传统文化、革命文化、社会主义先进文化，辐射中华文化的内涵与特征、中华文化的基本精神、中华文化的经典文学呈现、中华文化的日常化生活表征以及新时代中华文化的创新性发展和创造性转化等内容。自 2021—2022 春季学期以来，面向 2020、2021 级本科生开设，专业辐射全校各专业，授课人数近 5000 人次。

（四）加大课程投入力度

在建好通识必修课课程资源的同时，增加 5—10 门超星尔雅、智慧树、学堂在线等平台的优质中华文化线上资源作为补充，打造系列课程群，提升课程品质。投入课程建设专项经费 15 万元，定期开展教学研讨活动，立项《中华文化导论》课程的校本教材建设和校级在线开放精品课程，探索形成“课程 + 社团 + 实践”融合模式，构建《中华文化》必修课的“外围阵地”，开设“中华文化大讲堂”“中华文化经典阅读”工程，将实践课程的学分纳入“第二课堂”成绩单，从而构建理论与实践紧密结合、“课内外一体化”的教学体系，着力将《中华文化导论》课打造成为学校深化铸牢中华民族共同体意识教育的重要载体和平台。

（五）课程建设成效明显

目前，《中华文化导论》课程已取得一定的成效。依托课程，举办“中

华优秀传统文化现代书写创意论坛”“中华文化共同体思想高层论坛”。《中国民族报》刊登了《创新培育时代新人的课程载体——以北方民族大学〈中华文化导论〉精品课程为例》的文章和《北方民族大学〈中华文化导论〉课程》开课的相关报道。课程团队成员在“道中华”发表“这条巨龙为何能够一咏千年”的原创文章，立项《中华文化导论》课程的校本教材，立项《中华文化导论》校级在线课程、《中华文化导论》课程思政示范课程。教学团队成员获批国家社科基金项目 4 项，从科研与教学研究、教材立项、课程建设等方面不断提升课程质量与建设品质。

第五节　坚持推广国家通用语言文字 夯实强国建设语言之基

学校认真贯彻落实全国教育大会、全国语言文字会议精神，推动各民族对伟大祖国、中华民族、中华文化、中国共产党、中国特色社会主义的高度认同，不断推进中华民族共同体建设，切实做好国家通用语言文字的推广普及工作，助力推动民族地区语言文字事业高质量发展。

一、加强组织领导，建立健全规章制度

学校高度重视推广普及国家通用语言文字工作，学校成立了由校领导、相关职能部门和教学单位负责人组成的国家通用语言文字工作委员会，各教学单位成立了国家通用语言文字工作领导小组，负责学校国家通用语言文字工作具体实施。印发《北方民族大学国家通用语言文字工作实施办法》等规范性文件，全面贯彻落实国家宪法和国家通用语言文字法律法规规定。

二、加强条件保障，重建普通话测试站

学校于 2021 年对原有普通话测试站进行了重建，建成国家通用语言文字实验教学中心。构建了具有候考、备考、考试间、监考 4 个区域，总建筑面积 400 余平米的全新测试中心，共有 19 个标准考试机位，单日可容纳测试数 400 人次。2022 年已举办普通话水平测试 2 次，累计测试人数

2174 人。学校本着“以本为本，服务学生”的理念，克服疫情影响，优先服务毕业生普通话测试需求，为毕业生提高国家通用语言文字应用水平，增强服务家乡建设能力，提供了便利条件。中心的建设不仅为普通话水平测试提供了测试场所，更为国家通用语言文字推广提供了支撑平台，也成为学校中华民族共同体意识示范校建设的重要条件支持。

三、加强推普工作，多渠道开展宣传教育

（一）多渠道开展国家通用语言文字宣传教育

学校通过党委理论学习中心组、学校网站、微信公众号、电子屏、宣传橱窗等各类媒体平台，学习宣传国家通用语言文字法律法规和有关文件精神，推广使用普通话和规范汉字。确保学校各类媒体平台使用国家通用语言文字开展宣传工作，音视频类宣传内容必须使用普通话录制和播出。坚持对各单位和校园公共区域宣传橱窗、文化墙的检查，确保各类宣传品使用规范汉字，对于使用不当的，及时进行纠正、整改或撤除。

学校通过组织召开“学习习近平总书记视察宁夏重要讲话精神”等主题班团会、“每天一分钟”自我教育计划等活动，实现思想理论学习教育全年全校覆盖。组织学生党员、优秀团员 500 余人参与学校“旗帜——学习新思想奋进新时代”“石榴花开——中华民族一家亲同心共筑中国梦”主题思政课，用普通话表演主题思政课，演出累计 20 场，线上线下观看人数达 5 万余人次。以铸牢中华民族共同体意识为主题，发布思想引领、社会实践、文体艺术等 5 大类第二课堂项目 1700 余项，累计参与学生人数达 32 万余人次。

学校组织选拔培训 100 名民族团结教育宣讲员、100 名民族韵律操推广员等“八个一百”宣讲员队伍，深入晚班会进行主题宣讲，线上线下累计宣讲 2000 余场次。学校与银川市、西夏区联合开展“百场万人”宣讲活动，围绕“民族团结”“弘扬中华优秀传统文化”等主题走向社区、中小学用普通话开展宣讲活动，加大民族地区国家通用语言文字推广力度。

学校主办“青春北民大”、校学生会微信官方平台关注量突破 8 万。学校充分挖掘民族团结的内涵，多次举办“最美民大摄影”“最美民大笔

记”“青年榜样”“我身边的宣讲员”“推荐最美校友”等线上互动。“青春北民大”在 2021 年 11 月入榜全国高校团委微信影响力排行榜以来，共累计入榜 20 余次，“民大最美笔记”等单周热文影响力曾在全国团属新媒体排行榜列第 13 名。

（二）全方位开展国家通用语言文字工作推广活动

学校现有民族预科学生 288 人，来自 18 个省市自治区。受方言影响，该部分预科生普通话发音普遍不标准，文字撰写存在困难，影响日常教学效果。针对预科生，学校利用节假日时间连续开设普通话水平测试辅导讲座和普通话水平测试训练，大大提高了预科生的普通话水平、汉语听说读写能力，增强了民族凝聚力。此外，学校也为全校学生开展了 8 场次普通话培训和“三笔字”训练推广活动，吸引了来自 10 个学院的上千名学生参加。在培训活动中，教师重点介绍了普通话的发展历程和特点、书法的历史发展以及学习书法的意义，广受学生好评。

学校积极开好《大学语文》课程，通过语言的音韵、形象艺术、精神蕴藉、语言实践四个层面开展语言教学，充分展现中国语言文字的魅力。通过诵读欣赏、讲解古典诗词文赋现代经典诗文，感受语言的韵律美，体悟经典文本中的情感之真、意境之妙、思想之深，同时认识到中国通用语言文字不仅是沟通交流的工具，更是中华民族的文化思想和精神的最重要的载体。通过古文翻译、赏析、仿写、作文等方式展开语言训练，树立学生规范使用国家通用语言文字的意识，提升听说读写能力。

学校目前开设《现代汉语》《普通话培训》《演讲与口才》《社会语言学》等优质语言文字课程，配套出版了《普通话培训教程》《演讲与口才训练教程》等教材。课程教师团队广泛开展研讨，重塑课程内容，着力提高学生国家通用语言文字能力的培养意识和使用能力，注重传统优秀语言文化内容的教学融入，进行价值情感教育；在课程教学中，组织学生进行国家通用语言推广普及的社会实践，达到学以致用，指导学生实践调查民族地区的语言生活，了解民族地区大力推广国家通用语言文字的经济价值、文化价值、社会价值等，增强学生语言文化的认同感和国家认同感。

学校汉语言文学专业 2022 年获批国家级一流本科专业建设点，依托本

专业，配套出版了《普通话培训教程》《演讲与口才训练教程》等教材，持续大力推进国家通用语言文字普及推广工作。在理论课程中，通过开设《语言学概论》《现代汉语》《古代汉语》《方言研究》等课程，强化国家通用语言文字的理论基础，以语言课程为载体凝聚各族学生的精神；在实践课程中开设《语言与沟通训练》《语言调查》《古典诗词咏诵》等课程。实践课程坚持教学和实践相结合的基本理念，在夯实古典诗词咏诵基本功的基础上，引导和鼓励学生对古典诗词进行情境化再现，将吟诵、歌唱、舞蹈、话剧、汉服展示等多种表演元素相结合，并最终以微型舞台剧的方式呈现出来，显著提高学生的综合素质能力，并充分感知中国传统文化之美，进一步增强文化自信、文化认同，铸牢中华民族共同体意识。

学校积极探索国家通用语言文字的实践育人作用，大力开展“三字一话”实践教学。目前已开设 6 班次《普通话水平测试实训》《三笔字实训》通识选修课程，累计选课 197 人。学校将中华传统文化、中华民族历史观、各民族交往交流交融的过程融入课堂中，把全员育人、全程育人、全方位育人工作与国家通用语言文字推广普及结合起来，将“五个认同”植根到学生心灵深处，极大地提高了学生学习国家通用语言文字的热情。经过一学期的学习，学生的普通话综合运用能力显著提升，经测试，学生的普通话优秀率提高了 17%。

学校于 2022 年举办第二届全校大学生“三字一话”基本功大赛，通过强化学生“钢笔字、毛笔字、粉笔字和普通话”基本功技能训练，形成以赛促学、以赛促练的良好局面，进一步加强了中华优秀传统文化教育传承。2022 年，学校 5 名学生分别荣获全区中小学教师和师范生“三字一话”基本功大赛普通话二等奖、钢笔字二等奖、普通话三等奖、粉笔字三等奖，优异的成绩不仅展现了学校大学生良好的精神风貌和“三字一话”功底水平，也展示了学校在“三字一话”教学和培训方面取得的成效，对于促进国家通用语言文字推广普及具有重要的推动作用。

学校在推普周中，积极组织开展书法比赛、中华经典吟诵比赛等形式丰富的普通话宣传推广活动。以中华经典文学作品为书写内容，面向全体在校生，征集硬笔、软笔书法作品，选取优秀书法作品予以为期一周的展

览。并通过网络流行的快闪方式，分别选取知名度、传唱度较高的古诗词，以歌曲串烧的形式，组织学生进行伴奏及舞蹈表演。2022 年，学校 2021 级学生荣获全区第四届中华经典诵写讲大赛“诵读中国”经典诵度大赛大学生组一等奖，学校被授予优秀组织奖，极大提升了我校学生的语言文字应用能力和语言文字素养，为广大学生构筑了中华民族共有的精神家园。

学校坚持以铸牢中华民族共同体意识为主线开展推普社会实践，广泛动员青年投身创新实践中推广普通话。2022 年 7 月，学校“七彩假期”推普服务实践团入选全国 2022 年“推普助力乡村振兴”全国大学生暑期社会实践志愿服务活动，8 月该团队在银川市永宁县开展义务支教和普通话推广活动，并得到中国教育电视台微信宣传。学校持续开展“红石榴”计划，在新疆基层中小学开展义务支教和推广普通话宣传，建立“图书角”，并组织捐款捐物 5 万余元。

（三）精准开展国家通用语言文字研究工作

学校聚焦民族地区国家通用语言文字研究推广亟待研究的领域，发挥学科优势，整合科研资源和力量，有针对性地开展科学研究。我校科研人员先后承担了国家社科基金项目《双语教育视阈下民族文化协同传承模式研究》《满·通古斯诸民族口头传统渔猎词汇文化保护与开发模式研究》、国家民委民族工作研究项目《民族双语人才的培养与战略布局研究》《传媒领域藏语文使用状况研究——以甘南藏族自治州为例》、国家语言委员会项目《宁夏普通话普及情况调查》《濒危汉语方言调查·宁夏泾源香水回民关中话》、横向项目《中华字库工程少数民族文字搜集与整理工作导则》等多项课题的研究工作。

学校遵循语言文字科学研究规律，制定了《北方民族大学科研领域推进国家通用语言文字相关工作实施计划》，科学有序地开展研究。学校依托中央高校基本科研业务费专项资金，先后设立了国家社科基金培育项目、民族工作一类、二类项目、中华民族共同体项目等专项项目，引导科研人员开展相关研究，立项了“民族院校双语教育与民族文化传承的理论与实践研究”“宁夏回族聚居区、回汉杂居区语言生态与和谐语言生

活研究”等多个项目。同时，为进一步发挥自治区重点学科“语言及应用语言学”在科学研究、学科建设、人才培养、社会服务中的支撑和引领作用，学校每年依据预算情况给予该重点学科8万—15万元的经费支持。

第六节　全面加强校园文化建设，以文化人、以文育人

十年来，我校将校园文化建设工作作为立德树人的重要内容，紧紧围绕为党育人、为国育才使命任务，与学校中心工作同部署、同落实，注重文化传承与创新，统筹推进思想文化引领、文化载体建设、环境形象营造等文化育人平台建设。通过加强意识形态涵育主线文化，彰显红色基因培育社会主义核心价值观，推进治理体系建设，完善科学文化，构筑育人环境夯实生态文化，全面彰显以文化人、以文育人魅力。

一、加强思想政治引领

（一）强化理论武装

1. 坚持政治立校。坚持党对学校工作的全面领导，坚持社会主义办学方向，坚持和完善党委领导下的校长负责制，不断完善大学治理体系。强化理论武装工作，把深入学习宣传贯彻习近平新时代中国特色社会主义思想作为首要政治任务，融入干部教育培训工作之中，纳入思想政治教育工作之中，落实到立德树人根本任务之中，做到有计划安排、有组织管理、有明确要求、有收获成效。

2. 加强中心组学习。制定出台学校党委理论学习中心组学习实施方案，坚持把习近平新时代中国特色社会主义思想作为“常设议题”和“第一议题”，2016年召开党委理论中心组学习12次，2017年召开党委理论中心组学习10次，2018年召开党委理论中心组学习10次，2019年召开党委理论中心组学习13次，2020年召开党委理论中心组学习14次，2021年召开党委理论中心组学习15次，2022年召开党委理论中心组学习12次。

3. 加强主渠道教育。一是将相关课程纳入人才培养方案。学校在制定2019版本科人才培养方案时，将“习近平新时代中国特色社会主义思想概

论”作为通识必修课开设，设置 3 学分、40 学时（32 理论学时，8 实践学时），从 2021 级本科生开始执行；将“习近平法治思想概论”作为学科基础课，设置 2 学分、32 学时，面向 2021 级及以后年级法学本科生大一第一学期开设；在外国语言文学类本科专业中设置《习近平谈治国理政》多语种版本相关课程。二是发挥思政课主渠道作用。学校自 2022—2023 学年春季学期起，依托法学院和经济学院教师教学团队，在全校范围内面向全体本科生开设通识选修课《习近平法治思想概论》（2 学分，32 学时）、《习近平经济思想概论》（1.5 学分，24 学时）通识选修课，形成必修和选修相结合的课程体系。下一步将继续筹划开设《习近平生态文明思想》《习近平外交思想》等系列通识类选修课程。研究生院结合 2022 版研究生培养方案修（制）订工作，在硕士研究生思想政治公共课《中国特色社会主义理论与实践》的课程设置中，明确要求增加铸牢中华民族共同体概论专题内容。

4. 打造“大思政课”平台。一是开展“万人唱响中国梦　我与祖国共奋进”庆祝中华人民共和国成立 70 周年活动。我校 56 个民族的师生和银川市西夏区 3800 名小学生共聚一堂，唱响时代主旋律，向中华人民共和国成立 70 周年献礼。该活动重温党的光辉历史，弘扬党的优良传统，高扬新时代主旋律正能量，弘扬社会主义核心价值观，铸牢中华民族共同体意识，增强师生的“五个认同”，推进习近平新时代中国特色社会主义“三进”工作落实落地。二是开展建党百年系列主题活动。为热烈庆祝中国共产党成立 100 周年，我校 1.5 万余师生欢庆党的百年华诞，举办隆重的“七一”升旗仪式，各学院认真学习研讨习近平总书记在建党一百周年上的讲话，反响热烈。

（二）深化“三全育人”综合改革

新时代，“三全育人”最难的是如何解决“最后一公里”的问题。2020 年 9 月、2021 年 3 月，边巴扎西同志两次来校调研时强调，要加强班主任队伍建设，坚决打通学生教育服务管理“最后一公里”。为此，学校聚焦立德树人短板弱项，从顶层设计上进行系统突破，成立了思想政治工作领导小组、宣传思想工作领导小组、意识形态工作领导小组、安全稳

定工作领导小组等小组，实施校领导包抓思想政治、党的建设、安全稳定工作机制，制定由40余项制度为支撑的“三全育人”制度体系，构建形成校党委统一领导、班子成员冲在一线、党委宣传部统筹协调、各单位分工负责、全员协同参与的“三全育人”工作机制和格局。

1. 形成一体化育人合力，让育人主体“动起来”。学校党委从加强队伍建设入手破题。充分发挥全体专任教师作为“大先生”，98名辅导员和480名班主任作为“引路人”，200余名管理干部作为“急先锋”的作用，让各类育人主体形成合力帮助学生扣好“人生第一粒扣子”。针对承担着打通育人“最后一公里”重任的班主任队伍，怎样建好这支队伍并让其充分发挥育人主体作用？学校党委“把班主任工作作为人才队伍建设的专项行动，作为教师队伍能力提升的有效抓手，作为落实‘以本为本’、推进‘四个回归’的重要举措”，启动了建校以来规模最大、时间最长、内容最实的班主任队伍培训。成立由全体校领导领衔的班主任工作领导小组，由书记、校长担任全校“大班主任”，每两名校领导一起担任“年级班主任”，形成“学校—年级—学院—班级”四级管理的班主任工作闭环运行机制。通过实施“班主任领航计划”、制定《班主任工作指南》、每月召开一次年级班主任工作会议等举措，创新推进班主任工作纵深开展。同时，召开“三全育人”教师思想政治工作会议，制定《领航标兵岗位设置与聘用实施办法》，领航标兵岗位设置一级至六级，一级不超过10人、二级不超过20人、三级不超过30人、四级至六级各不超过40人。在待遇方面，领航标兵岗位一级至六级校内绩效工资分别与专业技术二级至七级岗位校内绩效工资保持一致，当与教师本人专业技术岗位校内绩效工资不一致时，按照“就高”原则执行。引导全体干部教师形成“人人抢着担任班主任”的良好工作局面，从而努力探索出一条符合新时代民族高校办学使命和内在要求的班主任队伍建设模式。实现育人从“意识协同”到“队伍协同”。

2. 整合一体化育人资源，让育人血液“流起来”。学校党委从最容易被忽略的后勤服务系统抓起。制定《后勤服务系统加强和改进“三全育人”工作方案》，统筹资源力量，把隶属学校相关部门的正式在编人员及各类聘用人员、驻校第三方服务单位及其工作人员、在校内开展服务的相关人

员，共1800余人整体纳入“大后勤”系统和“三全育人”大格局，实现“把乙方变成甲方，把客人变成主人，把工作客体变成育人主体，打造最广泛的育人统一战线”，着力让育人在学校无时不有、无处不在，成为全体干部教师和服务人员无止境、不停歇的追求，成为衡量一切工作成效的根本标准，全力以赴把育人事业做到极致。实现了育人从“队伍协同”到“系统协同”。

3. 形成一体化育人特色，让育人品牌“亮起来”。学校党委从树形象、建品牌上下功夫。获评第六批全国民族团结进步教育基地、全国党建工作标杆院系、自治区级民族团结教育示范校、自治区级依法治校示范校、“宁夏第一批文明校园”。2009届毕业生秦文博扎根基层，积极带领当地农民脱贫致富，作为全国民族团结模范个人受到了习近平总书记的亲切接见。

二、加强思想道德建设

（一）顶层设计思想政治教育体系

2018年以来，学校先后印发《中共北方民族大学委员会关于加强和改进思想政治工作的意见》等文件，顶层设计学校思想政治工作。印发《中共北方民族大学委员会关于思想政治工作的整改方案》，对全校各领域思政工作中存在的问题进行了深入查找，并列出具体整改任务，整改取得实效。制定实施《北方民族大学校级领导深入基层“五个一”制度》，要求校级领导每年讲党课或形势政策课不少于一次，分管领导每学期到堂听课不少于两次。印发《北方民族大学全面深入持久开展民族团结进步创建工作　铸牢中华民族共同体意识的实施方案》，着力构建由“领航工程”“共建工程”“亮点工程”“固本工程”组成的民族团结进步创建工作四大工程体系，牢固树立师生的中华民族共同体意识。以社会主义核心价值观为引领，将大学生思想政治教育工作纳入学校事业发展规划，“育人为本，德育为先”纳入学校人才培养方案，逐步形成全员、全过程、全方位育人的思想政治教育格局。

（二）加强思想政治理论课教育教学

把马克思主义学院列为学校重点建设学院，校党委书记作为联系人，

直管马院工作。制定印发《关于校领导联系思想政治理论课教师的通知》《北方民族大学关于领导干部上讲台讲授思想政治理论课和形势与政策课实施办法（试行）》，由校党委常委、党委部门主要负责同志兼任马克思主义学院教师。每人承担一个专题讲座，各学院（系）党组织书记、院长兼任马克思主义学院形势与政策课任课教师。把马克思主义理论学科作为学校重点建设学科，予以更大力度的资金和政策支持，全面实施“高校思想政治理论课教学质量年”计划，深入实施高校思想政治理论课建设体系创新计划。突出问题导向，开展思政课大调研，推进教材体系向教学体系并进一步向教学语言的转化，增强思政课亲和力和针对性，师生对思政课满意度显著提升。

校党委深入推进思想政治理论课与各类课程思政同向同行。通过制定《中共北方民族大学委员会关于贯彻落实〈新时代高等学校思想政治理论课教师队伍建设规定〉的实施细则》，修改完善《北方民族大学标准化马克思主义学院建设实施方案》，校党委书记直接分管马克思主义学院，加强思政课教师队伍建设，与区内五个单位联合申报马克思主义理论一级学科博士学位点，申报思想政治教育国家一流本科专业、马克思主义理论一级学科硕士点，开展思想政治教育本科新办专业评估等举措，全力加强重点马克思主义学院建设。印发《北方民族大学课程思政改革实施方案》，全力做好“课程思政”建设工作，共计立项建设 14 项自治区级“课程思政”精品项目，评选课程思政好教案 19 项。2020 年度校级“课程思政”改革项目共计立项建设 27 项。

2020 年 12 月，新华社内参《国内动态清样》报道了我校思想政治理论课建设情况，国家民委领导作出肯定性批示。2022 年度，立项建设 52 项校级“课程思政”改革项目。马克思主义学院 1 名教师获评自治区思政课程教学名师。

（三）加强学生教育服务管理

1. 强化日常思想政治教育。深入学习贯彻习近平新时代中国特色社会主义思想，加强社会主义核心价值观和中华民族共同体意识教育，加强和改进思想政治教育工作。推进实施文明班级、文明宿舍、文明食堂创建活

动，“节粮、节水、节电”活动。组织开展读书征文活动，引导师生多读书、读好书。开展礼节礼仪教育，在重要场所和重要活动中升挂国旗、奏唱国歌，完善开学典礼、毕业典礼礼仪规程。举办去宗教极端化主题教育宣讲，召开“全民国家安全教育日”主题班会，开展“初心永不忘，走好新长征”专题讲座，开展“清风廉韵”艺术作品展活动，举办党史纪录片观影活动。进一步推进习近平新时代中国特色社会主义思想进支部、进团课、进社团、进网络。通过构建“导学、讲学、研学、比学、践学、督学”六位一体的学习体系，引导广大学生践行社会主义核心价值观，铸牢中华民族共同体意识。

2. 深入细致开展学生帮扶工作。一是千方百计扩大就业渠道。发布《关于做好2019届毕业生就业工作帮扶的通知》《关于开展我校2019届毕业生求职补贴申报工作的通知》，指导和协同各院系，建立毕业生就业创业全程动态服务管理体系，设立台账，做好毕业生的就业跟踪指导、服务和信息统计，尤其是建立就业困难毕业生数据库，将边疆少数民族毕业生、家庭经济困难、就业困难的毕业生作为重点服务对象，实行“一对一”动态援助。加强就业“两课”建设，推动课程体系、教学内容和教学方式的改革，大力开展职业生涯规划教育和就业技能培训，有针对性地提供个性化的就业指导，通过向用人单位重点推荐、优先培训、跟踪服务等方式，帮助他们尽快实现就业。二是积极开展资助育人工作。组织开展优秀学生评选和表彰奖励、学费补偿、国家助学贷款工作，加大经济困难学生帮扶工作力度，开通新生入学“绿色通道”，为因自然灾害、生病等学生发放临时生活补助，勤工助学资金总额实现大幅度增长。开展诚信主题教育、毕业生德育答辩总结观摩、权益维护、“7 · 5”普法宣传、“12 · 4”国家宪法日、“金融安全知识进校园”等活动，帮助学生牢固树立诚实守信、感恩向善、自立自强的观念。

3. 拓宽实践育人和志愿服务。将实践育人工作纳入教学计划，建立相对稳定的实践育人基地，围绕理论普及宣讲、国情社情观察、科技支农帮扶等方面组建重点团队、深入乡村、社区、街道等，尤其是革命老区、贫困地区和少数民族地区开展“三下乡”社会实践活动。在校学生会设立志

愿者工作部，不断加强组织管理、机制保障、经费支持和文化塑造，组织志愿者参与自治区 60 周年大庆、中阿博览会等各类大型活动的志愿服务工作。学校连续多年成为全区高校“西部计划”报名人数最多的单位，曾被团中央评为“全国西部计划优秀项目办”。

4. 完善和强化心理健康教育。建设近 130 平方米的心理中心，设置接待室、个体咨询室、团体辅导室、沙盘辅导室、音乐放松等 5 间功能室。有 5 名专职心理教师，师生比达到 1:4000。编印《北方民族大学学生心理健康教育工作管理制度》《北方民族大学心理健康教育工作制度汇编》《北方民族大学学生心理危机干预实施办法（暂行）》等制度。开展新生心理健康普查、心理健康月排查、心理健康周查周报制度；建立心理咨询值班制度，完善心理咨询预约、记录、档案等制度；成立“学校、学院、班级、宿舍”四级心理危机干预机制，针对每一级进行常规培训；完善各级重点关注学生的帮扶工作，建立帮扶台账，实现重点关注学生“一人一册一策”。已开展 21 届校园心理文化节，5 届校园心理短剧大赛。面向全体新生开设《大学生心理健康教育》公共必修课及《幸福心理学》等多门公共选修课。

三、加强教师队伍建设

（一）健全师德师风工作机制

秉持“教育者先受教育”的理念，始终把师德建设摆在教师队伍建设首位，建立了较完备的师德师风教育、考评、激励制度。2016 年印发《北方民族大学教师师德承诺书》《北方民族大学师德师风负面清单》成立师德建设委员会和教师思想政治工作领导小组。2018 年成立党委教师工作部，负责统筹做好教师日常思想政治工作。将思想政治工作队伍建设纳入学校人才队伍建设总体规划和学校师资培养培训计划，纳入学校办学质量、队伍建设、教学评估、目标考核的指标体系，在工作上加强领导，在政策上积极支持，在条件上提供保障。按照《北方民族大学思想政治工作队伍建设规划（2017—2020 年）》，配备思想政治工作队伍，分年度逐步落实。着力打造由学工队伍、专业教师、领导干部组成的三位一体育人队伍和工作

平台。2020 年开展师德师风大学习大讨论活动及自查工作，2023 年开展师德师风专项治理活动，着力提高教职工师德师风品质。

（二）加强师德师风的培育

学校围绕立德树人根本任务，突出全员全方位全过程师德养成，把教师职业理想、职业道德教育融入培养、培训和管理全过程。2018 年，组织举办了“深入开展大学习　争做‘四有’好老师”全校专任教师培训班，首次对全校 800 余名专任教师进行了思想政治培训。完善师德师风奖惩激励机制，坚持做好“教学名师”“我最喜爱的老师”“教学优秀奖”等评选活动，创新方式、精心筹划教师节庆祝活动，凝聚人心促发展。加强师德师风典型选树和宣传，编印出版介绍优秀教师先进事迹的专辑《贺兰师魂》《师德风范——北方民族大学师德建设学习读本》《静待花开——北方民族大学师德师风建设文集》等。先后涌现出“全国优秀教师”马惠兰，“自治区师德标兵”麦海娟，“自治区五一劳动奖章”获得者高岳林、张玫，“自治区教学名师”苏淑霞、田俊忠、李济民等一批先进典型。选树和宣传报道了一批民族团结进步、立德树人和学生优秀代表等先进典型，大力发挥先进典型的引导、示范和标杆作用，引起师生广泛关注。

（三）强化师德师风建设和监督。出台《北方民族大学师德建设长效机制实施方案》《北方民族大学教师行为准则》等制度，形成了师德师风建设的长效机制。修订了《北方民族大学教师师德失范行为负面清单》，拟定了《北方民族大学教师师德失范行为处理暂行办法》，明确了师德失范行为处理的适用范围、处理程序、申诉复核等方面内容，逐步完善了师德师风考核制度。发布《北方民族大学加强师德建设倡议书》，与教师签订师德承诺书，在岗位聘期考核、年度考核、职称评审、评优奖励中实行师德师风和学术道德考核一票否决制。

四、加强校园文化建设

（一）强化社会主义核心价值观宣传教育

加强校园文化设施建设，在室内外建设以社会主义核心价值观为主要内容的宣传展示设施、雕塑和文化墙等，在潜移默化、润物无声中加强学

生的爱国主义教育。将社会主义核心价值观贯穿到大学文化建设全过程，融入到校园文化生活全方位。组织师生开展主题鲜明、形式多样、积极向上的校园文化、艺术、体育等活动，活跃校园文化生活。通过邀请民族博物馆、民族画报先后来校举办“复演时空——中华各民族传统节日文化展”和“中国，我们共同的家园——铸牢中华民族共同体意识大型图片展”，组织观看自治区成立60周年大型成就展及民族团结月系列活动等，充分利用各类媒体平台，积极开展线上、线下的民族团结进步教育、普法宣传教育、思想政治教育、精神文明建设等主题宣传活动，取得了一定成效。在校园内安装了多处社会主义核心价值观、民族团结进步、文明校园创建等公益展示牌，在学校主干道上制作、悬挂了以庆祝新中国成立70周年、社会主义核心价值观等为主题的宣传标语，通过润物无声的方式让社会主义核心价值观入脑入心。荣获“自治区文明校园”称号。

（二）深入开展民族团结进步教育

开展“民族团结月”活动，充分利用各类媒体平台开展线上线下的民族团结宣传教育。在网站和微信平台推出“石榴籽”栏目，深入挖掘报道我校师生中的民族团结进步先进个人事迹，激发师生为实现“中华民族一家亲　同心共筑中国梦”而不懈努力。精心编创两堂主题思政课，紧紧围绕习近平新时代中国特色社会主义思想，突出铸牢中华民族共同体意识工作主线，编创“旗帜——学习新思想　奋进新时代”和“石榴花开——中华民族一家亲同心共筑中国梦”主题思政课，内容全部由学校师生独立创作，1000余名各族学生参与，连演20场，实现了全体师生全覆盖，线上线下60万余人次观看。

“旗帜——学习新思想奋进新时代”主题思政课的成功推出，受到了广大师生及社会各界一致好评达到了预期的效果，凝聚了编创人员的心血和广大演职人员的不懈努力。500多名演职人员均为来自全校各学院学生中的党员、预备党员和入党积极分子。他们以高度的责任心和强烈的使命担当，在完成繁重的课业学习之余，以极大的热情投入到紧张的排练中。在这堂主题思政课上，他们既是施教者又是受教者，台前幕后，一词一句，举手投足，倾情表演，既有深情激昂的情感表达，又有践行铸牢中华

民族共同体意识的实践探索，体现了莘莘学子的家国情怀，弘扬了万千青年的民族精神。新华网、人民论坛等区内外媒体进行了广泛宣传报道，引起社会各界广泛赞誉，被誉为“网红思政课”。国家民委党组成员、副主任边巴扎西和自治区领导给予了充分肯定。

“石榴花开——中华民族一家亲同心共筑中国梦”主题思政课，用艺术形式生动诠释了“中华民族一家亲同心共筑中国梦”的伟大实践。这堂主题思政课包括“同一个家园”“在复兴路上并肩前行”“和祖国在一起”“新时代的使命”“石榴花开”等 11 个内容，表现内容丰富，表达方式新颖，集思想性、原创性、教育性和艺术性于一体。500 余名各族师生参与编创和演出，学校进行了 10 场次“全覆盖式”宣讲，国家民委、自治区有关领导、学校两万余名干部师生和社会各界人士代表，分批次观看了这堂别开生面的主题思政课，在社会上引起广泛反响，这是学校创新推进铸牢中华民族共同体意识工作的有益探索。

（三）加强社会主义先进文化教育

1. 丰富拓展校园文化活动。举办学校庆祝改革开放 40 周年——《将改革进行到底》诗歌朗诵情景剧。与民族画报社举办了“中国，我们共同的家园——铸牢中华民族共同体意识大型图片展”。组织 100 余名干部教师观看自治区成立 60 周年大型成就展。积极为青年学生参与社会实践和提高技能特长搭建平台，强化文化育人功能，打造有“品味、品质、品牌”校园文化活动，打造形成“家园”新生主题教育晚会、“再见民大”欢送毕业生晚会，“高雅艺术进校园”等精品思想政治教育文化活动。开展“校园文化艺术节”系列活动，“学生社团风采展示”活动，“挑战杯”“创青春”等竞赛活动。连续五年与中国民族博物馆合作开展以“走近民族文化，感悟多彩中华”为主题的民族文化周系列活动等。

2. 打造校园精品文化品牌。一是开展“每天一分钟”自我教育计划。每堂课前安排一名学生利用一分钟时间进行主题宣讲，青年人讲，青年人听，搞活教育形式，“每天一分钟”已经成为青年学子自我教育的重要载体。这一做法得到中央教育领导小组秘书局有关领导肯定。二是推广“爱我中华”韵律操。选取整合 8 个民族中最具典型的舞蹈元素和最具特色的

音乐，编创“爱我中华”韵律操，组织全校56个民族学生同跳“爱我中华”韵律操，将中华民族共同体意识贯穿到日常体育文化活动中，成为校园一道亮丽的风景线。三是开展重大主题教育活动。紧紧围绕庆祝新中国成立70周年、中国共产党成立100周年、党的二十大胜利召开等有利契机，组织开展“万人唱响中国梦　我与祖国共奋进”“七一”升国旗暨唱红歌、“争做排头兵，喜迎二十大”主题教育活动、“我讲中央民族工作会议精神”“校园重走长征路”“各族学子看美丽新宁夏”等主题教育精品活动，唱响“共产党好，黄河水甜”时代主旋律。四是推进落实《持续深化“中华经典诵读工程”实施方案》《“中华文化大讲堂”建设方案》，举办“中华文化大讲堂”15期，着力打造校园文化和学术阵地品牌。编创“家园”“再见民大”主题教育活动，推广“爱我中华”韵律操，开展“每天升国旗”“国旗下的微党课”“‘五四’青春诗会”等品牌活动。

（四）深入持久开展普法宣传教育

学校围绕立德树人根本任务，坚持办学正确政治方向，加强党对学校工作的全面领导，依法依规依章加强学校管理，广泛开展法治宣传，师生法治素养得到明显提升，依法治校工作取得明显成效。

1. 加强机构队伍建设提升法治工作水平。学校设置了北方民族大学普法领导小组，校党委书记、校长担任组长，分管组织、宣传、统战工作的校领导担任副组长，相关部门学院主要负责人和法律顾问为成员。领导小组办公室设在宣传部，办公室主任为宣传部主要负责人，具体负责普法工作机构事宜。还设置了学生申诉处理委员会、保密委员会、校务公开领导小组、定密工作领导小组等，进一步加强依法治校建设。出台《处级领导班子和处级干部考核工作实施方案》，依托各级基层党组织、学校教代会和各学院二级教代会开展全校处级领导班子和处级干部考核及基层党组织书记抓党建述职评议考核工作。

2. 深入开展全面依法治国的宣传教育。以习近平法治思想和《宪法》、中国特色社会主义法律体系为宣传学习重点，广泛开展《教育法》《高等教育法》《教师法》《民族区域自治法》《保密法》等与高校管理、高等教育、师生权益、民族团结进步相关的法律法规学

习。为各级党组织征订了《法制日报》《法制宣传资料》等普法报刊，购买了普法宣传读本。邀请自治区宣讲团到校进行专题报告，多次邀请专家、教授在校党委中心组理论学习会及干部学习大会上进行宪法及依法治国专题辅导。印发《关于深入学习宣传和贯彻实施〈中华人民共和国宪法〉的通知》，组织“弘扬宪法精神，构建和谐校园”系列活动，积极开展宪法学习宣传教育。充分发挥校园广播、校园电视台、校内报刊及网络、微信、微博等各类媒体的作用，面向全校师生普及法律知识。每年均以开展“美好生活　民法典相伴”“‘12 · 4’国家宪法日”民法讲座系列普法活动为载体，通过主题班会、图文展览等形式，掀起“与法同行，有你有我”的学习热潮，坚定走中国特色社会主义的道路自信、理论自信、制度自信、文化自信。

3. 深入挖掘宣传民族高校法治文化。在国家宪法和法律宣传教育的同时，加强党的民族理论、民族政策、民族基本知识的宣传教育，切实维护少数民族师生合法权益，发挥法治宣传教育在解决道德领域突出问题和促进校园文明和谐中的作用，强化规则意识，倡导契约精神，弘扬公序良俗，引导师生自觉遵纪守法。鼓励学校各类文化团体参加宁夏法治文化建设，充分利用文艺汇演、文学、戏曲、书画等多种形式开展法治宣传，组织法学专业师生普法宣传队伍进社区、进基层、进学校举办各类法治宣传和法律咨询等活动，取得了比较好的社会反响。

4. 充分发挥课堂教育主阵地普及法治宣传教育。马克思主义学院面向全校学生开设了《思想道德与法治》课程，法学院除了办好法学专业外，面向全校学生开设了《习近平法治思想》选修课，学校普法覆盖率达到 100%。课堂讲授以中国特色社会主义法治为主要内容，以社会主义核心价值体系教育为明确导向，坚持法治教育与道德教育相结合，教育广大青年学生学法律、知荣辱、明是非，养成学生学法守法的行为习惯。同时，充分发挥网络阵地传播功能，开展全覆盖化智慧普法。通过加强群组管理，组织学生参与教育部全国青少年普法网线上学习，2022 年我校共计 1.7 万余名本科生注册并完成学习任务，参与率近 99%，较好地完成了网络普法任务。

5. 充分依托法学专业服务宁夏法治建设。2022 年，我校法学院 25 名

专任教师入选自治区法学会首席法律咨询专家库，为党委政府开展地方立法，处理重大涉法事项、重大矛盾纠纷、重大疑难信访积案提供法律意见，助力决策规范化、制度化、科学化，助推建设更高水平的平安宁夏、法治宁夏。目前，我校法学专业为宁夏培养了大量复合型、应用型法律人才。在历年的国家司法考试中，我校法学专业学生的通过率一直维持在40% 左右，远高于全国的平均水平，历年的司法考试通过人数和通过率位居宁夏全区高校首位。

近年来，学校法治宣传教育工作得到社会各界肯定和主流媒体宣传报道，法律志愿服务在宁夏产生了一定的影响力。我校法律专业毕业生活跃在宁夏司法展现领域，为宁夏法治工作作出了重要贡献。2020 年，学校荣获“自治区级依法治校示范校”称号。

（五）涵育具有民大特点的精神文化

坚持把以“团结进取，砥砺成才”的校训精神和“踏实、坚韧、执着、自信”的“骆驼”精神为核心的学校精神和办学光荣历史作为大学文化和精神文明建设的“精神内核”。设立了一批科学人物雕塑，修建了一批科学文化基础设施，形成了“名人长廊”等人文景观。入选第一批全国科普教育基地。深度挖掘校训、校歌、历史建筑、档案文献、文物遗存中蕴含的探究真理、崇尚科学、创新创业、服务社会、传承文明等价值观念、家国情怀和人格修养。通过构建完善的校史校情宣传教育体系，使之内化于心、外践于行，真正成为师生的立身处事之本、成长成才之魂、干事创业之基。加强校园文化景观建设和绿化美化亮化工程，推进校园西区建设，形成湖、水、桥、亭、阁、廊、楼等为一体的人文景观，10 余只黑天鹅成为校园一道亮丽的风景线。2023 年 7 月开始，启动对学校道路导视牌的重新建设。

五、加强校园环境建设

（一）完善办学条件

提升办学空间，改善办学环境，是一所现代化大学跃升发展的重要一环。2013 年，学校抓住历史性机遇，在国家民委和自治区党委政府的支持

下，购买了500余亩土地，开始了校园西区建设之旅。历经无数次勘察调研，校园西区的规划初稿跃然纸上。历经无数次反复讨论，校园西区的规划从初稿到定稿。雄浑、美丽、和谐的校园西区建设规划激励着每个北民大人。历经无数次努力，校园西区建设从完成土地拆迁到动土奠基施工，这一刻，令无数北民大人激动地流泪。再历经无数个日夜，校园西区建设从完成地下管廊到地面施工，这一刻，夯实了西区建设的坚实基础。

2018年以来，学校党委根据学校发展的新要求，高瞻远瞩，适时对校园西区建设规划作出调整，让西区建得更加美丽、科学、和谐、现代。2019年夏天，注定是北民大建校史上最激动人心的夏天，在学校党委的坚强领导和科学部署下，几百名工人在校园西区奋战了整整52个夜晚，在2019级学生报到前完成校园西区建设第一阶段工程，确保了4200余名新生正常的学习、生活。校园西区建成面积达15.6万平方米，对校园东区进行了整体翻修改造，改善了办公教学环境。加强校园绿化美化工作，精心做好黑天鹅饲养工作，全力保障“蓝天保卫战”。加强校园人文自然景观建设、完善校园展览工作体系、打造人文教育基地等工作，营造格调高雅、富有美感、充满朝气的校园文化环境。

（二）创建平安校园

印发《北方民族大学校园管理综合治理工作实施办法》《北方民族大学校园秩序管理规定》《北方民族大学消防安全管理办法》，建有完备的安全、稳定、保卫、保密等工作制度。建立完善学校突发事件工作预案及处置规程，落实各类突发事件快速反应机制。严格执行消防法规，定期开展重点场所防火、防盗、防爆检查。消防安全主体责任落实，消防管理制度健全，消防安全“四个能力”建设达标，校园内无发生火灾事故。推进大学生安全教育进课堂，定期开展逃生等防灾演练活动。学校重点要害部位、基础设施（设备）和危险物品的人防、技防、物防措施落实到位，无发生入室盗窃、爆炸等案件，无发生食物中毒、危险品污染、校舍倒塌及供水、供电、燃气泄漏等灾难类事故。校园内外及由学校组织的活动中无发生师生非正常死亡事故，校内交通设施和标识完备，清楚醒目，无发生交通安全事故，学校主管的车辆无发生造成人员伤亡的责任事故，总体治

安状况良好，师生对校园治安的满意率达到90%以上。

（三）构建和美校园

紧紧围绕铸牢中华民族共同体意识工作主线，弘扬中华民族优秀传统文化，将校园围墙改造为寓意“不到长城非好汉”革命精神的“长城”造型，在原有56个民族人物石刻基础上设计制作“同心园”雕塑，在主要建筑物上、主干道旁树立展示牌和宣传标语，建设铸牢中华民族共同体意识宣传教育中心，营造浓厚的铸牢中华民族共同体意识氛围，荣获“第六批全国民族团结进步教育基地”“2019年自治区级民族团结教育示范校”“银川市民族团结进步创建示范单位”等荣誉。

（四）建设节约型校园

按照创建节约型公共机构示范单位要求开展节能管理、监督、宣传、改造、文化建设等工作，先后修订13部规章制度，从垃圾分类、学生用能守则、学生饮食节约、师生自觉节能等方面开展校园节能减排文化建设，开展经常性的节约宣传活动，张贴节能标语，办节能展板，提升师生日常勤俭节约行为。

积极采用节能新技术、新产品，使学校教室LED灯普及率达80%以上，多栋学生宿舍楼更换了感应便器、水嘴等，安装太阳能草坪灯、集热器、太阳能路灯等增加清洁能源利用率，学校节能减排氛围日渐浓厚。加强对校医院的值班、出诊、服务质量、药品价格等方面的监管，做好疾病防治与隔离工作。开展公共卫生宣传教育和消杀活动，做好大型活动的医疗保障工作，严格监控传染病、艾滋病等疫情并及时上报学校和疾控中心。

开展文明食堂建设，不定期检查食堂文明及卫生情况，对检查过程中存在的问题进行通报并定期进行整改。各餐厅设置“学生就餐意见簿”，及时收集，及时反馈学生就餐意见。餐厅内部张贴文明就餐及健康饮食标语，为学生提供一些饮食小常识及文明就餐建议。加强餐厅4D厨房建设，开展文明餐厅、“十佳”服务员评比活动。

六、加强意识形态工作

（一）建立健全制度体系

制定出台了《中共北方民族大学委员会意识形态工作责任制实施细则》

《中共北方民族大学委员会网络意识形态工作责任制实施细则》等制度，进一步明确了各级党委（党总支、直属党支部）的意识形态工作责任主体责任，切实将担负意识形态工作的“关键少数”的政治责任和领导责任抓紧抓好抓牢，确保意识形态工作扎实推进。印发《中共北方民族大学委员会网络意识形态工作责任制实施细则》《北方民族大学网络安全管理制度汇编》《关于统计报备校内各类媒体平台使用情况的通知》《关于全校各单位开展互联网网站及新媒体平台信息发布和网络安全管理工作自查的通知》等文件，扎实推进网络意识形态工作，加强互联网和新媒体管理，就互联网网站、新媒体平台的管控提出明确要求。

（二）加强各类阵地管理

常态化加强对哲学社会科学报告会、研讨会、讲座、论坛等的管理，执行“一会一报”制度。下发《关于进一步规范哲学社会科学类学术报告（讲座）申报的通知》，在申报表中增加了“单位意识形态审查意见”一栏，进一步规范哲学社会科学类学术报告（讲座）的申报。严格落实各类刊物、新媒体的审批、备案和登记、年审制度，确保正确的政治导向，坚决杜绝错误思想传播。坚持教育与宗教相分离原则，任何组织和个人不得在学校进行宗教活动。加强对校报、网站、广播电视、各类新媒体、自媒体、校内电子屏、橱窗等各级各类校园宣传阵地的管理，落实各类刊物、新媒体的审批、备案和登记、年审制度。制定《北方民族大学学生社团管理办法》，相关部门按照“谁指导，谁负责”的原则，加强对所属学生社团的指导和管理。常态化加强舆情监测控制和处置，新购了网络舆情监控系统，推进舆情检测技术升级，强化舆情研判和监控。

（三）加强网络信息安全

强化校园网络实名登记制度和用网责任制度。进一步完善校园突发事件快速反应机制、应急处置机制和舆论引导机制，提高网络舆情搜集、研判、预警和处置能力。做好重要时间节点、重大活动和热点问题的网络舆论引导工作，健全校内各单位协同联动工作机制，坚持“线上”和“线下”相结合，积极回应师生网上关切，广泛传播网络正能量，营造风清气正的校园网络环境。

（四）培育网络育人文化

2019年，重新建设了校园网站。2020年，启动学校全媒体中心项目的论证工作。同时，按照“资源通融、内容兼容、宣传互融、影响共融”的理念，探索推进官方微信、官方微博、融媒体、新媒体联盟一体化，实现全媒体联动、多维度推送。统筹网络宣传、评论、管理、技术保障、舆情处置和研究的6支队伍建设，形成迅捷、管用的网络信息监管引导机制和舆情处理应对机制。加强团学“微体系”建设，建立“青春北民大”官方微信平台，被自治区团委评为“全区优秀高校公众平台”，依托“智慧校园”平台开展“网上团校”，利用新媒体宣传和活跃校园文化。通过这些举措，不断培育符合学校实际和师生特点的网络育人文化。

第七节　坚持办刊宗旨原则，聚焦主线提升质量《北方民族大学学报》跻身核刊

《北方民族大学学报》（哲学社会科学版）（以下简称《北方民族大学学报》）于1989年创刊，1998年公开发行，是自治区教育厅主管、北方民族大学主办的哲学社会科学学术期刊。《北方民族大学学报》以习近平新时代中国特色社会主义思想为指导，以铸牢中华民族共同体意识为主线，以“树立精品意识，追求学术创新”为刊训，主要刊发习近平新时代中国特色社会主义思想、民族学、人类学、历史学、经济学、管理学、教育学等研究领域的学术论文。《北方民族大学学报》立足北方民族大学的学科优势、地域特色和历史传统，关注学术前沿，把握时代特征，强化战略思维，提倡探索争鸣，坚持按质取文，刊发见解新颖、视角独特、结构严谨、资料翔实的高质量哲学社会科学论文，服务国家战略和地方经济社会发展需求。

一、坚持政治引领，牢牢把握铸牢中华民族共同体意识办刊主线

学报编辑部深入学习贯彻习近平新时代中国特色社会主义思想，深入学习贯彻党的十八大、十九大、二十大精神、中央民族工作会议精神，以

习近平总书记关于加强和改进民族工作的重要思想、关于教育的重要论述导航定向，认真学习贯彻习近平总书记视察宁夏重要讲话精神，始终把社会效益放在首位。学报编辑部高度重视、切实担负起意识形态工作主体责任，始终压紧压实意识形态工作政治责任、领导责任，认真学习贯彻国家民委及自治区党委宣传部对意识形态工作的具体要求。学报编辑部定期召开意识形态专题会议，不断加强意识形态阵地建设和管理，确保对意识形态阵地的监管、管理责任到位。采取多种形式组织学习《习近平总书记关于提升新时代意识形态工作能力的方法论探析》《中国共产党百年意识形态建设的基本经验》等理论文章，引导学报编辑部全体人员把系统掌握马克思主义基本理论作为看家本领，坚持运用马克思主义立场、观点、方法观察和解决办刊中遇到的实际问题。

《北方民族大学学报》紧紧围绕党和国家重大决策部署、重大热点问题和重大活动，精心策划专题论文。在多年的办刊实践中找到了一条主流与特色相结合、重点栏目“习近平新时代中国特色社会主义思想研究”与特色栏目“民族学研究”“人类学研究”相兼顾的办刊发展路径，逐渐得到学界认可，在学界的知名度不断提升。《北方民族大学学报》响应中宣部的号召，主动作为，积极开展“习近平新时代中国特色社会主义思想研究”重点专栏申报工作。

《北方民族大学学报》始终以铸牢中华民族共同体意识为主线，2017年首次在“民族学研究”栏目下设置“中华民族共同体研究专题”，刊发专题论文 2 篇。2018 年第 3 期开始设置“习近平新时代中国特色社会主义思想研究”栏目，并在此栏目下将“中华民族共同体研究专题”策划为标志性常设专题。2017—2023 年，“中华民族共同体研究专题”刊发《“中华民族共同体”：话语转变视角下的理论价值与内涵探析》等专题论文 26 篇，受到学界的广泛好评。专题刊文及时体现了学报编辑部对新时代民族工作主线的高度重视，从学术传播角度为铸牢中华民族共同体意识、推动新时代民族工作高质量发展贡献力量。学报致力于将“中华民族共同体研究专题”打造为铸牢中华民族共同体意识研究的重要平台，使刊物的标志性常设专题持续深化，成为“习近平新时代中国特色社会主义思想研究”

栏目的亮点。

二、坚持守正创新，担负起跻身民族学类核心期刊行列办刊主责

学报编辑部团队以质量求生存，以主线求发展，努力打造《北方民族大学学报》品牌，始终致力于跻身高质量、高水平学术期刊行列。2007年12月28日，南京大学中国社会科学研究评价中心发布“中文社会科学引文索引”（CSSCI）来源期刊（2008—2009）评选结果，〔《西北第二民族学院学报》（哲学社会科学版），现《北方民族大学学报》（哲学社会科学版）〕入选CSSCI来源期刊（民族学与文化学类）。这是学报首次入选CSSCI来源期刊，不仅标志着学报的办刊层次有了质的飞跃，也使学校的声誉有了明显提升，成为学校发展新的名片。《北方民族大学学报》始终坚守办刊初心，踔厉奋发，又于2008—2009年、2010—2011年、2014—2016年先后3次入选CSSCI来源期刊（民族学与文化学类）；2017—2018年、2019—2020年、2021—2022年、2023—2024年四次入选CSSCI来源期刊扩展版（民族学与文化学类）。

《RCCSE中国学术期刊评价研究报告》由武汉大学中国科学评价研究中心研制，是国内知名的四大学术期刊评价体系之一。2015年4月，《RCCSE中国学术期刊评价研究报告》揭晓，《北方民族大学学报》（哲学社会科学版）被评为“RCCSE中国核心学术期刊（A-）”，这是《北方民族大学学报》首次作为综合性学术期刊入选RCCSE中国核心学术期刊。

2018年9月，北京大学图书馆《中文核心期刊要目总览》2017年编委会公布评审结果，《北方民族大学学报》（哲学社会科学版）入选《中文核心期刊目录》2017版（第八版）之“民族学类”核心期刊。这是学报首次入选北京大学中文核心期刊要目，2021年学报再次入选《中文核心期刊目录》2020版（第九版）“民族学、文化人类学类”核心期刊。《北方民族大学学报》连续两次入选北京大学中文核心期刊要目，既是学报多年来高质量发展的结果，也是学报迈向国内优秀期刊行列的新起点。

2023 年 3 月，学报编辑部收到中国社会科学评价研究院颁发的“2022 年度中国人文社会科学期刊 AMI 综合评价”核心期刊（民族学与文化学）证书，这是《北方民族大学学报》第二次入选。《北方民族大学学报》分别于 2018 年、2022 年两次入选“中国人文社会科学期刊 AMI 综合评价”核心期刊。中国人文社会科学期刊评价是 2014 年中国社会科学评价中心（中国社会科学评价研究院前身）成立后开展的第一个大型评价项目，中国社会科学评价研究院每四年组织一次期刊评价。

《北方民族大学学报》影响力稳步提升，2021 年、2023 年先后两次被国家哲学社会科学文献中心、中国社会科学院图书馆评选为“2016—2020 年最受欢迎期刊”“2016—2021 年最受欢迎期刊”。《北方民族大学学报》刊文被《新华文摘》《中国社会科学文摘》《人大复印报刊资料》《高等学校文科学术文摘》等重要转载期刊转载或转摘，始终处于全国民族院校、北大民族学分类期刊及宁夏地区前列。2011 年以来，《北方民族大学学报》连续被评为“复印报刊资料重要转载来源期刊”。学报编辑部主任冯雪红入选 2019 年度复印报刊资料重要转载来源作者总名单（民族学类），跻身全国民族学类重要转载来源的作者有 10 位。

三、坚持质量立刊，紧紧围绕推进《北方民族大学学报》高质量发展办刊主题

质量是学报的生命线，学报编辑部持续提升办刊质量。2018 年修订了《〈北方民族大学学报〉（哲学社会科学版）编辑工作制度》、制订了《〈北方民族大学学报〉质量提升实施方案》。2020 年 6 月 19 日，组织召开“守正创新提质晋位——2020 年学报高质量发展座谈会”，李俊杰校长充分肯定了学报多年来取得的成绩，对学报的发展提出明确了要求，并希望全校教师一起关心学报、爱护学报、建设学报。2021 年 6 月 21 日，组织召开“坚守初心引领创新——我校哲学社会科学高水平研究座谈会”，深入学习贯彻习近平总书记给《文史哲》编辑部全体编辑人员的回信精神。2022 年 5 月 24 日，组织召开“喜迎二十大学报再提升——2022 年学报提升办刊质量座谈会”，研究提升学报办刊质量，以制度建设为《北

方民族大学学报》高质量发展提供根本保障，推动我校哲学社会科学工作迈上新台阶。在2022年召开的座谈会上，讨论修订了2018年印发实施的《〈北方民族大学学报〉质量提升实施方案》，2022年12月7日，修订后的《〈北方民族大学学报〉质量提升实施方案》（以下简称《实施方案》）印发实施，进一步强化依规办刊、科学办刊、规范办刊。新的《实施方案》要求把新发展理念贯彻到《北方民族大学学报》发展的全过程，不断推进内容创新、技术创新、体制机制创新。学校全面支持学报的发展，通过增加学报出版印刷费用、年度经费等，为《北方民族大学学报》质量提升提供有力的经费保障和政策支持。《实施方案》的修订优化了《北方民族大学学报》发展环境，全面推动了《北方民族大学学报》内涵式发展、高质量提升。

学报编辑部持续加强编辑业务学习，不断强化编辑素质，提高学报质量，切实把好刊文政治导向关、学术质量关和价值取向关。对内营造浓厚的学术研究氛围，鼓励编辑走出去积极参加学术活动及出版培训。先后组织学报编辑参加中华出版促进会举办的“出版走出去与产品质量提高培训班”“出版融合人才专业技能与职业素养提升培训班”“期刊编校质量与国际影响力提升培训班”；中国期刊协会举办的“期刊出版创新与影响力提升培训班”；中国印刷博物馆主办的“出版印刷文化培训班”；中国出版传媒集体有限公司主办的“新闻出版稿件审读与编辑加工培训班”。

学报编辑部严格执行刊文“一测三审精编四校两读”制度，努力做到严审精编细校精印。根据出版质量检查等新要求，购买了《语言文字规范手册》《编辑必备语词规范手册》等图书，组织编辑学习使用，倡导编辑人员不断追踪学术前沿，掌握相关领域研究动态，更好履职尽责，担负办刊使命。加强作风学风建设，为杜绝抄袭，学报编辑部坚持对来稿进行“学术不端文献”检测，有效发挥在学术质量、学术规范、学术伦理、科研诚信建设方面的引导把关作用。

四、坚守初心使命，服务国家战略和地方经济社会发展

学报编辑部致力于提高围绕中心、服务大局的能力，做强做优主题出

版。引导学术研究立足中国实际，回应现实关切，把论文写在祖国大地上。自 2018 年第 3 期创设“习近平新时代中国特色社会主义思想研究”栏目，截至 2023 年第 3 期该栏目下先后设置专题 35 次，刊发专题文章 135 篇，其中，《“中华民族共同体”：话语转变视角下的理论价值与内涵探析》等 18 篇文章被人大复印报刊资料《民族问题研究》等重要转载期刊转载或转摘。“习近平新时代中国特色社会主义思想研究”栏目下先后所设专题为：中华民族共同体研究专题、乡土继替与乡村振兴专题、精准扶贫专题、边境安全与边疆发展专题、生态文明研究专题、边境安全与边疆治理专题、精准扶贫与文化惯习专题、“一带一路”与人类命运共同体专题、生态文明与美丽中国专题、党建与爱国主义专题、乡村振兴与边疆治理专题、社会主义核心价值观研究专题、边境口岸与边疆发展专题、多元治理与乡村振兴专题、精准脱贫与中国经验专题、推进西部大开发形成新格局专题、兴边富民与边疆发展专题、庆祝中国共产党成立 100 周年专题、铸牢中华民族共同体意识专题、边境安全与边疆发展专题、民族交往交流交融专题、民族地区社会转型与治理现代化专题、边疆治理的中国经验专题、中国式现代化专题、推动绿色发展与推进美丽中国建设专题等。这些专题坚持问题导向和目标导向，充分体现了服务国家战略和地方经济社会发展需求、聚焦重大理论和现实问题研究、推进哲学社会科学创新发展的办刊主旨。

《北方民族大学学报》积极服务学校教学科研大局，利用掌握资讯较多的有利条件，与校内教师探讨哲学社会科学研究的趋势和走向，共同探讨《北方民族大学学报》新的增长点，争取使学校老师的文章“刊上去”“走出去”，提升学校的知名度。学报编辑部持续加大对外宣传力度，持续加强与期刊评价机构、各相关期刊的联络力度。通过扩大《北方民族大学学报》在学界的社会影响，进而为提高北方民族大学在全国的知名度贡献力量。逐年动态调整，不断扩大发行数量，向全国各大学图书馆、资料室、科研院所、知名人士及研究人员赠送我校《北方民族大学学报》，让更多读者了解我校《北方民族大学学报》，扎实做好有效的推广宣传工作。

学报注重与学界、出版界的交流联系，在李俊杰校长的亲自指导下创

新办会模式，积累了丰富的办会经验，极大促进了我校与学界的科研交流互鉴、交流互学。2020 年 11 月 4 日至 6 日，由中国社会科学评价研究院主办，中国社会科学评价研究院期刊与成果评价研究室、北方民族大学学报编辑部共同承办的“民族学与文化学期刊专家委员会暨民族地区决胜全面小康学术研讨会”在我校举行。民族学与文化学期刊专家委员会委员，《民族研究》《中央民族大学学报》《中南民族大学学报》《西南民族大学学报》《云南民族大学学报》《民族学刊》《青海民族研究》等 20 家民族学与文化学期刊专家学者，来自国家民委、中国社会科学院、中国社会科学评价研究院、北京大学、厦门大学、兰州大学、云南大学、宁夏大学等高校和科研院所的专家学者以及我校师生 100 余人参加会议。

2016 年，学校民族学类专业教学指导委员会主办、北方民族大学承办的“中国民族学学科建设高层论坛”在银川举行，学报编辑部协助负责组织了其中一个分会场“全国民族学类学术期刊经验交流会”。来自《民族研究》《民族学刊》《西北民族研究》《青海民族研究》《西北民族大学学报》等期刊以及南京大学 CSSCI 中心、中国人民大学复印报刊资料《民族问题研究》的 10 余位专家学者参加了会议。

学报编辑部利用平台优势设立“学报讲座”品牌学术活动，从 2019 年起，每年邀请 3—5 名在期刊界、学术界有影响力的学者到校开展学术讲座和交流，使学校师生可以聆听权威学者的研究和学术前沿信息，同时宣传和塑造学校学术科研形象。“学报讲座”开设以来，已邀请北京大学教授、《北京大学学报（哲学社会科学版）》原主编、中国高等学校文科学报研究会常务副理事长龙协涛，云南大学历史与档案学院教授、博士生导师、《民族研究》原常务副主编刘正寅，中国科学院大学特聘教授、博士生导师、《民族研究》常务副主编曾少聪，广西民族大学民族学与社会学学院教授、博士生导师、《广西民族大学学报》原执行主编徐杰舜，中央民族大学荣誉资深教授、博士生导师、中国民族政策研究会会长金炳镐，云南大学东陆学者特聘教授、博士生导师、第八届国务院学位委员会民族学学科评议组召集人、教育部民族学类教学指导委员会副主任委员何明，西南民族大学中国语言文学学院院长、博士生导师、《西南民族大学学报》主编王启

涛，西南民族大学《民族学刊》副主编，四川省社会科学学术期刊协会副会长王珏，云南大学民族学与社会学院教授、博士生导师谭同学，中央民族大学民族学与社会学学院教授、博士生导师祁进玉等专家学者为我校师生作学术讲座，开展学术交流。

03

第三章 百年树人德为本

人才培养质量稳步提升

◆ 2011 年 11 月 23 日，聘任何季麟院士

◆ 2017 年 10 月 23 日，本科教学工作审核评估专家组见面会

◆ 2019 年 3 月 1 日，我校召开博士学位授予单位建设推进会

◆ 2021 年 12 月 24 日，我校召开以

“强基固本推动本科教育高质量发展”为主题的 2021 年本科教育教学工作会议

◆ 2020 年 6 月 28 日，我校召开外事及港澳台工作会议

◆ 2022 年 4 月 25 日，我校召开后勤服务系统“三全育人”工作会议

◆ 2022 年 7 月 8 日，我校召开“三全育人”教师思想政治工作会议

◆ 2023 年 2 月 26 日，我校隆重召开深化“三全育人”综合改革工作会议暨新学期“开学第一课”

◆ 2020 年 12 月 31 日，我校与银川市人民政府签署合作框架协议

◆ 2021 年 9 月 18 日，我校与石嘴山市人民政府签署合作框架协议

◆ 2022 年 5 月 12 日，我校与银川市委统战部、银川市民族事务委员会联合共建“银川市铸牢中华民族共同体意识实践研究中心”成立暨揭牌仪式

◆ 2023 年 5 月 16 日，我校召开与
白芨滩国家级自然保护区管理局座谈交流会

◆我校牵头组建贺兰山实验室

◆ 2023 年 5 月 21 日，我校举行
2023 届民族学博士学位论文答辩会

◆教师节庆祝大会暨教师荣退仪式

◆ 2023 年 2 月 26 日，我校“石榴花开——‘三全育人’工作展”隆重开展

◆“五四”青春诗会

◆新生主题教育晚会“家园”

◆毕业生晚会“再见民大”

习近平总书记强调，要把立德树人的成效作为检验学校一切工作的根本标准，真正做到以文化人、以德育人，不断提高学生思想水平、政治觉悟、道德品质、文化素养，做到明大德、守公德、严私德。要把立德树人内化到大学建设和管理各领域、各方面、各环节，做到以树人为核心，以立德为根本。（2018 年 5 月 2 日，习近平总书记在北京大学师生座谈会上的重要讲话精神）

第一节　坚持教学中心地位，全面落实“四个回归”

学校坚持以习近平新时代中国特色社会主义思想为指导，认真学习贯彻落实习近平总书记关于教育、科技、人才的重要论述和全国教育大会精神，认真学习贯彻国家民委事业单位改革发展部署会、委属高校铸牢中华民族共同体意识工作座谈会等会议精神，紧紧围绕铸牢中华民族共同体意识工作主线，全面落实立德树人根本任务，牢牢抓住人才培养这个核心点，把加强本科教育作为重中之重，把培养优秀本科生作为立校之基，不断创新本科生、研究生人才培养模式。以加强学科专业改革创新驱动为先导，以迎接本科教育教学审核评估、学科评估为抓手，不断推动本科、研究生教育再上新台阶。着力构建高质量学科专业建设、课程教材建设、教师队伍建设体系，切实提升学校内涵式高质量发展能力水平。

2014—2016 年，全校教职工不松劲、不懈怠、不畏难，恪尽职守、勤勉拼搏，各项工作取得了重大进展。主要有“三个收获”。第一个收获是始终牢记国家民委主要领导来校视察调研嘱托，深感振奋、倍受鼓舞。第二个收获是强化主体责任，狠抓工作落实，巡视整改取得阶段性成效。第三个收获是扎实推进“迎评促建”“申博增硕”等重点工作，以点带面、次第开花。

2017 年，学校落实“立德树人”根本任务，着力提高人才培养质量。一是提高本科生教育质量。围绕迎评促建，进一步夯实本科教学基础，加强课程群、教学团队及优势特色专业建设。完善本科人才培养方案，加强通识基础课程体系建设，开展工程教育专业认证试点工作。二是扎实做好本科教学审核评估工作。严格按照“以评促建、以评促改、以评促管、评建结合、重在建设”工作方针，全力做好自评自建、专家组现场考察等工作。

2018 年，学校创新人才培养机制，着力提高人才培养质量。一是改进和创新本科人才培养机制。深化人才培养机制和教学模式改革，加强专业内涵建设，培育和建设一批校级特色专业和特色教材；二是扎实做好审核评估整改工作。认真落实审核评估专家组意见建议，制定了《北方民族大学本科教学工作审核评估整改方案》，建立整体与局部结合、部门与教学单位协同的整改工作机制和责任体系，切实做好审核评估整改工作。

2019 年，学校牢牢抓住全面提高人才培养能力这个核心点，优化人才培养体系，再创“北民大质量”。一是提升本科教育教学质量。全面贯彻落实全国、全区教育大会和新时代全国高等学校本科教育工作会议精神，坚持以本为本，以“四个回归”重塑教育教学形态。按照《普通高等学校本科专业类教学质量国家标准》，制定 2019 版本科专业培养方案，优化本科生培养模式，把德育作为拔尖人才培养首要内容，深度挖掘体育、美育育人功能，构建德智体美劳全面培养的教育教学体系。落实“新时代高教 40 条”，全面治理整顿本科教学秩序，严格过程考核，加强课程建设，淘汰“水课”、打造“金课”，建成一批高质量的通识核心课程和专业核心课程。加强在线开放课程和智慧教室建设，重点推进新工科建设，夯实本科

教学基础。二是优化研究生培养机制，聚焦博士学位授予单位和博士点建设，强化科研创新能力，全方位提升办学层次和水平。对照国务院学位委员会《新增博士、硕士学位授予单位申请基本条件》，采取有效措施，补足短板弱项，有力有序推进博士授予单位和民族学一级学科博士点建设；加强学科内涵建设，凝练学科方向，调整学科结构，夯实学科基础；积极联系建立“一院一校”共建合作机制，建立博士学位研究生招生管理机制。

2020 年，学校聚焦立德树人根本任务，培养担当民族复兴大任的时代新人。一是大力推进一流本科教育。深入贯彻全国教育大会和新时代全国高校本科教育工作会议精神，大力实施“以本为本”战略，全面落实“四个回归”，丰富美育、体育、劳育内涵和实践，推进人才培养供给侧结构性改革。积极推进大类招生和培养，机电工程学院等 6 个学院率先实施。大力加强“六卓越一拔尖”、新工科、新文科建设，建设好国家级、自治区级一流本科专业。加强各级实验教学示范中心建设。完善实践教学环节，搭建多学科共融、共享的工程实训公共平台和大工程意识的校企合作工程实训平台，探索以专业融合、科研引领型的创客中心建设，切实推进产教融合、校企合作改革和产学研合作协同育人项目提质增效。二是推进课堂革命。牢固树立“课比天大”理念，以强化学生发展能力为重心，推进教学模式改革，进一步做实学业评价改革，全面提升课堂教学水平，着力打造“金课”。以疫情防控期间全面开展线上教学为契机，以建设优质课程精品课程为目标，实施具有北民大特色的教材、慕课和虚拟仿真实验教学项目，培育一批具有高阶性、创新性、挑战度的线上线下混合式“金课”，推动国家级、自治区级一流课程建设。全面覆盖、持续性开展教师教学能力提升培训，确保教授 100% 为本科生授课，大力提升中青年教师教学能力。三是深化双创教育。进一步拓展大学生创新创业项目和学科竞赛内涵，深入推进学生全体惠及、教师全员投入、本科全程融入的创新创业体系建设。加强创新创业学院建设，建立教学主导、培训辅导、实践引导的双创教育教学体系，协同政府、企业、行业等创新创业资源，完善实践孵化体系。深入实施各级大学生创新创业训练计划项目，坚持疫情防控期间停课不停赛，深入开展青年红色筑梦之旅活动，大力提升学生实践创

新能力。

2021年，学校聚焦立德树人根本任务，培养担当民族复兴大任的时代新人。一是深入实施“以本为本”战略。完善一流本科教育体系，全面落实“四个回归”，召开本科教育工作会议。扎实做好专业认证、专业评估、审核评估的迎评促建工作。二是提高协同育人水平。坚持五育并举，落实好《关于全面加强新时代大中小学劳动教育的意见》《关于全面加强和改进新时代学校体育工作的意见》和《关于全面加强和改进新时代学校美育工作的意见》，丰富美育、体育、劳育内涵和实践，推进“第二课堂成绩单”制度机制建设，构建德智体美劳全面培养的教育体系。大力弘扬劳动精神、劳模精神、奋斗精神。

2022年，学校全面落实立德树人根本任务。一是构建高水平人才培养体系。突出人才培养中心地位，实施本科教育质量提升工程，完善人才培养方案，推进专业认证工作，加快课程和教材建设步伐，深化实验实践教学改革，全面提升教师教学能力，拓展服务学生发展途径，加强质量文化建设，完善质量保障体系。对标教育部第二轮本科教育教学审核评估指标体系，全面启动审核评估准备工作。搭建课程思政示范中心平台，加强公共基础和专业实验、实训场所及实习基地建设，开展实验室标准化、规范化和安全条件建设，为确立通识教育、专业教育和综合应用“三位一体”教学体系提供重要的物质条件保障。二是实施创新创业与就业质量提升工程。加强创新创业和就业指导师资队伍建设，统筹推进学科专业竞赛，完善学校国家级创业园孵化机制。三是加强学科专业建设。围绕学科建设目标，深入实施“一流引领”与“特色发展”战略，构建“引领型、提升型、发展型”学科体系，形成特色鲜明、优势突出、多学科交叉融合的学科发展生态。四是启动新一轮申博申硕工作。对标博士点申报条件，重点支持马克思主义理论、应用经济学、中国语言文学、电子科学与技术、材料科学与工程、生态学“三文三理”6个一级学科发展建设。全面推进9个自治区一流学科二期建设达成目标。

2023年，学校全面贯彻落实国家民委事业单位改革发展部署会等会议精神，深入开展专业内涵建设，稳步推进本科专业调整工作，着力提升人

才培养质量。一是完善高水平人才培养体系。突出人才培养中心地位，完善“五育并举”育人机制。深入实施本科教育质量提升工程，深化“梯田式”培养，深入推进专业、课程、教材等关键要素综合改革、扎实做好本科教育教学审核评估迎评工作。持续推进国家级、自治区级一流本科专业、一流课程建设。截至2023年3月，我校共获批省部级以上一流本科专业建设点22个，其中国家级一流本科专业13个；省部级以上一流本科课程81门，其中国家级一流本科课程8门。集中力量和资源将《中华民族共同体概论》课程打造成全国的示范课程。推动在一流课程建设、教材建设、教研教改项目立项、教学成果申报等工作中设置铸牢中华民族共同体意识专项。完善课程思政教学体系，建设课程思政示范中心，提升课程思政建设水平。强化基层教学组织建设，理顺校、院、教研室管理机制。加强实践教学投入，着力打造一批高质量实践教学基地。推进高水平对外开放办学，加强国际、国内交流合作。二是深化研究生教育教学改革。适应社会需求变化，优化研究生培养类型结构和规模，大力发展专业学位研究生教育，稳步发展学术学位研究生教育。逐步建立健全博士研究生“申请—考核”招生选拔机制，稳步扩大铸牢中华民族共同体意识研究方向硕士、博士招生规模。三是推进本科专业调整工作。根据主线要求深化本科专业体系改革，完善本科专业动态调整机制，优化本科专业布局，重点支持发展理工医类专业。深化新工科、新文科建设，打破学科壁垒，积极发展新兴交叉学科专业。争取支持建好数学、物理学、化学、生物学等基础学科研究中心和人才培养基地。整合力量扎实做好增博增硕工作。实施中华民族共同体学科建设计划，优化民族学学科专业设置。

第二节　办学层次实现重大突破，办学体系更加完善
学校获批为博士学位授权单位

我校研究生教育工作紧紧围绕学校发展定位和目标，以铸牢中华民族共同体意识为主线，以立德树人为根本，持续推进研究生教育内涵式发展，全面深化研究生教育改革。经过近十年的努力，研究生教育规模逐步

扩大，质量稳步提升，带动辐射效应日趋显著。

一、学位点建设工作取得历史性突破

学校坚持“优化结构、调整布局、强化特色、协调发展”的学位点建设思路，持续不断推进学位点建设工作。2014 年获批化学工程、公共管理 2 个专业硕士学位授权点。2018 年，学校获批为博士学位授予单位，2019 年民族学一级学科博士学位授权点开始招生，实现了学校博士学位授权点“零”的突破，圆了几代民大人的梦；同时新增应用经济学等 4 个一级学科硕士学位授权点，金融等 6 个专业硕士学位授权点。2021 年，学校又获批数学一级学科博士学位授权点；同时新增马克思主义理论等 4 个一级学科硕士学位授权点，翻译等 4 个专业硕士学位授权点，动态调整工商管理一级学科硕士学位授权点。目前，学校拥有一级学科博士学位授权点 2 个，一级学科硕士学位授权点 13 个，专业硕士学位授权点 14 个。学位授权点涵盖了经济学、法学、文学、历史学、理学、工学、管理学、艺术学 8 个学科门类。

二、思想政治教育工作取得新进展

积极探索党建和思政工作的深度融合，充分发挥党支部的示范引领作用。学校化学与化学工程学院研究生党支部入选教育部第二批全国高校“百个研究生样板党支部”，是委属高校研究生党支部首次入选。

紧紧围绕增进共同性，按“融”的导向，加快推动民族学等学科升级转型，调整博士、硕士研究生招生专业目录，修订研究生人才培养方案，持续推动中华民族共同体学科的高层次人才培养基地建设。

积极发挥研究生导师在研究生培养上的第一责任人的作用，制定了《北方民族大学全面落实研究生导师立德树人职责实施细则（试行）》，将研究生导师贯彻立德树人职责和招生权、培养权、推荐权相挂钩。

狠抓研究生学术文化建设。以学术沙龙、创新论坛、科技竞赛为载体，培养研究生严谨求实的优良学风，诚实守信的学术道德和善于创新的学术精神。2014 年以来，研究生获区级优秀硕士学位论文 37 篇，143 名

研究生获得研究生国家奖学金。研究生发表高水平论文 1309 篇，获省级以上竞赛奖 140 余项。

强化资助育人理念，构建资助育人质量体系。2014 年以来，共设置 3115 个“助管”和“助教”岗位，共发放各类研究生奖助学金 1.22 亿元，有效激发研究生勤奋学习、追求卓越。

三、研究生招生工作取得新进步

学校以提高生源质量为核心，不断完善研究生招生机制，不断提升招生管理水平，健全研究生导师招生资格管理制度，积极选拔优秀考生攻读硕士及博士研究生。

学校年招生计划数从 2014 年的 210 人增加到 2023 年的 771 人，在校全日制研究生总数从 2014 年的 550 人增加到 2023 年的 2000 余人。研究生类型结构进一步优化，专业学位硕士研究生招生比例逐步增大。截至 2023 年 9 月，学校研究生总数为 2131 人，其中，全日制博士研究生 50 人，全日制学术学位硕士研究生 747 人，全日制专业学位硕士研究生 1274 人，非全日制专业学位硕士研究生 60 人。

四、研究生培养工作取得新成果

积极推进研究生教育教学改革，不断提升学校研究生教育高质量创新与实践。2014 年以来，学校共组织获批 32 项自治区级研究生教育创新计划和教育教学改革研究与实践项目。2021 年获高等教育（研究生教育类）自治区级教学成果奖特等奖 1 项、二等奖 4 项，2023 年荣获首届全国研究生教学成果奖二等奖 1 项。

强化创新激励计划，发掘研究生创新潜能。2014 年以来，共对 1257 项硕士研究生创新项目和 12 项博士研究生创新项目立项资助，资助金额共计 918.4 万元。

严格教材选用流程，确保教材选用质量。从 2020 年开始，学校进一步加强研究生教材建设管理，严把教材政治关和学术关，认真组织开展每学期的研究生教材选用工作，确保高质量高水平教材进课堂。

五、导师队伍建设工作取得新成效

注重强化研究生导师在研究生培养全过程的职责，加强导师岗前培训与岗位管理，导师队伍质量和指导能力明显提升。组织导师赴复旦大学、浙江大学、哈尔滨工业大学、厦门大学、西安交通大学等校参加培训，积极推动导师指导能力提升。

目前学校有博士生导师 25 人，兼职博士生导师 33 人，外籍兼职博士生导师 4 人；校内硕士生导师 455 人，校外兼职硕士生导师 216 人，外籍兼职硕士生导师 20 人。校内导师中具有正高职称 137 人，占导师总数的 30.1%；副高职称 174 人，占导师总数的 38.2%；具有博士学位 369 人，占导师总数的 81.1%。

六、制度建设取得新发展

为推进研究生教育机制改革，适应新的研究生培养形势和要求，学校以制度建设为抓手，努力构建管理科学、实施规范、运转高效、协调顺畅的研究生教育管理体系。

为优化研究生招生选拔机制，建立与人才培养目标高度匹配的招生制度，2022 年学校制定了《北方民族大学博士研究生申请—考核招生工作办法（试行）》（校发〔2022〕10 号）；2023 年修订发布《北方民族大学博士研究生申请—考核招生工作办法》（民大发〔2023〕11 号）。

为着力深化研究生培养模式改革，有效保障研究生培养质量，2017 年学校制定了《北方民族大学关于修订学术型研究生培养方案的指导意见》《北方民族大学关于修订专业型研究生培养方案的指导意见》；2022 年制定了《关于修（制）订研究生培养方案的指导性意见》。2017 年以来先后 3 次修订研究生培养方案，为学校创新研究生人才培养体系提供有力保障。

为进一步规范研究生管理，不断提高管理和服务水平，2015 年以来学校修订《北方民族大学研究生创新项目实施方案（修订）》《北方民族大学研究生学籍管理规定》《北方民族大学优秀毕业研究生评选办法》《北方民族大学研究生优秀学位论文评审办法》《北方民族大学研究生奖助学金管理办法（修订）》《北方民族大学研究生“三助一辅”工作管理办法》《北方民

族大学研究生转专业实施办法（试行）》等相关规章制度。

为规范研究生的学位管理，有效保障研究生学位论文质量，2015 年学校制定了《北方民族大学硕士学位研究生毕业论文预答辩的规定（试行）》《北方民族大学专业学位研究生兼职导师选聘办法》；2016 年学校修订《北方民族大学硕士生导师遴选及招生资格管理办法》；2022 年制定了《北方民族大学博士生导师遴选及招生资格认定办法（试行）》。

第三节　坚持“四有”标准，人才队伍不断优化

学校坚持党管人才原则，深入学习贯彻习近平总书记关于教育、人才的重要论述，以铸牢中华民族共同体意识为主线，围绕“融”的目标，统筹谋划人才队伍建设，形成“引稳育用促”五才工作模式。学校现有教职工 1400 余人，专任教师 1000 余人，高级专业技术职称师资占比近 50%，博士教师人数突破 500 人，入选国家级人才项目或获得荣誉称号 9 人次；入选省部级人才项目及荣誉称号 250 余人次；图像处理与智能计算机教师团队获批为全国高校黄大年式教师团队，5 个团队入选国家民委创新团队支持计划，8 个团队入选自治区科技创新团队，4 个团队入选自治区高校黄大年式教师团队。一支政治素质过硬、育人水平高超、业务能力精湛的高素质教师队伍，正在学校学科建设、人才培养、科研项目申报等各方面发挥重要作用、释放磅礴力量。

一、坚持和加强党的全面领导，教育引导广大教师努力做党和人民满意的“四有”好老师

学校党委将党的全面领导贯穿人才队伍建设各环节、全过程，成立学校人才工作领导小组和教师思想政治工作领导小组，统筹推进人才队伍建设和教师思想政治工作，建立健全了学校党委统一领导、党政齐抓共管、党委教师工作部门牵头协调、相关部门密切配合、各学院具体实施、全体教师共同参与的教师思想政治工作机制，形成工作合力。将人才队伍建设作为“一把手”工程，建立了重要人才工作“一事一议”机制，实施了各

级领导联系高层次人才等系列制度，党委常委会每年专题研究教师队伍建设，把握教职工思想动态，解决教职工关心关切的重大问题。注重发挥教师党支部在教师成长和管理各环节的政治和师德“双把关”作用，实施教师党支部书记“双带头人”培育工程，积极把优秀学科带头人、骨干教师培养成支部书记、支委，引导基层党务工作者努力成为学术科研骨干。

二、坚持党管人才，聚天下英才而用之，着力构建“人才绿洲”

（一）用心揽才，高端人才引进取得新突破

学校积极建立高层次人才引进绿色通道，拓宽人才引进渠道，在国家民委和自治区科技厅、自治区外专局的大力帮助下，学校先后聘任中国工程院院士何季麟教授等 4 名国内及外籍院士高端人才在校工作。

（二）主动觅才，高层次人才引进机制更灵活

学校创新人才引进机制，坚持不求所在、不求所有、但求所用，以“特聘院长和学科负责人”形式，聘任生物科学与工程学院院长。柔性引进生物学、材料学、数学与信息科学、民族学、马克思主义理论、外语等领域领军人才，高端人才引进取得实效，国际学术交流与合作水平持续提升。2018 年，国家民委专题会议研究，根据学校博士授予单位建设需要，批复学校 2018—2020 年补充 200 名博士专任教师计划，设置 32 个特设岗位，学校抢抓机遇，主动作为，积极延揽人才。学校分别于 2017 年、2018 年和 2020 年，先后 3 次对《高层次人才引进实施细则》进行修订，修订后的政策在约束上做“减法”，在激励上做“乘法”。积极实施青年特设岗位计划，制定并完善学校《特设岗位管理办法》，以“两头带中间”，把培养引进一批高层次人才和优秀青年人才作为学校发展的一项重要战略任务来抓。

（三）精准选才，师资队伍结构更优化

2017 年，学校印发《公开招聘人员暂行办法》全面指导学校公开招聘工作。结合岗位总量受限的实际，探索以非事业编制合同聘用方式招聘工作人员。学校通过公开招聘考试方式，招聘行政管理人员、辅导员、实验技术人员、教学秘书等各个岗位工作人员。2020 年，统筹做好新冠肺炎疫情防控和公开招聘笔试、面试考试工作，开展线上报名、资格审核等工作，保障

广大考生和考试工作人员安全。

三、坚持引育并举，奋力蹚出人事制度改革新路，人才发展机制破除束缚

（一）统筹谋划，深入推进人事制度体系不断完善

2018年之前，人事制度改革立足查漏补缺，为人才队伍建设规章建制，先后制定了学校《人事档案管理暂行规定》《教职工因私出国（境）管理暂行规定》《调离、辞职管理暂行办法》《教职工借调及校内调动管理暂行办法》《教职工退休暂行规定》《公开招聘人员暂行办法》《人事处内部管理制度（试行）》，并对《人才引进暂行办法》《高层次人才引进实施细则》进行修订。2018年之后，学校党委系统谋划，整体推进新一轮人才人事制度改革，聚焦主线，以人才队伍建设推动学校内涵发展。学校党委开展新一轮人事分配制度改革，一体推进岗位聘任、绩效工资改革、绩效考核改革，学校教师队伍建设水平实现跃升。结合学校工作实际，先后印发学校《高层次人才选拔与培养暂行办法》《2019年度校内教授和副教授岗位聘用办法》《非事业编制人员管理办法（试行）》《工作业绩突出团队绩效奖励办法（试行）》《教师师德失范行为负面清单及处理暂行办法》《绩效工资实施办法（试行）》《教师延退与返聘暂行管理办法》《教职工在职攻读博士研究生管理办法（试行）》《博士补助管理暂行办法》《中共北方民族大学委员会关于贯彻落实〈新时代高等学校思想政治理论课教师队伍建设规定〉的实施细则》。2021年起，深入推进人事分配制度改革“后半篇”文章，进一步优化核心动力机制，持续为教师发展提供动能。印发《北方民族大学贯彻落实〈深化新时代教育评价改革总体方案〉工作方案》，组织教育评价改革政策宣传月活动，整理印发《深化新时代教育评价改革相关政策文件汇编》，在符合疫情防控的要求下，召开深化新时代教育评价改革政策宣讲会，做到培训学习全覆盖。深入推进绩效改革，印发学校《北方民族大学绩效工资考核管理办法（试行）》《学术贡献社会贡献支撑人才培养观测点及计量办法（试行）》，突出教育教学实绩。探索职称制度改革，印发学校《职称评审办法（试行）》《高教系列职称评审条件（试行）》，实行有利

于教师潜心教学、研究和创新的评价制度，代表性成果不局限于论文，不搞“一刀切”，打破论文条框限制，以品德、能力、业绩为导向，从“重数量”向“重质量”转变，实施分类评价，着重解决评价标准简单量化问题，有效激活人才资源。启动第三轮专业技术岗位聘用，印发《第三轮专业技术岗位设置与聘用实施办法》，强化岗位职责和聘期考核、重点突出思想政治、能力、业绩的考核。完善人事制度体系，印发《北方民族大学班主任领航计划》《关于成立北方民族大学班主任工作领导小组的通知》《关于进一步推进班主任工作的若干制度和机制》《人才与师资队伍建设委员会章程》《学术道德委员会章程》。一项项制度举措环环相扣，打破体制壁垒，释放人才“红利”。

（二）梯次跃进，雁阵高飞，人才培养体系进一步健全

加强顶层设计，建设教师发展平台。印发《“十四五”师资队伍建设规划》，实施“四有”好老师培养计划、班主任“领航”计划、“聚才引智”“高端引智”“培英育才”“高峰高原”行动计划，贯通教师规划发展工作长效机制基本建成。开展高层次人才选拔与培养，根据人才成长规律，结合人才在不同发展阶段的需求，以“学术骨干—学术拔尖—领军人才”三个层次，建立贯穿人才整个职业生涯的支持体系，形成“校级—省部级—国家级”纵向结合的人才培养体系。以人才培养工程为牵引，加大“遴选、支持、培育、考核”全周期施策力度，打造人才集聚“强磁场”，真正让青年人才茁壮成长，在各领域挑大梁、当主角。利用人才培养项目，完善梯队建设；鼓励教师深入一流高校交流学习，为访问学者研修营造良好的环境，解决后顾之忧；印发《教职工在职攻读博士研究生管理办法》，有计划组织教职工在职攻读博士研究生，鼓励和支持教职工提升学历学位层次；严格博士补助考核，创新思维、创新模式，突出“业绩”“贡献”和“能力”，严把标准、加强培训、强化教育、严格考评，实现校内人才与引进人才的并轨发展。

（三）聚焦主线、扎根西部，服务国家战略的担当进一步彰显

扎根基层，选派优秀教师在挂职锻炼中擦亮底色。学校党委选派优秀青年人才援助服务基层，选派 5 人参加中组部、团中央服务西部博士团，

赴甘肃陇南市和张掖市、陕西榆林市、西藏日喀则市等地挂职，积极服务宁夏地区经济发展，选派优秀教师到石嘴山市大武口区、惠农区、平罗县，隆德县六盘山工业园区等地挂职，并选派驻村工作队进驻石嘴山市大武口区新民社区。鼓励教师发挥专业特长服务国家地方经济社会发展，推荐各类人选近千人次。

（四）加强引领、团结激励，教师队伍归属感不断增强

优化环境，服务人才。建立校领导联系服务高层次人才工作机制。创新人才服务模式，及时协调落实教职工养老保险入库、户籍办理、子女入学、配偶安置、医疗保健、住房保障、科研服务，提高教职工体检费标准，充分保障人才待遇。给青年人才起步提供足够的经费支持，在“自治区一流学科建设”中设立专项经费用于支持青年人才。对业绩突出的予以教学奖励和科研奖励，鼓励教师提升教学能力，持续产出高水平成果，激发创新创造活力。为了进一步增强教师的主人翁意识，激发每位教师爱校、爱生情怀，全校连续三年创新举办教师节庆祝大会，校领导作为普通教职工与广大教师一起过节，共同赞颂学校发展成就，共同谋划学校师资力量建设，共同推动学校内涵式高质量发展。

四、坚持师德师风第一标准，教师思想政治工作进一步强化

（一）牢记嘱托，教育引导全体教师争当“四有好老师”

2022 年 7 月，学校首次召开“三全育人”教师思想政治工作会议，全面总结了近年来学校教师思想政治工作，进一步明确了当前和今后一个时期教师思想政治工作的总体要求和目标。

（二）融心见行，让理论学习入脑入心

常态化开展教师思想政治和师德师风教育，2019 年紧紧围绕“学深悟透新思想铸魂强基筑信仰”这一主题，组织 21 个学院 800 余名教师分批次赴北京开展专任教师“四个一”专项培训。先后在全校开展师德师风大学习大讨论、专题讲座、教师思政线上培训等活动，引导广大教师自觉将师德修养纳入职业生涯规划、融入教书育人实践。

（三）激励约束并重，教师思政工作体系更加优化

紧密结合教师队伍建设实际，“夯基垒台、立柱架梁”，印发《教师师德失范行为负面清单及处理暂行办法》《关于加强和改进新时代师德师风建设的意见》《教师师德考核办法》《“三全育人”模范评选表彰暂行办法》，大力推进制度机制和治理体系建设。开展“三全育人”模范评选表彰活动，3 位老师荣获国家民委“三全育人”模范荣誉称号，22 位教师荣获北方民族大学“三全育人”模范荣誉称号。坚决实施师德失范“一票否决制”，严肃处理信访举报和反映问题线索，让每名教师都知敬畏、存戒惧、守底线。

（四）培根铸魂，学生思政工作队伍建设更加有力

全面加强班主任工作，实施“领航计划”，建立校领导包抓学院党的建设、师生思想政治和安全稳定工作机制，学校班主任工作获国家民委领导肯定性批示并在委属高校借鉴推广。将思想政治工作队伍纳入学校人才队伍建设总体规划，制定了《中共北方民族大学委员会关于贯彻落实〈新时代高等学校思想政治理论课教师队伍建设规定〉的实施细则》，设立专项经费用于思政课教师培养，在学校教师职称评审办法中设置思想政治教育型并单列评审指标，实现职称评审向思政课教师倾斜。2020 年，新华社内参《国内动态详情》报道了我校思想政治理论课建设情况。

第四节　以本为本，强化基础，本科教育质量大力提升

学校坚持“以本为本”，主动适应高等教育发展的新形势、新任务、新要求，科学谋划本科教学工作，进一步牢固确立教学工作中心地位，全面提升人才培养质量。以铸牢中华民族共同体意识为主线，推动新时代学校内涵式高质量发展。坚持立德树人，强化思想政治教育引领，突显以本为本中心地位；坚持以学生发展为中心。推进人才培养创新，完善“五育并举”教育体系；推动专业、课程、课堂质量提升，加强学科专业一体化建设；落实教育评价改革，在“严”字上做文章。总结经验、查找问题、分析形势、厘清思路，全面推动新时代本科教育高质量发展。

一、完善教学运行管理机制

为提高本科教学管理水平，树立科学的教学管理理念，学校不断完善教学管理制度，不断进行改革创新，调动全校积极性，制定“用得上、接地气、出实效”的系列规章制度。2014 年以来制（修）订教学基本建设、教学运行管理、教学改革与研究、考核与成绩管理、学习与学籍管理、招生管理、教学质量监控与评价等方面的教学管理办法（规定、规程）近 60 个，有力地提升了学校教学管理水平和能力，让教学管理工作焕发出新的生机和活力。

（一）不断完善教学管理相关制度

先后修订完善了《北方民族大学课堂教学基本规范》《北方民族大学教学事故认定与处理办法》《北方民族大学教材管理办法》《北方民族大学教研室工作管理办法》《北方民族大学教室管理办法（暂行）》等涵盖本科教育教学各关键环节的规章制度。

（二）进一步优化教学运行管理

制定了《北方民族大学教学工作例会管理办法》《北方民族大学本科教学调课管理办法》《北方民族大学本科生通识教育选修课程管理办法》《北方民族大学本科专业人才培养方案管理办法（试行）》《北方民族大学本科毕业论文（设计）工作管理办法》等规章制度，进一步规范了本科教学运行管理，让教学管理工作“有章可循、有据可查”。首次印发的《北方民族大学本科生通识教育选修课程管理办法》进一步规范了通识教育选修课的教学管理，重点对通选课开设及运行的要求予以明确，为通选课质量的提高提供基础；《北方民族大学本科专业人才培养方案管理办法（试行）》首次明确了人才培养方案修订的周期、程序等，为提高人才培养的质量和效率，提高办学水平，推动本科教育的可持续发展提供了制度依据。

（三）大力加强教学改革与研究

修订了《北方民族大学教育教学改革研究项目管理办法》《北方民族大学教学奖励办法》；制定了《北方民族大学教研室工作管理办法》，促进教研室工作规范化、制度化、科学化；制定了《北方民族大学教师教学发展培训师选用规定（试行）》，激发了教师对教学研究的积极性。

（四）坚持规范课程考核与成绩管理

修订了《北方民族大学学士学位授予工作实施细则》《北方民族大学本科课程考核工作规程》《北方民族大学本科试卷评阅工作实施细则》《北方民族大学校外考试费用发放暂行办法》《北方民族大学成绩管理办法》等学生学业的规章制度；制定了《北方民族大学本科生学籍管理规定》《北方民族大学本科生转专业（类）管理办法》等学籍管理办法，夯实了人才培养过程。

（五）坚持严格招生工作管理

2020 年制定了《北方民族大学招生委员会工作规程》（校发〔2020〕66 号）、《北方民族大学本科招生工作规定》（校发〔2020〕65 号）；2021 年制定《北方民族大学新生入学资格复查管理办法》（校办发〔2021〕45 号）等办法，为规范学校本（预）科招生工作提供了制度保障。

（六）完善教学质量监控与评价体系

制定了《北方民族大学教学质量监控与评价工作办法》《北方民族大学本科教学督导管理办法》《北方民族大学管理干部听课办法》等制度，持续完善教学质量监控体系。

（七）加大教学管理信息化建设

为进一步提高教学管理信息化水平，针对原有正方系统的更新不及时、系统架构不适应未来学分制人才培养需求等问题，经前期反复调研、论证，于 2019 年正式更换为强智系统，经过两年的努力，2020 年 12 月，教务系统更新项目验收。新教务系统上线以来，提高了学籍、开课、选课、成绩、考务、毕业论文等模块的精细化、流程化管理。实现了对实验、实习、实训、毕业资格审核、交换生管理等模块全过程管理。引入了多台 WEB 负载均衡技术，满足 20000 用户同时在线，2000 以上用户并发访问，解决学生选课拥挤问题。完成了与学校数据中心、智慧校园、智慧教室、微校平台的无缝对接，实现了学工、人事、财务等系统信息共享，为广大师生提供高效、优质的信息化服务。新教务系统的验收对提高我校教学管理水平和信息化建设具有重要的促进作用和现实意义，有效推动学校教育教学工作迈向了新的台阶。

二、持续推进专业建设

（一）加强统筹，专业布局和结构调整步伐加快

学校高度重视本科专业内涵建设，以《普通高等学校本科专业类教学质量国家标准》（以下简称《国标》）为依据，以社会需求为导向，以各专业现有发展条件为基础，以专业调整为手段，按照做大做强理工专业，拓展农医和教育类专业的建设思路和“进一退一”的建设原则，以新工科、新文科建设为抓手，以“总量控制、注重交叉、培育新兴、着眼发展、强化特色、打造一流”的专业建设思路，主动新增具有发展潜力且与社会需求紧密结合的复合交叉和应用型专业，停招、减招办学条件和发展前景不好的专业，调整、撤销部分实力弱、发展乏力且不能满足国家经济建设和社会发展需求的专业。2014 年以来，学校共新增 15 个本科专业，民族学专业的新增实现了民族学学科本科—硕士—博士立体式人才培养体系。2018 年，信息工程、传播学、生物科学 3 个专业暂停招生一年，撤销从未招生的治安学专业，连续两年对综合评价较高的电气类、机械类、金融类等专业增加了招生计划。2019 年，信息工程、广告学 2 个专业暂停招生。2020 年，信息工程、广告学、体育教育、信息管理与信息系统 4 个专业暂停招生。同年，将材料成型及控制工程专业和过程装备与控制工程 2 个专业分别从材料科学与工程学院和化学与化学工程学院调整至机电工程学院，将人力资源管理专业从管理学院调整至商学院，实现了专业结构的逐步优化和学科大类下的专业整合，为后续大类招生、大类培养及相关专业健康发展奠定了良好的基础。2021 年，根据国家民委专业建设总体部署及《北方民族大学“十四五”事业发展规划（2021—2025 年）》《北方民族大学本科教育质量提升工程实施方案（2021—2025）》等文件规划，学校计划到 2025 年末将学校本科专业从 78 个调整到 65 个左右，其中理工类专业占比达到 55% 以上。通过适当增设理工医类本科专业，达到教育部五部门提出的到 2025 年优化调整 20% 左右学科专业布点的工作要求。2021 年，学校新增智能材料与结构专业，信息工程、广告学、信息管理与信息系统 3 个专业暂停招生。2022 年，新增能源化学工程专业，撤销连续停招 5 年的信息工程专业，信息管理与信息系统、产品设计专业 2 个专业暂停招生。

2023年，撤销连续停招5年的广告学专业，作曲与作曲技术理论、商务英语专业2个专业暂停招生。

（二）承前启后，一流专业建设不断加强

2017年，根据国家中长期教育改革和发展规划纲要，结合实际制定了《北方民族大学“十三五”本科教育规划（2016—2020）》和《北方民族大学“十三五”本科专业建设规划》，制订重点专业的建设规划和年度计划，确定每年的专业建设重点和内容。学校通过持续“扶优、扶强、扶新”，积极构建学校级、省部级、国家级特色一流专业建设体系，积极培育专业特色和优势，着力提升专业建设水平。学校目前有材料科学与工程等4个国家级特色专业，汉语言文学等9个省部级优势特色专业，法学等4个省部级重点建设专业，自动化等7个省部级“十三五”重点专业（群），机械电子工程等5个省部级产教融合人才培养示范专业。着力推进“四新”专业建设，共获批3项教育部新工科研究与实践项目、1项教育部新文科研究与改革实践项目。推动卓越拔尖人才培养模式改革和创新，数学拔尖人才培养班等10个项目获批自治区卓越拔尖人才培养班建设项目，立项建设9个校级卓越拔尖人才培养班。学校加强顶层设计、多措并举、全面统筹，在一流本科专业的培育、建设和申报方面取得了重大成果。化学与化学工艺等13个专业获批国家级一流本科专业建设点，法学等9个专业获批自治区级一流本科专业建设点，立项建设24个校级一流本科专业，充分发挥各建设点在专业改革创新、师资队伍建设、教学资源建设、质量保障体系等方面的示范辐射作用，带动学校专业建设整体水平快速提升。

（三）多点发力，基层教学组织建设有序开展

学校狠抓基层教学组织建设，2023年制定了《教研室工作管理办法》，切实完善校－院－教研室三级教学管理模式，规范教研室设置、工作职责、活动和评价机制，切实发挥教研室在专业建设、课程建设、教学管理、教学研究和师资队伍建设中的积极作用。全校共设置教研室100个，聘任教研室主任164人。学校共获批2个教育部第二批虚拟教研室建设试点，20个自治区级一流基层教学组织，立项建设28个校级一流基层教学组织，21个校级虚拟教研室试点。

三、严格规范招生工作

（一）稳步推进艺术类专业招生工作改革

为进一步规范艺术招生，确保招生计划有效完成，学校在 2015 年和 2016 年先后取消了全部美术类及音乐舞蹈类专业校考招生考试，从 2016 年开始，学校所有艺术类专业按照省统考成绩录取。

（二）认真落实面向南疆单列招生计划工作

为贯彻落实第二次中央新疆工作座谈会精神，根据《教育部办公厅关于做好 2015 年全国普通高校分省分专业招生计划编制和管理工作的通知》（教学厅〔2015〕5 号）要求，在新疆招生来源计划中单列南疆招生计划。2015—2023 年，南疆招生计划均为 8 人。

（三）积极拓展联合办学招生专业

一是与合肥工业大学联合培养本科生工作。2015 年，学校启动机械设计制造及其自动化、制药工程和食品科学与工程三个专业与合肥工业大学联合培养工作，三个专业分别单列 30 人 / 学年招生计划，在专业名称后备注“与合肥工业大学联合培养”，提升专业的吸引力。二是与北京广慧金通教育科技有限公司校企合作培养本科生工作。2018 年、2020 年，学校先后与北京广慧金通教育科技有限公司签署旅游管理、航空服务艺术与管理专业合作办学协议，校企合作为民航业培养急缺的服务和管理人才。三是与泰国清迈大学启动中外合作培养本科生项目。2021 年，学校与泰国清迈大学签署合作举办软件工程专业本科教育项目合作协议。2022 年，学校首个、宁夏首批中外合作办学专业软件工程面向全国 21 个省份招生，计划招生 35 人，完成率 100%。该专业在 16 个省份的录取最低分高于普通计算机类录取最低分，社会吸引力和认可度较高。2023 年，学校继续扩大该专业招生规模，招生计划增加至 70 人。

（四）全力做好第二学士学位招生录取

根据《教育部办公厅关于在普通高校继续开展第二学士学位教育的通知》（教高厅函〔2020〕9 号），学校汉语言文学、电气工程及其自动化、电子信息工程、生物工程、法学五个专业予以备案，制定了《北方民族大学第二学士学位招生简章》《北方民族大学第二学士学位招生工作实施方案》

和《北方民族大学第二学士学位招生考试方案》，面向普通高校本科毕业并获得学士学位的应届毕业生以及近三年普通高校本科毕业并获得学士学位且目前未就业的往届生招生。

（五）生源质量稳步提升

2016 年，学校金融学、电气工程及其自动化、汉语言文学和机械设计制造及其自动化 4 个本科专业在宁夏地区一批次招生；2017 年，通信工程、自动化、会计学、法学、信息与计算科学和数学与应用数学 6 个专业获批在宁夏地区一批次招生，至 2019 年，学校共有 10 个本科专业在宁夏地区一批次招生。2020 年 6 月，学校在湖南省、内蒙古自治区所有招生本科专业获批在当地一批次招生；新增机械设计制造及其自动化（与合肥工业大学联合培养）等 12 个本科专业在河南地区一批次招生；新增化学工程与工艺等 18 个本科专业在宁夏地区一批次招生，一批次招生总计划为 947 人。2021 年，学校共新增 66 个本科一批次招生专业。2022 年，学校在宁夏、河南、内蒙古、黑龙江、江西、西藏 6 个地区全部或部分专业一批次招生，一批次招生总计划为 882 人，较 2021 年一批次招生总计划 845 人增加 37 人。2023 年，在宁夏、河南、江西地区共新增 15 个本科一批次招生专业，一批次招生总计划为 982 人。

（六）大类招生试点顺利推进

2020 年，学校首次遴选电子信息类、电气类、公共管理类、机械类、计算机类、数学类、统计学类、音乐与舞蹈学类（舞蹈方向）6 个学院 8 个专业类的 20 个专业施行大类招生，计划 1441 人，实际录取 1439 人，计划完成率 99.86%，完成情况良好。2021 年，共有 14 个学院 17 个专业类共 45 个本科专业施行大类招生，计划 3201 人，实际录取 3212 人，完成率 100.34%。2022 年，共有 14 个学院 17 个专业类共 47 个本科专业施行大类招生，计划 3249 人，实际录取 3255 人，计划完成率 100.18%。2023 年，共有 13 个学院 16 个专业类共 43 个本科专业施行大类招生，计划 3080 人，实际录取 3077 人，计划完成率 99.90%。连续四年的招生录取结果表明，大类招生对于提高考生一志愿率、降低调剂率有显著作用，对推动专业结构动态调整，增强学院层面专业建设的内生动力注入催化剂。

（七）招生宣传改革成效显著

学校构建了“官方网站 + 官方微信 + 官方小程序”三位一体的招生宣传服务平台，在传统的招生宣传基础上，以互联网、大数据、短视频、直播等手段和方式，不断创新招生宣传方式，吸引优秀生源报考，提升学校知名度和社会影响力。2021 年，招生办公室对本科招生宣传工作进行改革试点，由过去的招办“选派制”向学院“包干制”转变，充分发挥学院对招生宣传工作的积极性。2023 年，招生办公室联合 20 个本科学院面向全国考生累计推出 25 场招生宣传直（录）播，累计播放次数达 25.65 万余次，播放量创历史之最。

四、科学制（修）订人才培养方案

学校高度重视本科人才培养方案的制（修）订工作，及时根据国家战略需求和教育方针政策等，调整修订人才培养方案，确保人才培养方案的科学性、合理性和先进性，不断提高人才培养质量。分别制（修）订 2014 版、2014（2017 调整）版、2019 版、2023 版人才培养方案。

（一）构建“三位一体”架构，2014 版本科人才培养方案卓有成效

为认真贯彻落实党的十八大、十八届三中全会精神，落实《国家中长期教育改革发展规划纲要（2010—2020）》《关于全面提高高等教育质量的若干意见》等有关文件精神，全面提升人才培养质量，2014 年，学校在 2008 版本科人才培养方案的基础上启动修订 2014 版方案。2014 版方案首先是合理确定指导思想，坚持党和国家的教育方针，遵循高等教育普遍规律和民族高等教育特点，全面更新教育教学观念，以社会需求为导向、以学校定位为依据、以创新人才培养模式为核心、以优化课程体系和整合课程内容为重点，坚持“厚基础、强能力、重应用、善创新”的培养原则，构建人格养成与通识教育、专业教育、创新创业与职业规划教育三位一体的人才培养新体系。因材施教、分类培养、分层教学，促进学生全面发展和个性发展，实现学校“政治坚定、公民表率、业务过硬、社会栋梁”的人才培养目标，推进有特色高水平现代民族大学的建设进程。其次是构建了三位一体架构，提出学生人格养成与通识教育、专业教育、创新创业

与职业规划教育相结合，突出培养学生健全人格，奠定学生终身学习的基础，着力提高学生综合素质、动手操作能力、适应社会能力及创新创业能力。最后是优化了课程体系，在对社会需求充分把握的基础上，尊重教育教学规律，根据学生就业和未来发展的需要，确定专业人才所需的知识、能力和素质，以《普通高等学校本科专业目录和专业介绍（2012 版）》为参照设置专业核心课程，兼顾卓越计划以及专业认证对课程体系的要求，合理确定课程设置、实践环节、课程内容、学时学分及教学进程，对课程体系进行全面梳理和整体优化。

（二）保持基本框架，2017 版本科人才培养方案持续优化

结合社会需求的变化、审核评估的要求、教学改革的需要，结合上级部门最新相关文件精神，在 2014 版人才培养方案的基础上，通过多次专家专业性审核完成 2014（2017 调整）版人才培养方案调整。调整后的方案，坚持“局部调整、不突破原毕业最低总学分，保证课程体系与培养目标、培养规格的符合度，尊重教育教学规律，保证教育教学质量，工科和医科专业课程体系设置考虑工程教育专业认证要求”为原则，重点对人格养成与通识教育平台和专业教育平台进行调整，其中，人格养成与通识教育平台主要是根据相关文件要求，增加“形势与政策”等课程；将“人格养成教育实践”课程学分由 6.0 调整为 3.5。对定位不准确的专业培养目标或设置不合理的培养规格进行调整。

（三）落实“三全育人”，2019 版本科人才培养方案稳步实施

2019 年，根据国家及社会需求，为进一步落实“三全育人”要求，学校再次修订方案。2019 版本科人才培养方案全面贯彻落实习近平新时代中国特色社会主义和党的十九大精神，贯彻落实教育部相关文件精神，按照全国高校思想政治工作会议、全国教育大会及新时代全国高等学校教育工作会议等会议要求，深化学校教育教学改革和内涵建设，加快建设高水平人才培养体系，提升本科人才培养质量。首先将习近平新时代中国特色社会主义思想写入《北方民族大学 2019 版本科人才培养方案指导意见》（以下简称《指导意见》），并根据《中共中央宣传部、教育部关于印发〈新时代学校思想政治理论课改革创新实施方案〉的通知》等新思想、新要

求，将《中华民族共同体概论》《习近平新时代中国特色社会主义思想概论》《国家安全教育》纳入本科人才培养方案。其次是以广泛调研为基础，为确保2019版本科人才培养方案的科学性，2018年起，通过校内调研（专任教师、在校生和毕业生等）、院校调研（双一流学校、兄弟院校、同类院校、同区域院校等）和社会调研（行业、企业等用人单位），学校研究制定了《指导意见》，各学院严格对照《国标》及《指导意见》，结合本专业特色以边运行边修订的方式制（修）了培养方案。2021年7月，在各学院组织专家论证、评审，学院学术委员会审议等环节基础上，学校邀请合肥工业大学、安徽大学、中南民族大学、西北民族大学、大连民族大学等8名校外专家和4名校级督导组成答辩专家组，分文科、理工和体艺组，采取线下汇报答辩的方式，对19个学院70个专业的人才培养方案逐一进行了汇报答辩，专家现场反馈意见。最后是按产出导向、持续改进重构课程体系。为进一步落实人才培养方案，加强对培养方案课程教学大纲的建设管理，体现“以学生发展为中心”的教学理念，切实发挥课程全方位育人功能，有效提高人才培养质量，下发了《关于2019版本（预）科人才培养方案课程教学大纲定稿的通知》，明确要求课程教学大纲定稿要坚持“立德树人、明确课程育人功能，紧扣目标、优化课程内容，精选资源、深入推进教学模式改革，科学评价、有机融入OBE教育理念”4个原则，课程负责人拟稿、教研室集体讨论、学院组织校内外专家答辩评审、学院教学工作委员会和党委会审议、学校随机抽查的流程组织定稿，确保了课程教学大纲的科学性和规范性。

（四）强化铸牢主线，2024版本科人才培养方案再启动

为坚持以铸牢中华民族共同体意识为主线，立足于服务国家战略和民族团结的事业，将其融入教育教学各环节，推动中华民族共同体意识厚植各族学生心灵深处，学校2023年再次启动本科人才培养方案修订工作。2024版方案以习近平新时代中国特色社会主义思想为指导，深入学习党的二十大精神，全面贯彻党的教育方针，坚持社会主义办学方向，落实立德树人根本任务，以铸牢中华民族共同体意识为主线，以增进“共同性”为方向，加快建设高质量教育体系，坚持“以本为本”“四个回归”，遵循教育教学规律。

落实“学生中心—产出导向—持续改进”的教育理念，深化人才培养模式和教学模式改革。以《普通高等学校本科专业类教学质量国家标准》和《工程教育专业认证标准》为依据，推进专业内涵建设，提升人才培养能力，构建高水平人才培养体系，实现学校办学宗旨和人才培养目标。2023年7月，下发了《关于开展新版本科人才培养方案修订准备工作的通知》。2023年10月，学校召开本科人才培养方案修订工作调研成果交流会。梳理了各专业2019版人才培养方案执行情况及存在的问题，分析原因，厘清培养方案修订思路，并提出具体意见和建议。交流会上一致认为，人才培养方案是学校贯彻党的教育方针和实现人才培养理念、人才培养目标、人才培养模式的重要载体，是组织教学过程、安排教学任务的基本依据。

五、加强实践教学管理

（一）持续拓展实践教学基地

学校实践教学基地分为校内和校外两部分，校内建有针对理工科的金工实训中心和电子电工实训中心（部）、针对文科的文科综合实验（部）中心等，校外实践基地采用校地、校企合作的方式搭建。自2006年以来，共建立校内外实习基地321个，其中校级大学生实践教学基地14个，较好地满足了培养综合实践能力的需求。为加强产教融合，创新人才培养模式，学校积极开展校企校地合作，以面向企业、服务地方、对接社会人才需求为目标，大力推动校院两级与地方、高校、企业签订战略框架合作协议，充分利用各种社会资源，提升学校应用型专业建设与地方经济社会发展的契合度。2020年学校在线教学期间，充分利用“国家虚拟仿真实验教学课程共享平台”，有效完成了实验、实训等教学环节任务。2020—2022年，学校充分发挥学科专业优势，聚焦民族地区经济社会发展和黄河流域高质量发展，依托服务自治区九大重点产业和“六新六特六优”重点产业，持续拓宽实习实践基地，深入推进校地校企协同育人，共同培养“双师型”教师，先后与银川市人民政府等92家地方政府及行政事业单位、宁夏共享集团等224家企业单位开展合作。2022年，与石嘴山市教育体育局合作，在教育、人才等领域签订了战略协议，有效加强了培养应用型人才的

需要建立了固定的校外就业基地。

（二）完善实践教学制度体系

2014 年，印发了《北方民族大学关于进一步加强实践教学工作的实施意见》等教学管理的规章制度。完善实践教学管理制度，从学校和学院两个层面拓展实践教学基地，研究校外实践教学基地的运作模式，与校外实践基地深度合作，形成校企协同育人机制，满足学生专业见习、课程实践、毕业实习和教师挂职的需要。结合日常教学运行，持续完善实践教学管理制度、优化实践教学课程体系、提升实践教学效果，加强文科实验教学示范中心、实验室信息化管理平台建设，以实现实验室资源共享、自由、安全使用的目的。2017 年，制定了《北方民族大学本科实习工作管理办法（试行)》，规范了实习实训教学管理。

（三）严格本科毕业论文（设计）过程管理

为加强本科毕业论文（设计）工作规范化，提高毕业论文（设计）工作效率，依托教务系统，结合工作实际和毕业论文抽检相关信息要求，增加并完善毕业设计管理模块，合理安排毕业论文（设计）出题、选题、开题、中期检查、答辩、成绩提交等各环节，加强过程管理和规范，切实提高工作效率和质量。2021 年起，探索实施将拟评选的优秀毕业论文（设计）采取盲审的方式，送审专家进行评审，逐篇给出意见，确保校级优秀毕业论文（设计）质量。2022 年，为进一步加强毕业论文（设计）管理工作，提高毕业论文（设计）质量，根据中共中央、国务院《深化新时代教育评价改革总体方案》和教育部《本科毕业论文（设计）抽检办法（试行)》等文件要求，结合学校实际，在 2017 年毕业论文管理办法基础上修订《北方民族大学本科毕业论文（设计）工作管理办法》。2023 年，按照学院内自查、学院间互查、学校抽查相结合的方式，深入开展毕业论文（设计）评估，保证毕业论文（设计）质量。

六、不断提升教师教学能力

学校教师教学发展中心自 2014 年 1 月 14 日成立以来，以教师教学能力培训和教学竞赛为工作抓手，基本形成了科学规范、系统完备、有效实

用的教师赛培体系，长期致力于为我校建设一支高水平、高质量的师资队伍而不懈努力，学校教师教学发展工作能力水平不断提升。

（一）硬软件建设不断加强

2015 年 6 月，向教育部全国高校教师网络培训中心购置 443 门课程，并置于北方民族大学智慧校园平台——“教师在线”上线使用，为教师自主针对专业及教学理念、方式的学习提供了方便；2015 年 8 月，学校智慧校园建设子项目微格教学实训平台正式建设完成并投入使用，按照功能设置有“微格教室”“观摩室”“录播报告厅”“控制室”“声锁间”，可用于我校教师精品课、微课、慕课等视频的全自动录制，青年教师微格教学实训；2020、2022 年，为了提升教师教学能力，支持疫情期间的在线教学和教师教学竞赛，购置“教师在线学习中心”平台和资源，帮助教师提高了教学能力，保障了学校在疫情期间线上教学的正常进行；2023 年，为深入贯彻习近平总书记关于数字中国建设的重要指示批示精神，落实高校教育数字化战略行动，切实提升学校教师发展管理和教师教学信息化水平，学校采购了教师发展综合业务管理系统。

（二）校内外交流合作影响广泛

学校积极搭建国内外合作交流平台，多次组织校内教师赴国内外高校等深入开展学习交流。先后选派 16 名教师赴澳大利亚昆士兰大学、英国东伦敦大学、曼彻斯特大学等国际知名高校交流学习。自 2017 年，教师教学发展中心作为会员单位每年应邀参加民族院校教师教学发展联盟、西北教师教学发展联盟学术年会；2021 年，先后承办“宁夏高校一流本科课程建设研讨会”“民族院校教师教学发展联盟 2021 年学术年会”；2023 年 4 月，承办“第三届宁夏高校教师教学创新大赛”；2023 年 11 月，组织承办“创新者说 × 银川”宁夏高校教师教学沙龙活动。

（三）教师教学能力培训提质增效

学校实行分层分类的精准培训，致力于完善高质量系统化的培训机制，全面助力教师教学水平和教学能力提质增效。为加强教师队伍建设，2015 年，教师教学发展中心制定了《北方民族大学教师教学发展培训管理暂行办法》《北方民族大学师德建设长效机制实施方案》。2021 年以来，为

进一步发挥校内优秀教师在师资队伍建设过程中的传帮带作用，聘任 8 名校内优秀教师组成第一批、第二批学校教学发展培训师。每年邀请多名国内专家来校讲学，组织开展各类教学能力提升系列培训、教学专项培训、新教师培训、讲座、教学沙龙、教学工作坊、师道论坛、教与学讲坛等各类内容丰富形式多样的教师教学能力培训，为教师搭建学习交流的平台，着力营造浓厚的教育教学研究氛围。2014—2023 年组织各类培训次数达 137 次，参与各项培训的教师人数达到 20044 人次。

（四）师生教学竞赛喜结硕果

近年来，发挥教学竞赛"以赛促教、以赛促改、以赛促建"作用，多次组织开展各类全校教师教学竞赛、全校大学生教学技能大赛，并选拔推荐优秀教师、学生代表学校参加自治区及全国教学竞赛。2020—2023 年，教师（团队）获得国家级教学竞赛特等奖 1 项，一等奖 4 项，二等奖 14 项，三等奖 14 项，教学设计之星奖 5 项，优秀奖 2 项；教师（团队）获得省部级教学竞赛一等奖 20 项，二等奖 40 项，三等奖 26 项，教学设计创新奖 1 项。2021—2022 年，学生获得自治区级教学竞赛一等奖 2 项，二等奖 4 项，三等奖 20 项，优秀奖 14 项。其中，由学校承办第三届宁夏高校教师教学创新大赛，推评的 8 个教师（团队）获一等奖 4 个、二等奖 4 个，获评"优秀组织奖"，是宁夏高校入围国赛队伍数量最多，获奖级别及数量均排名宁夏第一；学校在中国高等教育学会主办的第三届全国高校教师教学创新大赛全国赛中成绩骄人，4 名教师（团队）代表宁夏赛区参加全国赛，其中，3 名教师分别获得新工科正高组二等奖、新文科正高组二等奖、新工科副高组二等奖，1 名教师获得基础课程正高组三等奖，与浙江大学、武汉大学、西北工业大学、上海交通大学等高校，一并成为入围全国赛现场评审阶段 3 个教师（团队）的 12 所高校之一，获奖教师（团队）总数在全国高校中排名第八，获得全国赛参赛高校优秀组织奖，为 21 个参赛高校优秀组织奖之一，作为宁夏赛区承办单位，获得全国赛赛区优秀组织奖。

七、大力推进教育教学改革

（一）不断加强课程建设

学校按照“1234”的课程建设思路，学校多措并举，着力推进一流本科课程建设工作。自2016年起，相继投入经费近2100万元用于课程建设，持续5年对34门省部级精品课程投入经费进行再建设。对数学类、思政类、大语言系列等12门通识必修课进行专项建设，启动591门专业核心课建设工作。立项建设61门校级在线开放课程及3门自治区级在线开放课程。2019年，启动国家级和省部级精品在线开放课程培育计划，完成了40门在线开放课程（包括精品在线开放课程10门、优质在线开放课程30门）的录制工作。2019年，依托自治区虚拟仿真实验室打造计划，将虚拟仿真实验教学项目纳入了学校教育教学改革的重要内容，予以重点支持。引入“爱课程”“尔雅”“智慧树”等课程平台近500余门课程来充实通识课程资源。依托各类课程建设项目，学校智慧校园慕课平台自建活跃课程已达500余门。学校以国家级一流本科课程建设为指引，大力推进五类一流本科课程建设，截至目前，学校共有5门课程获批第一批国家级一流本科课程，3门课程获批第二批国家级一流本科课程，73门课程获批自治区级一流本科课程。

（二）深入开展思政课程和课程思政建设工作

为贯彻落实全国高校思想政治工作会议及《高等学校课程思政建设指导纲要》精神，充分发挥课堂主渠道在高校思想政治工作中的作用，使各类课程与思想政治理论课同向同行，形成课程思政育人的大格局。学校制定了《北方民族大学关于进一步加强课程思政建设的通知》《北方民族大学课程思政改革实施方案》，系统谋划推动课程思政提质增效，开展课程思政平台建设推广工作，系统推进课程思政资源推广使用、示范课建设、教学竞赛等系列工作，通过试点先行、逐步推广、精准培育、逐步提高等举措，分阶段有序推进课程思政建设，促进思政教育与专业教育有效融合。2014年以来，学校共立项校级“课程思政”改革项目104项、校级课程思政示范项目23个、评选39个“课程思政”好教案，获批自治区级“课程思政”改革项目14项、自治区级课程思政示范项目3个。

（三）教育教学改革研究项目成果显著

学校为落实立德树人根本任务，进一步深化教育教学改革，充分发挥教育教学改革项目研究的引领和示范作用，制订校级教育教学改革研究项目申报指南，聚焦教学改革热点，明确教学改革研究方向。2014 年以来，获批国家民委高等教育教学改革研究项目 58 项、自治区级高等教育教学改革研究项目 136 项。学校以教育教学改革项目为引导，设立教学研究与改革专项经费，以项目为依托，激励广大教师积极参与教学研究与改革，2017 年在校级教改项目中增设“重大项目”，加大了教育教学改革与研究项目的立项力度和投入经费，由此学校教育教学改革研究项目形成了重大、重点、一般 3 个层级，资助额度分别为 9 万元、6 万元、1 万元，旨在将教师的精力更多、更充分地投入到本科教学和教学研究中去，体现了以学生为本，以教学为中心。2021 年学校修订并印发了《北方民族大学教育教学改革研究项目管理办法》，推动学校教育教学改革，建立健全教育教学改革研究项目管理机制，持续提升人才培养质量。2014 年以来，立项校级高等教育教学改革研究项目 797 项，其中校级重大项目 17 项、校级重点项目 105 项、校级一般项目 717 项。印发《北方民族大学美育工作实施方案》，获批 1 个自治区教育厅美育教学研究课题。

（四）大力开展产教合作协同育人

学校积极探索协同育人有效机制，着力推进协同育人工作创新，与美国等 30 个国家和地区的近 70 所高校、机构签署了合作协议，与合肥工业大学等 8 所国内高校、银川市人民政府等 10 家地方政府及行政事业单位、宁夏第一建筑有限公司等 11 家企业及部分国内知名企业开展形式多样的密切合作。校企合作制定人才培养方案，开发产教融合卓越人才培养系列课程。加大“双师型”教师培养力度，由校企双方人员共同承担课程讲授等。2018 年，机械电子工程、旅游管理、工商管理专业群、软件工程、测控技术与仪器等 5 个专业成功获批自治区级产教融合人才培养示范专业。学校与北京广慧金通教育科技有限公司合作办学，2018 级旅游管理专业（校企合作为民航业培养）转专业组成 45 人教学班；2019 年初，联合申报获批航空服务艺术与管理专业。学校以相关专业与自治区九大重点产业对接工

作为契机，积极推进现代产业学院建设，深化产教融合。2023 年成立北方民族大学电子信息、电商产业学院，先进装备现代产业学院获批 2023 年自治区级现代产业学院和工信部专精特新产业学院。通过共同开展产学合作协同育人项目、不定期召开经验交流会等校企交流平台方式，切实提升专业对地方产业发展的契合度和贡献度。积极组织教育部产学合作协同育人项目申报工作，2014 年以来，学校获批教育部产学合作协同育人项目 274 项，立项校级产学合作协同育人项目 20 项。

八、扎实推进学业帮扶

2019 年，学校建立学生学业援助中心，整合全校资源力量，针对学业困难和学有余力的学生开展学业帮扶工作。制定了《北方民族大学本科生学业预警管理办法（试行）》，成立校、院两级的学业预警及帮扶工作领导小组，进一步强化对本科生学业过程监控管理，不断完善学生学业帮扶体系，探索学业帮扶的有效途径，提升学业帮扶效果。制定了《北方民族大学本科毕业生考取硕士研究生奖励办法（试行）》《北方民族大学基础课程能力提升实施方案（试行）》《关于鼓励和支持学生参加雅思、托福课程培训及考试工作的实施方案》，帮助学生提升考研基础课能力水平，夯实国际交流语言基础，不断增强在考研、出国、就业、创业等方面的竞争力。

（一）建立学业预警机制，开展困难学生帮扶

建立健全学业预警机制，严格学业预警过程管理，落实学业预警分级及认定标准，对达到降级和退学条件的学生依据规定及时处理。指导学院建立学业困难学生帮扶体系，制定学业预警帮扶工作方案，通过朋辈互助、重点辅导、单独开班等形式，对学业困难学生开展“一对一”精准帮扶。主动掌握学生学习情况，真正做到定期与学生沟通，对连续预警学生展开重点跟踪，及时解决学业方面存在的问题和困难。利用电话访谈、学生座谈等形式开展学业帮扶抽查，重点检查教师帮扶落实情况。定期与学生家长反馈预警帮扶效果，形成教育合力，确保学业帮扶落实到位。

（二）多措并举，提高考研帮扶成效

持续改进学生考研帮扶工作，改革考研帮扶形式，统筹校内校外、线

上线下各类教学资源，开展考研基础课程的辅导和课程答疑工作。邀请校外优秀教师举办考研政策解读、课程串讲和冲刺以及复试技巧等系列讲座，帮助学生制订学习规划、提高复习效率，增强学生考研的信心和决心。持续开展考研奖励工作，引导和鼓励学生树立榜样，激励学生刻苦学习，不断提升资助育人工作实效。学院发挥主体责任，成立考研工作领导小组，明确分工，确定考研目标，制订考研工作方案，扎实落实帮扶举措，协调解决考研工作中学生遇到的困难和问题。在考研人数激增、录取线提升的背景下，考研帮扶工作取得了显著成效，2023 年考研录取率较 2022 年增长 2 个百分点。（参见表 2）

表 2　2020—2023 年考研录取情况表

年份	毕业生人数	上线人数	录取人数	录取率
2020	4886	429	304	6.22%
2021	4974	461	329	6.61%
2022	4901	527	367	7.49%
2023	5047	653	480	9.51%

九、科学开展质量评价与监控

2014 年以来，学校教学质量保障体系建设方面取得了长足的发展，本科教学工作“运行线”和“监控线”双线驱动的管理模式已经基本形成。2016 年学校印发《北方民族大学教学质量监控与评价工作办法》（校办发〔2016〕30 号），成立教学质量监控与评价工作领导小组，明确校长是学校教学质量的第一责任人，各学院院长是学院教学质量第一责任人。并坚持落实教师教学质量评价、学生学习风气评价、职能（教辅）部门服务教学工作水平评价等工作。

（一）制度建设保驾护航

学校围绕教学全过程，全面贯彻“学生中心、产出导向、持续改进”理念，构建以工程教育专业认证为抓手，以校内专项评估、教学基本状态数据监测为基础，以新办专业评估、教学评价为驱动的本科教学质量保障体系，强化自觉、自省、自律、自查、自纠的质量文化。学校围绕人

才培养目标，在充分调研的基础上，不断加强本科教学质量保障制度建设。2014 年以来，先后制（修）定了《北方民族大学教学质量监控与评价办法》（校办发〔2016〕30 号）、《北方民族大学本科教学督导管理办法》（校办发〔2021〕23 号）、《北方民族大学课堂教学基本规范》（校办发〔2022〕10 号）、《北方民族大学本科生学业预警管理办法（试行）》（校办发〔2022〕39 号）、《北方民族大学教学事故认定与处理办法》（校办发〔2022〕47 号）、《北方民族大学管理干部听课办法》（校办发〔2022〕48 号）等多个规章制度，建立了覆盖教学组织与管理、教学运行、教学监控等方面的教学规章制度体系，进一步规范教学各环节的运行，建立教学工作的激励约束机制，加强了教风学风建设。

（二）督导体系日趋完善

学校高度重视教学督导工作，建立了校院两级教学督导体系，校院两级教学督导各司其职，并在督导过程中相互联系、相互配合，共同完成对学校教学工作的监督、检查、评价、指导，保证教学过程的顺利进行和教学质量的有效提高。2014 年，学校建成一支由 34 名专兼职督导（其中专职督导 31 名，兼职督导 3 名）组成的教学督导队伍，其年龄、职称等结构渐趋合理，这支队伍成为学校教学质量监控与评价工作的实施主体，在教学工作“督”与“导”两方面发挥着不可替代的作用。2016 年，学校聘任刘芬、闫丽君、张静、左宏阁 4 位教授担任校级督学，为学校教学质量监控与评价工作提供咨询、指导与督查，校院两级教学质量监控与评价体系进一步完善。2021 年，学校印发《北方民族大学本科教学督导管理办法》（校办发〔2021〕23 号），成立北方民族大学校级教学督导委员会，聘任 13 名教学督导委员，41 名院级教学督导，形成校院两级教学督导工作体系，明确各自工作职责，相互配合，共同完成对学校教学全过程的质量监控。2021 年以来校院两级教学督导共计听课 18673 学时。教学督导通过常规教学检查、专项教学督查、线上线下教学巡查以及深入课堂等方式对学校教学管理、教学秩序、课堂教学及专业建设等方面提出了很多建设性意见和建议，充分发挥了教学督导对学校教学工作监督、检查、评价和指导的作用，有效地促进了学校教学各环节质量的不断提升。

（三）坚持开展专项评估

期末考试试卷和本科毕业论文（设计）评估一直是学校教学质量监控与评价方面的重要工作。学校坚持每学年 3 月份和 9 月份各开展一次期末考试试卷评估工作，每年 10 月份开展本科生毕业论文（设计）评估工作。截至目前，开展试卷评估工作 28 次，抽查试卷 136675 份，专家依据教学大纲，从试题质量、卷面质量和试卷评阅三个方面的 10 个观测点对每份试卷都给出具体评价，对存在问题试卷提出具体整改意见；开展毕业论文（设计）评估共计 15 次，抽查毕业论文（设计）4799 本，专家从教学条件、教学过程、教学质量等三个方面的 30 个观测点对所抽的全部论文进行评估，评估结束后及时将期末考试试卷和毕业论文（设计）的评估结论向全校发布，有效提升试卷质量和本科毕业论文（设计）质量。

（四）持续开展教学评价

开展 19 次“评教”“评学”，10 次“评管”工作，规范了教师教学行为，了解了学生学习状况，促进了教师教学水平和教学质量的不断提升，培养了学生良好的学习风气，推进了教学管理与教学服务整体水平的提高。

十、扎实推进本科教学工作审核评估及认证

（一）本科教学工作审核评估

学校于 2000 年顺利通过教育部本科教学合格评估。2007 年在教育部本科教学工作水平评估中获得优秀。2016 年 1 月，学校接到教育部通知，明确在 2017 年接受教育部本科教学工作审核评估，此次评估对推进学校内涵发展、特色发展，巩固教学中心地位，促进学校提高人才培养质量具有重要意义。一是全面动员提高认识。2016 年 5 月 4 日，学校召开迎评促建动员大会，标志着迎接教育部审核评估工作正式启动。会议要求大家要进一步增强责任感和使命感，做到“全员关心评估、全员参与评估、全员奉献评估”，以“咬定青山不放松”的劲头，同心同德，齐心协力，破釜沉舟，奋力一搏，顺利打好评建工作这场攻坚战。二是自评自建全面开展。学校于 2016 年 5 月印发《关于成立北方民族大学本科教学工作审核评估评建工作组织机构的通知》（校办发〔2016〕32 号）和《北方民族大学本科

教学工作审核评估工作方案》（校办发〔2016〕44 号），成立评建工作组织机构，明确了工作职责、任务分工以及评建工作进程安排等。编印《北方民族大学审核评估学习材料》（3 期）、《审核评估 100 问》等学习材料，组织审核评估专题培训等，有效统一思想，提高认识。先后发布评建工作简报 11 期，切实有效推进评建工作。根据工作进程安排按期完成并印发《北方民族大学本科教学工作审核评估自评报告》《北方民族大学本科教学工作审核评估教学状态数据分析报告》（校办发〔2017〕129 号）。三是综合评估积累经验。学院（系）教学工作综合评估是学校教学质量监控和保障体系的重要组成部分，也是学校迎接审核评估前的首次预评估。制定《北方民族大学院（系）教学工作综合评估方案》，分别于 2015 年 10 月和 2016 年 6 月邀请黑龙江大学首席督学以第三方评估专家的身份进校现场考察，完成了经济学院等 20 个学院（系）的综合评估工作，发布评估报告并根据专家意见和建议，制订了校院两级整改方案和整改清单。四是预评工作奠定基础。为检验学校本科教学工作审核评估自评自建工作成效，学校于 2017 年 3 月 22 日邀请原教育部评估中心副主任王战军为组长的 12 位校外审核评估专家进校，严格对照教育部本科教学工作审核评估方案、审核重点及工作流程，对学校自评自建情况开展预评估，形成预评估专家反馈意见。根据预评估专家组意见和建议，进一步明确整改方向，形成《北方民族大学本科教学工作审核评估专家反馈意见》和《北方民族大学审核评估预评估反映出的学校层面问题的整改方案》，明确时限，牵头单位，责任到人，狠抓整改。五是精益求精完善材料。学校评建工作自评报告组不断修改完善自评报告并按时提交，评建工作数据组组织全校各单位，按时完成学校 2016 年和 2017 年教学基本状态数据的采集与分析，提出存疑问题，提请学校研究，确保提交数据真实、可靠，根据数据模拟生成了学校本科教学基本状态数据分析报告，为自评报告定稿提供数据支撑，相互印证。同时为方便专家在线调阅材料，将自评报告全文及所有支撑材料“电子化”，使专家足不出户即可方便地查阅，受到专家肯定。六是周密部署考察方案。制订教育部评估专家进校工作方案，确定专家考察路线，准备专家案头材料、专家组进校考察专家手册、纸质支撑材料等，抽调学校部分

中层干部和工作人员组成6个工作组，为专家进校考察、调阅材料等提供服务；选聘专家联络员并及时进行培训，为专家进校考察做足准备。七是迎接专家进校考察。2017年10月，教育部本科教学工作审核评估专家组对学校进行了为期4天的本科教学工作审核评估。专家组通过深度访谈、调阅专业人才培养方案，听课，审阅试卷、毕业论文，查看实验室、实习实训基地，走访与学校合作办学的自治区人民医院等，考察工作覆盖学校99%的部门和学院（系）。专家组一致认为，学校办学定位准确，发展目标及人才培养目标与国家以及区域经济社会发展需求适应度高；学校牢固树立教学中心地位，积极推进教学改革，不断提升人才培养目标与培养效果的达成度；学校不断加强师资队伍与教学条件建设，人才培养的支撑能力逐步提升；学校不断推进教学质量保障体系建设，提高了教学质量保障的有效度；学校加强学风建设，为学生发展保驾护航，学生及用人单位满意度高；同时，专家组也提出学校专业布局需进一步优化、教学建设与教学改革力度需进一步加强、教学质量监控与保障体系需进一步建设等建议。八是评估整改扎实推进。学校高度重视审核评估整改工作，召开专题工作会议，研究部署安排落实整改任务，于2018年2月1日，印发了《北方民族大学本科教育教学工作审核评估整改方案》（校党发〔2018〕1号），成立11个整改项目组，明确任务分工、工作职责及工作进程，切实将整改任务落到实处。

（二）本科教育教学审核评估

学校于2017年接受教育部本科教学工作审核评估，将于2025年接受教育部本科教育教学审核评估，坚持以评促建、以评促改、以评促管、以评促强的十六字方针，全面落实立德树人根本任务，扭转不科学教育评价导向，确保人才培养中心地位和本科教育教学核心地位，推动学校构建自觉、自省、自律、自查、自纠的大学质量文化。一是教学会议总结谋划。2021年，教育部发布《普通高等学校本科教育教学审核评估实施方案（2021—2025年）》。2021年12月24日，学校召开以“强基固本推动本科教育高质量发展”为主题的本科教育教学工作会议，全面总结了“十三五”本科教学工作成效，科学谋划“十四五”本科教育教学工作发展方向。2022年4月提交《普通高等学校本科教育教学审核评估申请报告》，明确

了学校参评类型为第二类第二种（以应用型人才培养为主要方向），进校评估时间为2025年。二是提升方案全面启动。对标本科教育教学审核评估指标体系，学校于2022年5月发布《北方民族大学本科教育质量提升工程实施方案（2021—2025）》（校发〔2022〕38号），系统梳理学校在办学方向、本科地位、培养过程、教学资源、教师队伍、学生发展、质量保障、教学成效等教学建设方面存在的不足和薄弱环节，制定了切实可行的解决方案。制定《北方民族大学本科教育教学审核评估工作实施方案》，明确任务分工及工作进程，全面推进新一轮本科教育教学审核评估迎评促建工作。

（三）专业认证与评估

学校坚持开展新办专业评估，积极推进工程教育专业认证，构建完善校内自我评估和外部评估相结合的教学质量保障体系，促进学校进一步贯彻落实"学为中心，产出导向、持续改进"的教育理念，强化专业内涵建设，突出特色发展。一是常态开展专业评估。为全面、深入了解学校新建本科专业建设的实际状况，引导专业合理定位，切实提高专业建设水平和人才培养质量，根据教育部和国家民委对新办专业进行评估的要求，依据《普通高等学校本科专业类教学质量国家标准》，自2015年起，坚持开展新办专业评估工作，通过学院自评、专家进校复核、学院整改三个阶段对已有一届本科毕业生的新办专业进行评估。截至目前，学校已完成传播学、电子信息工程、行政管理、食品科学与工程、物流管理、作曲与作曲技术理论、商务英语、应用统计、新能源材料与器件、雕塑、视觉传达设计、环境设计、机械设计制造及其自动化、体育教育、土木工程、医学影像技术、思想政治教育、阿拉伯语、税收学、金融数学、工业设计、产品设计等25个专业的评估工作。二是积极推进专业认证。工程教育专业认证是促进专业内涵建设、提高专业人才培养能力的重要举措，学校积极推进工程教育专业认证工作。自2016年起，多次到对口支援高校合肥工业大学及其他高校进行学习交流，并邀请专家进行多次培训与指导。2020年学校积极推进工程教育认证工作，先后共有8个专业参与到认证申请工作中。为进一步推进工程教育认证工作开展，制定了《北方民族大学工程教

育认证工作实施方案（2022—2025）》（校发〔2022〕37 号），成立校院两级工程教育认证工作领导小组，统筹协调共同推进学校工程教育认证工作，划拨认证配套经费共计 199 万元，保障专业认证工作顺利开展。2022 年，计算机科学与技术、软件工程 2 个专业工程教育认证申请获得受理，实现了学校工程教育认证工作的新突破。2023 年，计算机科学与技术专业工程教育认证申请再次获得受理。

十一、疫情防控期间有序开展在线教学

2020 年初，一场突如其来的新冠肺炎疫情，打乱了学校正常的开学节奏，面对学生不能如期返校、学校不能正常开学的局面。学校认真贯彻落实习近平总书记关于坚决打赢疫情防控阻击战的重要指示精神和党中央、国务院决策部署，按照教育部和国家民委工作指示要求，在新冠肺炎疫情防控期间，通过制订在线教学工作方案、实施办法等举措，抓严抓实“教、学、管、服、督”等环节，全力保障学校在线教学活动“停课不停教、不停学”，力争做到“线上教学与课堂教学等效同质”。

（一）精心筹划部署，全面做好在线教学准备

一是领导重视，全面部署准备。疫情发生后，学校党委高度重视，按照教育部、国家民委和自治区关于做好疫情期间在线教学的精神，快速响应，迅速行动，全面部署推进在线教学工作高效开展。从 2020 年 2 月初开始，多次召开学校党委会、校长办公会和专题会议，研究、安排、指导如何开展在线教学相关工作。2 月 18 日，学校召开在线教学暨 2019—2020 学年春季教学工作安排部署会，进一步落实、推进在线教学工作。二是提早准备，科学制定方案计划。接到任务后，教务处积极作为，立刻行动，通过出台管理办法、实施方案、落实任务等举措，力求做实做细每一项工作，先后印发了《北方民族大学新冠肺炎疫情防控期间在线教学组织与管理工作方案》《关于做好 2019—2020 学年春季学期在线教学准备工作的通知》《北方民族大学疫情防控期间在线教学质量监控实施方案》等十余个文件，指导各教学单位及任课教师认真做好在线教学工作，规范在线教学课堂秩序，保证在线教学质量。三是发掘资源，扎实组织在线教学培训。

为做好“疫情”防控期间教学管理及学生自主学习指导工作，依托学校及各大社会公共课程平台免费开放的慕课资源，基于超星“一平三端”智慧教学平台，采取“直播课+网络课”的方式，围绕“一平三端”智慧教学系统应用技能的介绍和各校教师教学方法、课程设计和教学实践优秀案例分享组织开展在线教学专项培训；组织开展“学习通平台考试功能在线培训”，就题库建设、新建试卷、考试发布、试卷导出等方面展开专项培训。指导教师申请使用中国大学 MOOC 及其他公共课程平台的优质在线课程约 1200 门次，为教师开展在线教学提供有效助力。四是调整工作量核算标准，鼓励教师开展在线教学实践。为鼓励教师结合在线教学实践，开展教学改革研究，增强课程吸引力，巩固在线教学成果，确保在线教学质量。依据国家民委《关于进一步加强疫情防控期间教学和管理服务工作的通知》（教科司字〔2020〕28 号）文件精神，经学校研究，对 2019—2020 学年春季学期教师开展的本科和研究生在线教学的工作量 1.2 倍予以核算（不含外聘教师）。

（二）严格教学质量监控管理，不断提高在线教学质量

一是从严规范课堂秩序。为贯彻落实国家民委《关于进一步加强疫情防控期间教育教学和管理服务工作的通知》要求，进一步加强教师在线教学课堂管理，保证在线教学质量，树立良好的教风、学风，研究制定了《关于进一步加强 2019—2020 学年春季学期疫情防控期间在线教学课堂管理的通知》，从课前准备、过程评价、教学设计、课堂管理、课后反思 5 个方面对教师在线教学管理进行了详细规范，确保在线教学课堂秩序正规。二是深入开展督查调研。为进一步规范在线教学运行秩序，提高在线教学质量监控效能，实现教学标准不缩水、教学质量不降低、线上线下实质等效的目标，学校统筹规划、多措并举，成立由学校职能部门领导、专家和督学组成的校级督查组，采取校领导随机抽查、学校重点督查、学院全面自查的方式，从教学规范、课程资源、教学设计、师生互动、指导答疑等多角度入手，全面了解在线教学的开展情况。三是注重信息反馈抓整改。依托学校在线教学平台，实时监测教学运行数据，运用大数据分析思维，重点对基础数据、教学状态、师生在线活跃度等指标进行监控，深入了解

在线教学状态。为进一步健全和加强在线教学质量过程监控，保证教学信息的及时准确反馈，充分发挥学生参与教学管理和自我管理的主体作用，印发了《北方民族大学疫情防控期间在线教学学生教学信息员工作实施方案》，聘任401名学习委员担任学生信息员，及时、准确、全面、客观地反映在线教学的过程信息，为学校改进在线教学工作提供了重要信息。

（三）科学精细组织教学保障，加强教学服务支持

一是搭建学习交流平台，组织教学培训。学校2月3日起，依托超星“一平三端”智慧教学平台，先后多次组织全校教师在线教学专题培训，创建“北民大慕课QQ群”，为900余名教师搭建在线教学交流互助平台，发布各大慕课平台课程资源链接和相关在线教学信息，提供专业技术咨询和技术支持，广大教师分享在线教学实践经验，教学研讨氛围激烈，成效显著。二是提前做好备选方案，保证教学正常开展。针对全国高校线上教学范围广、网络服务压力大易造成直播课程卡顿、掉线等问题，要求每名任课教师直播教学至少要有3种直播预案的应对措施，并研究提出错峰上课方案，制定《北方民族大学疫情防控期间学生作息时间表》，最大限度地避免了网络高峰堵塞，确保开展在线教学的质量。三是公布班级师生信息，确保信息畅通安全。着眼学生和任课教师沟通联络、学习任务安排、教学资源推送、学生诉求反馈难的实际，在确保信息安全的前提下，整理汇编在线教学通联“一册五表”，分发给每位教师和全校各个行政班，同时在教务系统教师端和学生端发布，确保师生沟通联络顺畅。四是设置“课助”专岗，为教师提供教学助力。充分考虑到在线教学工作量大的实际，按照一个教学班配备一个课程助教的标准，聘请本科生或研究生协助开展在线教学。五是协调电子教材，为师生提供“教学”保障。即早着手与相关出版社、图书供应商联系、协调，收集到了大部分课程的电子教材查阅方法和下载地址，为教师在线教学备课和学生在线学习需求提供有效保障。六是发放网络流量补助，缓解学生在线学习经济压力。为切实做好我校学生在线学习保障工作，在认真统计核算我校学生在线学习周时数、在线学习月网络流量费用基础上，综合考量宁夏疫情防控形势及学生可能返校时间，经学校研究决定，为全校学生（本预科生及研究生）发放在线学

习网络流量费用补助金额共计约 339 万元。

（四）积极探索实习实训、考试、毕业答辩新模式，做到全方位在线教学

一是鼓励实验和实习实训课程在线开展。贯彻落实“学生中心”理念，梳理未开展在线实验课程和实习实训课程，鼓励学院和任课教师将具备条件的课程尽可能在线开展，按照“一课一方案”的原则，逐课程制定实施方案，防止大量未开展课程积压对下学期教学任务正常实施的影响和冲击，确保按教学计划整体向前推进，避免因个别课程影响学生正常学习和毕业生顺利毕业。二是探索在线考试新模式。为确保教学计划顺利实施、各类考试正常开展，研究制定《关于 2019—2020 学年春季学期 2020 届毕业生学期补考安排的通知》，提出“逐课程制定考试方案，采用多种考试形式与视频监测相结合的方式，使用学习通、腾讯会议室、微信群、QQ 群、zoom 等多种软件发布考卷并全程视频监测”的总要求。各学院根据课程考试特点，合理选择软件平台，量身打造考试方案，并全过程、全视角视频直播考卷和答题过程。三是全面开展毕业论文（设计）在线答辩。为确保 2020 届毕业工作按时整体推进，研究制定《北方民族大学关于疫情防控期间本科毕业论文（设计）在线答辩工作安排的通知》，提出“指导教师纯线下指导，学生全线上答辩”的总要求，各学院针对专业答辩特点，合理选择软件平台、设置答辩会场，量身打造答辩方案，组织学生提前熟悉在线答辩流程，全程对主会场和电脑屏幕录音录像，答辩工作井然有序，论文质量未受线上指导影响。

疫情带来了挑战，也创造了许多机遇。应时而变，顺势而为，学校以大规模线上教学为契机，充分发挥工作的主动性、创造性，抓住机遇持续优化线上教学质量监控体系，推进学生学习方式和教师教学方法与手段的创新，积极适应现代课堂教学变革，引导教师树立“以学生为中心”的教育教学理念，以“学生学到了什么、学会了什么、学生学习成效如何”作为教师教学效果的评判标准，深入推进“课堂革命”和“一流课程”建设，不断提高教育教学质量和育人效果。

第五节 坚持立德树人，“三全育人”全面推进

以习近平新时代中国特色社会主义思想为指导，以党的二十大精神为引领，以铸牢中华民族共同体意识为主线，以教书育人为中心工作，以社会主义核心价值观为引领，以全面提高人才培养能力为关键，以校园为阵地，统筹谋划、突出重点、突破难点，切实提升思想政治工作质量，加强工作亲和力和针对性，一体化构建内容完善、标准健全、运行科学、保障有力、成效显著的高校“三全育人”工作体系，形成全员全过程全方位育人格局，着力培养担当民族复兴大任的时代新人，实现高水平现代化综合大学的奋斗目标。

一、“三全育人”成果丰硕

在国家民委党组坚强领导下，在全校领导干部、党员师生的共同努力奋斗下，学校站在全员参与、全时贯穿、全域协同的育人起点上，坚持党的领导、坚持立德树人根本任务、坚持铸牢中华民族共同体意识工作主线，精准把握学生群体“需求侧”的特点，优化思想教育“供给侧”的内容，激活“三全育人”工作的内驱力，坚持问题导向和系统思维，加快构建形成了较为完整的“一盘棋”思想政治工作体系。

（一）建强育人队伍

1. 强化顶层设计。一是在健全领导机制上下功夫。全面实施三全育人“一把手”工程，一体化构建“三全育人”工作新格局，构建形成校党委统一领导、班子成员冲在一线、各单位齐抓共管、学院党委履行主责、全员协同参与的“三全育人”工作长效机制。二是在健全制度机制上下功夫。印发《中共北方民族大学委员会关于进一步加强和改进学生思想政治工作的实施意见》等 40 余项制度体系，构建形成“三全育人”工作体系和“大思政”工作格局。三是在健全运行机制上下功夫。坚持党委常委会、校长办公会、专题会议研究部署“三全育人”工作机制。

2. 建强教师队伍。2018 年以来，通过全覆盖式轮训、赴北京开展主题教育、教师节庆祝活动、重大节庆日主题教育等方式，多举措、全方位强

化教师的思想政治教育。

3. 建强班主任队伍。一是健全机制体制。建立“学校—年级—学院—班级”四级管理的闭环运行机制、班主任工作领导小组会议制度、各年级组各学院班主任工作会议制度、班主任常态化教育培训机制等体制机制。二是召开专题会。每年召开北方民族大学学生思想政治工作会议，定期召开专题会和学生工作例会等，分析研判工作形势，研究解决思想政治重要问题。三是开展专项培训。印发《北方民族大学班主任工作管理办法（试行）》，成立班主任工作领导小组，提升班主任队伍建设科学化、规范化、制度化水平。对全体班主任进行军事训练和技能培训，锻造一支能够打通学生服务管理“最后一公里”的主力军。

4. 建强辅导员队伍。学校现有专职辅导员 98 人，基本实现 200∶1 生师比要求。印发《中共北方民族大学委员会关于加强辅导员队伍建设的实施方案》等制度，不断建立健全辅导员工作机制。印发《北方民族大学辅导员管理考核评价实施细则（试行）》，成立辅导员管理与考核工作领导小组，设立“北方民族大学年度优秀辅导员”荣誉称号，设立专职辅导员岗位津贴（分为基本责任津贴和考核奖励津贴两部分）。配备 6 名专职心理健康教育教师，聘请 4 名精神卫生专业医师、3 名兼职心理咨询师、50 名兼职教学教师和 1 名聘任督导师。《民族工作简报》专题刊发了我校辅导员队伍建设情况。

5. 建强后勤队伍。学校制定了《北方民族大学后勤服务系统加强和改进“三全育人”工作方案》，召开后勤服务系统“三全育人”工作会议。统筹校内外各类后勤资源，把隶属学校相关部门的正式在编人员及各类聘用人员、驻校第三方服务单位及其工作人员、在校园内开展服务的相关人员，共计 1800 余人纳入“大后勤”系统和“三全育人”大格局，着力让育人在学校无时不有、无处不在，让各类育人主体形成合力帮助学生扣好“人生第一粒扣子”。

（二）强化思想引领

1. 切实发挥“头雁效应”，学深悟透做实新思想。一是强化理论学习。坚持党委常委会会议第一议题、党委理论学习中心组“首要议题”制度，

深入学习“必读篇”、跟进学习“最新篇”、加深理解“宁夏篇”、深化研读“民族篇”、深入钻研“教育篇”。校党委书记、校长带头撰写理论文章，在《人民日报》《民族研究》等发表署名文章10篇。二是强化理论宣讲。2021年以来，面向全体教师宣讲110场次；对宁夏五市教育系统和区直中小学开展铸牢中华民族共同体意识宣讲工作21场；选派14名干部教师到宁夏30家单位宣讲。组建“石榴籽”大学生宣讲团，面向中小学开展宣讲2000余场次。

2. 推动“两课”同向同行，筑牢立德铸魂主阵地。学校将马克思主义学院作为第一学院、马克思主义理论学科作为重点学科、思想政治理论课作为重点课程给予大力支持，印发《北方民族大学关于全面贯彻落实〈关于加强新时代马克思主义学院建设的意见〉的实施方案》。新开设《习近平新时代中国特色社会主义思想概论》《中华民族共同体概论》《中华文化导论》《国家安全教育》四门新时代思政课程。一是办好思想政治理论课。始终坚持把习近平新时代中国特色社会主义思想、铸牢中华民族共同体意识作为重点内容贯穿于“5+1”课程体系中，增设“四史”思政选修课。思想政治教育本科专业获批教育部首批省级一流本科专业。二是加强课程思政建设。学校印发《北方民族大学课程思政改革实施方案》，组织开展了“课程思政”系列活动。2020年12月，新华社内参《国内动态清样》报道我校思想政治理论课建设情况，委领导作出肯定性批示。

3. 着力打造实践高地，构建实践育人共同体。一是形成一个规范。坚持将“每天升国旗”作为爱国主义教育“第一课”，自2021年4月以来，已有10万余人次参与。二是建立一个社区。通过教育部审核认定为“一站式”学生社区综合管理模式建设自主试点单位，将其打造成学生共建共享共居共乐的成长空间。三是推出一个计划。即“民族英才计划”。以自愿为原则，从退伍复员学生中选拔优秀代表集中进行重点培养，培养他们成为维护校园安全稳定的中坚力量、国防教育的先进典型。四是举办一个晚餐会。2021年12月28日新华社进行专题报道，浏览量超过120万次。

4. 时间空间同步推进，唱好协同育人“进行曲”。一是坚持“五育并举”。学校印发《北方民族大学关于深入开展劳动教育工作实施方案》等

文件，探索美育与德育、智育、劳育、体育有机结合的“五育并举”工作新模式，成立北方民族大学劳动教育团队，形成基于“两类课堂＋三个平台＋多项举措”的“2+3+X”美育工作体系和“一校一（多）品”体育发展新局面。二是坚持以文化人。聚焦主线，系统设计校园文化，将围墙改建成象征“不到长城非好汉”精神的长城造型，设置大型“铸牢”标语和“同心圆”，建成一批校园文化标志性符号。深入挖掘红色资源新内涵，精心打造校园文化精品项目，让文化育人“看得见、摸得着、润心田”。

二、持续推进“三全育人”综合改革

认真贯彻落实国家民委直属高校“三全育人”工作交流会精神，按照“牢牢把握立德树人根本任务，扎扎实实落实‘三全育人’根本要求，全力以赴确保校园安全稳定”的总体部署和要求，坚持问题导向，聚焦短板弱项，建立长效机制，持续深入推进学校“三全育人”综合改革取得实效。

（一）提高政治站位，加强党的领导，坚持正确办学方向，筑牢育人工作的“根和魂”

教育是国之大计、党之大计。推进“三全育人”综合改革是坚持正确办学方向的重要保证，坚持立德树人、办好人民满意的教育的必然要求，也是提升学校整体育人质量、推动学校事业高质量发展的必经之路。要始终将社会主义核心价值观摆在育人工作的首要位置，把铸牢中华民族共同体意识作为工作主线，坚持党对“三全育人”工作的统一领导，引导学生自觉拥护党、拥护社会主义，成长为中国特色社会主义合格建设者和可靠接班人。

（二）加强顶层设计，创新育人载体，扎实推进重点难点工作，画好育人工作的“施工图”

进一步优化“大思政”工作格局，以学校改革发展、转型升级为引领，将“三全育人”工作融入办学治校全过程，努力营造“人人育人、时时育人、事事育人、处处育人”的良好氛围。一体化构建内容完善、标准先进、运行科学、保障有力、成效显著的“三全育人”工作新格局，强化职能部门自身建设和统筹协调能力，压紧压实学院党组织“三全育人”工作主体责

任。打破条块分割的藩篱，一体化构建“三全育人”长效机制，构建起教学、科研、学科、学生、后勤工作等联动机制，支撑育人这一核心任务的同心圆。

（三）加强基础建设，强化人员联动，收拢汇聚各类育人队伍，搭好育人工作的“承重墙”

教师将传授知识和思想引导结合起来，坚持言传和身教相统一，这就是育人；管理人员要不断改进工作作风，热情服务师生甚至感动师生，这也是育人；后勤员工要扎实做好本职工作，给学生提供一个好的学习、生活保障，这同样是育人。以“三全育人”体系建设为抓手，切实把知识传授、修身立德和滋养学生心灵有机融为一体，给学生有温度、有深度的教育。

三、紧扣主题主线，提升立德树人新高度

学校坚持以习近平新时代中国特色社会主义思想为指引，以铸牢中华民族共同体意识为主线，深入贯彻落实立德树人根本任务，紧密结合学校发展和工作实际，持续深入推进“三全育人”工作，着力开创工作新局面。

（一）提高站位，构建思想政治工作新格局

学校召开学生思想政治工作会议，印发《中共北方民族大学关于进一步加强和改进学生思想政治工作的实施意见》，统筹推进课程育人、科研育人、实践育人、文化育人、网络育人、心理育人、管理育人、服务育人、资助育人、组织育人十大育人体系建设。印发学校《处级以上干部深入基层联系学生实施办法（试行）》《处级以上干部深入基层联系学生实施办法（试行）有关工作安排的通知》，落实校领导及广大干部“九进一交友”制度（领导干部进学院、进班级、进学生党支部、进课堂、进宿舍、进食堂、进社团、进讲座、进网络、与学生交朋友）。把“三全育人”工作摆上重要议事日程，定期召开党委常委会、校长办公会、专题会和学生工作例会等，分析研判工作形势，研究解决重大问题，形成由校党委统一领导、分管领导具体牵头、党委学生工作部统筹协调、各单位分工落实、全校上下联动、齐抓共管的工作格局。

（二）加强学习，持续提升学工队伍思想政治引领水平

组织全体班主任、辅导员以“喜迎二十大　铸牢中华民族共同体意识”为主题，开展“国旗下的微党课”实践活动，录制并发布40名班主任、辅导员的微党课视频，累计点击观看超过10万余人次。在线开设“辅导员说”疫情防控思政课堂，将思政教育融入疫情防控教育，将生动实践变成鲜活思政课堂。

（三）突出主线，打造学生工作平台载体

印发学校《加强主题晚班会建设工作实施方案》《关于组织召开线上主题班会的通知》，对全校1000余名班长、团支书进行专题培训。组织全校526个班级2万余名师生，持续深入开展“铸牢中华民族共同体意识”“中国——我们共同的家园”“走好新时代长征路”等系列主题晚班会以及观摩活动。按照“每月一主题”的原则，深入开展“寻家史、知家训、传家风”“书香民大　悦读经典”“身边人讲述身边事、身边事激励身边人”等主题班会活动，把坚持了近40年的主题晚班会打造成为思想政治工作的重要载体和铸牢中华民族共同体意识工作的重要阵地。编创“旗帜”和“石榴花开”两堂主题思政课，被新华网等媒体誉为“网红思政课”。主题教育晚会“家园”“再见民大”“‘五四’青春诗会”等也产生广泛影响。组织全校1.5万余名师生开展建党百年“七一”升国旗、唱红歌活动。开展“每天一分钟”自我教育计划，推广“爱我中华”韵律操，建好“八个一百”学生思政队伍等，持续推进铸牢中华民族共同体意识入脑入心。

四、聚焦细化落实，提高“三全育人”新温度

（一）上好“开学第一课”

学校每年制订《新生入学教育方案》，精心组织开展开学典礼、第一次班会以及铸牢中华民族共同体意识“第一课”，组织新生上好入学“第一课”。在军训过程中学习普及“爱我中华”韵律操，开展“爱我中华”韵律操大赛。组织新生参加主题教育晚会“家园”“各族学子看美丽新宁夏”等活动，开展校史校情教育、专业认知导航、安全法纪教育、反诈骗、禁毒、消防安全、心理健康教育等工作。学校坚持每学期开学组织全校学生

参加开学“同上一堂思政课”，组织上好开学“校领导开学第一课”“第一次升国旗仪式”“第一次主题班会”“第一堂安全教育课”。

（二）教育管理盖边沉底

建立健全需特别关心关爱学生“一人一档，一人一策”工作台账，成立院领导、班主任、辅导员、专任教师、学生党员干部等组成的帮扶小组，推进“五位一体”（思想、生活、心理、学业、就业）精准帮扶。扎实推进文明城市和文明校园创建以及普法工作，被授予自治区依法治校示范校、“文明校园”等荣誉称号。

（三）资助育人成效显著

落实“扶贫—励志—强能”资助育人工作理念，印发学校《学生奖学金评定办法》《学生临时困难补助管理办法》等一系列规章制度，全方位构建“奖助贷勤补”学生资助体系。落实隐性资助，实施暖心工程，为学生发放“冬衣补助”。开设“新生入学绿色通道”，为家庭经济困难新生发放生活用品并办理校园地国家助学贷款。积极开展“助学筑梦铸人”、诚信教育等主题宣传活动，组织“学生资助宣传大使”深入宁夏、云南、湖南、广西等边远地区宣传党和国家及学校的学生资助政策，受益人数达8000余人次，共收到80余封来自中小学校和基层组织的感谢信。完成全国学生资助管理中心网站和微信公众号代运营任务，代运营期间“中国学生资助”微信公众号关注量超过300万，收到全国学生资助管理中心的感谢信。2022年，发放各类奖助学金1.45万人次3958万元，学生受益面达到70%，实现家庭经济困难学生资助全覆盖，发放勤工助学报酬3368人次132万余元。年度奖助学金评审工作受到全国学生资助管理中心表扬，学生资助工作绩效考评位列中央部属高校第55名，位列委属高校第2名，连续6年获得教育部资助绩效考评奖励。

（四）心理育人提质增效

学校先后投入400万元，建成高标准的心理健康中心。编纂心理问题典型案例，着力健全个人、宿舍、班级、学院、学校、家庭和专业医疗机构相互协作的“七级”危机预警、防控体系。挖掘区内优质资源组建兼职咨询师队伍，2022年到校服务244人次。指导材料科学与工程学院、计

算机科学与工程学院先行建设心理辅导站。推动校院两级心理文化品牌活动建设，积极开展心理情景剧大赛、心理主题班会大赛、班级团体心理辅导、阳光心理讲堂等各类心理文化活动 30 余项，参与学生达 34900 人次。组织开展辅导员业务能力提升、心理危机干预、教学技能提升等各类培训 85 场。定期开展心理排查工作，全年累计排查学生 33313 人次、心理研判 60 场 559 人次。深化心理健康教育课程建设，获批《大学生心理健康》课程思政立项 1 项、在线开放课程建设项目 1 项。

（五）家校协同携手共育

2022 年，按照“三个全覆盖”的要求，通过线上线下的方式组织学生家访，累计参与教师 2000 余人次，受访学生家长 16000 余人次，一对一线上受访学生 4000 余人，实地走访学生 24 人，召开线上家长会 1040 余场，有效凝聚家校育人合力。

（六）“一站式”学生社区工作体系构建积极推进

印发学校《“一站式”学生社区综合管理模式建设工作实施方案》，“八进工程”（党团建设、思想政治教育、学业指导、文化育人、心理育人等进学生社区）启动实施。制订实施学校《学习习近平新时代中国特色社会主义思想进学生社区“每周一课”实施方案》，将学生社区打造成为学习习近平新时代中国特色社会主义思想的重要阵地。学校被教育部审核认定为“一站式”学生社区综合管理模式建设自主试点单位，成为自治区和委属高校首家试点建设单位并入选教育部高校“一站式”学生社区风采展示活动优秀案例。

（七）国防教育、国家安全教育统筹联动

深入开展国旗下的微党课活动，确保“国旗天天升、国歌日日唱”。组织退伍学生参与学生军训、校园巡逻以及爱国主义教育等活动。开设《国家安全教育》课程，制订了学校《“国家安全教育”课程建设实施方案》。先后开展“国家安全意识普及”“国家安全教育主题短视频线上接力”等“五个一”活动。

五、多措并举齐抓共建，加大队伍建设新力度

（一）不断提升辅导员队伍内涵建设

完善工作机制，制定了《关于加强辅导员队伍建设的实施方案》《辅导员工作管理办法（试行）》《辅导员管理考核评价实施细则》等制度，进一步规范辅导员队伍管理，落实辅导员津贴、“双线晋升”等工作待遇。配齐建强辅导员队伍，2021 年以来，通过公开招聘等方式新招录专职辅导员 37 名，专职辅导员总量达到 97 人，基本达到国家 1：200 的要求。

加强培训，制订培训工作方案，通过专题讲座、案例解析、实践技能演练等形式，围绕铸牢中华民族共同体意识、心理健康、消防安全、应急处突等内容开展专题培训。坚持以赛促建，2022 年，对标全国高校辅导员素质能力大赛最新赛制、赛程，举办辅导员素质能力大赛，切实提升辅导员业务能力和育人水平。机电工程学院辅导员王玥获自治区高校辅导员素质能力大赛一等奖、数学与信息科学学院辅导员雷雨婷获三等奖；王玥被评为“全区最美高校辅导员”，雷雨婷被评为“全区高校辅导员年度人物”。

（二）持续抓好班主任队伍建设

完善工作机制，制订学校《班主任工作领航计划》《班主任工作管理办法（试行）》等一系列文件。优化班级设置结构，规范班主任选拔、管理、考核、培训、发展等工作。坚持选拔优秀中青年教师和党政管理干部担任班主任，学校统一发文、统一聘任。

加强队伍培训，校党委书记、校长任班主任培训工作领导小组组长，其他校领导分别担任四个年级组组长，对全校班主任常态化开展系统培训，内容涵盖政策理论学习、军事素质训练、工作研讨、成果展示等模块。

深入开展规范化建设。制订实施《“班主任工作规范化建设月”工作实施方案》，通过专题培训、加强学风班风建设、提升班会质量等方式不断规范班主任工作。

落实工作指导常态化。2022 年，全体校领导按联系学院和班主任年级组先后 78 人次深入各学院，通过召开专题会议、交流座谈、检查督导等形式，指导推进各学院班主任队伍建设及相关工作开展。学校领导班子成员深入各学院督导调研班主任工作 40 余次，深入班级参加主题班会 50 余

次，参加班主任培训交流20余次，与班主任谈心谈话超过200余人次。

高质量完成《班主任工作手册》编写任务。按照“梳理优化工作流程，健全完善工作体系，厘清岗位职责，强化贯通协同”的原则，完成了《班主任工作手册》编撰工作，受到了委领导认可并在委属院校中推广使用。

完成首次全校班主任工作考核。学校制订了《2021—2022学年班主任工作考核方案》，组织476名班主任开展了班主任学年度考核工作，72名班主任考核优秀。

第六节　服务国家战略，科研工作实现飞跃

学校坚持以习近平新时代中国特色社会主义思想为指导，认真学习贯彻落实习近平总书记关于教育、科技、人才的重要论述，认真学习贯彻习近平总书记视察宁夏重要讲话指示批示精神，深入实施创新驱动发展战略，围绕铸牢中华民族共同体意识，聚焦服务国家重大需求和地方经济社会发展，突出创新引领，完善科技体制机制建设，不断提升科研创新能力，加强产学研深度融合，推动科技成果转化。科研工作实现飞跃，推动学校高质量内涵式发展。

一、加强顶层设计，完善制度建设，激发科研创新活力

学校坚持和加强党对科研工作的全面领导，加大有组织科研工作和深化科研机制体制改革，秉持“顶天、立地、树人”的科研宗旨，以服务国家重大需求和地方经济社会发展需要，统筹谋划科研工作。学校加强顶层设计，建立完善的科研管理制度体系。制定了《北方民族大学校级科研项目管理办法》，建立了校级科研项目资助体系。构建新型科研组织模式，制定了《北方民族大学“揭榜挂帅”项目实施办法》；制定了《北方民族大学科研平台建设管理办法》，围绕国家和地方经济社会发展需求，布局培育建设一批优势特色、新兴交叉学科等的校级科研平台，形成“校级—省部级—国家级”科研平台培育体系。建立以创新、质量和贡献为导向的科研成果评价体系，制定了《北方民族大学学术贡献社会贡献支撑人才培

养观测点及计量办法（试行）》等办法，激励教师产出高水平科研成果，提升学术创新能力。加强与地方企业开展联合攻关，加快科技成果转化，制定了《北方民族大学横向科研项目管理办法》《北方民族大学科技成果转化管理办法》。围绕落实科研领域“放管服”，制定了《北方民族大学“包干制”科研项目管理办法》《北方民族大学纵向科研经费管理办法》等一系列规章制度。通过完善制度建设，优化科研管理，营造良好的科研氛围，提高了科研管理效能和服务水平，提升了科研创新活力。

二、加强项目培育，创新组织模式，高水平科研项目取得突破

学校通过中央高校基本科研业务费支持，每年设立校级项目，为获批高级别项目奠定基础。学校高度重视国家级科研项目申报，有组织开展项目申报。每年召开国家级项目申报动员会，校院两级分别召开项目申报辅导会、论证会、评审会，通过各种方式、渠道邀请校内外专家线上、线下申报辅导，做好项目申报辅导，提高项目申报质量。2014—2023 年获批国家社科基金项目 168 项，获经费资助 3520 万元；获批国家自然科学基金项目 222 项，获经费资助 8979.4 万元。学校于 2018 年首次获批国家社科基金重大项目立项；2023 年首次获批国家自然科学基金区域创新发展联合基金重点项目立项，在基础研究领域国家级立项取得新突破。软科对中国高校 2019—2023 年近 5 年国家社科基金项目立项进行了排名，我校排名第 82 位。

三、加强科研平台建设，优化学科布局，高层次科研平台建设取得突破

学校着力构建“校级－省部级－国家级”科研平台建设体系。围绕新材料领域，获批科技部“工业废弃物循环利用及先进材料国际科技合作基地”“碳基先进陶瓷制备技术国家地方联合工程研究中心”；聚焦“黄河流域生态保护和高质量发展先行区”“乡村振兴”和“一带一路”倡议，获批“黄河流域农牧交错区生态保护国家民委重点实验室”“宁夏智能信息与大数据处理重点实验室”等 8 个省部级重点实验室，获批“中华民族共同体研究基地”等 4 个国家民委人文社科研究基地；获批宁夏非物质文化

遗产理论与实践研究基地；获批 1 个省级技术创新中心、1 个省级工程技术中心、1 个省级工业设计中心，2 个国家级科普基地，2 个宁夏新型高校智库。2023 年自治区人民政府同意由我校牵头组建自治区新材料实验室。

四、加强成果培育，提升竞争力，省部级获奖取得突破

学校加强对有潜力的科研成果挖掘和培育，对具有冲击自治区科技奖项的科技成果给予支持。2019 年获批自治区科学技术进步三等奖 1 项，2021 年度获批 5 项，以主持单位获批 4 项，其中二等奖 1 项，三等奖 3 项；以参与单位获一等奖 1 项。学校近年来以第一完成单位获批自治区科技进步奖 6 项，以参与单位获批国家科学技术二等奖 1 项、自治区科学技术奖 11 项。

1 项成果获第七届高等学校人文社会科学优秀研究成果思想政治教育学科著作三等奖，100 余项成果获省部级哲学社科成果奖，1 项成果获全国民族工作优秀调研报告一等奖，7 项成果获宁夏哲学社科成果一等奖。

五、加强科研激励，激发人才活力，高层次科研团队建设取得新成效

学校围绕“平台－团队－项目－成果－人才”科技链，以平台为载体打造科研团队，依托团队争取重大项目，围绕项目开展科研攻关，产出高水平成果并培育高端人才，形成良性循环。学校现有聘任“双聘”院士 1 人，全职在校外籍院士 3 人，科技部中青年科技创新领军人才 1 人、国家民委领军人才 15 人、自治区哲学社科领军人才和自治区科技领军人才 15 人。1 个团队入选第二批“全国高校黄大年式教师团队”。4 个团队入选自治区高校黄大年式教师团队，14 个团队入选省部级创新团队。

六、加强联合攻关，促进成果转化，服务社会能力显著提升

学校积极引导哲学社科人员在服务国家重大需求上下功夫，《南疆地区基层组织建设状况的调查报告》被新华社“国内动态清样”刊发，汪洋主席批示；《移民村是如何成为“亿元村”的——宁夏银川市西夏区昊苑村的融合发展之路》一文，自治区党委书记梁言顺、自治区政府主席张雨浦

作了肯定性批示。15 篇研究报告刊登在《民族工作研究》《成果要报》；20 项决策咨询类的成果被省部级及以上领导批示；100 余项成果被自治区相关部门采纳，为服务中央和自治区党委、政府决策提供了重要参考。

学校鼓励教师走出去，加强与地方企业联合攻关，近十年承担横向科研项目 600 余项，资助经费 2 亿 6000 余万元。70 余项科技成果进行了转化，转让合同经费 700 余万元。

七、加强学术交流，开展合作，提升科技创新合力

学校通过实施自治区科技合作项目、国家高端外国专家等项目，不断增进与国内外高水平大学、科研机构学术交流和科研合作，以自治区建设东西部科技合作引领区为契机，深入推进我校东西部科技合作。近十年学校主（承）办全国性学术会议 190 余场。

八、加强国别和区域研究，咨政建言，服务国家“一带一路”倡议

学校主动融入国家“一带一路”倡议，2017 年获批教育部、国家民委 3 个国别和区域研究中心，分别为乌兹别克斯坦研究中心、卡塔尔研究中心、巴基斯坦研究中心，围绕乌兹别克斯坦文化、教育，卡塔尔文化、贸易政策，巴基斯坦民族政策、社会热点问题进行研究，开展咨政服务，撰写咨政报告 120 篇，其中 5 篇被国家部委相关部门采纳，20 余篇获省部级相关部门批示。

第七节　开放办学，国际国内合作交流稳步推进

一、稳步推进国际合作交流工作

学校积极加快和扩大新时代教育对外开放，以“聚焦教育对外开放推进国际合作交流”为总体要求，以“服务教学、服务科研、服务学生、服务教师”为功能定位，准确把握政策，切实加强管理；建立完善制度，加强监督检查；积极拓展渠道，深化合作领域；强化审核审批，提高管理效

能，扎实有效推进学校国际合作交流工作制度化、体系化、程序化建设，国际合作交流工作稳步推进。

（一）制定完善系列规章制度，扎实推进国际合作交流工作规范化

学校制定完善了《北方民族大学国际合作交流工作归口管理暂行办法》《北方民族大学签订国际合作交流协议暂行规定》《北方民族大学举办国际会议暂行规定》《北方民族大学教职工因公出国管理暂行办法》《北方民族大学学生出国管理暂行办法》《北方民族大学学生境外访学资助管理暂行办法》《北方民族大学外籍教师聘用与管理暂行办法》《北方民族大学外籍教师背景审查办法（暂行）》《北方民族大学留学生教育管理工作暂行办法》《北方民族大学留学生背景审查制度》等 22 项规章制度，进一步规范了外事归口管理、校际合作协议签订、国际会议举办、师生出国境、邀请外国人来华、国际教育教学等领域事务和工作，有力强化了学校国际合作交流工作的制度建设，为更可持续、更加安全、更加有效地开展国际合作交流工作夯实了制度基础。同时，学校制定了《北方民族大学国际合作交流“十三五”规划》和《北方民族大学国际合作交流“十四五”规划》《北方民族大学构建更高层次更高水平对外合作交流体系实施方案》《北方民族大学国际化办学绩效考核评价暂行办法》等国际合作交流领域的顶层设计规划方案以及绩效考核评价办法，为稳步推进以国际合作交流为主要内容的教育对外开放工作，持续推进国际合作交流服务人才培养、科学研究、社会服务、文化传承与创新职能夯实了基础。

（二）积极响应“一带一路”倡议，有效推动国际合作交流平台多元化

学校坚持开放办学，积极参与响应“一带一路”倡议，落实“一带一路”教育行动计划，本着共享平台、共享资源、共同交流的原则，注重宽领域、多层次开展国际合作交流，促进与国（境）外高校间的优势互补与资源共享，进一步拓展国际合作交流平台。2015 年获批 1 个国家国际科技合作基地——北方民族大学工业废弃物循环利用及先进材料国际科技合作基地，2016 年加入“丝绸之路大学联盟”，2017 年获批 3 个教育部国别和区域研究中心——乌兹别克斯坦研究中心、卡塔尔研究中心、巴基斯坦研究中心；2022 年获批 1 项教育部中外合作办学项目——北方民族大学与泰

国清迈大学合作举办软件工程专业本科教育专业项目；2023 年加入“一带一路”高校联盟。学校通过公务出访、接待来访、参加中阿高校校长论坛等平台，广交新朋友，扩大朋友圈，加强合作交流，先后与美国、英国、法国、德国、意大利、乌克兰等 23 个国家的 25 所高校建立了合作关系，签署了合作协议 59 份并与这些高校在科学研究、学术交流、学生访学、教师交流和短期访问等方面开展了相关合作。学校累计接待来自境外合作院校等国（境）外来宾 870 余人次，进一步提高了学校的国际影响力。

（三）主动服务学科专业建设，稳步促进教师国际合作交流常态化

为加快和扩大教育对外开放，更好地服务学科专业建设，积极推动教师层面的国际合作交流，学校围绕校级公务出访团组、教职工因公临时出国（境）团组、邀请外国人来华、国际会议四大领域，严格执行审批程序，加强出访信息公开，完善出国（境）证照管理，强化因公出访经费管理。2014 年至 2023 年，学校校级出访、境外培训、学术交流等教职工因公出国（境）共有 133 个团组，270 人。其中，公务出访 20 个团组 66 人，教师出访 113 个团组 204 人，参加国家留学基金委西部项目 43 人。学校累计举办了 2017 中国（国际）功能材料科技与产业高层论坛，第四届 IEEE 暨第五届国际科学、教育和可行工程会议，第三届食品低温加工国际学术研讨会，第十一届数值优化与数值代数国际会议，第十届海峡两岸纳米材料论坛暨纳米材料国际会议等 8 个国际会议，为相关学科专业扩大学术影响、促进学术交流发挥了积极作用。

（四）助力拓展学生国际视野，持续推动学生国际交流项目规模化

为加快和扩大教育对外开放，拓展在校大学生国际视野，探索培养学生创新精神和实践能力的新途径，学校积极探索与国（境）外高校合作培养学生的模式，落实与国外高校的合作协议，大力开展各级各类学生国际交流项目，丰富学生交流形式，注重学生国际交流的深度和广度，培养学生的国际化视野。2014—2024 年，通过联合培养项目、短期访学、实习以及冬、夏令营和文化体验交流等交流项目，共计派出学生 710 人。其中，累计选派 300 余名学生赴合作高校参加联合培养项目、短期访学及实习，累计派出 127 名学生参加澳门民族文化周、俄罗斯艺术节、新加坡、希腊

“多彩中华”展演及新西兰、澳大利亚民族服饰展览等文化交流项目。此外，成功选派2名应届毕业生赴泰国担任国际中文教育志愿者。

（五）聚焦优质境外智力资源，着力推动外国专家聘请和引进境外智力项目体系化

为充分利用国家和地方政府的外专引智政策，加强优势学科和特色学科的引智工作，学校有126名教职工执行各级各类外专引智项目363项，基本实现了所有教学单位的全覆盖。学校累计邀请到来自美国、加拿大、英国、法国、德国、意大利、俄罗斯、澳大利亚、突尼斯、苏丹、埃及、日本、新加坡、马来西亚、韩国等34个国家或地区的461名外籍专家来校开展学术交流、教育教学、科学研究；累计聘请了来自美国、澳大利亚、俄罗斯、吉尔吉斯斯坦、马来西亚、日本、印度、突尼斯、土耳其、乌克兰、印度等12个国家70人次的外籍教师到我校从事英语、日语、俄语等外语教学，相关专业课程教学，相关领域科研等工作。同时，通过开展和实施外专引智项目也为学校培养了一批专业技术骨干和学科带头人，协助相关专业领域的教师成功申报了一系列国家级、省部级科研项目，有效提升了学校国际合作与交流工作。

（六）坚持规模质量效益并重，稳步推进国际教育教学工作集约化

学校坚持扩大国际学生规模、提升教育教学质量与提高办学效益并重，制定了《北方民族大学留学生教育管理工作暂行办法》《北方民族大学留学生招生工作暂行办法》《北方民族大学本科留学生学籍管理暂行规定》《北方民族大学留学生背景审查暂行办法》等多项规章制度，实现了国际教育工作规模和质量的不断发展，留学生教育取得零的突破。十年来累计招收来自乌兹别克斯坦、哈萨克斯坦、吉尔吉斯斯坦、俄罗斯、阿尔及利亚、突尼斯、美国、塞内加尔、科摩罗、泰国、韩国、伊朗、也门等21个国家近300人次的留学生。学校给留学生采用学校名称的构成字及谐音字：“北”“方”“闵”“祖”“达”“薛”作为姓氏，给每一位留学生预先起好中文名字入手，为留学生提供一站式服务。在留学生管理工作中，按照“以人为本、尊重差异、宽严并济、注重质量”的原则，秉承“增长知识，增长见识，丰富生活，丰富自我”的教育教学理念，

“环境优雅、温馨宜居、安全便利、文明健康”生活环境的理念，“开展语言实践交流体验沟通，丰富学习视野了解中华文化”的语言实践暨文化体验活动理念，“关口前移、防微杜渐、细致入微、平安有序”安全稳定工作理念，创建“严谨有序、高效有用、张弛有度、文明有礼”的教育教学秩序理念，创建“踏实细致、好学上进、互相友爱、共同提高”的学风理念，以加强教学时段和非教学时段管理为重点，着重加强节假日、暑假寒假等时段的管理服务工作，积极培养具备跨文化交流能力，跨国界岗位适应能力的“知华友华、汉语表达、世界格局、中国情怀”的高素质复合型国际学生。

（七）围绕展示学校良好形象，高质量完成国际合作交流领域相关工作任务

为奋力实现学校教育对外开放高质量发展，2020 年，学校召开了 2013 年以来时隔七年的外事专题工作会议——学校外事及港澳台工作会议；开展了学校新时代外事工作干部能力提升专题培训班；积极组织相关干部、教师积极参加自治区教育厅、自治区党委外事办公室组织的各级各类中外合作办学培训班、来华留学生管理培训班、全区翻译业务培训班；圆满完成由自治区教育厅、自治区党委外事办联合主办，我校承办的“外交外事知识进校园”活动；积极配合宁夏贸易促进委员会完成宁夏—泰国企业线上对接洽谈会；全力组织我校中外合作导师参加丝绸之路国际产学研用各领域合作会议；努力做好乌兹别克斯坦、卡塔尔和巴基斯坦三个国别与区域研究中心的国际合作交流服务保障等。

二、全面推进国内合作交流工作

学校明确了“凝聚各方资源，助力学校发展”的工作思路，以协议文本规范化、签署协议流程正规化、合作内容科学化目标为牵引，主动寻求与国内高校、地方政府、企业和校友对学校的支持，2014—2024 年，校级层面共签署校校合作协议 33 份，校地合作协议 40 份，校企合作协议 53 份，国内合作层次明显提高，合作深度和广度继续扩大，形成了合作双方互惠互利、共创共赢的发展格局。

（一）规范管理运行、强化建章立制，积极推进国内合作交流持续发展

学校每年对校级合作协议进行梳理，细化任务清单，发布落实校级国内合作协议的通知，明确责任，常态抓好责任部门工作督导，确保归口落实、有序推进。制定了《北方民族大学国内合作管理办法（试行）》，强化国内合作工作的流程管理，创新国内合作工作机制，充分释放二级单位的活力，形成多层次、多主体的国内合作体系，推进国内合作工作可持续发展。

（二）落实战略部署、注重取得实效，稳步推进对口支援工作提档升级

对口支援工作是党中央、国务院实施国家西部大开发战略，促进高等教育区域协调发展，推进西部地区教育现代化的重大战略举措，在教育部和国家民委的大力支持下，我校与合肥工业大学在2011年7月签署了对口支援合作协议，迈出了对口支援合作历史性、关键性的一步。2017年7月协议到期后，为继续巩固对口支援合作成效，双方决定延伸对口支援工作，进一步拓展合作内容及深度并于2019年12月自愿续签对口支援合作协议。对口支援工作开展以来，两校之间建立了工作协商机制，定期研讨制订对口支援工作计划，两校主要领导互访26次，确保了对口支援工作高起点谋划、高水准推进、高质量实施。合肥工业大学通过定向培养方式接收我校90余名教师攻读博士学位；通过联合培养、学生访学、工程实训等多种方式，接收我校21个专业430名学生参加访学，累计联合培养488名学生，助力我校人才培养工作。我校累计选派干部233人次、教师374人次赴合肥工业大学交流学习，合肥工业大学先后选派146人次专家教授到我校开展教师教学能力等培训和各类学术讲座。合肥工业大学聘任我校16名教授为兼职博导，帮助培养储备大量高精尖的过硬人才，对我校实现“申博梦”发挥了重要作用；选派来我校挂职的魏兆军、李为山、姚华彦等专家学者忘我工作、无私奉献，为我校相关学科专业的建设和发展做了大量艰苦细致的工作。合肥工业大学还与我校结对推进工程教育认证工作，指派专家进校开展专业评估和建设指导，举办高层次学术会议，组建团队开展科研攻关，共建“风光发电自动化技术”区级协同创新中心，有力助推了我校学科专业建设能力和科研水平的提升。

（三）立足地方实际，抢抓合作机遇，奋力推进闽宁协作开花结果

在福建省委、省政府和自治区党委、政府共同支持以及两省教育厅的指导下，学校积极加入闽宁教育共建帮扶协作行列，分别与华侨大学、集美大学开展了扎实深入的合作交流。2019 年 11 月，学校与华侨大学签署了《华侨大学北方民族大学对口支援合作框架协议》。近年来，双方校领导互访 4 次，共同举办了两届公共管理论坛，开展了东西部融合式教学合作、主题调研交流活动、线上教学经验分享教学沙龙，举办了华侨大学统战干部业务能力提升专题研修班。福建省高校在线教育联盟（FOOC）为学校提供了 4 门在线课程，累计选课学生人数 1098 人。华侨大学先后聘任毛建东等 3 名教授为博士生导师，易军等 17 名教授为硕士生导师；学校聘请华侨大学魏敏等教授为客座教授，邀请华侨大学相关领导、专家 5 人次为学校各级各类教学项目评审和教学竞赛担任评委工作。2020 年 10 月，学校与集美大学签署《集美大学北方民族大学合作框架协议》；2021 年 7 月，双方签署《北方民族大学本科生赴集美大学交流学习协议书》。近年来，双方校领导互访 4 次，集美大学接收我校 244 名学生交流访学，2 名教师访学进修。我校 1 名学生、8 名教师通过集美大学项目参加国外名校培训。

（四）坚持开放办学、强化合作共赢，全面推进校校合作广开渠道

学校坚持开放办学原则，积极开展与国内高等院校的交流合作。2014 年至今学校与西安交通大学签署了支援合作协议，与兰州大学、黑龙江大学、中国人民解放军陆军边海防学院、邵阳学院、青海民族大学、银川能源学院等 6 家高校签署了合作框架协议，与中央民族大学签署了协同创新战略合作框架协议。与北京大学签署共建北方民族大学马克思主义学院战略合作协议。

（五）发挥优势特色，主动服务地方，扎实推进校地合作，共赢共进

学校充分发挥人才优势，建立了依托地方、服务地方、融入地方的校地合作办学模式。2014 年至今，学校与包括宁夏、湖南、江苏、甘肃、浙江、山东等 6 个省（区）的 6 个市政府，4 个县、区政府以及 20 个行政机关和事业单位建立了校地合作关系。学校与银川市人民政府、石嘴山市人

民政府、银川市西夏区人民政府签署合作协议，融入区域发展，推进科技成果转移转化，提升对地方经济社会的贡献度。与银川市人民政府续签共建北方民族大学附属中学办学协议，与自治区银川市西夏区人民政府、自治区银川市教育局签署共建北方民族大学附属中学学校发展共同体，为地方基础教育优质均衡高效发展作出贡献。与自治区人民医院合作建设医学影像技术专业，联合申报眼视光学本科专业。与自治区灵武市白芨滩国家级自然保护区管理局签署合作协议，建立生态观测站，促进黄河流域生态保护的稳定提升。与银川市委统战部、银川市民族事务委员会联合共建“银川市铸牢中华民族共同体意识实践研究中心”，推动中国特色民族理论研究和民族工作蓬勃发展。与自治区中卫市人民政府、国家统计局宁夏调查总队、国家税务总局宁夏税务局、政协自治区委员会办公厅、宁夏证监局、自治区工商业联合会、宁夏广播电视台、中国民族博物馆、银川新闻传媒集团等16家单位开展资源共享和合作共建，助力产业行业发展。学校与自治区吴忠市人民政府、湖南娄底市新化县人民政府、甘肃省天水市张家川县人民政府、自治区灵武市人民政府、自治区固原市彭阳县人民政府等签署合作协议助力地方经济发展。与浙江省湖州市人力资源和社会保障局、江苏省昆山市人力资源和社会保障局、江苏省镇江市人民政府和山东省东营市东营港经济开发区管理委员会共建“城市定制班”，构建具有鲜明地域导向、产业导向和价值导向的跨学科、跨专业校地合作人才培养机制。

（六）聚焦人才培养、深化产教融合，有效推进校企合作再攀新高

学校不断扩大校企合作范围，拓展学生实习实践就业基地的数量、类型和层次，深化产教融合，打通人才培养供给侧和产业需求侧，2014年至今签署53项校企合作协议。学校主动对接宁夏“九个重点产业”“十大工程项目”“四大提升行动”，围绕自治区“六新”产业发展战略需要，依托我校机电工程学院和电气信息工程学院，以装备制造和电子信息产业转型发展需求为牵引，充分发挥校企双方在生产、科研、技术和品牌优势，共建北方民族大学先进装备制造现代产业学院、电子信息产业学院，推进产教融合、协同育人的人才培养模式改革。学校与北京广慧金通教育科技有限公司联合申报设立航空服务艺术与管理本科专业，于2019年3月获批，

2020年招生，我校是自治区首家获批该专业的院校，现已建成了560平方米的实训中心，专业教学及管理已步入正轨，专业主干课程由企业派驻教师承担，基础课程和通识课程由学校承担。学校瞄准具有行业影响力、社会声誉度和创新力的企业，先后与百度、阿里巴巴、烟台泰和新材料等60余家企业签署合作协议。建立400余个实习实践（就业）基地，外聘500余名校外导师，选派100余名教师到企业挂职、锻炼，依托校企生产项目搭建平台，组织教师开展科学研究，提升科研能力，促使成果转化。

三、不断拓宽本科生交流访学工作

深入贯彻落实习近平总书记关于深化东西部协作和定点帮扶工作的重要指示精神，坚持把交流访学作为突出主线育新人，创新人才培养模式、提高人才培养质量的重要抓手，聚焦主线要求、聚焦“融、转、通”，主动出击、打破封闭，积极主动与国内名校开展本科生交流访学合作，探索出了一条“积极拓展、制度先行、校院联动”的本科生交流访学“北方民大新路子”，学校人才培养质量和综合办学实力明显提升。

（一）主动出击拓展，访学规模持续扩大

从2011年起，学校抓住教育部实施对口支援西部地区高等学校计划的历史重大机遇，坚持赋予所有改革发展“三个意义”，坚持把服务“铸牢”主线作为一切工作的出发点和着力点，经过12年耕耘，逐步形成了具有北方民大特色的本科生交流访学体系。2015年与西安交通大学、2016年与大连民族大学、2017年与哈尔滨工业大学（威海）、2021年分别与集美大学、安徽大学、四川外国语大学、中南民族大学，2022年与华侨大学分别建立交流访学合作关系，每学年选派学生从63人增加到208人，交流访学覆盖17个学院55个专业，专业覆盖率达76.39%。2017年与合肥工业大学建立了联合培养本科生的培养机制并签订联合办学协议书，每年选派机械设计制造及其自动化、食品科学与工程和制药工程等3个专业约90人赴合肥工业大学进行整班联合培养。（参见表3）

表 3 2014—2023 年访学和联合培养学生人数统计表

单位：人

年份	2014	2015	2016	2017	2018	2019	2020	2021	2022	2023
访学学生人数	63	53	50	86	71	62	90	177	190	208
联合培养学生人数	0	0	0	72	80	80	78	83	90	87
合计	63	53	50	158	151	142	168	260	280	295

（二）持续探索完善，访学工作有“法”可依

为进一步规范访学学生选派、日常教育管理、学分与成绩认定等工作，2015 年，研究制定了《北方民族大学全日制本科交换生成绩认定管理办法（试行）》，规范了学生培养模式、学分置换、成绩认定及毕业审核等方面内容。2017 年，与合肥工业大学联合制定了《北方民族大学与合肥工业大学联合培养本科生管理办法》，从招生、学籍与注册，退出与补选，课程、成绩及学分记载，毕业审核与学位授予等进行了规范和明确；与学生处联合制定了《北方民族大学联合培养本科生班导师工作条例》（试行），明确了班导师的岗位要求、职责、考核、待遇等内容。2021 年，研究制定了《北方民族大学本科学生国内交流访学管理办法》，厘清了各职能部门和相关学院的职责任务，规范了选派交流访学学生选拔、修读计划制定、学生教育管理、出访前后手续办理等各项工作的流程要求等，构建起“学生选拔—修读计划制定—学生教育管理—党团活动开展—学生跟踪关注”的闭环工作流程，进一步夯实了交流访学工作基础。

（三）坚持学生为中心，学生思想引领和教育管理环环相扣

牢固树立思想政治教育是生命线的意识，将其贯穿交流访学全过程、各环节。每年 6 月召开“校长为你壮行”“你在他乡还好吗”等主题鲜明的国内交流访学动员大会，建立学校管理工作群和访学学生交流微信群，及时协调解决学生在访学过程中的共性和个性问题。为访学学生人数较多的合肥工业大学、集美大学专门选派班导师，与学生一同赴对方学校访学，强化访学学生思想政治引领和教育管理。相关学院建立定期与访学学生、

访学学院沟通联系机制，了解掌握学生学习、生活和思想等情况，跟踪掌握访学过程中遇到的矛盾困难，及时解释疏导和协调解决，确保学生圆满顺利完成访学任务。

（四）校际共促培养，学生综合素质明显提升

学校牢记为党育人、为国育才初心使命，与访学兄弟高校紧密配合、高效协同，按照我校人才培养方案，指导学生制定科学合理的修读计划，组织学分置换。兄弟高校积极为学生营造良好的学习氛围和生活环境，合肥工业大学为访学和联合培养学生配备了高素质的专家教授队伍，设立专项奖学金等。派出访学交流的学生经过至少 1 年的第二校园经历，普遍增加了阅历，开阔了视野，精进了学业。近 3 年，访学学生考研录取率和初次就业率均高于学校平均水平，涌现出一大批优秀大学生，机电工程学院 2016 级机械设计制造及其自动化联合培养班学生张中岳、曹泽鹏，在合肥工业大学联合培养期间，设计并制作的参赛作品“高楼玻璃幕墙智能清洗装置”获得第六届全国大学生水利创新大赛一等奖；生物科学与工程学院 2017 级食品科学与工程专业访学学生湛祺，在合肥工业大学访学期间，获得 2019 年全国大学生生命科学竞赛优胜奖、中国肉类协会组织的“天博杯”食品竞赛优秀奖。（参见表 4）

表 4　2016—2018 级访学学生考研录取率和初次就业率统计表

年级	2016 级	2017 级	2018 级
考研录取率	22.54%	23.33%	22.78%
初次就业率	87.32%	88.33%	87.34%

第八节　体育育人、美育育人、劳动育人

一、赋能体育育人工作新使命

学校以习近平新时代中国特色社会主义思想为指导，全面贯彻党的教育方针，全面贯彻落实习近平总书记关于教育、体育工作重要论述和全国教育大会精神，以铸牢中华民族共同体意识为主线，坚持立德树人根本任

务，坚持健康第一的教育理念，以服务学生全面发展、增强体质为目标，大力推动学校体育与德育、智育、美育、劳育有机融合，大力提高学生身体素质和运动技能，大力推动学生文化学习和体育锻炼协调发展，促进学生身心健康、体魄强健、全面发展，促进学生在体育锻炼中享受乐趣、增强体质、健全人格、锤炼意志，培养德智体美劳全面发展的社会主义建设者和接班人。

（一）强化顶层设计，制订工作方案，大力助推体育育人工作

学校“十三五”事业发展规划中提出“实施阳光体育计划”，于2017年7月制定了《北方民族大学体育提升计划（2017—2020）》（校办发〔2017〕95号）。从指导思想、工作原则、工作理念、课程设置、设施建设、激励机制、考核评价等18个方面对学校体育工作进行了规划设计。“计划”提出了“天天锻炼、健康成长、终身受益”的学校体育发展目标和“无体育、不民大，无强制、不体育，无跑步、不体质”的工作理念，将阳光长跑作为提升学生身体素质的抓手和突破口，从2017—2018学年春季学期开始正式实施学生阳光长跑活动，首次将学生长跑活动纳入公共体育课考核内容之一，占学期体育课成绩的20%，阳光长跑不及格则本学期体育课成绩不及格。活动开展以来，每天有5000余名学生进行阳光长跑锻炼，占全校学生人数的1/4左右。2021年4月，学校印发了《北方民族大学体育育人工作方案》，确定了全面深化公共体育课教学改革，切实加强体育课程思政工作，深入推进学生体质健康提升行动，积极开展晨练及课（工）间操活动，完善优化校内体育竞赛体系五大主要工作。学校以体育课堂为阵地，以校园文体活动为抓手，以传授体育知识、传承体育文化、掌握运动技能、养成健身习惯为目标，分层分类开展体育育人工作，不断丰富和完善师生健身活动体系，大力开展群众体育活动，形成了惠及2万余名师生的全民健身普及工程。

（二）以课程为载体，以文化传承为主导，深入开展体育育人工作

学校在体育教学中积极进行中华传统体育项目的推广普及，将中华传统体育文化元素与体育教学紧密结合，向学生传授中华传统体育文化知识，充实体育课程资源，完善中华传统体育课程，引导学生弘扬中华体育

精神，推广中华传统体育项目，讲好中华民族多元一体格局理论，让学生在体育活动的交往交流交融中体验多元和认同一体，推动学生文化学习和体育锻炼协调发展。2017 年开始，学校挖掘整理并开设了 3 种类型的中华传统体育课程，第一类为单项课程，共 5 门，分别为：中华传统武术、舞龙、体育养生、民族健身操、毽球；第二类为三合一组合课程，将板鞋竞速、蹴球、陀螺三门课程组合开设；第三类为“1+1”课程，分别为操舞与跳竹竿、篮球与珍珠球、羽毛球与毽球、足球与抢花炮。以上三种类型课程每学期开设 150 余个教学班级，占所有公共体育课程开课班数的 49%，参与学生 5500 多人，占学校本科生人数的 1/4。学校将中华传统体育项目融入现代体育课程，建立以现代体育课程为基础，以捆绑式教学模式为媒介，中华传统体育课程和现代项目课程为补充的特色公共体育课程育人体系。

（三）课内外深度融合，体育育人体系逐步完善

学校探索形成了“公共体育课—体育俱乐部 / 体育社团—体育运动代表队”三级体育运动兴趣培养体系。组织成立了 20 余个体育运动俱乐部 / 体育社团，篮球、排球、足球、乒乓球、羽毛球、武术、舞龙、蹴球、板鞋竞速、陀螺、啦啦操等 23 个学校体育运动队，常年开展训练及体育竞赛活动，每学期参与活动人数达到 1300 余人。校足球队多次蝉联自治区大学生足球比赛冠军，2019 年荣获全国青少年校园足球联赛大学男子校园组总决赛亚军，同时荣获最佳人气球队奖杯。舞龙队多次荣获中国大学生舞龙舞狮锦标赛普通高校组规定套路、自选套路冠军。在每年毕业生离校前（6 月上旬）以“感恩民大，文明离校”为主题，举办“篮球之夜”暨欢送毕业生体育晚会，以篮球友谊赛为主要形式；以啦啦操、武术、街舞、轮滑、艺术体操等体育表演项目为补充，丰富活动内容，营造了文明和谐、绿色健康的校园毕业季，取得良好效果。各体育俱乐部常年组织开展“骆驼杯”体育竞赛活动，通过丰富多彩的校内体育交流活动，吸引广大学生积极参加体育锻炼。

（四）创新开展体育课线上教学工作，为抗击疫情提供健身指导

2020 年初，因疫情防控学校开展线上教学以来，学校结合体育课教

学目标，从加强体育课程思政教学、促进学生体质健康、培养学生运动兴趣、养成体育健身习惯的原则出发，将体育课教学内容、教学方法与手段、教学评价等进行了合理调整，线上教学取得良好效果。2020年4月，体育学院组织教师编排录制了适于居家练习的健身小视频23个，通过学校微信公众号、宁夏体育栏目、宁夏体育科学技术中心微信公众号等媒介向全体师生和区内外各界群众推送，为抗击疫情提供有益的健身指导服务。2020年4月，学校组织近3000名学生以云端视频的形式参加了仰卧起坐、俯卧撑、波比跳、开合跳、平板支撑5个项目的云端体能挑战赛，全新的运动体验，极具挑战性的比赛项目，突破时空限制的比赛形式，受到广大学生的积极参与。

（五）体育育人工作得到上级领导高度认可和肯定

2016年12月15日，国家体育总局、国家民委调研组等一行10人在自治区体育局、自治区民委负责人的陪同下，到我校调研中华传统体育开展情况。调研组专家在实地参观和调研后，对我校中华传统体育工作给予充分肯定。得益于学校良好的体育场馆条件和体育文化氛围，学校继2009年成功承办第13届中国大学生羽毛球锦标赛后，时隔六年，于2015年再次承办了第19届中国大学生羽毛球锦标赛，学校荣获中国大学生羽毛球运动20年“卓越贡献奖”。2016年承办了“2015—2016中国大学生‘五人制’足球联赛总决赛暨全国大学生啦啦操选拔赛”。2015年我校派出由171人组成的代表团参加了全区第八届少数民族运动会比赛，近1000名同学参加开幕式文艺表演，200余名志愿者参与志愿服务。我校组织的大型文体表演《腾飞》和《春之塞上》均获“优秀表演奖”，表演项目《赛筏子》荣获二等奖；学校被评为优秀组织单位。在竞技比赛中，参加了抢花炮、珍珠球、木球、武术、蹴球、押加、板鞋竞速、毽球、陀螺、健身操、高脚竞速11个竞技项目，取得13个一等奖，22个二等奖，14个三等奖的优异成绩。在2019年5月的自治区第九届少数民族传统体育运动会中，我校承办了蹴球和民族传统武术两个项目的竞赛工作，组队参加了10个竞赛项目和1个表演项目的比赛，参赛运动员123人，另有啦啦操队、民族方队、彩旗方队、引导员队伍共同参与了运动会的开、闭幕式表演及志愿

服务工作。在竞赛项目上最终获得 11 个一等奖、13 个二等奖、14 个三等奖和“体育道德风尚奖”的优异成绩。2019 年，学校组队代表宁夏参加第十一届全国少数民族传统体育运动会荣获“先进集体”称号，2 名教师荣获“先进工作者”称号，1 名教师荣获“优秀教练员”称号，陀螺队荣获“体育道德风尚奖”代表队，材料学院马成虎等 5 名学生荣获“体育道德风尚奖”运动员称号。2021 年，我校体育学院荣获“2017—2020 年度全国群众体育先进单位”称号。2023 年在自治区第 14 届学生运动会、第 16 届全运会上，共取得 32 金、31 银、30 铜的优异成绩，多人获得“体育道德风尚奖”称号，体育学院 12 名教师代表教育厅参加自治区第十六届运动会，9 名教师荣获“运动员标兵”称号，2 名教师荣获“优秀运动员”称号，1 名教师荣获“优秀领队”称号，受到教育厅通报表彰。

二、深化美育育人工作新境界

为全面贯彻落实习近平总书记关于教育的重要论述和全国教育大会精神，切实加强和改进新时代我校美育工作，提高学生的审美能力和人文素养，根据教育部《关于切实加强新时代高等学校美育工作的意见》（教体艺〔2019〕2 号）、中共中央办公厅国务院办公厅印发《关于全面加强和改进新时代学校美育工作的意见》文件精神，结合学校实际，2022 年印发《北方民族大学美育工作实施方案》。

（一）深化美育教学改革

依托重点学科、一流专业建设和卓越人才培养计划 2.0，进一步优化艺术类学科专业布局，音乐表演、动画专业获批 2021 年国家级一流本科专业建设点。为充分发挥教研室在美育课程建设、教学研究和师资队伍建设中的基础作用，2023 年设置美育课程群教研室。积极拓展艺术类本科专业校外美育实践基地规模，探索建设一批校校协同、校所协同、校企协同、校地协同创新培养模式。

（二）加强普及艺术课程建设

充分挖掘不同学科专业教学蕴含的美育价值，进一步丰富美育课程资源，大力推动审美基础知识普及和深化。通过积极引进一批优质公共艺术

教育在线课程，着力建设一批立得住、讲得好、有影响、高质量的北方民大特色美育通识课程，打造涵盖音乐舞蹈、美术设计、文学欣赏等艺术门类的美育通识课程群。深化公共艺术课程改革，推进学校美育高质量发展。深入实施普通高校艺术相关本科专业教学质量国家标准，切实做好艺术类专业培养方案修订。根据教育部办公厅《关于印发〈高等学校公共艺术课程指导纲要〉的通知》（教体艺厅〔2022〕1号），学校将公共艺术课程纳入2019版本科人才培养方案，学生修满公共艺术课程2个学分方能毕业。为进一步满足学生的通识教育选修课选课（以下简称通选课）需求和学习兴趣，拓展通识教育途径，丰富通识教育课程资源，学校从校外引入了尔雅艺术类通识课程（30门）以及从校内立项的部分艺术类在线开放课程（1门）作为线上通选课，供学生选择。不断加强艺术素养类通识教育选修课建设，每学期开设艺术素养类通识教育选修课不断增加，2022—2023学年春季学期已达到59门。

（三）推进专业艺术课程建设

依托“学习通”等教学平台，着力推进艺术类专业核心课程建设，4门艺术类课程获批2020年自治区级一流本科课程。立项8门艺术类校级一流本科课程、2门艺术类校级混合式示范课程、6门艺术类校级在线开放课程，构建网络化、数字化、线上线下相结合的美育课程教学模式。获批1个自治区教育厅美育教学研究课题。推进专业美育教育与课程思政同向同行、相辅相成、深度融合，立项1个艺术类课程思政示范项目，8个艺术类“课程思政”改革项目。通过教学能力培训、教研活动、教学沙龙等活动，使教师深刻理解美育的德育属性、美育与课程思政之间彼此相互促进、双向渗透的教育功能和教育目标。

三、开创劳动育人工作新路径

学校全面贯彻落实党的教育方针，把劳动教育纳入人才培养全过程，采取多种形式开展劳动教育，以劳增智、以劳健体、以劳育美，培养学生树立正确的劳动观念，形成了“一个融入四个深度互嵌”劳动教育机制体系的构建与实践，将劳动育人融入“三全育人”大格局，形成全员劳动育

人、全过程劳动育人和全方位劳动育人的机制。

（一）劳动教育工作基础扎实

一是学校先后制订10多项劳动教育相关制度，从制度层面上确保劳动教育工作的顺利开展；二是培养聘任专、兼职劳动教师200人，其中入选全国万名创新创业教师库49人，兼职教师为校内外知名专家、劳动模范、企业家、各界专业技术人员等；三是累计投入800余万元，每年运营投入200余万元，用于支持大学生劳动教育项目、教育教学改革专项、劳动教育团队活动等。

（二）劳动教育机制体系有效形成

加强对劳动教育的组织领导和统筹布局，将劳动教育与德育、智育、体育、美育相融合，将劳动教育与思想政治工作、人才培养、师德师风建设、全方位实践育人深度互嵌，构建“四个深度互嵌”劳动教育体系，构建“五位一体”的劳育工作体系，使学生能够理解和形成马克思主义劳动观，形成良好的劳动习惯，掌握一定的劳动技能，弘扬艰苦奋斗和勇于创新的精神，不断引导各民族师生在劳动实践中，铸牢中华民族共同体意识。一是将劳动教育与思想政治工作深度互嵌。学校将劳动教育作为加强和改进大学生思想政治教育的重要载体和内容，融入思政课程和课程思政建设中，充分发挥课堂这个主渠道、主阵地作用，弘扬艰苦奋斗精神，强化劳动者最光荣意识。定期组织开展劳动实践活动，教育引导学生感受劳动艰辛、体会劳动乐趣、分享劳动心得，塑造坚强品格。依托班会、团会以及基层党支部活动，深入开展“劳动育人”主题教育，强化学生感恩意识，注重劳动实践，消除“等、靠、要”和攀比心理。依托各类新闻媒体，深入报道和宣传广大师生尊崇劳动、热爱劳动、以劳动创造价值的生动实践。完善大学生综合素质考评体系，将劳动观、劳动实践作为重要考核评价指标。表彰优秀劳动实践者，设立劳动风尚奖助学金。二是将劳动教育与人才培养深度互嵌。将劳动教育纳入学校人才培养方案。在德智体美劳五育并举的人才培养体系中，准确把握新时代劳动教育的丰富内涵和重大意义，形成具有综合性、实践性、开放性、针对性的劳动教育课程体系。学校在2019版本科人才培养方案中开设《劳动教育》课程，计2学分，

32 学时。鼓励和支持研究生培养单位根据学科专业特点设置研究生劳动教育教学和实践内容。开设劳动教育通识课程，系统介绍劳动法律、劳动关系、劳动经济、劳动社会保障、劳动安全、职业卫生等各门劳动科学基础知识。优化专业课程设置，挖掘和充实各类专业课程的劳动教育资源，在传授专业知识过程中加强劳动教育，促进专业教育与劳动教育有机融合。鼓励专业教师开发开设专业实践类、劳动教育类、劳动教育与就业创业指导等方面的课程，纳入学分管理，建设依次递进、有机衔接、科学合理的劳动教育课程内容。将劳动教育融入学生专业课程学习与实习实训，强化劳动伦理、劳动权利、责任意识和技能规范，强化大国工匠意识，构建具有专业特色的劳动教育体系。引导学生树立正确的劳动观、择业观、就业观、创业观和成才观。三是将劳动教育与师德师风建设深度互嵌。将劳动教育有效植入师资队伍建设和考核评价机制。建立培养和聘任相结合的长效机制，通过进修 136 人次，深入企业一线培训 58 人次，与企业合作项目 32 项，提高劳动实践育人的能力与水平，聘任校内专业教师 38 名，校外高级技能人、民族非物质文化遗产传承人等能工巧匠 11 名，组建专兼职结合的实践教学团队。建立社会参与的教学质量评价方法，通过对在校生问卷、毕业生跟踪、用人单位调查和专家评价等途径，建立全方位实践教学质量评价体系。2022 年 4 月成立劳动教育教研室，负责实践教学的检查、监督、评价与指导，确保实践教学质量评价落到实处。将劳动素养纳入学生综合素质评价体系，制订评价标准，建立激励机制，组织开展劳动技能和劳动成果展示、劳动竞赛等活动，全面客观记录课内外劳动过程和结果，加强劳动技能和价值体认情况的考核。四是将劳动教育与全方位实践育人深度互嵌。自 2019 年起创新创业学院成立劳动教育实践团队，负责学校 12 栋教学楼的 345 间教室的教学设备检查及故障处理、卫生清洁、教学设施巡检及报修，保障价值 4000 万元智慧教室设备正常运行，每年保障 9055 门课程正常开展，同时负责全校 10 间考研自习室的管理与保洁、校园共享单车管理、办公室电脑维修等工作。截至目前，参加劳动教育理论课的学生有近 2 万人，参加劳动教育实践活动的学生有近 1 万人。通过劳动教育活动，让学生树立起勤劳、创新、贡献的价值观念，实现了培养

学生“校园主人翁”意识。

通过组织学生参与社会实践活动，将劳动教育与社会实践相结合，让学生深入了解社会，增强社会责任感和使命感，设立“城市定制班”“企业定制班”“项目就业班”等多种形式的职业化培养模式，增加学生顶岗实习的机会，促进专业实习实践岗位化、职业化。每年承办 6 项自治区级学科竞赛，年均组织参加 20 余项国家级学科竞赛；累计立项 20 余项劳动教育相关大创项目；孵化宁夏思恒劳务服务有限公司和宁夏磊博智创科技有限公司等劳动教育相关产业企业 4 家。通过产学研合作等形式与 30 余家企业签订《实习基地协议》，为学生实习就业搭建桥梁。

（三）劳动教育成效显著

全校 100% 的学生接受了劳动教育理论教育、50% 的学生参与劳动教育实践教育。2019 年以来学校累计立项劳动教育类大学生创新创业计划项目近 20 项，完成学术价值调研报告 2 份；实物模型制作 215 项；艺术设计作品类 15 项；开发应用软件 8 项；在公开出版专业学术期刊发表与劳动教育相关的论文 14 篇。申请劳动教育软件著作权 4 项。宁夏华夏金龙集团、杞里香等 40 多家校友企业调查显示，学生爱岗敬业、吃苦耐劳，学习能力强、岗位适应能力和合作意识强；2021 年省教育厅组织区内 40 余所高校及中高职院校观摩“互联网 +”劳动教育，并给予了高度评价。2021 年 1 月 3 日，CCTV-1《晚间新闻》以“唯有热爱不惧岁月漫长　致敬每一位‘追梦人’”为题发简报推广经验；2020 年 12 月 15 日，宁夏卫视《晚间新闻》以“北方民族大学：创新劳动实践形式，促进劳动教育扎根校园”为题发简报推广经验；学习强国、宁夏日报、宁夏电视台、宁夏经济广播等 11 家媒体报道。

第九节　创新创业教育助推人才培养质量提升

2011 年，学校成立创新创业教育中心，探索实施创新创业教育；2016 年，更名为创新创业学院，将双创教育融入人才培养方案，与专业教育改革有机融合、以赛促教、深化校企合作来推动创新创业教育体系的提升，

更进一步落实、完善创新创业教育。

一、创新创业教育顶层设计

（一）确立一个人才培养目标

学校坚持立德树人根本任务，为党育人、为国育才，以铸牢中华民族共同体意识为主线，以“文化引领、兴趣驱动、专创融合、多元发展”为理念，以培养学生创新创业能力为核心，改革人才培养模式，推行多元化教学、管理模式，建设实践平台，培养具有创新创业能力的高素质应用型人才。

（二）制定一个人才培养方案

依据创新创业人才培养目标，面向全校所有专业制定了“专业教育＋创新创业基础教育＋与专业结合的创新创业教育＋创新创业实践教育＋铸牢中华民族共同体教育”的人才培养方案。一是本科生需获得不低于4学分的创新创业教育学分，其中理论和实践各2学分。二是学校每年组织开设创新创业“尖子班”课程，为有创业需求的学生提供专业的知识学习和指导服务。三是年均开设“创业实战与企业观摩”“电商实战”等实践课程30余门，为感兴趣的学生提供实践机会。四是学校坚持以铸牢中华民族共同体教育为工作主线，把创新创业团队队长作为思想政治教育的排头兵，定期开展“三会一课”，党史学习讨论，让创新创业教育成为铸牢中华民族共同体意识的催化剂。

（三）建立一支师资保障队伍

一是学校选拔和培训一批专兼职双创导师，构建了“专业教师＋创新创业专职教师＋思政教师”相结合的师资保障队伍。二是学校鼓励并支持教师开设创新创业实践类课程，设立创新创业教改专项，年投入500余万元，奖励师生科技创新、创业实践、学科竞赛、成果转化，并与教师职称评聘，学生评优评先紧密结合。三是学校配备了创新创业教育与创业就业指导专职教师队伍，聘请了49名创新创业导师被教育部授予全国万名优秀创新创业导师人才库导师，创新创业任课教师36名，72名专业教师担任创新创业团队导师，共有3641人次专业教师指导大学生创新创业训练计划项目。

（四）实施一个多元化培养模式

学校因材施教，对学生进行多元化分类分层培养：针对基础薄弱、专业学习“吃力”的学生，通过教师“一对一”帮扶，激发其兴趣点加入团队，加强跨专业创新创业能力，满足其多元发展需求；针对基础厚、专业学习“吃不饱”的学生，引导其进入团队工作室、增开创新创业类课程，强化实践训练，满足其个性发展需求；针对创业型学生，通过模拟创办企业、承揽实际项目等创新创业体验活动和政策倾斜、资金支持等助其成功创业。

（五）创立一个多元化学习模式

构建以“兴趣点”为特征的团队合作学习模式，围绕新工科、新商科和新文科，学生自主组建 72 个跨年级、跨专业、跨学院、校内外相结合的双创团队；构建以“传帮带”为特征的共同学习模式，以团队为依托，加强团队文化建设，选拔导师，以研究生带本科生、师傅带徒弟、老生带新生方式辅导新队员；同时构建了以“做中学”为特征，按照构思、设计、实施和运作为流程的 CDIO 学习模式，形成“案例教学—讲练相间—项目驱动—创新创业实践”综合训练、学习新路径。

（六）制定一套多元化管理模式

一是组建创新创业学生团队联盟，下设教学部、创业部等 11 个部门，负责团队培育、竞赛组织等 14 项工作，实行自我运营和提升。二是通过制定 20 余项制度，年均投入 600 余万元保障经费、健全导师队伍等举措，系统化管理项目。三是制定了《创新创业学分认定与转换制度实施办法》，引导学生参加创新项目、创业实践、加入教师科研团队、参与开放性实验、发表论文、获得专利、学科竞赛等学习实践活动，并获取相应创新创业实践学分及第二课堂学分认定。

二、创新创业教育体系

（一）打造一批专业团队

学校通过设立以专业学科为基础的创新创业团队，并配备专业导师，成功打造出一批具有专业基础雄厚、竞争力强的专创融合团队 72 个。聘

请了全校各专业以及社会企业家团队导师共计144名，指导学生实践，开展创新创业教育。学校年均立项大学生创新创业训练团队项目100项，支持经费80万元。

（二）吸收一批专业教师

学校每年举办创新创业教学能力大赛，聘请成绩优异的教师为导师。同时，定期组织“访企拓岗”等活动，由校领导亲自带队，赴企业考察调研，结合学校实际需要，聘请企业家及行业专家作为导师。组建专兼职创新创业导师库，连续多年实施“双百”优秀导师聘任计划，其中校内优秀专业导师100名和校外优秀企业家或行业专家100名。学校鼓励教师以个人科研成果转化作为大学生创新创业训练计划项目，让学生充分参与到教师的科研中去，同时鼓励学生跟着老师“边操作边学习、边学习边研究、边研究边创业”，有效提升学生的创新创业研究能力、实践能力和综合素质。十余年间，学校科技成果转让转化工作成效显著。2012—2021年共转让科技成果127项、转让技术10项，转让总金额1106.7万元。

（三）配套一批专业项目

学校年均立项大学生创新创业训练计划项目800项，“揭榜挂帅”重点培育项目50项，年均支持经费300万元。2012—2023年，大学生创新创业项目立项10218项，总经费4047.28万元，其中国家级创新创业项目616项，自治区级创新创业项目1077项，校级创新创业项目7252项，创新创业团队项目1273项。2012年至今，大学生创新创业项目发表论文2020余篇，实物成果418件，实用新型专利、软件著作权360余项。

（四）孵化一批创业企业

北方民族大学创业孵化园自2012年成立以来，累计孵化企业220余家，41家企业被评为银川市青年大学生优秀创业项目并获政府奖励合计320万元，62家企业共获得政府创业补贴340万元，孵化园企业150余家。宁夏杞蕴商贸有限公司、宁夏杞里香枸杞有限责任公司产值均超过5亿元。

（五）解决一批就业岗位

学校先后孵化各类大学生创业企业220余家，带动就业2000余人，提供实习实践岗位5000余个。2020年疫情肆虐时期，41家校友企业共计提

供就业创业岗位 1196 个。

（六）实现一批青年梦想

学校鼓励大学生自主创业，搭建优良平台，让来自全国优秀创业青年“驻留宁夏创业，发展宁夏经济”。孵化园区吸纳就业人员 5000 余名，80% 以上为非宁夏籍的学生，他们现已扎根银川，成家立业，为实现自己的人生梦想而努力奋斗。

三、创新创业教育保障措施

（一）制度保障

学校制定了《北方民族大学大学生创新创业训练项目管理办法》《北方民族大学创业孵化园区管理办法》《北方民族大学大学生创新创业基金管理办法》等创新创业相关制度 20 余个，鼓励和支持大学生自主创业。

（二）人员保障

学校现有专兼职双创教师 200 人，其中入选全国万名创新创业教师库 49 人，兼职教师为校内外知名专家、创业成功者、企业家和风险投资人等。

（三）经费保障

作为宁夏第一个大学生创业基地，学校累计固定资产投入 4000 余万元，每年运营投入 600 余万元，用于支持大学生创新创业训练计划项目、教育教学改革专项、创新创业团队活动、国家级创业孵化园运营等。

（四）场地保障

学校建设了一幢约 1 万平方米的独立创新创业科技楼，目前已容纳 72 个创新创业团队开展活动。建立以众创空间、创客咖啡、创业俱乐部等为载体的创业体验平台，与企业联合建立了创新创业实验室、创业实践基地。创业孵化园，约 1 万平方米，可容纳创业企业 80 个，已孵化企业 220 余家。

（五）激励保障

一是鼓励支持教师开设创新创业实践课程，设立双创教改专项。学校规定专任教师在两年之内至少要指导大学生创新创业训练计划项目 1 项，依据项目级别计算教师工作量，并定期表彰优秀项目的教师和学生。二是学校每年投入 500 余万元，用于奖励师生在科技创新、科研成果转化及学

科竞赛中的成绩。还通过表彰“创业之星”“创新之星”“创新团队”等举措，引领学生崇尚创新、竞相创业。三是校友企业感恩回馈母校，设立了奖学金（每年 10 万元），表彰资助在创新创业领域获得优异成绩的学生。

四、注重实践、初见成效

全校 100% 的学生接受了广普式的创新创业教育、100% 的学生参与了普及性实践项目体验、50% 的学生参与双创团队协同训练、20% 的学生进入到创业阶段的实践尝试。

学生团队由最初的 5 个创新创业团队，发展到现今包括电子设计、机械设计、生物科技、机器人、无人机、软件开发、电子商务、文化传媒等 72 个团队，队员达 6000 人。

近 5 年来，学校组织学生参加各类学科竞赛获得省部级以上奖项共计 2384 项，其中国家级奖项 1082 项，省部级奖项 1302 项，支持经费近 1026 万元，参赛学生人数占全校总人数的 1/3。获得教育部、自治区教育厅全国赛区及地区赛区举办大赛的优秀组织工作奖和组织特别奖 22 项；获教育部优秀指导教师奖 20 余人；获宁夏赛区优秀指导教师奖 80 余人。

2022 年 2 月，中国高等教育学会高校竞赛评估与管理体系研究工作组发布的 2021 全国普通高校大学生竞赛分析报告，我校在全国普通高校大学生竞赛六轮总榜单（本科）中位列 189 名，在宁夏高校中排名第一，在民委高校排名第一。

学校先后获得的荣誉：2012 年获“全区大学生创新创业实践基地”；2013 年获“全区大学生创业优秀服务站”“银川市大学生创业孵化示范基地”；2015 年首批“宁夏回族自治区创业孵化示范基地”；2016 年获“大学生创意创业示范园区”“自治区级创意创业示范园区”“宁夏回族自治区科技企业孵化器”，2016 年获人社部“全国创业孵化示范基地”、教育部“全国首批深化创新创业改革示范高校”、团中央“全国大学生创业示范园”；2017 年被自治区发改委评为自治区创业示范基地，奖励资金 500 万元；2018 年获国家民委“民族团结示范基地”、自治区本科教学成果特等奖；2022 年获自治区本科教学成果特等奖。

第十节　党建带团建引领服务青年成长成才

学校以习近平新时代中国特色社会主义思想为指导，深入学习贯彻党的十八大、十九大、二十大精神和中央民族工作会议精神，以铸牢中华民族共同体意识为主线，坚持党建带团建，聚焦增强政治性、先进性、群众性，在学校党委和自治区团委领导下，团结引领广大团员青年努力投身学校中心工作和自治区“九大重点产业”“十大工程项目”“四大提升行动”，为培养党和国家事业接班人、民族团结进步事业接班人不懈奋斗。

一、加强思想引领，聚焦主责主业

（一）抓好理论武装，深入学习贯彻党的十九大、二十大和中央民族工作会议精神

严格落实自治区团委和校党委政治理论学习要求和工作部署，通过培训、座谈会、团课、“青年大学习”等多种方式系统深入学习贯彻党的重要会议精神。组织开展“深入学习贯彻习近平总书记在建团百年大会上的重要讲话精神”等专题培训班，每期平均培训团学骨干600余人。

（二）推动“石榴籽”宣讲团建设

依托西北高校青年铸牢中华民族共同体意识宣讲联盟、学校“我们——铸牢中华民族共同体意识”主题展、“百年共青团奋进新征程”主题团史展，不断加强“石榴籽”宣讲团建设。组织近百名宣讲员为全校2万余名团员青年讲解百年团史，为来自校外的50多家单位宣讲展示学校铸牢中华民族共同体意识宣传教育中心。持续深入晚班会、周边社区、中小学进行宣讲累计2万多人，组织500余场。

（三）深入开展“道中华”系列品牌活动

通过开展校院两级“道中华杯”演讲比赛，加强两级联动。通过承办全区大学生“道中华杯”中华优秀传统文化主题演讲比赛，提升品牌活动在全区的影响力。持续开展“道中华”六进活动。依托“道中华”微信号，录制“我讲‘道中华’”微视频10余期。连续3年开展各族学子看美丽新

宁夏活动，引领深入学习贯彻习近平总书记视察宁夏重要讲话和指示批示精神，2022 年邀请区内各高校学生代表累计 2000 余人参加，新华社、人民网、中青网、中国共青团杂志、宁夏日报等媒体均予以报道。

（四）构建“互联网 + 共青团”工作格局，提升网络育人实效

开展“活力团支部”“最美北方民大”等线上互动比赛，宣传正面典型。累计推出“践行每天一分钟”792 期。疫情防控期间，发布原创抗疫 MV《最美的身影》《感动丨北民大抗疫中的暖心瞬间》《倾听丨来自抗疫前线北民大青年教职工的内心告白》等新媒体作品 11 篇。“青春北民大”微信号 2022 年累计入榜全国高校团委微信号单周影响力排行榜近 30 次，最好成绩入围全国第 6 位，抗疫推文入围全国高校团委微信号热文单周影响力排行榜第 2 位。

二、加强制度建设，深化组织改革

（一）用制度建设推进规范管理

编印《北方民族大学共青团制度汇编》，修订《共青团北方民族大学委员会推优入党工作实施办法（试行）》《共青团北方民族大学委员会二级学院团委工作考核评价办法（试行）》等 20 余项制度，指导基层组织规范入党推优、团员发展、团课培训、档案管理，推进组织改革和建设。

（二）推进学生组织改革制度建设

按照《北方民族大学学生会（研究生会）深化改革实施方案》《北方民族大学学生社团建设管理办法》，不断推进学生组织深化改革，开设“我为同学办实事”等专栏，指导学生组织进一步明确宗旨和职能。选聘好社团指导教师，规范社团建设和星级评定。不断精简学生组织机构和人数，转变学生组织作风，加强引领作用。

（三）推进第二课堂成绩单制度建设

修订《北方民族大学“第二课堂成绩单”评定和管理细则》，将思想政治与道德素养类、学术科技与创新创业类、社会实践与劳动锻炼类、文体艺术与身心发展类、志愿服务与工作履历类、技能特长与专业培训类 6 个模块调整为含铸牢中华民族共同体意识类别的 7 个模块，进一步强化铸牢中华民族共同体意识主线。截至 2023 年 6 月，已累计发布 3600 余个项

目，累计参加 71.7 万余人次。在 2022 年首次入围高校第二课堂活动平均活动参与度榜单（本科院校前 50 名），排名全国本科院校第 13 名。

三、加强科技创新，丰富社会实践

（一）社会实践活动丰富多彩

平均每年组建 40 余支校级及以上的“三下乡”社会实践团队，开展“我讲中央民族工作会议精神”“我为家乡做代言”等 200 余项，“返家乡”社会实践项目，每年有 3000 余名学生参加。我校“返家乡”实践工作被团中央通报表扬。在“三下乡”社会实践工作中，团中央、中青报多次授予我校“镜头下的三下乡”优秀组织单位。2022 年，共授予我校“优秀团队”“优秀实践个人”等 8 项荣誉，获奖总数在国家民委直属高校和自治区高校中排列第一。

（二）科技创新取得新突破

近三年，10 个项目在全国“挑战杯”和“创青春”比赛中荣获二等奖、三等奖，62 个项目在自治区“挑战杯”和“创青春”比赛中获奖，在委属高校和宁夏高校中获奖数量均在前列。2021 年《被“烧伤”的贺兰山：经济与生态耦合协调发展思考基于汝箕沟矿区生态治理情况的调研》作为宁夏唯一入围全国终审赛项目并获得全国“挑战杯”决赛银奖。2022 年《“肿瘤识别者”——一种基于硫化铅量子点的肿瘤快速检测方案》作为自治区唯一入选全国赛路演的项目，参加全国赛现场答辩并获得全国银奖。

（三）志愿服务凝心聚力

组织累计志愿者参加 20 余轮“核酸检测”工作，与银川市团委、西夏区团委广泛开展校地共建，共同开展民族团结宣讲、志愿服务等工作。在疫情防控工作中，累计组织 1 万余人次志愿者参与秩序维持、核酸检测、服务保障等。“红石榴计划”志愿服务团赴新疆克孜勒苏柯尔克孜自治州乌恰县开展助学捐赠活动，在当地引起热烈反响。

四、适应时代形势，服务中心工作

（一）举办“铸牢中华民族共同体意识”主题系列活动

举办“‘五四’青春诗会”，受到自治区团委及广大师生好评。举办“百

年共青团奋进新征程”主题团史展，受到自治区团委、教育工委领导肯定，新华社、中国青年报等媒体均予以报道。每年举办新生主题教育晚会“家园”、欢送毕业生晚会“再见民大”，举办“校园十佳歌星”“魅力新生”“社团风采展示暨学生社团工作表彰”等多项文化活动。

（二）举办抗疫系列校园文化活动

抗击新冠疫情以来，为丰富校园文化生活，持续举办“爱国力行共抗疫情”“凝聚抗疫正能量喜迎党的二十大”主题系列活动，组织开展“争做排头兵抗疫我最行”主题青春定点跑、《文化相对论》赏析、“我们——铸牢中华民族共同体意识”主题展宣讲大赛等 8 项活动。此外，还举办学校首届“一站式”学生社区文化节，累计有近万名同学参与，为引导校园安全稳定发挥积极作用。

（三）组织开通大巴专线和学生定制专机

积极联络银川河东机场及航空公司，洽谈促成学生定制专机，并开通学校至机场的大巴专线。2022 年，宁夏区内共有返乡学生 1000 余人乘坐便捷巴士；区外共有 1800 余人乘坐机场大巴专线前往机场；促成银川至贵阳、喀什等城市共计 8 趟学生定制专机，共运送学生 910 余人。人民日报、宁夏日报、国家民委微信号、宁夏教育厅微信号等均对暖心做法予以报道。

（四）举办校领导与学生代表周末晚餐会

2021 年以来，累计举办校领导与学生代表周末晚餐会活动 30 余期，每位校领导与学生代表亲切交流，共进晚餐，各相关单位负责人陪同参加并解答学生疑问。共计参加学生 900 余名，梳理汇总各学院学生代表反馈的问题 400 余条，学校相关部门予以回应解答，新华社对该项活动予以报道。

五、近年来获得的主要成绩

2020 年，校团委获得自治区团委授予校团委暑期三下乡优秀组织单位和“扬帆计划”暑期政务实习优秀组织单位，28 个团队、个人受到表彰，3 个团队入选团中央、中青在线优秀团队；在自治区“挑战杯”大学生创业计划竞赛中，获得金奖 1 项、银奖 3 项、铜奖 3 项，在全国赛中获得银奖 1 项，铜奖 2 项；“心桥计划”获得第五届宁夏志愿服务项目大赛总赛铜

奖；在全区第六届大学生艺术展演中，艺术表演类作品荣获一等奖 7 个、二等奖 7 个、三等奖 2 个，艺术作品荣获一等奖 9 个、二等奖 19 个、三等奖 23 个，学校荣获优秀组织奖称号。

2021 年，校团委荣获 2021 年全国大中专学生志愿者暑期社会实践“镜头中的三下乡”优秀组织单位，荣获优秀团队 6 项、优秀个人 4 项；获得全国和自治区“挑战杯”比赛优秀组织奖；学校在全国大学生志愿服务“西部计划”绩效考核中荣获优秀等次；在全国第六届大学生艺术展演活动中获得全国一等奖 1 项，二等奖 8 项，优秀创作奖 1 项，学校荣获优秀组织奖。

2022 年，校团委被团中央授予“全国‘五四’红旗团委”；在“挑战杯”全国大学生课外学术科技作品竞赛荣获优秀组织单位；“返家乡”社会实践工作被团中央通报表扬；在全国“镜头中的三下乡”荣获优秀组织单位，7 项团队或个人荣获团中央表彰；“石榴籽”大学生宣讲志愿服务项目荣获第六届中国青年志愿服务项目大赛和自治区赛中均获铜奖；在“迎冬奥我来赛”知识竞赛中被团中央、国家体育总局、中青报联合授予优秀组织单位；在自治区“挑战杯”大学生创业计划竞赛荣获优秀组织奖，获竞赛项目金奖 2 项、银奖 4 项、铜奖 3 项；在宁夏青少年模拟政协提案比赛中荣获优秀组织单位，9 件提案作品荣获优秀作品。

2023 年，校团委获得的主要成绩有：在“挑战杯”全国大学生课外学术科技竞赛中共有 4 项项目荣获全国三等奖；在全国大学生社会实践成果“千校千项”展示和“镜头下的三下乡”评选中共有 3 支团队获团中央和中青报表彰；在国家民委青年读书演讲活动中张海获优胜奖，学校荣获唯一优秀组织奖；在自治区大学生“话剧团课”比赛中话剧《走出去》荣获一等奖；在全区高校“我为同学做实事”项目比赛中“校领导与学生代表周末晚餐会”项目荣获一等奖；“石榴籽”大学生宣讲团、法学社、华韵双语文化传播社等 8 个团队入围自治区“民族团结我践行”百佳社团（团队），入围数量位列全区高校第一；在自治区大学生艺术展演中荣获各类奖项 88 个，获奖总数创学校历史新高。

第十一节　图书资料建设助推教学科研改革发展

2014—2023 年，北方民族大学图书馆坚持以习近平新时代中国特色社会主义思想为指引，深入学习宣传贯彻党的十八大、十九大、二十大和中央民族工作会议精神，在学校党委和行政正确领导下，在全体馆员不懈努力下，始终秉承“以人为本　读者第一”服务宗旨，坚持立德树人根本任务，将铸牢中华民族共同体意识主线贯穿图书馆工作始终。图书馆在做好常规服务的基础上，不断开创事业发展新局面，充分发挥图书馆在学校学科建设、人才培养、科学研究、社会服务和文化传承创新中的作用，积极构建适应学校教学、科研和学科发展的文献信息保障与服务体系，为学校培养堪当民族复兴重任的时代新人作出积极贡献。

一、文献资源保障能力显著提升

紧紧围绕学校人才培养目标，聚焦学校学科建设、专业发展方向，有计划、有重点、多途径地采集购置国内外各种类型的文献资源，不断夯实基础学科，优化完善重点学科、特色学科、优势学科、交叉学科、新兴学科文献资源建设力度，建立以“纸质文献资源为基础，电子文献资源为保障，共享文献资源为补充”三级文献资源保障体系。馆藏纸质文献总量由 2013 年 138 万余册增加至 195.13 万册，电子文献总量由 126 万余册增加至 205.18 万册，数据库 50 个，其中，购置资源 43 个、自建资源 2 个、原文传递（共享）资源 5 个（数据截至 2023 年 12 月 31 日）。文献购置经费由 2013 年 450 万元增加至 2023 年 1000 万元，经费增长 122.2%。2016 年新购置 Elsevier、WebofScience、Wiley、PQDT 等 8 种大型外文数据库，弥补学校外文资源不足，为学校“双一流”建设提供有力支撑。

2018 年成立北方民族大学学术文库收藏室，全面收藏我校教师的各类学术著作。引进北方民族大学机构知识库，对教师的学术成果进行收割典藏和展示分析，有效辅助学校学术研究、学科建设、科研管理和人才绩效评价。2019 年搭建图书馆特色资源库，将馆藏特色文献进行有序整理和深

层次加工，为全校师生提供特色文献信息服务。

二、馆藏空间、办馆条件进一步拓展和改善

积极优化馆藏结构，拓展藏阅空间。2017 年建成密集书库，优化了馆藏空间；将流通率低的图书集中存放至馆外集装箱和仓储空间；将多个阅览室改造为流通书库，打造大流通模式；2020 年将六楼原研究所改造成 9 个自主学习空间，完成卫生间、暖气、楼顶、下水管道等设施升级改造；2021 年设立校园西区图书流动站，实现东、校园西区图书通借通还；2023 年建成“铸牢中华民族共同体意识主题学习空间”，营造“沉浸式”铸牢中华民族共同体意识宣传教育学习氛围。

三、学科服务能力显著增强

（一）提高政治站位，切实落实意识形态工作责任

严格落实意识形态工作责任制，严把图书资源采购关，定期配合校科研处对我校教师发表的学术成果进行意识形态审查；与校党委宣传部、各学院联合编撰“北民大学生必读书目”“铸牢中华民族共同体意识”荐读书单、搜集整理《习近平总书记经典语录目录》素材资料等。

（二）深化学科情报服务，助力教学科研创新

一是创新情报服务模式。为增强图书馆服务效能，自 2019 年起尝试开展学术评价服务，利用现有数据库和文献计量工具（ESI），先后为学校提供“北方民族大学 ESI 学科分析”“2020 年最新自然指数综合排名委属院校排名、区内高校排名结果”“学校 SCI 高被引论文”“‘金苹果’中国大学民族类院校竞争力排行榜”“2022 年软科中国大学排名”“北方民族大学 2021—2023 年 ESI 学科表现”“北方民族大学 ESI 排名前 1% 学科数据统计表”等 18 份情报分析报告；配合校科研处完成期刊影响因子的检索、查询，为校人事处，各学院人才引进、申博论文引证等工作提供信息支撑。二是提升学科服务层次。学科馆员走进各学院积极推介图书馆资源与服务；搜集学科文献需求信息，建立沟通反馈机制，提高文献采选的有效性和针对性；积极开展深层次信息咨询服务、个性化推介和定题服务；为各院系师生举办电子资源培训讲座，帮助师生方便、快捷、准确地获取文献信息资源。

（三）阅读推广服务向纵深发展，着力建设书香校园

一是创新阅读推广服务，助推书香校园建设。利用“4 · 23 世界读书日”“礼敬中华传统文化”等系列阅读推广活动，积极推进书香校园建设，每年举办的年度“悦读之星”评选、读书报告会、知识竞赛、读书征文比赛、读者座谈会、“超期图书免罚”、年度“书香志愿者”评优表彰等活动，师生参与度高，在涵养优良学风校风，营造良好阅读氛围方面效果显著。二是加强文化引领，倡导经典阅读。每月利用图书馆网站、微信公众号、多媒体发布系统推介馆藏经典文献，依托国家图书馆和中国图书馆学会资源，开展“激活经典　熔古铸今——《中华传统文化百部经典》出版成果展”“文津图书奖获奖图书展”等线上线下展览活动，制作“道中华”书目推介小折页，编制“铸牢中华民族共同体意识”专题书目，引导大学生增强文化认同，坚定文化自信，推动中华优秀传统文化传承发展。

（四）培养学生自主学习能力，助力学生信息素养提升

多渠道了解学生需求，多途径拓展信息素养教育，为新生提供一站式教育权限开通服务；有针对性地为研究生及留学生开展信息素养培训；积极拓展线上培训方式，举办学科资源检索利用巡回专题讲座；与经济学院、商学院合作开展“嵌入式文献检索”课程，把文献检索课程嵌入到学生的通识教育课程和专业基础课程中。

四、读者服务能力显著提升

拓展服务内容，完善服务手段，调整服务模式，延长开馆时间，提高本科生借阅权限，缩短密集书库预约取书时间；更新“馆长信箱”，增加“读者意见箱”，定期召开读者座谈会，为读者提供多渠道的建议平台；设立“书香志愿者”服务项目，为学生提供广阔的锻炼舞台与实践平台，搭建学生和图书馆之间的沟通桥梁。

2020—2023 年新冠疫情防控期间，图书馆充分发挥战斗堡垒作用，组织党员参与抗疫工作，成立图书馆防控工作小组，建立联防联控机制，制定《疫情防控工作方案》，编制《疫情防控知识宣传手册》，认真落实网格化管理措施，有序做好防控工作，竭力为广大读者提供安全、优质的阅读

服务。严把读者入馆流程，全力做好消毒工作，加大巡查力度。2022 年 9 月学校全封闭期间，积极组建“校园封控图书馆抗疫排头兵”工作组，驻守学校近三个月，承担核酸检测、片区管理、巡逻值守等大量工作，为保证校园正常学习生活秩序，守护师生健康和安全作出了积极贡献。

五、智慧化服务水平显著提升

图书馆紧跟数字化时代发展步伐，不断提高现代化、自动化水平。2014 年引进研究生学位论文管理系统，完成我校研究生毕业论文回溯建库工作。2014 年开通图书馆微信公众号的运营，实现微信公众号中馆藏书目查询、图书续借、电子书阅读、自助文印等个性化服务。2016 年参与学校智慧校园（三期）建设，更新桌面交换机，购置阅览座位精细化管理系统、自助缴费系统、自助文印系统、文献数字化加工平台等设施设备，全面提升图书馆智能化服务水平。2017 年将图书馆所有数据迁移至学校云计算平台，实现图书馆业务数据和电子资源运行由实体服务器向虚拟化平台的转移。2018 年完成“北方民族大学图书馆云计算综合物联网管理平台”项目建设，将云桌面系统广泛应用于电子阅览室、书目检索机中。2020 年更新图书馆智慧门户网站，构建高水准的新一代图书馆资源和服务门户。2020 年申请加入 CARSI(中国教育科研计算机网统一认证与资源共享基础设施) 联盟，开通大部分数据库校外直接访问功能，拓展校外电子资源访问途径。

六、文化育人功能日益彰显

（一）深挖育人资源

图书馆积极营造爱读、乐读、善读的良好校园阅读氛围，坚持以社会主义核心价值观为引领，传承发展中华优秀传统文化，继承革命文化，发展社会主义先进文化。定期推出“每周悦读”“每月荐读”“馆藏巡礼”“铸牢中华民族共同体意识主题阅读”“党史学习书目推荐”等导读栏目，向读者揭示馆藏经典文献；为学校“八个一百”宣讲活动提供素材支撑；开展“厚植爱国主义情怀、铸牢中华民族共同体意识”主题书展；创建“铸牢中华民族共同体意识主题学习空间”，讲好中华民族共同体故事，引导师生树立正确的国家观、历史观、民族观、文化观、宗教观。

（二）搭建育人平台

建立图书馆勤工助学、志愿服务可持续发展长效机制，加强勤工助学、志愿服务岗位的科学化规范化管理；多渠道开展志愿者招募和岗前培训工作，将图书馆志愿者服务纳入学校大学生第二课堂学分评价体系；完善考评机制，对勤工助学、志愿服务岗位进行量化管理，每学期进行一次勤工助学、志愿者工作总结和表彰奖励，为勤工助学学生、志愿者施展才华和实现自我价值提供重要平台。

七、社会服务能力不断增强

积极践行高校社会服务职能，向西夏区图书馆、朔方路街道艺校社区居委会、宁夏女子监狱捐赠书刊；成立西夏区第九小学图书流动站，连续三年配送图书 2396 册；为湖南省邵阳市武陵山片区捐赠 19907 册图书；先后为银川能源学院、宁夏社科院申请开通 VPN 账号，解决其电子资源匮乏问题；向彭阳县白阳镇中心学校捐赠学习文具和图书；与银川市地方志研究室开展“5 · 18 宁夏地方志宣传日”活动；到北方民族大学幼儿园开展“道中华颂英雄”系列活动，为创建书香社会、助力社会科学研究贡献力量。

八、专业队伍建设和科研水平显著提高

馆员学历层次呈现跨越式发展，3 人考取博士研究生，逐步形成较为合理的人才结构和科研队伍。科研方面，图书馆获批并完成国家社科基金项目 3 项，宁夏社科基金项目 4 项，校级科研项目 5 项。2016、2017 年启动图书馆馆内科研项目申报工作，共立项 15 项，累计发表学术论文 79 篇。为提升馆员业务技能，先后邀请 20 位区内外专家学者为馆员举办 27 场专题讲座，分批次组织馆员参加全国各类图书馆专业培训，与全国各高校图书馆同行业务交流，了解图书馆行业最新前沿发展趋势，拓宽专业视野，提高业务素养。

九、管理服务更加科学规范

不断加强制度建设，提高制度执行力。逐年修订完善《北方民族大学图书馆规章制度》，根据学校意识形态工作要求，先后制定《北方民族大学图书馆意识形态管理办法》《北方民族大学图书馆信息发布审核管理办

法》《北方民族大学图书馆保留本图书阅览管理办法》《北方民族大学图书馆关于落实意识形态工作责任制的实施办法》等规章制度。2020年出台《北方民族大学构建文献信息服务新体系实施方案》，有力推动图书馆融入学校本科教育进程，切实促进学校本科教育内涵式发展和人才培养质量提升。（参见表5、6）

表5 图书馆2014—2023年纸质图书进书量及生均册数统计表

年份	折合在校生数（人）	年进书量（册）	馆藏总量（册）	生均年进书量（册）	生均图书（册）
2014	20167	50525	1384736	2.50	68.66
2015	20802	42350	1427086	2.03	68.60
2016	20846	65313	1492399	3.13	71.59
2017	21127	92554	1584953	4.3	75
2018	21468.5	94186	1679139	4.39	78.21
2019	22011.5	93942	1773081	4.27	80.55
2020	22731.5	72324	1845405	3.18	80
2021	23237	23631	1869036	1.01	80.43
2022	23983	39639	1908675	1.65	79.58
2023	24462.5	42677	1951352	1.74	79.77

表6 图书馆2014—2023年图书资料购置一览表

年份	纸质图书（册）	电子资源（册）	数据库（个）	报刊（种）
2014	1384736	1261353	26	2020
2015	1427086	1369219	42	1948
2016	1492399	1420521	49	1844
2017	1584953	1497418	44	1542
2018	1679139	1605539	47	1529
2019	1773081	1794009	47	1240
2020	1845405	1839145	47	1217
2021	1869036	1851049	49	1128
2022	1908675	2072440	50	352
2023	1951352	2051843	50	339

第十二节　校友工作规范有效发展

学校历来重视校友工作，尤其是近些年来，从机构、人员、场地、经费等方面给予了大力支持，使校友工作迈上了新台阶。随着校友工作的深入推进，尤其是宁夏北方民族大学校友会注册成立，学校与校友相互关心、相互支持、共同发展、共同进步的良性局面逐步形成，“爱国奉献、爱校感恩、团结互助”的校友文化也逐步成为共识。

一、加强组织领导，建立健全校友工作机制

2014 年 9 月，学校设置副处级独立工作机构校友工作办公室，标志着学校校友工作正式起步。2019 年 4 月，学校机构改革，校友工作办公室划归新组建的发展规划与学科建设处管理，为副处级机构。2022 年 6 月，印发《关于北方民族大学进一步加强校友工作的意见》，成立校院两级校友工作领导小组，由校党委书记、校长任组长，其他校领导任副组长，成员由学校各职能部门主要负责人、各学院党委（总支）书记、院长组成，全面领导学校校友工作。各学院成立由学院书记、院长担任组长的校友工作领导小组，全面负责本学院的校友工作。校友工作领导小组先后多次召开专题会议，对推进校友会筹备等校友工作重大事项进行研究，推进重点工作落实情况。

2014 年，学校正式启动北方民族大学校友会及分支机构的建设工作。在学校和各地校友的共同努力下，2014 年 7 月，北京校友会、宁夏校友会成立；2014 年 8 月，粤港澳台地区校友会成立；2014 年 9 月，四川校友会、华东地区校友会、青海校友会成立；2015 年 5 月，内蒙古校友会成立；2016 年 7 月，新疆校友会成立；管理学院校友分会音乐舞蹈学院校友分会 2 个校内校友分会也先后于 2016 年、2018 年成立。对于还没有建立校友组织的地区，重点发展了一批热心校友工作的积极分子，协调、指导他们做好当地校友组织的筹备工作。2021 年，学校正式启动北方民族大学校友会筹备工作，并依据社团管理条例的规定推进申请和注册。经过多方

协调和努力，2021 年 11 月，自治区教育厅同意作为“北方民族大学校友会”业务主管单位，2022 年 6 月，经自治区民政厅审核，预先核准我校校友会组织名称为“宁夏北方民族大学校友会”，2023 年 4 月 28 日，“宁夏北方民族大学校友会筹备暨第一届会员大会”隆重召开，宁夏北方民族大学校友会正式成立，大会选举产生 31 位理事、3 位监事，北方民族大学党委书记、校长李俊杰当选为校友会第一届会长。5 月 26 日，自治区民政厅批复同意宁夏北方民族大学校友会办理社会团体（法人）登记。校友会的正式成立，标志着我校校友工作掀开了新的一页，进入了新的发展阶段。同时，通过成立服务校友工作志愿者协会等学生社团、选聘毕业班级校友联络员制度等，鼓励和支持在校学生利用课余时间积极开展寻访校友、撰写校友风采稿件、为返校校友提供志愿者服务等活动，为在校学生参与校友工作提供支持，不断培育在校学生的校友意识。至此，校院两级校友工作体制逐步完善，包括学校校友会、学院校友分会、地方校友分支机构在内的校友工作网络逐步健全，形成“学校统筹、校院结合、师生参与、各地互动”的校友工作大格局。

二、搭建交流平台，密切与校友的联系

建立健全校友工作研讨会、校友会工作例会、年会制度、校院领导走访各地校友会制度，及时通报学校的最新动态和取得的成绩，广泛征集校友对学校办学的意见和建议，与各地校友保持密切的感情沟通和信息交流，增进校友的归属感。

定期研讨，凝聚共识。自 2015 年起，定期举办校友工作研讨会成为一项主要的常规工作。先后于 2015 年 7 月、2016 年 10 月、2017 年 11 月、2019 年 8 月、2023 年 4 月 28 日召开五届校友工作研讨会。

开展形式多样、内容丰富的校友联谊活动。学校于 2017 年正式启动“校友毕业三十周年返校”活动。2017 年至 2019 年顺利举办三届校友毕业三十周年返校活动。毕业生们欢聚一堂，抚今追昔，重温校园时光，感受学校发展，对学校的感情进一步得到升华。

各地校友会也定期开展校友联谊活动，不断加强校友之间的沟通与联

系。粤港澳校友分会定期举办校友登山、骑行、健步、年会等丰富多彩的联谊活动，校友参与的积极性高涨，凝聚力不断增强。青海校友分会连续5年开展“这个冬天不让孩子寒冷”送温暖、献爱心主题活动，在为青海贫困山区小学教育发展贡献校友力量的同时，传播“北方民大精神”。2015年9月，宁夏校友会召开了校友企业论坛，校友企业家欢聚一堂，共商发展大计，寻找合作机会；各地校友会之间也定期开展联谊活动，共商合作，共谋发展。

三、加强宣传教育，增强校友的归属感、认同感

校友办不断建立完善校友会刊物、网站、微信公众号等平台，以“讲好民大故事、展示校友风采”为宗旨，及时报道母校发展的新成果，宣传校友取得的新成就，使之成为对外展示学校和校友良好形象的重要载体。校友刊物《薪火》自2015年12月创刊以来已编辑印刷17期，其中1期为优秀校友专刊，选取我校自建校以来优秀校友典型，将他们的先进事迹汇集成册，为我校迎接教育部审核评估提供成果展示材料之一。2020年起，利用寒暑假期间学生返乡开展社会实践为契机，校友工作办公室和校团委联合开展“寻访最美校友”活动。

校友办和各学院不断拓宽工作渠道，挖掘优秀校友事迹，充分发挥校友资源独特育人优势，利用新生入学、毕业教育和校友返校等机会，采取座谈会、论坛、专题讲座、校友先进事迹报告会等各种形式，以校友榜样引领、典型示范的强大感染力与吸引力，凝聚广大校友与师生助力学校高质量发展的强大精神力量。2019年9月27—28日，学校邀请86级及北京、宁夏等地区部分校友返校参加“不忘初心、牢记使命”主题教育及学校举办的“万人唱响中国梦　我与祖国共奋进”大型演出活动。

自2022届毕业生开始，校友办统一制作校友卡、校友文创产品，增强校友的归属感。切实增强在校学生的爱校意识、校友意识和母校情结。

四、充分整合校友和社会资源，实现学校与校友共同发展

树立为校友终生服务的理念，关心、支持校友自身和事业的发展，使学校成为校友的坚强后盾，成为校友永远的家园。形成母校关心校友、校

友回馈母校的互动双赢局面。

学校在“十三五”“十四五”事业发展规划制定、北方民族大学章程制定、修订及学校教育教学改革等重大工作过程中，广泛征求校友的意见和建议，充分吸纳校友的建议，使校友真正成为学校事业发展的参与者、贡献者和见证者。

各学院积极向校友企业推荐优秀毕业生，共建实习就业基地。学校及许多教师持续为创业毕业生提供政策、场地、技术、管理等方面支持。宁夏校友会主动联合宁夏企业发展促进会、银川市工商联、银川市外事办等单位，先后在学校举办了“民族团结、共同奋斗”座谈会、培训及讲座，为校友企业发展奠定了坚实的基础。

以学校校友会、教育发展基金会为抓手，校友和校友企业按照“捐赠自愿”原则，以设立奖学金、助学金、捐赠实物等形式，助力学校人才培养和科学研究。毕业三十年返校校友捐赠大型景观石“石之语”“青春之歌”纪念雕塑等已成为校内标志性的景观；95 级电子工程专业马强、92 级法律专科马志勇、2006 级高分子材料专业欧阳国乾等校友在学校设立奖学金、助学金，为在校学子提供了学习和前进的动力。疫情期间，校友企业北斗壹峰广告传媒有限公司、宁易捷商贸有限公司、宁夏锦云电子商务有限公司、宁夏云端信息科技有限公司等向学校捐赠口罩、消毒液等物资，助力学校疫情防控工作。

五、民大校友品牌效应不断加强，成为铸牢中华民族共同体意识的践行者和生力军

民族地区是我校主要生源地，56 个民族的同学在这里共居共学、共同发展、共同进步，成为中华民族大家庭的缩影。目前，我校 7 万余名毕业生遍布祖国各地，在各自的岗位上发着光和热。同时，大批校友扎根于西部、扎根于基层，用实际行动为民族地区的脱贫攻坚和民族团结做出了自己的贡献，成为铸牢中华民族共同体意识的践行者和生力军。如连续多年作为“1+1”中国法律援助志愿者行动的志愿律师到甘肃、西藏、新疆等边疆省区贫困县从事法律援助工作，先后获得“全国三八红旗手”“CCTV2015

年度法治人物”“全国优秀律师”“全国维护妇女儿童权益先进个人”等称号的马兰、扎根祖国“西陲第一乡”的90后女书记陈邹凤、被评为“最美新疆人”的反恐特警山巴台、长期工作于基层法院并荣获2021年“全国法院办案标兵”称号的马瑞玲、受到习近平总书记亲切接见的国务院第六次全国民族团结进步模范个人秦文博、受国务院表彰的全国就业创业优秀个人任立超、引领云南花卉电商发展的龙头企业昆明花易宝科技有限公司的创办人赵永能、荣获第六届全国百佳新闻工作者称号的何玉玲等。

第四章 沉舟侧畔千帆过

全面深化综合改革激发创新活力

◆ 2015 年 6 月 22 日，我校召开全面深化综合改革会议

◆我校举办 2022 年全区教育系统铸牢中华民族共同体意识专题培训班

◆我校承办湖南省怀化市工业和信息化系统经济运行干部专题培训班

◆我校承办黔南州铸牢中华民族共同体意识推进民族地区高质量发展暨宗教工作能力提升专题示范培训班

◆我校承办西藏民族工作部门干部专题培训班

◆我校承办广西南宁市青秀区人大常委会干部履职能力提升培训班

◆我校与中共宁夏区委党校（宁夏行政学院）举行合作签约仪式

◆北方民族大学与西夏区人民政府、银川市教育局
共建北方民族大学附属中学学校发展共同体战略合作框架协议签约仪式

◆我校举行电商产业学院揭牌仪式

◆校领导到我校扶贫点宁夏泾源县六盘山镇指导扶贫工作

◆活跃在第六届中国－阿拉伯国家博览会上的“北方民大身影”

◆北方民族大学附属中学

习近平总书记强调，从教育大国到教育强国是一个系统性跃升和质变，必须以改革创新为动力。要坚持系统观念，统筹推进育人方式、办学模式、管理体制、保障机制改革，坚决破除一切制约教育高质量发展的思想观念束缚和体制机制弊端，全面提高教育治理体系和治理能力现代化水平。（2023年5月29日，习近平总书记在中央政治局第五次集体学习的重要讲话精神）

第一节 全面深化学校综合改革

2013年11月，党的十八届三中全会审议通过了《中共中央关于全面深化改革若干重大问题的决定》，为深化教育领域综合改革指明了方向，2014年被视为全面深化改革元年。站在新的历史起点上，刚过而立之年的北方民族大学步伐稳健而笃定，抢抓机遇，主动作为，全面深化综合改革，推进内涵式高质量发展。学校进一步实施质量立校、人才强校、科技强校、管理兴校“四大战略”，持续推进人事制度、教育评价和科研管理等领域改革，优化岗位聘任、绩效考核、职称评聘、科研管理“放管服”等，进一步加强人才师资队伍建设；加快科研成果转换，助力宁夏及西部地区产教融合发展；坚持党建引领工建，充分发挥工会民主管理和监督作用；提高后勤系统服务质量，完善“三全育人”育人体系。同时，继续

教育质量不断提升，充分发挥了民族高校服务民族地区和国家级专业技术人员继续教育基地的示范引领作用。2023 年 1 月 17 日，国家民委召开了委属事业单位改革部署会，对学校的改革发展做出了重要安排，学校党委坚决贯彻落实部署会精神，围绕主线，聚焦内涵式高质量发展，出台了一系列改革举措，为学校转型升级发展注入了新动力。附属中学坚持教育品牌意识，围绕提高教学质量深耕不辍，实现了“低进高出，高进优出”的高考目标，社会好评度和美誉度不断提高。十年来，通过全面深化综合改革，学校建设的内在活力得到进一步激发。

2014 年以来，学校坚持以习近平新时代中国特色社会主义思想为指导，全面贯彻党的教育方针，以教育评价改革为牵引，统筹推进育人方式、办学模式、管理体制、保障机制改革，在立德树人、铸魂育人方面开拓奋进、创新作为，在新时代新征程上持续提升学校综合实力与核心竞争力。

为全面加强党的领导，学校深入贯彻落实中央、国家民委党组、自治区党委关于意识形态工作的决策部署，维护校园稳定和政治安全，大力实施“5398”专项计划，精心编创的铸牢中华民族共同体意识主题思政课“石榴花开——中华民族一家亲·同心共筑中国梦”深受好评。2021 年 12 月 2 日，《光明日报》对学校将铸牢中华民族共同体意识贯穿党史学习教育全过程进行深入报道，学校获评自治区第一批校园治理达标县（校）。2023 年，学校获批自治区“民族团结示范校”。

成立大学生思想政治工作领导小组、教师思想政治工作领导小组，加强思想政治工作的领导。发挥优秀典型带动作用，通过学校官方微信公众号“名师风采”专栏做好优秀教师宣传工作，组成由校领导“领衔”，共 90 人的思政课教学创新团队，面向全体教师开展宣讲近百场，1.1 万余人次听讲，宣讲活动坚持走深、入心、走实，形成了北方民大党史学习教育宣讲品牌。

为充分调动广大教师从事教学的积极性，强化教师担任教学工作的责任意识，2019—2021 年，学校先后印发《北方民族大学基本教学工作量及计算办法（试行）》《北方民族大学本科教学督导管理办法》等制度，实施新时代思政课改革创新提升工程，出台并落实《北方民族大学处级以上干

部深入基层联系学生实施办法（试行）》《北方民族大学关于领导干部上讲台讲授思想政治理论课和形势与政策课实施办法 (试行)》。

积极推进人事制度改革，构建高质量人事工作体系。根据教师工作的实际情况分为思想政治教育型、教学为主型、教学科研型、社会服务型 4 种类型，实行分类评价、周期性评价。在职称评审中推行代表性成果评价、同行专家评议。

学校把立德树人融入教育教学全过程，实现“三全育人”。通识必修教育平台开设 2 学分劳动教育课和 4 学分大学体育课，要求必须修读 2 学分的艺术素养类课程。印发《北方民族大学学生境外访学资助管理办法（试行）》《北方民族大学学生出国管理暂行办法》，扎实推进学生国际交流，推动学生境外访学，培养大学生国际视野。

完善体育、美育、劳动教育的评价，促进德智体美劳全面发展。2020 年，印发《北方民族大学“第二课堂成绩单”制度实施办法（试行）》，推进“五育并举”全面发展素质教育，完善学生发展服务体系。

建立与培养目标相适应、有利于创新型人才和应用型人才脱颖而出的研究生考试招生制度，并不断完善，鼓励教师参加命题和考务工作。

在学校岗位设置聘任管理工作的基础上，通过柔性引进、全职聘用、客座教授、兼职聘用等灵活多样的用人办法，建立高层次人才引进绿色通道，实施年薪制、协议工资，引进业界知名专家学者、学科带头人等，其中引进双聘院士 2 人。

到 2021 年，学校获批数学一级学科博士学位授权点，4 个一级学科硕士学位授权点，4 个专业硕士学位授权点，拥有一级学科博士授权点 2 个，一级学科硕士学位授权点 13 个，专业硕士学位授权点 14 个，形成以“特色、质量和贡献”为导向，打造“精品文科、优势理科、特色工科”的学科建设体系。

2023 年 1 月 17 日，国家民委召开委属事业单位改革发展部署会。会议强调，要深入学习贯彻党的二十大精神，按照国家民委新“三定”规定要求，完整准确全面把握和贯彻习近平总书记关于加强和改进民族工作的重要思想，紧紧围绕铸牢中华民族共同体意识主线，加快委属事业单位

转型升级，推动党的民族工作高质量发展。学校第一时间传达学习会议精神，召开贯彻落实国家民委事业单位改革发展部署会精神动员布置会，制定并完善贯彻落实部署会议精神的工作方案，各工作组、各单位、各部门主动认领任务，层层压实责任，扎实稳步推进，通力合作协调解决问题矛盾，推进学校改革发展和转型升级。

第二节　“服务宁夏”战略及服务社会成果

2014 年，学校第一次党代会明确提出大力实施“服务宁夏”战略，学校科研工作牢固树立“以服务求支持，以贡献求发展”的理念，积极寻求合作，充分发挥自身科技优势，推动科研工作为地方经济社会发展服务，深入实施服务“宁夏战略”。

十年来，学校先后与银川市人民政府、吴忠市人民政府、石嘴山市人民政府签署战略合作框架协议，与自治区经济和信息化委员会、自治区民委、银川市工信局、宁夏灵武白芨滩国家级自然保护区管理局等部门签署了合作协议，拓宽了学校与地方政府合作的途径。先后与西北轴承股份有限公司、宁夏天地奔牛实业集团有限公司、宁夏共享集团股份有限公司等企业签署校企战略合作框架协议，校企合作得以更加深入开展。

学校在校级科研重点项目中专门设立了“宁夏及周边地区经济社会发展应用性研究”项目类别（分为服务宁夏决策咨询类、科技创新类项目、服务自治区九大产业专项），引导广大教师围绕自治区创新驱动发展战略，坚持把论文写在大地上、把成果用在实践中。在铸牢中华民族共同体意识理论研究、粉体材料与特种陶瓷研究、工业废弃物循环再利用、葡萄种植与葡萄酒酿造技术、兴边富民与乡村振兴等方面形成了一定的特色和优势。

2017—2020 年，出台并完善《北方民族大学横向科研项目管理办法》，在 2018—2020 年度连续 3 年与企业设立横向联合资助项目，解决企业技术难题。同时在历次的科研激励办法中对争取的横向科研项目给予一定比例的奖励，学校出台《北方民族大学科技成果转化管理办法》，极大激励了教学科研人员从事科研成果转化的积极性。

学校鼓励教师走出去，加强与地方企业联合攻关，加快科技成果转化，为民族地区现代化建设和区域经济社会发展贡献才智力量。近十年承担横向科研项目600余项，资助经费2亿6000余万元。70余项科技成果进行了转化，转让合同经费700余万元，其中材料科学与工程学院吴澜尔教授的“碳化硅亚微米粉体及无压烧结碳化硅陶瓷技术”成果使用权转让收益130万元，成为学校有史以来单项转让金额最高的成果。

2022年，学校与宁夏灵武白芨滩国家级自然保护区管理局合作共建“宁夏白芨滩生态修复与灌木林碳中和野外科学观测研究站”，共同开展科研，力争建设成为国家级野外台站。目前该站已成为学校科研基地、研究生和本科生教学实习实训基地、党建活动教育基地。

机电工程学院与西北轴承装备制造有限公司联合研发的横向项目——“面向轴承车加工智能制造系统”，争取经费100万元。该项目是学校与宝塔实业签订“战略合作框架协议”以来实施落地的第一个联合技术攻关项目。通过工业机器人与数控机床的配合，利用系统集成创新技术实现了对轴承零件车加工自动上下料功能，大大提高了企业生产效率，降低了用工成本，使企业获得了良好的经济效益，具有很好的推广和应用价值。为宁夏传统制造产业向智能制造升级改造做出了重要贡献。

材料科学与工程学科针对国家和地区战略需求与地方产业转型发展需要，开展了“高温陶瓷材料设计制备”“工业副产物循环利用”“金属材料特种制备技术”“高性能高分子材料”等领域的研究工作。“碳化硅微粉制备技术”“碳化硅液相烧结预混粉制备技术”“微波辅助溶胶凝胶法制备Bi12TiO20纳米粉体”“高掺比工业固体废弃物制备建材先进技术”“煤矸石固体废弃物资源化及再利用技术”“复合材料电杆、操作杆用改性材料研发”等技术成果应用于宁夏机械研究院、银川艾尼工业科技开发股份有限公司、银川汤姆森电气有限公司、宁夏亘峰嘉能能源科技股份有限公司、宁夏然尔特实业集团有限公司、宁夏大地循环发展股份有限公司等企业，为扎实推进高校服务地方做出了贡献。

在与宁夏机械研究院合作承担的国家国际合作项目“高孔密度碳化硅陶瓷柴油机尾气过滤器的合作研发”中，开发出具有国内领先水平的汽车

尾气过滤器用碳化硅蜂窝陶瓷，并将进一步开发车载碳化硅汽车尾气过滤器，以替代进口产品。

与宁夏惠冶镁业集团就镁渣处理问题共同开展的科技攻关，项目实施后，改质后的镁渣可成为炼钢中的添加剂和建筑原材料，降低金属镁冶炼中废渣的氟污染环境问题，同时也解决了镁企业镁渣运输、储存、堆放严重污染环境的问题，使镁企业废渣产生了循环利用，实现了清洁化生产的现代化生产工艺。在此基础上，紧密与企业一起，组建产学研合作团队，建立了金属镁冶炼还原渣、电解锰渣等研发平台，已经成为支撑宁夏典型工业固废高值化利用的技术研发和成果转移的重要基地。

生物科学与工程学院积极落实自治区“脱贫富民”战略，组织教师积极参与全区科技扶贫工作，10 位科技扶贫指导员多次前往西吉县兴平乡、西滩乡 10 个村开展科技扶贫工作，围绕当地产业，深入村户、农田，一对一，手把手地进行技术指导和培训，深受当地人们的好评。同时结合当地的产业，开展了《生物有机肥和微生物菌剂在特色作物种植中的应用示范与推广服务》《马铃薯 / 燕麦间作配施生物菌肥种植模式示范与推广服务》项目研究，旨在用先进的技术手段改变传统的种植模式，并推广使用。

在科技扶贫指导员工作基础上，学院精心选派了 10 名具有较高科研水平和丰富实践经验的教师组成北方民族大学乡村振兴科技指导员服务队，在宁夏固原市隆德县 10 个村开展乡村振兴指导工作。科技指导员们深入田间地头，牛圈大棚，认真细致地为村民进行技术培训、政策宣讲、生产指导和规划设计，内容涉及畜牧、养殖、旅游、电商和种植等方面，为群众解决了一些生产生活中的实际问题。

电气信息工程学院与宁夏地方经济建设中的电子信息技术、装备制造、自动化仪表等紧密结合，加强与周边大型高新技术企业合作，开展了一批企业委托的横向课题，积极促进了地方经济的发展，先后完成了卧龙电气银川变压器有限公司委托的“车载牵引变压器技术开发与研究”、宁夏隆基宁光电表有限公司委托的横向项目“智能电表系列产品技术开发”、宁夏银利电器制造有限公司委托的“电力电子电磁元件仿真”、西部电子商务股份有限公司委托的“宁夏农业物联网技术研究与集成示范——宁夏

农产品质量溯源云平台”等项目，积极服务于宁夏新能源、装备制造以及信息产业发展。

学校与中国科学院过程工程研究所、宁夏农垦贺兰山农牧场联合研发的“粉煤灰基盐碱地改良新材料开发与应用”，不管从作物的量产，还是对于土壤团粒结构的改变来讲，成效都非常显著。研发的多个核心技术，如粉煤灰中金属深度脱除、粉煤灰定向活化、盐碱土壤结构再造等技术取得突破。项目研究成果可在全国范围大规模推广，既可改良土壤，提高作物产量，又能大量消纳粉煤灰固废，对于我国西部煤炭产业基地工业和农业经济持续健康发展、国土治理、环境保护等均具有极其重要的意义。

粉体材料与特种陶瓷团队研发的具有自主知识产权的“碳化硅亚微米粉体及无压烧结碳化硅制造技术”，成功实现转让，延伸了宁夏碳化硅相关企业的产业链。材料科学与工程学院研发的半导体复合光催化剂在自然光下对典型有机污染物的降解率达到 90% 以上，且循环稳定性好、使用方便、操作简单、污泥产量极低，符合市场上对工业污水降解的需求；研发的太西煤基负极材料，对宁夏太西煤高值化利用和产业结构调整升级起到积极作用。

生物科学与工程学院教师研究成果“贺兰山保护区采煤迹地生态修复技术研究”，针对石嘴山市大武口区境内的贺兰山大山深处的汝箕沟大峰煤矿露天采坑生态治理修复点，进行涵盖地形整治、边坡稳定，适生植物筛选与植被建植、保育等多方面的攻关研究。初步选择出 20 种适宜在此生长的乡土植物物种，试验区域里的植物成活率在 30% 至 60%，个别区域植物成活率超过了 60%。为贺兰山采煤区大规模恢复治理的植物物种和生态治理方法进行了有益探索。

为了更好地监测黄河流域的生态环境，生物科学与工程学院教师先后承担了贺兰山、黄河湿地、吴忠农田防护林国家生态观测站的创建任务，与宁夏灵武白芨滩国家级自然保护区管理局合作，创建了我国第一个灌木林生态观测研究站，填补了我国灌木林生态修复的碳中和研究领域空白。

学校多项成果围绕自治区新型材料、装备制造、数字信息、葡萄酒等“六新六特六优”产业开展。社会影响力显著提高，多项成果被中央电视

台、宁夏地方媒体报道。

学校积极引导哲学社科人员在服务国家重大需求上下功夫，《南疆地区基层组织建设状况的调查报告》被新华社“国内动态清样”刊发并得到汪洋主席批示；《移民村是如何成为“亿元村”的——宁夏银川市西夏区昊苑村的融合发展之路》得到自治区党委书记梁言顺、自治区政府主席张雨浦肯定性批示。15 篇研究报告刊登在《民族工作研究》《成果要报》；20 项决策咨询类的成果被省部级及以上领导批示，100 余项成果被自治区相关部门采纳，为服务中央和自治区党委、政府决策提供了重要参考。

学校教师从乡村振兴和脱贫攻坚统筹衔接视野，为斩断返贫之根，开展相关研究工作。主持完成自治区人民政府重大行政决策咨询研究重点课题，调研报告“共同富裕背景下民族地区巩固脱贫攻坚成果难点及对策”获得 2021 年度国家民委优秀调研报告奖励，撰写的“宁夏巩固拓展脱贫攻坚成果面临的挑战”，被吸纳入《以“四大提升行动”为载体推动宁夏巩固拓展脱贫攻坚成果与乡村振兴有效衔接》的调研报告，并获得时任自治区党委书记陈润儿批示。“乡村振兴战略背景下宁夏农村基础设施建设研究——天然气下乡专题研究的调查服务”“宁夏贫困地区农业特色优势产业发展研究——固原市肉牛产业研究的调查服务”等研究报告，助力宁夏乡村振兴事业的发展。

学校教师坚持深入基层，开展生态移民地区产业兴旺内生动力、金融效率、乡村振兴意愿与村委会能力建设等方面的调研，并接受相关政府部门委托开展了宁夏海原县、泾阳县、西吉县、原州区、彭阳县的扶贫政策绩效评价工作，获国家民委社会科学研究成果奖（调研报告类）三等奖 1 项。

学校教师受委托起草、编制的《宁夏回族自治区森林防火办法》《宁夏回族自治区“十三五”时期文化发展改革规划纲要》《宁夏回族自治区食品药品安全“十三五”规划》《宁夏回族自治区“十三五”老龄事业发展和养老体系建设规划》等已经自治区人民政府同意并印发实施。

学校主动融入国家一带一路倡议，获批教育部、国家民委 3 个国别和区域研究中心，分别为乌兹别克斯坦研究中心、卡塔尔研究中心、巴基斯

坦研究中心，分别对乌兹别克斯坦文化、教育，卡塔尔文化、贸易政策，巴基斯坦民族政策、社会热点问题进行研究，形成调研报告上报上级部门。主持中阿国家技术转移重大战略问题研究项目“若干阿拉伯国家技术转移重点方向及相关数据库建立问题研究”（涉及的国家有沙特、卡塔尔、巴林、约旦、也门、埃及、苏丹、阿曼、阿联酋、巴勒斯坦、科威特、黎巴嫩）中阿合作技术转移与合作专项“亿吨级哈萨克斯坦铜冶炼渣的综合利用技术研究”，这些课题的研究成果必将会对了解一带一路沿线国家起到积极作用，为国家政府部门提供决策服务。

通过两轮评估，加入高校区域国别联盟，召开两场学术研讨会、三场学术论坛，与宁夏“智慧宫”“宁夏真呐中巴文化公司”签订合作协议以发挥高校智库作用。出版著作 5 部、发表论文 20 篇、撰写咨政报告 120 篇，其中 5 篇被国家部委相关部门采纳，20 余篇获省部级相关部门批示，获批国家外专项目 3 项、教育部国际司文化走出去项目 1 项。

第三节　第三轮岗位聘用工作

新时代教师队伍建设改革是全面贯彻党的教育方针和人才政策，使教职员工管理走上制度化、规范化、科学化轨道的关键，对切实提高学校教育教学质量，促进学校内涵式高质量发展具有重大现实意义，岗位聘用工作是新时代教师队伍建设改革的重要一环。

人才发展与学校发展同频共振，为深入做好岗位聘任工作，学校坚持理念先行，科学做好方案制定。根据《深化新时代教育评价改革总体方案》《中共中央国务院关于全面深化新时代教师队伍建设改革的意见》等文件精神，按照国家民委党组部署，结合学校发展需要，深化和推进岗位聘用制度改革，推进分类聘用、分类管理机制，使得岗位分类管理机制更加健全，各级各类岗位聘用条件和职责任务设置更加科学，同时加强了各类岗位的聘期考核管理，全面实行“按需设岗、平等竞争、择优聘任、以岗定薪、严格考核”的岗位聘任制。

2021 年，学校印发《北方民族大学第三轮专业技术岗位设置与聘用实

施办法》《北方民族大学专业技术二、三级岗位聘用条件》《北方民族大学专任教师二、三、四级岗位职责》等制度。当年9月2日，召开第三轮专业技术岗位聘用启动会，扎实稳步推进第三轮岗位聘用工作。会上，校党委书记刀波主持会议并讲话，校党委副书记东·华尔丹就相关文件作了解释说明。

学校成立了专业技术岗位聘用工作领导小组，党委书记、校长为组长，其他校领导为副组长，党委组织部、人事处（党委教师工作部）、党委学生工作部（学生处）、研究生院（党委研究生工作部）等职能部门负责人为成员，负责领导组织全校专业技术岗位的设置、聘用与考核工作；领导小组办公室设在人事处（党委教师工作部），负责岗位设置与聘用工作的实施。全校各单位成立专业技术岗位聘用工作小组，负责本单位聘用、考核工作的组织实施。

在第三轮专业技术岗位设置与聘用工作中，学校紧紧围绕发展目标，深入实施人才强校战略，聚焦立德树人根本任务，坚持从人才培养、科学研究和社会服务等需要出发，统筹学科专业建设，按照上级部门核定的岗位结构比例标准，兼顾现有各类岗位结构和人员情况，建立和完善岗位设置分类分级体系，科学设置各级各类岗位。并以岗位设置为基础，完善人才选拔、使用、考核、激励与保障机制，按照岗位设置方案，公开竞聘，择优聘用。同时强化了岗位职责和聘期考核，重点突出思想政治、能力、业绩的考核。在充分考虑学校实际情况的基础上，妥善处理改革、发展和稳定的关系，积极稳妥实施，使得岗位设置和人员聘用工作顺利推进，充分调动了广大教职工的积极性和创造性，营造了良好的氛围。

第四节　绩效管理工作改革

2018年以来，中共中央办公厅、国务院办公厅印发《关于深化项目评审、人才评价、机构评估改革的意见》《关于分类推进人才评价机制改革的指导意见》《深化新时代教育评价改革总体方案》等一系列指导性文件，要求高校坚持立德树人，坚持问题导向，不断推进分类评价，突出教育教

学实绩、改进教师科研评价，建立以品德和能力为导向的人才使用机制。

在这样的形势下，2019 年，学校第二次党代会提出，要“着力构建系统完备、科学规范、运行有效、具有民族院校自身特色的治理体系，增强内部治理能力”“改革考核评价机制，建立科学合理的绩效评估、奖惩、问责机制，推进全面深化改革”。2020 年 4 月，学校启动绩效工资改革，出台了《北方民族大学绩效工资实施办法（试行）》，提高了教职工的待遇，但尚未建立完善的考核评价体系，评价标准与国家现行制度也存在不相适应的情况，需要通过制定一系列考核评价管理办法，逐步完善考核评价机制，保障绩效工资制度的有效实施，形成完整的人事制度改革体系。

考虑到绩效工资考核管理办法，教学、科研基本工作量及计算办法的制定，是学校健全教师评价体系的重要措施，对学校树立正确用人导向、激励引导教师发展、调动教师积极性具有重要意义，也是学校制定职称评审条件、岗位聘任条件及聘期职责的重要文件基础，是考核及聘期考核的重要依据。2020 年，学校成立专门工作组，深入学习中央及上级部门的文件精神，开展全面的调研及数据测算。人事处、教务处、研究生院、科研处形成了文件讨论稿，并面向全校征求意见。2020 年 9 月至 2021 年 4 月，学校先后召开 6 次专题会议，同时面向党政职能部门、教辅单位负责人、学院负责人、教授、青年教师代表召开多次座谈会，广泛征求意见。相关部门对各方意见建议逐一研究分析，不断修改完善，形成了《北方民族大学绩效工资考核管理办法（试行）》，通过了学校教代会审议。

委属事业单位改革发展部署会以来，坚持大胆创新和稳步推进相结合，推出一系列与铸牢中华民族共同体意识工作贡献率挂钩的举措，通过正向激励措施，统一思想，凝聚共识，不断激发人才的内在驱动力。学校围绕国家民委新“三定”规定“转观念、转职能、转作风”，在改革“选人用人、绩效管理、项目运作、资源整合”机制和建立分类指导机制上下功夫、谋突破、见实效。修订学校《高教系列职称评审条件》《第三轮专业技术岗位设置与聘用实施办法》《绩效工资实施办法》《博士补助管理办法》《工作业绩突出团队绩效奖励办法》等，突出绩效调控与服务铸牢中华民族共同体意识工作贡献率挂钩；出台学校《校外挂职工作管理办法》《北

方民族大学校院两级党员领导班子成员联系青年教师实施办法》等，为提高人才培养和服务水平完善制度保障；出台学校《推进领导干部能上能下实施办法》《处级领导干部政治把关和政治素质考察实施办法（试行）》，让有为者有位、能干者能上、优秀者优先；出台学校《“三全育人”模范评选表彰办法》《教师师德考核办法》《关于加强和改进新时代师德师风建设的意见》，确保师德师风建设有效落实稳步推进。

体制顺、机制活，则人才聚、事业兴。学校认真贯彻落实习近平总书记关于人才工作的重要论述，不断优化人才发展环境，进一步激发人才创新创造活力。

第五节　职称评聘工作改革

职称制度作为科学评价、用好用活人才的指挥棒，是激发广大人才创新活力的重要杠杆。2016 年 12 月，中办、国办印发深化职称制度改革的意见，全面部署职称制度改革。2020 年，中共中央、国务院印发了《深化新时代教育评价改革总体方案》，破除“五唯”顽瘴痼疾。

十年来，学校不断探索职称制度改革之路，2021 年，学校印发《北方民族大学职称评审办法（试行）》《北方民族大学高教系列职称评审条件（试行）》，以科学评价为核心，以促进人才开发使用为目的，努力把职称评给大家最认可的教师，为教师评价破除“唯论文、唯文凭、唯帽子”蹚出一条可行的路子。2023 年在试行的基础上，学校印发《北方民族大学职称评审办法》。

学校职称评审坚持以改革促创新，以培养造就一支有理想信念、有道德情操、有扎实学识、有仁爱之心的高素质专业化创新型教师队伍为目标，遵循“坚持标准、保证质量、全面考核、择优晋升”原则，客观、公正、科学评价教师的能力素质、业绩水平和实际贡献，在评审中注重师德师风、教书育人、能力素质、业绩贡献、社会服务等方面的全面考核和综合评价，最大限度激发各类创新主体和科研人员的积极性创造性，促进学校内涵式发展。

职称评审不再“一把尺子量到底”，新的高教系列职称评审条件，按照分类评价原则，根据教师工作的实际情况，高级职称分为思想政治教育型、教学为主型、教学科研型、社会服务型4种类型，实施分级分类指导、分类评审，对不同类型教师采取不同的评价标准，实现“干什么、评什么”，评价体系更加健全，评定标尺更加贴身、适用。

新的职称评审条件取消职称外语和计算机应用能力考试要求，将教师以往取得的外语、计算机考试证书折合为继续教育公需课课时。评审条件不唯学历看能力，不数年头论业绩，改变片面将论文、专利、资金数量作为评价标准的做法。职称改革着力破除“四唯”倾向，弱化论文权重，不把论文、奖项、国外学习经历作为职称评审的门槛性条件，量才的尺子更科学。

改革既要破更要立，职称评审按照“师德为先、教学为要、科研为基、发展为本”基本要求，坚持德才兼备，将师德表现作为职称评审的首要条件，实行意识形态、师德师风、学术道德一票否决制，使学术失信、学术不端寸步难行。在职称评审条件中明确，获得全国优秀共产党员、全国劳动模范、全国“五一”劳动奖章获得者、全国先进工作者、全国优秀教师、全国模范教师、全国教育系统先进工作者、师德先进个人、师德标兵等国家级荣誉可破格申报教授职称。获得师德先进个人、师德楷模等省部级荣誉可破格申报副教授职称。同时，将积极参加学校及学院组织的各类师德教育、业务能力培训活动作为必要条款。

代表性成果不局限于论文，参评人员提供任现职以来能体现本人专业能力水平，且与申报类型相符，具有较高学术影响力的业绩成果，打破论文条框限制。以品德、能力、业绩为导向，从“重数量”向“重质量”转变，实施分类评价，着重解决评价标准简单量化问题，有效激活人才资源。

职称改革坚决克服重科研轻教学、重教学轻育人等现象，设置教学为主型教授，打破偏科研项目、学术论文、奖励数量等片面的评价方式，教师可根据教学业绩和成效晋升高一级职称，给教师专业发展和职业上升以充足空间。将完成为本科生上课的基本工作量作为参加职称评聘的基本条

件。实行有利于教师潜心教学、研究和创新的评价制度，凭实绩论英雄，扭转“站讲台的评不上，评上的不站讲台”等脱节现象，改变急功近利的短期行为，让教师放下“包袱”，在教学的一线建功立业。

高教系列职称评审，将学生工作经历纳入晋升高一级职称的必要条件，在基本的资历条件中明确“任现职期间，须承担班主任、辅导员或承担教学管理工作 1 年以上，且考核为合格，其中青年教师须承担班主任、辅导员工作 1 年以上”，助推学校“三全育人”改革，切实把大学生思想政治教育工作贯穿人才培养的每个环节。设置思想政治教育型并单列评审指标，实现职称评审向思政课教师倾斜；将在人民网等发表理论文章、主持完成的调研报告或政策建议获省部级主要领导肯定性批示并采纳作为参评业绩，鼓励思政课教师形成高水平的理论成果。

学校积极落实委属事业单位改革发展部署会、国家民委人才工作会议精神，深入推进职称改革。在充分认识铸牢中华民族共同体意识工作贡献多样性的基础上，着力推动人才培养和评价工作形成多维性。既在教育教学实绩、科学研究、社会实践等工作业绩方面考核人才“硬指标”，又从牢固树立马克思主义“五观”、铸牢中华民族共同体意识、师德师风、意识形态等方面考察人才“软实力”，教育引导教师努力做精于“传道授业解惑”的“经师”和“人师”的统一者。鼓励教职工围绕“铸牢”主线开展理论研究、作品创作和社会实践，鼓励年轻教师多学多练，对参加挂职锻炼和《中华民族交往交流交融史》编纂等专项工作表现优秀、贡献突出的教师给予倾斜政策。加强基础学科及“铸牢”相关研究领域学术领军人才、学术拔尖人才与学术骨干人才的培养和选拔，将团队成果列入学术领军人才培养期可选任务，鼓励领军人才以优势学科为依托，加强团队建设。

扬帆远航正当时，接力奋斗谱新篇。学校党委把职称制度改革纳入学校综合改革总体布局，摆在更加突出的位置，一项项措施环环相扣，打破制度壁垒，释放人才红利，让人才静心做学问，安心搞研究，多出成果、出好成果，形成并实施有利于人才潜心教书育人的评价体系。

第六节　科研管理工作改革

党的十八大以来的十年是我国科技改革广度和深度全面拓展的重要时期，以习近平同志为核心的党中央高度重视科技改革，出台了一系列实施创新驱动发展的好政策，激发科技创新要素活力。学校立足自身科研发展实际，不断深化落实国家和地方科研领域“放管服”政策要求，不断探索、推进学校科技管理体制机制改革，激发创新原动力。十年间，学校科研工作发生了历史性、整体性、格局性重大变化，极大地提振了师生信心，提高了学校办学治校标准，有力地支撑了人才培养和学科建设。

2014 年 12 月，学校召开了北方民族大学第五届科研工作会议，会议指出，科研管理制度的健全规范为学校科研可持续发展营造了良好的软环境，普适性量化考核制度激发了积极性，同时这种“一刀切”的制度未考虑到学科的差异性，影响了高水平科研成果的产出。至此，以提升学校成果质量为导向的奖励制度修订工作开始启动。2016 年 1 月 27 日，历时两年修订的《北方民族大学科学研究奖励办法》出台，该办法广泛征求意见，充分立足学校科研发展实际，有力促进了学校科学研究和学科建设的整体提升。

2016 年 11 月，学校科研工作会议对“十二五”期间科研工作进行了系统回顾，要求全校要研究形势，厘清思路，明确任务，充分发挥科研工作“顶天、立地、树人”的重要作用，打开科研工作的新局面，突破科研工作的发展瓶颈，为学校的人才培养、学科建设、社会服务提供精神动力和智力支撑。

学校科研工作自 2016 年起进入发展“快车道”，现行的科研管理制度与科研发展实际的不相适应日益突出，为贯彻落实国家创新驱动发展战略要求，推进学校科技管理体制机制改革，2017 年学校对科研管理制度进行了密集修订，先后修订出台了《北方民族大学纵向科研经费管理办法》《北方民族大学横向科研项目管理办法》《北方民族大学科研平台建设管理办法》等，同时新制定了《北方民族大学学术会议管理暂行办法》《北方民族大

学科研财务助理管理暂行办法》。这些制度，基本覆盖了科研管理的各个方面，提高了管理水平和效率。

2018 年 1 月至 2019 年 12 月，学校被科技部等确定为“扩大高校和科研院所自主权，赋予创新领军人才更大人财物支配权、技术路线决策权”试点单位，学校深化科研领域“放管服”改革进入新阶段。2020 年学校结合国家要求和学校实际，再次修订《北方民族大学纵向科研经费管理办法》等一系列科研管理制度，同时查漏补缺，出台《北方民族大学校级科研项目管理办法》《北方民族大学中央高校基本科研业务费管理办法》《北方民族大学教师发表学术成果登记备案要求》等，进一步扎实推进科研管理体系建设工作。并在时隔四年之后，再次召开了北方民族大学科研工作会议。此次会议以深入贯彻落实习近平总书记关于科技创新的重要论述和视察宁夏重要讲话精神为指导，总结了四年来学校的科研成绩，分析了不足，规划了“十四五”的建设目标。提出了“盘家底，理优势，对新标，数差距，明思路，找措施，推进学校第二次党代会提出的建设任务，谱写北民大科研工作新篇章”的工作要求。

2021 年 8 月，学校出台《北方民族大学学术贡献社会贡献支撑人才培养观测点及计量办法（试行）》，2022 年 6 月，学校又出台了《北方民族大学学术贡献社会贡献支撑人才培养激励办法》，有力地配合了学校岗位聘任制度、绩效分配制度等系列深化综合改革的推进，进一步促进学校科研高质量内涵式发展。

围绕国家战略和地方经济社会发展需求，学校通过建章立制不断完善项目组织实施机制，改进项目形成机制，合理确定项目布局、数量及体量。利用中央高校基本科研业务费资金，将校级项目设为三个层次，即一般项目、重点项目及重大项目。校级一般项目由二级学院按照自身制定的管理办法进行评审验收。校级重点项目和重大项目由学校科研处按照《北方民族大学重点科研项目管理办法》统一管理。同时强化责任落实与结果考核，每年对项目进展情况进行集中检查督促，发现问题及时处理，达到计划目标的予以结项，未达到的予以终止或撤项。简化过程管理，依托学校科研管理信息系统，切实减少科研人员不必要的材料申报，凡是信息系

统已有材料或已要求提供过的材料，不再重复提供。

扩大科研人员项目预算编制及调剂权限。对于直接费用，科研人员根据项目实际需要编报预算，所有开支科目均无比例限制；项目执行过程中，在总预算不变的情况下，项目负责人可根据科研活动实际需要，自主调整直接费用中除设备费外的其他科目费用支出。同时，改进和完善了科研人员差旅费和会议管理。

实行扩大自主权试点后，科研人员可以在项目研究方向不变、不降低申报指标的前提下，自主选择和调整研究方案和技术路线，按规定自主组建科研团队并结合项目实施进展情况进行相应调整。

建立健全科研财务助理制度，科研助理的聘用由项目团队、科研平台或重大项目负责人按照学校相关规定，自行制定岗位招聘条件、招聘流程、岗位职责、管理考核等办法，报学校备案，学校给予相应的配套政策支持。

加大对科研人员激励力度。科研项目间接费用在扣除科研项目所需的水、电、暖等必要的费用后，余额全部用于科研人员绩效支出，不纳入学校绩效工资总量，由项目负责人根据团队成员在项目工作中的实际贡献进行发放。学校完善了成果转化收益分配激励机制，科研人员获得的奖励金额大幅提升，转化收益的80%直接发放给科研转化团队，并享受相应的税收减免政策。

制定《北方民族大学学术贡献社会贡献支撑人才培养观测点及计量办法（试行）》《北方民族大学学术贡献社会贡献支撑人才培养激励办法》等，突出质量导向，重点评价学术贡献、社会贡献以及支撑人才培养情况，根据不同学科、不同岗位特点，探索分类评价，以高质量论文、专著为主要表达方式的基础研究，着重评价其学术贡献；以资政报告、资助知识产权成果、经济社会效益等为主要表达方式的应用研究，着重评价社会贡献。探索长周期评价，构建“年度登记、年终公示、聘期考核”的科研考核制度，调动教学科研人员积极性，让大家潜心钻研，甘坐十年冷板凳，在科研一线聚焦经济社会发展、国家安全的重大需求，把科技问题找得更准，解决国家发展中的一些短板弱项。

多年来的科研管理“放管服”改革，科研人员实现了“松绑”和减负，提升科研人员在研究方案和技术路线方面的自主性，减少了开展科研工作的束缚，有利于提高科研人员的积极性。科研人员有更多的时间和精力专注投入到科研活动中，在拥有自主权的氛围中，成果创新性也能得到保障，有利于科研人员的长远发展。

通过探索，建立起更符合科研活动规律的科研经费管理办法，不与行政管理经费“一刀切”，为科研人员减少了经费管理的繁琐。在经费使用上可以根据研究需要进行动态调整，省去了以往预算编制花费的大量精力。优化了科研财务服务，科研人员的满意度显著提高。通过完善、改进学校内部管理制度、流程中不合理、不衔接之处，进一步优化了科研管理，提升了管理效能，创新活力和产出明显提升。

近年来，在学校相应政策的激励下，学校教学科研人员主动走出去，与地方企业开展联合科技攻关，解决企业技术创新需求、破解产业共性关键技术难题，与吴忠仪表有限责任公司、西部电子商务股份有限公司、宁夏宏源长城机床有限公司等 80 余家政府部门、企事业单位签署了合作协议，与 10 余家单位建立了长期合作关系。

粉体材料与特种陶瓷团队研发的具有自主知识产权的“碳化硅亚微米粉体及无压烧结碳化硅制造技术”成功实现转让，延伸了宁夏碳化硅相关企业的产业链。房国丽团队研发的半导体复合光催化剂在自然光下对典型有机污染物的降解率达到 90% 以上，而且循环稳定性好、使用方便、操作简单、污泥产量极低，符合市场上对工业污水降解的需求。侯春平团队成功研发太西煤基负极材料，对宁夏太西煤高值化利用和产业结构调整升级起到积极作用。刘秉儒团队先后承担了贺兰山、黄河湿地、吴忠农田防护林国家生态观测站的创建任务，与宁夏灵武白芨滩国家级自然保护区管理局合作，创建了我国第一个灌木林生态观测研究站，填补了我国灌木林生态修复的碳中和研究领域空白。

2023 年 1 月，国家民委事业单位改革发展部署会召开，为深入贯彻会议精神，学校科研工作聚焦铸牢中华民族共同体意识主线，坚持“四个面向”，围绕增进“共同性”和强化“融”的导向，积极开展有组织科研，

不断提升服务“铸牢”主线和中国式现代化的能力和水平。学校加强顶层设计，构建新型科研组织模式，改革项目立项方式，不断优化完善铸牢中华民族共同体意识教育的研究体系。学校出台《北方民族大学揭榜挂帅项目管理办法（试行）》，针对研究铸牢中华民族共同体意识重大基础性问题和重点难点问题，建立和完善学校“定榜揭榜”“挂帅攻关”“定向委托”等课题的选题定题、立项申报评审机制。学校进一步整合资源，优化科研平台建设，布局建设科研攻关大平台。经国家民委、自治区党委政府同意，由学校牵头组建自治区新材料实验室（贺兰山实验室），这是学校按照增进共同性方向加快转型升级高质量发展的一次重大战略机遇，将进一步提升我校学科建设、科研平台建设水平以及社会影响力，对学校服务主线调整优化学科专业，申报材料科学与工程一级学科博士点、材料与化工专业博士点发挥积极的重要作用。

在项目运行上，学校鼓励开展跨部门合作，积极与委属事业单位在科研项目申报、学术专著出版、成果报奖等方面开展合作。以自治区建设东西部科技合作引领区为契机，与东部高校、科研院所开展科研合作交流，联合申报获批自治区东西部科技合作项目。巩固与地方企事业单位长期合作关系，有效促进科研成果转化。为全面落实国家和自治区关于成果转化的政策要求，结合学校实际，出台《北方民族大学科技成果转化办法》。

根据《关于加强铸牢中华民族共同体意识理论研究体系建设的意见》，进一步完善我校科研成果评价体系建设，突出以“创新、质量、贡献”为导向，特别是向在铸牢中华民族共同体意识方面产出的高水平成果倾斜，将服务党政部门重大决策的研究报告、资政建议、立法草案以及有重大影响的评论性、阐释性媒体文章、优秀网络文化成果等分类分级进行认定，将在“道中华”发表学术类论文视同三类论文。

学校坚持“科研追求原创，科研促进教学，科研服务地方，科研提升学校”理念，深入落实科研领域“放管服”改革，坚持面向国家重大需求和地方经济社会发展开展科学研究，把论文写在大地上、把成果用在实践中。聚焦自治区行业产业发展需求，深入实施“服务宁夏”战略，助力宁夏高质量发展，提升了服务宁夏发展的贡献度。

第七节　后勤服务系统“三全育人”工作

后勤服务系统紧密结合学校思想政治工作和人才培养特点，找准定位，统筹校内外资源，将育人工作主动融入学校“三全育人”大格局中，发挥学校“大后勤”思想政治教育功能，构建后勤服务系统及合作企业全员、全过程、全方位育人新格局。

1. 加强组织领导，形成育人合力

成立了北方民族大学后勤服务系统“三全育人”工作领导小组，领导小组下设办公室，办公室设在后勤保障处，后勤保障处处长任办公室主任。

2021 年 4 月 25 日，学校召开后勤服务系统“三全育人”工作会议。后勤服务系统各企业向校长递交“三全育人”承诺书，承诺做“北民大人”，做“北民大事”，努力塑造学生品格、品行、品位，促进学生全面发展健康成长。各服务企业制定“三全育人”工作方案、工作事项清单，细化目标、落实责任，做到思想上融合、目标上融合、工作举措上融合，形成了一套可复制、可借鉴的具有北方民族大学特色的育人模式。

2. 突出党建引领，切实践行育人使命

将育人工作纳入后勤服务改革发展重大议题，深入推进后勤“三全育人”工作与落实党的教育方针相融合、与学校事业发展相融合、与后勤事业高质量发展相融合，努力构建后勤“三全育人”新格局。围绕后勤育人，通过共建党支部、座谈会、专题党课等形式，做到积极组织教育学生、热情关爱服务学生，不断增强学生的获得感、幸福感、安全感、归属感。

3. 突出创新思维，牢固树立育人理念

不断探索后勤改革，建立开放式后勤保障合作机制。促进校企融合，降低学校后勤运行成本，规范并拓展吃、住、行、医及购等方面校园服务内容，以开放的后勤服务业态为学生创造沉浸式社会体验，树立校、企共同育人观，实现“运营”与“育人”目标双赢。

4. 坚持初心使命，全面完善育人体系

（1）饮食服务

2014 年通过了 ISO9001 国际质量管理体系认证，实现饮食服务管理标准化、规范化、制度化；2017 年全面实现“明厨亮灶”可视化。2019 年完成学生餐厅改制及招标工作，管理更加规范化，服务质量逐年提高。2020 年，实施西苑餐厅二次装修和北苑餐厅一楼教工餐厅装修，西苑餐厅三楼新增教工餐厅面积 3000 平方米，北苑餐厅新增教工餐厅面积 300 多平方米，共新增 300 个餐位。2021 年荣获高校餐饮资讯“校园十佳素食轻食减脂餐”“校园最具爱心轻食减脂餐”。

（2）营造绿色优美的校园环境

2015 年，新建 6 座科学家雕塑，引领校园科学风尚。2016—2022 年，陆续平整土地，清运校园各类垃圾，精心饲养黑天鹅，栽种各类名贵树种、建设主题景观花园，校园绿化养护水平得到了极大的提高。

（3）开展健康教育活动、做好学校医疗保障工作

持续开展健康教育展览及健康教育讲座。2020 年，改善卫生所诊疗环境，引进朔方路社区卫生服务中心承办北方民族大学卫生所，全面参与校方疫情防控；新增设“全科”诊疗项目，在全区高校卫生所里是第一家。查干花老师在自治区计生协会和学校的技术支持下，建立的“青春健康俱乐部”专门负责全校学生性病、艾滋病等重大疾病及禁毒等健康相关知识普及。能够及时为学生提供宣传、咨询、检测、转介（治疗）等相关服务。

尤其 2022 年疫情期间，严格防疫重点人群管理，始终坚持疫情防控日报告、零报告制度，对餐饮、保洁、保卫人员按要求进行核酸检测和健康监测；严格重点场所管理，在餐厅、快递、浴室、商店及其他门店设置防疫设施，按照防疫规范实施人员分流、测温、消毒的措施；做好防疫物资储备和集中观察点建设，及时购置口罩、防护服、消毒液等疫情防护物资，在校外租用 5 所旅馆，按规范标准建设成集中观察点，按要求进行防疫管理，健康监测 3408 人次；出色完成医疗服务工作，学校卫生所门诊接诊 4 万余次，转诊发热学生 744 人次，隔离诊疗患水痘学生 294 人次，

排查留观隔离学生 18 人次，涉疫人员核酸采样 6611 人次。最大限度地阻断疫情传播途径，持续做好餐厅、公寓、浴室、快递中心、校园商贸和车辆运输等领域的防疫工作。

（4）高度重视节能减排工作

2018 年，加强对学校水暖等管网的改造和校园节能维修改造，主要完成了蒸汽管道改造工程等节能工程 10 余项，有效解决了学校管道“跑、冒、滴、漏”现象，节约了资源，避免了浪费。同年 10 月通过国家民委节约型公共机构示范单位创建预验收，并先后修订 13 部规章制度，从垃圾分类、学生用能守则、学生饮食节约、师生自觉节能等方面开展校园节能减排文化建设。

2019 年，学校喜获国家机关事务管理局、国家发展改革委、财政部颁发的节约型公共机构示范单位证书，标志着学校成功创建为 2017—2018 年国家级节约型公共机构示范单位。

（5）推进信息化服务

2014 年和 2015 年，学校引进陕西师范大学后勤集团的后勤综合服务软件系统，加强后勤工作全过程监控，畅通了信息反馈，维护了学校稳定发展。

（6）推进完善社会化改革

2020 年，按照学校“专业的事情外包给专业的人来做”的改革原则，对学校保洁、绿化等工作面广、用工量大、工作性质比较单一的岗位实施了服务外包。

2020 年建立校园快递包裹集散中心。已完成了校园内中国邮政、圆通等绝大部分快递的集合。在宿舍区、南北家属院区、学生食堂、教学区安装直饮水设备（社区自助取水机），合计安装 81 台。实施污水处理及中水回收项目。学校每年可减少污水排放量约 2.24 万立方米，生活污水经再生处理后回用率均达到 85% 以上。

2021 年，通过公开招标，完成学校东区、西区室内外公共区域、公共设施的保洁和绿化养护的外包工作。改善了学校后勤队伍状况和人力资源管理质量。200 余名劳务派遣人员的劳动关系顺利从劳务派遣公司转出期间没有发生任何纠纷。

2021 年 7 月，对浴室经营、管理、装修等通过公开招标确定了服务单位，维修后的东区学生浴室成了校园网红点，浴室整体服务水平有明显提高。

（7）提高快速服务能力，提升基本保障服务水平

认真做好学校物业常规保障服务工作，提高快速反应和完善协调机制。每年受理学校师生的报修申请约 5000 起，每年处理完成率达 95% 以上。加强车辆使用管理，2015—2023 年圆满完成国庆 70 周年大型文艺演出、自治区 60 大庆校活动、大学生羽毛球锦标赛、本科生教学评估、中国材料学大会、教育信息化研讨会、自治区全运会、疫情防控等各类教学服务保障用车任务。

（8）攻坚克难，打赢疫情防控阻击战

制定了《北方民族大学新冠肺炎疫情防控期间医疗卫生及后勤保障工作方案》《北方民族大学新冠肺炎疫情防控期间健康留观隔离点设立方案》《北方民族大学环境卫生检查通报方案》《北方民族大学通风消毒制度》《北方民族大学疫情防控期间校园辅助人员工作方案》《疫情防控应急物资储备方案》等制度。

完成新冠疫苗接种相关工作。后勤保障处与西夏区疾控中心进行了多次协商，制定了《北方民族大学新冠病毒疫苗接种工作方案》；与人事处、学生处、研究生院、保卫处、团委、信息化建设与管理处、国有资产管理处、地方卫生疾控部门共同配合，完成新冠疫苗方舱接种点的场地布置与人员组织，完成了卫生消毒、电力、物资、饮食等工作。全校师生、劳务派遣人员、服务单位工作人员、教职工家属、周边部分院校师生共计接种疫苗 65985 人次。学校餐厅、商店、浴室等各服务场所严格落实疫情期间消毒消杀要求，做好每日消毒记录。

5. 突出资源优势，全面提升育人成效

整合业务资源，挖掘育人潜力，依托后勤平台，不断提升育人质量。充分利用劳动资源和实践资源，拓宽后勤育人渠道，建立校内劳动教育实践基地，吸引学生参与到后勤各项服务的过程中来，让学生在劳动教育实践中主动感受后勤全员服务育人的浸润，树立自主多元积极的创业就业观。

2015 年，成立校学生会权益部伙食管理委员会，强化学生对食堂服务

的监督，提高餐饮服务质量。每年不定期召开伙管会议，听取学生意见和建议，评选“最受学生喜爱的餐饮窗口”。2014—2022 年持续组织厨艺大赛、美食节等活动。2021 年组织绿化保洁服务人员为生物科学与工程学院学生讲授植被修剪、农药配制、病虫害防治、土壤修复等专业知识并进行演示。组织哈啰单车学生宣传队，学生志愿者开展排队一米线、口罩提醒、错峰进餐、施工安全等宣传，为平安校园贡献青春力量。2022 年，后勤保障处安排医学影像系学生进入校卫生室全科医疗现场进行观摩、实践，同学们学到了如何与病患沟通病情。后勤保障处党支部组织青鸟志愿者协会、机电工程学院学生积极参与对全校暖气巡检工作，将学生的所学所长在实践中淬炼。

6. 突出协同发展，统筹构建育人格局

加强与各学院教学活动对接联动，将专业技能为主的校园实践活动有机嵌入学生的专业教学实践中。使后勤工作与学校育人工作同向同行、同频共振，实现育人主体、时间、空间三个维度有效协同，形成人人、时时、处处育人。

强化合作企业质量控制，落实育人责任。学校对驻校第三方服务单位及其员工和相关商户进行规范管理。签订协议（合同），明确育人责任。按照规定建立党的基层组织，加强与学校相关党组织的联系沟通，融入学校党建工作和有关活动之中。参照学校教师职业道德建设的目标方向，教师履行职责的行为规范、标准准则、纪律规定等要求，制定相应制度规定，加强对员工育人能力教育培训。

7. 依托后勤平台，不断提升育人质量

推动学校安保、后勤基础数据与学校大数据服务平台对接，优化拓展后勤服务类的系统应用，加强后勤一站式服务平台建设，推进智慧平台建设，建设科技后勤。

2021 年，后勤保障处在“校园东区道路提升改造工程项目”致信路段应用土木工程学院“矿物纤维亲油改性沥青混凝土集成一体化施工技术”，助力学校科研成果的市场转化，也营造了“论文写在祖国大地上”的科研氛围。

第八节　党建带工建，工会及离退休工作

一、工会工作

自 2014 年以来，校工会在自治区教科文卫体工会的指导下，在学校党政的正确领导下，坚持以习近平新时代中国特色社会主义思想为指导，深入学习贯彻习近平总书记关于工人阶级和工会工作的重要论述，推动工运事业和工会工作高质量发展，围绕中心服务大局的作用更加彰显，桥梁纽带作用进一步发挥，吸引力、凝聚力显著增强。

这十年，工会主动作为积极融入学校发展的大局。

校工会真正将“党委有号召，工会有行动”的要求落到了实处，积极支持各级分工会充分发挥职能作用，加强党对工会工作的全面领导，以突出政治属性、强化政治功能为基本要求，提高工会干部素质，改进工作方法，强化组织功能，把工会建设成为政治坚定、组织健全、服务高效、群众满意的基层组织。以党建带工建，推动党建和工会工作深度融合，以高质量的党建工作引领工会工作的高质量发展。积极对标对表学校党委打造高水平大学建设的新要求，加强制度建设和制度落实，推进全面从严治党、依法治校、治理体系和治理能力现代化建设，转变观念，解放思想、扎实苦干，切实保持和增强工会工作的政治性、先进性和群众性，团结动员广大教职员工在学校党委的统一领导下，把广大师生员工对美好生活的新期待、对高水平大学建设的新追求汇聚成强大的动力，充分发挥校院两级工会在组织群众、宣传群众、发动群众，集中群众智慧，推动学校改革发展和促进和谐、维护稳定的独特作用，不断增强教职员工的获得感、归属感、幸福感。

这十年，以教代会为平台，推进学校民主政治建设。

教代会是教职工群众行使民主权利、民主管理学校的重要形式，是促进学校决策科学化、民主化的重要渠道，体现了学校民主治校的精神。工会坚持和完善校院两级教代会制度，每年至少要召开一次教代会，坚持

凡涉及学校发展、教职工切身利益的重大问题和重大事项必须通过教代会进行民主审议，保障了教职工参与学校民主管理和民主监督的权利，十年来，校工会认真落实教职工代表大会制度，完善修订了《北方民族大学教职工代表大会实施细则》《北方民族大学院系二级教职工代表大会工作条例》等制度，组织召开了3届共10次教代会，听取并审议校长工作报告、财务工作报告以及工会工作报告，讨论审议学校发展的重大问题。不断推进校务公开，对学校重大事项进行民主监督，保证了教职工对学校工作的参与权、监督权，切实维护学校发展利益和教职工合法权益，发挥教代会在推进学校民主办学和依法治校中的重要作用。教代会闭会期间，教代会执委会和工会委员会积极发挥参与、审议作用，召开会议听取学校发展规划、教育教学改革、校园建设以及其他重大改革和重大问题解决方案的报告并提出意见和建议，规范教代会的各项议程，让教职工的知情权、参与权、表达权、监督权得到应有的尊重和保障。积极完善二级学院管理机制，落实教职工主人翁地位，充分发挥广大教职工的创造性、积极性，推进各分工会召开“二级教代会”，并按照学校党委会的决定，指导二级教代会对学院领导班子进行民主评议测评，并在学院教代会上审议通过学院工作报告、财务报告、弹性绩效分配方案、教职工考核方案等涉及教职工切身利益的工作，让教职工更多参与到学院的管理中，更好地保障自身的权益。同时促进学校管理部门依法行使职权，更好维护教职工的合法权益，创建和谐校园。2017年，工会制定了《北方民族大学教职工申诉办法》，成立了申诉委员会，对教师的申诉诉求，积极协调相关部门和申诉教师，维护教师合法权益。

这十年，持之以恒加强教职工思想政治引领。

校工会不断适应新形势新任务，加强和改进教职工思想政治工作，充分发挥党联系群众的桥梁和纽带作用，加强教职工思想引领，营造爱岗敬业的良好氛围。积极依托“中国梦、劳动美”主题宣传教育活动，引导广大教职工自觉践行社会主义核心价值观，配合做好师德师风先进评选活动，大力弘扬劳模精神和工匠精神，宣传和弘扬模范人物的优良品质和精神，利用重要节日如三八妇女节、教师节等契机，宣传身边优秀教师，充

分发挥榜样的示范作用，增强为人师表的责任感和荣誉感。举办师德师风知识竞答活动，加强师德师风建设的宣传，引导广大教师积极践行、争做“四有”好老师，开展“我是老师”主题演讲比赛活动。通过这些活动的开展，教育引导广大教职工铸牢中华民族共同体意识，配合上级工会开展好劳模工匠的宣讲活动，组织实施“我为群众办实事”实践活动，切实解决基层工会和职工群众“急难愁盼”问题。

围绕庆祝中国共产党成立100周年，工会组织100名教职工参加东华大学、兰州大学等多所高校组织的为期13天的“百年华诞感党恩万众一心跟党走”线上徒步友谊赛，组织教职工参加了“展劳动者风采　传递战疫正能量”职工美术书法摄影作品比赛、“笔墨丹青颂党恩　改革发展谱新篇”书画摄影展、“全民终身学习活动周”征文比赛等，还组织开展好教职工运动、教职工篮球、气排球、羽毛球、乒乓球等线上线下文体活动，提高教职工的身心健康水平，增加教职工的幸福指数。

这十年，坚持人民至上的理念，竭诚服务教职工群众。

认真履行“维护职工合法权益、竭诚服务职工群众”的工作职责。一是主动参与脱贫攻坚、乡村振兴、疫情防控等工作。通过采购慰问品，适度向学校科技扶贫特派员所在的地区以及国家民委对口帮扶、支援的广西德保县、内蒙古巴林右旗、江西省乐安县倾斜，每年慰问金人均1000元左右。学校工会积极动员全体教职员工奉献爱心，连续三年捐款用于支持全区贫困小学生。二是夯实工会服务阵地。构建以职工小家为依托，工作重心下移，加大对分工会建设的投入，学校共有职工小家19个。三是服务教职工和学生的工作面不断提升。每年在学校毕业季来临之际，积极开展工会知识进校园活动，为大学生就业创业服务。通过相关知识宣传展板、发放宣传册及现场解答，让毕业生对工会的工作及维权有了一定的认识和了解。工会联合法学院配合上级工会积极开展“遵法守法　携手筑梦”等法律宣传等活动。四是坚持服务为本，构建“帮扶、维权、服务”三位一体的工作格局。近年来，工会积极做好教职工医疗互助的管理服务工作，从上级工会实施该项基金以来，工会每年协助几十位患病的教职工报销医疗费用，很大程度缓解了教职工医疗费用支出的困难。一直坚持“送

温暖”活动，校工会和基层分工会每年走访、慰问困难教职工，及时为患病住院的教职工送去关怀和慰问，对因重大事故导致家庭困难的教职工给予困难救助，同时对即将离岗退休教职工送去祝福，为父母去世的教职工送去安慰，将学校党政领导的关怀、工会组织的慰问送到教职工心坎上，让教职工感受工会这个大家庭的温暖，提升教职工的获得感和幸福感。同时，加大对女教职工特殊权益的保护，利用特殊节日，如三八妇女节，工会划拨专项经费开展系列庆祝活动，活跃女教职工的业余生活，还积极组织动员女教职工参加“安康保”计划，协助老师报销医疗费用，减轻女教师疾病治疗的经济压力，定期开展“关爱女性　呵护健康”的健康保健知识讲座。工会还积极为教职工谋福利。在重大节日来临之际，适当安排慰问活动经费，为教职工发放必需的生活用品作为节日慰问品。同时工会还想方设法为教职工办实事、办好事，在疫情防控期间，利用微信平台，推送教职工健康小视频，在教职工子女入学入托方面，工会积极联系西夏区教育局，为学校教职工子女在西夏区教育小镇入学牵线搭桥，每年还和学校幼儿园对接，保证教职工的子女优先入托做好工作，解除青年教职工的后顾之忧。关心非在编人员，将校聘人员纳入工会组织。校工会还发挥自身优势，拓宽服务渠道，积极与房地产企业联系，推送团购住房、金融服务的优惠信息，让教职工享受实惠，受到了老师们的欢迎与好评。

这十年，全力以赴组织教职工建功立业。

一是党建带工建，工建服务党建工作进一步加强，完善组织领导制度。学校各级党组织把党建带工建工作摆在突出位置，把工会工作纳入党建工作的总体布局，统筹规划、统一部署。学校成立了北方民族大学党建带工建工作领导小组，全面加强党对工会工作的领导，审定学校党建带工建实施方案，定期听取工作汇报，工会受各级党组织和上级组织双重领导，建立健全党委工会工作联席会议、工会组织主要负责人列席同级党委有关会议，全面推行分管负责人定期召集工会负责人研究工作制度。进一步畅通了工会组织与党政职能部门沟通协商渠道，大力推进党组织和工会组织人员共用，整合工作力量，让基层党工阵地共享、基层党工活动共办，提高党组织和工会组织凝聚力和影响力。

二是强化工会在干事创业上带动、团结动员广大教职工为建设新时代有特色高水平现代民族大学建功立业。工会积极围绕学校中心工作，以"劳动竞赛"为平台，以青年教学基本功大赛为抓手，实施劳动竞赛活动，动员青年教职工立足本职岗位建功立业。大力弘扬劳模精神、劳动精神、工匠精神，做好"劳动模范和先进工作者"等各项先进典型的推优评比活动，更好地服务广大教职工，为推动自治区和学校高质量发展贡献力量，先后获得全国模范小家（图书馆）、自治区三八红旗集体（音乐舞蹈学院）、自治区级"五一"劳动奖章 2 人（毛建东、张玫），自治区先进工作者 2 人（武宇林、杨保军）、自治区三八红旗手 1 人（张玫）。同时，工会关心关爱一线教职工的身心健康，常态化地开展劳模和一线职工疗休养活动，组织劳模和一线职工近 300 余人参加暑期的疗休养活动，积极落实《教师法》中"组织教师开展休养活动"的规定。

二、离退休工作

十年来，离退休教职工数量迅速增加。2013 年 12 月 31 日，离退休教职工共计 137 人，正高职称 19 人；截至 2022 年 12 月 31 日，离退休教职工共计 233 人，正高职称 53 人。总人数增加了 70%，正高职称人数增加了 179%。

离退休教职工人数变化情况图

学校于2013年11月专门成立离退休工作处。成立了北方民族大学离退休工作领导小组，办公室设在离退休工作处，形成了各部门联动做好离退休工作的机制。2019年4月根据《北方民族大学机构调整方案》，工会与离退休工作处合署办公。

加强离退休党组织建设。2019年，成立中共北方民族大学离退休委员会，为方便党员学习活动，2020年增设了1个党支部，目前在银川市3个区各设置了1个党支部。鼓励校内各二级党组织与离退休校内党支部，联合开展党建共建工作，资源共享，不断提高党建工作质量。

深化制度建设，提升制度执行力。制定了《北方民族大学关于加强新时代离退休干部党的建设工作的实施意见》《进一步加强高校老年教职员工健康保障工作方案》《北方民族大学关于落实离退休教职工政治、生活待遇的规定》《北方民族大学离退休教职工校级科研管理办法（试行）》等一系列相关制度。

不断加强和创新开展思想政治工作。每年按规定开展离退休党委中心组集中理论学习，在线下线上集中学习以外，主要通过微信工作群等新媒体手段，专人负责管理，推送“学习强国”平台和相关党建部门公众号提供的一批高质量学习资源，引导离退休党员正本清源，深化学习领悟。每年推送超过600个短视频、文章、文件，给老同志平时阅读学习提供了材料，营造了学习氛围。

学校切实保障离退休教职工生活待遇按中央及自治区有关政策规定执行，落实离退休教职工的校内补贴及福利待遇。每月为离退休教职工发放生活补助，并在2020年将补助标准增长1040元，目前实发2520元/月。离退休教职工的冬季取暖费、门诊大病和住院补助发放工作，均与在职教职工标准一致。每年春节前夕，学校及时发放新年慰问金，新年慰问品；每年发放参观考察费；将生日蛋糕以蛋糕卡的形式发放，合计每人每年发放2000余元，学校每年专款支出近50万元，切实让离退休教职工共享学校发展红利，充分体现了学校领导对老同志们晚年生活质量的关心。在春节、“七一”、重阳节、国庆节等重大节日，校领导都会带队对离休干部、老党员、退休校级领导、教授、长期患病、生活不能自理、遗孀、生活困

难以及 80 岁以上离退休教职工进行看望和慰问，2014—2020 年，共计走访慰问近 700 人次，2021—2022 年因疫情原因无法进行走访慰问。

认真组织引导老同志参加增添正能量活动。2014 年以来，除了疫情期间，每年组织离退休教职工开展新春团拜会、春日健步行、趣味运动会、重阳节主题活动和主题党日活动。新春团拜会每次全体校领导都会参加，并由校长致辞，然后共同观看离退休教职工文艺演出，欢聚一堂，共迎新春。春日健步行每次在绿意盎然的公园里，伴随着老同志的脚步，一起感受银川春日的美和健康的生活方式。举办趣味运动会，加强老同志之间的相互交流，增强大家的锻炼意识，鼓励老同志们积极投身到体育锻炼当中，提高大家的身体素质和健康水平。重阳节就是老年节，举办主题活动，能丰富老同志的生活，让老同志切实感受到学校的关怀和温暖，让老同志共享经济社会发展成果，安享幸福晚年生活。开展主题党日，进行红色教育，彰显"退休不退党、退岗不褪色"，大家共同学习、共叙初心、共颂党恩，进一步增强党组织的凝聚力和战斗力，在丰富老党员的精神文化生活上能起到积极的作用。

学校离退休工作获得了丰硕的成果。2016 年，林涛教授荣获宁夏离退休专业技术人才突出贡献奖；组织参加"自治区离退休人员第三届健身运动会"，获得太极扇团体第五名，学校荣获优秀组织奖。2017 年，学校离退休工作处获"国家民委系统离退休干部工作先进集体"荣誉称号；学校关工委被自治区关心下一代基金会评为"关爱留守流动儿童爱心单位"称号；参加全区"离退休干部诗歌散文、朗诵、歌咏比赛"，获得优秀奖。2018 年，被自治区关工委和自治区精神文明建设指导委员会评为"全区关心下一代工作先进集体"称号；在"宁夏传统武术套路锦标赛暨第八届世界传统武术竞标赛选拔集体项目"中，功夫太极扇获得集体二等奖、杨式太极扇获得单人二等奖、32 式太极剑获得三等奖。2021 年，在"读懂中国"活动中，学校退休教授邵德舜列入教育部优秀获奖征文人物；学校关工委副主任栗学武同志获得 2021 年度宁夏关心下一代工作先进个人。2022 年，获得教育部关工委"读懂中国"活动表扬单位荣誉。

第九节 继续教育快速发展

学校为适应新时期国家发展战略，服务区域经济社会发展对人才的需求，2014 年 9 月，经学校党委会研究决定，成立了北方民族大学继续教育学院，定位二级教学单位。学院设党总支书记 1 名，院长 1 名，副院长 1 名，设学院办公室。2021 年 9 月根据工作需要，经校党委常委会研究决定，将继续教育学院由教学单位调整为教辅单位。设学院办公室 1 个，总岗位 5 个，专业技术岗位 4 个，其中院长、副院长岗位各 1 个。2023 年 5 月 19 日，经学校党委会研究，设立继续教育中心，人事处（党委教师工作部）与继续教育中心合署办公，不再保留继续教育学院。

学院自成立以来，全面贯彻执行党和国家继续教育方针政策和学校各项决议，在国家民委和自治区的正确领导下，在学校党委行政的亲切关怀和大力支持下，学院紧紧围绕学校中心工作，以“加快发展继续教育，大力发展非学历继续教育，稳步发展学历继续教育”为指导思想，经过近十年的不懈努力与砥砺前行，逐步形成并且确立了以党政机关企事业单位各级各类培训、专业技术人才知识更新工程项目培训、专业技术人员继续教育专业课程培训、乡村振兴培训、学历继续教育“五位一体”的继续教育体系。2015 年 12 月，学校被甘肃省张家川回族自治县确定为“干部教育人才培训基地”，2016 年 1 月，学校被自治区人力社会保障厅确定为自治区专业技术人员继续教育基地首批重点建设项目资助单位，2016 年 6 月，学校被西安交通大学确定为现代远程教育学习中心，2017 年 7 月，学校被人力资源社会保障部设立为第七批国家级专业技术人员继续教育基地。2018 年产教融合与共享集团有限责任公司合作成立了“中国智能产业联盟培训基地”，经过几年的建设发展，继续教育基地已形成了设施完备、师资精良、保障充足，适应社会各界继续教育需求的各项软硬条件。

截至 2023 年 11 月 30 日，继续教育中心对外开展非学历继续教育各级各类培训 247 期，累计培训来自全国 31 省市自治区各级各类人员 21259 人次。其中：承接来自 19 个省市自治区 73 个党政机关企事业单位委托的

各级各类培训 101 期，累计培训人员 6533 人次；精准扶贫乡村振兴培训班 12 期，累计培训人员 2309 人次。举办来自自治区 700 余个企事业单位专业技术人员继续教育专业课程培训班 96 期，累计培训人员 8217 人次。承办获批的国家级、自治区级专业技术人才知识更新工程培训项目 38 项，累计培训来自全国 31 个省市自治区专业技术人员 4200 人次。充分发挥了高校服务社会、服务人才功能和国家级专业技术人员继续教育基地示范引领作用，极大提升了学校的社会影响力，为区域经济社会发展做出了应有贡献。（参见表 7）

表 7　北方民族大学继续教育学院成立以来对外开展培训汇总表

培训年份	专业技术人才知识更新工程培训项目		专业技术人员继续教育专业课程培训		党政机关企事业单位各级各类培训		精准扶贫扶智、乡村振兴培训		合计	
	期次	人次	期次	人次	期次	人次	期次	人次	期次	人次
2015	0	0	0	0	27	1493	0	0	27	1493
2016	3	275	6	704	11	596	0	0	20	1575
2017	5	612	12	1985	6	581	2	977	25	4155
2018	5	727	27	2877	8	405	5	530	45	4539
2019	6	712	42	1863	13	866	3	424	64	3865
2020	5	583	5	460	5	390	1	178	16	1611
2021	6	581	4	328	9	669	1	200	20	1778
2022	1	113	0	0	11	695	0	0	12	808
2023	7	427	0	0	11	232	0	0	18	1435
合计	38	4200	96	8217	101	6533	12	2309	247	21259

一、加快继续教育基地建设，增强学校服务社会能力

一是积极申报专业技术人员继续教育基地，先后获批自治区和国家级专业技术人员继续教育基地。学院通过整合校内外优质资源，凝练特色，积极申报自治区级、国家级专业技术人员继续教育基地、国家级数字技术工程师培育项目培训机构——智能制造工程技术人员培训基地。2016 年 1 月，经过人社厅组织专家评审等环节，学校被自治区人社厅确定为“自治区专业技术人员继续教育基地首批重点建设单位之一”，获自治区人社厅资助经费 30 万元。2017 年 7 月，学校被人力资源保障部设立为“第七批

国家级专业技术人员继续教育基地”，成为全国200家国家级专业技术人员继续教育基地之一，获得国家财政专项资助经费260万元，自治区人社厅配套资助经费30万元。2021年12月，学院依托自治区、国家级专业技术人员继续教育基地平台及学校优质资源等，申报国家级数字技术工程师培育项目培训机构——智能制造工程技术人员，经自治区人社厅组织专家评审推荐上报人力资源和社会保障部。2017年11月份，学校举办了国家级专业技术人员继续教育基地揭牌仪式暨民族高校继续教育发展研讨会，成功搭建了国家级专业技术人员继续教育基地平台，为开启学校面向全国开展高层次、急需紧缺和岗位骨干专业技术人才培养培训工作奠定了基础，使得我校继续教育工作上一新台阶，进一步提升学校的社会声誉影响力和服务能力。

二是以国家级专业技术人员继续教育基地为牵引，积极申报且组织实施专业技术人才知识更新工程研修项目。围绕国家和宁夏地区经济社会发展的重点领域、优势产业、特色行业，从服务于经济社会发展培养高层次、急需紧缺和岗位骨干人才出发，结合学校各学科特色优势，学院组织学校各单位积极申报征集专业技术人才知识更新工程培训项目选题申报书。经过组织校内外专家评审、国家民委和自治区人社厅评审推荐、人力资源社会保障部评审等环节，从2016年起，学校先后获批了38项专业技术人才知识更新工程培训项目，获得财政资助经费417万元，其中获批“‘一带一路’创新设计与智能制造”“语义网与知识图谱关键技术”“民族地区全域旅游示范区建设”等12项国家级专业技术人才知识更新工程高级研修项目，获得人力资源社会保障部资助经费202万元，连续6年获批研修项目数量位列全国高校总数第一；获批了“煤化工技术现状及发展前景”“高端葡萄酒产业岗位骨干人才培训”“网络安全与信息急需紧缺人才培训”等26项自治区级专业技术人才知识更新工程培训项目，获得自治区人社厅资助经费215万元，连续7年获批项目数量位列自治区总数第一。

依托获批项目，学院组织实施专业技术人才知识更新工程培训项目。2016年学校首次获批了专业技术人才知识更新工程研修项目3项，其中2016年4月获批的“智慧旅游景区建设与运营管理”为国家级高级研修项

目1项，获得资助19万元。2016年6月获批的“金属材料先进制备技术研究”高级研修项目和“煤化工技术现状及发展前景”岗位骨干人才培训项目各1项，获得资助经费13万元，项目的获批让继续教育工作进入新篇章，开启了学校面向全国各地开展专业技术人才知识更新工程高级研修、急需紧缺岗位骨干人才培训，为获批国家级专业技术人员继续教育基地奠定了基础。8年来，学校培训来自全国31个省、市、自治区800余个企事业单位的专业技术人员4200人次，实现了学员地域全覆盖。高标准、高质量完成培训项目，达到了高水平有特色的培训目标，培训效果得到学员的高度认可，同时也受到了人力资源社会保障部及自治区人力资源社会保障厅的高度评价。

三是以自治区级专业技术人员继续教育基地首批重点建设单位为平台，开启了面向全区开展专业技术人员继续教育专业课程培训，为服务宁夏发展战略助力。2016年1月学校被自治区人社厅确定为自治区级专业技术人员继续教育基地首批重点建设单位，2016年4月自治区人社厅批准开通了学校在全区举办专业技术人员继续教育专业课程培训平台。2016年5月13日学校首次为全区专业技术人员开展了《工业产品造型设计基础》继续教育专业课程培训，开启了学校面向全区专业技术人员开展专业技术人员继续教育专业课程培训工作。从2016—2023年，学院紧紧围绕自治区经济社会发展对人才知识结构的需求，依托学校学科专业特色，精心设计课程，邀请党政企事业单位、校内外行业高水平授课教师，先后举办线上线下专业技术人员继续教育专业课程培训96期，培训来自全区653个党政企事业单位专业技术人员8217人次。其中举办了《Excel在财务中的应用》《大数据时代的管理新思维》《物联网技术及应用》等线下专业技术人员继续教育专业课程培训88期，线下累计培训专业技术人员7457人次；受新冠疫情影响，学院科学谋划，积极应对，联系在全国排名前三家教育集团分别免费为学校提供继续教育专业技术人员线上培训平台。2020年5月开启了线上培训，举办了《资源与环境概论》等36门课程8期线上专业技术人员继续教育专业课程培训，累计培训学员760人次。2016年开设了北方民族大学继续教育学院微信公众号为专业技术人员申报课程提供平台。通

过对全区专业技术人员继续教育专业课程培训，高效落实了国家级和自治区继续教育基地的绩效目标，为服务宁夏发展战略助力。

二、以资源建设为基础，树立品牌效应，提升培训水平

学院积极开展继续教育研究项目，以项目促发展。面向专业技术人员开展培训需求调研，结合当地产业发展和我校特色学科，开发培训课程等。完成了《新能源材料原理及应用技术》等 8 门继续教育课程建设与《创新干部培训模式的研究》等 4 项课题研究以及《“一带一路”强省开放》3 项线上课程建设的立项、结题验收工作。8 门线下继续教育课程和 3 门线上继续教育课程分批用于专业技术人员继续教育培训，为进一步提升继续教育基地培训水平和质量奠定了基础。连续 8 年征集《环境污染物消除及资源化利用》《黄河滩区生态保育技术》《大数据与数字经济产业融和》等 107 个选题收入北方民族大学专业技术人才知识更新工程培训项目库。学校向自治区人社厅推荐了 12 项专业技术人才知识更新工程 2022 年公需科目选题，自治区人社厅在全区各单位上报的选题中遴选了 13 个上报人社部，最终人社部保留了 2 个，全部为我校上报的选题。为专技人员项目培训储备资源。

三、积极开展各级各类培训，实现民族自治区民族干部培训地域全覆盖

坚持以服务国家战略和新时代党的民族工作为办学宗旨，以铸牢中华民族共同体意识为主线，凝练特色，突出学科优势，积极与地方政府和企业联系，为党政机关企事业单位提供相应的人才培训服务，先后承接来自内蒙古、甘肃、宁夏、湖南、河北、浙江、吉林、西藏、新疆、广西、贵州、江西、青海、安徽、江苏、山东、福建、河南、云南等 19 个省（自治区）党政机关企事业单位委托的不同类别的各级各类培训班 102 期，覆盖了 5 个省级少数民族自治区。2015 年 3 月学校首次对外开展党政机关企事业单位干部培训，即 2015 年 3 月 15 日至 4 月 13 日，学院承接来自内蒙古包头市、阿拉善盟、巴彦淖尔 3 个边防派出所 321 名民警分 4 期开展能力提升培训工作，这是学校非学历继续教育对外开展培训新的里程碑。

2015—2023 年，学校先后与自治区党委宣传部、自治区教育厅、自治区老干部局、阿拉善盟公安边防支队、甘南藏族自治州合作市发改局、甘南藏族自治州卓尼县委组织部、中国建设银行宁夏分行、新疆克州乌恰县委组织部、甘肃省张家川回族自治县委组织部、湖南省邵阳县委统战部、吉林省委统战部、广西南宁青秀区人大常委会、山东潍坊市委组织部等 73 个委托单位签订了干部培训合作协议，分别与张家川回族自治县组织部、西夏区组织部签订了干部教育培训框架协议。从 2015 年至 2023 年 12 月，累计培训党政机关企事业单位各级各类人员 6533 人次，培训效果得到委托单位和学员的高度认可，充分发挥服务社会功能，极大提升了学校的社会声誉和影响力，推动双方高质量发展。2022 年结合教育部印发的《加强碳达峰碳中和高等教育人才培养体系建设工作方案》，围绕方案中的“加强领导干部培训，做好继续教育和终身教育”等专业人才培养领域，制订了《北方民族大学关于加强碳达峰碳中和领导干部培训和继续教育工作五年规划（2022—2027）》，制定上报《继续教育学院乡村振兴建设实施方案》等，为进一步落实服务国家发展战略做出应有的贡献。

四、扎实开展脱贫攻坚与乡村振兴能力提升培训

深入贯彻落实脱贫攻坚与乡村振兴工作部署，服务民族地区，积极开展民族地区精准扶贫、精准脱贫、乡村振兴能力提升培训，举办 13 期相关培训，培训学员 2309 人次。其中对我校定点帮扶的对象开展教育扶贫帮扶，举办了彭阳县中小学音体美教师能力提升培训，培训教师 90 人。对贫困地区开展技能培训，学院采取送教下乡的培训方式，组织专家前往海原县九彩乡为 178 名村民开展了养牛专题培训。与海原县文广局联合举办刺绣剪纸中高级研修班，培训家庭贫困妇女 1020 人次，为扶贫工作乡村振兴提供人才和智力支撑。

五、稳步发展学历继续教育，不断提升服务水平

学历继续教育是继续教育的重要组成，利用 985 工程大学的优质资源服务宁夏人才需求，积极推进学历继续教育工作，开展远程网络学历继续教育。经主办学校、教育厅、我校三方审核批准，学校于 2016 年 6 月与

西安交通大学签订关于合作建立西安交通大学现代远程教育北方民族大学学习中心协议。北方民族大学作为西安交通大学现代远程教育校外学习中心，经过招生宣传、网上报名、现场资格审核、入学考试等工作环节，2016 年 9 月 28 名考生被西安交通大学录取为现代远程网络学院学生，此项工作实现了零突破。2016 年 4 月份顺利通过自治区教育厅对西安交通大学在我校设立函授站年检工作，2016 年底经过与自治区教育厅和西安交通大学积极协调，恢复了学校停办 8 年的西安交通大学函授站成人招生工作，同年开始招生，专业由原来的 1 个专业增加到 3 个专业计划 (计算机科学与技术、电气工程及其自动化、会计学)。学历继续教育的开展拓宽了中心办学渠道，不断提升办学水平，为服务宁夏人才需求而助力。

六、拓展现场教学点，提高培训实用性

针对不同培训对象和特点，精心选择具有针对性、指导性、启发性强的现场教学点，能够做到现场授课、现场互动、现场观摩，特别是在现场体验式教学方面做出了品牌和特色。建立了全国基层党组织先进集体——盐池县曾记畔村党支部、全国生态文明建设单位——白芨滩、铸牢中华民族共同体意识示范单位——银川市盈北小区、永宁县闽宁镇精准扶贫典范、贺兰县习岗镇土地流转先进做法等 80 余个现场教学点，双方建立了合作关系。通过现场教学，力求学员把好的经验做法和先进的管理理念运用到各自的实际工作中，运用到促进本地方经济社会文化的发展中，使参训学员学有所思，思有所悟，悟有所获，获有所为。

七、深化制度建设，不断提升管理水平

学院把建章立制作为重点工作，学习借鉴其他高校继续教育学院好的经验和做法，结合学校实际，逐步建立健全了培训讲座等劳务费的发放、教学组织、学员考核、培训登记、培训经费、后勤保障以及规范的培训效果评估、跟踪反馈等基地管理制度，先后制定了《北方民族大学继续教育学院各类培训讲座（讲课）、劳务等费用发放管理暂行办法》(2016 年)《北方民族大学继续教育学院非学历教育培训效果评价体系（试行)》《北方民

族大学国家级专业技术人员继续教育基地管理办法》《北方民族大学国家级专业技术人员继续教育基地实施细则》，修订完善《北方民族大学继续教育学院各类培训讲座（讲课）劳务等费用发放管理暂行办法》，制定了《继续教育学院专业技术人员继续教育证书管理办法（试行）》《北方民族大学继续教育学院非学历继续教育电子证书发放管理办法（试行）》《北方民族大学继续教育学院考勤管理办法（试行）》《北方民族大学继续教育学院奖励绩效发放办法和细则》等规章制度文件。制度的出台，为依法依规办事，服务更加有效，管理更加科学规范，为各类培训办出水平办出成效提供了有力保障，提高工作规范化、制度化水平。

八、强化师资队伍建设，提高培训质量

师资水平决定着培训质量，围绕每期培训班的培训目标邀请区内外相关领域具有影响力的政治素质过硬、理论水平较高、善于课堂讲授的党政机关领导干部、企事业单位领导人员、先进典型人物、知名专家教授为学员授课。通过采取校内外选聘、学院推荐、教师个人自愿申报、人才引进等多种形式进行师资队伍建设，截至 2023 年 5 月，已建立一支覆盖社会经济发展、法制建设、党性修养、民族理论与政策、行政管理、旅游、化工、能源等各领域校内外兼职优秀师资队伍 448 人，高职称占比 78.5%。授课教师在依托北方民族大学师资力量的基础上以北方民族大学各专业优秀教师为主体，同时吸纳了我区各行政管理、企事业单位如自治区发改委、民委、纪委、扶贫办、工商联、公安厅、检察院、组织部、宣传部、老干部局、财政厅等领域的行业专家，区外有来自中央党校、北京市委党校、中国人民大学、北京大学、浙江大学、湖南大学、哈尔滨工程大学、东北大学、中国社会科学院、中国科学院、西北工业大学、华南理工大学、复旦大学等国内外高校的资深教授，还有中央统战部、国家民委、民政部等部委机关的学者官员及全国十大法治人物、全国民族团结进步先进个人等基层工作者。这些授课教师既有较高的理论水平、又有丰富的实践经验，同时师德优良，并且在相关专业领域具有一定影响力和公认度，密切联系科研生产一线优质教师，极大提升了培训水平和质量。

第十节　附属中学声名鹊起

2013 年 6 月，北方民族大学和银川市人民政府签订合作共建协议，将原银川市第二十三中学与原银川市二中校园西区合并成立了北方民族大学附属中学。同年 8 月，由银川市职业技术学院搬迁至现在的新校区（原银川市第二十三中学），银川市财政和北方民族大学加大学校建设投入，学校占地面积由原来的 58 亩增加到 130 亩，建筑面积由原来的不足 1.8 万平方米，增加到现在的 4.2 万平方米，2016 年 8 月学校整体建设完成，教育教学设施完善、功能齐全。2020 年 5 月，北方民族大学与银川市教育局、西夏区人民政府签订了附属中学学校发展共同体协议，将两所发展滞后的初级中学（银川市第二十五中学和银川市第十四中学）纳入了附属中学学校发展共同体，教育集团化管理模式实现了委属高校与地方基础教育的深度合作，有力配合了银川市优质教育扩面工程和教育均衡化发展。

学校设党总支书记、校长 1 人，党总支副书记 1 人，副校长 3 人，设有党务办公室、政务办公室、教务处、政教处、教科研室、总务处、信息中心、学生发展中心。

截至 2023 年 9 月，学校共有 142 名教师。其中正高级教师 1 名，副高级教师 30 名，中级教师 60 名，自治区级骨干教师 6 名，银川市级骨干教师 10 名，具有研究生学历的教师 27 名，党员教师 54 人。学校设置 3 个年级，每个年级 12 个教学班，共有 36 个教学班（含 6 个美术班），1754 名学生。

自学校成立以来，北方民族大学附属中学始终坚持以习近平新时代中国特色社会主义思想为指导，全面贯彻党的教育方针，在国家民委和自治区的正确领导下，在北方民族大学的大力支持下，办学条件不断改善，办学实力显著增强，学校事业取得长足进步。

学校坚持“一个都不放弃，一直都不放弃”的办学理念，秉承“锲而不舍，止于至善”的校训，树立“务实务本，乐业乐群”的校风，实现了“低进高出，高进优出”的高考目标，从银川市教育局直属 14 所高中的末

尾跻身于中游。近十年来，学校培养出10届5800多名学生，其中考入北京大学（医学部）1人，南开大学1人，厦门大学5人，武汉大学2人，每年都有优秀学生考入全国双一流大学。

2023年，银川市教育局对14所直属高中近三年高考质量进行评估，学校学生成绩进步率居第一名。

精细化管理助力高质量发展。一是党建引领，凝聚队伍强活力。充分发挥党建在思想建设、办学治校、立德树人、教育教学等方面的引领作用，推进党的建设与教育教学双融合双促进，助推学校各项工作追赶超越，办好人民满意的教育。以“提高动力、培养能力、增强实力、开发潜力”为目标，开展同课异构、集体备课、教学研讨会等活动，搭平台、提师能，努力培养一支勤奋型、事业型、科研型的教师队伍。不断强化教师管理，从“德、能、勤、绩、廉”对教师进行综合考核，全面提升教师立德树人、教育教学管理能力。二是教师队伍结构不断优化，素质大力提升。连续四年获得北方民族大学“优秀教学团队奖”；先后两次获银川市教育质量综合评价三等奖、五次获得银川市教育质量考核二等奖；有1名教师获国家民委“青年教学标兵”荣誉称号，2名教师获自治区嘉奖，28人次获银川市委、市人民政府授予“优秀教师”“优秀教育工作者”“优秀班主任”荣誉称号；校长获得银川市“十佳校（园）长”荣誉称号、每年都有教师在全国赛课、自治区赛课活动中荣获一等奖。三是狠抓作风建设，营造风清气正校园环境。认真履行党组织书记第一责任，加强党风廉政建设，做到警钟长鸣。不断加强教师师德师风教育培训，定期开展自查自纠，做到即知即改。紧盯急难盼愁问题治理，抓好“五项管理”，落实“双减”工作，促进学生身心健康全面发展。抓作风建设，杜绝违规有偿补课、违反课堂讲授纪律、学术不端、收受学生家长礼品礼金等师德失范行为。四是办学条件不断改善，服务保障水平有效加强。根据北方民族大学和银川市政府合作共建北方民族大学附属中学的协议，北方民族大学投入资金近5000万元，为附属中学教职工每人配备办公用笔记本电脑1台，为学生公寓购置高低床400套，极大地改善了附属中学的基础设施和办公条件。另外，北方民族大学对附属中学每年给予200万元经费支持，对两

个初中校区每年共给予 100 万元经费支持，用于提高教职工的待遇，极大激发了教职工的工作积极性和工作热情。

培养质量大力提高，社会声誉不断扩大。在生源极其普通的情况下（生源质量一直处于银川市三流水平），通过全体师生的团结协作、奋力拼搏，本科上线率由合作共建之前不足 10%，达到 2023 年的 84.9%；一本上线率由合作共建之初不足 3%，达到 2023 年的 44.7%。近三年，有 2 名学生高考成绩进入自治区前 100 名，有多名同学从三年前中考成绩不到 600 分，达到高考成绩 600 分以上。

十年来，学校之所以取得这样的成绩，离不开国家民委和自治区党委的坚强领导，离不开银川市政府和北方民族大学的大力支持，离不开全体师生的共同努力，离不开社会各界的关心与信任。

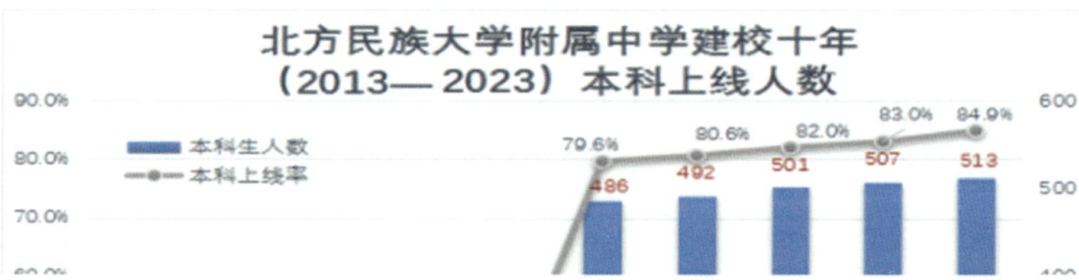

北方民族大学附属中学近五年（2019–2023年）部分学生中高考成绩对比图

	2019年			2020年			2021年			2022年			2023年		
	姓名	中考成绩	高考成绩	姓名	中考成绩	高考成绩	姓名	中考成绩	高考成绩	姓名	中考成绩	高考成绩	姓名	中考成绩	高考成绩
文科	禹璐	544	584	夏浩波	592.2	605	陈馨怡	610.4	625	马悦	563.8	592	赵紫墨	505.7	549
	马李可儿	542.7	577	刘珂汝	598.7	600	刘润桢	514.4	591	柳志泽	559.5	541	范楣嘉	511.6	514
	杨慧	535.3	575	陶思雯	511.2	547	吴媛	559.1	591	杨文涛	564.7	541	李玉花	517.5	514
	崔子研	535	572	吴庆涛	446	542	刘斌	515	571	朱欣蕊	524.7	536	丁敏	490.9	509
	岳九龙	526.5	562	戴苗苗	548	576	高飞	525	563	龚新羽	545.2	535	张心文	491	504
	曾璐瑶	546.1	564	宋思雨	507	531	高忠霞	514.9	550	刘永彩	505.6	525	田激	499	498
	田雪	528	550	朱梦琳	506.6	527	刘萌	507.8	547	刘昱彤	524.1	512	陈佳怡	493.3	495
	杨建玉	516	548	杜静	462.9	513	罗绍怡	515	547	梁津荣	514.6	504	刘博文	490.3	492
	程院院	500.3	542	张昊	533.2	540	郭姿邑	528.7	543	段敏	485.9	503	徐智博	488.7	484
	高明	520	538	马玉龙	523.3	527	娄雨桐	496.1	539	李善儒	501.7	501	王立彤	491.3	483
理科	何安远	557	567	王宁	516.9	534	姜彬源	549.4	611	张玮博	564.3	495	王炳晶	511.5	558
	刘涛	549.6	551	王家乐	486	473	陈禹鑫	593	540	石翔	546	483	袁银辉	516.5	552
	夏泽良	292	469	白红伟	511.8	470	张博	574.2	530	刘楠芙	569.4	482	李超楠	511.7	547
	黄文豪	555.4	535	黄浩浩	460	460	马玉莲	535	501	李宗安	567.3	478	张博	528.6	539
	王华入	530.8	476	吕金彪	618.6	570	黄小敏	549	498	兰艳婷	551.8	477	王璟	516.9	501
	李霞	531	517	李鑫	577	543	李鹏	538	482	唐馨源	560.7	473	郭媛媛	503.7	490
	张强银	551.7	517	刘添栩	550.1	519	张帆	502.4	461	李玉洁	564.3	470	杨心宁	497.2	484
	马建辉	507.8	479	钱玺同	559.9	514	李鑫	518	449	郭兰	498.9	467	高至鹏	476.2	472
	倪童锋	548.7	511	千佼	553.9	511	王海男	531.9	449	孙晨旭	558.3	466	王浩楠	491.6	467
	郑琪	527.5	488	黄安	538.2	499	徐浩宇	518	440	禹梦圆	496	450	姚恩莹	485.4	453

注：宁夏中考总分为750分

北方民族大学附属中学建校十年本科上线人数统计图
（注：宁夏自 2019 年开始实行划分本科分数线）

05

第五章 无边光景一时新

“东修西建”校园面貌焕然一新

◆2016 年 4 月 14 日，我校校园西区建设工程正式开工建设

◆校园东区维修改造

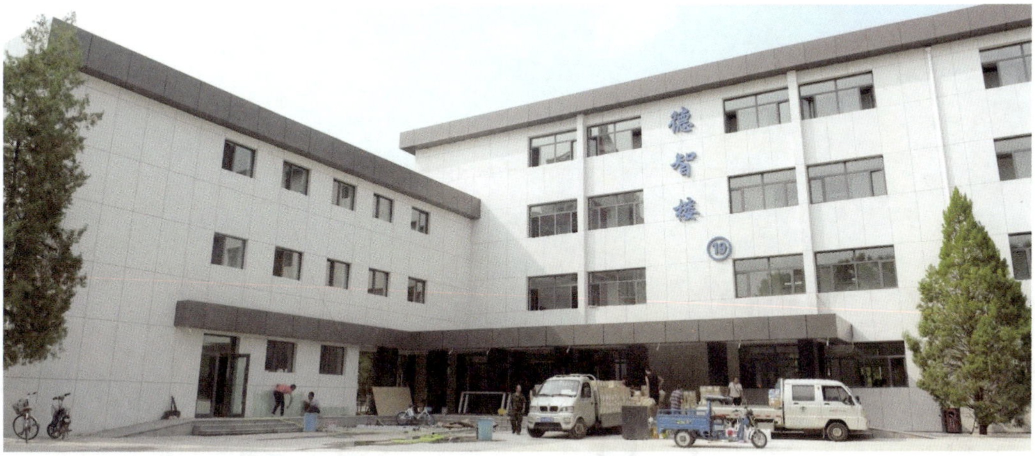

◆校园东区维修改造

◆校园东西区南天桥

◆校园东西区北天桥

◆校园西区建设

◆校园西区建设

统筹推进“五位一体”总体布局、协调推进“四个全面”战略布局，文化是重要内容；推动高质量发展，文化是重要支点；满足人民日益增长的美好生活需要，文化是重要因素；战胜前进道路上各种风险挑战，文化是重要力量源泉。“十四五”时期，我们要把文化建设放在全局工作的突出位置，切实抓紧抓好。要坚持马克思主义在意识形态领域的指导地位，坚守中华文化立场，坚持以社会主义核心价值观引领文化建设，紧紧围绕举旗帜、聚民心、育新人、兴文化、展形象的使命任务，加强社会主义精神文明建设，繁荣发展文化事业和文化产业，不断提高国家文化软实力，增强中华文化影响力，发挥文化引领风尚、教育人民、服务社会、推动发展的作用。（2020 年 9 月 22 日，习近平总书记在教育文化卫生体育领域专家代表座谈会上的重要讲话精神）

第一节　科学规划校园基础设施建设

一、校园基础设施建设基本情况

北方民族大学是在一片盐碱地、风沙窝上建起的美丽校园，被评为“全国部门绿化 400 佳”单位。为了建设美丽北民大，打造高品质的育人环境，

北民大人埋头苦干、辛勤耕耘、科学规划、创新推进，校园“东修西建”工程取得阶段性成果，为学校改革发展转型升级提供了坚实的条件保障。

校园用地面积合计 103.5 万平方米，其中东区 71.9 万平方米，西区 31.6 万平方米。校园建筑面积约 61.3 万平方米，其中东区建筑面积约 45.5 万平方米，西区建筑面积 15.9 万平方米。绿地面积约 43.7 万平方米，风雨操场面积约 1.9 万平方米，建成校园东西区交通天桥 2 座。

二、“东修西建”规划思路的提出

中国共产党北方民族大学第二次代表大会提出了“美丽北民大”的建设目标，明确了“坚持一校两区协同发展，完善校园东校园西区建设整体规划，加快校园西区建设”的具体任务，“东修西建”工程快速推进。“东修西建”工程目标是加快建设校园西区，着力改造校园东区，全面提升学校办学条件，实现教学、科研、生活等基础设施同步改善，不断增强师生员工的获得感、幸福感、安全感，为创建铸牢中华民族共同体意识示范校，实现内涵式高质量发展，加快建设特色鲜明的高水平现代化综合大学打下坚实基础。

第二节　全新建设校园西区

“十二五”期间，学校在国家民委、自治区、银川市的大力支持下，学校实现了在原有校区基础上向西扩建校园（校园西区）愿景，划拨建设用地 474 亩。

完成土地划拨后，学校多方寻求专家学者，科学论证建设规划。特别邀请了中国工程院院士、著名建筑学家、清华大学建筑设计研究院关肇邺院士主持校园扩建工程（校园西区）规划设计，总建筑面积 36.6 万平方米。

经过十年的努力，校园西区基础设施管廊、上水改造、排水改造、电力增容、供暖改造等基础设施已基本完成。已建成并投入使用的建筑面积 15.8 万平方米，共计投资 8.4 亿元，其中中央预算内投资 1.8 亿元，自筹资金 6.6 亿元。构建人与自然和谐发展的绿色节能型校园。（参见表 8）

一、已建成项目包括

表 8 已建成项目表

序号	项目名称	建筑面积（平方米）	功能	投资（万元）	每平方米价格（元）
1	6 号学生公寓楼	16200	2000 人	5368	3355
2	7 号学生公寓楼	16200	2000 人	5278	3355
3	8 号学生公寓楼	28200	3100 人	11995	4274
4	10 号学生食堂	9291	1200 人	4318.7	4647
5	2 号综合教学楼东楼	13498	56 间	6404	4744
6	2 号综合教学楼西楼	14592	64 间	7698	5272
7	3 号综合教学楼西楼	18025	145 间	10009	5560
8	3 号综合教学楼东楼	25000	157 间	14102	5640
9	14 号学生食堂	13307	2000 人	8338	6414
10	18 号风雨操场	4000		2600	6500
11	动力中心	707			
12	西区道路硬化、内湖维修改造、围墙等				

二、拟建工程

根据学校中心工作的发展需要，学校正在加紧校园西区建设，主要拟建工程有：5 号、11 号学生宿舍建设项目（约 4.4 万平方米，预计 3 亿元投资）、4 号生物科学与工程科研楼项目（约 2 万平方米，预计 1.6 亿元投资）、12 号现代装备制造科研楼项目（约 2.88 万平方米，预计 2.4 亿元投资）、大学生活动中心项目（约 2.2 万平方米，预计 2.9 亿元投资）、图书馆、民族博物馆（约 3.38 万平方米，预计 3.7 亿元投资）、田径运动场等项目。

第三节　全面维修校园东区

一、提前谋划全局，进一步明确建设思路

我校东区规划布局总体科学合理，美丽校园承载着学校筚路蓝缕、艰苦创业的过往和接续奋斗、转型升级的未来。校园东区的基本规模是在原西北第二民族学院校园的基础上，收购宁夏建筑职业技术学院、宁夏邮电学校校园后合并形成的。校舍楼宇、地下管网（水、电、暖）、交通路面等由不同的管理单位在不同时期建设，其中部分地下管网、道路地面等基础设施和教室、宿舍等楼宇在20世纪80年代初建成，建筑物和基本管网经风雨侵蚀，内部设施设备破损严重，功能不全，无法承担正常教学和生活保障，基本设施的维修改造成为校园东区建设的主要问题。

根据校园东区实际情况，学校组织相关部门进行研究，对校园东区建设提出了分类分期分批建设的基本思路，具体为：一是按教学工作、学生生活优先的原则，优先维修改造教学、学生宿舍、实验室、图书馆等楼宇；二是按照校园保障工作的轻重缓急，对部分地下管网、食堂、教学楼分期建设（如音乐舞蹈学院楼宇、图书馆楼宇维修改造等）；三是在维修改造过程中注重美丽校园建设，在校园美化、亮化、文化和节能、智能等品质提升方面多下功夫。

二、合理安排资金，积极争取国家专项支持

学校在“东修西建”工作中对各项目资金进行统筹规划，逐步确定了校园东区维修项目主要利用国家专项资金的指导意见。多年来，在学校各单位的努力下，学校通过积极申报国家改善基本办学条件专项，争取到了大量维修资金，解决了维修资金不足的缺口。其中，2013年申请国家维修专项2103万元；2014年申报国家修购专项3340万元；2015年申报修购专项6项，申报资金共约7719.7万元；2016年申报修购专项3项，申报资金共约6010万元；2017年申报修购专项3项，申报金额6852万元；2018年改善办学条件项目7项，申报金额7564.55万元；2019年申报改善

办学条件专项项目 3 项，申报资金 1605 万元；2020 年申报改善办学条件国家修购专项 7 项，审定金额 3100 万元；2021 年申报改善办学条件国家专项 6 个，项目资金达 2874.92 万元，2022 年申报改善办学条件专项 5 项，审定经费 4363.19 万元。

三、改造基础设施，努力改善教学生活条件

自 2014 年以来，学校投资近 3 亿多元，实施中心教学楼区综合维修改造工程、校园东区绿化景观改造工程项目、学生宿舍改造工程、校园节能改造工程、西区学生食堂装修工程、学校围墙改造工程、图书馆维修改造工程、校园东区智慧教室维修改造工程、校园东区管网维修改造工程、校园东区照明设施维修工程、校园东区道路提升改造工程、“铸牢中华民族共同体意识”主题学习空间维修改造工程、空乘专业实验室装修项目等大小项目近 300 个，校园东区教室、宿舍楼宇更加美观适用，学生住宿条件得到极大改善，校园道路实现了部分人车分离，基础设施条件极大改观。

2014 年，学校进行了教师教学发展中心办公活动场地改造工程，行政主楼室内外维修工程，北家属院修建道路工程，教工餐厅维修改造工程，体育场外墙维修改造工程，维修凉亭及凉亭周围小路工程，卫生所一楼东走廊卫生间改造工程等 11 项，完成零星维修项目共 80 余项。2017 年迎接本科生审核评估，学校完成了教室维修、墙体粉刷、管道管沟维修、道路道牙修补、照明灯具更换、防水堵漏处理、井盖更换、室内吊顶维修等小型维修工程 65 项。2019 年完成维修改造任务 33 个，预算资金 5400 万元，涉及教学楼、学生宿舍、实验室、办公室、地下管网、智能供电、校园环境绿化等各个方面。2020 年实施了北方民族大学明睿楼维修改造工程、北方民族大学外语学院教学空间升级改造项目、北方民族大学学生浴室节能改造工程项目，实施铭德苑 B 号（原 10 号普宿）学生宿舍楼维修工程、民族学学院办公室改造项目、明术楼会议室改造工程、校医院污水处理站建设工程等修缮工程 29 项，合同金额共计 1270 多万元。2021 年全年共开工建设修缮项目 38 个，预算投资 2576 万余元，其中学生宿舍和教学用房修缮工程 25 个，面积达 7.7 万平方米，维修金额 2219 万元。完成 9 号普

宿学生宿舍楼维修工程、图书馆维修改造工程（一期）、音舞学院楼宇维修改造工程（一期）等 3 个国家专项修缮项目。2022 年完成维修工程 25 项，预算金额 3760 余万元。实施了校园东区照明设施维修工程、校园东区道路提升改造工程、9 号、10 号学生公寓室内粉刷及部分基础设施维修工程、校园东区管网维修改造和基础设施维修改造等改造项目。适度增加停车位，在学校预算范围内进行了房屋、电力、水暖等其他基础设施维修改造。（参见表 9）

表 9　2018—2022 教学楼及学生宿舍维修改造统计表

序号	项目名称	金额（万元）	面积（平方米）	实施时间（年）
1	学生 3 号公寓粉刷	90.04	9707	2018
2	学生 4 号公寓粉刷	73.29	7694	2018
3	学生 8 号公寓粉刷	201.22	17218	2018
4	5、6 学生公寓粉刷及设施维修	363.34	18094	2019
5	1、2、7 学生公寓粉刷及设施维修	307.5	25589	2019
6	校园东区铭德苑 B 号（原 10 号普宿）学生宿舍楼维修工程	366.89	3657.55	2020
7	部分学生宿舍粉刷维修工程	47.34	8000	2020
8	1 号学生公寓粉刷及部分设施维修	135.11	7495	2021
9	2 号学生公寓粉刷及部分设施维修	130.83	7495	2021
10	11 号学生宿舍楼粉刷及部分设施维修	93.65	3657.55	2021
11	12 号学生宿舍楼粉刷及部分设施维修	93.69	3657.55	2021
12	5 号学生宿舍楼电路改造	28.69	2189	2021
13	6 号学生宿舍楼电路改造	28.69	2189	2021
14	7 号学生宿舍楼电路改造	28.69	2189	2021
15	8 号学生宿舍楼电路改造	46.64	3657.55	2021
16	9 号普宿学生宿舍楼维修工程	479.53	3657.55	2021
17	9 号学生公寓室内粉刷及部分基础设施维修工程	480.29	17368	2022
18	10 号学生公寓室内粉刷及部分基础设施维修工程	463.55	17368	2022
19	旧教学区（博雅楼）综合维修改造工程	175.85	1596	2019
20	旧教学区（德厚楼及 1 号教工宿舍楼）综合维修改造工程	379.72	3140	2019
21	旧教学区（德智楼）综合维修改造工程	657.64	5514	2019
22	旧教学区（明信楼）综合维修改造工程	872.69	7370	2019
23	校园东区德尚楼（16 号）智慧教室维修改造	347.57	4973	2019
24	校园东区德尚楼（12 号）智慧教室维修改造	379.79	4973	2019

续表

序号	项目名称	金额（万元）	面积（平方米）	实施时间（年）
25	明睿楼维修改造工程	692.51	7851	2020
26	外语学院教学空间升级改造项目—工程部分	457.06	4973	2020
27	音舞学院楼宇维修改造工程（一期）	376.25	13073	2021
28	图书馆维修改造工程一期	464.85	24961	2021
合计		8262.91	239306.75	

2022 年，学校紧紧围绕铸牢中华民族共同体意识工作主线，申报了“铸牢中华民族共同体意识宣传教育展示中心”建设项目；同时，为改善师生就餐基本设施环境，申报了“东苑餐厅”建设项目。经国家民委批准，以上两个项目于 2023 年 5 月正式动工，“铸牢中华民族共同体意识宣传教育展示中心”建设项目建筑面积 4582.36 平方米，投资概算 3305.94 万元；“东苑餐厅”建设项目建筑面积 7283.79 平方米，投资概算 5043.38 万元。

四、推进环保节能，认真推进美丽校园建设

为了创造一个优美的学习工作环境，在进行设施设备维修改造的同时，学校重视美丽校园建设，积极开展绿化、亮化、节能、智慧校园建设工程。

（一）绿化美化

2014 年，共移栽桧柏 82 棵、刺槐 8 棵、丝棉木 1 棵、连翘 47 棵；种植紫叶李 40 棵、沙枣树 50 棵、丝棉木 30 棵；补购种植樱花树 16 棵、白蜡树 20 棵。完成青年公园、教工餐厅平整土地 7700 平方米（种草 7100 平方米，其中：三叶草 2350 平方米；百脉根 2250 平方米；苜蓿草 2500 平方米）。在校南大门、设计艺术学院北侧、青年公园、学生南苑餐厅平整土地 1.05 万平方米并种植草坪 9450 平方米。积极改善校园环境整洁与卫生状况。对学校主要道路周边、卫生、杂草、垃圾进行了整顿和清理，平整新种植草地约 1 万平方米，对施工场地进行平整，共运送 2500 余立方垃圾，石块、杂物 550 多立方。2017 年完成了校园绿化区域土地平整 8200 平方米，补植草坪 8500 平方米；对全校办公教学区域及学生公寓的

438 个公共卫生间进行卫生重点整治，清理垃圾及各类废杂物 500 余立方，美化校园围墙 1823 千米。2019 年在校园东区完成绿化景观 3.6 万平方米。

（二）节能改造

2018 年加强节能项目组织实施工作，加强对学校水暖等管网的改造和校园节能维修改造，主要完成了蒸汽管道改造工程、普宿楼管网维修改造工程、餐厅管网维修改造工程等节能工程 10 余项，有效解决了学校管道“跑、冒、滴、漏”现象，节约了资源，避免了浪费。2020 年实施分布式污水雨水处理中水回用一体化试点项目，新建日处理能力 120 方的污水处理站 1 座及配套调节池、污泥池、中水池、雨水回用蓄水池 1 座，安装污水处理及中水回用设备，铺设管道 8.6 千米，安装微喷喷头 1500 个，中水水质符合国家城市污水再生利用城市杂用水水质标准，满足我校部分绿化区绿化使用，大幅降低新鲜水消耗，从而达到节水减排作用，项目被水利部纳入合同节水案例汇编。在 2022 年东区道路提升改造中，新增雨水井 95 个，过路管 24 根，梅花管 13783 米，过路保护管 4999 米，解决了道路雨天大量积水，因规划不精准导致道路开膛破肚、反复开挖等可能出现的问题，为今后建设发展预留了一定空间。

（三）校园智慧化

2022 年，将智慧灯杆理念引入校园照明设施，在校园建立了 87 个智慧灯杆，为校园未来智慧化、信息化建设提供了发展平台。2023 年在 14 号和 15 号教学楼维修改造中，实施了以微处理器技术和现代电力电子先进技术为基础的智慧照明系统，可以根据一定的程序和条件控制照明的开启和关闭，节能理论值可达 10% ～ 45%，同时延长照明设备的使用寿命，具有明显的节能减排效果。

五、倾注师生心血，人人关心校园建设

学校高度重视校园工程建设，坚持全局观念，统筹安排，坚持问题导向，细化各项建设任务。学校坚持召开基建领导小组会议，完成项目建设中的重大问题，明确项目维修方案，解决项目中存在的难题。

2018 年暑期，校党委书记刀波、校长郭郁烈、副校长东·华尔丹、总

会计师李红燕一行，实地查看了学校东校园西区的工程建设情况，在校园东区主要检查了教学楼节能改造工程、宿舍楼改造粉刷工程、开水进宿舍蒸汽管道改造工程的施工情况。刀书记和郭校长了解各项工程的施工时间节点、施工进展、存在问题等，对工程进展、施工工艺、建筑材质、工程质量、施工安全、环保等方面提出了具体要求，切实做到周密部署、精细施工、高效推进、精密监督，高效优质建设师生满意工程，实现工程预期目标。2019 年，在德智楼等 5 栋旧教学楼改造项目过程中，副校长东·华尔丹对楼宇外观风格设计进行指导，明确了德智楼等 5 栋楼宇进行风格设计和色彩选择使得楼宇外观与周边环境相得益彰，并和专业人员对水、暖、电、外墙保温等认真论证、提供决策，德智楼等 5 栋楼宇改造后实现节能减排，提高冬季室内温度。2020 年、2021 年，在校园东区明思楼、德尚楼、明睿楼、德言楼等智慧教室维修改造工程中，副校长保文星多次现场指导检查项目施工，发现智慧教室电路改造、屋顶吊顶、灯具、玻璃幕墙等方面存在问题，邀请各方单位进行商讨，集思广益，解决了弱电等电路问题，保障了相关智慧教室设备的安装。2022 年，总会计师李红燕在校园东区道路提升改造工程中，就雨水治理、道路维修改造方案、自行车停车规划、车位规范、灯杆选型等重大问题，提出了建设性建议，保障了工程质量和施工紧促，各型号的灯具让学生赏心悦目，达到了育人的效果。

在项目施工中，学校电气信息工程学院、土木工程学院、设计艺术学院、教务处、学生处、信息化建设与管理处、实验室建设与管理处、保卫处、财务处、国有资产管理处、审计处、基建处和后勤保障处等部门师生积极参加相关专业的工程论证，积极解决工程中的难题。2019 年以来，设计艺术学院师生、信息化建设与管理处参与教室宿舍楼宇外观配色和弱点改造方案。2021 年电气信息工程学院、信息化建设与管理处提出智慧灯杆的实施方案建议并进行现场指导。2022 年在“校园东区道路提升改造工程项目”致信路段应用土木工程学院的“矿物纤维亲油改性沥青混凝土集成一体化施工技术”。2023 年信息化建设与管理处负责了 15 号教学楼维修改造中教室智慧灯控建设工作。

第四节　着力提高信息化建设水平

自2014年起，网络与信息化建设管理部门紧密围绕学校发展战略，在传统校园网及信息化基础上，引入云计算、物联网、大数据、移动终端和人工智能等技术理念，将校园环境、数据、教学资源、教职工和学生等紧密联系在一起。建设重点由信息基础设施转向各类信息系统，先后建设了一系列管理信息系统及数字校园运行管理平台。通过信息技术高度融合，应用于学校各管理领域，实现多区域资源及业务的融合共享，为学校事业发展奠定了信息化基础。

为了有效规划、组织、协调校内信息化建设和应用，提高信息化水平和管理效率，支持学校战略和业务发展，2019年，学校党委结合实际情况对网络信息中心进行重组，整合技术管理职能，成立信息化建设与管理处，由技术支撑转为管理与服务，统筹全校信息化工作。自信息化建设与管理处成立以来，印发《北方民族大学信息化项目建设管理办法》，编制《北方民族大学“十四五”信息化建设规划》，强化顶层设计，改革建设模式，实行统一规划、建设和管理。经过几年建设，学校信息化水平明显提高。

一、基础网络更加完善

加强基础网络建设，分批布设8192个无线网接入点，实现学校范围内无线网络全覆盖。采用用户身份管理和网络准入机制，提升网络体验和安全性。互联网出口带宽逐年增加，由2014年的1G提升至19.5G，师生上网体验大幅改善。自2020年起推进全光网络改造，校园东区9～12号公寓楼、校园西区8号公寓楼、14～15号教学楼、行政主楼及南北配楼，新建全媒体中心楼实现光纤到屋，传输性能和效率明显提升。加强与运营商合作，共建5G校园专网，实现资源共享，服务能力和水平均有提升。2021年完成核心网络升级改造，设备性能从10G提升至40G，核心路由器和出口防火墙均实现双机热备。同时积极落实国家部署，推进IPV6规模化应用，实现全网IPV4到IPV6的无缝平滑升级。

二、数据中心更加稳健

2019年在校园西区建成模块化机房，承担分数据中心任务，学校核心数据业务迁移至西区机房。2023年完成东区数据中心改造和搬迁，建成双数据中心，进一步优化了2个数据中心的功能布局。拥有浪潮、华为、华三等品牌服务器共82台，可用存储2.56PB。依托虚拟化平台，实现硬件资源池化，动态分配和统一管理，提高数据可用性和安全性。2022年采购28台CPU服务器，搭建AIOS平台，通过集约化管理，为师生提供高性能计算服务。虚拟服务器从100余台增至850台，支撑服务和应用增至122个。在数据中心安全方面，采用安全设备异构模式，实现SDN+NSX架构改造，解决了单点故障及数据流转问题，实现网络安全防护从被动到主动的进步，提高数据中心的健壮性和灵活性。

三、教学资源更加丰富

持续推进教学环境建设和改造，在原来多媒体教室建设的基础上，从2019年起分三批在校园东区12～16号、19号、20号教学楼和西区30号、31号教学楼开展教学环境提升工作，共建成智慧教室339间。提供互动教学、远程教学等多种教学手段，并为课程录播、学生考勤等提供便捷功能。新冠肺炎疫情期间，智慧教室为线上教学、研究生招生面试等提供稳定保障。积极探索新教学模式，充分利用互联网技术，扩展智慧教室功能和应用场景。推动教师实践线下互动教学模式，实现大规模在线教学和有限规模现场教学的有机统一。建成教学一体化综合平台，新增一体化教学管理系统、评价系统和教学资源库共享平台，为全体教师提供更好的信息化服务，扩建MOOC在线教学平台，增设教师教学空间等，在线课程资源由220门增长至2314门。

2020年，学校被列入自治区“互联网+教育”示范区试点院校建设名单，2021年6月18日，自治区“互联网+教育”现场会在我校召开，自治区教育厅、全区各高校领导及专家80余人参会，保文星副校长代表学校分享了我校智慧校园建设成果。

四、数据标准日益完善

数据治理效果显著，2019 年升级了数据交换平台，陆续接入应用系统 38 个，建设数据共享接口 185 个，日均同步结构化数据 700 余次，同步处理数据 1800 余万条。通过规范化的数据管理和标准化的数据交换，有效地避免数据泄露和安全问题，并降低数据采集、处理和管理的成本和复杂度。在建设应用系统的同时，积极开展数据治理，通过对数据进行管理、保护、存储、使用、共享和分析等活动的规划、组织、控制和监督，建立了“谁产生、谁维护、谁负责”的数据质量监督评价机制，督促业务部门承担数据质量把关责任，确保源头数据的真实性、准确性、完整性和及时性。通过安全规则设置、敏感数据自动识别、数据加密脱敏、数据分类分级、数据授权审批等措施保障数据安全，提高数据的质量和可信度，降低了学校的信息风险和法律责任。

五、应用平台更丰富

2014 年起，建设多个管理信息系统，涵盖学校日常管理服务多个方面，为智慧校园建设奠定了基础。2020 年开始，陆续升级建设了智慧人事管理系统、智慧科研管理系统、智慧财务管理系统、实验室管理系统、智慧学工系统。打通了校内核心业务系统数据，清除了业务壁垒。建立教工一体化服务，实现了包括人事、教务、财务、科研、办公自动化等线上办公和流程化管理。建立了学生一体化服务，实现了包括迎新、学工、研究生、宿舍、奖惩助贷、离校、就业、校友等学生在校期间及毕业后全周期的信息化管理服务。更新了一卡通系统，扩展升级一卡通人脸识别、校园虚拟卡、掌银等功能，进一步丰富了校园卡的便捷性，实现了“卡”“码”“脸”等多渠道灵活支付、门禁签到和身份认证，摆脱了传统一卡通卡片的依赖。建立了统一身份认证和单点登录平台，集成原有及新建应用系统，实现数据交换共享。通过统一身份认证平台师生只需使用一组账号和密码就可以访问不同系统和应用，避免了反复登录和记忆不同账号密码的困扰，同时有效地提高安全性和管理效率，减少了管理成本和风险，提升工作效率。建成一站式服务大厅，开通学校企业微信平台，实现

有关师生工作学习生活等方面 67 项业务网上办理。

六、智慧感知初现成效

2020 年 9 月组建信息化工程研发中心，着手开发智慧校园数字孪生 IOC 平台，整合校园现有信息系统的数据资源，实现深度融合数字孪生、大数据、云计算、物联网、融合通信等前沿技术应用，将信息、技术、设备与校园业务需求有机结合。截至 2023 年底已经实现学校 7 个核心业务系统的结构化数据接入，包括人事、学工、教务、一卡通、资产、办事大厅和科研系统，同时完成 2 个非结构化系统的数据接入，包括门禁系统和上网行为日志系统。IOC 平台每天同步处理结构化数据 1800 余万条，非结构化数据 6000 余万条，视频监控数据 64 路，有效整合校园现有信息系统的数据资源。系统通过数字孪生技术，融合多源异构数据，有效支持分布式大数据处理。此外，运用先进的机器学习和深度学习算法，精准构建学生画像，旨在提高校园安全管理的智能化和精准化。IOC 平台已经覆盖校园综合态势监测、教学管理监测和校园安防态势监测等多个业务领域，赋能校园业务应用，实现“智能感知、智能分派、智能处置、智能考评、智能改进”，有效提升跨部门决策和资源协调效率。

七、三全育人扎实推进

着力推进“三全育人”工作，发挥学生在学校信息化建设中的作用。2020 年 9 月组建“溯洄”工作室，希望打造一支掌握最新技术发展、熟悉学校综合业务、能够服务于学校信息化建设管理服务的专业团队。先后吸纳计算机科学与工程学院、电气信息工程学院、数学与信息科学学院等多个学院学生 500 余人次到工作室学习实践。不断优化管理模式，将学生的专业学习和日常教育管理与学校信息化紧密结合，丰富培养载体，不断提高学生实践动手能力。在老师带领下，团队完成基于微校的应用 10 项，开发完成 IOC 平台一卡通数据可视化模块，开发完成安全日志大数据采集与处理平台。申请并获批校级科研平台“北方民族大学信息化工程技术研究中心”，带领本科生团队申请软件著作权 29 项，已申请并立项 28 项大学生创新项目，其中国家级 1 项，区级 9 项，校级 18 项，获 2022 年全区

工业互联网安全和大数据分析技能竞赛三等奖 1 项，获得全国各类计算机相关竞赛一等奖 2 项，二等奖 2 项。

第五节　国有资产管理工作再上新台阶

国有资产管理工作持续不断地推进，使学校国有资产合理配置和有效利用，从规范资产采购到资产管理，保障和促进了各项事业的发展，为学校基本办学条件的进一步改善贡献力量。

截至 2023 年 12 月 31 日，学校在账固定资产总值 25.5 亿元；其中，土地、房屋及构筑物 13.86 亿元；通用设备类 6.33 亿元；专用设备类 1.82 亿元；图书、档案类 0.78 亿元；家具、用具装具及动植物 0.97 亿元；文物和陈列品 262.8 万元；无形资产 1.71 亿元。

一是在招标采购方面，严格按照《中华人民共和国政府采购法》《中华人民共和国政府采购法实施条例》《中华人民共和国招投标法》《政府采购货物和服务招标投标管理办法》（财政部第 87 号令）等法规条例，全力以赴做好资产采购工作。在集中审议招标参数方面，由项目单位、实验室建设与管理处、国资处、招标代理机构等部门集中对招标参数进行审议；合理地安排采购方式；做好技术答疑、现场勘察工作。及时召开技术答疑会或现场勘察会，对存在的问题及时修改；做好开标、评标工作。严格在评标专家库中抽取专家，做好学校评委的选定工作；做好合同签订和供货工作；做好资产采购的专项验收工作。2018—2022 年，连续 5 年货物设备采购等国专项目的执行率达到 100%。

二是在资产管理方面，严格按照财政部《事业单位国有资产管理暂行办法》管理学校资产，近年来，充分利用网络版的资产管理软件来管理全校的资产工作，不断地优化改善资产管理工作，通过提升资产管理网络一体化的方式，极大地调动起了学校二级资产管理的积极性，资产管理逐步细化。先后多次在全校范围内开展了资产清查工作，全面完成了财务账与资产账的一致性，核实了资产账与实物账的情况，对长期滞留在账的资产进行了全面的摸底与梳理。仅 2021 年一年成功在校内跨部门调拨资产

1329 台 / 件，金额 850.75 万元，盘活了闲置和低效的固定资产。

三是在资产处置方面，严格执行《中央行政事业单位国有资产处置管理办法》《国家民委事业单位国有资产处置管理暂行办法》《北方民族大学国有资产管理办法》，有效地处置报废了废旧资产，为学校腾挪出更多新设备购置所需的空间和地方。

由于历史积压原因，废旧资产一定程度上影响了学校的发展。国资处把资产处置工作作为头等大事，狠抓落实，积极与各单位联系，认真梳理资产管理系统的账目，严格按照报废资产的规定，认真核对报废资产，邀请校内专家评估，按照程序进行报废，资产处置工作取得了一定的成效。

四是在房产管理方面，充分做好房屋产权管理工作，梳理全校房屋房产，合理分配和充分利用学校房产，重点在教学、科研等方面，保障教室和教学的使用。努力推进学校房屋房产使用功能的合理布局。2020 年 6 月 30 日，随着原宁夏邮电学校土地权属变更到北方民族大学，标志着学校所属名下的所有土地证已经全部办理完成。

第六节　实验室建设与管理改革持续推进

2014 年，学校成立实验室建设与管理处，具体负责实验室管理体制、运行机制、工作规范和工作标准的设计与组织实施、实验室绩效考核、实验室设备管理、实验室安全教育与管理、协助实验室队伍建设等工作；设立了实验室建设科、实验室管理科（安全管理中心）、仪器设备维修科 3 个科级机构。

2023 年 5 月 20 日，学校将实验室建设与管理处和基础实验教学与工程实训中心（宁夏分析测试中心）合署办公，在实验室建设与管理处内设的 3 个科级机构的基础上，增设实验实训科 1 个科级机构。

一、充分发挥基础实验中心建设优势

（一）组建基础实验教学与工程实训中心（宁夏分析测试中心）

2019 年 6 月，学校在推动综合改革方案的落实，优化机构设置，优化

资源配置，提升投资效益，提高基础实践教学质量，强化公共科研平台建设，积极拓展社会服务，组建了基础实验教学与工程实训中心（宁夏分析测试中心），2020年先后整合了全校文科综合实验室、基础教育学院机房、金工实训部、电工电子实训部和宁夏分析测试中心，形成基础实践教学、公共科研平台和工程实训3个功能模块的格局，拥有国家民委经济管理综合重点开放实验室、自治区经济管理综合实验教学示范中心、自治区全媒体新闻传播实验教学示范中心、自治区黄大年式教师团队和宁夏先进智能感知控制技术创新团队，是我校基础性教学和综合性科研相结合的实验实践平台。

（二）提升公共基础实验实训教学水平

学校历年来高度重视公共基础实验实训教学工作，为了确保基础实验教学的顺利开展，建立了由实验员、协管和学生志愿者3支队伍服务全校的公共基础实验教学管理工作，取得了良好的效果。

1. 强化教学服务意识，提升教学服务水平

金工实训年均承担1200余名学生6.8万人时数的教学工作，电工电子实训年均承担1800余名学生7万人时数的教学工作。文科类实验实训年均承接100余门课程，156.9万人时数的教学服务工作。

2019年，实验室资源实现了所有面向全校开放使用，教师通过网上预约使用实验室资源，年均开放实验室1300余人次。

2020年，疫情期间制定了疫情预案，远程指导实验教师完成50多个实验项目线上教学，保障了线上30余门实践课程教学工作的开展，协助经、管、商、文等院系完成27门课程的实验教学任务，审核预约实验室使用140余次；开放实验室1000人次。每学期针对在实训中心上课的教师进行培训，主要培训内容有云桌面的使用、电子白板的使用、电子教室管理软件使用及相关教学设备的使用，利用现代信息化手段进行设备故障报修，及时进行现场维护，提高实践教学服务质量及效率。

2. 加强实验队伍培养，提高实践教学工作水平

2019年，建立了实验室专职管理员、外聘实验室协管员、学生助管3支实验室管理员队伍，实现了基础教学实验室每周7天、每天15小时开

放使用。

2021 年，先后安排教师 75 人次参加高校课程思政、教学创新大赛、一流本科专业建设等 18 项专题培训，累计培训课程 331 课时。邀请胡庆夕、朱民、朱华炳等国家工程实训教指委委员来中心指导工作；加入西北工程实训研究会，成为宁夏地区负责单位。

2022 年，中心加强具有实践经验的实验人员培养，从立德树人、办公软件、设备操作、教学方法等多个层面组织全体人员培训近 248 次，邀请教育部工程训练教指委 4 名专家在内的 12 名著名教授，举办“2022 年教育部创客教育专家西部行暨工程创新与智能制造学术年会”活动，并做题为：工程实训课程思政建设主场报告，吸引了线上线下参会人员超过 500 人。承办了第一届全国高等学校实践教师工程创客教学能力大赛宁夏选拔赛，中心两名教师经过评选入围全国比赛，分别获得全国二等奖和三等奖。针对文科综合实验中心的协管员进行安全知识及简单的维护及设备使用培训；针对代课教师培训虚拟云桌面操作及相关硬件设备使用，培训人数达 30 余人次。

3. 改善基本办学条件，提高教学综合服务能力

2019 年，为了进一步提高学校实验室的使用率，改变原有实验室功能布局，对 3 号 A506、3 号 A508 实验室的合并改造、对 3 号 A514、3 号 A519 实验室的改造。

2020 年 4 月，整合电工电子实训部、金工实训中心、分析测试中心三个部门，完成金工 4 号车间的改造，新增实验室面积 420 平方米，完成 5 间机房改造，共计 458 机位，完成分析测试中心食品检测室和天平室的改造，增设缓冲间和样品间。

2021 年，为改善基本办学条件，中心实施 2 项共计金额 360 余万元的实验室设备更新，完成气瓶间、仪器室、焊接、铸造、现代制造车间的改造，更新、增补设备 600 余台（套），更换 5 间语音室的 250 台旧电脑。建设陶艺制作实验室，开设陶艺制作通识选修课。

2022 年，中心持续加强实验室建设，开展各种新项目、新技术、新方法，不断提升实验室硬件设施建设水平。完成文科类 2023 年实验室建设

及西区机房建设等 6 个项目的审核及申报，执行了文科综合实验室 8 款软件的购置工作，总金额 211.9 万元，完成“北方民族大学金工实训实验基础条件改善项目追加预算”项目的执行，总金额约 65 万元。

4. 坚持立德树人，不断增强人才培养质量

为了将“铸牢中华民族共同体意识”与立德树人工作深入贯彻到实训工作中，学校积极探索工程素养培育与课程思政的有机融合，不断提升人才培养质量。在陶艺实训项目、激光切割实训项目中，将“铸牢中华民族共同体意识”课程思政元素与教学工作相结合，逐步将 3D 打印、数控技术实训项目融入实训课程中，提高学生人文素养和现代智能制造基础。

疫情期间，中心组织了手作陶艺、普通话培训测试、电子产品组装、“三笔字”训练、摄影实践等系列教学活动 21 场，吸引了全校 500 余名学生参加。

2020 年 8 月，中心学生团队获得全国研究生电子设计大赛西部赛区二等奖 2 项，12 月中心教师获批自治区科技创新领军人才 1 人。

2021 年取得了“十四五”期间宁夏大学生工程实训大赛举办权，举办了宁夏首届大学生工程实训大赛，邀请了全区 6 所高校的 147 支队伍参加比赛，中心获得了优秀组织奖。中心教师指导的“互联网 +”创新项目获自治区金奖，全国总决赛铜奖，指导学生参加学科竞赛获校级挑战杯三等奖 2 项、三创赛校级三等奖 1 项。

（三）不断推广国家通用语言文字

国家通用语言文字的实验实践教学工作是近年来实验室建设的一项重要内容，为了进一步提高广大师生各族人民相互间的交往交流交融，增强“五个认同”，学校不断加强国家通用语言文字实践教学课程建设，改善实验条件，实施推广国家通用语言文字行动。

1. 建设国家通用语言文字实验教学中心。为了切实落实铸牢中华民族共同体意识，促进国家通用语言文字推广和普及，2021 年学校投入百万元建设了国家通用语言文字实验教学中心。中心设有候考、备考、考试间、监考四个区域，总建筑面积 400 余平方米，共设有 19 个考试机位，单日测试数 400 人次。每学年面向全校师生开展普通话水平测试 4 期，测试数

6000 余人次。此教学中心的建设不仅为普通话水平测试提供了测试场所，更为国家通用语言文字推广提供了平台，也成为我校中华民族共同体意识示范校建设的一个重要内容。

2. 增设“三字一话”实践教学课程。依托国家通用语言文字实验教学中心，积极探索国家通用语言文字的实践育人作用，年均开设 17 班次《普通话水平测试实训》《三笔字实训》通识选修课程，年均选课 600 余人。教师围绕“测试 + 学习 + 针对性训练”开展普通话教学，从声母、韵母、声调三个方面全面、系统地学习普通话读音；针对普通话语音中常见易混淆的读音开展对比训练。每班次学生的普通话综合运用能力都有了显著提高，均完成国家普通话水平测试。在“三笔字”教学中，让学生学习了我国书法的历史发展和学习书法的意义，掌握了如何执笔、执笔姿势、书写位置等书写规范。

3. 积极开展通用语言文字推广活动。多次开展全校性普通话培训、“三笔字”训练推广活动，举办了“传统文化与语言文字展”“留学生学说普通话”“预科生学习国家通用语言文字”“普通话水平测试专题讲座”等线上线下活动。在普通话培训活动中，指导教师围绕“什么是普通话”“为什么要学好普通话”“学好普通话的意义”这几个问题，向大家介绍了我们普通话的发展历程和特点。后续指导老师系统讲解了《国家普通话水平测试》的考试流程、注意事项，带领学生进行了普通话模拟测试。活动中，中心依托新建的国家通用语言文字实验教学平台，展出了包括文房四宝、陶瓷、书画等 80 件展品，全面系统地呈现了汉字的变迁和发展进程，将书法、国画、三笔字、普通话等中华语言文字中蕴含的“美”展现给全校师生，增强各民族学生的“五个认同”，铸牢中华民族共同体意识。

（四）提高分析测试工作质量

北方民族大学宁夏分析测试中心成立于 1978 年，是根据国家科委要求，经自治区人民政府批准的，自治区科委直属的综合技术服务中心之一。2002 年宁夏分析测试中心划归北方民族大学材料学院管理，2016 年更名为北方民族大学宁夏分析测试中心，2019 年划归基础实验教学与工程实训中心，正式成为校级实验实践平台。中心分析检测项目涉及土壤样

品成分分析、金属样品成分分析、矿石样品成分分析、陶瓷材料分析、煤组分分析、水质检测、氨基酸检测、微量元素分析等，不仅服务生科、材料、化工等多个学院的分析测试教学活动，还为科研单位、大中专院校、工矿企业等部门提供综合性分析测试技术服务。

2020 年 9 月，通过了自治区市场监管厅组织对全区食品检验检测机构的“双随机一公开”专项检查；

2021 年度开展了“检验检测机构诚信守法倡议活动”和检验检测质量管理体系文件宣贯活动，邀请了国家检验检疫委专家进行了内部审核和管理评审，对现有的检验检测测试标准进行了查新及更新。

2022 年度分析测试中心获得全国第三次土壤普查省级质控类实验室，全区唯一的一次性通过全国性的能力水平测试质控单位。

二、完善大型仪器设备使用管理

大型仪器设备是高等学校优质的实验基础，是培养高层次人才，进行高水平、高质量科学研究的重要工具，是学校办学综合实力的保障。完善大型仪器设备管理体制，构建大型仪器设备开放共享平台框架，对于促进设备资源发挥最大效益具有重要意义，我校在此方面进行了有益的探索。

（一）大型仪器设备开放共享管理

一是对学校 20 万元以上设备进行了清理，建立了内部大型仪器设备共享信息系统，完成了与国家大型设备共享平台和自治区大型设备共享平台的对接，实现网上预约功能，同时制订了《北方民族大学大型精密贵重仪器设备开放共享管理办法》。

二是制定了《北方民族大学精密贵重仪器设备开放共享服务收费管理细则》，形成了大型仪器设备使用机时情况按月通报工作机制，提高了大型仪器设备使用机时。

三是接受科技部、教育部、国家民委和自治区科技厅专家组对我校大型仪器设备开放共享管理评价考核开展的现场核查，按照专家组的现场指导，总结了学校大型仪器设备开放管理的不足，汲取了其他高校在大型仪器设备管理方面的先进经验，制订了大型仪器设备开放共享管理工作整改

方案，规范了大型仪器设备使用记录，并积极开展了落实。

四是充分发挥信息化管理系统的优势，适当引进物联网技术，加强大型仪器设备使用的信息化管理，增加学校重要资源使用的透明度，提高管理效能。

五是建立了实验室仪器设备巡查、检修登记制度，督促学院及时维护教学科研仪器设备及实验室设施，保障教学科研工作正常运行。学校2021年大型科研仪器设备开放共享工作的绩效考核再次取得佳绩，位列委属高校第1名。

六是为进一步提升我校大型仪器设备的使用率和技术服务水平，启动了大型仪器设备使用培训工作。以材料科学与工程学院的教师和研究生作为试点开展培训，后期又配合基础实验教学及工程训练中心，邀请校内外专家开展一系列实验技术人员测试能力提升的培训，截至目前已培训4次。

（二）大型仪器设备的维修管理

一是为加强实验室仪器设备的维修管理，保障设备的正常运行，完成了设备维修审批、备案工作。

二是为摸清教学科研仪器设备工作状态，进一步提高资产配置和使用效益，为学科建设目标和绩效提供科学依据，对全校3.4万台（套）实验、实训设备使用状况进行了调研。

同时，草拟了《北方民族大学实验仪器设备维修管理办法》。

三、高度重视危险化学品与危险源的管理

实验室危险化学品与危险源管理是确保校园安全稳定的重要方面，对于保护广大师生人身安全与健康，提升学校实验室安全稳定工作开展水平具有重要的意义。

一是2019年学校采购了试剂耗材管理平台，危险化学品的管理进一步规范，完善了化学品台账，对各学院采购的危险化学品进行全流程监管，2022年对危险化学管理平台进行升级。

二是规范了易制毒化学品采购、保管、领用、回收等工作环节的管理，并严格按照“五双”制度执行。

三是对实验室的危险源按类别进行了统计，对每间实验室重新制作张贴了“实验室安全风险告知牌”，起草了《北方民族大学实验室安全分类分级管理办法（试行）》，确定各实验室安全类别和风险等级，划定管理重点。

四是对气瓶的使用和管理进行了专项整治，起草了《北方民族大学实验室气瓶安全管理实施细则（试行）》，针对气瓶的申购、运送、存储、使用等进行了规范管理，并为各实验室内气瓶进行了编号、创建了二维码，对气瓶信息全方位进行管理，为每个气瓶逐一悬挂了信息牌。

五是首次建立健全实验项目开展前风险评估与风险管控机制，有效管控项目在实施过程中的安全风险，对全校 730 间实验室安全隐患进行了全面排查与整改，对在研的 386 个科研项目的安全风险进行了全面的安全风险评估。

四、逐步推进实验室建设系统性改革

实验室处成立以来，始终以服务学校学科和专业建设为核心，紧紧围绕铸牢中华民族共同体建设主线，在教学、科研和人才培养上持续用力，在构建现代实验室管理系统，推动高校加强学生实践能力和创新能力的培养，加快实验教学改革和实验室建设，促进优质资源整合和共享，提升办学水平和教育质量方面进行了不断的探索。

2016—2022 年，共购置教学科研设备 1.4 万台（套），新增设备总值 2.6 亿元。其中 20 万以上大型科研设备 202 台（套），50 万元以上设备 56 台（套）。

2016 年新增设备 916 台（件），实验室面积为 4.75 万平方米。2017 年新增设备 3036 台（件），明实楼 E 区投入使用，新增实验室使用面积 1.31 万平方米。2018 年新增设备 3193 台（件），2019 年新增 768 台（件），2020 年新增 2294 台（件），2021 年新增 2168 台（件），2022 年新增 1680 台（件）。

整合经济、商学、管理、文史四个学院实验室为文科综合实验中心，新建机电工程实验中心、土木工程实验中心、体育学院实验室和医学技术实验中心、基础实验教学与工程实训中心等 5 个实验中心。

招聘引进实验技术人员40人（含离职1人），优化实验人员队伍结构，设置实验安全管理人员和大型仪器设备技术人员。5项虚拟仿真实验教学项目获批自治区一流课程。

第七节　全面提升审计质效

十年来，学校全面加强审计工作，建立健全审计监督制度，立足规范、注重质量、突出效益，依法履行审计职责。

一、加大工程审计全覆盖力度，有效发挥审计监督、规范和促进作用

学校不断加大工程审计全覆盖力度，建立事前事中事后互相监督与制约的工作机制，倒逼审计质量不断提升。从项目编制工程量清单及招标控制价复审、过程跟踪及结算、结算复审3个维度形成闭环机制，有效发挥审计监督、规范与促进作用。

首先，将审计关口前移，加强审计预防与促进规范的作用。在工程前期准备阶段将审计关口前移。开展预算100万元以上项目同步背靠背工程量清单及招标控制价编制，代替事后招标控制价复审。同时，及时启动审计程序，发挥事前审计完善的作用。加强施工合同规范性、公平公正性、约束性等方面的审核，避免施工合同条款带有倾向性、可能引起争议，显失公平，提高施工合同对双方的约束作用。

其次，加大事中审计力度，建立过程中解决问题的工作机制。切实发挥过程跟踪审计的监督作用，以项目为单位建立项目跟踪人员全程负责制。通过优化工作流程，提高了施工单位过程资料报送的效率，为竣工结算工程量审核提供充足时间，保障竣工结算基础数据的准确性，有效缩短了结算工作时间，从而保证项目预算的顺利执行。

第三，强化结算复审的监督作用，切实提高结算工作质量。工程竣工结算阶段，对100万元以上项目开展背靠背同步竣工结算。通过比较结算单位与复审单位的初步造价，逐项排查分部分项工程量、定额使用情况及

计算规则等，及时修正分部分项工程量复核不实、定额及计价规则使用不当等情况，防止竣工结算造价高估冒算，从而提高竣工结算报告质量，维护学校的利益。

2014—2022 年，审计处共完成基建、修缮工程项目审计 262 项，涉及合同总金额 8.26 亿元，送审金额 9.65 亿元，审定金额 8.51 亿元，审减金额达 1.16 亿元，其中：2014 年审结工程项目 41 项，涉及合同总金额 1.5 亿元，送审金额 1.8 亿元，审定金额 1.6 亿元，审减金额 0.2 亿元；2015 年审结工程项目 36 项，涉及合同总金额 0.48 亿元，送审金额 0.55 亿元，审定金额 0.48 亿元，审减金额 0.08 亿元；2016 年审结工程项目 15 项，涉及合同总金额 1.69 亿元，送审金额 2.03 亿元，审定金额 1.73 亿元，审减金额 0.31 亿元；2017 年审结工程项目 19 项，涉及合同总金额 0.17 亿元，送审金额 0.22 亿元，审定金额 0.2 亿元，审减金额 0.02 亿元；2018 年审结工程项目 32 项，涉及合同总金额 0.51 亿元，送审金额 0.62 亿元，审定金额 0.56 亿元，审减金额 0.07 亿元；2019 年审结工程项目 31 项，涉及合同总金额 1.41 亿元，送审金额 1.7 亿元，审定金额 1.49 亿元，审减金额 0.21 亿元；2020 年审结工程项目 22 项，涉及合同总金额 0.55 亿元，送审金额 0.67 亿元，审定金额 0.59 亿元，审减金额 0.08 亿元；2021 年审结工程项目 31 项，涉及合同总金额 1.43 亿元，送审金额 1.52 亿元，审定金额 1.37 亿元，审减金额 0.15 亿元；2022 年审结工程项目 35 项，涉及合同总金额 0.52 亿元，送审金额 0.54 亿元，审定金额 0.49 亿元，审减金额 0.04 亿元。

二、结合基建修缮项目具体实施情况，不断完善工程审计制度建设

近年来，审计处逐步加强基建修缮项目全过程跟踪审计、强化审计全方位监督与评价作用，通过发现项目建设与管理过程中存在的缺陷和不足，提出了对应的规范管理建议，从而促进了项目管理方完善管理体系和措施，其中：2014 年出台并于 2021 年修订《北方民族大学基建、修缮工程项目洽商管理办法》；2015 年出台《北方民族大学基建公开招标项目施工前期工作流程（试行）》《北方民族大学基建、修缮工程项目竣工结算审

计实施办法》；2016 年出台《北方民族大学小型修缮项目施工单位招标工作规定（试行）》《审计处关于对项目审计范围划分的通知》；2017 年编制《建设工程程序指南》。随着各项规章办法的出台，针对工程审计工作，初步建立了基建修缮项目在事前、事中、事后三个阶段互为联系的一个闭环式的制度体系。

第六章 备豫不虞为常道

统筹发展与安全确保校园平安

◆我校荣获“自治区文明校园”荣誉称号

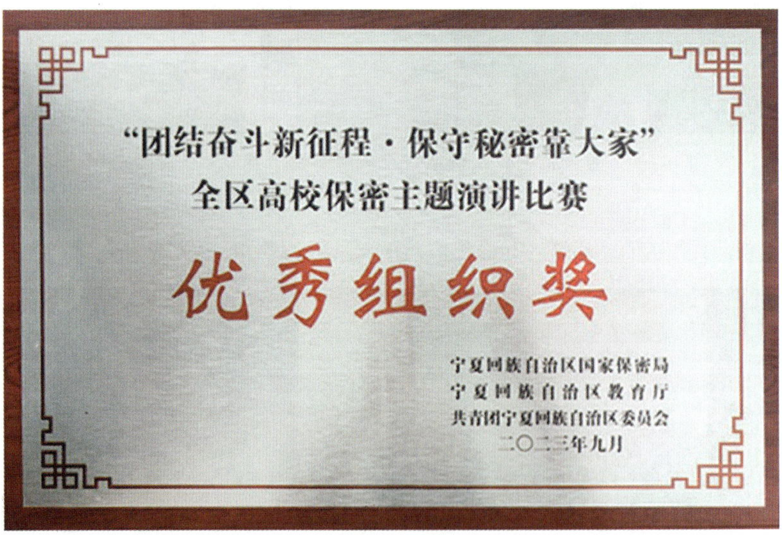

◆我校荣获全区高校保密主题演讲比赛优秀组织奖

◆校党委书记、校长李俊杰主持召开学校保密委员会会议

◆我校举行《国家安全教育》课开课仪式，
标志着我校国家安全教育教学全面启动

◆我校召开实验室安全工作会议

◆我校召开财会监督暨财经纪律专项整治工作会议

◆自治区级重点实验室综合绩效评估

◆消防演练

习近平总书记强调，全面贯彻落实总体国家安全观，必须坚持统筹发展和安全两件大事，既要善于运用发展成果夯实国家安全的实力基础，又要善于塑造有利于经济社会发展的安全环境；坚持人民安全、政治安全、国家利益至上的有机统一，人民安全是国家安全的宗旨，政治安全是国家安全的根本，国家利益至上是国家安全的准则，实现人民安居乐业、党的长期执政、国家长治久安；坚持立足于防，又有效处置风险；坚持维护和塑造国家安全，塑造是更高层次更具前瞻性的维护，要发挥负责任大国作用，同世界各国一道，推动构建人类命运共同体；坚持科学统筹，始终把国家安全置于中国特色社会主义事业全局中来把握，充分调动各方面积极性，形成维护国家安全合力。（2018年4月17日，习近平总书记在十九届中央国家安全委员会第一次会议上的重要讲话精神）

第一节　强化国家安全教育，确保校园平安

安全稳定是干好一切工作的前提和基础，学校始终将安全稳定作为学校改革发展的前提和基石，从政治高度、全局高度、战略高度认真贯彻落实党中央、国家民委和自治区关于安全稳定工作的各项安排部署，将全力

维护校园安全稳定作为坚定不移贯彻总体国家安全观的具体行动，把全力维护校园安全稳定贯穿办学治校、立德树人全过程、各方面。以政治安全为统领，围绕“意识形态安全、消防安全、校舍安全、饮食安全、实验室安全、网络信息安全”等补短板、强弱项，建机制、提能力，牢牢守住校园安全稳定的红线、底线、生命线，坚决做到盯紧隐患不放过，强化措施不松劲、落实责任不姑息，不断强化人人讲安全、时时想安全、事事要安全的思想共识，努力将学校建设成为安全稳定的模范之地，持续夯实创建铸牢中华民族共同体意识示范校的安全稳定之基。

学校认真贯彻落实习近平总书记关于安全工作的重要论述，始终坚持总体国家安全观，坚持依法治校，全面提升校园治理水平，以构建“精细化管理 + 智能化管控”校园安全立体防控体系为主线，以“夯实平安基础、提升平安水平、打造平安校园”为抓手，强化责任落实和安全风险防控，建立健全各个安全保卫工作制度，不断完善人防、物防、技防安全保障体系，探索创新联防联控校园维稳长效机制，积极开展学校国家安全人民防线建设，常态化开展安全隐患排查整治，依法依规对消防设施进行配置，定期组织消防演练和技能培训，不断扩大安全宣传教育覆盖面，依法监管能力和校园安全综合治理能力持续提升，师生员工安全感、幸福感逐年提升，师生员工对学校的安全工作满意度给予了肯定。过去十年，学校先后圆满举办了 2014 年建校 30 周年校庆、2015 年全区军训 30 周年庆典、2017 年宁夏全国科普日、2019 年由银川市西夏区委、区政府与北方民族大学联合主办的中华人民共和国成立 70 周年“万人唱响中国梦　我与祖国共奋进”大型演出、2023 年宁夏“公共就业服务进校园”活动启动仪式暨高校毕业生就业洽谈会等重大活动的安全保卫工作，荣获“国家安全人民防线先进单位”“银川市毒品预防教育示范学校”等荣誉。

国家安全教育扎实有效。深入推进总体国家安全观进校园，开展“维护校园政治安全专项行动”。与属地公安、国安建立信息互通预警机制，定期邀请国安、公安工作人员来校开展国家安全教育宣传活动，推进国家安全宣传教育进网络、进头脑、进课堂，不断增强师生总体国家安全观意识。定期对校园周边网吧、酒吧、出租屋进行走访排查，持续开展扫黑除

恶、非法传教等内容线索收集。在“4 · 15”国家安全日，依托线上、线下各级宣传平台，营造良好的宣传教育氛围。精心制作各类宣传标语、海报、横幅、视频作品，通过宣传栏、电子显示屏、网站、微信平台等渠道宣传国家安全教育知识，以学生喜闻乐见的形式引导学生参与学习讨论、转发分享，形成“人人都是国家安全知识的宣传者、人人都是维护国家安全的宣讲员”的良好氛围。抓好重点人群管控，做好重点人员工作。积极做好“双防”工作，严防校园传教和宗教渗透，做好日常排查、教育等工作，建立专人专档，做好动态跟踪管理教育服务工作。强化涉外活动管理，对涉外活动人员实行外出前审查备案，涉外活动期间跟踪提醒，归来后调查备档，并将涉外活动情况及时向上级相关部门进行报告，确保安全。

2014 年度，学校荣获“国家安全人民防线先进单位及先进个人”荣誉称号。2015 年 11 月 1 日，配合自治区安全厅在学校开展《中华人民共和国反间谍法》颁布一周年宣传活动。2017 年、2019 年，积极配合自治区安全厅在学校举办《中华人民共和国国家安全法》《中华人民共和国反间谍法》等法律法规的宣传活动。2023 年 4 月，学校开展“坚持总体国家安全观、以新安全格局保障新发展格局”为主题的全民国家安全教育进校园系列活动。4 月 12 日，邀请宁夏国家安全厅专家来校围绕“当前隐蔽战线敌情介绍和今后工作中应该注意的问题”进行授课。4 月 15 日，“全民国家安全日暨 2023 年银川市反恐怖宣传教育系列活动”在学校举行，民警通过展板宣传、现场讲解、发放资料、有奖问答、张贴海报等形式，提升师生参与度与收获感，全面铸牢校园国家安全防线。

校园安全保障措施得到明显改善。学校联合警务室将校内监控系统、校园周边雪亮工程监控系统进行整合，将校内 1400 路高清监控及 400 余路雪亮工程监控接入警务平台，建设信息化综合警务平台。把校园划分为 7 个片区，建立“365 天值班、24 小时巡逻、5 分钟服务圈”安全保卫体系，实施网格化管理，确保师生生命财产安全。技防设施建设稳步推进。2014 年在明湖、体育馆、明勤楼、北家属院高职楼、东小门安装了视频监控系统，学校视频监控点 734 个。2015 年在明湖安装 3 个监控点，并对新建留学生公寓楼进行监控点规划建设，新增监控 29 个。2016 年智慧校园视

频监控项目投入经费约 470 万元，对校园所有监控进行改造重建，打造校园数字化高清监控平台系统。2017 年学校技防建设项目共投入经费 360 万元，完善了校园数字化高清监控平台系统，更换安装了高清网络视频监控摄像机，校园监控点位达到 1330 个，基本覆盖了全校办公、教学、宿舍、道路等区域。2018 年对学校新建校园西区进行合理规划监控点位，申报 160 余万元技防建设资金。在图书馆增加 21 处监控点位，减少了馆内监控盲区。2019 年，按照学校《“文明校园”创建工作任务指标体系及考核评分细则》，逐项落实，确保人防、技防、物防措施落实到位，投入 110 余万元技防建设资金，在校园西区安装监控 160 多个。2020 年，投入 160 余万元用于校园西区技防设施设备建设，在宿舍等关键区域安装人脸识别监控设施，建成校园西区监控中心。规划原物理研究所监控设施设备，为图书馆、体育馆、人行天桥等增设百余处监控点位，减少校园监控盲区。物防措施配置不断齐全。2021 年，在学生住宿区安置平安校园服务岗亭 6 座，增配巡逻电动车 3 辆，在校园重点区域安装巡更器，组织巡逻队夜间不间断巡逻。2023 年 7 月，随着学校东西区一体化建设快速推进，为解决步行巡逻巡查处置效率低的问题，配备低速电动治安巡逻车和消防巡逻车各 1 辆，大大提高了应急处突速度和效率。

消防安全意识和处置能力不断增强。消防“四个能力”建设不断提升。成立校消委会、各单位消防安全领导小组、班级与宿舍消防安全员三级防火安全组织体系，全面加强“四个能力”建设，提升消防隐患排查工作实效，建立电子视频监控组“三查”、教学区管理组“四查”、生活区管理组“五查”、保卫巡查组“六查”制度，形成四级防火检查、巡查机制，做到管理无死角、工作全覆盖。加强重要场所消防安全规范管理，制定了教学区、实验室、体育馆、宿舍公寓、餐厅等各类灭火应急疏散预案，进一步明确了应急处置机构、疏散组织程序和火灾预防、扑救火灾、疏散逃生措施。每月进行一次安全大检查，对办公区、教学区、生活区以及安全重点区域进行全方位“拉网式”安全隐患排查，消除消防安全隐患，维护校园安全稳定。消防制度建设更加完善。2017 年第 16 次校长办公会审议通过了《北方民族大学消防安全管理办法》《消防安全工作方案》等制度，

从消防工作的组织领导、各级消防组织职责、消防设施、火灾预防、消防管理、消防安全检查与隐患整改、火灾报警与人员疏散、火灾事故的调查与处理、奖惩等十个方面，对消防安全工作的运行进行了规范。2020 年，依据《宁夏回族自治区消防安全责任制实施细则》，制定学校《消防安全工作方案》和《消防安全工作计划》，并严格按计划实施消防安全检查、器材保养、消防系统隐患整改。消防安全宣传教育更加普及。2023 年上半年，对各学院师生、宿舍楼楼管、餐厅管理服务人员开展消防安全知识巡回授课 25 场，外国语学院、法学院、马克思主义学院等 18 个单位共计 1300 余名教职员工参加了培训。组织学生消防志愿者分组分片走进宿舍开展消防知识宣讲和消防隐患排查。消防隐患排查整改成为常态化。2023 年 4 月，学校联合西夏区消防救援大队对重点楼宇进行了全面消防安全大检查，发现 17 个部位共 70 余个消防安全问题。学校结合实际制定下发了《北方民族大学消防安全隐患整改实施方案》等文件，组建消防安全隐患整改领导小组，召开专题会议安排部署任务，持续推进校园消防安全隐患整改，全面消除安全隐患。常态化开展消防演练。2022 年，学校投资引进两套室内消防疏散逃生训练帐篷及灭火电子实训仪，每季度开展一次消防演练，定期邀请辖区消防主管部门和消防业务培训部门来校开展培训。2023 年 6 月 8 日，学校开展明实楼消防疏散逃生演练，西夏区消防救援大队、校医院、全校各教学单位师生代表及相关行政部门参加了活动，内容包括火情处置、火场救援、疏散逃生、伤员救护、秩序维护等。

校园交通秩序更加规范有序。科学规划校园道路交通。2014 年 9 月在学校所有大门安装了门禁系统，在校园主要路段与新增路段加装了交通标志牌、反光镜等交通设施，对出入学校的所有车辆进行严格管理。2015 年增加车位 230 个，自行车画线 600 多米，并在新增路段与人员密集地增加了交通标志、减速带等交通设施。2016 年增加车位 470 多个，在新增路段与人员密集地增加了交通标志、减速带 110 米等交通设施。2018 年新增车位 80 多个，增加安全减速带 60 米，保持了校园道路畅通，维护校园交通秩序。交通秩序更加规范。加强外来车辆管理，督促办理临时通行证，疏导校园交通，处理校内违停超速等问题，更新车辆管理系统，加强入校车

辆管理。2014 年上半年为学校教职工机动车辆及来学校送货车辆更换出入证 400 余份，对进出学校的私家车、工程车和送货车驾驶员进行安全教育。2015 年 3 月至 5 月，对校园内长期堆放无人认领的废旧自行车与摩托车开展了专项治理工作，并禁止学生摩托车与外卖电动车进入校园。2023 年 3 月份集中对校内停车秩序进行整治，研究解决校内车辆乱停乱放问题。同年 6 月，在校园西区安装交通标识牌，规划人行通道，实施人车分流。

校园综合治理体系更加完善。严格执行学校“日自查、周会商、月检查”机制，紧盯重点领域，加强分析研判、细化工作措施，坚持各负其责、齐抓共管、奖惩考核、一票否决的原则，主动施策防范“灰犀牛”事件，杜绝“黑天鹅”事件。2017 年 16 次校长办公会审议了《北方民族大学校园管理综合治理工作实施办法》《北方民族大学校园秩序管理规定》等规章制度。开展扫黑除恶专项斗争。学校按照“有黑扫黑、有恶除恶、有乱治乱”工作原则，多措并举，大力开展扫黑除恶专项斗争宣传、线索摸排和校园专项治理工作。2019 年，开展扫黑除恶专题讲座 2 次，邀请银川市国家安全局进行意识形态领域讲座 1 次。与西夏区人民法院、朔方路街道办、派出所等部门协作开展校园扫黑除恶宣传。2020 年，学校制定《2020 年扫黑除恶专项斗争和突出问题整治工作方案》，根据方案细化工作要点，与警务室联合持续开展非法“校园贷”、校园欺凌等专项治理工作。与属地公安、国安协作，定期对校园周边网吧、酒吧、出租屋进行检查排查，消除安全隐患，打击治理非法传教。

校园及周边环境更加向好。2020 年，学校制定《校园安全及周边治理工作实施方案》《北方民族大学校园安全专项整治实施方案（2020 年）》，以消防、危化品及校车安全为重点，扎实开展校园安全风险隐患排查整治。2021 年 10 月初，学校联合朔方路派出所对学校周边环境进行了集中整治。重点整治校园周边流动摊贩、占道经营、交通安全、车辆乱停乱放等问题。2023 年，学校协调交警分局在东大门安装人行通道信号灯，确保师生出入平安。积极向西夏区政府发函提请政府执法部门全面清查学校周边非法经营活动。联系辖区城管大队对东校园西区门口乱停乱放小黄车进行清理，对广武巷堆放垃圾、乱停车辆进行治理。

校园安保队伍能力素质全面提升。通过公开招标，2022 年 1 月 25 日，宁夏铁发保安公司入驻校园，开展校园安保服务。学校成立考评组每月对保安工作服务质量进行量化考评，以考促改。重点加强各门岗保安员、监控中心值班人员、消防站义务消防员、消控室值班人员队列礼仪和岗位实操考核。开展业务培训，将理论知识和实操经验相结合，采取面对面、手把手方式进行授课，内容涵盖国家政策、保安人员工作手册、消防能力、执勤训练、火灾控制器平台操作、消防设施使用、防暴器材使用等内容，有效提升了保安人员依法依规维护校园安全稳定的能力。每周组织保安队义务消防员至少开展一次消防演练，定期组织开展校园反恐防暴演练，提升应急反应能力。

禁毒宣传教育常抓不懈。充分发挥毒品预防教育数字化平台和禁毒教育基地育人功能，利用微信、展板、大屏幕、主题班会、专题讲座等形式做好禁毒宣传教育工作，广泛动员全校师生线上学习，线下巩固，积极探索运用新媒体、新手段，利用新生开学、世界禁毒日等时机，组织师生开展“禁毒第一课”等活动，不断增强毒品预防教育的实效性。充分发挥家庭、社会、学校的合力，形成“三位一体”的宣传教育模式，推动学校禁毒工作整体水平不断提升。

2018 年，配合西夏分局禁毒办在学校建设禁毒基地，依托禁毒基地常态开展禁毒宣传教育，通过上好“开学禁毒第一课”、举办全校禁毒演讲比赛、制作禁毒宣传展板栏和宣传彩页，营造浓厚的禁毒拒毒氛围。2019 年 9 月，学校被评为“银川市毒品预防教育示范学校”。

2023 年，学校持续开展禁毒宣传教育活动，3 月 1 日，西夏区有关部门在学校开展专题讲座；6 月 18 日，自治区禁毒委禁毒文艺巡演节目《为人民而战》宁夏高校专场在学校演出，使得全民禁毒工作深入人心；2023 年 6 月，组织学生参加银川首届大学生讲禁毒评选活动，崔媛媛同学获二等奖，阿依古再丽·吾布力获三等奖，赖欣、孙梦迪获优秀奖。

警校联动撑起校园“安全伞”。为推进完善校园“三防”建设（人防建设、物防建设、技防建设），2017 年 9 月学校与西夏区公安分局签订合作协议，北方民族大学警务室正式挂牌成立，警务室由西夏区公安分局政

保大队领导，占地面积 210 平方米，配有民警 1 名、辅警 3 名，设有宣传区、指挥调度区、办公室和会议室 4 个功能区。警校联动机制建立，旨在维护校园安全秩序，保障师生生命财产安全，增强师生法制观念，预防和减少青少年违法犯罪，营造良好的育人环境。开展校园安全检查巡查。开展全校范围的安全巡查 1000 余次。对餐厅、教学楼、实验楼、图书馆、学生宿舍等安全重点单位和区域进行全面安全检查，涉及用电、用火、危险化学用品管理等方面，查处各类安全隐患 360 余处，整改 360 余处，做到预防为主、防治结合、确保安全。开展法制安全宣传教育。每年定期邀请辖区民警来校开展法制安全宣传教育活动，组织各类法制宣传 30 余场次，发放宣传册 3 万余份，各类宣传品 1.6 万余份，指导 1 万多名师生安装了国家反诈中心 APP。开展民族宗教政策法规宣讲。2022 年 5 月 27 日、6 月 10 日举办了 2 次专题宣讲活动，宣传党和国家民族政策法规。做好安全预警和校园外围安全防控。加强与网安大队、辖区派出所联系，定期对学校周边进行巡查巡访，联合辖区派出所、巡防大队对校园周边的网吧、酒吧、旅馆等场所进行安检、走访了解，做好重点时间、敏感节点安全预警，加强校园外围安全治理。开展校园安全综合执法。加强平安校园创建，处理好人民群众合法诉求，积极化解矛盾问题。共处理车辆违停 260 余次，受理师生求助 340 余次。

开展“全民反诈”行动守护师生财产安全。通过完善工作预案、强化“部门”联动、织密宣传教育网络、筑牢教育阵地、拓宽宣传渠道等手段，积极开展形式多样的反诈宣传教育活动，形成“校内宣讲、校外反诈知识进校园”的常态化宣传教育机制，营造了“识骗防骗、全民反诈”的浓厚校园氛围。2018 年 3 月，银川市公安局经济犯罪侦查支队、西夏区公安分局朔方路派出所等单位在学校大学生活动中心举办了“树立正确价值观，远离不良校园贷”的专题讲座，加强了学生的安全教育，提高学生防范诈骗能力。2019 年，对校内学生宿舍、家属院、教学楼、宣传栏等区域的各类小广告进行彻底清理，严禁师生在自媒体中发布或者转发非法校园贷广告，清除非法校园贷小广告毒瘤，坚决维护校园健康环境。开展宣传教育活动。组织开展新生安全教育，完成 20 个学院近 4000 名学生的安全教育

授课。

2021 年 9 月 13 日，学校邀请银川市公安局西夏分局刑侦大队反诈专班警务人员、朔方路派出所公安干警、学校警务室干警走进 2021 级新生军训场地开展防范电信网络诈骗专题宣传活动，通过一系列的防诈宣传活动增强了新生的防诈骗意识，提高了自我保护能力。与西夏公安分局、朔方路派出所联合开展了“我为群众办实事”实践活动，通过多种形式引导师生注册“金钟罩”反诈系统，从源头防范诈骗，切实保障师生财产安全。

2022 年 2 月 28 日，联合银川市公安局在大学生活动中心举办“全民反诈你我同行”反诈宣传月启动仪式暨“反诈校园行携手筑平安”主题宣传活动，活动通过视频短片、现场宣讲、互动答题等多种形式向师生普及反诈知识，通过设置宣传展台、接受咨询、有奖问答、趣味游戏等方式开展反诈宣传，发放《致广大学生反诈骗一封信》和《不参与电信网络诈骗犯罪活动告知书》，引导广大学生自觉提升识骗防骗拒骗意识。

2023 年 2 月，发布《关于组织开展 2023 年春季开学“第一堂安全教育课”暨反诈宣传教育活动的通知》，印制《校园安全知识手册》，设置 7 项安全教育活动，对全体辅导员作了反电信诈骗集中辅导教育，推动全校各学院、各单位开展形式多样的安全教育活动。为提高师生安全防范意识和安全防范技能，邀请辖区民警进校园开展反诈、反恐、反邪教、禁毒、党的民族宗教政策等内容的法制宣传教育活动 20 余次，发放 3000 余份安全知识手册和宣传品。

第二节　全面加强保密工作，确保国家秘密安全

十年来，学校保密工作不断开拓创新、与时俱进、总结提高、科学发展。在党中央的正确领导下，在国家民委和自治区党委的坚强领导下，学校坚持以习近平新时代中国特色社会主义思想为指导，深入贯彻学习党的十八大、十九大、二十大精神和习近平总书记关于保密工作的重要指示批示精神，认真贯彻执行党和国家的保密工作方针政策、法律法规，紧紧围绕中心、服务大局，不断探索，为学校各项事业发展作出了保密贡献。学

校保密工作在2023年“保密宣传教育高校行”活动中受到中央保密办通报表扬。

坚持党管保密，把牢保密工作政治属性。党的十八大以来，以习近平同志为核心的党中央对保密工作高度重视，习近平总书记多次就加强和改进保密工作作出了一系列重要指示批示，为做好新时代保密工作指明了方向，提供了根本遵循，充分体现了党中央对当前形势的深刻洞察，对加强保密工作、防范化解风险挑战一以贯之的坚决态度。党管保密是我国保密工作的本质特征，是做好保密工作的最大政治优势，保密纪律是一项严肃的政治纪律。当前，保密工作转型升级进入新阶段，对保密系统提出了新的更高要求，带来了新的挑战。学校的保密事业与学校发展同行，不断开拓，与时俱进。

十年来，学校党委始终坚持党管保密的政治原则，坚持将学习贯彻习近平新时代中国特色社会主义思想作为“第一议题”和“常设议题”，坚持将学习贯彻党的二十大精神和习近平总书记关于保密工作的重要指示批示精神作为首要政治任务抓紧抓实抓到位。健全完善党管保密制度体系，推动压实党管保密政治责任，应对安全保密重大风险挑战，落实全面从严治党要求，积极推动保密事业高质量发展。

十年来，学校党委始终坚持把保密工作放在全校发展大局中去考量和部署，把保密工作融入学校改革发展稳定各项工作中去思考和定位，做到中心工作推进到哪里，保密工作就跟进到哪里。坚持党对保密工作的绝对领导，构建党委统一领导、保密委员会牵头抓总、部门归口管理、各方密切协作、全员共同参与的保密工作格局，及时解决保密工作中存在的突出问题，推动保密工作责任制落细落实。

坚持依法治密，建立健全保密工作机制。夯实党管保密工作责任制。学校不断健全完善党管保密的制度机制，加强保密委员会建设，成立北方民族大学保密委员会和北方民族大学定密工作领导小组，将党政领导干部履行保密工作责任制作为领导班子和领导干部年度考核等次评定的重要参考。2015年7月20日，经第16次党委常委会研究决定，调整学校非建制工作机构的组成人员。北方民族大学保密委员会主任由校党委书记担任，

副主任由其他校领导担任，成员由学校办公室、组织部、宣传统战部、纪委办公室 / 监察处、学生处 / 党委学生工作部、研究生处 / 党委研究生工作部、教务处、科研处、人事处、财务处、国际合作交流处、审计处、保卫处、网络信息技术中心、档案馆主要负责人担任，办公室设在学校办公室，办公室主任为学校办公室主任。北方民族大学定密工作领导小组，组长由校党委书记担任，成员由学校办公室、组织部、宣传统战部、纪委办公室/监察处、学生处 / 党委学生工作部、研究生处 / 党委研究生工作部、人事处、国际合作交流处、审计处、保卫处、网络信息技术中心主要负责人担任，办公室设在学校办公室，办公室主任为学校办公室主任。党委常委会始终把保密工作列入研究议题，推动解决一系列事关学校保密工作发展的问题。历届党委书记多次就做好保密工作作出批示，对学校保密工作提出更高要求，要求必须切实扛起政治责任，毫不动摇地坚持党对保密工作的绝对领导，持续深入贯彻落实党中央关于保密工作的决策部署，贯彻落实国家民委、自治区党委的各项要求，努力服务和保障学校发展。

加强制度建设。学校按照依法行政的要求不断制定完善学校保密规章制度。2014 年，学校制定出台《北方民族大学保密管理规定》《北方民族大学党政领导干部保密工作责任制规定》《北方民族大学保密教育管理规定》《北方民族大学定密工作管理办法》《北方民族大学保密要害部门、部位管理办法》《北方民族大学国家涉密载体保密管理规定》，2023 年，学校制定出台《北方民族大学涉密科研项目管理办法》，保密制度涵盖领导干部保密管理、保密教育管理、定密管理、涉密人员管理、保密要害部门部位管理、涉密载体管理等诸多方面，确保制度出台一个，执行落实一个，为营造良好的保密法治环境提供制度支撑。

加强监督管理。坚持突出重点，聚焦难点，努力以重点难点突破带动整体工作跃升，实现全过程、全范围、全方位保密管理。一是开展保密自查自评。切实掌握保密要害部门部位、涉密人员、涉密载体等基础信息，摸清底数，为加强保密管理提供科学依据。二是规范定密管理。全面实施定密责任人制度，形成权责明晰、程序规范、定密准确、解密及时、监督有力的定密管理机制。规范做好国家秘密变更和解除工作。三是加强涉密

人员管理。严格界定涉密岗位，明确涉密人员资格条件，建立健全涉密人员资格审查、岗位考核、脱密期管理和出国（境）管理制度，巩固完善涉密人员保密承诺制度，严格落实涉密人员、领导干部身边人员、外包服务人员等管理制度规定，形成长效管理机制。严格按照“以密定岗”“以岗定人”“人随岗变”原则，认真做好涉密岗位和涉密人员分类确定、上岗保密管理、在岗保密管理、出国（境）保密管理、离职离岗脱密管理等工作，做到分类清楚、台账规范。2022年，学校涉密人员管理工作由学校保密办转至党委组织部负责管理，学校保密办协同负责。四是加强服务保障。2018年3月，学校保密室通过自治区国家保密局验收，获得国家统一考试试卷保密室合格证。2021年，学校为全校各部门单位配备配齐保密柜，为重要会议场所配备手机屏蔽柜，为党委常委会会议、校长办公会会议及各类重要会议活动提供保密服务保障。

坚持多措并举，全面提升保密宣传实效。学校始终坚持集中与平时结合，线上与线下相融、平面与立体互补，与时俱进抓宣传，不断提升保密普法的质效。整合校外力量普法。积极争取各方支持，横向主动协调组织部、宣传部、学生处、团委等单位，建立协同工作机制，在干部培训当中增设保密课程，联合多部门在全校开展系列保密普法活动。纵向密切上下级联动，充分利用宁夏保密教育实训平台，组织全体校领导、全体处科级干部、涉密人员和重点科研项目师生分期分批参加培训。邀请国家民委、自治区国家保密局有关专家来校讲授保密课。运用特色品牌普法。倾心打造“十个”特色品牌，即组织开展保密主题宣传系列活动、组织开展保密专题课、组织开展保密主题团日活动、组织观看保密警示教育片、组织开展保密教育线上培训、组织开展保密专题培训、组织开展保密自查自评、组织开展保密作品创作、组织开展保密教育轮训、组织制作保密载体。通过保密教育培训、保密轮训、保密讲座、保密主题团日活动等形式，广泛开展保密法律法规宣传。2012年，北方民族大学办公室被自治区党委保密办、自治区国家保密局评为2008—2011年度全区保密工作先进集体。2022年，学校制作的《保密故事大家讲——中共宁夏工委书记崔景岳的故事》被自治区党委保密办推送至国家保密

平台进行全国展播；北方民族大学保密办在“保密故事大家讲”主题讲述活动中荣获“优秀组织奖”，音乐舞蹈学院研究生张海荣获自治区“保密故事优秀讲述人”。2023年4月，我校设计艺术学院教师陈晨、王毛创作的保密文案《守住象牙塔构筑防火墙》荣获全国保密公益宣传片创作文案一等奖。2023年7月，北方民族大学保密办获自治区“2023年度保密公益宣传片创意文案和保密公益宣传海报征集评选活动”优秀组织单位，设计艺术学院教师陈晨、王毛创作的保密文案《守住象牙塔构筑防火墙》荣获自治区2023年度优秀保密公益宣传片创意文案；设计艺术学院研究生王艳琪创作的保密宣传海报《国家安全人人都不是局外人》荣获自治区2023年度优秀保密公益宣传海报；2023年9月8日，北方民族大学被中央相关部门通报表扬；2023年9月，北方民族大学获自治区国家保密局、教育厅、团委“团结奋斗新征程 保守秘密靠大家”全区高校保密主题演讲比赛优秀组织奖，音乐舞蹈学院学生于鑫耀荣获二等奖，指导教师：彭鹏、张海。开展常态化普法。坚持突出重点、注重创新、完善机制，以宣传贯彻保密工作方针政策、保密法及其配套法规规章为主线，以增强领导干部和涉密人员保密意识为重点，以完善保密宣传教育体制机制为保障，有序做好学校保密宣传规划。通过党委常委会、党委理论学习中心组、保密委员会、干部大会等方式，组织领导干部学习保密知识。新进职工岗前培训，利用网站、微信公众号，张贴保密挂图和警示海报、创作保密宣传片和保密宣传海报等活动，进一步深化保密宣传教育，进一步树牢师生保密意识，营造全校上下人人知保密、重保密、懂保密的浓厚氛围。

备豫不虞，为国常道。10年保密工作的点点滴滴汇聚成条条支流，汇入时间长河，奔腾向海。北方民族大学保密工作的发展就是其中一条奋力向前的激流。在回首处，跋山涉水不停步；在新征程，初心一如来时路。学校保密工作将赓续优良传统，不忘初心。在以习近平同志为核心的党中央坚强领导下，全面贯彻习近平新时代中国特色社会主义思想，牢记国之大者、提高政治站位，深刻领悟“两个确立”的决定意义，增强“四个意识”，坚定“四个自信”、做到“两个维护”，始终同以习近平同志为核

心的党中央保持高度一致，科学研判保密斗争形势，准确把握保密工作规律，积极防范化解保密风险隐患，筑牢维护党和国家秘密安全的校园防线。

第三节　全面加强内控工作，强化经济活动监督

提高政治站位，建立协调工作机制。学校一直高度重视内部控制建设，《行政事业单位内部控制规范(试行)》(财会〔2012〕21号)印发以来，出台了一系列促进内部控制建设的制度，完成了一系列适应内部控制建设的改革。2016年按照《国家民委关于开展行政事业单位内部控制基础性评价工作的通知》要求，成立北方民族大学内部控制基础性评价专项工作领导小组，校长任组长，副校长任副组长，评价领导小组下设办公室，分管财务的校领导任办公室主任，各处室、科研院所主要负责人和学院党政负责人为本单位评价工作责任人，保障评价工作责任落实。2020年，为全面推进内部控制建设，学校成立了内部控制工作领导小组，校长任组长，相关副职校领导任副组长，学校办公室、人事处、工会、发展规划与学科建设处、科研处、财务处、审计处、国有资产管理处、实验室建设与管理处、信息化建设与管理处、后勤保障处、基建处等部门及教学单位为成员单位。

加强制度建设，强化经济活动监督。学校结合工作实际，根据国家政策和制度的要求，逐步修订完善各项财务制度，引导全校各单位科学、合理地使用资金，提高资金使用效益。2015年，重新修订了《北方民族大学留学生收费标准及管理办法（暂行）》《北方民族大学有偿服务收支管理办法》。2016年，颁布实施《北方民族大学接受社会捐赠管理办法（试行）》《关于中央财政科研项目使用公务卡结算有关事项的通知》，解决财务报账工作中疑难问题。2017年，参与制定修订了《北方民族大学普通话水平测试培训收费管理办法》《北方民族大学自治区一流学科建设经费使用暂行办法》《北方民族大学继续教育学院各类培训讲座（讲课）、劳务等费用发放管理暂行办法》《北方民族大学纵向科研项目管理办法》《北方民族大学横向科研项目管理办法》《北方民族大学学术会议管理暂行办

法》《北方民族大学校外考试费用发放暂行办法》《北方民族大学学科创新引智基地管理办法》《北方民族大学短期外国专家管理暂行规定》《北方民族大学长期外国专家聘请及管理暂行规定》《北方民族大学科研平台建设管理暂行办法》。切实完善财务管理机制，保证财务的各项工作在规章制度的范围内开展。2019 年，为更好地服务广大师生，修订了《北方民族大学经费支出审批管理规定（修订）》。2020 年，为尽快建立符合规范要求和学校自身特点，权责明确、运行有效、执行有力、管理科学的内部控制制度，加快推进管理学校内部控制制度的建设实施，学校成立了内部控制领导小组。2020 年修订了《北方民族大学经费支出审批管理规定（修订）》，会同校办出台了《北方民族大学公务接待管理办法》《北方民族大学合同管理办法（试行）》，完善了财务管理制度。2021 年，学校成立了内部控制领导小组。2021 年出台和修订了《北方民族大学货币资金管理办法（试行）》《北方民族大学全面推进内部控制体系建设工作方案》，标志着学校新的内部控制工作正式启动。2022 年，在学校内部控制领导小组的正确领导下，学校的《内控风险报告》《北方民族大学内部控制手册》初稿完成，梳理了六大模块的业务流程图，完善了各模块的风险点。修订了《北方民族大学差旅费管理办法》。2023 年，根据《国家民委办公厅关于开展财会监督专项行动暨委系统财经纪律重点问题专项整治工作的通知》精神，结合学校内控监督工作暨国家民委专项检查，为进一步加强财会监督工作，严肃财经纪律，着力构建“纵横贯通”的财会监督机制。学校出台了《北方民族大学“三重一大”决策制度实施办法》（民大党发〔2023〕31 号）、《北方民族大学预算管理办法》（民大发〔2023〕49 号）、《北方民族大学预算绩效管理办法》（民大发〔2023〕50 号）等制度的出台，内控制度更加完善。

制度的建立一是保障了重点岗位尤其是领导岗位的人员配置符合内部控制的要求，岗位调整符合内部控制规范，从制度上防范了腐败发生，预防了因岗位造成的系统性风险，形成了对权力运行的有效监督。二是坚持依法审计、求真务实，紧紧围绕学校中心工作，不断加大审计和服务力度，充分发挥内部审计“免疫系统”功能，保障学校各项事业健康运行。

三是资产管理程序得到进一步规范。四是实验室建设与管理的科学化得到进一步提高。

拓展审计深度与广度，做好财务审计工作。近年来，学校财务审计工作进行大胆创新，从工作思路方法上打破常规，在新常态下推动了财务审计工作的转型升级，由被动委托审计向主动性审计转变，实现两大突破性转变：一是改变传统查错防弊式的审计方法向既防风险、又抓效益的管理审计和效益审计发展，提升了审计层次。二是改变单纯的财务资金投资收益审计向整个系统的风险控制流程审计发展，审计内涵得到了延伸。两大改变促进了财务审计工作更加科学化、管理更加精细化。开展处级干部离任经济责任审计。对离任处级干部任职期间经济责任进行审计。审计从经济业务真实性、合法合规性，延伸至管理和权力应用情况评价。审计整改由组织部牵头，财务处、科研处、国资处等部门协助，要求被审计单位对问题清单逐一核实，强化问题整改，完善规章制度，推动内控机制建设。审计处及时联系被审计单位，将问题清单和整改清单发给被审计各单位党政负责人，多渠道交流解答审计整改疑问、及时了解整改情况、督促审计整改进度；对于审计整改难度较大、情况复杂的问题，与被审计单位负责人面对面交流，沟通审计整改措施。各责任单位以国家相关法律法规和制度作为整改落实的基本依据，对审计发现的问题、建议，逐项对照检查，逐项整改落实。坚持问题导向，对历史遗留问题，明确责任，落实到人，限期整改，确保了审计整改达到预期效果。2014—2022 年，累计对 129 名处级领导干部进行了经济责任审计，其中：2014 年 13 人，2015 年 17 人，2018 年 4 人，2019 年 14 人，2020 年 55 人，2022 年 26 人。开展科研项目结题审计与审签。根据国家有关科研经费管理办法，结合科研管理部门经费使用预算批复情况，遵循项目自身的特点，开展科研项目结算审签工作。按照国家对科研经费"放管服"要求，在科研审计中既要根据政策原则严格审计又要保护科研人员科研的积极性，审计处和科研处积极协商，提出审计的意见和建议，并向项目负责人讲解预算编制与执行过程中的注意事项，增强了广大教师规范预算编制与执行意识。2014—2022 年，累计对国家自然科学基金、国家民委、校内、其他横向等 1111 项科研课

题进行结项验收审计，其中：2015 年 132 项，2016 年 535 项，2017 年 72 项，2018 年 96 项，2019 年 150 项，2020 年 19 项，2021 年 35 项，2022 年 72 项。开展财务专项审计。审计处根据年度审计计划和专项审计需要，开展物资采购专项审计、学生实践经费使用情况专项审计、大额存单资金管理情况专项审计等。其中，2015 年对商学院、设计艺术学院 2 个学院 2014 年财务状况进行了专项审计；2016 年，对 23 个教学单位 2015 年财务收支情况进行了专项审计，还对学校近年来的物资采购工作进行抽查审计，此次审计共选取 6 个项目作为样本，涉及采购金额 3140 万元；2019 年，从 2017—2019 年教学、科研、基础设施采购、实验室设备采购等领域的物资采购项目中抽取 25 项进行专项审计，涉及资金总量 7043 万余元，还对 2018 年 19 个教学单位的实习经费支出情况进行专项审计；2020 年，对学校 2018—2019 年大额存单资金管理情况专项审计。

进一步完善了审计内控制度建设。根据国家法律、法规及学校规章制度，结合审计具体工作情况，适时启动修订完善审计工作有关规章制度工作，切实做到审计有法可依、有法必依。在大量调研的基础上，以事实为依据以法律为准绳，2023 年修订了《北方民族大学主要领导干部经济责任审计暂行办法》《北方民族大学内部审计工作实施办法》。资金保障稳步提升。2014 年，学校经费收入 6.25 亿元，其中：中央财政拨款为 5.28 亿元；教育事业收入为 8500 万元；其他收入 1200 万元；2014 年争取到高校修购项目 8000 万元，实施了现代物流试验中心、校园信息化建设 (二期) 等 10 个项目的建设，通过上述项目的陆续实施，教学、实验条件得到改善。同时，完成 2015 专项资金申报工作（申报 11 项，共计 1.06 亿元，专家评审 11 项，共计 8922.6 万元）；2014 年度会同后勤处申报房改经费 907 万元，其中：住房公积金 800 万元，购房补贴 107 万元。2014 年随着发改委基本建设项目 5125 万元、捐赠收入近 600 万元、捐赠收入财政配比资金 126 万元、本科教学工程建设资金 300 万元和基本科研业务费 420 万元的投入到位，保证了学校的建设和发展。2015 年，学校经费收入 6.42 亿元，其中：中央财政拨款为 5.49 亿元；教育事业收入为 8600 万元；其他收入 664.39 万元 (其中地方财政拨 473.36 万元),

与上年相比增加 1645.32 万元。2015 年争取到高校修购项目 1 亿元，实施了校园信息化建设(二期)、学生宿舍及食堂节能改造工程等四个项目的建设，通过上述项目的陆续实施，教学、实验、生活设施条件得到改善。2015 年随着发改委基本建设项目 2695 万元、本科教学工程建设资金 300 万元和基本科研业务费 620 万元的投入到位，保证了学校的建设和发展。2016 年，学校经费收入总收 6.64 亿元，财政拨款 5.43 亿元，其中：基本支出预算拨款 4.13 亿元，项目拨款 1.17 亿元。事业收入 8900 万元，其他收入 3230.43 万元。2017 年，学校本年资金总量继 2016 年之后再创历史新高，达到 7.35 亿元，其中财政补助收入达 5.77 亿元，比上一年同比增长 6.29%，事业收入 1 亿，比去年同比增长 12.36%，科研收入 2800 万元，比去年同比增长 13%，其他收入 3000 万元，比去年同比增长 340%。2018 年，学校经费收入总计 8.38 亿元，财政拨款 5.86 亿元，其中：基本支出预算拨款 4.52 亿元，公积金拨款 1600 万元，购房补贴 440.47 万元，项目拨款 1.42 亿元。事业收入 2.05 亿元，其他收入 4658.40 万元。2019 年，学校资金收入总额首次突破 10 亿大关，达 10.5 亿元，其中财政补助收入 8.07 亿元，教育收费 1.45 亿元，科研事业收入 6204.15 万元，其他收入 3641.48 万元。2020 年，学校实际收入 9.67 亿元，其中财政拨款总收 7.28 亿元，事业收入 2.02 亿元，其他收入预算 3701.13 万元。2021 年，收入预算 9.79 亿元。其中：财政拨款 7.54 亿元，上年结转专项资金 2330 万元，教育收费 1.2 亿元，科研事业收入 4500 万元，其他收入 6000 万元。2022 年，收入预算 13.48 亿元。其中，财政拨款收入 7.09 亿元，教育收费 1.32 亿元，科研事业收入 3000 万元，其他收入 4000 万元，上年结转专项资金 3.98 亿元，使用非财政拨款结余 4000 万元。财务信息化建设稳步推进。2015 年建设校园网收费平台，实现收费工作网络化、信息化。2016 年，一是建行零余额账户开通了企业网银，财政资金全部实现网银支付，报销款无需开具支票，直接通过网银转给报账人。节省了往返银行、报账等待的时间，大大方便了师生，缓解了报账难度。二是实现了学费、住宿费网上缴费，设立了网上缴费终端。学生收费拓展为现场缴费、银行代扣、网上支付 3 种方式并行的

模式，丰富了校内支付手段，提升了信息化程度。2018 年，开通了财务工资管理系统，个人收入申报系统。2019 年，为适应新政府会计制度改革要求，学校升级了账务系统，并完成网上信息查询、个人收入管理、银校互联系统等财务信息化建设，实现教职工财务信息实时查询、各种劳务收入规范申报，简化了财务资金支付流程，缩短了师生报账周期。2020 年，在全面升级了财务管理平台、学生收费、网上查询、个人收入申报等财务信息化平台的基础上，全面实行网上预约报账系统和银校互联系统，全力保障新冠肺炎疫情防控期间学校教学、科研等工作，有序推进财务报销工作，最大限度降低疫情对学校教学工作的影响，维护学校正常的教育教学秩序和安全稳定，减少人员接触，简化流程。2021 年，继续提高信息化建设，优化报销流程，践行全心全意为人民服务宗旨。一是投放报账投递机，真正实现财务"全天候""零等待""无接触""全程追踪"服务。2021 年，分别在校园东区德泽楼（财务处）一楼大厅等四处安装自助报账投递机，优化财务报销流程，建立网上财务服务平台，解决教职工报销等待、跑路等难题。二是完善缴费平台，简化缴费流程，提高服务学生质量。坚持"财务人员多跑路、学生少跑路"原则，以财务信息化平台为基础，全面开通了线上缴费平台，采取微信缴费、网上缴费和现场缴费等多种缴费方式服务学生。2022 年，稳步推进财务信息化建设更上新台阶，一是学校积极响应财政部教育收费电子票据的要求，完成财政电子票据系统，全力打造缴费、取票线上"零跑腿"服务新模式，实现缴费不排队、老师不代票、票据不存疑。二是完成了财务与人事系统对接工作。

严格落实财政要求，扎实做好预算一体化建设工作。2022 年，根据国家民委有关要求，财务处把思想认识和行动统一到党中央、国务院的决策部署上来，主动谋划，精心组织，扎实做好一体化建设实施工作，并以此为契机提高学校预算管理规范化、科学化、标准化水平和预算透明度，推动财务管理水平再上新台阶。

发挥财务统筹协调作用，预算执行屡创佳绩。在校领导的指导和大力支持下，汲取往年预算执行不力的教训，财务处进一步提高政治站位和思想

认识，坚持问题导向，精准把握每个时间节点和环节。2018 年，学校专项资金预算执行达到了 84.80%，基本支出达到 78.38%，2017 年结转项目达到 85.25%。专项执行在国家民委 6 所高校中排名第一，综合在国家民委 6 所高校中排名第二。2019 年，学校项目支出预算执行率 97.12%、基本支出预算执行率 100%、综合执行率 99.16%，位列委属高校第一。因预算执行等工作表现突出，2020 年获得管理改革等绩效拨款专项 1728.5 万元，位列委属高校第一。2020 年学校项目支出预算执行率 97.12%、基本支出预算执行率 100%、综合执行率 99.16%，位列委属高校第一。因预算执行等工作表现突出，2021 年获得管理改革等绩效拨款专项 1728.5 万元，位列委属高校第一。2021 年学校项目支出预算执行率 98.54%、基本支出预算执行率 100%、综合执行率 99.67%，位列委属高校第一。2022 年获得管理改革等绩效拨款专项 2097 万元。2022 年，学校项目支出预算执行率 100%、基本支出预算执行率 100%、综合执行率 100%。预算执行率位列委属高校第一，达到了历史最高水平。

教育发展基金会高效运作助力发展。2012 年，国家民委同意成立“北方民族大学教育发展基金会（以下简称‘基金会’）”。基金会根据自治区财政厅，国家税务总局自治区税务局，自治区民政厅相关规定，每年获得公益性捐赠税前扣除资格。基金会的业务范围包括：资助品学兼优的少数民族贫困大学生；奖励德、智、体全面发展的优秀学生；资助教学、科学研究、学术交流及教育相关的其他公益活动；按照捐赠者意愿设立的资助项目。基金会自 2012 年成立以来，与企业、校友多方联系开展学生捐赠助学活动，募集捐赠资金 5107.27 万元，发放 18426 人次奖助学金 3914.02 万元，解决了部分贫困学生生活困难。资助科研项目合计 324 万元，获得中央财政捐赠配比资金 4234 万元。基金会以铸牢中华民族共同体意识为主线围绕学校改革、发展、建设的大局，把“三全育人”工作融入基金会工作中，在访企拓岗促就业、开展经常性助学助教活动、拓宽办学经费来源渠道、动员校友为母校献计出力等方面有效提高基金的募捐效益、投资效益和使用效益，为学校转型升级高质量发展发挥积极作用。

北方民族大学大事记

(2014—2023)

· MEMORABILIA ·

北方民族大学大事记

（2014—2023）

2014 年

1 月 5 日—7 日中国共产党北方民族大学第一次代表大会召开。国家民委副主任、党组成员陈改户及宁夏回族自治区党委组织部、教育厅、兄弟院校领导，北方民族大学现任校领导、离退休校领导及 186 名教职工代表、校内民主党派代表、无党派人士代表出席了大会。国家民委副主任陈改户代表国家民委党组讲话，任维桢代表中共北方民族大学委员会作大会工作报告。大会选举产生了北方民族大学第一届党的委员会和北方民族大学纪律检查委员会。通过了关于党委工作报告的决议和关于纪委工作报告的决议。

1 月 7 日中国共产党北方民族大学第一届委员会第一次全体会议召开，校党委委员出席会议，任维桢同志主持。全会选举了中共北方民族大学第一届常务委员会委员、书记、副书记；批准了中国共产党北方民族大学纪律检查委员会第一次全体会议选举结果的报告。

1 月 21 日我校与中国电信宁夏分公司举行信息化战略合作协议签约仪式。

1 月 21 日我校与突尼斯高等旅游学院签署框架合作协议。

1 月 22 日宁夏材料研究学会成立大会在我校召开，我校双聘院士何季麟当选为理事长、法定代表人、会长。

1 月 30 日（农历腊月三十晚）宁夏回族自治区副主席姚爱兴，代表自治区党委、政府，专程到学校慰问假期留校学生，向全校职工和同学们表示节日慰问，并与自治区人民政府副秘书长崔晓华，教育厅党组书记、厅长郭虎，教育工委副书记李秋玲，副厅长冀永强及有关同志，校领导杨

敏、雷崇民、张维民、东·华尔丹一起，与同学们包饺子、吃年夜饭，向留校学生赠送“爱心礼包”。

1 月我校经济学院、管理学院、电气信息工程学院、数学与信息科学学院 4 个学院与苏丹喀什穆大学签署合作办学协议。

2 月 17 日—18 日我校召开北方民族大学大学生思想政治工作研讨会。

2 月 20 日我校召开 2014 年学校干部部署会。

2 月 26 日我校召开党的群众路线教育实践活动总结大会。国家民委教育实践活动第四督导组组长塔瓦库勒、副组长李瑞志出席会议。

2 月校团委荣获 2013 年度全区共青团工作优秀单位。

3 月 1 日—2 日校党委副书记、校长杨敏赴湖南省邵阳市慰问学校派驻武陵山片区联络员。我校副校长、邵阳市委常委、副市长高岳林和邵阳市相关部门负责人陪同。

3 月 4 日国家外国专家局文教司调研员逯一光、日本日中技能者交流中心常务理事兼事务及教育部长新井力在自治区外国专家局副局长杨吉顺陪同下来校开展专题调研。

3 月 14 日我校召开第二轮岗位设置与聘用工作动员部署会。

3 月 15 日我校召开选拔部分处级干部竞聘演讲大会。

3 月 21 日我校与宁夏吴忠市人民政府签署战略合作框架协议。校领导杨敏、闵文义、张维民，吴忠市副市长杨金海出席签约仪式。

3 月 21 日国家民委原副主任周明甫、国家民委离退休干部局局长马继祖一行在宁夏调研民族工作期间到我校进行调研。

3 月 27 日自治区人民政府副主席姚爱兴主持召开专题会议，研究支持我校校园扩建征地拆迁有关事宜。自治区教育厅，银川市，西夏区人民政府及我校等单位负责同志参加。

3 月 28 日吴忠市副市长王平到学校调研并商洽校地合作事宜。

3 月我校被评为宁夏大型科学仪器共享先进单位。

3 月我校被中国科协列为全国科技工作者状况调查站点，为宁夏 6 个国家级调查站点之一。

3 月经自治区党委宣传思想工作领导小组、宁夏思想政治工作研究会

研究决定，命名北方民族大学等 52 家单位为“全区培育和践行社会主义核心价值观示范提名单位”。

4 月 1 日—3 日校党委书记任维桢到湖南省邵阳市和娄底市慰问学校 11 名联络员。

4 月 6 日—7 日我校派驻武陵山片区联络员从湖南省邵阳市来到怀化市，与中央民族大学派驻武陵山片区联络员开展座谈交流。邵阳市委常委、副市长、我校副校长高岳林，怀化市委常委、副市长、中央民族大学党委副书记刀波等领导出席座谈会。

4 月 8 日我校召开学习贯彻习近平总书记系列讲话精神集中轮训动员部署会。

4 月 21 日我校在湖南省邵阳市举行民族团结教育实践基地挂牌及签字仪式。我校副校长，邵阳市委常委、副市长高岳林出席，我校学生处处长鲁慎、图书馆馆长陈永平，派驻武陵山区联络员，邵阳市民宗委书记王文蕊、主任彭泽愿等领导参加活动。

4 月我校与杭州市萧山区人力资源和社会保障局签订人才交流合作协议，设立人才交流合作基地。

4 月我校教育发展基金会与拓展文化协会暨东方毅集团签署捐资助学合作协议，建立“北方民族大学东方毅助学助研基金”。协议双方合作期为 10 年（2014—2023 年），合作期内拓展文化协会暨东方毅集团每年向基金会捐赠 10 万元（共 100 万元）的公益性资金。

5 月 7 日—10 日应澳门特区政府高教办邀请，国家民委副主任陈改户率领国家民委代表及委属高校负责人，到澳门进行访问交流，同时与澳门高校就开展合作进行洽谈。我校校长杨敏、生科学院副院长张琇随团出访。

5 月 10 日我校召开高等数学分类分层教学改革研讨会。

5 月 31 日我校党委副书记、校长杨敏与马来西亚敦阿都拉萨大学校长拿督斯里穆罕默德扎比德在人民大会堂签署两校合作框架协议。

6 月 10 日我校与武陵山片区（邵阳市、娄底市）召开校地意向合作座谈会。武陵山片区第三期干部培训班学员、我校赴武陵山片区挂职干部及相关学院负责人参加，科研处处长王永和主持座谈会。

6月12日—13日国家民委副主任罗黎民来校调研，国家民委财务司巡视员王玉金、副司长谷序祥参加调研。

6月23日银川市政协副主席王丹华带领部分政协委员到我校开展“团结共进、民族和谐”主题调研。

6月25日我校召开2014年党建工作暨庆“七一”表彰大会。

6月28日我校召开2014年教学工作会议。

6月电气信息工程学院团总支荣获“全国‘五四’红旗团总支”荣誉称号。

7月1日我校官方微信公众平台正式开通。

7月4日我校召开建博工作动员大会。

7月5日我校校友会北京分会成立大会在北京召开。

7月19日我校校友会宁夏分会成立大会在银川召开。

7月我校校园命名工作圆满结束，将我校原有校园用地命名为“明德园”，扩建校园用地命名为“笃实园”。其中“明德园”取意于我校原有校区道路、楼宇命名时基于儒家经典著作《大学》之精神的理念：“大学之道，在明明德，在亲民，在止于至善。”“笃实园”意为我校师生既要仰望星空，更要脚踏实地。其中，“笃实”指扎扎实实干事，踏踏实实做人，知行合一。

8月2日2014年“岩画保护与文化传承学术论坛”在我校召开，校长杨敏，中国岩画学会会长、内蒙古自治区文化厅副厅长王建平，原宁夏大学党委书记、校长、中国民族史学会副理事长陈育宁，中央民族大学中国岩画研究中心主任张亚莎以及区内外中国岩画界的知名专家、学者参加。

8月9日—10日校庆30周年系列学术活动之一——“多元文化背景下的国家认同学术研讨会”在我校举行。本次会议由复旦大学国家意识形态建设研究中心、中国人民大学《教学与研究》编辑部和我校马克思主义学院共同举办。国家民委教科司副司长周晓梅，国家民委民族理论研究室副主任马国华，宁夏教育工委副书记（正厅级）李秋玲，宁夏社科联主席、研究员杨占武，华中科技大学党委原副书记、国家治理研究院院长、哲学所所长欧阳康，广西民族大学党委书记钟海青，我校副校长张维民，西昌学院副院长景志明，《教学与研究》总编、马工程首席专家秦宣出席开幕式。开幕式由复旦大学马克思主义学院院长高国希主持，来自全国相关高校、

科研机构的近百位专家学者参加。

8 月 16 日我校校友会粤港澳台分会成立大会在广州召开。

8 月 16 日—18 日我校“30 周年校庆”系列学术活动之一——第三届金属间化合物学会学术研讨会在我校举行。本次研讨会由中国材料研究学会 CRMS- 金属间化合物与非晶合金学会和北京科技大学新金属材料国家重点实验室主办、我校承办。

9 月 6 日我校校友会四川分会成立大会在成都召开。

9 月 6 日我校校友会华东分会成立大会在上海召开。

9 月 13 日我校校友会青海分会成立大会在西宁召开。

9 月 22 日我校与宁夏路桥工程股份有限公司举行助学捐赠签字仪式。

9 月 29 日我校公布 30 周年校庆宣传标语。

9 月我校《贺兰记忆》专辑出版发行。《贺兰记忆》由任维桢、杨敏主编，全书 30 万字，成册近 400 页，全书分为：“往事漫忆”（老同志稿件）、“校园史话”（在职教职工稿件）、“绿叶对根的情意”（校友稿件）三个部分。在编辑过程中，最大限度保留了作者个人写作风格，保留了老同志、在职教职工和校友对学校的真挚情意，原汁原味再现了记忆中的民大故事。

9 月《北方民族大学校史（1984—2014）》出版发行。

10 月 10 日—16 日学校举办 30 周年校庆系列学术报告会。

10 月 15 日民族院校深化教育改革研讨会在我校举行，国家民委副主任陈改户出席会议并讲话，来自全国 16 所民族院校的党委书记、校长参加交流办学经验，深入探讨民族院校发展共同面临的问题以及少数民族人才培养的特殊性和规律，共商发展大计，共同促进民族高等教育改革。教育部民族教育司司长阿布都、国家民委教科司司长田联刚分别主持。

10 月 16 日学校隆重举行 30 周年校庆庆典大会，全国政协副主席、国家民委主任、党组书记王正伟出席大会并发表重要讲话。原全国人大常委会副委员长、原国家民委主任、党组书记司马义·艾买提；自治区党委书记、人大常委会主任李建华；自治区党委副书记、自治区主席刘慧；自治区政协主席齐同生；国家民委副主任陈改户；自治区党委副书记崔波；自治区党委常委、银川市委书记徐广国；自治区党委常委、宁夏军区司令员

昌业廷；国家民委专职委员、中央民族大学党委书记鄂义太；自治区人大常委会副主任何学清；自治区人大常委会副主任吴玉才；自治区副主席姚爱兴；自治区政协副主席安纯人；原自治区政协副主席、我校老院长李增林出席大会。

人民日报、新华社、光明日报、经济日报、宁夏日报、宁夏广播电视总台、宁夏新闻网、新消息报、华兴时报、银川广播电视台等媒体记者到会采访。

教育部、国家民委、国家民委部分直属在京单位、自治区有关单位，湖南省邵阳市，银川市、石嘴山市、吴忠市、固原市、中卫市各兄弟院校、合肥工业大学、区内高校等单位发来贺信贺电。

10月17日合肥工业大学对口支援北方民族大学座谈会在我校举行，合肥工业大学校长徐枞巍、北方民族大学校长杨敏出席座谈会。合肥工业大学校务部，北方民族大学各职能部门、学院负责人及到我校挂职干部和访学进修教师代表等参加了会议。会议由杨敏主持。

10月31日学校与宁夏广播电视台举行战略合作签约仪式。

11月9日美国阿尔法大学联盟与我校签订合作交流备忘录。

11月15日—25日由国家民委主办、中国民族博物馆和我校承办的2014“多彩中华”中国民族服饰展演活动在澳大利亚和新西兰举办，我校11名师生参加本次演出活动。

11月20—21日校党委书记任维桢，党委副书记、纪委书记雷崇民，副校长张维民赴合肥工业大学就进一步深化对口支援合作工作进行考察调研。

11月21日在自治区共建高校马克思主义学院启动仪式上，北京大学与北方民族大学签署对口支援协作协议，共建北方民族大学马克思主义学院。

11月我校荣获中国教育和科研计算机网CERNET二十周年突出贡献奖。

12月3日学校召开新任职处级正职干部集体谈话会。

12月9日学校召开派驻武陵山片区联络员选派动员会。

12月21日学校召开第五届教职工代表大会第二次会议。

12 月 30 日北方民族大学与湖南省邵阳学院战略合作框架协议签约暨共建基地揭牌仪式在邵阳学院举行。北方民族大学校长杨敏与邵阳学院校长陈晓飞签署了两校《战略合作框架协议书》，党委副书记、纪委书记雷崇民和邵阳学院副校长曾阳素签署了两校《联合培养研究生协议书》《援建移动通信综合实验室协议书》《共建湘西南民族文化研究基地协议书》《共建武陵山经济发展研究中心协议书》。邵阳市市长龚文密、市人大常委会主任赵丽莎、北方民族大学副校长高岳林及邵阳学院有关校领导出席签约和揭牌仪式。签约仪式由邵阳学院党委书记曹健华主持。

12 月中亚部分国家民族工作部门官员访华团赴学校参观访问，其中包括吉尔吉斯斯坦国家地方自治和民族关系署民族关系局局长拉伊厄姆别科夫、乌兹别克斯坦对外友好协会副主席依山霍加耶夫·卡玛力金、塔吉克斯坦国家统一与复兴运动委协调员达弗拉托夫等五人，国家民委国际司李焕才陪同。

2015 年

1 月 12 日学校与武陵山片区湖南省娄底市新化县人民政府举行战略合作协议签约仪式。

1 月 14 日学校与中国银行宁夏分行举行 2014—2017 年国家助学贷款业务合作协议签字仪式。

1 月 14 日学校与银川市人才交流开发服务中心的校地合作项目“校园工作站”正式揭牌。

1 月 16 日学校召开新任职副处级干部集体谈话会。

2 月 3 日自治区党委常委、组织部部长傅兴国来到宁夏首批“塞上英才”称号获得者、我校教授吴澜尔家中，表达良好祝愿，致以新春问候。张维民副校长及校相关部门负责人一同看望慰问。

2 月 13 日学校与自治区民族事务委员会签署战略合作协议。

3 月 24 日学校荣获“2014 年度银川市社会保险诚信单位”称号。

3 月 24 日国家民委副主任罗黎明一行来校调研指导学校基本建设、后勤服务和财务管理等工作。自治区民委主任丁卫东，国家民委办公厅、经

济发展司、财务司有关处室负责人陪同。

3 月 28 日在九三学社宁夏区委会“参政议政和社会服务工作会议”上，北方民族大学支社获得“2014 年参政议政工作先进集体”，朱琳、范建荣获得“2014 年度参政议政工作先进个人”。

3 月 31 日《北方民族大学学报（哲学社会科学版）》再次入选“中国人民大学复印报刊资料”重要转载来源期刊。

3 月学校新增税收学、金融数学 2 个本科专业。

4 月 27 日白俄罗斯国立技术大学副校长由里一行到校访问，正式签署两校合作备忘录。

4 月《北方民族大学学报》（哲学社会科学版）被评为“RCCSE 中国核心学术期刊”。

4 月国家民族事务委员会原副主任图道多吉向学校图书馆捐赠 2257 件文献资料。

5 月 7 日中国民族博物馆馆长顾群一行来校考察调研。

5 月 9 日学校校友会内蒙古分会成立大会在内蒙古阿拉善左旗召开。

5 月 12 日学校与西北轴承股份有限公司联合共建的“高端装备关键零部件工程技术中心”暨“北方民族大学实践教学基地”举行揭牌仪式。

5 月 25 日—28 日国家民委教科司司长田联刚、教科司副司长夏彦芳等一行四人到校调研。

5 月 26 日国家民委专职委员管培俊来校考察调研。

5 月学校“电子科学与物理示范中心”被认定为“自治区科普教育基地”。

6 月 4 日中国羽毛球协会副主席、中国大学生体育协会副主席、中国大学生体育协会羽毛球分会主席、北京交通大学党委副书记兼纪委书记颜吾佴来校考察第 19 届全国大学生羽毛球锦标赛筹备情况。

6 月 16 日自治区党委常委、统战部部长马廷礼来校考察调研。

6 月 27 日学校召开教职工代表大会第三次会议。

6 月学校被评为 2014 年自治区“清凉宁夏”广场文化活动区直机关、企事业单位示范演出先进单位。

6 月学校与中国宋庆龄基金会签署合作协议。

7 月 28 日—29 日由教育部高等学校化工类专业教学指导委员会（以下简称教指委）主办，北方民族大学和合肥工业大学承办的“教育部高等学校化工类专业教学指导委员会第三次会议”及“西部高校化工类专业建设与教学改革研讨会”在北方民族大学召开。教指委主任委员、天津大学副校长冯亚青教授及教指委代表，高等教育出版社、化学工业出版社、科学出版社代表及两校化学与化学工程学院的领导、教师代表以及来自新疆、青海、甘肃、陕西、宁夏、内蒙古六省（自治区）等 34 所高校化工专业负责人、教师代表，共约 140 多人参加了会议。

7 月 30 日—8 月 4 日第 19 届中国大学生羽毛球锦标赛在学校举办。

8 月 25 日我校成立党委统战部，处级建置。（校党发〔2015〕54 号）

9 月 9 日学校与中国民族博物馆举行战略合作协议签字仪式暨校园民族文化周开幕式。自治区人民政府副主席马力出席。

9 月 12 日—13 日学校召开武陵山片区区域发展与扶贫攻坚工作联络员会议。

9 月 13 日学校与埃及本哈大学签署校际合作协议。

9 月 30 日习近平在人民大会堂亲切会见来自内蒙古、广西、西藏、宁夏、新疆 5 个自治区 13 名基层民族团结优秀代表，学校毕业生秦文博受到习近平总书记亲切接见。

9 月宁夏燕宝慈善基金会在学校设立“燕宝奖学金”。

10 月 14 日学校与中央民族大学签署协同创新战略合作框架协议。

10 月 29 日国家外国专家局、中国国际人才交流基金会、自治区外国专家局一行 10 人来校调研。

11 月学校荣获“六·五”环境日活动先进单位称号。

11 月 17 日学校与湖南省人力资源服务中心签订共建毕业生就业服务平台协议。

11 月 18 日学校与中南大学签署本科生交流访学协议。

12 月 2 日学校与灵武市政府签订校地合作框架协议。

12 月 21 日国家民委副主任丹珠昂奔来校作专题讲座。

12 月上海民生公益基金会在学校设立助学金。

12 月 2013 级金融学 1 班荣获全国高校践行社会主义核心价值观“示范团支部”称号。

2016 年

1 月 12 日学校召开申博暨学科建设汇报会。

1 月 14 日荷兰蒂尔堡大学代表团到我校交流访问。

1 月 21 日—23 日国家民委委属高校科研项目管理和经费检查总结工作会议在我校召开。国家民委教育科技司司长田联刚出席会议并发表讲话。我校党委书记任维桢出席会议，校长杨敏致欢迎辞。委属高校主管科研的副校长、科研处（社科处）处长及有关工作人员参加了会议。会议由教育科技司综合处（科技处）处长安燕处长主持。

1 月学校“功能材料及分离技术研发创新团队”被命名为自治区第五批科技创新团队。

1 月民盟宁夏区委会对 2015 年度先进基层组织和优秀盟员进行表彰。民盟北方民族大学总支获评先进基层组织，盟员王金云、张秀霞获评优秀盟员。

2 月 29 日学校 1986 级法律系校友、北京高通律师事务所律师马兰荣获“2015 年度全国三八红旗手”荣誉称号。

3 月 4 日国务院教育督导委员会办公室到我校开展 2016 年春季开学专项督查。

3 月学校音乐舞蹈学院荣获自治区“三八红旗集体”荣誉称号。

3 月北方民族大学征兵办公室 2015 年被西夏区评为“兵役征集工作先进单位”。

4 月 14 日我校校园西区建设工程正式开工建设，标志着学校改善办学条件又进入了一个崭新的阶段。校领导任维桢、杨敏、雷崇民、闵文义、张维民、高岳林与学校各部门负责人，各学院党委（总支）书记、院长及校园西区参建单位负责人、工程技术人员共同见证了这一重要历史时刻。

5 月 4 日我校召开迎评促建动员大会。党委书记任维桢主持大会并讲话，校长杨敏作动员讲话，副校长闵文义出席大会，副校长高岳林就“评

建”工作作了安排部署。

5 月 10 日银川市市长白尚成一行到我校就校园西区建设情况进行调研。

5 月 19 日我校与日本广岛大学签署合作交流备忘录。

5 月 19 日我校与广州市人力资源市场服务中心签订共建毕业生就业服务平台协议。

5 月 27 日国家民委离退休干部局局长马继祖一行 4 人来我校调研。

5 月 28 日由东北大学和 IEEE 新加坡工业电子分会联合主办，我校承办的第 28 届中国控制与决策会议在银川召开。来自中国、美国、澳大利亚、新加坡、香港等 17 个国家和地区 300 余所高校和科研院所的控制与决策领域专家学者 1100 余人参加了会议。

5 月 28 日—31 日党委书记任维桢，党委副书记、纪委书记雷崇民一行来到湖南省邵阳市，看望慰问我校派驻邵阳、娄底武陵山片区的 11 名联络员，并深入城步苗族自治县、隆回县等地的乡、镇调研文化旅游产业扶贫情况，与相关县主要负责同志就文化旅游产业扶贫工作进行了交流。我校副校长、邵阳市委常委、副市长东·华尔丹陪同看望并参与调研。

5 月 31 日自治区党委组织部“两学一做”督导二组组长梁红一行 5 人来我校检查指导“两学一做”学习教育工作，并参加“两学一做”学习教育督导座谈会。

5 月学校申报的 3 个与国外高校联合培养优秀本科生研究生项目获批立项，资助经费 80 万元。

5 月学校金融学、电气工程及其自动化、汉语言文学、机械设计制造及其自动化等 4 个本科专业通过宁夏教育厅、宁夏教育考试院审核批准，将在 2016 年纳入宁夏一批本科录取批次进行招生。

6 月 6 日—10 日 2015—2016 特步中国大学生五人制足球联赛暨 2016 特步中国大学生足球拉拉队选拔赛总决赛在学校举行。

6 月 15 日国家民委舆情中心主任赵至敏一行 4 人到校调研工作。

6 月 18 日学校举办全国高雅艺术进校园山西省话剧院专场演出。

6 月 29 日我校召开庆祝建党 95 周年表彰大会。

6 月西安交通大学与学校签订关于合作建立西安交通大学现代远程教

育北方民族大学学习中心协议。

6月学校完成首轮院（系）本科教学综合评估。

6月自治区教育厅公布高等学校科技创新平台立项建设和培育建设名单，学校材料科学与工程学院申报的“工业副产物高值化利用协同创新中心”，西夏研究所申报的“西夏历史文化研究人文社科重点研究基地”，机电工程学院申报的“先进装备关键零部件及系统创新产学研合作基地”三个平台获批立项建设。

7月13日我校与宁安医院签订心理健康教育合作协议。

7月13日青海民族大学党委书记赵燕武、副校长王刚一行来校考察交流，并签订了人才交流合作协议。

7月14日学校和邵阳学院签订2016年合作项目协议。

7月16日学校校友会新疆分会成立大会在乌鲁木齐召开。

7月16日澳门中华民族团结促进会会长黄永谦、中央人民政府驻澳门特别行政联络办公室经济部处长左祥华、中华民族团结促进会副会长何嘉伦一行3人来校访问。

7月19日中央统战部副部长、国家民委主任、党组书记巴特尔来校考察学校校园西区建设和校园基础设施建设情况，听取学校工作汇报并作了重要讲话。国家民委办公厅主任张京泽，自治区民委主任丁卫东，校领导任维桢、杨敏、雷崇民、闵文义、张维民、高岳林陪同考察。校党委书记任维桢主持座谈会。

8月11日学校与自治区人民医院签订合作办学补充协议。

8月12日合肥工业大学校长梁樑、副校长刘晓平一行4人来我校就对口支援合作事宜进一步座谈交流。校党委副书记、纪委书记雷崇民主持座谈会，副校长高岳林出席，相关部门负责人参加了座谈交流。

8月12日—14日全国第27届计算机技术与应用（CACIS · 2016）学术会议在我校召开。本次会议由中国仪器仪表学会、中国系统仿真学会、中国仪器仪表学会微型计算机应用分会（CACIS）主办，由合肥工业大学、北方民族大学、教育部安全关键工业测控技术工程研究中心、安徽省工业安全信息技术研究院承办，由《仪器仪表学报》《计算机辅助设计与

图形学学报》《中国图象图形学报》《电子测量与仪器学报》《系统仿真学报》《图学学报》《合肥工业大学学报》等协办。

8 月 29 日学校与乌克兰苏梅国立师范大学签署校际合作协议。

9 月 2 日学校召开巡视整改情况通报会。

9 月 26 日国家民委副主任李昌平来我校考察调研，国家民委国际交流司司长俸兰，我校领导雷崇民、张维民陪同考察学校新校区建设情况并出席座谈会。

9 月 28 日我校与银川新闻传媒集团签订战略合作协议。

9 月 28 日湖南省人力资源服务中心驻学校工作站正式成立。

9 月 30 日我校成立中共北方民族大学委员会统一战线工作领导小组。（校党发〔2016〕43 号）

9 月宁夏碳基先进陶瓷制备技术工程研究中心获批复，这是学校第一个获批的自治区级工程研究中心。

10 月 20 日学校召开高水平建设规划学科“数学”学科建设启动大会。

10 月 21 日学校党委正式配备统战部领导班子，任命陈永平同志为校党委统战部部长，高红梅同志为统战部副部长。（校党发〔2016〕44 号）

10 月 21 日全国人大民委副主任吴仕民来校作专题辅导报告。

10 月 24 日中法文化艺术交流协会来校访问。

10 月 26 日自治区政协副主席安纯人来校调研众创空间发展情况并参观视察学校创业孵化基地，自治区政协常委张克洪、李良，校领导任维桢、高岳林，自治区科技厅副厅长郭建川、自治区人力资源与社会保障厅副巡视员李茂青等陪同调研。

10 月 28 日学校与宝塔实业股份有限公司召开校企产学研战略合作工作年会。

10 月学校团委荣获 2016 年全国暑期“三下乡”实践活动优秀单位。

11 月 3 日自治区人社厅党组成员、自治区外国专家局局长陈放、自治区外国专家局副局长何爱燕、自治区国际人才交流协会副主任买文燕一行来校调研。

11 月 19 日我校召开 2016 年研究生教育暨学科建设工作会议。

11 月 25 日我校召开 2016 年度科研工作会议。

11 月 28 日学校与蒙古国立师范大学签订合作交流意向书。

11 月 30 日自治区政府副主席姚爱兴来我校调研科技创新和高等教育改革发展方面的工作，实地调研了生物科学与工程学院、化学与化学工程学院实验室、材料科学与工程学院实验室、创新创业学院，与师生亲切交谈。

12 月 8 日国家民委文化宣传司司长武翠英带领文化宣传司、监督检查司、国际交流司、教育科技司有关同志组成国家民委督察组来我校开展意识形态工作督查。

12 月 8 日中国民族博物馆党委书记、馆长顾群带队来我校就馆校战略合作事宜进行洽谈交流。

12 月 15 日国家体育总局、国家民委调研组杨光宇、孟拥军一行来我校调研民族传统体育开展工作。

12 月 16 日《北方民族大学“十三五”事业发展规划（2016—2020）》发布实施。

12 月 30 日我校召开第六届教职工暨工会会员代表大会。

12 月 30 日我校丁明俊教授 2016 年度被国务院批准享受政府特殊津贴。

12 月我校创业孵化基地被人力资源和社会保障部确定为第三批全国创业孵化示范基地。

2017 年

1 月 4 日学校及北方民族大学附属中学均荣获“银川市第五次民族团结进步模范集体”。

1 月 5 日学校召开第一次档案工作委员会会议。

1 月 6 日学校召开博士点申报暨一流学科建设工作会议。

1 月 9 日学校与银川能源学院签订合作协议。

1 月 11 日教育部发布《中华人民共和国教育部高等学校章程核准书第 97 号》，核准颁布了《北方民族大学章程》。

1 月学校生科学院食品科学与工程 153 班团支部荣获全国高校“活力团支部”称号。

1 月《北方民族大学学报》再度入选“RCCSE 中国核心学术期刊”。

2 月学校入选“全国首批深化创新创业教育改革示范高校”。

3 月 2 日民盟宁夏区委会主委冀永强、副主委田桦一行到学校调研工作。

3 月 7 日江西省教育工委书记黄小华一行来学校调研，自治区教育厅厅长郭虎、宁夏教育工委专职副书记李秋玲等同志陪同。

3 月 13 日学校召开 2017 年首次实验室工作会议。

3 月 13 日西北民族大学书记邓光玉、校长赵德安一行来校调研交流。

3 月 15 日—17 日校党委书记任维桢、副校长高岳林以及学校有关部门负责同志一行赴合肥工业大学，就加强和改进思想政治工作、基层党组织建设、本科生联合培养、工程专业认证、重点学科建设与科研合作等事宜进行调研交流。3 月 16 日，与合肥工业大学校党委书记袁自煌、校党委副书记张效英以及相关部门负责人进行了座谈。

3 月 22 日国家部委联合调研组到我校开展清真食品管理专题调研。

3 月 23 日学校与兰州大学签订合作协议。

3 月 23 日法国吉伦特省（波尔多）农业委员会副主席巴蒂克·瓦瑟夫、公关及农业旅游部总监路易斯·弗勒里和中国事务及中国市场总监储跃卫一行 3 人来校交流访问。

3 月 31 日学校召开本科教学工作审核评估预评估专家反馈会，教育部高等教育教学评估中心原副主任、专家组组长王战军主持。

3 月马克思主义学院被确定为首批自治区级高校重点马克思主义学院。

4 月 6 日学校召开 2017 年博士、硕士学位授权点申报工作启动会。

4 月 10 日学校创业孵化园被团中央授予“全国大学生创业示范园”称号。

4 月 17 日新丝绸之路文化经济国际交流研究会暨哈萨克斯坦国东干协会主席安胡赛先生应邀到我校国际教育学院访问并与全体中亚国家留学生进行交流座谈。国际教育学院副院长白华龙，来自哈萨克斯坦、吉尔吉斯斯坦、乌兹别克斯坦的 16 名留学生参加。

4 月 20 日自治区党委书记、人大常委会主任李建华在自治区高校思想政治工作和双一流建设调研会上表示，自治区相关部门要积极帮助高校解决在办学中遇到的困难和问题，落实和扩大高校办学自主权，对北方民族

大学提出的校园西区土地归属及土地证办理问题，由自治区教育厅出面帮助协调解决，使学校相关建设能够顺利推进。

4 月学校荣获 2016 年全区“清凉宁夏”广场文化示范演出活动先进单位称号。

4 月音舞学院党委获评首批全区教育系统五星级基层服务型党组织培育对象。

5 月 2 日学校召开纪念建团 95 周年暨 2015—2016 年度“五四”评优表彰大会。

5 月 3 日国家民委教科司田联刚司长来校调研指导工作。

5 月 4 日委属高校学生管理暨 2017 年招生研讨工作会议在学校召开。国家民委教科司司长田联刚，教科司高教处处长王丽萍，委属高校分管学生管理工作校领导，负责学生管理、本预科招生及研究生招生工作的处长出席会议。

5 月 4 日国家民委教科司司长田联刚与自治区教育厅厅长郭虎、教育厅副厅长王春秀举行会谈。

5 月 9 日学校召开 2017 年招生工作委员会第一次全体会议。

5 月 11 日学校离退休工作处获“国家民委系统离退休干部工作先进集体”荣誉称号。

5 月 18 日—19 日，中央纪委驻国家民委纪检组组长、国家民委党组成员周小莹来校调研指导工作。调研组与我校及宁夏大学二级学院负责人、辅导员进行座谈交流。中央纪委驻国家民委纪检组副局级纪律检查员陈东、国家民委教育科技司副司长周晓梅，校党委书记任维桢、校党委副书记、纪委书记雷崇民及中央纪委驻国家民委纪检组工作人员参加会议。

6 月 1 日学校与中国移动宁夏公司签署战略合作框架协议。

6 月 1 日银川市西夏区区委书记雍辉来校调研指导工作。

6 月 6 日学校与中快餐饮集团宁夏中清餐饮管理有限公司、鼎力智慧城市宁夏科技有限公司、宁夏顺诚利源商贸有限公司 3 家公司签订捐资助学协议，协议总金额达 57.5 万元。

6 月 8 日越南国家民族事务委员会副主任丁桂海一行 7 人来校访问。

6 月 12 日学校荣获全区“五四”主题系列活动最具创意奖。

6 月 16 日学校制定出台《马克思主义学院建设实施方案》。

6 月 20 日自治区政府副秘书长、自治区信访局局长王中来校调研。

6 月 23 日中德天然产物联合实验室揭牌仪式在学校举行。

7 月 6 日我校召开第一批赴合肥工业大学联合培养学生行前动员会。

7 月 11 日学校与天地奔牛实业集团有限公司签署校企合作协议。

7 月 14 日学校与西部（银川）担保有限公司签署战略合作框架协议。

7 月 17 日—18 日委属高校绩效工资等工作研讨在我校举行。

7 月 30 日合肥工业大学党委副书记、纪委书记陆林带领党委学生工作部、学生就业指导中心、计算机与信息学院相关人员来我校就对口支援工作进行调研。我校副校长东·华尔丹主持召开座谈交流会，双方就进一步完善联合办学模式、创新访学学生教育管理机制、深化办学合作等进行了广泛深入交流。

7 月学校“一带一路研究院——乌兹别克斯坦研究中心”“一带一路研究院——卡塔尔研究中心”“一带一路研究院——巴基斯坦研究中心”在教育部国别和区域研究中心获批备案，备案有效期 3 年。

8 月 8 日—11 日国家民委财务司副司长谷序祥、财务司资产与基建管理处处长郝强、预算管理处处长任涛一行来校调研。

8 月 25 日学校召开干部大会，宣布国家民委党组关于学校领导班子调整的决定。国家民委副主任、党组成员陈改户出席会议并作重要讲话。自治区纪委常委、自治区纪委驻自治区党委组织部纪检组组长刘跃成，国家民委人事司司长黎树斌出席会议。黎树斌宣读国家民委党组关于北方民族大学领导班子调整的决定：任命杨敏同志为北方民族大学党委书记，免去任维桢同志北方民族大学党委书记职务（按高级专家延缓退休）；任命郭郁烈同志为北方民族大学党委副书记、校长，免去杨敏同志北方民族大学校长职务；任命张维民同志为北方民族大学党委副书记，免去其北方民族大学副校长职务；任命保文星同志为北方民族大学党委常委、副校长；任命李岩青同志为北方民族大学党委常委、副校长。

9 月 6 日国家民委专职委员、中央民族大学党委书记张京泽同志来校

调研了解学校校园基本建设、人才培养等方面情况。

9 月 23 日学校举办首届学生“不忘初心，感恩母校”石之语纪念信物赠送及揭幕仪式。

9 月 23 日首届学生毕业 30 周年返校活动座谈会在学校举行。自治区政协原副主席、原西北第二民族学院院长李增林，原西北第二民族学院党委书记李衡昌，时任教师代表肖忠、刘建民、王保荣、王广聪、胡之田，校领导杨敏、郭郁烈、张维民、高岳林、李岩青出席座谈会。

9 月学校获批为国家级专业技术人员继续教育基地。

10 月 10 日自治区政府副主席姚爱兴来校调研指导工作。自治区科技厅党组书记、厅长马清贵、自治区教育厅副厅长王春秀参加调研。我校党委书记杨敏，党委副书记、校长郭郁烈陪同调研。

10 月 11 日我校宁夏特殊生境微生物资源开发与利用重点实验室获批组建。

10 月 13 日国家民委教科司副巡视员王宏晓一行来校调研。

10 月 14 日国家民委舆情中心主任赵至敏来校调研。

10 月 18 日学校校园西区综合管廊工程和排水系统改造工程通过竣工验收。

10 月 25 日国家民委教育科技司副司长李学锋，自治区教育厅副厅长王春秀、高等教育处处长龚雪飞来校调研。

10 月 26 日学校召开教育部本科教学工作审核评估专家反馈会，教育部本科教学工作审核评估专家组全体成员，教育部督导局孙丽为处长，国家民委教科司副司长李学锋，自治区教育厅副厅长王春秀，校领导杨敏、郭郁烈、雷崇民、张维民、高岳林、保文星、李岩青参加反馈会。反馈会由专家组组长、河北工业大学原校长展永教授主持。

10 月学校国学社荣获“全国优秀大学生国学社团”称号。

11 月 3 日国家级专业技术人员继续教育基地揭牌仪式暨民族高校继续教育发展研讨会在学校召开。国家民委人事司副司长张宁、自治区人力资源和社会保障厅副巡视员侯新生、学校党委书记杨敏、校长郭郁烈出席。副校长东·华尔丹主持揭牌仪式。

11 月 15 日中国民主建国会宁夏区直工委北方民族大学支部成立。

11 月 22 日“华夏文明·薪火相传”我国台湾高校青年学生宁夏游学团访问学校。

11 月 24 日学校与宝塔实业首个联合研发项目圆满通过验收。

11 月 27 日学校与邵阳市人力资源和社会保障局签署合作协议。

11 月学校团委荣获 2017 年全国大中专学生志愿者暑期“三下乡”优秀单位称号。

12 月 6 日学校成立“习近平新时代中国特色社会主义思想青年研究会”。

12 月 9 日学校与镇江市人民政府签署战略合作协议。

12 月 13 日民族画报社党委书记、社长李铁柱来校考察确定“创享·中华——中华民族共有精神家园”大型图片展相关事宜。

12 月 14 日学校与兴庆区“双创”基地签订“大学生实习实训创新创业基地”协议。

12 月 30 日学校幼儿园工程竣工通过验收。

12 月学校“智能信息感知与控制教师团队”和“市场营销教师团队”获批全区高校黄大年式教师团队。

12 月学校足球队在宁夏第一届中外大学生足球赛中夺冠。

12 月学校与马来西亚管理与科学大学签署合作交流备忘录。

2018 年

1 月 20 日—21 日学校召开第六届教职工代表大会第二次会议。

1 月学校“碳基先进陶瓷制备技术国家地方联合工程研究中心”获国家发改委批复立项。

1 月学校 2007 级法学院校友李善鹏获得“新时代最美法律服务人特别提名奖”。

3 月 16 日 NIIT 全球首席执行官赛普纳什·勒拉（SapneshLalla）一行来校访问。

3 月 20 日国家民委教科司司长田联刚，高教处处长杨慕云一行来校就意识形态、学生思想工作及校园安全稳定工作进行调研。

3 月 26 日西昌学院党委常委、副校长曲木伍各来校调研交流。

3 月学校“数据科学与大数据技术”本科专业获批，新增专业自 2018 年开始招生。

3 月学校正式启动专业核心课建设工作。

4 月 9 日—11 日国家民委财务司副巡视员张爱民带领调研组来校调研指导工作。

4 月 10 日学校与共享集团股份有限公司签订校企合作协议。

4 月 16 日国家民委专职委员孙学玉率国家民委调研组一行来校调研指导工作。

4 月 25 日自治区人大常委会副主任吴玉才率调研组来校调研外事工作。

4 月学校获批体育行业国家职业资格培训基地，可开展武术、羽毛球、攀岩、健美操、健身教练和游泳救生员的社会体育指导员培训工作。

4 月学校出台《北方民族大学本科生国（境）外交流资助暂行办法》。

5 月 8 日自治区党委常委、组织部部长盛荣华来校调研人才工作。人力资源和社会保障厅厅长王少林，自治区党委组织部副部长、自治区人才工作领导小组办公室主任刘成孝和我校党委书记杨敏、校长郭郁烈陪同调研。

5 月 10 日自治区政府主席咸辉来我校对创新驱动战略推进落实情况进行专题调研，我校党委副书记、校长郭郁烈陪同考察。

5 月 16 日国家民委教育科技司副司长李学峰、校长郭郁烈、副校长保文星等一行 8 人，到自治区教育厅与教育工委书记、教育厅厅长、党组书记李秋玲，教育厅副厅长王春秀以及各相关处室领导，主要就国家民委与自治区合作共建北方民大事宜进行了座谈交流。

5 月 18 日自治区政府副主席刘可为来我校考察参观学校 801 创业孵化园，调研创新创业工作，我校党委副书记、校长郭郁烈陪同调研。

5 月 23 日北方民族大学保密室顺利通过自治区国家保密局验收。

5 月 27 日我校成立控烟协会、禁毒协会、防艾协会 3 个校级学生社团。

5 月 31 日自治区副主席杨培君来我校调研省部共建重点实验室平台建设、产学研协同创新及大学生创业孵化园运行情况，保文星副校长陪同调研。自治区政府副秘书长吴涛同志、科技厅负责同志参加调研。

5月学校获全区“清凉宁夏”广场文化示范演出活动先进单位称号。

5月学校首次获批国家级外专引智项目。

5月国务院学位委员会印发《关于下达2017年审核增列的博士、硕士学位授予单位及其学位授权点名单的通知》，学校成功获批博士学位授予单位，民族学获批一级学科博士学位授权点。

6月1日—2日党委副书记、校长郭郁烈带队赴合肥工业大学调研并看望慰问学校在合肥工大攻读博士学位、交流访学、联合培养师生。调研期间，郭郁烈会见了合肥工业大学党委副书记、校长梁樑，双方就接下来的对口支援工作交换了意见。

6月11日全国政协副主席，中央统战部副部长，国家民委党组书记、主任巴特尔在宁夏调研期间专程到学校视察指导工作，实地考察校园西区建设情况。国家民委副主任石玉钢、自治区副主席张超超陪同调研。

6月14日学校召开干部大会，宣布国家民委党组对我校领导班子调整的决定。国家民委副主任、党组成员陈改户，国家民委人事司司长黎树斌，自治区党委组织部副部长刘成孝参加大会。黎树斌宣读国家民委党组关于北方民族大学校领导班子调整的决定：经中共国家民委党组研究并商中共自治区委会同意，刀波同志任北方民族大学党委书记，李红燕同志任北方民族大学党委常委、总会计师；免去杨敏同志北方民族大学党委书记、党委常委、党委委员职务，另有任用。

6月24日—28日应德国柏林夏洛蒂医科大学邀请，校长郭郁烈同志率团赴德国访问。

6月25日自治区党委常委、统战部部长白尚成来校看望束锡红教授。

6月26日国家督学、韶关学院院长廖益率国务院教育督导委员会工作组一行四人来校就自治区人民政府履行教育职责情况进行实地督查。

6月27日—28日教育部评估专家组对国家民委重点实验室生物科学与工程学院“生态系统建模及应用重点实验室”、经济学院、商学院共建“经济管理综合重点开放实验室”评估进行现场考察。

6月学校被自治区发展改革委授予“自治区双创示范基地”荣誉称号，一次性奖励建设资金500万元。

7月4日我校与泰国清迈大学签署校际合作协议。

7月12日学校音乐舞蹈学院党委被正式授牌为自治区教育系统第一批“五星级基层党组织”。

7月12日国家民委老干部局局长马继祖来我校调研老干部工作。

7月20日应我校邀请，合肥工业大学副校长刘志峰教授利用给“一带一路”创新设计与智能制造高级研修班讲座之隙，与我校部分学院院长、副院长、副书记和相关职能处室负责人进行了座谈。东·华尔丹副校长参加座谈会并致辞。

8月17日学校召开参加自治区成立60周年庆祝大会群众文艺表演活动动员会。

8月国家民委财务司副司长谷序祥、预算管理处处长任涛一行来校调研预算执行工作及基本建设项目建设情况。

9月1日学校幼儿园举行开园典礼。

9月3日自治区党委常委、宣传部长赵永清，自治区党委宣传部副部长杜银杰一行来校检查大庆排演工作。我校党委书记刀波、党委副书记、校长郭郁烈陪同，1000多名参演同学进行了汇报表演。

9月14日国家自然科学基金委副主任王承文一行来校就科研诚信工作、科学基金经费管理、科学基金改革发展等进行考察调研。

9月17日学校召开长篇小说《旧林故渊》读书研讨会。国家民委原副主任、党组成员、第十二届全国人大民族委员会副主任委员、《旧林故渊》作者吴仕民应邀出席交流座谈。

9月20日学校师生参加自治区60年大庆演出活动。

9月《北方民族大学学报》（哲学社会科学版）入选《中文核心期刊目录》2017版（第八版）之“民族学”类核心期刊。这是《北方民族大学学报》（哲学社会科学版）首次入选北京大学中心核心期刊要目。

9月在自治区成立六十周年之际，中央代表团向学校赠送纪念品——民族团结瓷瓶。

10月10日学校与宁安医院签署合作协议。

10月16日韩国庆一大学代表团来校访问并签署合作意向书。

10 月 16 日学校与自治区人民政府外事办公室签署共建人才协议。

10 月 21 日—27 日学校新生主题教育晚会“家园”，连续演出 7 天，先后观看的师生达 1 万人以上。

10 月 25 日教育部国教办、全国学生军训工作调研组到校进行军训工作调研。

10 月 31 日英国伍斯特大学代表团来访。

10 月国家卫生健康委、中国红十字会总会、中央军委后勤保障部卫生局联合授予学校 2016—2017 年度“全国无偿献血促进奖单位奖”。

11 月 16 日民盟北方民族大学总支委员会举行换届选举，余国林当选为主任委员，纪峰、王金云当选为副主任委员，祁国宏当选为宣传委员，安琪当选为组织委员。

11 月 16 日学校与福建弘扬软件股份有限公司签署战略合作协议。

11 月 30 日宁夏教育考试院院长黄鹏到校调研指导工作。

12 月 13 日党委常委、副校长高岳林，党委常委、总会计师李红燕一行 9 人赴合肥工业大学就学科学位点建设与研究生教育、重点实验室建设、智慧化校园建设等事宜进行调研。

12 月 14 日我校创业孵化园揭牌成立“北方民族大学党外知识分子‘民大同心园’实践创新基地”，这是自治区首家高校党外知识分子实践创新基地。东·华尔丹副校长为揭牌仪式致辞。自治区统战部副部长杨继宏和东·华尔丹共同为基地揭牌。自治区统战部党外知识分子工作处全体成员、学校党委统战部及各民主党派主委和创新创业学院全体老师参加揭牌仪式。

12 月 17 日学校与北京外国语大学签署战略合作协议。

12 月 26 日自治区政协副主席王紫云一行来校视察创新创业工作，校党委书记刀波、总会计师李红燕陪同视察。

12 月学校获批组建两个自治区级重点实验室“宁夏太阳能化学转化技术重点实验室”和“宁夏智能信息与大数据处理重点实验室”。

2019 年

1 月 4 日中国工程院重大战略咨询项目“碳化硅基先进陶瓷产业发展

战略研究”启动会在学校召开。

1 月 29 日学校正式成为博士学位授予单位，从 2019 年起开展招生、培养和学位授予工作。

1 月音舞学院党委获评教育部首批“全国党建工作标杆院系”。

1 月学校获批自治区“新材料研发人才小高地”，并获得人才专项经费资助 50 万元。

2 月学校被国家机关事务管理局、国家发展改革委、财政部联合授予节约型公共机构示范单位。

3 月 5 日银川市公安局副局长王青山一行到我校调研安全稳定工作。

3 月 6 日校友海明玉、朱玉红双双当选陕西全省“十佳女法官”。

3 月 18 日校党委书记刀波赴人民日报社考察媒体融合发展工作。

3 月 28 日扬中市副市长王成明一行来我校开展人才供需合作调研。

3 月学校新增 10 个产学合作协同育人项目。

4 月 11 日自治区政府参事朱玉华来校就如何吸引、留住高端人才问题进行专题调研考察。

4 月 15 日学校召开处级领导干部聘任工作动员大会。

4 月 25 日银川市委常委常务副市长李鸿儒带领市委统战部、发改委、教育局、民委、财政局、自然资源局、住建局、市政管理局、文广局、审批服务局、园林局、西夏区人民政府、中铁水务公司、宁夏电投热力有限公司的负责同志来校现场办公，帮助解决学校建设与发展中的相关困难。

5 月 5 日银川市副市长雍辉带领市住建局、西夏区人民政府的负责同志来校现场办公，协调解决学校东西区过街天桥事宜。

5 月 8 日学校足球队获得全国青少年校园足球联赛大学男子校园组西北区冠军。

5 月 20 日学校与国家统计局宁夏调查总队签署战略合作框架协议。

5 月 24 日学校与银川金羚羊劳务派遣有限公司签订保密工作责任书。

5 月 27 日玉林师范学院党委书记唐仁郭一行来校调研。

5 月 31 日自治区教育厅副厅长王春秀来校就意识形态和安全稳定工作进行督查。

6月24日学校召开科级及以下岗位聘任工作动员大会。

6月28日自治区科技厅副厅长陈放一行来校调研。

6月30日全国政协委员、中国高等教育学会副会长、国家民委原副部级专职委员管培俊来调研指导工作。

7月6日教育部专家组对生物科学与工程学院“发酵酿造工程生物技术重点实验室”和化学与化学工程学院“化工技术基础重点实验室”两个国家民委重点实验室进行现场考察评估。

7月13日自治区副主席吴秀章来校就科技工作、重点实验室建设进行专题调研指导。校领导郭郁烈、雷崇民、张维民、高岳林、东·华尔丹出席调研汇报会。自治区政府办公厅有关同志和我校有关单位、重点实验室负责同志参加。

7月16日—18日中央民族大学校党委常委、总会计师张艳丽来校调研财务管理工作。

8月23日学校召开干部会议宣布国家民委党组关于学校领导班子调整的决定。国家民委副主任、党组成员陈改户，自治区党委组织部副部长刘成孝，国家民委人事司司长黎树斌、教育科技司司长田联刚出席会议。黎树斌宣读了国家民委党组关于北方民族大学领导班子调整的决定：经中共国家民委党组研究并商中共自治区委员会同意，李俊杰同志任北方民族大学党委副书记、校长，东·华尔丹同志任北方民族大学党委副书记，王永强同志任北方民族大学党委副书记、副校长，免去郭郁烈同志北方民族大学党委副书记、党委常委、党委委员、校长职务（另有任用），免去张维民同志北方民族大学党委副书记、党委常委、党委委员职务（另有任用）。

9月10日《人民日报》以《充分发挥民族高等院校独特作用有力维护民族地区改革发展稳定大局》为题，刊发校党委书记刀波署名文章。

9月17日学校“不忘初心、牢记使命”主题教育专题网站开通上线。

9月28日学校举办“万人唱响中国梦　我与祖国共奋进”大型演出活动。学校56个民族的1.1万余名师生和银川市西夏区3800名小学生共聚一堂，唱响时代主旋律，向中华人民共和国成立70周年献礼。

9 月学校被评为“银川市毒品预防教育示范学校”。

10 月 1 日学校组织师生集中收看中华人民共和国成立 70 周年庆祝活动。

10 月 14 日泰国清迈大学校长尼维·南塔齐一行到校访问交流。

10 月 16 日学校与中卫市政府签署战略合作协议。

10 月 21 日学校召开博士学位授予单位建设、民族学一级学科博士点评估推进工作专题会议。

10 月 25 日学校成为国家新材料测试评价平台先进无机非金属材料行业中心共建单位。

10 月 27 日—28 日校党委书记刀波率队赴北京大学、北京师范大学调研高校思想政治工作。

10 月 28 日自治区副主席吴秀章、中国科学院院士刘忠范、北京大学教授张锦来到我校材料科学与工程学院就科学研究、科研平台与科研团队建设进行调研指导。

10 月 29 日学校成立中国特色民族理论与政策研究院。

10 月 30 日学校举办“北方民族大学百名校外学生思想政治教育工作辅导员”聘任仪式。

10 月中共银川市委统战部、银川市民族事务委员会授予学校“银川市民族团结进步创建示范单位”荣誉称号。

10 月中华人民共和国成立 70 周年北京市活动领导小组庆祝大会服务保障和群众游行指挥部向我校发来感谢信。

11 月 20 日马来西亚玛拉工艺大学槟城分校校长莫赫德（MohdHisbany BinMohdHashim）、副校长艾哈迈德（AhmadRashidyBinRazali）等一行来校访问并参加交流洽谈会暨合作备忘录签约仪式。

11 月 21 日学校与中国农业银行宁夏分行举行合作框架协议签约仪式。

11 月 22 日学校与华侨大学签署对口合作框架协议。

11 月 26 日由教育部党组、北京市委主办，自治区教育工委、中央民族大学、北方民族大学联合承办的“首都教育系统服务保障国庆活动宣讲团——北方民族大学专场”宣讲会在学校举办。

11月28日学校制定出台《中共北方民族大学委员会关于成立思想政治工作宣讲团的实施方案》。

11月学校成功入选为教育部人文交流经世项目首批“经世国际学院”本科院校。

12月3日《中国民族报》以《坚定走中国特色社会主义民族高等教育发展之路》为题，刊发校党委书记刀波署名文章。

12月7日民进北方民族大学支部召开第二次会员大会。选举产生了民进北方民族大学支部第二届支部委员，续京当选为主委，王向恒当选组织委员，马占武当选宣传委员。

12月13日国家民委国际交流司副司长张庆安来校调研指导工作。

12月19日学校召开第二次党代会筹备工作领导小组办公室会议。

12月25日学校召开第二次党代会预备会议。

12月26日中国共产党北方民族大学第二次代表大会隆重开幕。

12月26日国家民委党组成员、副主任陈改户在出席学校第二次党代会期间，在自治区党委常委、宣传部部长李金科，学校党委副书记、校长李俊杰陪同下考察指导校园基本建设工作。

12月28日法学院1984级校友吉雅、1986级校友马兰、2007级校友李善鹏受邀参加“学习贯彻党的十九届四中全会精神，进一步推进法律援助项目规范化建设座谈会”，马兰、李善鹏分别获得“法律援助事业重大贡献”“新时代司法为民好榜样”等荣誉。马兰在会上作了交流发言。

12月30日我校与合肥工业大学再次签署对口支援合作协议。签约仪式在合肥工业大学举行，我校党委书记刀波，党委副书记、校长李俊杰，合肥工业大学党委书记余其俊，校长、党委副书记梁樑，党委常委、副校长陈鸿海出席签约仪式。签约仪式由合肥工业大学党委书记余其俊主持。

12月校团委荣获2019年全国大中专学生志愿者暑期“三下乡”社会实践活动优秀单位称号。

12月学校获批国家民委第六批全国民族团结进步教育基地。

12月学校与北京广慧金通教育科技有限公司开展校企合作办学。

2020 年

1 月 2 日自治区党委常委、政法委书记张韵声来校视察工作。

1 月 14 日副校长陈永奎增补为自治区政协第十一届委员会常务委员。

1 月 14 日学校与南京证券宁夏分公司签署战略合作框架协议。

1 月 28 日自治区教育厅副厅长王春秀来校检查督导学校新型冠状病毒感染的肺炎疫情防控工作。

1 月 29 日自治区党委常委、宣传部部长李金科，自治区教育厅副厅长王春秀来校督查指导学校应对新型冠状病毒感染的肺炎疫情防控工作。

1 月 29 日校党委书记刀波主持召开新型冠状病毒感染的肺炎疫情防控工作现场会。

1 月学校获批 1 个国家级、10 个省部级一流本科专业建设点。其中化学工程与工艺专业获批国家级一流本科专业建设点，法学、思想政治教育、信息与计算科学、自动化、计算机科学与技术、生物工程、会计学、旅游管理、动画、国际经济与贸易等 10 个专业获批省部级一流本科专业建设点。

1 月西北民族大学副校长白日霞来我校调研实验室建设工作。

1 月学校“化学工程与技术、中国语言文学、工商管理、食品科学与工程”等 4 个一级学科新增为国家民委重点学科。

2 月 7 日自治区政府外事办公室党组书记、主任李琛，涉外管理处处长苏彦祥来校检查指导外籍师生疫情防控工作。

2 月 10 日自治区政府副主席杨培君来校督查疫情防控工作。

2 月 11 日校党委常委会听取并研究部署疫情防控工作。

2 月 12 日校党委书记刀波主持召开学校新冠肺炎疫情防控领导小组第三次会议。

2 月 13 日学校成立新冠肺炎疫情防控工作指挥部，负责疫情防控工作的全面指挥、统筹协调。

2 月 14 日校党委书记刀波主持召开学校新冠肺炎疫情防控领导小组第四次会议。

2 月 15 日银川市市长杨玉经来校调研疫情防控工作。

2 月 15 日自治区党委疫情防控第六督查组来校督查指导疫情防控工作。

2 月 17 日自治区教育厅副厅长王春秀、银川市西夏区区委常委、宣传部部长杨晨来校调研新冠肺炎疫情防控工作。

2 月 18 日自治区党委疫情防控工作指挥部学校工作组督查组来校督查指导疫情防控工作。

2 月 19 日校党委召开常委会议专题研究部署疫情防控工作。

2 月 20 日学校召开党委常委会会议，校党委书记、学校应对新冠肺炎疫情防控领导小组组长、学校应对新冠肺炎疫情防控指挥部指挥长刀波就学校疫情防控工作再安排、再部署、再强调。

2 月 21 日校党委书记刀波到学校疫情防控一线现场办公指导工作。

2 月 21 日我校民族学本科专业通过教育部审批和备案。

2 月 22 日校党委书记刀波主持召开党委常委会议，传达学习习近平总书记 1 月 19 日在云南腾冲市清水乡三家村中寨司莫拉佤族村看望乡亲们时，走进北方民族大学 2017 级学生李连欢家中慰问时的指示精神。

2 月 24 日自治区教育厅对外合作交流处处长孙忠铭、调研员从宏来校调研指导外籍教师和留学生疫情防控工作。

2 月 25 日学校新冠肺炎疫情防控专题网站开通上线。

2 月 29 日学校开展新冠肺炎疫情防控应急实战演练。

3 月 2 日两万师生聚“云端”，同上开学第一课。

3 月 4 日自治区疫情防控工作第六督导检查组组长宋弘阳来校督导调研学校外籍人员疫情防控工作。

3 月 7 日银川市市长、市创建全国文明城市指挥部总指挥杨玉经来校调研指导工作。

3 月 10 日自治区教育厅副厅长王春秀、高教处处长翟家驹来校调研指导工作。

3 月 18 日校党委书记刀波主持召开学校新冠肺炎疫情防控指挥部第六次工作会议。

3 月 31 日自治区纪委常务副书记、监委副主任郑震来校调研指导工作。

4 月 7 日北方民族大学召开意识形态工作领导小组（扩大）会议。

4 月 10 日自治区科技厅副巡视员芮建华来校调研指导自然科学基金项目执行及自治区科研平台建设工作。

4 月 15 日自治区教育厅副厅长王春秀带领高校疫情防控督导评估组来校督查疫情防控等工作。

4 月 16 日中国矿业大学银川学院校长白克义、党委书记郭书印来校调研新冠肺炎疫情防控工作。

4 月 23 日自治区外办副主任白玉珍来校就外事工作开展专题调研。

4 月 24 日自治区人民医院党委副书记、院长吕金捍来校调研。

4 月 28 日学校召开“十四五”发展规划编制工作启动暨 2019 年工作业绩突出团队表彰会。

4 月 30 日校团委被授予 2017—2019 年度“全区‘五四’红旗团委（团工委）”荣誉称号。

5 月 8 日北方民族大学、西夏区人民政府、银川市教育局合作共建北方民族大学附属中学学校发展共同体签约仪式。

5 月 20 日我校召开统一战线工作领导小组（扩大）会议。

5 月 21 日宁夏医科大学党委副书记牛阳来校调研交流。

5 月 22 日湖南省怀化市工业与信息化局党组书记、局长杨理鸾来校调研交流。

5 月学校获“第一批自治区文明校园”荣誉称号。

6 月 3 日自治区民委二级巡视员杨广铃来校调研民族团结进步创建工作开展情况，并检查指导法学院申报全国民族团结进步示范单位建设工作。

6 月 8 日北方民族大学在习近平总书记来宁夏考察调研时，举办的“万人唱响中国梦　我与祖国共奋进”的大型演出活动的场景，在央视新闻客户端《时政微视频|瞰看宁夏》专门推出，这是我校第二次被央视关注报道。

6 月 10 日自治区政协党组成员、副主席马力带领自治区政协部分委员、区直有关部门负责同志来校专项调研，深入推进民族团结进步创建工作。

6 月 11 日自治区教工委副书记龚雪飞来校开展就业工作专题调研。

6 月 23 日自治区科技厅副厅长哈赟一行来校就“科技创新支撑守好改善生态环境生命线”专题开展调研。

6 月 24 日学校成功入选为教育部 12 所人文交流容艺影视学院项目首批共建院校。

7 月 24 日学校召开新一届学术委员会第一次全体会议。

8 月 5 日公安部党委委员、驻部纪检监察组组长孙新阳来校调研指导“平安校园”建设工作。自治区副主席、公安厅厅长杨东，校党委副书记、副校长王永强及自治区、银川市相关部门负责同志陪同调研。

8 月 18 日学校被授予银川市西夏区技能人才培养基地。

8 月 21 日学校与湖州市签署“城市定制班”合作协议。

9 月 16 日—17 日国家民委党组成员、副主任边巴扎西来我校就铸牢中华民族共同体意识、推广国家通用语言文字等工作进行实地调研，面对面听取学校工作情况介绍。边巴扎西一行还到银川市永宁县闽宁镇、贺兰县、宁夏博物馆，就民族团结进步创建、铸牢中华民族共同体意识工作实地走访调研。国家民委教育科技司司长田联刚，我校党委书记刀波，党委副书记、校长李俊杰参加调研。

9 月 23 日宁夏师范学院党委书记李静来校调研交流。

9 月 24 日国家民委国际交流司司长、港澳台办主任魏国雄来校调研学校外事及港澳台工作。

9 月 27 日学校分别与银川市西夏区人民政府、西夏区委组织部、宁夏第一建筑有限公司签署多项合作协议，与宁夏大学、宁夏职业技术学院、宁夏工商职业技术学院等学校签署《大中专院校实验实训基地共建共享协议》。

10 月 12 日中央民族干部学院副院长李耿年一行来校调研交流。

10 月 21 日自治区侨联副主席郑大鹏来校就侨联工作进行调研座谈。

10 月 22 日—23 日我校荣获“2020 中国最具社会影响力高校”奖项。

10 月 23 日学校与集美大学签署战略合作协议。

11 月 1 日北方民族大学召开中华民族共同体教育教材建设与理论研究工作研讨会。国家民委原副主任、第十二届全国人民代表大会民族委员会副主任委员吴仕民同志应邀出席会议。

11 月 6 日我校举行党外知识分子联谊会成立大会。大会表决通过了《北

方民族大学党外知识分子联谊会章程(草案)》《北方民族大学党外知识分子联谊会第一届理事会选举办法(草案)》，选举产生了北方民族大学党外知识分子联谊会第一届理事会理事、会长、副会长、秘书长、副秘书长。

11月26日教育部调研组组长、教材局局长田慧生来校开展专题调研。

11月27日北方民族大学与石嘴山市国家级高新技术产业开发区产学研合作签约暨揭牌仪式在石嘴山举办。

11月我校五门课程入选教育部首批国家级一流本科课程认定名单。其中，《数学分析》获评“线下一流课程”，《统计学原理》《电子电工学》《经济法》获评“线上线下混合式一流课程”，《葡萄与葡萄酒技能训练》获评“社会实践一流课程”。

12月3日—4日国家民委财务司二级巡视员王建阳来校开展关于贯彻落实中央八项规定及其实施细则精神，全面加强财务及基建项目管理工作等有关情况工作调研。

12月16日我校举行留学人员联谊会成立大会。大会通过了《北方民族大学留学人员联谊会章程(草案)》《北方民族大学留学人员联谊会第一届理事会选举办法(草案)》，选举产生了北方民族大学留学人员联谊会第一届理事会理事、会长、副会长、秘书长、副秘书长。

12月21日校党委书记刀波主持国家民委党组第二巡视组巡视北方民族大学党委工作主持动员会活动，并作表态讲话。

12月22日学校与银川市人民政府召开合作推进会。

12月25日学校举行聘任何季麟院士签约仪式。

12月31日我校与银川市人民政府签署合作框架协议，银川市市长杨玉经出席签约仪式并讲话。

2021年

1月1日学校举行首届民族学博士研究生学位论文开题报告会。开题评议小组由中央民族大学杨筑慧教授、中南民族大学李忠斌教授、宁夏社科联杨占武研究员及我校党委书记刀波教授、校长李俊杰教授、民族学学院丁明俊教授、许宪隆教授、杨蕤教授等专家组成。民族学学院全体博士

生、硕士生以及部分本科生参加。

1 月学校获批“中华民族共同体研究基地”。

2 月 25 日学校召开 2021 年全面从严治党工作会议。

3 月 21 日—27 日国家民委党组成员、副主任边巴扎西来我校就委属高校开展党史学习教育进行实地调研，并同师生代表座谈交流。国家民委教科司负责同志参加调研。

3 月 22 日—28 日学校编创“石榴花开——中华民族一家亲同心共筑中国梦”主题思政课。

3 月 25 日“北方民族大学”学习强国号上线。

3 月教育部办公厅公布 2020 年度国家级和省级一流本科专业建设点名单 (教高厅函〔2021〕7 号)，学校电子信息工程、计算机科学与技术、旅游管理 3 个专业入选 2020 年度国家级一流本科专业建设点，另有经济学等 6 个专业入选 2020 年度省级一流本科专业建设点。

3 月《北方民族大学学报》（哲学社会科学版）再次入编《中文核心期刊要目总览》2020 版（第九版）民族学、人类文化学类核心期刊。

4 月 9 日华侨大学党委书记徐西鹏来校调研交流。

4 月 12 日国家民委党组第二巡视组向北方民族大学党委反馈巡视情况。国家民委党组巡视工作领导小组成员、巡视办主任、直属机关党委常务副书记牛晓峰主持召开向北方民族大学党委书记刀波的反馈会议，参加向北方民族大学党委领导班子反馈会议，对巡视整改提出要求。会议向北方民族大学党委主要负责人传达了中央统战部副部长，国家民委党组书记、主任、委党组巡视工作领导小组组长陈小江在听取巡视情况汇报时的讲话精神，国家民委党组第二巡视组组长刘锐分别向北方民族大学党委主要负责人和领导班子反馈了巡视情况。刀波主持向领导班子反馈会议并就做好巡视整改工作作表态发言。

4 月 17 日学校召开第七届职工代表大会第三次会议。

4 月 19 日中央统战部副部长，国家民委主任、党组书记陈小江来校调研。

4 月 27 日北方民族大学“昆山定制班”合作签约及开班仪式在学校举办。

4月27日学校与中国证券监督管理委员会宁夏监管局、上海证券交易所、南京证券股份有限公司签署合作备忘录。

4月27日副校长陈永奎带队赴合肥工业大学开展调研交流，合肥工业大学校长、党委副书记梁樑主持交流会议，双方就新工科、工程教育专业认证及一流专业申报建设，教学工作量考核及课程过程性评价，教师教学能力提升和教师发展，联合培养及访学学生的培养、教育、管理等相关工作进行了交流。我校发展规划与学科建设处、教务处、教师教学发展中心、生物科学与工程学院、机电工程学院、材料科学与工程学院、电气信息工程学院、计算机科学与工程学院、化学与化学工程学院相关负责同志参加了调研。

5月26日学校与宁夏广播电视台举行合作签约暨“迎百年华诞，做追光青年”党史学习教育专题活动启动仪式。

6月3日学校举行首届校级教学督导委员会委员聘任仪式。

6月4日自治区党委书记、人大常委会主任陈润儿来到我校创新创业学院、循环经济技术研究所，观看创新团队物流机器人、无人机驾驶演示，对学校利用学科优势搭建工业副产物循环利用新平台的做法表示赞许。陈润儿鼓励学科带头人，“科研成果不能‘锁’在柜子里，希望你们积极探索产学研结合的新路子，加强校企合作，形成企业出题目、科研机构交答卷的完整创新链，使技术研发与成果转化有效衔接。”自治区领导白尚成、李金科参加。

6月10日自治区党委常委、统战部部长白尚成来校围绕“铸牢中华民族共同体意识是民族院校立校发展之基立德树人之魂”开展专题讲座。

6月28日自治区党委常委、宣传部部长李金科来校检查指导疫情防控工作。

6月28日自治区副主席陈春平来校调研。

7月7日民革北方民族大学支部成立大会在我校举行。自治区政协副主席、民革宁夏区委会主委张守志，校党委书记刀波，校党委常委、副校长李岩青出席会议。校党委常委、党委统战部部长陈永平、民革宁夏区委会有关部门负责人、各民主党派主委、学校民革支部全体党员参加。成立

大会由民革宁夏区委秘书长曹一主持。卢佳当选为第一届民革北方民族大学支部主委，马静兵当选为委员。民革支部的成立，也使我校民主党派基层组织总数达到了 6 个。

7 月 15 日自治区原主席马启智来校调研。

7 月 20 日集美大学党委书记沈灿煌来校调研交流。

8 月 18 日校党委书记刀波主持召开学校疫情防控指挥部（扩大）会议和疫情防控工作领导小组专题会议。

8 月 19 日学校与智慧宫文化产业集团有限公司、宁夏真呐中巴文化有限公司等签订框架性合作协议。

9 月 2 日学校召开 2021 年秋季学期工作部署暨第三轮专业技术岗位聘用启动会。

9 月 8 日宁夏灵武白芨滩国家级自然保护区管理局党委书记、局长王兴东一行来校就落实双方合作框架协议内容开展座谈交流。

9 月 13 日银川市委常委、宣传部部长雍建华带队来校调研我校文明校园建设和全国文明城市建设工作。

9 月 13 日西夏区区委书记赫天江来校围绕铸牢中华民族共同体意识工作进行调研。

9 月 18 日学校与石嘴山市人民政府签署合作框架协议。

9 月 23 日学校与中铁十一局集团有限公司签署战略合作框架协议。

9 月 25 日农工党北方民族大学支部召开换届选举大会。会议选举曹晓虹为新一届农工党北方民族大学支部主委，杨晋为副主委，房国丽、杨晨希为委员。

10 月 16 日九三学社北方民族大学委员会成立大会在我校顺利召开。会议选举陈宇红为新一届委员会主委，孙红霞和王建礼当选副主委。

10 月 28 日自治区党委常委、宣传部部长李金科来校检查指导疫情防控工作。我校党委书记刀波，党委副书记、校长李俊杰就学校疫情防控工作进行了总体汇报。

11 月国务院学位委员会公布《关于下达 2020 年审核增列的博士、硕士学位授权点名单的通知》（学位〔2021〕14 号），我校获批数学一级学

科博士学位授权点，马克思主义理论、中国史、食品科学与工程 3 个一级学科硕士学位授权点，能源动力、土木水利、翻译、新闻与传播 4 个专业硕士学位授权点。

12 月 26 日自治区党委常委、自治区人民政府常务副主席赵永清来校为干部师生作党的十九届六中全会精神宣讲报告。

12 月 31 日学校与自治区人民医院签署合作协议暨医学技术学院揭牌仪式。

2022 年

1 月 7 日学校召开党史学习教育总结会议。

3 月 1 日学校举办《中华文化导论》课开课仪式，标志着中华文化课程教学实现本科生全覆盖工作全面启动。

3 月 11 日学校召开 2022 年全面从严治党工作会议。

3 月 30 日学校邀请宁夏文联主席、宁夏作协主席郭文斌做客“中华文化大讲堂”，就中华文化的整体性与师生进行交流。校党委副书记、副校长王永强主持讲座。校党委宣传部、中华民族共同体建设工作处、设计艺术学院主要负责人，设计艺术学院全体教师和各学院学生代表参加。

3 月化学与化学工程学院化学工程与工艺专业学生党支部、机电工程学院工业设计系教师党支部入选第三批全国党建工作样板支部培育创建单位。

4 月 15 日学校于第 7 个全民国家安全教育日举行《国家安全教育》课开课仪式，标志着学校国家安全教育教学全面启动。党委副书记、校长李俊杰，党委副书记、副校长王永强出席，副校长陈永奎主持开课仪式。

4 月 25 日学校召开后勤服务系统“三全育人”工作会议。

4 月 29 日学校召开第七届教职工代表大会第四次会议。

4 月学校通过教育部审核认定“一站式”学生社区综合管理模式建设自主试点单位，成为自治区首家、国家民委直属院校第一家被教育部审核认定的自主试点建设单位。

5 月 7 日自治区政协副主席杨培君来校调研人才工作。自治区政协常委、自治区政协提案委员会主任蒋永忠，党委书记刀波，党委副书记、校长李俊杰，党委副书记东·华尔丹参加调研。

5 月 12 日学校与银川市委统战部、银川市民族事务委员会联合共建“银川市铸牢中华民族共同体意识实践研究中心”成立暨揭牌仪式在我校举行。党委书记刀波，银川市委常委、统战部部长马少红共同为“银川市铸牢中华民族共同体意识实践研究中心”揭牌。党委副书记、校长李俊杰，银川市人民政府副市长邓瑞分别致辞。李俊杰与银川市委统战部副部长杜胜、银川市民族事务委员会主任苏龙代表三方签署了《北方民族大学中共银川市委统战部银川市民族事务委员会联合共建“银川市铸牢中华民族共同体意识实践研究中心”协议书》。银川市民族事务委员会副主任马涛，党委常委、副校长保文星、李岩青参加。仪式由党委副书记、副校长王永强主持。

5 月 16 日—18 日九三学社自治区委员会举行的第七次代表大会上，九三学社北方民族大学委员会陈宇红等 3 名社员因在参政议政、社会服务、科技创新、社务工作等方面成绩突出，受到表彰。其中，陈宇红荣获“2017—2021 年社会服务先进个人”；范建荣荣获“2017—2021 年组织工作先进个人”“2017—2021 年参政议政先进个人”；朱琳荣获“2017—2021 年参政议政先进个人”。

5 月 18 日—20 日民建自治区委员会第八次代表大会上，民建北方民族大学支部薛同等 3 名会员因在参政议政、组织工作、会务工作等方面成绩突出，受到表彰。薛同荣获“民建宁夏区委会参政议政工作先进个人”；王北平荣获“民建宁夏区委会组织工作先进个人”；薛晓末荣获“民建区委会会务工作先进个人”。

5 月 25 日自治区人民政府副主席吴秀章，自治区人民政府副秘书长孔国华，自治区工信厅副厅长潘存国，自治区教育工委副书记王宏伟，宁东管委会副主任马占荣，烟台泰和新材料股份有限公司党委书记、董事长宋西全一行来校调研。党委副书记、校长李俊杰，党委副书记、副校长王永强陪同调研。

5 月 26 日学校与银川市、西夏区共同举办的 2022 年银川市暨西夏区铸牢中华民族共同体意识“百场万人”宣讲进校园活动在学校启动。银川市委统战部常务副部长杜胜、银川市民委主任苏龙、银川市民委副主任马涛、西夏区委常委、统战部部长张辉出席启动仪式。党委副书记、副校长王永强致辞，学校相关职能部门负责人和西夏区中小学负责同志、宣讲员代表参加活动。仪式由团委书记王哲主持。

5 月 27 日自治区党委常委、统战部部长马汉成来校专题调研统一战线工作。自治区党委统战部常务副部长、自治区民委党组书记陆军，自治区党委统战部副部长、侨办主任柴建国，自治区教育厅副厅长吴保军，校党委书记刀波，校党委副书记、副校长王永强，校党委常委、副校长李岩青，副校长陈永奎等陪同调研。

5 月 31 日银川市民委主任苏龙、副主任马涛，西夏区区委统战部常务副部长、民宗局局长沙海军、副部长尚涛等一行来校调研学校铸牢中华民族共同体意识工作。党委副书记、副校长王永强介绍学校铸牢中华民族共同体意识工作开展情况。

6 月 1 日北方民族大学人民武装部正式揭牌成立。银川警备区大校政治委员倪建飞，党委书记刀波，自治区教育厅体卫艺处二级调研员马希林，银川警备区动员处上校处长魏鑫，西夏区委常委、人武部上校政治委员韩长宗，西夏区人民政府副区长丁明出席揭牌仪式。党委常委、副校长李岩青主持仪式。

6 月 4 日自治区党委副书记、自治区主席张雨浦来校调研，现场办公解决学校发展中的突出问题。

6 月 16 日宁夏密码管理局局长刘双军、副局长李大苞来校调研。

6 月 18 日学校举办推进中华民族共同体建设理论与实践研讨会，国家民委协调推进司一级巡视员王海青出席。

6 月 21 日党委副书记、校长李俊杰一行赴中共自治区委员会党校就进一步开展合作进行调研座谈。中共自治区委员会党校（宁夏行政学院）常务副校（院）长郝彤、副校（院）长王丛霞、郭少新出席调研座谈会。

6 月 22 日宁夏银川市“校地”暨西夏区“教育小镇”合作办学签约仪

式在银川举行。党委副书记、校长李俊杰代表学校与银川市政府签订合作办学协议，双方将继续合作共建北方民族大学附属中学。

6 月 23 日自治区政协副主席郑震一行来校调研铸牢中华民族共同体意识工作。

6 月 30 日中央统战部副部长，国家民委党组书记、主任潘岳紧紧围绕学习贯彻习近平新时代中国特色社会主义思想、坚决扛起铸牢中华民族共同体意识的职责使命、贯彻落实好中央民族工作会议精神为委系统党员干部讲专题党课。

6 月我校数学分析课程虚拟教研室、葡萄与葡萄酒工程专业课程群虚拟教研室获批教育部第二批虚拟教研室建设试点。

6 月学校编纂完成《北方民族大学班主任工作指南》（共 4 卷），并向全校发放使用。

6 月我校国际经济与贸易等 9 个专业获批国家级一流本科专业建设点。至此，学校国家级一流本科专业建设点总数达到 13 个。

7 月 4 日学校与银川能源学院再次签署合作框架协议。

7 月 8 日学校召开“三全育人”教师思想政治工作会议。

7 月 8 日教育部全国学生资助管理中心副主任马建斌来校调研指导工作。

7 月 18 日学校保密办获得自治区“保密故事大家讲”主题讲述活动优秀组织奖。

7 月 21 日教育部高校学生司副司长李强一行来宁调研招生工作。

8 月北方民族大学标本馆正式加入“国家植物标本资源库”并承担标本数字化任务。

9 月 5 日国家民委以视频方式召开直属高校“三全育人”工作交流会。国家民委党组成员、副主任边巴扎西出席会议并讲话，国家民委专职委员、中央民族大学党委书记张京泽作交流发言，文化宣传司、教育科技司、人事司负责同志在主会场参会，委属高校领导班子成员、相关职能部门和院系负责人、教师代表等在分会场参会。

9 月 8 日教育部全国学生资助管理中心副主任陈淑梅来到学校调研学

生资助工作。

9月13日由国家民委教育科技司、教育部民族教育司、团中央统战部为指导单位，西安交通大学和北方民族大学共同发起，兰州大学、新疆大学、青海大学、宁夏大学为第一批成员单位的“西北高校青年铸牢中华民族共同体意识宣讲联盟”成立仪式及首场宣讲展示活动在我校举办。

9月22日党委书记、学校疫情防控工作领导小组组长刀波主持召开疫情防控工作领导小组会议，安排部署近期学校疫情防控工作。

9月25日12:00起为坚决把疫情阻断在校外，我校全面严格实行全封闭管理。

9月26日党委书记、学校疫情防控工作领导小组组长刀波主持召开疫情防控工作领导小组会议，就学校疫情防控工作进行再研究再安排再部署，并就进一步严格落实校园封闭管理和校园安全稳定工作进行细致安排。

9月26日为最大限度降低疫情对教学工作的影响，按照“应上尽上”的原则，我校开始全面启动线上教学。

9月由学校双聘院士、中国工程院何季麟院士主持，学校与中色（宁夏）东方集团有限公司、宁夏高创特能源科技有限公司联合申报的中国工程科技发展战略宁夏研究院战略咨询研究项目《宁夏新材料产业发展战略咨询研究》成功获批。该项目下设4个子课题，学校材料科学与工程学院盛之林教授和杨少林博士分别负责子课题“宁夏新材料产业发展路线研究”和“宁夏光伏材料产业发展战略研究”，项目总经费100万元，学校到账经费60万元。

10月16日党委书记刀波主持召开党委常委会会议暨党委理论学习中心组（扩大）2022年第9次集体学习会。会议专题学习习近平总书记代表第十九届中央委员会向党的二十大作的报告，校领导东·华尔丹、王永强、伍永章三位同志作了主题交流发言。

学校干部师生通过电视、手机、网络等各种方式收听收看大会开幕盛况。

10月19日北方民族大学核酸检测教职工志愿者团队迎来首场“考试”。党委高度重视，校领导带头冲在一线，带领64名教职工承担核酸检测信

息录入、采样、收样任务。

10 月 20 日学校迅速组建完成“核酸采样教职工突击队”。

10 月 26 日学校中外合作办学项目联合管理委员会成立暨第一次会议召开，联合管理委员会主任、党委常委、副校长李岩青，联合管理委员会副主任、泰国清迈大学副校长皮蒂蓬·约德蒙科尔出席会议。

10 月学校荣获 2022 年全国大中专学生志愿者暑期社会实践“镜头中的三下乡”优秀组织单位。

12 月 5 日党委书记刀波主持召开学校疫情防控和安全稳定工作会议。

12 月 13 日自治区党委副书记陈雍到北方民族大学调研并宣讲党的二十大精神。

12 月 18 日北方民族大学首届博士学位论文答辩会以线上线下方式举行。

2023 年

1 月 19 日校党委书记刀波主持召开学校贯彻落实国家民委事业单位改革发展部署会精神动员布置会。校领导李俊杰、高岳林、东·华尔丹、王永强、保文星、陈永奎、伍永章、王宏晓、李红燕出席。全体处级干部通过现场及视频方式参加会议。

1 月 19 日宁夏科学技术厅巡视员高建烨一行来校慰问生物科学与工程学院外籍专家杨国平教授。

2 月 26 日学校召开深化“三全育人”综合改革工作会议暨新学期“开学第一课”。校党委书记刀波主持会议并安排部署学校“三全育人”工作，校党委副书记、校长李俊杰讲授新学期“开学第一课”。校领导高岳林、东·华尔丹、保文星、陈永奎、伍永章、王宏晓、李红燕出席会议。

2 月 26 日北方民族大学“石榴花开——‘三全育人’工作展”隆重开展。校领导刀波、李俊杰、高岳林、东·华尔丹、保文星、陈永奎、伍永章、王宏晓、李红燕出席，党政职能部门主要负责人，各党委（党总支、直属党支部）书记参观了展览。

3 月 9 日学校召开 2023 年全面从严治党工作会议。

3 月 9 日湖南省教育厅二级巡视员雷桂平带队就我校在湖南招生录取等工作进行调研。

3 月 10 日学校举行第二届教学督导委员聘任仪式。

3 月 28 日自治区教育厅会同自治区党委外事办、自治区党委港澳台办、自治区科技厅等相关部门组成调研组来到我校开展教育对外开放专题调研。

3 月 29 日学校与国家税务总局自治区税务局签署战略合作协议。

3 月 30 日学校召开贯彻落实国家民委直属事业单位改革发展部署会议精神座谈会，国家民委督导组第三工作组组长、共同发展司一级巡视员彭泽昌，副组长、教育司二级巡视员安燕列席会议。

3 月《北方民族大学学报》（哲学社会科学版）被中国社会科学评价研究院评为“2022 年度中国人文社会科学期刊 AMI 综合评价”核心期刊。

4 月 4 日自治区总工会党组成员、副主席戴良宗带领自治区教科文卫体工会主席赵连瑞一行来我校开展工会工作调研。

4 月 6 日我校召开干部大会，宣布国家民委党组关于学校党委主要负责同志调整的决定，李俊杰同志任北方民族大学党委书记，刀波同志因工作岗位调整，不再担任北方民族大学党委书记职务。国家民委党组成员、副主任边巴扎西出席会议并讲话，自治区党委组织部副部长童刚、国家民委人事司司长张国发、国家民委教育司副司长李学锋出席，国家民委教育司司长宋全主持会议。刀波、李俊杰分别作了表态发言。全体校领导、党委常委，各单位主要负责同志以及正高职称专业技术人员参加会议。

4 月 7 日宁夏社科联党组书记、主席朱天奎一行到校调研社科人才工作。

4 月 12 日我校召开国家民委机关党委、北方民族大学等七部门单位贯彻落实潘岳同志讲话指示批示精神座谈会。国家民委机关党委常务副书记牛晓峰，中央民族歌舞团纪委书记宛景森，民族出版社纪委书记朱卫东，民族文化宫总会计师徐莹，民族团结杂志社纪委书记虞晖，民族画报社副社长、副总编辑王红文，机关党委党群工作处处长、直属机关团委书记刘达等应邀参加座谈。

4 月 13 日国家民委直属机关团委主办的第十一届国家民委青年读书演讲活动选拔赛在我校举行。国家民委机关党委常务副书记牛晓峰，中央民族歌舞团纪委书记宛景森，民族出版社纪委书记朱卫东，民族文化宫总会计师徐莹，民族团结杂志社纪委书记虞晖，民族画报社副社长、副总编辑王红文，国家民委机关党委党群工作处处长、直属机关团委书记刘达，北方民族大学党委书记、校长李俊杰出席开幕式。

4 月 14 日中央民族歌舞团纪委书记宛景森、创作研究部编辑柯书剑一行来我校开展合作交流。

4 月 21 日、23 日、26 日—28 日学校举办学习贯彻党的二十大精神培训班。

4 月 22 日党委书记、校长李俊杰带领在京借调工作人员、学习进修干部教师和实习学生，赴中国共产党早期北京革命活动纪念馆（蒙藏学校旧址）暨中华民族共同体体验馆开展集体参观学习。国家民委协调推进司一级巡视员王海青，中国共产党早期北京革命活动纪念馆（北大红楼）馆长杨家毅出席活动。

4 月 24 日学校召开学习贯彻习近平新时代中国特色社会主义思想主题教育领导小组第一次会议，校党委书记、校长、主题教育领导小组组长李俊杰主持会议。

4 月 24 日中南民族大学党委常委、总会计师乔俊杰来校调研财务管理、后勤管理等工作。

4 月 26 日自治区教育厅党组成员、副厅长吴保军一行 70 余人来我校调研铸牢中华民族共同体意识工作并参观“我们——铸牢中华民族共同体意识主题展”。

4 月 27 日北方民族大学学习贯彻习近平新时代中国特色社会主义思想主题教育专题网站正式上线。

4 月 27 日由中央统战部、中央宣传部、教育部、国家民委有关业务部门主办，暨南大学承办的第二届铸牢中华民族共同体意识研究论坛在广州举行。中央统战部副部长，国家民委主任、党组书记潘岳出席开幕式并发表主题演讲。广东省委常委、统战部部长王瑞军，暨南大学党委书记林

如鹏在开幕式上致辞。国家民委专职委员孙学玉主持开幕式。我校党委常委、副校长王宏晓，中华民族共同体学院执行院长马惠兰，中华民族共同体学院教师张福强应邀参加。

4 月 28 日宁夏北方民族大学校友会筹备成立大会在我校召开。

4 月我校获评第十二批全区民族团结进步示范区示范学校。

5 月 2 日自治区民委党组书记、主任陈建龙来校专题调研铸牢中华民族共同体意识工作。

5 月 4 日自治区团委书记龚雪飞来校开展调研慰问工作。

5 月 5 日学校召开第七届教职工代表大会第五次会议。

5 月 5 日—6 日学校举办校领导班子学习贯彻习近平新时代中国特色社会主义思想主题教育第一期读书班。

5 月 6 日泰国清迈大学校长庞格鲁克·思睿班迪特芒克，副校长普拉塞特·若科里昂莱、皮蒂蓬·约德蒙科尔等一行来校访问交流，并看望软件工程（中外合作办学）专业师生。

5 月 6 日中国足球发展基金会筹资和财务部副部长常冬梅、北京公益服务发展促进会副会长康勇等一行来我校调研校园足球工作开展情况。

5 月 8 日兰州交通大学党委常委、副校长朱廷珺一行来我校调研交流。

5 月 10 日学校召开贯彻落实委属事业单位改革发展部署会议精神协调推进会。

5 月 16 日党委书记、校长、主题教育领导小组组长李俊杰带队到白芨滩国家级自然保护区开展主题教育读书班现场教学，深入学习贯彻习近平生态文明思想。

5 月 16 日北方民族大学宁夏分析测试中心通过第三次全国土壤普查质量控制实验室检测能力考核。

5 月 17 日自治区党委保密办副主任李靖来我校调研指导保密工作。

5 月 24 日北方民族大学医学技术学院与石嘴山市第一人民医院实习基地合作签约与授牌仪式在石嘴山市第一人民医院举行。

5 月 26 日学校党委召开巡察工作部署动员会。

5 月 29 日党委书记、校长李俊杰，党委副书记东·华尔丹在合肥工业

大学调研期间，看望我校访学和联合培养学生。

5月30日党委书记、校长李俊杰，党委副书记东·华尔丹带队赴合肥工业大学调研交流，对接深化对口支援工作。合肥工业大学党委书记余其俊，校长郑磊，党委常委、党委组织部部长蒋传东等出席座谈会。

5月30日我校《工作分析》《金属材料及热处理》《程序设计语言基础》3门课程获国家级一流本科课程。

6月2日北方民族大学“宁夏回族自治区非物质文化遗产研究基地”授牌活动在中卫举行。

6月2日我校举办吴仕民长篇小说《剽牛立碑》文学创作与读书分享会。

6月3日吴仕民长篇小说《御窑重器》研讨会在我校举行。

6月5日我校医学技术学院与银川市第三人民医院举行实习基地签约挂牌仪式。

6月7日学校与中共宁夏区委党校（宁夏行政学院）举行合作签约仪式。

6月17日中央民族歌舞团应邀在我校举办“中华民族一家亲　同心共筑中国梦”专场演出。

6月20日学校召开主题教育整改整治推进工作暨40周年校庆筹备启动会。

7月4日学校召开主题教育调研成果交流会，国家民委主题教育领导小组办公室第三指导组组长彭泽昌线上指导。

7月7日学校召开落实习近平总书记在文化传承发展座谈会上的重要讲话精神座谈会。

7月13日党委书记、校长李俊杰讲授主题教育专题党课。

7月28日我校化学与化学工程学院研究生党支部顺利通过全国高校“百个研究生样板党支部”验收。

7月28日学校保密办获自治区“2023年度保密公益宣传片创意文案和保密公益宣传海报征集评选活动”优秀组织单位。

7月我校工程科学和化学2个学科首次进入基本科学指标数据库（Essential Science Indicators，简称ESI）全球排名前1%。

7月我校中华民族共同体学院编辑的论文集《石榴花开：铸牢中华民

族共同体意识》出版，该书集中展示了近年来我校民族学学科团队在中华民族共同体研究领域的最新成果。

8月1日合肥工业大学对口支援北方民族大学工作推进会在我校召开。校党委书记、校长李俊杰主持会议并讲话，合肥工业大学校长郑磊、自治区教育厅党组成员、副厅长吴保军出席并讲话。校党委常委、副校长高岳林、党委常委、纪委书记伍永章出席。自治区科技厅、民委、卫健委有关同志和两校相关部门、学院负责人参加会议。

8月7日学校与塔什库尔干塔吉克自治县签署校地合作协议。

9月2日我校召开改革发展工作督导调研座谈会，委属事业单位改革发展督导第三工作组组长彭泽昌参加。

9月3日党委书记、校长李俊杰带队赴京参观学习铸牢中华民族共同体意识文物古籍展和中华民族共同体体验馆。

9月5日学校与自治区宁安医院签署合作协议。

9月8日我校在2023年“保密宣传教育高校行”活动中表现突出，获全国通报表扬。

9月11日我校中华民族共同体学院荣获“全区民族团结进步模范集体”称号，外国语学院张玫老师荣获“全区民族团结进步模范个人”称号。

9月13日我校举行党委理论学习中心组（扩大）2023年第9次学习暨学习《中华民族共同体概论》授课辅导。

9月17日党委副书记东·华尔丹带领100余名教师代表赴京参观学习铸牢中华民族共同体意识文物古籍展和中华民族共同体体验馆。

9月18日中卫市委副书记、市长马洪海，市委常委、纪委书记、市监察委员会主任刘凯华，副市长康俊杰等一行来校开展校地合作调研。

9月21日民革宁夏区委会主委王新军一行来校调研。

9月21日广西科技厅党组成员、副厅长蹇兴超来校调研科研平台建设及科技成果转化工作。

9月21日学校举行学习《中华民族共同体概论》授课辅导（第二场）。

9月23日校党委常委、副校长王宏晓带领100余名各民族学生代表赴京参观学习铸牢中华民族共同体意识文物古籍展。

9月25日校党委书记、校长李俊杰撰写的理论文章《“东数西算”驱动西部地区经济增长的内在机理与对策》被《新华文摘》网刊全文转载。

9月27日我校举行学习《中华民族共同体概论》授课辅导（第三场）。

10月7日我校荣获全区高校保密主题演讲比赛优秀组织单位。

10月8日我校召开面向全校广大团员和青年开展学习贯彻习近平新时代中国特色社会主义思想主题教育动员部署会。校党委书记、校长李俊杰出席并讲话。

10月11日民盟宁夏区委会调研组来校调研。会前，校党委书记、校长李俊杰会见了民盟宁夏区委会副主委杜勇一行。校党委常委、统战部部长陈永平出席会议，民盟北方民族大学总支主委余国林、人文支部负责人王金云及盟员代表参会。

10月11日晚我校举行第三十二届田径运动会暨第一届中华传统体育运动会开幕式。校领导李俊杰、高岳林出席，校党委常委、纪委书记伍永章主持。

10月14日—15日2023年中国少数民族经济研究会年会、第五届兴边富民论坛暨“以高质量发展促进民族地区现代化”学术研讨会在我校举办。本次会议由中国少数民族经济研究会、北方民族大学共同主办，由北方民族大学经济学院、中央民族大学经济学院、中央民族大学中国兴边富民战略研究院共同承办，由国家社科基金学术社团主题学术活动项目和国家社科基金优秀社科学术社团奖励性补助项目资助。

10月16日我校举办2023年秋季校园双选会暨“宏志助航”计划专场招聘活动，校党委书记、校长李俊杰现场指导招聘工作。

10月17日我校举办怀化市工业和信息化系统经济运行干部专题培训班，校党委副书记东·华尔丹，怀化市工业和信息化局党组书记、局长熊智勇，学校人事处处长、继续教育中心主任毛建东出席开班仪式。

10月17日自治区人民医院院长周玮、副院长卜阳一行五人到访我校，就进一步深化双方合作进行座谈交流。校党委常委、副校长保文星，党委常委、统战部部长陈永平出席座谈会。

10月18日校党委书记、校长李俊杰主持召开党委理论学习中心组（扩

大）2023 年第 12 次学习会，专题学习习近平生态文明思想和自治区党委十三届五次全会精神。

10 月 20 日校党委常委、纪委书记伍永章一行赴西南民族大学进行调研，并与西南民族大学签署合作框架协议，西南民族大学党委常委、副校长恩佳主持签约仪式。两校相关部门代表参加签约仪式。

10 月 20 日中国教育报第十版教育视窗刊发了题为《夯基固本促发展　惟实励新谱华章——北方民族大学数学与信息科学学院探寻人才培养之路》的文章。

10 月 20 日校党委副书记东·华尔丹主持召开广西德保县定点帮扶工作推进会。校党委常委、组织部部长景兆玺、宣传部常务副部长马广成、组织部副部长肖国炜、科研处副处长焦向炜，设计艺术学院副院长苏冠元、环境设计教研室主任曾明参加会议。

10 月 21 日由甘肃政法大学、山东政法学院、北方民族大学和宁夏法学会主办，北方民族大学法学院和宁夏法学会环境资源法学研究会承办的第三届黄河战略法治保障论坛在宁夏银川成功举办。我校党委书记、校长李俊杰，甘肃政法大学党委书记焦盛荣，山东政法学院副校长窦衍瑞，自治区人大法制委主任委员、宁夏法学会学术委员会主任张廉出席开幕式并致辞。来自北京大学、中国政法大学、甘肃政法大学、山东政法学院、中国海洋大学、兰州大学、宁夏大学、北方民族大学等高校、科研院所以及司法机关、生态环境部门、水利部门等法律实务界的相关专家学者共百余人参会。校党委常委、组织部部长景兆玺主持开幕式。

10 月 21 日法学院举办 1987—1990 级校友毕业 30 年返校座谈会。校党委书记、校长李俊杰出席。

10 月 21 日计算机科学与工程学院召开 20 周年院庆暨第一届学科建设研讨会。校党委常委、副校长保文星出席。

10 月 21 日文学与新闻传播学院举办 1987—1989 级校友座谈会，校党委副书记东·华尔丹出席并讲话。

10 月 23 日我校与中国民族博物馆共同举办的《东归·西迁》主题展在我校开展。校党委副书记东·华尔丹，中国民族博物馆党委委员、副馆长

郑茜出席开幕式。

10 月 25 日我校举办“中华文化大讲堂”第十八讲，自治区社科联党组书记、主席朱天奎教授作了题为《弘扬传统文化精华促进现代文化建设》的讲座，200 余名师生聆听讲座。校党委常委、副校长保文星主持。

10 月 27 日—28 日我校举办基层党支部书记专题培训班。校党委副书记东·华尔丹出席开班式并作动员讲话。

11 月 1 日我校举办宁夏高校《中华民族共同体概论》虚拟教研室成立暨课程建设研讨会。

11 月 1 日自治区党委副书记庄严来我校参观学校铸牢中华民族共同体意识宣传教育中心，了解团员和青年主题教育开展情况，参加“石榴籽”宣讲团主题团日活动并与学生面对面交流。

11 月 1 日我校举办宁夏高校《中华民族共同体概论》虚拟教研室成立暨课程建设研讨会。校党委副书记东·华尔丹出席并讲话。北京大学张梧研究员，我校和宁夏大学、宁夏医科大学、宁夏师范学院《中华民族共同体概论》课程骨干教师参加。会议由我校中华民族共同体学院党委书记海金宝主持。

11 月 5 日我校召开铸牢中华民族共同体意识文物古籍展文创产品设计汇评会。

11 月 6 日—12 日，根据国家民委工作部署，首批国家民委铸牢中华民族共同意识宣讲团成员，我校马克思主义学院院长马惠兰、中华民族共同体学院教师张福强，分别赴新疆巴音郭楞蒙古自治州、博尔塔拉蒙古自治州、伊犁哈萨克自治州和内蒙古鄂尔多斯市、阿拉善盟开展 6 场示范宣讲，6000 余人聆听宣讲。

11 月 7 日学校领导班子赴银川市铸牢中华民族共同体意识主题教育馆参观学习，党委常委以及学校办公室、党委宣传部、人事处、科研处等部门负责同志一同参加。

11 月 8 日我校召开文艺专班工作推进会。校党委常委、纪委书记伍永章出席并讲话。党委宣传部、团委、中华民族共同体学院、文学与新闻传播学院、设计艺术学院负责人，音乐舞蹈学院班子成员和全体教师参加。

11 月 9 日北方民族大学、九三学社自治区委员会共同主办迎校庆系列学术讲座活动。活动邀请了九三学社陕西省委副主委、陕西省政协常委、西安电子科技大学教授、博士生导师马晓华教授开展学术讲座。九三学社自治区委员会副主委张亚红教授、参政议政处马灵琴副处长、电气信息工程学院领导班子、全体教师及来自电气信息工程学院、计算机学院 200 余名学生参加。我校党委常委、副校长保文星出席并主持讲座。

11 月 10 日校党委书记、校长李俊杰主持召开党委理论学习中心组（扩大）2023 年第 13 次学习会，专题学习习近平总书记在中共中央政治局第九次集体学习时重要讲话精神。

11 月 10 日校党委常委、副校长保文星受邀参加第七届全国成像光谱对地观测学术研讨会（第十三届成像光谱技术与应用研讨会暨交叉学科论坛），并在发布仪式上接受颁奖。

11 月 10 日自治区教育工委副书记、教育厅党组成员李玮，教育工委思政处（教育厅学生工作处）处长张杰等一行 3 人到我校就党建工作进行调研督导。校党委书记、校长李俊杰会见了李玮副书记一行，双方就学校党建工作进行了交流。校党委副书记东·华尔丹，党委常委、组织部部长景兆玺参加调研。

11 月 12 日晚学校党委组织全校 21 个学院、504 个班级共 1.7 万余名学生，以班级为单位召开“铸牢中华民族共同体意识，我们都是践行者”主题晚班会，同上一堂铸牢中华民族共同体意识大思政课。校党委书记、校长李俊杰，党委副书记东·华尔丹，党委常委、纪委书记伍永章，党委常委、副校长王宏晓以及党委常委、组织部部长景兆玺，党委常委、统战部部长陈永平，分别深入各学院指导和参加主题晚班会。各学院领导班子成员、辅导员、班主任参加所在学院和班级的主题晚班会。

11 月 16 日校党委书记、校长李俊杰主持召开党委理论学习中心组（扩大）2023 年第 14 次学习，专题学习习近平文化思想。校领导东·华尔丹、保文星、伍永章、王宏晓出席。

11 月 18 日北方民族大学甘肃校友会成立大会暨校友工作研讨会在甘肃省临夏市举行。校党委副书记东·华尔丹出席并讲话。学校相关部门负责

人，新疆、青海、内蒙古、宁夏、陕西、四川等地校友代表和甘肃各地市州校友代表共80余人参加。

11月20日我校隆重举行40周年校庆主题、标识及吉祥物发布仪式。校领导李俊杰、东·华尔丹、保文星、王宏晓出席仪式。各职能部门、教辅单位主要负责人，各学院党政主要负责人，校友代表、离退休教师代表、在校师生代表参加。

11月23日校党委书记、校长李俊杰在中南民族大学调研期间，专程看望我校交流访学学生。

11月23日“北方民族大学、合肥工业大学与石嘴山高新技术产业开发区产学研合作活动”在石嘴山高新区举行。校党委常委、副校长保文星，合肥工业大学科研院处长王东坡，大武口区政府区长、高新区党工委副书记、管委会主任刘强出席。三方相关负责人及高新区相关企业负责人参加。

11月25日—26日电气信息工程学院举行“追忆往昔共谋发展”1988、1989、1990级校友返校活动。校党委常委、副校长保文星出席。离退休干部教师代表雷崇民、侯卓生，学校相关职能处室负责人，电信学院领导班子、退休教师代表及50余名校友代表参加。座谈会由学院党委书记鲍润华主持。

11月25日—26日2023年可持续性交通运输工程学术会议在银川举办。会议由北方民族大学、合肥工业大学、西安建筑科技大学联合主办，北方民族大学土木工程学院、合肥工业大学土木与水利工程学院、西安建筑科技大学土木工程学院、银川能源学院土木建筑学院、陕西省岩土与地下空间工程重点实验室及环境岩土工程湖北省重点实验室联合承办。来自全国各地高校、科研院所和企业的专家学者、师生代表200余人参加。

11月自治区科学技术厅下发《关于批复组建宁夏回族自治区钛及钛合金材料工程技术研究中心等14家自治区工程技术研究中心的通知》（宁科规划字〔2023〕15号），我校机电工程学院申报的“宁夏回族自治区复合制造系统工程技术研究中心”获批建设。

11月我校成功获批民族学博士后科研流动站。

12月3日我校荣获《中国教育发展与乡村振兴报告（2022—2023）》

蓝皮书编写单位优秀组织奖。

12月5日我校举行电商产业学院揭牌仪式。校党委书记、校长李俊杰，自治区科技厅二级巡视员张儒，自治区商务厅、农业农村厅、吴忠市红寺堡区有关领导和专家学者出席。校党委常委、组织部部长景兆玺，党政职能部门、各学院负责人，学生代表及30余家共建单位负责人参加。

12月7日校党委书记、校长李俊杰主持召开2023年统一战线工作领导小组会议，校领导东·华尔丹、伍永章、王宏晓出席。

12月7日校党委书记、校长李俊杰主持召开党委理论学习中心组（扩大）2023年第15次学习，专题学习习近平法治思想。校领导东·华尔丹、伍永章、王宏晓出席。

12月14日我校组织40余名近三年新提任处、科级干部赴自治区廉政警示教育中心接受警示教育。校党委常委、纪委书记伍永章同志带队参加。

12月15日校领导李俊杰、伍永章、王宏晓、毛建东参观指导铸牢中华民族共同体意识文物古籍展文创产品成果展览。

12月16日我校召开加强《中华民族共同体概论》教材试讲试用推广座谈会。校党委书记、校长李俊杰教授，中华民族团结进步协会副会长、秘书长刀波教授，自治区民委党组成员、副主任张惠琴，中央民族大学历史文化学院苍铭教授，青海民族大学副校长马成俊教授，中南民族大学民族学与社会学学院许宪隆教授，自治区教育厅学生工作处副处长刘常青出席。自治区党校、宁夏大学、北方民族大学有关专家学者和师生代表参加。校党委常委、副校长王宏晓主持会议。

12月16日我校主办的第二届宁夏老龄事业发展学术研讨会在银川召开。校党委常委、纪委书记伍永章出席开幕式并致辞。来自中国老龄协会、自治区卫生健康委员会、自治区民政厅、中国人民大学、西安交通大学、宁夏医科大学等政府部门、高校和养老机构的专家学者100余人参会。

12月20日我校承办2023年区直机关（单位）保密工作第四协作组工作会议，自治区国家保密局相关负责同志、第四协作组成员单位保密办主任及保密干部参加会议。会议由校党委常委、组织部部长景兆玺主持。

12月20日学校党委书记、校长李俊杰，校党委常委、副校长毛建东

及党委学生工作部相关负责同志对31名地震家庭受灾学生进行慰问，发放临时困难专项补助。

12月21日中国作家协会《民族文学》杂志社在我校成立“文学创意写作与研究中心”，我校党委常委、副校长王宏晓致辞。

12月26日新疆塔什库尔干塔吉克自治县县委常委、组织部部长、党校校长孙伟，党校常务副校长杨继涛一行来我校调研交流。校党委书记、校长李俊杰接见，党委常委、副校长王宏晓主持会议。

12月27日学校召开归国华侨联合会成立大会。自治区侨联副主席赵荣，校党委书记、校长李俊杰出席大会并讲话。会议由校党委常委、副校长王宏晓主持。

12月27日至29日我校举办铸牢中华民族共同体意识主题新年晚会，国家民委文化宣传司副司长、一级巡视员钟廷雄，校领导李俊杰、保文星、伍永章、王宏晓、毛建东及相关部门、单位负责人，与3000余名师生共同观看演出，共迎2024年新年到来，同上一堂学习贯彻习近平新时代中国特色社会主义思想的“大思政课”、一堂铸牢中华民族共同体意识教育的公开课、一堂深化“三全育人”综合改革的实践课。

12月28日我校举办铸牢中华民族共同体意识文物古籍展北方民族大学文创产品专题展览，国家民委文化宣传司副司长、一级巡视员钟廷雄致辞并宣布展览开幕，校党委书记、校长李俊杰致开幕辞。校党委副书记东·华尔丹，自治区教育厅政策法规处一级调研员孙金忠，宁夏美术家协会名誉主席王雪峰、宁夏美术家协会副主席李东星出席，校党委常委、副校长王宏晓主持开幕式。宁夏大学美术学院、宁夏部分文化企业负责人，学校相关部门、学院负责人及文创专班团队师生代表参加。

12月30日第二届宁夏博士论坛在我校举办，本届论坛由北方民族大学和宁夏科协主办，生物科学与工程学院、宁夏环境科学学会、宁夏科普作家协会联合承办。论坛围绕“科技助推黄河流域生态保护和高质量发展先行区建设”这一主题进行主旨报告和专题研讨，来自区内外相关专业博士、科技工作者及研究生120余人线下参加会议，92.3万人次在线观看了视频直播。校党委常委、副校长保文星，宁夏科学技术协会二级巡视员赵

文象出席开幕式并致辞。生物科学与工程学院院长魏兆军教授主持开幕式。

12 月团中央发布“第二课堂成绩单”工作年度榜单，我校再次入围 2023 年高校第二课堂平均活动参与度和评价平均分两个榜单（本科院校前 50 名榜单），分别排列全国本科院校第 25 和第 28 名。

北方民族大学
教学单位简介

· INTRODUCTION TO TEACHING UNITS ·

北方民族大学教学单位简介

经济学院

经济学院的前身为成立于1984年的原西北第二民族学院政治系，1995年政治系更名为政治经济系并开始招生。随着办学规模的扩大和学科发展的需要，先后于1998年、2006年更名为经济管理系、商学院。2012年9月，学校教学机构调整，按学科整合组建经济学院。

经济学院现有教职工56人，专职教师45人，其中教授13人，副教授18人，讲师14人；现有博士生导师1人，合作博士生导师3人，硕士生导师21人。入选国家百千万人才工程1人、有突出贡献中青年专家1人、享受国务院特殊津贴1人。入选自治区哲学社会科学领军人才培养1人，国家民委中青年英才支持计划2人，自治区拔尖人才培养工程国家级学术带头人后备人选2人，自治区青年拔尖人才1人，自治区哲学社会科学和文化艺术青年人才托举工程人选2人。“科教结合”经济类拔尖人才培养教师团队获批宁夏高校“黄大年”式教师团队。

学院专业建设成效显著。国际经济与贸易专业为国家级特色专业，获批国家级一流本科专业建设点；经济学专业获批省部级一流本科专业建设点；金融学为自治区级重点学科、自治区特色专业；税收学专业为校级一流本科专业建设点。学院拥有应用经济学一级硕士点，区域经济学、产业经济学、国际贸易、金融学4个二级硕士点，拥有金融、国际商务2个专业硕士学位点。

学院拥有国家民委人文社科重点研究基地——民族地区相对贫困研究中心、宁夏新型高校智库——宁夏经济改革与发展研究中心、自治区“双

一流”重点培育学科——应用经济学等科研平台。近五年，学院获批立项的国家级科研项目 19 项，教育部人文社科项目 2 项，其他省部级科研项目 26 项。研究成果获省部级一等奖 4 项，二等奖 1 项，三等奖 5 项。

学院积极开展第二课堂建设，在各级各类企事业单位建立实习实践基地 40 余个。近年来，经济学院学子在全国“挑战杯”“商务谈判”“三创赛”“金融科技创新能力大赛”“统计建模大赛”等国家级学科专业竞赛中获得一等奖、二等奖、三等奖等 50 余个奖项，展现了经院学子积极向上的良好风采。

法学院

法学院前身为西北第二民族学院法律系，是学校最初创建的三大院系之一，于 1982 年筹建，1984 年招收法律专科生，1992 年招收法学本科生。2012 年宪法学与行政法学被批准为自治区重点学科。2013 年法学本科专业获批自治区重点专业，2014 年获批民族法学硕士点，2015 年获批自治区“十三五”重点建设专业，2018 年获批法律硕士专业学位授权点，2019 年获批自治区一流本科建设专业。现有全日制在校本科生、硕士研究生 1300 余人。经过近四十年的建设和发展，法学院已形成了本科教育为主、研究生教育积极推进的多层次办学结构和培养体系，承担培养高素质应用型法治人才的重要任务。

学院党委坚持党建引领、服务为先、固本强基、共享共育，构建打造“一个理论中心组、两个平台阵地、多个宣讲站点”党建阵地集群，不断强化党建政治引领功能。坚持以“党委中心组学习”为内核，强化党的创新理论武装，做到学思用贯通、知信行统一。组建以五个党支部为战斗堡垒，以党员之家党建活动室、党支部书记“双带头人”工作室为主体的实体阵地，以学院网站“党建活动”专栏为支撑的网络阵地，线上线下同聚力，共绘党群同心圆。

法学院拥有一支结构合理、水平较高的师资队伍。法学院现有教职工 47 人，其中专任教师 39 人，教授 12 人，副教授 11 人，讲师 15 人。具有博士学位的教师 15 人，硕士 16 人，在读博士 3 人。自治区教学名师 1 名，

硕士生导师13人，自治区级优秀教学团队1个。专职教师中有21人具有律师资格；有6名教师担任仲裁员；有4名教师先后被聘请为自治区第十届、第十一届、第十二届、第十三届人民代表大会法制委员会法律专家咨询委员会咨询专家；有10多名教师担任自治区党委、政府及各级司法机关专家咨询委员；有4名教师先后在银川市中级法院、西夏区法院、检察院分别挂职担任庭长助理、法院副院长和科长助理等职务。现有宁夏法学会常务理事4人、学术委员会成员3人，5名教师分别担任宁夏法学会下属专业研究会的会长、副会长和秘书长等职务。

法学院以国家实施卓越法律人才教育培养计划为背景，全面贯彻党的教育方针，遵循高等教育发展规律，坚持"提升内涵、突出特色、凝练优势、提高质量"的办学思路，以学科发展为龙头，以教学工作为中心，以队伍建设为基础，以改革创新为动力，以提升层次为突破，以培养具有"坚定的理想信念、扎实的专业基础、较强的创新能力、高度的社会责任感"的应用型、复合型专门人才为目标，依托宁夏、立足西北，面向基层、服务地方，把法学院办成在西北有较大影响，宁夏一流的法学教育基地。近四十年来，共培养6000余名法律人才。

法学院不断加强教学质量建设，实践教学特色鲜明。2003年开设法律诊所，设有民事法律诊所、刑事法律诊所和地方立法诊所课程，教学成果突出。2009年获得自治区"优秀教学团队"称号。2010年和2013年中国法学会法学教育研究会诊所法律教育专业委员会分别授予法律诊所"优秀诊所课程教学管理单位"和"教学资源基地"。法学院与宁夏区内各级法院、检察院、仲裁委员会、律师事务所建立了实践教学合作关系。经宁夏教育厅批准，建立了银川市中级人民法院、银川市检察院2个自治区级大学生校外实践教育基地，成为自治区卓越法律人才培养基地。

近年来，法学院教师获批国家社科基金项目14项，省部级哲学社会科学项目20多项，出版专著15部，发表核心期刊论文30多篇，10篇论文被中国人民大学复印报刊资料全文转载。专著和论文获得省部级奖10多项。法学院目前正围绕"中阿经贸合作""一带一路"战略和"四个宁夏"建设加强科学研究，积极为地方经济社会发展及法治建设服务。

中华民族共同体学院

中华民族共同体学院前身为创办于 1984 年的历史学系，因学科整合和民族学博士点建设需要，2018 年 7 月在原历史系及相关研究院所的基础上成立了民族学学院；2022 年 11 月，学校重新整合校内资源，将民族学学院更名为中华民族共同体学院，是北方民族大学最年轻的学院，也是北方民族大学第一个拥有本科、硕士、博士立体式人才培养体系的学院。学院下设中华民族共同体研究院、非物质文化遗产研究所、社会学与民族学研究所、西夏研究所四个研究所以及历史学教研室、民族学教研室、四史教研室和中华民族共同体概论教研室。

学院教职工 45 名，专职教师 39 名，其中教授 17 名，具有博士学位教师 32 名。多名教师入选国务院政府特殊津贴人员、国家民委突出贡献专家、国家民委领军人才、宁夏哲学社会科学领军人才、塞上文化名家，自治区政府特殊津贴人员、自治区“新世纪 313 人才工程”等人才项目。

学院现有民族学一级学科博士点、硕士点，中国史一级学科硕士点，民族学博士后科研流动站。历史学、民族学两个本科专业。拥有国家民委人文社科重点研究基地“西北少数民族社会发展研究基地”，国家民委“民族学”一级重点学科，自治区“民族学”重点学科，自治区教育厅人文社科重点研究基地“西夏历史文化研究中心”、自治区非物质文化遗产研究基地等研究平台。近年来，学院专业团队申请到 40 余项国家社科基金项目，出版一批高质量研究成果，在《民族研究》《中国史研究》《世界宗教研究》等各级各类期刊发表学术论文 200 余篇，出版专著 40 余部，科研成果获省部级以上奖励 40 余项，获得省部级以上领导采纳性批示 20 余项。

办学 30 余年以来，学院培养出千余名本科生和百余名研究生，毕业生足迹遍布全国各地，特别是宁夏、青海、新疆、内蒙古等民族地区，就业主要集中在党政机关、大中小学教育、文博、考古等企事业单位。今后学院将立足丰厚的师资力量，牢固树立“因材施教”的理念，通过“本科生导师制”“五个一工程”等举措创新培养模式，让每一个学生“成才成人”。

在新时代背景下，北方民族大学中华民族共同体学院将秉承“踏实、

坚韧、执着、自信”的“骆驼精神”，牢记新时代高等教育的使命和任务，以铸牢中华民族共同体意识为主线，不断夯实人才培养基础，进一步优化学科结构和方向，踔厉奋发，勇于创新，为西部地区经济社会发展贡献应有力量。

马克思主义学院

马克思主义学院成立于2012年，前身是1984年建校时的政治系。2007年开始招收思想政治教育学术型硕士研究生，2012年开始招收马克思主义民族理论与民族政策学术型硕士研究生，2014年开始招收思想政治教育专业本科生，2019年学院思想政治教育本科专业获教育部首批“双万计划”省级一流本科专业，2021年获批宁夏第一个马克思主义理论一级学科硕士学位点。学院是宁夏首批重点马克思主义学院，2022年学院再获自治区重点马克思主义学院建设项目。思想政治教育学科是宁夏“十三五”重点学科，学院是北京大学“中国道路与中国化马克思主义”协同创新中心依托单位、宁夏中国特色社会主义理论体系研究中心北方民族大学基地、国家民委中华民族共同体研究基地依托单位。

现有教职工49人，其中专任教师44人，教授8人，副教授10人，拥有博士学位的教师26人，在读博士2人，全国优秀教师1人，全国优秀思想政治理论课教师1人，全国模范教师1人，全国高校思想政治理论课教指委“研究生思想政治理论课”分教学指导委员会委员1人，全国思想政治理论课教学骨干1人，国家民委中青年英才1人，自治区哲学社会科学类青年托举人才1人，自治区教学名师2人，自治区思政课教学名师1人，自治区高校优秀思政课教师5人，自治区优秀教学团队1个。

学院承担全校本科生、硕士生、博士生思想政治理论课和部分专业本科生教育学心理学公共课以及学院本科生研究生专业课教学工作。近年来，学院教师获得国家社科基金项目近20项，省部级项目30余项；获第七届高等学校人文社科研究成果著作三等奖1项，获宁夏哲学社会科学优秀成果奖7项，获省部级教育教学成果奖5项。学院多次举办全国性学术会议，注重与全国重点马克思主义学院交流合作，邀请学界著名专家教授

担任特聘教授。学院充分发挥自身优势服务地方经济社会发展，组织骨干教师深入基层宣传党的理论创新成果。

进入新时代，学院紧扣“培养什么人、怎样培养人、为谁培养人”的根本问题，肩负为党育人、为国育才的职责使命，坚持用习近平新时代中国特色社会主义思想铸魂育人，坚定不移地铸牢中华民族共同体意识，积极推进内涵式高质量发展，努力建设西部地区特色鲜明的重点马克思主义学院。

体育学院

体育学院前身是1984年成立的体育教研室，隶属于学校教务处，2004年成立体育教学部，2010年获得教育部招收武术高水平运动员的资格。2012年，在积极申报体育教育专业的同时，体育教学部发展成为体育学院。2013年，体育教育专业获批并于当年实现招生，现有体育教育专业学生四届220人。2021年被评为“国家群众体育先进单位”。

学院现有教职工39人，专任教师31名,其中教授4人，副教授9人，讲师及以下18人；有硕士以上学位教师23人，占专任教师的74.2%。教师中有国际级裁判员1人、国家一级裁判员16人；多人为健美操、武术、篮球、足球、冰球等项目的高级教练员或考评员；有运动健将1名，一级运动员5名。

学院各类场馆设施齐全，有综合体育馆1个、综合训练馆1个、风雨操场1个、游泳馆1个、体操房1个、健美操教室2个、武术教室1个，总面积2.41余万平方米；有室外田径场2块、篮球场22块、排球场12块、网球场6块，总面积5.27余万平方米。

学院教师近年来共承担国家社科基金项目3项，省部级科研项目10余项，发表科研论文300余篇，其中核心期刊23篇，被SCI检索1篇。承担各级各类教研项目20余项，其中国家民委教改项目2项，自治区教育厅教改项目1项，校级教改项目13项。近年来学院共组织参加各级各类体育比赛96场次，获得金牌103枚，多次获得“体育道德风尚奖”。

在长期的教学实践中，学院在公共体育教学中坚持“健康第一，终身

体育”的教育理念，构建了“公共体育课—体育俱乐部—体育运动代表队”三级体育教学训练体系，打造了田径运动会、中华传统体育运动会、“骆驼杯”体育联赛、“团结杯”“篮球之夜”欢送毕业生晚会等精品体育赛事。在专业教学中坚持“一专一副，多能并重，德技相长，全面发展”的培养理念，努力为少数民族和民族地区培养高素质应用型体育人才。

“十四五”期间，体育学院将在人才培养、科学研究、社会服务、文化传承创新方面不断创新，努力为学校各项事业的发展做出应有贡献！

文学与新闻传播学院

文学与新闻传播学院前身为1984年建校之初成立的中文系，1992年取得汉语言文学专业学士学位授予权、1999年在汉语言文学专业下开设新闻学方向、2004年申办新闻学专业、2006年申办广告学专业、2008年申办传播学专业，同年组建文史学院，2018年学院更名为文学与新闻传播学院。

学院现有教职工54人，专职教师46人，博士比例达63%，有教授10人、副教授20人、“文化名家暨四个一批”人才1人、国家民委青年拔尖人才1人、自治区青年托举人才1人、自治区青年拔尖人才1人、具有海外留学背景教师5人，“双师型”教师7人。

学院现有中国语言文学一级学科硕士学位点、新闻与传播专业硕士学位点。中国语言文学为国家民委重点学科，语言学及应用语言学、中国古代文学为省部级重点学科、语用修辞学团队为自治区级教学团队。学院现有3个本科专业中，汉语言文学专业获批国家一流本科专业、新闻学专业获批校级特色专业、传播学专业获批校级一流本科专业。获批省部级精品课程2个、自治区级一流本科课程4个。获批各级教学教改项目共10项，其中国家民委高等教育教学改革项目（铸牢中华民族共同体意识专项）2个。近年来，学院教师承担国家社科基金项目10余项、各类省部级项目40余项、获得省部级社会科学优秀成果奖10余项，在权威、核心期刊发表具有影响力的学术论文百余篇、出版专著10余部，举办“第七届中国民族影视高层论坛”等全国性学术会议多次。

学院坚持为党育人、为国育才，坚持以铸牢中华民族共同体意识为主线，组织师生进行“道中华”宣讲成为学院常态机制，营造人人讲民族团结、人人做利于民族团结事的浓厚氛围。多次组织学生在中国民族报社、银川市电视台、吴忠日报社、银川晚报社等单位帮助开展新闻宣传工作和媒体报道工作，培养在党政机关、企事业单位从事文秘、新闻宣传、文化传播、影视制作以及在中小学校从事教学等实际工作的应用型人才，努力保持校企合作常态化，切实提高服务地方经济社会发展能力。

学院不断加大与中央民族大学、中南民族大学、大连民族大学、集美大学、陕西师范大学等多所兄弟院校的合作力度，持续深化在人才培养、教师教学发展、教学设计等方面的拓展交流。与马来西亚拉曼大学开展线上学术交流活动，拓展人才培养的国际视野。不断加大与中国民族报社、宁夏日报报业集团、新华社宁夏分社、宁夏电视台、宁夏广播电视总台等各级各类报社、广播电视台、网站、新媒体、企事业单位宣传部门、公关公司、广告公司等单位合作交流，建立大学生校外实习基地，为学生提供充足的实践平台，取得了扎实成效。

学院党委坚持党建引领，把党建、学科建设、科学研究、人才培养等深度融合，坚持党的领导全覆盖、育人力量大协同，将全员全过程全方位育人贯穿教育教学全过程，为学院内涵式高质量发展提供坚实保障。

外国语学院

外国语学院前身是1984年西北第二民族学院成立之初的外语教研室。1993年成立外国语言文学系，创办经贸俄语专科专业并于当年开始招生。2006年10月，外国语言文学系更名为外国语学院。2015年，联合文学与新闻传播学院申报目录外二级学科汉外对比语言学专业硕士学位点并于2016年开始招生。2021年，获批翻译专业硕士一级学科学位点并于2023年招生。

外国语学院秉承“厚德勤学　语通中外”的信念和追求，以学科建设为龙头，以教学质量为核心，依托宁夏，面向西北，服务全国，培养具有扎实语言基本功和翻译能力，广泛的科学文化知识和国际沟通能力，较强

的学习能力和思辨能力，能够在教育、外事、外企、外贸、科研等机构及中、小学，从事教学、翻译、商务、文员、研究等工作的应用型人才。

学院现有英语、日语、商务英语、阿拉伯语四个本科专业，翻译专业硕士一级学科学位点和目录外二级学科汉外对比语言学硕士学位点。设有英语专业、日语专业、商务英语专业、阿拉伯语专业、大学外语课程群5个教研室，学院办公室、教学办公室和学生工作办公室3个管理服务部门。现有普通全日制在校本科生700余人，研究生15人。

学院拥有一支结构合理、水平较高的师资队伍。现有教职工89人，专任教师84人。其中教授7人，副教授35人，讲师35人，助教3人。专任教师中博士研究生17人，在读博士3人。70%的专业教师具有海外留学及进修经历。

学院组建8个科研教学团队，进一步凝练学科方向，学院获批立项国家社科基金项目、省部级项目10余项，校企合作横向项目2项。教师公开发表论文800余篇，高质量论文发表在西北高校外国语学院中排名靠前。荣获国家民委中青年英才称号1人，荣获国家民委教学标兵称号1人，获批自治区人才托举工程1人。获自治区级教改项目10余项。

学院积极开拓国内外合作渠道。先后与日本大阪大和语言教育学院、日中文化艺术学院、日本广岛大学、日本岛根大学和英国伍斯特大学建立了3+1国际化人才培养项目，在日本、韩国等国家建立了海外实习或就业基地；同时积极为学生搭建国内知名大学的访学平台，先后与北京外国语大学、北京外国语大学南方研究院、西安外国语大学、大连大学、四川外国语大学、合肥工业大学、集美大学等国内名校外语学院签署优秀本科生访学协议，每年选派优秀学生参加国内外交流访学。

外国语学院获批国家民委“道中华”双语文化传播工作室；自治区课程思政名师工作室；北方民族大学劳模技能人才创新工作室；“华之语韵”双语传播中华文化公众号；先后荣获“宁洽会第二届经贸论坛翻译工作先进单位”荣誉称号；“全区支援基层教育工作‘先进集体’”“全区‘党群共建　创先争优’妇女先进集体”；北方民族大学“2017年度本科教学管理工作先进集体奖”“2017年度本科教学综合评估专项奖”和“2017年度学

业评价改革专项奖”等荣誉称号。学院教师荣获国家民委青年教学标兵；2022 年第十三届“外教社杯”全国高校外语教学大赛宁夏赛区一等奖 2 人、二等奖 1 人、三等奖 2 人；2023 年第三届全国教师教学创新大赛新文科正高组二等奖；2023 年第三届宁夏高校教师教学创新大赛新文新农科正高组一等奖；全区民族团结进步模范个人；全国高校混合式教学创新设计大赛三等奖；2023 年第八届西浦教学创新大赛三等奖等荣誉称号。

2011 年以来，学院多名教师承担多项服务宁夏地方社会经济发展的科研项目和宁洽会经贸论坛翻译工作，自治区外事办公室、科研单位和政府部门承办的大型外事活动的英、阿等语种的翻译工作，多位教师获优秀翻译工作者称号。学院成立翻译工作专班，积极参与国家民委“道中华”文章外译工作，传播中华优秀传统文化，充分发挥了外语专业服务社会和地方的功能。

数学与信息科学学院

数学与信息科学学院前身是 1999 年成立的信息与计算科学系，2006 年 10 月成立了信息与计算科学学院，2013 年 6 月更名为数学与信息科学学院。

学院现有“数学”与“统计学”2 个一级学科，“数学”一级学科博士学位点和硕士学位点以及“应用统计”专业型硕士学位点。有信息与计算科学、数学与应用数学、统计学、应用统计学、金融数学、数据科学与大数据技术等 6 个本科专业。2006 年“计算数学”获批为宁夏重点学科，2009 年“信息与计算科学”专业获批为教育部特色专业，2014 年“数学”获批为国家民委重点学科，2015 年“计算数学”升级为宁夏优势特色学科，2017 年“数学”获批为宁夏西部一流建设学科，2019 年“信息与计算科学”获批为自治区级一流本科专业，2021 年“数学”获批为一级学科博士学位点和宁夏西部一流学科二期 A 类建设学科，2022 年“信息与计算科学”“统计学”2 个本科专业获批为国家级一流本科专业建设点。数学学科连续三年在软科学科排名中进入前 50%，在第五轮学科评估中获得新的突破。

学院拥有自治区级“智能信息与大数据处理”重点实验室、自治区级“科

学计算与智能信息处理”协同创新中心、自治区级实验教学示范中心“数学实验教学示范中心”、自治区级“数学类专业基础课”与“高等数学课程”教学团队。学院下设信息与计算科学专业教研室、数学与应用数学专业教研室、统计与应用统计专业教研室、金融数学专业教研室、数据科学与大数据技术专业教研室和大学数学课程群教研室、大数据导论课程群教研室等 7 个教研室，并设数学研究中心、信息与系统科学研究所、应用数学研究所、高效能计算研究所、图像处理与理解研究所、动力系统与随机分析研究所和云计算与大数据分析研究中心等 7 个研究所（中心）。

学院现有教职工 75 人，专任教师 64 人，其中教授 14 人，副教授 30 人，博士生导师 12 人；柔性引进专家 15 人；教师中具有博士学位 39 人，占专任教师的 60%。目前专任教师中有国家民委教学名师 1 人，自治区教学名师 3 人，自治区优秀教师 1 人，自治区“塞上名师”1 人，国家民委青年教学标兵 1 人，校级教学名师 2 人；国家民委领军人才 3 人，国家民委中青年英才培养计划5人，自治区青年拔尖人才培养工程6人，宁夏“312 人才工程”自治区学术技术带头人 1 人，自治区青年科技创新人才托举工程 7 人。

学院主要承担数学类、统计类、数学与经济类交叉的本科专业教学工作，同时承担全校公共数学课教学工作。已形成以教学名师为核心的较强的师资队伍，教学质量稳步提高。近年来，由西安交通大学牵头获批国家级《大学数学系列课程群》虚拟教研室 1 个，国家级《数学分析》虚拟教研室 1 个，《数学分析》《统计学》国家一流课程 2 门；获批省部级教学改革项目 6 项，自治区级一流课程 8 门，校级教学改革项目 13 项，在线开放课程建设项目 8 项。获得国家级（研究生）教学成果二等奖 1 项，宁夏（研究生）教学成果特等奖 1 项、二等奖 1 项；省部级教学成果特等奖 2 项、一等奖 3 项、二等奖 2 项。出版教材和教学参考书 15 部。

学院在最优化、偏微分方程数值计算、信息处理、随机动力系统与控制、集值分析与多目标规划等领域的研究与应用具有较大的优势和特色。近三年获批国家自然科学基金项目 37 项，省部级科研项目 80 余项，横向科研项目 9 项，累计科研经费合计 2300 余万元；发表学术论文 300 余篇，

其中被 SCI、EI 检索或中文权威期刊论文 160 多篇，TOP 论文 27 篇；出版学术专著 5 部，获软件著作权 11 个。

学院现有全日制本科生 1392 人，硕士研究生 304 人，博士研究生 10 人。学院历来注重学生在科研、数学建模、创新实践等方面能力的培养，并取得了优异的成绩。近三年，学院积极组织本科生、研究生参加全国研究生数学建模竞赛、全国大学生市场调查与分析大赛、全国大学生数学竞赛等学科竞赛，获国家级一等奖 3 项、二等奖 25 项、三等奖 46 项。近三年，学院毕业生平均就业率 90% 以上，年均考研率 10%，考博率 30%。

学院积极开展对外交流与合作，与美国、英国、苏丹等国家的高校以及研究院所建立了交流与合作关系，与美国威斯康星州立大学斯托特分校、苏丹喀土穆大学等高校开展有中外合作办学项目和学生交流项目。

学院以铸牢中华民族共同体意识为主线，坚持立德树人根本任务，以人为本，扎实推进“三全育人”工作，自建系（院）以来，共培育本科生 3000 余人，研究生 400 余人。毕业生遍及全国各地，主要从事 IT、教育、金融，证券、科学研究等工作，已在高等院校、科研机构、行政、企事业单位等取得了一定的成就，成为民族团结进步事业的中坚力量。“十四五”期间，学院不断加强学科建设，提高人才培养素质，以“为党育人，为国育才”使命担当，为国家培养更多扎根西部、奉献西部、建设西部的高层次人才。

机电工程学院

机电工程学院创建于 2013 年 6 月，是北方民族大学主要工科学院之一，在校生 1400 余人，现有机械设计制造及其自动化、材料成型及控制工程、机械电子工程、工业设计和过程装备与控制工程 5 个本科专业。2015 年材料成型及控制工程专业入选自治区“十三五”重点专业，2018 年机械电子工程专业入选首批自治区产教融合人才培养示范专业，2019 年学院本科专业整体纳入校级特色专业群进行建设，2020 年机械设计制造及其自动化专业入选省级一流本科专业，2021 年工业设计专业入选省级一流本科专业。2022 年 6 月依托我院成立学校首个现代产业学院——“北方民族

大学先进装备制造现代产业学院”；2023 年 3 月入选自治区首批普通本科院校自治区级现代产业学院（先进装备）；2023 年 3 月获批立项建设工信部“专精特新产业学院”（建设方向为先进装备制造与智能铸造），使我校成为自治区唯一一所首批立项建设的本科院校。

学院现有教职工 52 人，其中教授 6 人、副教授 11 人、高级工程师 4 人，具有博士学位教师 20 人、在读博士 8 人，硕士生导师 15 人，入选自治区科技创新领军人才培养对象 1 人、国家民委中青年英才 1 人、国家民委青年教学标兵 1 人、中科院西部之光人才计划 3 人、宁夏青年科技人才托举工程 7 人。学院外聘客座教授 8 人、企业导师 34 人，其中国家杰出青年基金获得者 1 人，科技部中青年科技创新领军人才 1 人，自治区“313 人才工程”2 人等。

学院是丝绸之路创新设计产业联盟常务理事单位、宁夏机械工程学会常务理事单位和宁夏机械工程学会工业设计分会依托单位，同时学院与中国机械工程学会工业设计分会、中国人类工效学学会、中国铸造协会、共享集团、宝塔实业等十余家行业组织及企业建立合作关系。

学院始终将人才培养放在首位，注重科教融合、产教融合和服务地方工作。现有省部级科技创新平台 5 个——宁夏先进装备关键零部件及系统创新产学研合作基地（宁夏教育厅，2016 年）、自治区高端电站特种阀技术创新中心（校企共建，宁夏科技厅，2018 年）、北方民族大学工业设计中心（宁夏工业与信息化厅，2020 年）、自治区复合制造系统工程技术研究中心（宁夏科技厅，2023 年）、宁夏卓越工程师实践基地和协同创新中心（校企共建，宁夏工业与信息化厅，2023 年），与区内外 18 家行业重点企业建有校企合作关系。学院实验中心现有 34 个专业实验室，总面积 3860 余平方米，实验仪器设备 2025 台（套），设备资产总值 4698 万元，智能制造、机器人技术等重点实验室已成为学院教学、科研、对外合作和大学生创新的重要支撑。学院主持承担国家级科研项目 21 项、省部级项目 50 余项，近三年累计科研经费 2400 余万元，发表 SCI/EI 学术论文 80 余篇，获授权国家发明专利 30 余项，获宁夏科技进步三等奖 1 项，获宁夏自然科学优秀学术论文奖一等奖 1 项、二等奖 2 项。主持省部级教育教

学改革研究项目10余项，出版专著和教材8部，获批自治区级一流基层教学组织2个（机械电子教学团队、机械制造教学团队）、自治区级卓越拔尖人才培养班1个（卓越机械工程师联合培养班），获批国家级一流本科课程1门、自治区级一流本科课程6门，获自治区教学成果奖一等奖2项、二等奖2项、三等奖1项，获国家民委教学成果奖二等奖1项。学院教师参加各类全国高校教师教学创新大赛获国家级二等奖2项、三等奖1项，获省部级一等奖2项、二等奖3项；大学生创新和学科竞赛获互联网+、挑战杯、机械创新设计大赛等国家级奖励200余项、省部级奖励500余项等。

学院坚持开放办学，先后与合肥工业大学、哈尔滨工业大学（威海）、美国威斯康星大学、波兰斯坦伯格大学等国内外名校开展学生访学交流。

自办学以来，学院始终坚持以习近平新时代中国特色社会主义思想为指导，牢牢把握社会主义办学方向，全面贯彻党的民族政策和教育方针，坚持党的全面领导，坚持立德树人根本任务，牢记为党育人、为国育才神圣使命，以铸牢中华民族共同体意识为主线，坚决捍卫“两个确立”、增强“四个意识”、坚定“四个自信”、做到“两个维护”，认真组织开展“不忘初心、牢记使命”主题教育、党史学习教育等，夯实思想根基，强化责任担当，始终坚持将党中央、国家民委党组和自治区党委、学校党委行政的决策部署落实到实际工作中，学院党委充分发挥把方向、管大局、保落实的领导作用，全面履行领导责任，推动学院各项事业取得了长足进步。学院党委被命名为自治区教育工委“五星级”基层党组织，工业设计系教师党支部被评为“全国党建工作样板党支部”培育创建单位，机械电子工程系教师党支部被评为“自治区党建工作样板支部”培育单位，工业设计系教师党支部书记工作室被评为自治区“双带头人”书记工作室培育单位。

机电工程学院始终坚持“立德树人、质量第一”的办学宗旨，立足宁夏、放眼全国，以学科建设为突破口，以服务地区经济发展为落脚点，面向机械行业企业，培养高素质应用型机械类专业人才，力争在短期内将学院建设成为在国家民委直属高校中具有明显专业特色优势，在宁夏及周边

地区具有显著影响力的工科学院。

材料科学与工程学院

材料科学与工程学院设有材料科学与工程、高分子材料与工程、新能源材料与器件、智能材料与结构 4 个本科专业，材料科学与工程一级学科硕士学位点、材料与化工专业硕士学位点。拥有国家级材料科学实验教学示范中心（教育部），国家级“工业废弃物循环利用及先进材料”示范型国际科技合作基地（科技部），“碳基先进陶瓷制备技术”国家地方联合工程研究中心（国家发改委），“粉体材料与特种陶瓷”省部共建重点实验室，“硅靶及硅碳负极材料”自治区工程技术研究中心，循环经济技术研究所，高分子材料及制造技术和新能源材料与再生利用 2 个校级重点实验室。其中，“材料科学与工程”学科是国家民委和自治区一流建设学科，“材料科学与工程”专业为国家级特色专业和国家级一流本科建设专业。

学院现有教职工 73 人，其中教授 10 人，副教授 17 人，硕士研究生导师 44 人，具有博士学位教师 51 人。教师中，中国工程院院士何季麟为学校“双聘”院士，有“全国百千万人才工程”第三层次跨世纪学术技术带头人 1 人，自治区“313 人才工程”跨世纪学术技术带头人 1 人，国家民委领军人才 1 人，自治区科技创新领军人才 2 人，国家民委中青年英才 4 人，自治区青年拔尖人才 7 人，中国科学院“西部之光”人才培养计划 8 人，宁夏青年科技人才“托举工程”10 人，校级教学名师 1 人。

学院现有本科生、硕士生 1200 余人。获批自治区级材料学科人才培养模式创新实验区和自治区级大学生校外实践教育基地。在全国 3D 数字化创新设计大赛、全国大学生力学竞赛、全国大学生金相技能大赛等多种学科竞赛中屡获佳绩，近三年来获得国家级、省部级奖项 200 余项。学院注重培养学生的人文精神和家国情怀，注重“课程思政”与“思政课程”并重，着力推进“全员育人、全程育人、全方位育人”。在读书、演讲、辩论、主持人大赛等赛事中均取得了可喜成绩，学风建设成效显著，考研比例逐年提高，就业质量稳步提升。

在为民族地区培养优秀人才的同时，学院积极面向地区经济社会开展

科学研究，涉及粉体材料与特种陶瓷、轻金属材料、高分子材料、新能源材料及工业副产物循环利用等方面，尤其在粉体材料与特种陶瓷和工业副产物循环利用研究方面形成了一定的特色和优势。学院获得自治区首批“粉体材料与特种陶瓷技术研发团队”，自治区“工业副产物高值化利用协同创新中心”，自治区“新材料研发人才小高地”等称号。

学院坚持“开放办学”原则，积极开展与国内外科研院所、行业企业的交流合作，先后与美国密歇根大学、德国联邦材料研究院、瑞典吕勒奥科技大学、加拿大舍布鲁克大学、澳大利亚卧龙岗大学、新加坡南洋理工大学、比利时鲁汶大学、中国科学院、中国工程院、北京科技大学、西安交通大学、四川大学、西北工业大学、华南理工大学、郑州大学、合肥工业大学等建立了良好的合作关系，每年选送多名教师、学生访问学习。

在新时代里，学院坚持以学生为中心，以现代企业需求为根本，注重培养学生的创新意识和工程实践能力，强化素质教育和能力培养，依托宁夏、面向全国，为民族地区经济社会发展培养应用型工程技术人才。

电气信息工程学院

电气信息工程学院成立于1988年，是我校成立最早的工科学院。学院目前设置有电气工程及其自动化、电子信息工程、自动化、测控技术与仪器、通信工程5个本科专业。有电子科学与技术1个一级学科学术型硕士点，电子信息和能源动力（电气工程方向）2个专业型硕士点。电子信息工程专业是国家产学融合专业，获批国家级一流本科专业。自动化专业获批自治区一流本科专业和自治区优势特色专业，测控技术与仪器专业获批自治区产教融合人才培养示范专业，自动化专业列入自治区卓越工程师班培养计划。

学院现有全日制在校本科生2000余人、硕士研究生200余人。实验用房面积约9600平方米，拥有仪器设备总值7000多万元，拥有电工电子实验分中心、基础物理实验分中心两个自治区高等学校实验教学示范中心。

学院师资队伍雄厚，现有教职工84人，其中，正高级职称8人，副高级职称29人，中级职称35人，具有博士学位的教师占专任教师的

64.5%。学院拥有“国家民委突出贡献专家”，国家民委领军人才，中青年英才计划，自治区特殊津贴，中科院“西部之光”人才计划，宁夏科技创新领军人才，自治区青年拔尖人才培养工程，宁夏“313 人才工程”，宁夏青年科技奖获得者，自治区“312”海外引才，宁夏“青年科技人才托举工程”等人才。学院建设有自治区级“电力设备智能化研究”人才小高地项目、宁夏大气环境遥感探测重点实验室，风光发电及自动化技术协同创新中心和宁夏激光雷达大气遥感创新团队、宁夏先进智能感知控制技术创新团队、宁夏新型固体电子材料及器件研发创新团队、智能装备与精密检测技术研究及应用创新团队 4 个自治区级创新团队，自治区黄大年式教师团队、自治区级电工电子教学团队以及电子科学与物理示范中心国家级科普教育基地。

计算机科学与工程学院

计算机科学与工程学院于 2003 年建院，开设计算机科学与技术、软件工程、网络工程、智能科学与技术四个本科专业。计算机科学与技术专业为国家一流本科专业建设点，软件工程专业为省部级特色专业、省部级产教融合人才培养示范专业，区级卓越软件工程师班，软件工程中外合作办学项目，网络工程专业为省部级“十三五”重点专业（群），智能科学与技术专业为新办专业。

学院现有教职工 68 人，其中教授 9 人、副教授 21 人、高级工程师 4 人、双师型教师 11 人、工程背景教师 2 人，有自治区“新世纪 313 人才工程”学术带头人 2 人，国家民委领军人才 1 人，国家民委中青年英才 1 人，自治区青年拔尖人才 2 人，自治区教学名师 2 人。

学院有计算机科学与技术一级学科硕士点和电子信息专业硕士点。“计算机应用技术”自治区重点学科，“图像与智能信息处理”国家民委创新团队，“医学信息智能与先进计算”国家民委创新团队，“图像处理与智能计算”全国高校黄大年式教师团队，“计算机专业基础课”自治区级教学团队，“计算机科学与技术”自治区级实验教学示范中心，图像图形智能处理国家民委重点实验室。

近年来，学院以习近平新时代中国特色社会主义思想为指导，以党建为引领，以铸牢中华民族共同体意识为主线，推动学院高质量快速发展。学院获批科研项目70余项，其中国家科技支撑计划项目1项，国家自然科学基金项目19项，科研经费累计1500余万元；教研教改项目79项，教育部项目5项，国家民委项目6项，省部级项目14项；国家级教学成果二等奖1项，国家级教学设计创新奖1项，自治区级教学成果一等奖1项，校级教学成果奖7项，特等奖1项，国家级一流课程1门，出版教材11部。学院与北京、西安、浙江、四川、宁夏等地30余家知名企业建立了校企合作机制，与泰国清迈大学、中南大学、西安交通大学、合肥工业大学、大连民族大学、集美大学等高校签署了合作办学协议，开展本科生为期一年的访学项目，人才培养质量显著提升。

土木工程学院

土木工程学院成立于2013年6月，现开设土木工程、水利水电工程和道路桥梁与渡河工程3个本科专业，2022年获批土木水利专业硕士学位授权点。学院设置学院办公室、教学工作办公室、学生工作办公室、实验中心、创新竞赛中心和就业实训中心6个内设机构以及土木工程专业教研室、水利水电工程专业教研室和道路桥梁与渡河工程专业教研室3个基层教学组织。现有土工实验室、力学性能实验室、工程测量实验室、建筑材料实验室、结构CAD实验室和水力学实验室等10个实验室，面积超过4000平方米，设备仪器总值超过4000万元。

土木工程学院始终坚持以习近平新时代中国特色社会主义思想为指导，全面贯彻党的教育方针，坚定社会主义办学方向，坚持立德树人根本任务，聚焦铸牢中华民族共同体意识为工作主线，牢记“为党育人、为国育才”的初心使命，各项事业保持蓬勃发展的积极态势。

学院坚持以党的建设为统领，深刻认识“两个确立”的决定性意义，用“四个意识”导航，用“四个自信”强基，用“两个维护”铸魂，持续推进党建与教学、科研、师资队伍、人才培养、社会服务等深度融合，不断完善党建工作体制机制，党组织的凝聚力和战斗力不断加强，将基层党

建优势转化为学院高质量发展的强大动力。

学院将教育教学质量作为办学的生命线，践行“以本为本，以生为本”理念，通过强化教学管理、扎实推进课程建设、不断深化教育教学改革，全面提升专业建设水平和人才培养质量。获批教育部产学协同育人项目 12 项，省部级教育教学改革项目 4 项，校级各类教育教学改革及实践项目 45 项；拥有省部级一流课程 2 门、校级一流课程 3 门、校级一流专业 2 个。荣获校级教学成果一等奖 1 项、三等奖 1 项；荣获校级教学优秀奖 7 人，2 名教师被评为北方民族大学“学生最喜爱的教师”。教师出版教材 7 部，发表教学研究和改革论文 20 余篇。

学院高度重视青年教师的培养，充分发挥专业比赛的引领作用，通过以赛促教提升教师教育教学能力。教师在各级各类比赛中斩获佳绩，荣获全国科普大赛优秀奖 1 项，国家民委系统科普讲解大赛一等奖 1 项，宁夏科普讲解大赛三等奖 1 项、中国力学学会全国徐芝纶力学优秀教师奖 1 项，宁夏青年教师教学基本功比赛二等奖 1 项，在校级各类教育教学比赛中获奖 15 项，荣获“宁夏十佳科普使者”荣誉称号 1 人。

学院坚持实施创新驱动发展战略，主动面向国家战略需求，积极服务地区经济社会发展，充分发挥人才资源优势，强化基础研究和应用研究，科研水平和能力不断攀升。在水资源高效利用、土壤盐渍化、河流水库泥沙水质数值计算、建筑材料及乡村建设等方面形成了鲜明特色和优势。教师获批国家级项目 7 项、省部级项目 54 项、厅局级项目 16 项；累计发表学术论文 300 余篇，其中 SCI、EI、ISTP 等收录 100 余篇；出版学术专著 7 部，授权发明专利 8 项、实用新型专利 30 余项，软件著作权 10 项；荣获宁夏科技进步奖 4 项，宁夏水利厅科技进步奖 3 项，宁夏自然科学优秀学术论文一等奖 1 项、三等奖 2 项。

学院始终把师资队伍建设摆在学院建设发展的重要位置，坚持党管人才原则，引培并举，着力建设政治坚定、师德优良、业务过硬的高素质人才队伍。教师队伍中有正高职称 5 人、副高职称 10 人、中级职称 18 人，专任教师中 90% 以上具有博士学位；拥有外籍院士 2 人，国务院政府特殊津贴获得者 1 人，被授予自治区五一劳动奖章 1 人。入选国家民委领军人

才支持计划人选 1 人、青海省“高端创新人才千人计划”（引进拔尖人才）1 人、国家民委中青年英才培养计划 1 人、宁夏青年科技人才托举工程人选 3 人、中科院“西部之光”人才培养计划 1 人，师资队伍建设成效明显。

学院坚持立德树人根本任务，推动思想政治工作守正创新。积极构建“三全育人”工作格局，让爱国主义教育、民族团结教育深入人心。将专业知识、理论知识、实习实训、社会实践、第二课堂贯穿教育教学全过程，努力实现学生个性化培养和综合素质全面提升，将学生培养成为中华民族共同体建设的践行者，民族地区经济社会发展的建设者，中华优秀传统文化的弘扬者，民族团结和边疆稳定的捍卫者。扎实推进教育教学与创新创业深度融合，获批国家级大学生创新训练计划项目 15 项、省部级项目 28 项。指导学生在各级各类学科专业竞赛中屡获佳绩，荣获国家级奖项 100 余项，省部级奖项 300 余项。

学院服务地方意识不断增强，资政决策研究水平显著提升。近年来，获批横向课题 26 项，与政府部门、企事业单位开展深度合作，联合开展科研攻关，推动技术成果转化；有组织地开展调查研究，撰写高质量资政报告，主动服务地方党委和政府决策，破解改革发展难题。撰写完成的 8 项报告中，被中央部委采纳 6 项、民进中央采纳 1 项、民进宁夏区委采纳 1 项，服务地方成效显著。

学院积极探索就业育人新模式，为社会培育英才，为学生发展谋略。本着“优势互补，互惠互利”原则，打造优质校外实习基地，以实习带动就业，持续拓宽学生就业渠道。与中铁一局、中铁十一局、中铁建大桥局、中水七局、中水十四局、宁夏第一建筑有限公司、宁夏水利水电工程局等数家单位达成了相对固定的双向选择招聘模式，用人单位每年定期到学院举办专场招聘会。学院累计向从事设计、施工、监理、管理等工作的各类企事业单位输送了近千名本科毕业生。经调查反馈，毕业生受到社会各界、各企业单位的广泛认可，学院就业率连年增高，就业形势喜人。

展望未来，土木工程学院将坚持以习近平新时代中国特色社会主义思想为指导，全面贯彻党的二十大精神，坚守民族院校初心使命，秉承“德育为先、智育为重、素质为本”的办学理念，坚持“植根宁夏，立足西部，

服务经济社会发展和民族团结进步事业”的办学定位，紧密围绕学校“特色鲜明的高水平现代化综合大学”办学目标，以更加昂扬的精神、奋进的姿态谋划新篇章、构建新格局、开启新时代土木工程学院高质量内涵式发展的新征程。

化学与化学工程学院

化学与化学工程学院成立于2003年，前身是西北第二民族学院化学工程系。于2003年、2005年和2008年先后开设化学工程与工艺、过程装备与控制工程和制药工程3个本科专业。因学校专业大类调整，过程装备与控制工程专业2019年调整至机电工程学院。2014年获批工程硕士（化学工程领域）专业硕士学位点，2015年开始招生，2018年调整为材料与化工专业硕士点。2018年获批化学工程与技术一级学术硕士点，2019年开始招生。目前，学院共培养毕业生3623人，其中本科3433名，研究生190名。

学院打造了一支年龄结构合理的师资队伍。学院现有教职工53人，专任教师39人。专任教师中教授10人，副教授7人；博士生导师2人，硕士生导师33人，另有外聘兼职硕士生导师21人；具有博士学位教师35人，占专任教师总数的89.74%。学院拥有欧洲自然科学院院士1人，国家级科技领军人才1人，科技部中青年科技创新领军人才1人，国家民委领军人才3人，国家民委中青年英才培养计划3人，自治区中青年科技创新领军人才2人，自治区青年科技人才托举工程5人，宁夏教学名师1人，校级“三全育人模范”获得者2人。

学院坚持立德树人根本任务，不断优化人才培养模式。学院拥有自治区化工技术基础实验教学示范中心，以及面积约2200平方米，设备投资1157万元，拥有煤制甲醇仿真工厂一套，实物流程4套，可开展学生实训、实习、企业培训及科研成果转化的国家民委直属院校中唯一的化工类专业工程训练中心。“现代化工工程实训教研室”获批自治区一流基层教研室，“现代化工工程实训教学团队”被中国化工教育协会评为全国石油和化工教育优秀教学团队。《化工工艺学》获得自治区一流线下本科课程，《工

业药剂学》推荐为自治区级一流线上、线下混合式课程，《化工专业卓越工程师培养班》获批自治区级卓越拔尖人才培养班项目，《药物合成反应》《化工设备机械基础》获批校级一流线上、线下混合式课程。《化工原理》获批校级一流线下课程。制药工程专业获批校级一流本科专业。化学工程与技术是国家民委重点学科，自治区重点培育学科。制药工程专业实验教研室、化工原理教研室获批校级一流基层教学组织。

学院坚持以平台建设为牵引，提升科技创新水平。依托宁夏太阳能化学转化技术重点实验室、国家民委化工技术重点实验室2个省部级科研平台，宁夏低品质资源高值化利用技术研发人才小高地以及“清洁能源与绿色化工”国家民委创新团队、“功能材料与分离技术”宁夏科技创新团队、“餐厨废油转化清洁能源与高附加值化学品”宁夏科技创新团队共3个省部级创新团队，构建了从基础研究、应用基础研究到工程化的全链条创新体系。近年来，承担多项国家级科研课题和省部级科研开发项目，涌现出一大批具有重要影响的科研成果。获省部级科技奖3项。

学院充分利用自身学科优势、办学资源优势服务社会。2007年成立化工及机械基础科普教育基地，同年被评为自治区科普教育基地，获批中国科协“全国科普教育基地”。经过十几年的积淀，组建了一支稳定的化工科普志愿者团队，不断创新活动形式，全方位开展科普教育活动。基地每年举办展馆科普讲解、科普讲座、科学知识竞赛、科普讲解大赛、科普进中小学校园、化工科普进社区、社会实践等各种形式科普活动，年平均受益群众约20000人次，有力促进了民族地区基础科技教育的发展。

学院坚持党建引领发展，坚持以面向生产一线从事生产技术管理、技术开发的复合应用型工程技术人员的人才为培养目标，注重培养学生的工程应用能力、创新能力和人文素养，努力营造工程背景，重视过程培养和评价，强化创新训练，立足宁夏，辐射全国，努力为民族地区培养高素质的复合应用型工程技术人才。

生物科学与工程学院

生物科学与工程学院始建于2003年，前身为生命科学系，2006年更名

为“生命科学与工程学院”，2008 年更名为“生物科学与工程学院”。近十年来，学院以政治建设为统领，坚持用习近平新时代中国特色社会主义思想凝心铸魂，坚守“为党育人、为国育才”初心使命，紧紧围绕铸牢中华民族共同体意识主线，落实立德树人根本任务，以高质量的党建引领学院建设发展。2023 年，学院荣获“全区教育工作先进集体”称号。

学院现有本科生和研究生 1400 余人，教职工 73 人，其中专任教师 52 人，教授 13 人，副教授 23 人；具有博士学位的教师 48 人，占专任教师总数的 92.3%；专任教师中，获得省部级人才称号的 14 人。现有“生物工程”“食品科学与工程”“生物科学”“生物技术”“生态学”5 个本科专业和“生态学”“食品科学与工程”2 个一级学科硕士学位授予点。“生态学”“食品科学与工程”为国家民委重点学科，“生物工程”和“食品科学与工程”专业为国家级一流本科专业建设点，“生物技术”专业为自治区级优势特色建设专业。

学院牢固确立人才培养的中心地位，不断深化教育教学改革，着力提升人才培养质量。下设生物工程教研室、食品科学与工程教研室、生物科学与技术教研室、生态学教研室、实验教学示范中心、实习实训中心等教学机构。“葡萄与葡萄酒技能训练”获得首批国家级一流本科课程；“生物学野外综合实习教学团队”为自治区级教学团队。“工业微生物学”“基础生物化学”“基础生态学”为自治区精品课程。学院教师积极开展教育教学改革研究，重视学生创新精神、团结协作和实践能力的培养，近年来获得包括全国高校教师教学创新大赛二等奖在内的各级各类教研教改项目和大学生创新项目位列全校前茅。

学院拥有国家民委黄河流域农牧交错区生态保护重点实验室、宁夏特殊生境微生物资源开发与利用重点实验室、自治区实验教学示范中心——生物科学实验中心、宁夏葡萄与葡萄酒技术创新中心、宁夏“特色微生物资源开发与利用”科技创新团队、自治区经济林遗传改良创新团队以及北方民族大学植物性农产品贮藏与加工重点实验室、食品生产与安全协同创新中心等教学与科研平台。实验室建筑面积 7000 余平方米，教学科研仪器设备 3000 余件（套），总价值 5000 余万元。校内实践教学基地有发酵

和酿造中试车间，超临界萃取设施，啤酒、果汁等中试规模生产线以及植物温室、试验田等，校外实习实训基地 30 余个。

学院紧紧围绕国家和宁夏地方社会经济发展需求，积极开展基础和应用研究，在西北地区生态保护及特色资源开发利用方面形成鲜明特色和优势，并取得了一系列标志性科研成果。2014 年至今，获批省部级以上科研项目 191 项（其中国家级科研项目 44 项），位列全校前茅；出版专著 23 部，发表论文 698 篇（其中 SCI 收录 267 篇）；授权专利 89 件。近年来，还先后举办“农产品精深加工与功能食品资源开发国际论坛”“宁夏贺兰山东麓葡萄高质量发展高峰论坛”“黄河流域生态保护和高质量发展高峰论坛”“贺兰山生态修复专题高峰论坛”等多项高质量学术会议，积极承接科技扶贫和乡村振兴工作任务，为推动宁夏黄河流域生态保护和高质量发展先行区建设做出了重要的贡献。

学院广泛开展国内外学术交流与合作，先后与美国路易斯安那大学、德国夏洛蒂医科大学、新西兰梅西大学、法国葡萄酒大学、法国吉伦特省（波尔多）农业委员会、英国格林多大学以及北京大学、复旦大学、西北农林科技大学、合肥工业大学、中国农业科学院、中国科学院华南植物园等知名高校和院所保持着良好的合作关系。学院先后与宁夏、陕西、江苏、广东等省区的企事业单位建立了稳定的科技合作关系，通过广泛而深层次的对外学术交流与合作，显著提高了学院的学科声誉和服务社会的水平。

医学技术学院

医学技术学院由建于 2013 年的医学影像技术系发展而来，目前有医学影像技术和眼视光学 2 个本科专业，是北方民族大学与自治区人民医院合作共建的医工结合类应用型专业，采用“2+2”的人才培养模式，学制 4 年，毕业授理学学位。

医学技术学院与宁夏人民医院双方秉承“平等自愿、互惠互利、长期稳定、共同发展”的原则，充分利用各自优质教学资源和医疗实践资源，实行理论与实践紧密结合的办学体制，学生在学校完成 2 年的公共基础课和专业基础课学习，在医院进行 2 年的专业课程学习和医院实践实训，全

面掌握基础医学、临床医学、医学技术的基本知识与原理，能够熟练操作各类诊疗设备，具备利用医学技术和设备解决临床实际问题的能力。

学院（包括宁夏人民医院）现有专任教师269人，其中具有高级职称145人，校内教师中具有博士学位人员占83.3%。专业教师中有国家引才“312”1人，自治区“313”人才工程3人，宁夏塞上英才奖1人、享受自治区政府特贴1人，形成了一支年龄结构、学历结构、职称结构较为合理的教学科研团队。此外，学院已建成医学技术专业实验与基础医学虚拟仿真两大类8个实验室，为培养优秀医学技术类专门人才提供了保障。近三年，影像技术专业毕业生有的已成为北京协和医院、天津儿童医院、西安交通大学附属医院、深圳红十字会医院、中科院肿瘤医院等国内著名医疗机构的技术骨干。

医学技术学院秉承培养“德、智、体、美、劳全面发展、适合国家现代医学技术发展需求、热爱医疗卫生事业、具有良好思想品格和职业素养的专门人才”的理念，不断开拓进取，努力为国家输送更多更优秀的医学技术人才。

商学院

商学院前身为成立于1984年的原西北第二民族学院政治系，1995年更名为政治经济系并开始招生，1998年更名为经济管理系，2006年更名为商学院，2012年9月，学校教学机构调整，改组为商学院和经济学院；2020年8月，按照学科建设要求，将人力资源管理专业调整至商学院，形成目前以会计学、电子商务为特色的工商管理学科平台，拥有会计学、财务管理、工商管理、电子商务、物流管理、人力资源管理6个本科专业和工商管理一级学科硕士学位点1个、会计硕士专业学位点1个。

学院以习近平新时代中国特色社会主义思想为指导，以铸牢中华民族共同体意识教育为主线，紧紧围绕立德树人根本任务，坚持以培养具有创新精神和实践能力的知识型、复合型人才为宗旨，积极探索并完善以党建促教育教学的“党建+”模式，团结带领师生胸怀“国之大者”，扎实推动党建和业务深度融合，围绕“一融双高”构建党建工作与队伍建设、教学

改革、学科建设、科学研究、专业竞赛、志愿服务等工作同向发力、同频共振的新格局，为学院事业转型升级高质量发展提供坚强的政治保障和组织保障。

学院现有教职员工 69 人，其中专任教师 58 人。专任教师中，教授 8 人，副教授 23 人，博士 27 人，博士占比 46.6%；外聘兼职教授、副教授及专家学者 18 人。享受国务院特殊津贴 1 人，国家民委领军人才 1 人，国家民委教学名师 1 人，国家民委中青年英才 2 名，自治区第三批“塞上名师”1 人，自治区师德标兵 1 人，自治区青年拔尖人才 2 名，宁夏哲学社会科学和文化艺术青年托举人才 3 人；“会计学教师团队”入选自治区级教师团队，“市场营销教师团队”入选自治区“黄大年式”教师团队。

学院坚持立德树人根本任务，为党育人、为国育才。现有硕士研究生和本科生 2100 余人。20 多年来，培养本科毕业生 1.1 万余人，成为民族地区经济社会发展“留得住、用得上、干得好”的建设者，中华民族共同体建设的践行者，中华优秀传统文化的弘扬者，民族团结和边疆稳定的捍卫者。

学院紧紧围绕学校办学定位，会计专业群为自治区“十三五”重点建设专业、工商管理专业群为自治区产教融合人才培养示范专业、会计学专业和工商管理专业为省部级一流专业，人力资源管理专业和财务管理专业为校级一流专业；《经济法》《工作分析》获评国家级“线上线下混合式”一流本科课程，《初级会计学》等 7 门课程获评省部级一流课程，《会计信息化》为自治区精品在线开放课程。

学院坚持服务国家战略、服务地方经济社会发展，面向宁夏经济建设和社会发展需要，在特色农产品营销、资源环境会计与审计、电子商务与供应链管理、人力资源开发与人才发展等领域形成了自己的特色和优势。工商管理学科成为国家民委重点学科，拥有国家民委创新团队 1 个，承担国家自然科学基金项目 5 项，国家社会科学基金项目 13 项，省部级项目 30 余项；发表论文 400 余篇，出版专著 30 余部，获得省部级科研成果奖 6 项，为国家和区域发展做出重要贡献。

学院坚持以开放推动交流，以交流推进创新，以创新促进发展，先后

邀请美国、韩国等国家教授开展科研合作、线上课程培训，派遣学生到德、法世界500强企业以及英国剑桥大学、新加坡南洋理工大学、新加坡国立大学等高校开展短期交流访学；与泰国清迈大学、英国切斯特大学达成办学合作协议，实现了科学研究、教师培养、学生互派等多方面的合作共赢。

学院将始终坚持以习近平新时代中国特色社会主义思想为指导，毫不动摇、紧紧围绕铸牢中华民族共同体意识工作主线，以社会主义核心价值观为重点，不断加强理想信念教育、民族团结教育，不断增强学生对习近平新时代中国特色社会主义思想的政治认同、思想认同、情感认同，将"休戚与共、荣辱与共、生死与共、命运与共"的共同体理念深深根植在心中。传承和践行"修德笃行，研商明道"的院训精神，努力培养服务各民族共同走向社会主义现代化的商科人才，为"中华民族一家亲，同心共筑中国梦"贡献力量。

管理学院

管理学院成立于2006年10月，现有旅游管理、公共事业管理、行政管理三个本科专业，公共管理专业硕士(MPA)和旅游管理学术硕士2个学位授权点，1个国家民委人文社会科学重点研究基地——西北民族地区政府治理与社会管理研究中心和1个校级科研平台。

学院旅游管理专业为国家级一流本科专业建设点、省部级产教融合专业、省部级优势特色专业，公共事业管理和行政管理所属的公共管理学科为学校重点发展学科，行政管理专业为校级一流本科专业建设点。

学院现有34名专任教师，柔性引进知名教授1名，客座教授5名，实践导师21名。专任教师中高级职称教师占比50%，博士学位教师占比55.88%，有海外学习经历的教师占比29.41%，3人获省部级以上人才项目支持，是一支充满朝气，具有相当实力并极具发展潜力的教学科研队伍。

近年来，学院教学和科学研究工作取得了快速发展，获批省部级以上项目42项，其中国家社科项目和国家自科基金项目5项；横向项目33项，科研经费达874.16万元。

学院始终坚持理论与实践相结合的教学方针，不断提升人才培养质量。近五年，现有省部级一流本科课程 2 门，省部级教研项目 10 项，校内外实践教学基地 21 个；学生在各级各类创新创业竞赛活动中，共获得奖项国家级 8 项、省部级 21 项、校级 277 项。近三年，毕业生就业率均在校排名前三。

学院坚持开放办学理念，积极探索国际化联合培养模式，加强和国内外高校的交流合作，聘请外籍教授 3 人、实践导师 1 人。近三年，对外交流访学学生 27 名。

音乐舞蹈学院

音乐舞蹈学院始建于 2000 年，音乐表演、舞蹈学本科专业于 2001 年招生，陆续增设音乐学、作曲与作曲技术理论、航空服务艺术与管理、舞蹈表演等专业。2012 年开始硕士研究生层次教育，招收中国少数民族艺术硕士研究生。2018 年成功获批艺术硕士专业学位授权点，开设声乐、钢琴、器乐、作曲 4 个研究方向，2022 年增设音乐教育方向。2021 年“音乐表演”获批国家级一流本科专业建设点。舞蹈学获批校级一流本科专业建设点。

为有效提升人才培养质量，学院做到了制度、硬件、人员、经费四位一体保障机制。设有音乐学专业教研室、音乐表演专业教研室、舞蹈学 / 舞蹈表演专业教研室、航空服务艺术与管理专业教研室，学院办公室、教学工作办公室、学生工作办公室以及实践教学管理中心、科研与研究生教学中心、教学设备管理与建设中心、国际合作交流中心、考研辅导中心。

学院师资力量雄厚，现有专任教师 60 人，其中高级职称 19 人、讲师 35 人、博士 6 人、硕士 41 人、硕士生导师 13 人。有 10 余名教师分别担任宁夏舞蹈家协会主席，宁夏音乐家协会副主席、理事，中国音乐家协会，宁夏音乐家协会理事等职务。学院中长期聘任国内外知名高校及行业内高水平专家从事教学与学术活动，切实提高学院师资队伍的核心竞争力。近年来，建设省部级一流本科课程 2 门，省部级精品课程 3 门。获批

校级科研平台 1 项；立项国家社科艺术学项目 1 项；教育部人文社科项目 1 项；国家民委科研项目 2 项；中国文联艺术作品扶持项目 1 项；区级项目百余项。公开发表学术论文 300 余篇，出版专著教材 50 余本。创作的音乐、舞蹈作品获省部级三等奖以上 50 余项。

为推进人才培养，提高学生的实践能力和职业发展能力，学院积极推进校企融合，产教融合，根据艺术人才培养目标和专业特点建立实习实践基地。目前已建立 12 个实习实践基地，近两年毕业生就业率均达到 90% 以上。

学院积极开展形式多样的学术交流活动，不断拓宽广度、挖掘深度、提升高度，扩大学院影响力。与苏梅国立师范大学签订合作办学协议，选派优秀学生参加“3+1”联合培养项目，与法国、意大利等国家的大学有良好的交流合作关系。每年选派优秀本科生赴集美大学访学，为培养具有创新意识和创新能力的高素质人才开拓渠道。

学院立足于黄河文化、红色主题、丝路文化，以铸牢中华民族共同体意识为主线，创演艺术作品百余部，部分作品获得各类艺术展演一、二等奖和国内外专业奖项百余项，学生在省部级以上竞赛中获奖近 800 余人次。多次受邀承担全国及自治区大型综合性艺术活动；参加国家民委品牌项目“多彩中华”赴美国等 10 余个国家进行文化交流，受到国家民委表彰奖励。

学院以习近平新时代中国特色社会主义思想为指导，把铸牢中华民族共同体意识作为落实立德树人根本任务的“纲”和“本”，将继续发挥地域优势以及艺术特色，聚焦区域文化艺术发展需求，培养高质量艺术人才，积极服务西部及民族地区的艺术文化发展。

设计艺术学院

设计艺术学院前身为西北第二民族学院设计艺术系，于 2001 年筹备建设，2007 年更名为北方民族大学设计艺术学院。现开设动画、绘画（油画方向）、雕塑、中国画、视觉传达设计、环境设计 6 个本科专业。动画为国家一流本科专业。环境设计、视觉传达设计、绘画为校级一流本科专

业。2012 年获批中国少数民族艺术硕士学位点，2018 年获批艺术硕士（美术领域）学位点。

截至 2023 年，学院共有教职工 59 人，专任教师 50 人。其中教授 3 人、副教授 18 人、讲师 26 人；博士 9 人，硕士 36 人；在外攻读博士研究生 5 人。自治区级教学名师 2 人，校级教学名师 1 人。宁夏美术家协会副主席 2 人，中国美术家协会理事 3 人，中国雕塑学会理事 1 人，中国工业设计协会理事 1 人，中国高校影视学会理事 1 人。

近年来，教师在全国各类艺术展演和教学大赛上获奖近 30 项。获自治区级教学成果特等奖 1 项，出版专著 30 余部；获得发明专利 30 余项；在各类刊物发表学术论文及艺术作品 300 余篇，立项横向课题 27 项，科研经费 2500 余万元；获第十五届宁夏社会科学成果奖 1 项。美术类作品入选、获奖国家级、省部级展览 86 项，宁夏重大题材创作 3 项；国家级美术馆收藏 2 幅，省级美术馆收藏 6 幅。中国画《贺兰晴雪》悬挂在人民大会堂宁夏厅；作品《塬》《火烧芥子园》入选全国美展；入选第三届中国油画展 9 幅；第三届全国少数民族美术作品展优秀奖 10 项；第十一届中国艺术节全国优秀美术作品展优秀奖 2 项；国家文旅部黄河主题文化重点选题美术创作项目 1 项；庆祝中国共产党诞辰 100 周年宁夏重大历史题材美术创作工程项目 2 项。

学院积极开展形式多样的学术交流活动，与德国比勒菲尔德应用技术大学、法国南特大学、日本东京工艺大学、韩国首尔大学、韩国檀国大学、韩国美术协会都保持友好交流，为外籍专家设立“设计工作坊”，开展外专教学交流活动。与宁夏美协及银川当代美术馆、银川美术馆、宁夏博物馆、贺兰山美术馆等艺术机构共享展览资源，搭建艺术交流平台。

预科教育学院

预科教育学院原为预科部，创建于 1984 年，是学校最早成立的 3 个教学单位之一。办学以来，学院已培养近 8000 名综合素质优秀的少数民族预科生，成为少数民族青年迈入高等学府的桥梁。根据学校年度预科学生招录计划，每年有近 300 名学生在校学习。

学院现有教职工 17 人，师资中高级职称 6 人，中级职称 7 人，硕士 13 人，博士 2 人，在读博士 2 人。近年来，学院教师主持或参与各类科研项目 30 项；在各类期刊发表论文 130 余篇；获得各级各类教学成果奖 8 项。

学院根据学校本科培养目标的要求，以铸牢中华民族共同体意识为主线，落实立德树人根本任务，按照“以补为先、打牢基础，以预为主、增强能力”的原则，加强学生思想道德素质教育，强化文化基础知识和基本技能，注重学生实践创新能力的培养和健全人格的养成，制定了符合民族预科教育教学规律和特点的人才培养方案，使学生德智体美劳全面发展。依据年度预科招生计划分为理工、文史两类，开设的课程主要有语文、数学、英语、形势与政策、中华文化概论、体育等。

国际教育学院

国际教育学院成立于 2014 年 9 月，是学校为加快推进教育对外开放进程，促进国际教育合作与交流，提升学校国际知名度而设立的专门面向外国留学生开展学历与非学历教育的二级学院，承担着外国留学博士生、硕士生和本科生的招生、联合培养和管理服务，短期和长期汉语国际教育，汉语水平考试（HSK）实训等工作。学院于 2014 年开始招收留学生，2015 年开始承办中亚国家青年汉语培训班，2018 年开始招收留学本科生，实现了国际教育教学的新发展，为加强中外人文交流，丰富学校生源结构，促进国际合作交流，扩大学校国际影响发挥了一定的作用。

学院累计招收了来自美国、澳大利亚、俄罗斯、韩国、巴基斯坦、摩洛哥、突尼斯、阿尔及利亚、埃及、也门、伊朗、伊拉克、叙利亚、利比亚、哈萨克斯坦、吉尔吉斯斯坦、乌兹别克斯坦、泰国、塞内加尔、科摩罗、肯尼亚等 21 个国家的近 300 名留学生来校就读学习，“一带一路”沿线国家留学生人数占比 70% 以上。

学院注重理念先行，明确了“增长知识，增长见识，丰富生活，丰富自我”的教育教学理念，“知华友华、汉语表达、世界格局、中国情怀”的留学生人才培养理念，“环境优雅、温馨宜居、安全便利、文明健康”的生活环境理念，“开展语言实践交流体验沟通，丰富学习视野了解中华

文化”的语言实践暨文化体验活动理念;“关口前移、防微杜渐、细致入微、平安有序”安全稳定工作理念；创建“严谨有序、高效有用、张弛有度、文明有礼”的教育教学秩序理念，创建“踏实细致、好学上进、互相友爱、共同提高”的学风理念等多个有关教育教学、人才培养、生活环境、语言实践暨文化体验、安全稳定工作等方面的理念。

学院积极整合学校优势资源组建过硬的国际中文教育师资队伍，建立了以汉语语言进修为基础，研究生和本科教育为发展方向的国际教育模式，建设了基础设施较为完备、宁夏地区高校一流的留学生教育和住宿设施并在校外设立了多个语言教学实训基地。针对不同汉语语言基础和学习能力的留学生，采取了分级分层教学，动态评价考核，流动跟踪监督，适时递进后退的教学管理模式。严格按照教学进程和教学计划，严格把关学期教学的各个环节，认真做好常规教学工作，对教学任务安排、教学进度计划、教材教辅资料选用、期中教学检查、期末考试、学术讲座、语言实践与实训、文化体验与实践等各项工作进行了梳理和科学合理的规划。同时，针对留学生的实际情况，组织开展留学生趣味运动会、汉字听写大赛、汉语语言实践暨文化体验等课余活动，使留学生在语言学习方面收获颇丰，效果明显。

学院以学校校名的构成字北、方、民的谐音字“闵”、族的谐音字“祖”、大的谐音字“达”、学的谐音字“薛”为姓氏，从给每一名留学生起中文名字入手，全过程加强留学生管理服务，教育引导留学生树立爱校如家的主人翁意识。通过课堂教学、语言实践、课外活动、宿舍生活、谈心谈话等多种渠道加强与留学生的沟通交流，真心诚意地与他们交朋友，及时有效地帮助留学生解决学习和生活中的困难，得到了留学生的普遍认可，以北方民族大学为“第二家园”已经成为留学生的共识。

在今后的工作中，国际教育学院将以“扩大规模、提高层次、保证质量、规范管理”为发展目标，秉承“团结进取，砥砺成才”的校训精神，全面发展国际教育，不断凝练办学特色，在逐步完善多层次国际教育教学的基础上，为把国际教育学院建成为西北地区具有较高知名度的对外汉语培训基地和培养高层次来华留学人才基地而贡献力量。

附　录

· APPENDIX ·

北方民族大学现任校领导

李俊杰：2019 年 7 月至 2023 年 3 月任北方民族大学党委副书记、校长；2023 年 3 月起任北方民族大学党委书记、校长。

东·华尔丹：2013 年 7 月至 2014 年 1 月任北方民族大学副校长、党委委员；2014 年 1 月至 2019 年 7 月任北方民族大学党委常委、副校长；2019 年 7 月起任北方民族大学党委副书记。

保文星：2017 年 7 月起任北方民族大学党委常委、副校长。

黄永东：2024 年 7 月起任北方民族大学党委副书记、副校长。

北方民族大学现任校领导

伍永章：2020 年 6 月起任北方民族大学党委常委、纪委书记。

王宏晓：2022 年 12 月起任北方民族大学党委常委、副校长。

毛建东：2023 年 11 月起任北方民族大学党委常委、副校长。

王建伟：2024 年 6 月起任北方民族大学党委常委、副校长。

北方民族大学历任校领导（1984—2024）

曹仁：1984 年 6 月至 7 月任西北第二民族学院筹建领导小组组长；1984 年 7 月至 1992 年 10 月任西北第二民族学院临时党委书记、学院筹建领导小组组长。

李衡昌：1984 年 6 月至 7 月任西北第二民族学院筹建领导小组副组长；1984 年 7 月至 1992 年 12 月任西北第二民族学院临时党委副书记、学院筹建领导小组副组长；1992 年 12 月至 1994 年 6 月任西北第二民族学院党委书记、学院筹建领导小组副组长；1994 年 6 月至 1997 年 3 月任西北第二民族学院党委书记兼副院长。

李增林：1984 年 6 月至 1992 年 10 月任西北第二民族学院筹建领导小组副组长；1992 年 10 月至 1994 年 6 月任西北第二民族学院筹建领导小组组长；1994 年 6 月至 1997 年 3 月任西北第二民族学院院长。

杨大庆：1997 年 3 月至 2003 年 1 月任西北第二民族学院党委书记。

北方民族大学历任校领导（1984—2024）

谢玉杰：1997年3月至5月任西北第二民族学院院长；1997年5月至2003年1月任西北第二民族学院党委副书记、院长；2003年1月至2005年1月任西北第二民族学院党委书记、院长。

李伟：2005年1月至2010年4月任西北第二民族学院党委书记；2010年4月任北方民族大学正司级调研员。

张春雨：2006年4月至2008年4月任西北第二民族学院党委副书记、院长；2008年4月至2010年4月任北方民族大学党委副书记、校长。

张京泽：2010年4月至2013年5月任北方民族大学党委书记。

北方民族大学历任校领导（1984—2024）

任维桢：2000 年 3 月至 2005 年 1 月任西北第二民族学院副院长、党委委员；2005 年 1 月至 2008 年 4 月任西北第二民族学院常务副院长、党委委员；2008 年 4 月至 2010 年 4 月任北方民族大学常务副校长、党委委员；2010 年 4 月至 2013 年 7 月任北方民族大学党委副书记、校长；2013 年 7 月至 9 月任北方民族大学党委书记、校长；2013 年 9 月至 2017 年 7 月任北方民族大学党委书记。

杨敏：2004 年 1 月至 2008 年 4 月任西北第二民族学院副院长、党委委员；2008 年 4 月至 2013 年 9 月任北方民族大学副校长、党委委员；2013 年 9 月至 2017 年 7 月任北方民族大学党委副书记、校长；2017 年 7 月至 2018 年 5 月任北方民族大学党委书记。

刀波：2018 年 5 月至 2023 年 3 月任北方民族大学党委书记。

郭郁烈：2017 年 7 月至 2019 年 7 月任北方民族大学党委副书记、校长。

北方民族大学历任校领导（1984—2024）

陈志林：1984年6月至7月任西北第二民族学院筹建领导小组副组长，1984年7月至1990年5月任西北第二民族学院筹建领导小组副组长、临时党委委员。

陈国忠：1984年6月至7月为西北第二民族学院筹建领导小组成员；1984年7月至1988年5月任西北第二民族学院筹建领导小组成员、临时党委委员；1988年5月至1992年10月任西北第二民族学院纪委书记。

于永茂：1990年5月至1994年6月任西北第二民族学院筹建领导小组副组长、党委委员；1994年6月至1997年3月任西北第二民族学院副院长、党委委员；1997年3月至11月任西北第二民族学院副院长（正院级）、党委委员。

丁文庆：1992年10月至1994年6月任西北第二民族学院筹建领导小组副组长；1994年6月至1997年3月任西北第二民族学院副院长；1997年3月至1999年10月任西北第二民族学院副院长（正院级）。

栗学武：1997 年 3 月至 11 月任西北第二民族学院党委副书记；1997 年 11 月至 2000 年 3 月任西北第二民族学院党委副书记、纪委书记；2000 年 3 月至 2004 年 1 月任西北第二民族学院副院长、党委委员。

马建：2000 年 3 月至 2005 年 1 月任西北第二民族学院党委副书记、纪委书记。

赵杰：2005 年 11 月至 2008 年 4 月任西北第二民族学院副院长、党委委员；2008 年 4 月至 2013 年 5 月任北方民族大学副校长；2013 年 5 月至 6 月任北方民族大学正司级调研员。

雷崇民：2006 年 4 月至 2008 年 4 月任西北第二民族学院党委副书记、纪委书记；2008 年 4 月至 2016 年 2 月任北方民族大学党委副书记、纪委书记；2016 年 2 月至 2020 年 3 月任北方民族大学党委副书记、纪委书记（三级职员）。

闵文义：2006 年 4 月至 2008 年 4 月任西北第二民族学院副院长、党委委员；2008 年 4 月至 2014 年 1 月任北方民族大学副校长、党委委员；2014 年 1 月至 2017 年 3 月任北方民族大学党委常委、副校长。

张维民：2011 年 4 月至 2014 年 1 月任北方民族大学副校长、党委委员；2014 年 1 月至 2017 年 7 月任北方民族大学党委常委、副校长；2017 年 7 月至 2019 年 7 月任北方民族大学党委副书记；2022 年 12 月至 2023 年 1 月任北方民族大学三级职员。

高岳林：2011 年 4 月至 2014 年 1 月任北方民族大学副校长、党委委员；2014 年 1 月至 2023 年 10 月任北方民族大学党委常委、副校长。

王永强：2019 年 7 月至 2023 年 7 月任北方民族大学党委副书记、副校长。

北方民族大学历任校领导（1984—2024）

李岩青：2017年7月至2022年12月任北方民族大学党委常委、副校长。

李红燕：2018年5月至2023年8月任北方民族大学党委常委、总会计师。

陈永奎：2018年11月至2023年8月任北方民族大学副校长。

1. 北方民族大学现任、历任校（院）领导一览表（1984—2024）

一、历任校（院）党委书记

姓　名	民　族	任职时间	职　务
曹仁	汉族	1984 年 7 月至 1992 年 10 月	西北第二民族学院临时党委书记
李衡昌	汉族	1992 年 12 月至 1997 年 3 月	西北第二民族学院党委书记
杨大庆	回族	1997 年 3 月至 2003 年 1 月	西北第二民族学院党委书记
谢玉杰	汉族	2003 年 1 月至 2005 年 1 月	西北第二民族学院党委书记
李伟	回族	2008 年 4 月至 2010 年 4 月	北方民族大学党委书记
张京泽	汉族	2010 年 4 月至 2013 年 5 月	北方民族大学党委书记
任维桢	汉族	2013 年 7 月至 2017 年 7 月	北方民族大学党委书记
杨敏	蒙古族	2017 年 7 月至 2018 年 5 月	北方民族大学党委书记
刀波	傣族	2018 年 5 月至 2023 年 3 月	北方民族大学党委书记
李俊杰	汉族	2023 年 3 月	北方民族大学党委书记

二、历任校（院）长

姓　名	民　族	任职时间	职　务
曹仁	汉族	1984 年 6 月至 1992 年 10 月	西北第二民族学院筹建领导小组组长
李增林	汉族	1992 年 10 月至 1994 年 6 月	西北第二民族学院筹建领导小组组长
		1994 年 6 月至 1997 年 3 月	西北第二民族学院院长
谢玉杰	汉族	1997 年 3 月至 2005 年 1 月	西北第二民族学院院长
张春雨	汉族	2006 年 4 月至 2008 年 4 月	西北第二民族学院院长
		2008 年 4 月至 2010 年 4 月	北方民族大学校长
任维桢	汉族	2005 年 1 月至 2008 年 4 月	西北第二民族学院常务副院长
		2008 年 4 月至 2010 年 4 月	北方民族大学常务副校长
		2010 年 4 月至 2013 年 9 月	北方民族大学校长
杨敏	蒙古族	2013 年 9 月至 2017 年 7 月	北方民族大学校长

续表

姓　名	民　族	任职时间	职　务
郭郁烈	汉族	2017 年 7 月至 2019 年 7 月	北方民族大学校长
李俊杰	汉族	2019 年 7 月	北方民族大学校长

三、历任校（院）领导

姓　名	民　族	任职时间	职　务
陈志林	满族	1984 年 6 月至 1990 年 5 月	西北第二民族学院筹建领导小组副组长
陈国忠	回族	1988 年 5 月至 1992 年 10 月	西北第二民族学院纪委书记
于永茂	汉族	1990 年 5 月至 1994 年 6 月	西北第二民族学院筹建领导小组副组长
		1994 年 6 月至 1997 年 11 月	西北第二民族学院副院长
丁文庆	回族	1992 年 10 月至 1994 年 6 月	西北第二民族学院筹建领导小组副组长
		1994 年 6 月至 1999 年 10 月	西北第二民族学院副院长
栗学武	汉族	1997 年 3 月至 11 月	西北第二民族学院党委副书记
		1997 年 11 月至 2000 年 3 月	西北第二民族学院党委副书记、纪委书记
		2000 年 3 月至 2004 年 1 月	西北第二民族学院副院长
马建	回族	2000 年 3 月至 2005 年 1 月	西北第二民族学院党委副书记、纪委书记
赵杰	满族	2005 年 11 月至 2008 年 4 月	西北第二民族学院副院长
		2008 年 4 月至 2013 年 5 月	北方民族大学副校长
		2013 年 5 月至 2013 年 6 月	北方民族大学正司级调研员
雷崇民	汉族	2006 年 4 月至 2008 年 4 月	西北第二民族学院党委副书记、纪委书记
		2008 年 4 月至 2020 年 4 月	北方民族大学党委副书记、纪委书记
闵文义	藏族	2006 年 4 月至 2008 年 4 月	西北第二民族学院副院长
		2008 年 4 月至 2017 年 3 月	北方民族大学副校长
张维民	汉族	2011 年 4 月至 2017 年 7 月	北方民族大学副校长
		2022 年 12 月至 2023 年 1 月	北方民族大学三级职员
高岳林	汉族	2011 年 4 月至 2023 年 10 月	北方民族大学副校长
东・华尔丹	藏族	2013 年 7 月至 2019 年 7 月	北方民族大学副校长
		2019 年 7 月	北方民族大学党委副书记
李岩青	回族	2017 年 7 月至 2022 年 12 月	北方民族大学副校长
保文星	回族	2017 年 7 月	北方民族大学副校长
陈永奎	藏族	2018 年 5 月至 2023 年 9 月	北方民族大学副校长

续表

姓　名	民　族	任职时间	职　务
李红燕	回族	2018 年 5 月至 2023 年 9 月	北方民族大学总会计师
王永强	汉族	2019 年 7 月至 2023 年 7 月	北方民族大学党委副书记、副校长
伍永章	回族	2020 年 6 月	北方民族大学纪委书记
王宏晓	蒙古族	2022 年 12 月	北方民族大学副校长
毛建东	回族	2023 年 11 月	北方民族大学副校长
黄永东	汉族	2024 年 7 月	北方民族大学党委副书记、副校长
王建伟	回族	2024 年 6 月	北方民族大学党委常委、副校长

四、现任校领导

姓　名	民　族	任职时间	职　务
李俊杰	汉族	2019 年 7 月	北方民族大学党委副书记、校长
		2023 年 3 月	北方民族大学党委书记
东·华尔丹	藏族	2019 年 7 月	北方民族大学党委副书记
保文星	回族	2017 年 7 月	北方民族大学党委常委、副校长
黄永东	汉族	2024 年 7 月	北方民族大学党委副书记、副校长
伍永章	回族	2020 年 6 月	北方民族大学党委常委、纪委书记
王宏晓	蒙古族	2022 年 12 月	北方民族大学党委常委、副校长
毛建东	回族	2023 年 11 月	北方民族大学党委常委、副校长
王建伟	回族	2024 年 6 月	北方民族大学党委常委、副校长

2. 北方民族大学机构设置一览表

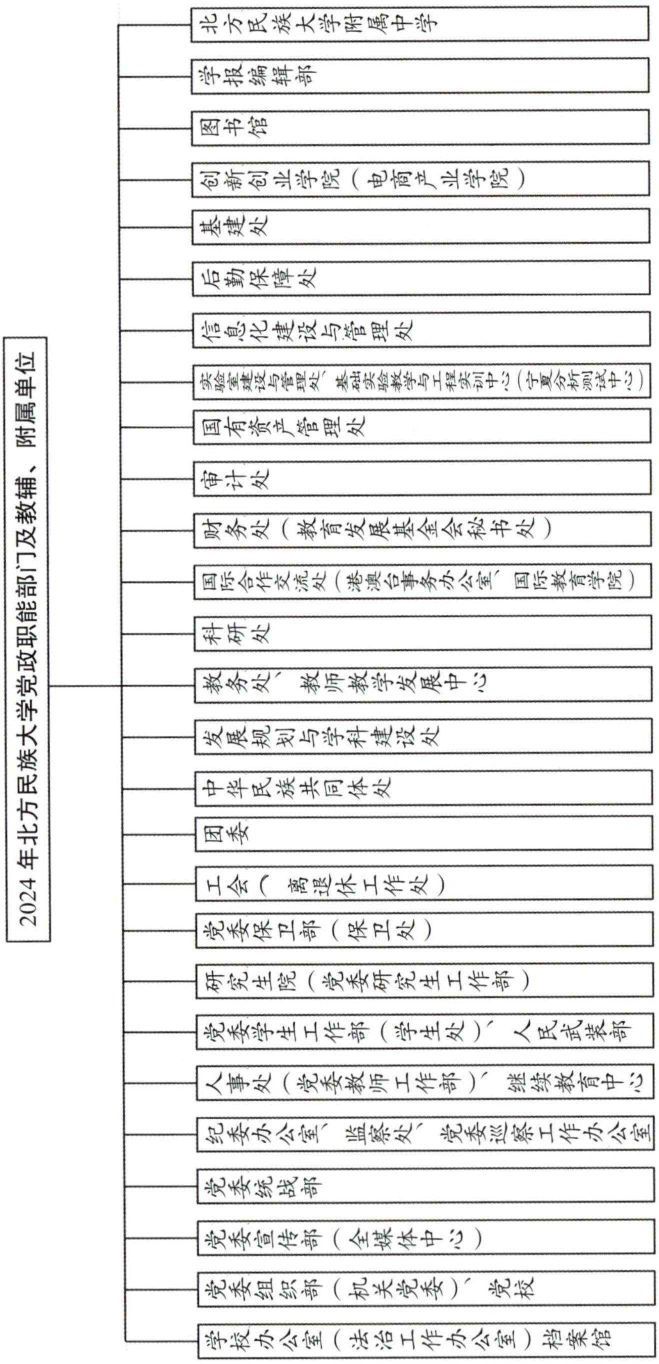

2024年北方民族大学教学单位

- 预科教育学院
- 设计艺术学院
- 音乐舞蹈学院
- 管理学院
- 商学院
- 医学技术学院
- 生物科学与工程学院
- 化学与化学工程学院
- 土木工程学院
- 计算机科学与工程学院
- 电气信息工程学院
- 材料科学与工程学院
- 机电工程学院（先进装备制造现代产业学院）
- 数学与信息科学学院
- 外国语学院（区域国别研究院）
- 文学与新闻传播学院
- 体育学院
- 马克思主义学院
- 中华民族共同体学院（中华民族共同体研究院）
- 法学院
- 经济学院

3. 北方民族大学学术机构一览表

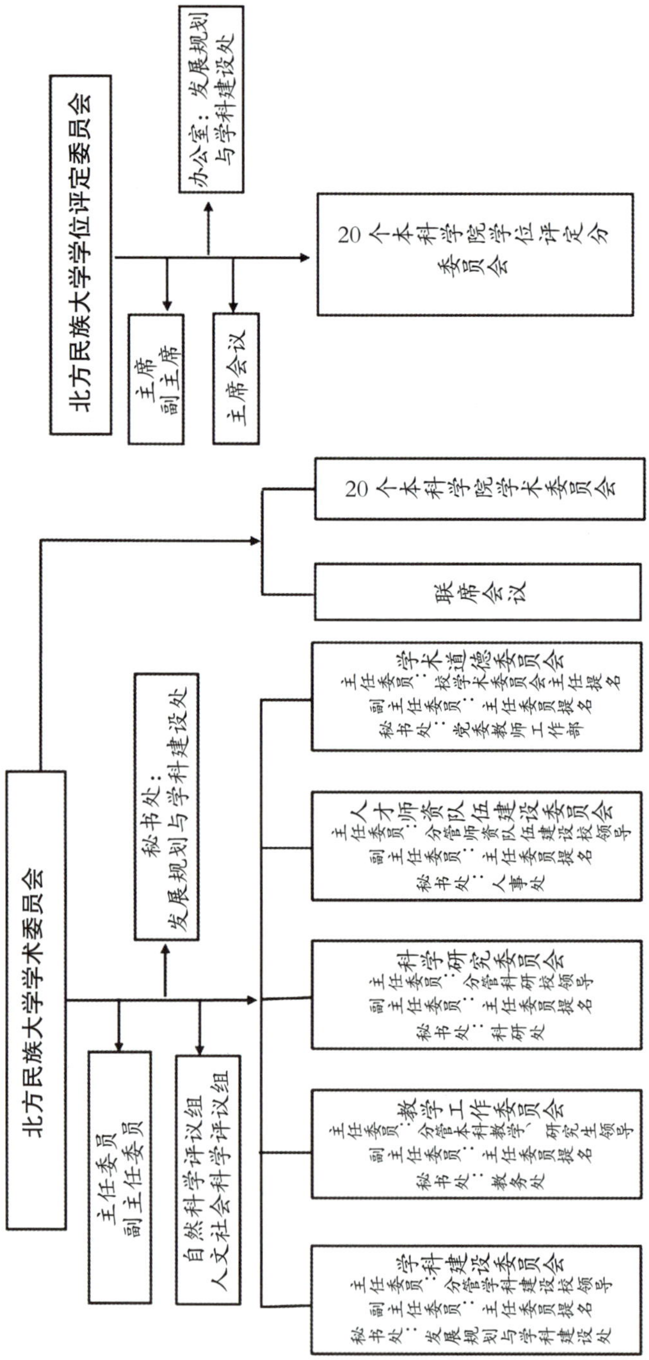

4. 北方民族大学教职工名录（2014—2023）

一、在职人员名单（按姓氏笔画排序，共 1439 人）

单位：人

部　门	姓　名	共计
学校办公室、档案馆	丁雪鹏、马少刚、马志坚、王恒、王路平、艾娟、占西锋 李莹、李健、贺文泰、铁志文、曹冲凌、崔丽娜	13
党委组织部、党校	冯磊、刘连根、杜玮、李长法、肖国炜、何建宁、周炜 崔丽、景兆玺	9
党委宣传部（全媒体中心）	马广成、李乐、李高峰、金华、郑薇薇、胡威	6
党委统战部	李俊杰、吴将	2
纪委办公室、监察处	王佳琳、杜霖、李树宇、杨丽莉、吴芊芊	5
中华民族共同体处	马宇峰、王泽勇、郭伟	3
人事处（党委教师工作部）、继续教育中心	王希、王欣、付晓、丛媛、乔玮、齐赫、宋毅、张志莹 陈学琴、秦鹏飞、寇倩雯、彭新媛、程城	13
党委学生工作部（学生处）、人民武装部	马驰、马翠萍、王丽萍、王振宁、王哲、闫艳艳 麦尔丹、李文强、杨艳丽、张方驰、张礼娟、陈文 苗瑞龙、范志宏、赵静、柳懿、董军平、谭奥严	18
研究生院（党委研究生工作部）	李佳芮、李家伟、杨志刚、杨卓、张芸霞、张爱龙 洪凯悦、高占勇、韩丽丽	9
党委保卫部（保卫处）	丁志勇、才腾、马东、马旭、史永忠、刘洋、刘海龙 孙晓莉、吴发松、吴学忠、何伟、思迎东、黄建明	13
工会、离退休工作处	马玉龙、王维东、苗虎、范廷龙、魏燕	5
团委	白玲、彭鹏	2
发展规划与学科建设处	卜聿炜、王雪莲、李颖霞、吴学忠、张懿平、赵茜	6
教务处、教师教学发展中心	才让旦巴、马龙龙、马旭东、马倩、马瑞、王仁祺 王建伟、包晓彤、李娜、张晓菊、陈烁、陈章 陈婉琪、金英莲、周蕴、孟晓丽、胡子轩、袁惠 索沛蘅、徐佩瑶、续晶喆	21
科研处	王皓、冉旭江、李石、李晶、周炳伟、贺云、焦向炜	7
国际合作交流处（港澳台事务办公室、国际教育学院）	白华龙、范佩华、赵晓娟、秦媛媛、栗志超、黄春燕	6

续表

部 门	姓 名	共计
财务处、 教育发展基金会秘书处	万自如、马佳、王文娜、王军、王育玲、文雯、兰雅楠 任嘉琦、齐建春、李占斌、李倩、杨文亮、梁祯、覃琳 薛晓末	15
审计处	赵颖、姜卫卫、高原	3
国有资产管理处	王村、方威、李振彬、杨海霞、沈岳枫、陈艳芳 郑伟、崔楠	8
实验室建设与管理处、基础实验教学与工程实训中心（宁夏分析测试中心）	牛树飞、毛速、刘洪涛、李一鸣、李彬、张姣、周天琦 赵丽敏、王云辉、王玉玉、王睿鹏、韦海成、石万里 朱亮、许凯歌、孙永兴、李海玲、李静、杨建新、杨特 何天成、陈亚奇、拓守君、郑斐、赵华	25
信息化建设与管理处	丁剑、丁辉、马玲、马锋、冯小鑫、李庆达、李季 张加、陈旭、聂朋展、景永俊、谢建勋	12
后勤保障处 （后勤集团）	于君、马义飞、马红、马继勇、王成、王军、方彦锋 冯芳芳、刘占才、刘兰花、刘灵霞、李伟坚、吴海鹏 宋李杰、张建中、张斌、纳文军、查干花、柴旭强 徐银川、姬磊、蒋玉荣、程占虎、强金成	24
基建处	马秉智、苏毅、李群、何永斐、赵振亚、秦彦龙	6
创新创业学院	马山炯、王珑、余国林、辛勇宏、梅花·托哈依	5
图书馆	于淑霞、马丽、马忠诚、马金梅、马晓梅、王红梅 王岚霞、王玲、王媛媛、付荣、包海燕、刘丽、刘海燕 严晓媛、李学文、李楠楠、杨军、吴仰玉、佟捷 张彩香、张彩霞、陈永平、陈瑜、周子璇、郑敏 郑静、屈冠军、赵德芳、姚伟、聂枫、原爱萍 黄晓华、阎秋娟、梁勇进、隆新民、颜登慈	36
学报编辑部	马明德、冯雪红、李小凤、陈帅、海晓红	5
北方民族大学附属中学	陈治华、黄发雷	2
经济学院	丁喆、马立军、马宁、马明娟、马琴、王丹莉、王柏岩 王清、王瑛、王瑞、邓春朝、古拉伊姆·奥布力 朱琳、乔志霞、任志军、刘七军、刘自强、关春玉 李苏、李昭楠、李晓娟、杨云帆、杨晓春、杨晓荣 吴亚奇、沈玉芸、宋洁、张玉荣、张正斌、张晓凤 陆冰洁、陈丽萍、纳慧、范建荣、范莹、尚元君 罗晓娟、周艳、周新黎、郑爱文、宝哲、宗鑫、赵会霞 赵翊、胡菲菲、保路阳、姜羽、夏菲菲、殷文奇 梁飘飘、韩纪江、焦阳、蔡笑春、廖文、黎秀梅、潘倩	56

续表

部　门	姓　名	共计
法学院	丁雪峰、于常青、马丽、马涛、王生华、王旭杰 王海燕、王银梅、王颖、计莹、孔丽霞、田王丽 白光珍、刘庆国、刘阳、刘芙格、刘蓉、李心淑 李丕祺、杨玉明、杨芳、肖进成、吴学智、余成刚 汪亚光、沈辉、张无双、张晓琴、张馨、范文舟 易军、周兆栋、赵丽、胡姝雯、哈斯巴根、哈腾 施海智、闻立军、聂萍、唐霞、黄爱学、董麟涛 黑静洁、程琰、谢慧、熊宇	46
中华民族共同体学院、中华民族共同体研究院	丁万录、丁明俊、卫力勤、马志英、马学娟、马建民 马建福、马倩玉、王丽霞、王宏涛、王瑞、王新华 王巍、仇王军、刘冬、孙昌盛、纪振奇、杜丹 杜华君、李军、杨荣斌、杨蕤、何粉霞、汪津生 宋冰、张多勇、张淳、张景明、张福强、陈文祥 陈旭、陈红梅、周明帅、周晶、胡祥琴、段西宁 勉卫忠、聂君、夏文婷、夏亮亮、海全宝、扈文英 斯琴、戴宁宁	44
马克思主义学院	丁海涛、丁惠、马永吉、马芳、马迎、马惠兰、马媛 王明龙、王萍、左新亚、史凌、白蓉、吕娜、闫国芳 严丽娜、李红梅、李红梅、李铁莉、杨荟娟、杨晓萍 吴尹浩、吴亮、张廷刚、张振宁、张媛、陈祎、陈晶 周莉、周耀明、赵郝锐、胡跃、钟梅燕、禹正权 贺燕、贾珊珊、贾瑞琴、徐晓美、徐蓓雯、高炜 高梅、海云志、海存福、黄彦华、黄桂华、黄倩 盛芮、鲁慎、谭月娥、樊玉婷	49
体育学院	丁平、马瑶、王少君、王平、王向恒、王乾菁、王雷 牛跟田、田燕、兰雷、刘天博、刘和昌、刘波、刘学荣 刘钰姗、刘跃东、苏丽娜、杨成、杨涛、杨森、张莉 张皓、张新霞、陈琦、武力、范文广、林云绯、赵智 哈瑾、段彩虹、高朋朋、高素娥、席月亮、黑生林 谢军奎、解皓、戴奇	37
文学与新闻传播学院	丁雪飞、马世贵、马君花、马学清、马晓刚、马海翔 马辉芬、马瑞、马慧茹、王雯萱、卢佳、叶炜、宁晓杰 吕颖、刘晨红、祁国宏、李亚利、李芮婷、李拜石 李萍、李雷东、杨克敏、杨苏平、杨应昌、冶进海 张学霞、张秋红、张洪友、张银霞、金龙、周清叶 赵彦、赵慧、茹岩、保惠、施文斐、姜文姬、姜晓红 钱文霞、徐井楠、徐玉英、徐国荣、高宗池、郭玉梅 郭艳、郭艳华、陶萌萌、曹天府、曹璐璐、崔昆 崔宝莹、康勇、韩慧光、黑学静、魏先华	55

续表

部　门	姓　名	共计
外国语学院	丁媛、于雪茹、门娟、马生坚、马冬梅、马迁、马志山 马晓凤、马晓琴、马悦琪、马楠、马燕芳、王丹妮 王冬梅、王亚敏、王丽薇、王晓华、王晓玲、王海岩 王静、王鑫蕊、车凤成、毛莉、尹燕燕、孔令笛 龙倩彤、田仲福、史敏、冯丽慧、朱新华、刘春燕 刘星、刘晓艳、刘晓艳、刘薇、闫晓雅、闫媛媛、 安琪、麦春萍、杜娟、杜惠玲、李林、李贺、李清明 李雯雯、李强、杨林、杨政红、杨亮亮、杨晓丽 杨晓琳、杨博、吴坤、何玉红、何立刚、沈妍斌 宋翠萍、张大林、张廷芳、张玫、张洁、张晓瑾 陈卓、陈梅霞、陈曦、易志亮、呼彦成、周丽艳 周慧宁、郑砚、赵安滢、赵宝山、赵莺、赵继军 赵琳、郝亚利、胡妮妮、骆卫星、秦春香、袁媛 郭丽、郭晶、陶瑞、寇雅儒、韩尧、熊学惠、魏利霞	87
数学与信息科学学院	丁维福、万仁霞、马少娟、马玉焘、马东兴、马自萍 马军、马泽玲、马晓玲、马耀兰、王小刚、王纬州 王涛、王婧、孔妮娜、邓凯、申菊梅、冉金花、兰斌 吕佳、吕淑婷、朱小龙、朱凤娟、朱立军、朱玲珊 乔英、刘艳、刘慧、许生虎、许昌林、孙力、孙滢 纪峰、李三三、李石英、李欣、李春光、李济民 李晓阳、李海燕、杨录峰、杨叙、杨莉、杨婉蓉 吴砚婕、何尚琴、汪金燕、沈菊红、张光晨、张宏武 张岩、张建彬、张孟青、陈瑞鹏、范亚静、虎旭林 罗凯丹、郝自军、胡晓健、柳伟、哈金才、秦传东 贾延、高义、高岳林、郭永萍、曹凯、常培菊 常霞、麻硕、董建强、董晓亮、雷雨婷、蔺守河 薛贞霞、魏波	76
机电工程学院	丁少虎、卜令昕、马聪、王丽、王玥、王岩平、王彩霞 王富伟、王瑶、冯瑞、巩鑫、吕硕、朱新杰、朱德馨 刘广君、刘宏、汤占岐、孙红霞、李茂强、李涌泉 杨斌、何燕妮、宋晓川、张甘宁、张东利、张春涛 张秦玮、张腾、武美先、林晓红、郑彦平、赵丽、赵涛 南晓辉、侯韦、娄小飞、秦春、高大卫、高阳、高丽敏 席宁山、唐显均、唐鸿雁、康亚明、梁园、梁靓、蒋亮 雷婷、撒磊、樊婧佳、穆春阳	51

续表

部　门	姓　名	共计
材料科学与工程学院	马玉萍、马金福、马波、马建军、马赛、王北平、王康 王智华、开斯尔江・艾克拜尔、卢辉、冯亚娟、冯刚丽 冯俊宁、华炜、刘利盟、刘畅、刘贵群、刘美玲、刘潇 齐康儒、闫骏、许德美、孙文周、孙嘉洛莎、严祥辉 杜江华、李丹、李东、李宁、李吉林、李茂辉、杨少林 杨婷婷、吴文利、吴建栋、吴宁、邹忠利、汪德伟 沈宏芳、张小丽、张旭、张守村、张笑、陆有军 陈占林、陈宇红、陈炜晔、陈斌、武金龙、房国丽 荣娟玲、侯春平、侯俊峰、耿桂宏、钱勇强、徐照芸 高小艳、高心、郭生伟、海万秀、盛之林、崔丽华 梁博、董成、董福元、韩凤兰、韩非、程玉梅、蔡淑娟 薛同、薛敏、薄涵月、魏杰	73
电气信息工程学院	丁晓军、丁黎明、马天勇、马天鹏、马玉韬、马行 马宏兴、马玲玲、马奎、马超、马源泽、王一钍 王志会、王君瑞、王叔洋、王强、王瑞东、白顺先 包瑞、冯翼、师洪涛、朱战涛、刘凡齐、刘芳、刘佳 刘锋、许甜甜、杜文祯、李学生、李维银、李越林 李雁林、杨艺、杨旭英、杨尚林、杨翠、肖明霞 肖学峰、张广忠、张白、张全山、张欢、张伶、张怡 张俊根、张莎、张浩元、张新闻、张薇、张巍巍 阿力木、阿不拉江・艾买提、虎恩典、和玉梅、周春艳 郑文凯、郑华、赵丽、赵伶俐、赵虎、赵霞、赵霞 信丽萍、饶志敏、祝玲、姚文娟、夏佳琦、钱颖、高峰 海莲、黄现莲、盛洪江、康学亮、寇佳羽、程锦霞 温景阳、雷玉玺、鲍润华、鲍禧饶、樊荣、潘佳仪 潘俊涛、魏同利、魏舒怡	84
计算机科学与工程学院	丁红胜、丁静、于千城、马飞、马占有、马轩、马金林 马萍、马瑞士、王晓峰、王海荣、支力佳、石佳圆 田金琴、白静、邢成、任荣、刘冬、刘纳、刘建平 刘森、汤清信、孙鉴、苏淑霞、杜萌、李卫军、李娟 李强、李毅、杨春野、杨俊、杨鹏、杨鹏、邹培忠 张小伍、张少敏、张乐、张丽娅、张欣、张学琴 张海霞、张紫涵、张霖、陈静、林淑飞、季新芳 金巍、周涛、屈克文、赵娟娟、赵巍、姚建绩、贺钧 贾艳波、徐东燕、徐贞顺、高伟、郭思莹、崔丽娜 蒋少莉、蒋少萍、韩萌、韩强、焦舒玉、谢开斌 谢虎、雷冰冰、樊雅	68

续表

部 门	姓 名	共计
土木工程学院	于长虹、马小刚、马占武、马光明、马肖彤、马玲 马艳、马琴、马慧、马瑾、王永平、王芳、王维红 吕岁菊、吕阳川、刘丹丹、杜军、李抗彬、李晖 李娟、杨军、杨桢、杨超、杨程、吴旭、何妍亭 张立新、张艳、张尊扬、陆华、陈美君、拓明阳 赵帅、郝改瑞、胡云香、俞海、韩静云、景何仿 程臻赟、傅博、雷浩	41
化学与化学工程学院	卜春苗、于雅妮、马小华、马伟、马秉振、马晓明 马晓莉、王芳、王国荣、王固霞、王凯、王学、王毅敏 王燕霞、白志浩、朱桂花、刘天霞、刘亚凤、刘海 齐宾、江志波、花儿、杜春、李春龙、李梅、李慧 杨晋、杨静玲、吴国强、何杰、宋智、张正国、张西亚 张姗姗、陈传捷、陈瑶瑶、郝旭强、南泽东、柯义虎 柳华、姜国平、袁红、徐荣声、高彩云、郭鑫、敏世雄 续京、靳治良、靳菲、雷敏军、鲍利伟、雒春辉 魏红星	53
生物科学与工程学院	丁晓东、丁晔、于淑坤、马文平、马永平、马爱瑛 马海军、王军节、王建礼、王晓锋、王静、王翠平 王薇、韦利娜、尤丽琴、贝盏临、乌日娜、方苏 邓晓娟、石淳、卢跃红、朱娟娟、任玉锋、刘伯霞 刘秉儒、刘建平、刘建利、刘雅琴、闫兴富、安雅静 许建韧、杜金莉、李欢欢、李敏、李靖宇、杨晨希 吴玉洁、吴凯、宋长冰、张怀予、张欣、张琇、张嫱 张磊、阿不都外力·艾尔西丁、陈文娟、陈海魁、范瑞娟 林勤、尚洁、周立彪、官银学、屈欢、赵会君、赵清梅 胡文超、思彬彬、钟茜、倪志婧、徐小春、徐文娣 高春燕、郭婷、崔利平、康鹏、梁威、韩立宏、雷茜 魏玉清、魏兆军、魏子奇	71
医学技术学院	马丽梅、马旺莉、冯少彤、杜佳雨、李帅、汪建林 宋晓峰、张玲、陈凌、赵志军、赵晓晔、高红梅、高洋 曹晓虹	14
商学院	丁婷、马金花、王伟、王金云、王波、王建华、王春 王珊君、王悦、王娟、王梁、王瑜、王楠、王滔、尹春洋 孔红缨、田敏、付金存、冯茜、邢拴民、光晖、任现增 刘建功、关蕾、祁伟宏、麦海娟、麦海燕、苏晓、李玉霞 李志坚、李明、李学文、李慧慧、杨保军、杨娇、宋新欣 张灿、张海峰、张锐、张瑞麟、陆宁、陆姗、陈乔娜	

续表

部　门	姓　名	共计
商学院	苗婷、金学惠、周浩宇、郑惠珍、宗永锋、赵文进、赵明 赵家驹、胡银闪、段炜华、祖丽皮耶·伊敏、秦蕾 徐双全、殷丽娜、高晓勤、黄丽霞、曹建巍、韩秉智 景娥、程小琴、曾新丽、雷萍、雷婷、潘昱庭、魏红玲 魏瑜	69
管理学院	丁海宁、万佳、马小燕、马晓丽、马海龙、马辉、马瑞 王文、王玉栋、王龙海、王雨檬、王凯、王艳、王瑜 王蕊、冯学兰、邢媛、任兆晴、刘丽、李东林、李存林 李先锋、李艳军、李银娌、李锋、李静、沙爱霞、宋莉 张红梅、张超、张瑜、张慧、金连平、胡玲、贾耀锋 热拉·图尔荪、顾恺、曹晶晶、彭婧、韩超、景曦 路彩红	42
音乐舞蹈学院	马欢、马骁、马润涛、王宇、王博、王瑞文、王蓓蓓 王鹏、王睿、牛雅林、毛文昊、石小锋、田丽芬、付超 包颖、邢刚、吕婧、刘庄、刘宏、刘越、关爱华、许婷 孙迎洲、杜娟、李小亚、李文清、李奇澳、李彦坤 李宴君、李雯雯、李晶晶、李舒艺、李锦赫、李颖 李蔚然、李澜、杨洋、杨勇、杨晓芸、杨珺萍、杨惠萍 何皎、张向勇、张韧洁、张海楠、张嘉婧、陈蔚 范文杰、金枫、受梦婷、周倩、周蔚、屈舫、赵宏伟 胡一曼、钟卫军、段茹、段海燕、贺思娴、秦威 贾燕、夏丹丹、徐阳、高杨宏、郭晶晶、常慧、韩春 鲁姝瑾	68
设计艺术学院	马列芳、马丽茵、马岩、马静兵、王毛、王佳雯、王波 王珊珊、王雪梅、王婧婧、王薇、石磊、龙凯音 史维纳、任武列、任涛、刘伟、刘宝云、刘斌、刘嘉慧 苏冠元、李东其、李峰、李娟、杨占河、杨立泳 谷远亚、张戈、张永莉、张哲、张笑庆、陆文军 陈玲、陈洁、陈晨、陈雅媛、庞莉、赵怡、赵菁 赵得成、郝红杰、郝淑琼、胡国旺、柳庆龄、贾琳 郭媛、席燕、姬忠华、龚雅敏、崔清浩、彭婷、葛英楠 董天坛、鲁阔、曾明、颜陶、潘琨、戴昕芯、魏文瑾	59
预科教育学院	丁三梅、马一木、马艳蓉、马莉莉、马海燕、王英雄 日孜完古丽·库尔班、乌云、刘霞、李尔煜、吴亮 何丽娟、何莹松、陈红珍、租力米热木古力·达吾提 郝云峰、魏夏南	17

二、离退休教职工名录（按姓氏笔画排序，共 268 人）

丁文庆、丁洪新、于永茂、于志宁、刁娟、马少龙、马文德、马冬青、马负图、马秀英、马君、马学珍、马泉山、马振祥、马海平、马维祥、马燕芳、王广聪、王长义、王引萍、王正明、王正粟、王圣节、王迈、王刚、王延星、王岩、王波、王怡、王宗予、王建国、王建明、王绍梅、王幽深、王保荣、王晓娥、王笑、王笑婷、王海琴、王润虎、王润虎（小）、王琳瑛、王富洲、王新元、王福平、王增福、王檪、牛勇、牛素丽、乌仁娜、方生悟、方建忠、尹桂春、艾小年、左力光、左宏阁、左新春、石奋苏、叶志萍、叶建宝、田宏印、田俊忠、史清、付占宝、白芸、白医、白盛文、白维仁、包晴、冯祖洪、冯淑英、冯淑惠、冯镜如、邢爱英、巩天宝、成静、吕国安、朱怡钧、朱建英、朱菁、任贤、任萍、任维桢、华泽蓓、刘小弟、刘文伦、刘冬梅、刘光岫、刘阳生、刘芬、刘启刚、刘佩琳、刘炜、刘建民、刘晓华、刘萍华、刘锡荣、刘静波、闫丽君、关雅辉、江涌、祁利民、许钟宁、许雁、孙逸生、纪平、严会君、苏洁、杜茜、杜睿荣、李力、李化镇、李生信、李华、李丽、李岩青、李建军、李映姝、李晓云、李晓东、李景斌、李燕来、杨大庆、杨兆祺、杨建宁、杨建国、杨相琴、杨晓春、杨晓峰、杨爱毛、杨海顺、肖忠、吴澜尔、何剑、何霞、佟幼生、余世伦、余淑珍、余瑞霞、狄林、闵冬梅、汪生泉、沈玉林、沈海亮、宋芹、张乃恭、张月凤、张书杰、张玉霞、张尔晶、张秀霞、张虎生、张建人、张春莹、张春梅、张俊华、张晓京、张爱萍、张继红、张菊祥、张银侠、张淑萍、张维民、张惠秦、张静、张静、张靠稳、张德朴、张鹤龄、陆峰、陈良荣、陈妍、陈粹华 、陈翠英、邵德舜、纳建宁、武兆辉、武宇林、苗天瑞、林涛、罗志勇、金艳芳、周立夏、周军、周爱兰、周清禄、郑金千、郑新宁、屈振华、孟方、孟庆霞、赵红丽、赵建平、赵海燕、赵维启、赵福祯、胡之田、胡金标、胡育红、冒东奎 、侯卓生、侯荣、恒勇、祖晓春、姚栎、泰敏荣、袁运侠、袁凌峰、耿洪爱、聂堆仓、索建英、栗学武、贾云虹、贾玉莲、贾秀芳、夏合群、顾坚华、柴丽娴、党秀英、徐怀堂、高旺山、高建国、高桂莲、高海涛、高薏、郭亚渔、郭兴周、郭兴荣、郭建军、郭耀林、陶凤琴、黄燕尤、曹君迈、曹格巴图、戚大强、盛喜郁、崔秀梅、崔海胜、康文平、梁旭红、

寇金香、彭琨、斯琴高娃、董云峰、董速、董敏、蒋瑶、景永时、智秀珍、程少林、童凤英、曾健美、谢明、强毅、楼雪筠、雷勇、雷崇民、蔡静之、蔡永敦、翟素勤、潘义田、潘自力、戴宁、魏凤兰、魏忠贤、魏淑清、魏瑞红、蹇人宜

三、已故教职工名录（按姓氏笔画排序，共 44 人）

马宁平、马玲、马媚雄、王玉梅、王汉臣、王发存、王启华、王学忠、王晓飞、王银、王辉、孔勤、玉国、叶长生、白文龙、匡瑜、吉雁宾、朱玉辉、刘茂海、刘勋华、李广泽、李伟、李志敏、李国祥、李衡昌、杨长安、杨德超、张存财、张尚志、张建宏、张鸿才、张群辉、陈维志、陈仁、纳连喜、纳秀英、郑耀君、赵治荣、赵熙良、哈彦峰、姜国华、梁晓波、隆俭生、魏长平

四、调离、辞职教职工名录（按姓氏笔画排序，共 118 人）

刀波、丁飒飒、于熠、马丽君、马蓉、马筱红、王东、王立娟、王永和、王永强、王亚军、王贞、王江静、王金山、王茜、王荣飞、王美怡、王圆圆、王海兵、王锦涛、王鹏、牛荟玲、乌兰其木格、文巍、尹忠明、孔翔宇、石恩华、申明尧、付仪、白依凡、成媛、吕梁、伊力扎提江·依马木、刘佳音、刘婷、刘洁、齐静、许宪隆、孙宏亮、孙明明、李卫军、李光荣、李延睿、李红梅、李红燕、李岩波、李菡、李银慧、李潇、李联辉、杨红星、杨丽萍、杨海洪、杨捷、杨敏、杨鹏元、杨德亮、束锡红、吴旭红、吴波、何瑞、余媛媛、闵文义、宋华、张旭、张凯、张晓鹏、张琳、张晶、张瑞、张鲲、陆歆怡、陈永奎、陈花、陈茂荣、陈明、武娟、周恩智、郑红艳、赵天英、赵林栋、赵晓琼、郝苗、郝逸帆、钟珲、侯军红、侯亭波、勉治宝、姜久雷、洪伟、贾玉玺、夏吾仁青、顾俊杰、倪建雯、高乐、高国富、高晓英、高晨阳、郭郁烈、郭晶晶、黄永东、梁贤、梁硕、梁冀宁、董晓丽、蒋玉娟、韩叶盛、韩建夫、韩艳艳、智挥、谢海涛、强巴才让、强甜甜、楚栓成、雷兴明、雍学锋、樊晔

五、柔性引进人员名录（按姓氏笔画排序，共 68 人）

于灵敏、马晓霖、马意龙、王坤、王建军、王继平、王银春、王燕民、尹忠明、卢越、叶永康、田军仓、包国宪、冯伟、吕科、朱士信、华灯鑫、危言、刘中民、刘渊、闫志杰、许宪隆、许勇、孙伯君、李会荣、杨言洪、杨奇星、杨国平、闵巍庆、沈明望、张讲社、张春霞、张勇、张涛、张跃胜、张深根、张富、林洪伟、林乘东、欧俊杰、易东、岳晓冬、周文书、周玲强、胡飞、胡若、姚永红、姚善泾、袁学刚、耿建新、聂鸿音、党怀兴、徐维东、徐维军、郭向欣、郭志华、黄川、章建国、商亚芳、隋岩、董勇、蒋树强、曾明湧、臧爱彬、裴斌、潘忠宇、魏兆军、Mihai Postolache

六、聘任院士、客座教授名录（按姓氏笔画排序，共 91 人）

何季麟、丁郁、丁建宝、于鸿君、马文兵、马延安、马泽强、马荣、马晓霖、王明珂、王振林、元杰、艾四林、白萌、包文、冯璐璐、宁雪峰、任大喜、刘中元、刘建旭、刘建军、刘彦宁、刘策、池向国、祁珍、孙立宁、孙熙国、严文藩、苏凤丽、苏建宁、杜志江、李凤杰、李刚、李陇堂、李荣华、李娟、杨占武、杨军、杨国平、吴超、吴潜涛、何伟洁、何建军、妥永苍、沈军、张育荣、张学贤、张俊勇、陆长德、奉禄昌、武良缮、林凤洙、林桂军、迪里拜尔、岩井洋、罗林、金忠杰、金炳镐、周广仁、周玲强、郑新平、波波娃、房经贵、孟江飞、赵建军、赵润澈、胡绍皆、柳萍、钟扬、原晓雷、徐武、高有祯、郭卫东、郭宏伟、郭剑锋、郭维、唐孟生、陶雨芳、黄永东、崔灿洙、屠国军、彭凡、葛亚南、赖福军、赫天江、薛冰、Basri Bin Rashid、Eltayeb Ahmed Shomo、Mohammad.Mohisn、Nazik/Hamid Ali Elhashmi、Shaharuddin Tahir

5. 北方民族大学学科专业发展一览表

序号	专业代码	专业名称	修业年限	学位授予门类	所在院、系名称	开设年度
1	030101K	法学	四年	法学	法学院	1991
2	50101	汉语言文学	四年	文学	文学与新闻传播学院	1991
3	20101	经济学	四年	经济学	经济学院	1996
4	80901	计算机科学与技术	四年	理学 工学	计算机科学与工程学院	1996
5	020301K	金融学	四年	经济学	经济学院	1997
6	50201	英语	四年	文学	外国语学院	1997
7	60101	历史学	四年	历史学	民族学学院	1997
8	120204	财务管理	四年	管理学	商学院	1997
9	70102	信息与计算科学	四年	理学	数学与信息科学学院	1998
10	70101	数学与应用数学	四年	理学	数学与信息科学学院	1999
11	120203K	会计学	四年	管理学	商学院	1999
12	80703	通信工程	四年	工学	电气信息工程学院	2000
13	80801	自动化	四年	工学	电气信息工程学院	2000
14	130201	音乐表演	四年	艺术学	音乐舞蹈学院	2000
15	71201	统计学	四年	理学	数学与信息科学学院	2001
16	80205	工业设计	四年	工学	机电工程学院	2001
17	80301	测控技术与仪器	四年	工学	电气信息工程学院	2001
18	120901K	旅游管理	四年	管理学	管理学院	2001
19	130202	音乐学	四年	艺术学	音乐舞蹈学院	2001
20	130205	舞蹈学	四年	艺术学	音乐舞蹈学院	2001
21	20401	国际经济与贸易	四年	经济学	经济学院	2002
22	80206	过程装备与控制工程	四年	工学	机电工程学院	2002
23	80401	材料科学与工程	四年	工学	材料科学与工程学院	2002
24	83001	生物工程	四年	工学	生物科学与工程学院	2002
25	120801	电子商务	四年	经济学 管理学 工学	商学院	2002

续表

序号	专业代码	专业名称	修业年限	学位授予门类	所在院、系名称	开设年度
26	130402	绘画	四年	艺术学	设计艺术学院	2002
27	50301	新闻学	四年	文学	文学与新闻传播学院	2003
28	71002	生物技术	四年	理学 工学	生物科学与工程学院	2003
29	80903	网络工程	四年	工学	计算机科学与工程学院	2003
30	120201K	工商管理	四年	管理学	商学院	2003
31	80902	软件工程	四年	工学	计算机科学与工程学院	2004
32	81301	化学工程与工艺	四年	工学	化学与化学工程学院	2004
33	120401	公共事业管理	四年	管理学	管理学院	2004
34	50207	日语	四年	文学	外国语学院	2005
35	50303	广告学	四年	文学	文学与新闻传播学院	2005
36	80407	高分子材料与工程	四年	工学	材料科学与工程学院	2005
37	80601	电气工程及其自动化	四年	工学	电气信息工程学院	2005
38	71001	生物科学	四年	理学	生物科学与工程学院	2006
39	80203	材料成型及控制工程	四年	工学	机电工程学院	2006
40	120102	信息管理与信息系统	四年	管理学 工学	计算机科学与工程学院	2006
41	120206	人力资源管理	四年	管理学	商学院	2006
42	81302	制药工程	四年	工学	化学与化学工程学院	2007
43	130310	动画	四年	艺术学	设计艺术学院	2007
44	50304	传播学	四年	文学	文学与新闻传播学院	2009
45	80701	电子信息工程	四年	工学 理学	电气信息工程学院	2009
46	82701	食品科学与工程	四年	工学 农学	生物科学与工程学院	2009
47	120402	行政管理	四年	管理学	管理学院	2009
48	120601	物流管理	四年	管理学	商学院	2010
49	130203	作曲与作曲技术理论	四年	艺术学	音乐舞蹈学院	2010
50	50262	商务英语	四年	文学	外国语学院	2011
51	080414T	新能源材料与器件	四年	工学	材料科学与工程学院	2011
52	130403	雕塑	四年	艺术学	设计艺术学院	2011

续表

序号	专业代码	专业名称	修业年限	学位授予门类	所在院、系名称	开设年度
53	40201	体育教育	四年	教育学	体育学院	2012
54	71202	应用统计学	四年	理学	数学与信息科学学院	2012
55	80202	机械设计制造及其自动化	四年	工学	机电工程学院	2012
56	81001	土木工程	四年	工学	土木工程学院	2012
57	101003	医学影像技术	四年	理学	电气信息工程学院	2012
58	130204	舞蹈表演	四年	艺术学	音乐舞蹈学院	2012
59	130502	视觉传达设计	四年	艺术学	设计艺术学院	2012
60	130503	环境设计	四年	艺术学	设计艺术学院	2012
61	130504	产品设计	四年	艺术学	设计艺术学院	2012
62	30503	思想政治教育	四年	法学	马克思主义学院	2013
63	50206	阿拉伯语	四年	文学	外国语学院	2013
64	20202	税收学	四年	经济学	经济学院	2014
65	020305T	金融数学	四年	经济学	数学与信息科学学院	2014
66	81101	水利水电工程	四年	工学	土木工程学院	2015
67	130406T	中国画	四年	艺术学	设计艺术学院	2015
68	80204	机械电子工程	四年	工学	机电工程学院	2016
69	101004	眼视光学	四年	理学	电气信息工程学院	2016
70	080910T	数据科学与大数据技术	四年	工学 理学	数学与信息科学学院	2017
71	080907T	智能科学与技术（注：可授工学或理学学士学位）	四年	工学 理学	计算机科学与工程学院	2018
72	130208TK	航空服务艺术与管理	四年	艺术学	音乐舞蹈学院	2018
73	30401	民族学	四年	法学	民族学学院	2019
74	71004	生态学	四年	理学	生物科学与工程学院	2020
75	081006T	道路桥梁与渡河工程	四年	工学	土木工程学院	2020
76	080417T	智能材料与结构	四年	工学	材料科学与工程学院	2021
77	081304T	能源化学工程	四年	工学	化学与化学工程学院	2022

6. 北方民族大学省部级重点学科一览表

序号	类别	名称	学科代码	级别	批准部门	依托单位	批复时间
1	宁夏回族自治区一流学科	数学	0701	省部一级重点学科	自治区	数学与信息科学学院	2017.01
2		材料科学与工程	0805	省部一级重点学科	自治区	材料科学与工程学院	2017.01
3		电子科学与技术	0809	省部一级重点学科	自治区	电气信息工程学院	2017.01
4		民族学	0304	省部重点培育学科	自治区	民族学院	2021.05
5		应用经济学	0202	省部重点培育学科	自治区	经济学院	2021.05
6		中国语言文学	0501	省部重点培育学科	自治区	文学与新闻传播学院	2021.05
7		生态学	0713	省部重点培育学科	自治区	生物科学与工程学院	2021.05
8		化学工程与技术	0817	省部重点培育学科	自治区	化学与化学工程学院	2021.05
9		计算机科学与技术	0812	省部重点培育学科	自治区	计算机科学与工程学院	2021.05

7. 北方民族大学博士、硕士学位授权点发展一览表

一、北方民族大学博士学位授权点一览表

<table>
<tr><th>序号</th><th>学科门类</th><th>一级学科代码及名称</th><th>二级学科代码及名称</th><th>依托单位</th><th>一级学科获批年份</th></tr>
<tr><td rowspan="4">1</td><td rowspan="4">03 法学</td><td rowspan="4">0304 民族学</td><td>030401 民族学</td><td rowspan="4">中华民族共同体学院</td><td rowspan="4">2019</td></tr>
<tr><td>030402 马克思主义民族理论与政策</td></tr>
<tr><td>030403 中国少数民族经济</td></tr>
<tr><td>030404 中国少数民族史</td></tr>
<tr><td rowspan="5">2</td><td rowspan="5">07 理学</td><td rowspan="5">0701 数学</td><td>070101 基础数学</td><td rowspan="5">数学与信息科学学院</td><td rowspan="5">2021</td></tr>
<tr><td>070102 计算数学</td></tr>
<tr><td>070103 概率论与数理统计</td></tr>
<tr><td>070104 应用数学</td></tr>
<tr><td>070105 运筹学与控制论</td></tr>
</table>

二、北方民族大学学术型硕士学位授权点一览表

<table>
<tr><th>序号</th><th>学科门类</th><th>一级学科代码及名称</th><th>二级学科代码及名称</th><th>依托单位</th><th>一级学科获批年份</th></tr>
<tr><td rowspan="4">1</td><td rowspan="4">02 经济学</td><td rowspan="4">0202 应用经济学</td><td>020202 区域经济学</td><td rowspan="4">经济学院</td><td rowspan="4">2018</td></tr>
<tr><td>020204 金融学</td></tr>
<tr><td>020205 产业经济学</td></tr>
<tr><td>020206 国际贸易学</td></tr>
<tr><td rowspan="6">2</td><td rowspan="6">03 法学</td><td rowspan="3">0304 民族学</td><td>030401 民族学</td><td rowspan="3">中华民族共同体学院</td><td rowspan="3">2011</td></tr>
<tr><td>030402 马克思主义民族理论与政策</td></tr>
<tr><td>030404 中国少数民族史</td></tr>
<tr><td rowspan="3">0305 马克思主义理论</td><td>030501 马克思主义基本原理</td><td rowspan="3">马克思主义学院</td><td rowspan="3">2021</td></tr>
<tr><td>030503 马克思主义中国化研究</td></tr>
<tr><td>030505 思想政治教育</td></tr>
</table>

续表

序号	学科门类	一级学科代码及名称	二级学科代码及名称	依托单位	一级学科获批年份
3	05 文学	0501 中国语言文学	050101 文艺学	文学与新闻传播学院	2011
			050102 语言学及应用语言学		
			050103 汉语言文字学		
			050105 中国古代文学		
			050106 中国现当代文学		
			050107 中国少数民族语言文学		
			0501Z1 汉外对比语言学（目录外）	外国语学院	
4	06 历史学	0602 中国史	060202 历史地理学	中华民族共同体学院	2021
			060204 专门史		
			060205 中国古代史		
5	07 理学	0701 数学	070101 基础数学	数学与信息科学学院	2011
			070102 计算数学		
			070103 概率论与数理统计		
			070104 应用数学		
			070105 运筹学与控制论		
		0713 生态学	0713Z1 植物生态学	生物科学与工程学院	2018
			0713Z2 动物生态学		
			0713Z3 微生物生态学		
6	08 工学	0805 材料科学与工程	080501 材料物理与化学	材料科学与工程学院	2011
			080502 材料学		
			080503 材料加工工程		
		0809 电子科学与技术	080901 物理电子学	电气信息工程学院	2018
			080902 电路与系统		
		0812 计算机科学与技术	081201 计算机系统结构	计算机科学与工程学院	2011
			081202 计算机软件与理论		
			081203 计算机应用技术		

续表

序号	学科门类	一级学科代码及名称	二级学科代码及名称	依托单位	一级学科获批年份
6	08 工学	0817 化学工程与技术	081702 化学工艺	化学与化学工程学院	2018
			081703 生物化工		
			081704 应用化学		
			081705 工业催化		
		0832 食品科学与工程	083201 食品科学	生物科学与工程学院	2021
			083203 农产品加工及贮藏工程		
			0832Z1 食品安全（目录外）		
7	12 管理学	1202 工商管理学	120201 会计学	商学院	2021 年获批，2023 年学科名称从工商管理调整为工商管理学
			120202 企业管理		
			120204 技术经济及管理		

三、北方民族大学专业型硕士学位授权点一览表

序号	学科门类	专业代码及名称	专业领域码及名称	依托学院	获批年份	备注
1	金融	0251 金融		经济学院	2018	
2	应用统计	0252 应用统计		数学与信息科学学院	2018	
3	国际商务	0254 国际商务		经济学院	2018	
4	法律	035101 法律（非法学）		法学院	2018	
		035102 法律（法学）				
5	翻译	0551 翻译	055101 英语笔译	外国语学院	2021	
6	新闻与传播	0552 新闻与传播		文学与新闻传播学院	2021	

续表

<table>
<tr><th>序号</th><th>学科门类</th><th>专业代码及名称</th><th>专业领域码及名称</th><th>依托学院</th><th>获批年份</th><th>备注</th></tr>
<tr><td rowspan="5">7</td><td rowspan="5">电子信息</td><td rowspan="5">0854 电子信息</td><td>085401 新一代电子信息技术（含量子技术等）</td><td>电气信息工程学院</td><td rowspan="5">2019</td><td rowspan="5">2010 年获批计算机技术专业，2018 年工程类别调整增列为电子信息，2020 年开始招生</td></tr>
<tr><td>085403 集成电路工程</td><td></td></tr>
<tr><td>085404 计算机技术</td><td>计算机科学与工程学院</td></tr>
<tr><td>085406 控制工程</td><td>电气信息工程学院</td></tr>
<tr><td>085410 人工智能</td><td>计算机科学与工程学院</td></tr>
<tr><td rowspan="2">8</td><td rowspan="2">材料与化工</td><td rowspan="2">0856 材料与化工</td><td>085601 材料工程</td><td>材料科学与工程学院</td><td rowspan="2">2019</td><td rowspan="2">2014 年获批化学工程专业，2018 年工程类别调整增列为材料与化工，2020 年开始招生</td></tr>
<tr><td>085602 化学工程</td><td>化学与化学工程学院</td></tr>
<tr><td>9</td><td>能源动力</td><td>0858 能源动力</td><td>085801 电气工程</td><td>电气信息工程学院</td><td>2021</td><td></td></tr>
<tr><td rowspan="2">10</td><td rowspan="2">土木水利</td><td rowspan="2">0859 土木水利</td><td>085901 土木工程</td><td rowspan="2">土木工程学院</td><td rowspan="2">2021 年</td><td rowspan="2"></td></tr>
<tr><td>085902 水利工程</td></tr>
<tr><td>11</td><td>公共管理</td><td>1252 公共管理</td><td></td><td>管理学院</td><td>2014 年</td><td></td></tr>
<tr><td>12</td><td>会计</td><td>1253 会计</td><td></td><td>商学院</td><td>2018 年</td><td></td></tr>
<tr><td>13</td><td>音乐</td><td>1352 音乐</td><td></td><td>音乐舞蹈学院</td><td>2023 年</td><td></td></tr>
<tr><td>14</td><td>美术与书法</td><td>1356 美术与书法</td><td></td><td>设计艺术学院</td><td>2023 年</td><td></td></tr>
</table>

8. 北方民族大学省部级及以上一流专业发展一览表

序号	认定年份	获批时间	级别	专业名称	专业负责人	专业所在学院
1	2019	2019 年 12 月	国家级	化学工程与工艺	靳治良（2017 年 5 月至 2019 年 7 月）刘海（2019 年 7 月至今）	化学与化学工程学院
2	2020	2021 年 2 月	国家级	电子信息工程	赵虎	电气信息工程学院
3	2020	2021 年 2 月	国家级	计算机科学与技术	保文星	计算机科学与工程学院
4	2020	2021 年 2 月	国家级	旅游管理	王凯	管理学院
5	2021	2022 年 6 月	国家级	国际经济与贸易	王瑛	经济学院
6	2021	2022 年 6 月	国家级	汉语言文学	郭艳华	文学与新闻传播学院
7	2021	2022 年 6 月	国家级	信息与计算科学	高岳林	数学与信息科学学院
8	2021	2022 年 6 月	国家级	统计学	马少娟	数学与信息科学学院
9	2021	2022 年 6 月	国家级	材料科学与工程	陈宇红	材料科学与工程学院
10	2021	2022 年 6 月	国家级	食品科学与工程	魏兆军	生物科学与工程学院
11	2021	2022 年 6 月	国家级	生物工程	张琇	生物科学与工程学院
12	2021	2022 年 6 月	国家级	音乐表演	何皎	音乐舞蹈学院
13	2021	2022 年 6 月	国家级	动画	苏冠元	设计艺术学院
14	2019	2019 年 12 月	省部级	法学	黑静洁	法学院
15	2019	2019 年 12 月	省部级	思想政治教育	张鲲（2019 年至 2023 年 7 月）马惠兰（2023 年 10 月至今）	马克思主义学院

续表

序号	认定年份	获批时间	级别	专业名称	专业负责人	专业所在学院
16	2019	2019年12月	省部级	自动化	潘俊涛	电气信息工程学院
17	2019	2019年12月	省部级	会计学	程小琴	商学院
18	2020	2021年2月	省部级	机械设计制造及其自动化	孙红霞	机电工程学院
19	2020	2021年2月	省部级	经济学	刘七军	经济学院
20	2021	2022年6月	省部级	工商管理	杨保军	商学院
21	2021	2022年6月	省部级	工业设计	穆春阳	机电工程学院
22	2021	2022年6月	省部级	软件工程	白静	计算机科学与工程学院

9. 北方民族大学省部级及以上一流课程发展一览表

序号	认定批次/年份	获批时间	级别	课程名称	课程负责人	课程所在学院	课程类型
1	第一批	2020 年 11 月	国家级	葡萄与葡萄酒技能训练	马海军	生物科学与工程学院	社会实践类课程
2	第一批	2020 年 11 月	国家级	经济法	丁婷	商学院	线上线下混合课程
3	第一批	2020 年 11 月	国家级	统计学	王小刚	数学与信息科学学院	线上线下混合课程
4	第一批	2020 年 11 月	国家级	电工学基础	丁黎明	电气信息工程学院	线上线下混合课程
5	第一批	2020 年 11 月	国家级	数学分析	李济民	数学与信息科学学院	线下一流课程
6	第二批	2023 年 5 月	国家级	工作分析	任现增	商学院	线上线下混合课程
7	第二批	2023 年 5 月	国家级	金属材料及热处理	蒋亮	机电工程学院	线上线下混合课程
8	第二批	2023 年 5 月	国家级	程序设计语言基础	刘淼	计算机科学与工程学院	线上线下混合课程
9	2019	2021 年 6 月	省部级	毛泽东思想和中国特色社会主义理论体系概论	徐晓美	马克思主义学院	线上线下混合课程
10	2019	2021 年 6 月	省部级	刑事诉讼法	赵丽	法学院	线上线下混合课程
11	2019	2021 年 6 月	省部级	计算机组成原理	苏淑霞	计算机科学与工程学院	线上线下混合课程
12	2019	2021 年 6 月	省部级	模拟电子技术	黄现莲	电气信息工程学院	线上线下混合课程
13	2019	2021 年 6 月	省部级	地方立法实践	张晓琴	法学院	线下课程
14	2019	2021 年 6 月	省部级	电化学原理及应用	马金福	材料科学与工程学院	线下课程

续表

序号	认定批次／年份	获批时间	级别	课程名称	课程负责人	课程所在学院	课程类型
15	2019	2021 年 6 月	省部级	民事法律诊所	王银梅	法学院	线下课程
16	2019	2021 年 6 月	省部级	气相色谱法检测羊肉制品中挥发性风味物质仿真实验项目	韩立宏	生物科学与工程学院	虚拟仿真实验教学一流课程
17	2019	2021 年 6 月	省部级	运输与配送运营管理	王伟	商学院	虚拟仿真实验教学一流课程
18	2020	2021 年 6 月	省部级	校园媒体实践	姜文姬	文学与新闻传播学院	社会实践类课程
19	2020	2021 年 6 月	省部级	葡萄酒文化旅游	张红梅	管理学院	社会实践类课程
20	2020	2021 年 6 月	省部级	英语演讲技巧与实践	张玫	外国语学院	线上课程
21	2020	2021 年 6 月	省部级	大学物理	张欢	电气信息工程学院	线上课程
22	2020	2021 年 6 月	省部级	体育教学论	王平	体育学院	线上课程
23	2020	2021 年 6 月	省部级	工程制图	赵丽	机电工程学院	线上课程
24	2020	2021 年 6 月	省部级	管理学原理	王悦	商学院	线上课程
25	2020	2021 年 6 月	省部级	文学概论	康勇	文学与新闻传播学院	线上课程
26	2020	2021 年 6 月	省部级	数字动画表现及应用	陈玲	设计艺术学院	线上线下混合课程
27	2020	2021 年 6 月	省部级	初等代数研究	杨莉	数学与信息科学学院	线上线下混合课程
28	2020	2021 年 6 月	省部级	中级财务管理	马金花	商学院	线上线下混合课程
29	2020	2021 年 6 月	省部级	设计素描	杨立泳	设计艺术学院	线上线下混合课程
30	2020	2021 年 6 月	省部级	舞蹈艺术概论	张嘉婧	音乐舞蹈学院	线上线下混合课程
31	2020	2021 年 6 月	省部级	微观经济学	关春玉	经济学院	线上线下混合课程

续表

序号	认定批次/年份	获批时间	级别	课程名称	课程负责人	课程所在学院	课程类型
32	2020	2021年6月	省部级	多元统计分析	沈菊红	数学与信息科学学院	线上线下混合课程
33	2020	2021年6月	省部级	三维逆向工程技术	高阳	机电工程学院	线上线下混合课程
34	2020	2021年6月	省部级	国际私法	王颖	法学院	线上线下混合课程
35	2020	2021年6月	省部级	刑法	黑静洁	法学院	线下课程
36	2020	2021年6月	省部级	合奏重奏	何皎	音乐舞蹈学院	线下课程
37	2020	2021年6月	省部级	民法	张静	法学院	线下课程
38	2020	2021年6月	省部级	化工工艺	续京	化学与化学工程学院	线下课程
39	2020	2021年7月	省部级	食用菌栽培技术实验	邓晓娟	生物科学与工程学院	线下课程
40	2020	2021年7月	省部级	人员素质测评	赵文进	商学院	线下课程
41	2020	2021年7月	省部级	葡萄酒品尝学	朱娟娟	生物科学与工程学院	线下课程
42	2020	2021年7月	省部级	细胞工程	钟茜	生物科学与工程学院	线下课程
43	2020	2021年7月	省部级	土木工程施工	胡云香	土木工程学院	线下课程
44	2020	2021年7月	省部级	经济思想史	姜羽	经济学院	线下课程
45	2020	2021年7月	省部级	工程训练	吕硕	机电工程学院	线下课程
46	2020	2021年7月	省部级	基础生物化学	尚洁	生物科学与工程学院	线下一流课程
47	2020	2021年7月	省部级	微生物学实验	倪志婧	生物科学与工程学院	线下一流课程
48	2020	2021年7月	省部级	HPLC法检测食用油中4种抗氧化剂虚拟仿真实验	陈文娟	生物科学与工程学院	虚拟仿真实验教学一流课程
49	2020	2021年7月	省部级	高温无压烧结法制备结构陶瓷虚拟仿真实验	陆有军	材料科学与工程学院	虚拟仿真实验教学一流课程

续表

序号	认定批次/年份	获批时间	级别	课程名称	课程负责人	课程所在学院	课程类型
50	2020	2021 年 7 月	省部级	智能微电网运行控制虚拟仿真实验	张新闻	电气信息工程学院	虚拟仿真实验教学一流课程
51	2021	2023 年 7 月	省部级	产品系统设计	王彩霞	机电工程学院	混合式课程
52	2021	2023 年 7 月	省部级	工业药剂学	杨晋	化学与化学工程学院	混合式课程
53	2021	2023 年 7 月	省部级	新闻评论	张学霞	文学与新闻传播学院	混合式课程
54	2021	2023 年 7 月	省部级	旅游英语视听说	张慧	管理学院	混合式课程
55	2021	2023 年 7 月	省部级	理论力学	王富伟	机电工程学院	混合式课程
56	2021	2023 年 7 月	省部级	面向对象的程序设计	贾艳波	计算机科学与工程学院	混合式课程
57	2021	2023 年 7 月	省部级	第二外语（西班牙语 2）	陈卓	外国语学院	混合式课程
58	2021	2023 年 7 月	省部级	舞蹈解剖学	余媛媛	音乐舞蹈学院	混合式课程
59	2021	2023 年 7 月	省部级	数字电路与逻辑设计	白顺先	电气信息工程学院	混合式课程
60	2021	2023 年 7 月	省部级	概率论与数理统计	马少娟	数学与信息科学学院	混合式课程
61	2021	2023 年 7 月	省部级	现代汉语 I	刘晨红	文学与新闻传播学院	混合式课程
62	2021	2023 年 7 月	省部级	高分子物理	刘潇	材料科学与工程学院	混合式课程
63	2021	2023 年 7 月	省部级	Excel 在财务中应用	麦海娟	商学院	线上课程
64	2021	2023 年 7 月	省部级	中国少数民族史	杨荣斌	中华民族共同体学院	线上课程
65	2021	2023 年 7 月	省部级	电化学原理与应用	邹忠利	材料科学与工程学院	线上课程
66	2021	2023 年 7 月	省部级	大学物理实验	张怡	电气信息工程学院	线上课程

续表

序号	认定批次／年份	获批时间	级别	课程名称	课程负责人	课程所在学院	课程类型
67	2021	2023年7月	省部级	线性代数	哈金才	数学与信息科学学院	线上课程
68	2021	2023年7月	省部级	软件工程	丁红胜	计算机科学与工程学院	线上课程
69	2021	2023年7月	省部级	高等代数	吕淑婷	数学与信息科学学院	线下课程
70	2021	2023年7月	省部级	食品工艺学实验	张嫱	生物科学与工程学院	线下课程
71	2021	2023年7月	省部级	食品分析实验	徐小春	生物科学与工程学院	线下课程
72	2021	2023年7月	省部级	食品生物化学	李敏	生物科学与工程学院	线下课程
73	2021	2023年7月	省部级	商务礼仪	段炜华	商学院	线下课程
74	2021	2023年7月	省部级	解析几何	范亚静	数学与信息科学学院	线下课程
75	2021	2023年7月	省部级	电力电子技术	师洪涛	电气信息工程学院	线下课程
76	2021	2023年7月	省部级	基础会计	蒋玉娟	商学院	线下课程
77	2021	2023年7月	省部级	民族健身操	哈瑾	体育学院	线下课程
78	2021	2023年7月	省部级	音乐教学法	张韧洁	音乐舞蹈学院	线下课程
79	2021	2023年7月	省部级	甲醇流程中填料气提塔	刘天霞	化学与化学工程学院	虚拟仿真实验教学一流课程
80	2021	2023年7月	省部级	工业设计中塑料材质CMF设计——以塑料注塑成型工艺为例	张秦玮	机电工程学院	虚拟仿真实验教学一流课程
81	2021	2023年7月	省部级	宁夏引黄灌区渠系设计	景何仿	土木工程学院	虚拟仿真实验教学一流课程

10. 北方民族大学省部级及以上教研成果奖一览表

序号	获批年份	级别	项目名称	成果负责人	主要成员	学院	成果等级
1	2018	国家级	跨区域跨校在线开放课程“1+M+N”协同教学模式创新与实践	徐晓飞	徐晓飞、战德臣、陈越、蒋建伟、嵩天、王杨，北方民族大学：冯祖洪（参与）、张龙、傅育熙、何钦铭、赵柱、韩飞、杨波、翁恺、苏小红、初佃辉、张策、李晗静、吴明晖、崔立真、梁永全、张广渊、王成端、董吉文、鲁芹	计算机科学与工程学院	一等奖
2	2023	国家级	新时代民族高校基础学科双“五位一体”驱动的高层次人才培养模式创建与实践	马少娟	马少娟、高岳林、高义、万仁霞、朱立军、袁学刚、胡军浩、李春光、杨叙、韦海成、许昌林、张光展	数学与信息科学学院	二等奖
3	2017	省部级	西部高校“1314”创新创业教育体系的构建与实践	王福平	杨敏、王福平、高岳林、王建伟、梅花、王珑、李存林、马广成、余国林、祝玲	创新创业学院	特等奖
4	2017	省部级	“微课”教学与学生素质能力培养的融合教学模式的研究应用	黄现莲	丁黎明、张白、赵伶俐、白顺先	电气信息工程学院	二等奖
5	2017	省部级	“大学计算机”课程教学改革研究与实践	冯祖洪	高岳林、冯祖洪、汤清信、白静、王晓峰、张欣、蔺守河	计算机科学与工程学院	一等奖

续表

序号	获批年份	级别	项目名称	成果负责人	主要成员	学院	成果等级
6	2017	省部级	《国际贸易实务》教材体系建设与实践	夏合群	夏合群、赵翊 夏菲菲、刘自强	经济学院	二等奖
7	2017	省部级	高等教育转型发展背景下经济类专业应用型人才培养模式的探索与实践	刘自强	刘自强、尹忠明 李静、刘婷 夏合群	经济学院	二等奖
8	2017	省部级	基于“五个认同”的思想政治理论课教学实践	王永和	王永和、张琳 杨红星、韩建夫 张鲲	马克思主义学院	二等奖
9	2017	省部级	“过程性多元化”课业评价体系改革的研究与实践	李济民	李济民、朱立军 沈菊红、张宏武 乔英	数学与信息科学学院	二等奖
10	2019	省部级	北方民族大学“5+X”教学质量监控与评价体系的建立与实践	田宏印	郑彦平、张鲲、李娜 马岩、黄发雷、袁惠 杜霖、刘洁	教学质量监控与评价处	三等奖
11	2019	省部级	化工学科多维度融合提升工程能力和创新能力的实践教学体系的构建与实践	刘海	姜国平、柳华 张正国、柯义虎	化学与化学工程学院	一等奖
12	2019	省部级	“面向工程，强化实践”的化学工程与工艺特色专业人才培养体系的改革与实践	续京	杨晋、袁红 靳志良、姜国平 柳华	化学与化学工程学院	三等奖
13	2019	省部级	“三层次、三平台”产学研背景下应用型高校工科专业实践教学体系构建与实践	穆春阳	朱德馨、丁少虎 高阳、李茂强 张秦玮、赵丽	机电工程学院	二等奖
14	2019	省部级	北方民族大学基于学生个性化培养的语言类通识必修课程体系的建设与实践	王建伟	王建伟、麦春萍 王冬梅、张晓鹏 康勇、呼延成 王英雄、闫丽君 马旭东、杨丽萍	教务处	二等奖

续表

序号	获批年份	级别	项目名称	成果负责人	主要成员	学院	成果等级
15	2019	省部级	基于“叙事法”的思想政治理论课教学的创新与实践	杨红星	杨红星、郑红艳	马克思主义学院	三等奖
16	2019	省部级	“翻转课堂”在会计仿真实验教学中的实践与探索	麦海娟	麦海娟、麦海燕 任兆晴、罗昌状 扈文英	商学院	三等奖
17	2019	省部级	面向个性化教育的在线课程建设与教学改革	任现增	任现增、王建伟 周炜、杨丽萍 丁黎明	商学院	三等奖
18	2019	省部级	面向学生全面发展基础培养的通识教育改革研究与实践	田俊忠	田俊忠、王建伟 张乐、李占斌 刘冬、赵智、何皎 马旭东、杨翠、张大林	数学与信息科学学院	一等奖
19	2019	省部级	高校公共体育教学融合“健身操＋民族舞”的创新与实践	哈瑾	哈瑾、石小锋 王蓓蓓、高素娥 牛跟田	体育学院	三等奖
20	2019	省部级	基于民族音乐传承的《声乐表演》课程教学改革与实践	王建国	王建国、严青霞 常慧、朱菁 关爱华、陈蔚 金枫、杨惠萍 钟卫军、田丽芬	音乐舞蹈学院	三等奖
21	2019	省部级	国际化与信息化背景下民族地区音乐专业人才培养的创新与实践	张韧洁	张韧洁、雷兴明 王建国、鲁姝瑾 赵宏伟	音乐舞蹈学院	三等奖
22	2020	省部级	民族院校《金属材料及热处理》课程混合式教学模式的探索与实践	蒋亮		材料科学与工程学院	三等奖
23	2020	省部级	面向个性化教育的《工作分析》课程线上线下混合式教学改革	任现增		管理学院	三等奖

续表

序号	获批年份	级别	项目名称	成果负责人	主要成员	学院	成果等级
24	2020	省部级	聚焦铸牢中华民族共同体意识推进民族高校机械人才培养模式的改革与实践	何建宁、高阳	王富伟、杨斌 南晓辉、王玥	机电工程学院	一等奖
25	2020	省部级	合作学习模式下民族高校学业评价改革及实践	孙红霞		机电工程学院	三等奖
26	2020	省部级	民族院校国际经济与贸易专业系列课程教材的体系建设与实践	夏合群		经济学院	一等奖
27	2020	省部级	“学为主体”多元评价的经济学课程教学模式改革	关春玉		经济学院	三等奖
28	2020	省部级	民族院校思想政治理论课学理研究与话语体系建设	张鲲		马克思主义学院	二等奖
29	2020	省部级	基于MOOC的《会计电算化》课程建设与线上线下混合式教学之实践	麦海娟	麦海燕	商学院	二等奖
30	2020	省部级	“服务地方驱动，协同引领创新”——面向民族地区高等教育艺术设计专业人才培养改革与实践研究	陆文军	龚雅敏、王彩君	设计艺术学院	一等奖
31	2020	省部级	基于植物科普与认知的信息化教学平台——“知植”APP	钟茜		生物科学与工程学院	一等奖
32	2020	省部级	新工科背景下民族高校工科专业实践课程体系新模式构建与实践	倪志婧	马海军、刘雅琴	生物科学与工程学院	二等奖
33	2020	省部级	以学科竞赛为突破点，探索提升生物类人才创新能力培养模式	刘建利	王静 刘雅琴	生物科学与工程学院	二等奖

续表

序号	获批年份	级别	项目名称	成果负责人	主要成员	学院	成果等级
34	2020	省部级	“过程性多元化”课程评价体系改革的研究与实践	李济民		数学与信息科学学院	二等奖
35	2020	省部级	民族高校汉语言文学专业实践教学体系的改革与实践——以北方民族大学为例	郭艳华		文学与新闻传播学院	三等奖
36	2020	省部级	回族女子群舞《塞上欣月》编创创新探索之路	马骁		音乐舞蹈学院	二等奖
37	2020	省部级	信息化背景下民族音乐文化在高校教育传承的探索与实践	张韧洁		音乐舞蹈学院	三等奖
38	2021	省部级	专创融合“5+3”教育打造“六个一”创新人才培养体系	余国林	王永强、王珑 王建伟、强金成 王福平、王哲	创新创业学院	特等奖
39	2021	省部级	新工科融合创新下化工类专业应用型本科人才培养新范式的研究与实践	刘海	刘天霞、姜国平 柳华、张正国	化学与工程学院	二等奖
40	2021	省部级	高素质应用型机械类人才“四四五”培养体系构建与实践	高阳	高阳、王富伟、黄康 何建宁、丁黎明 穆春阳、孙红霞 丁少虎、张秦玮 蒋亮、南晓辉、杨斌	机电工程学院	一等奖
41	2021	省部级	多学科交叉，产学研融合，机械专业跨学科类课程的教学模式创新与实践	蒋亮	蒋亮、秦春、李涌泉 董福元、李宁	机电工程学院	二等奖
42	2021	省部级	创建“三层次、三平台”实践教学体系，促进实践创新人才培养	穆春阳	穆春阳、丁少虎 张秦玮、赵丽、吕硕	机电工程学院	二等奖

续表

序号	获批年份	级别	项目名称	成果负责人	主要成员	学院	成果等级
43	2021	省部级	“五爱并举”视域下爱国主义教育的创新实践	杨红星	杨红星、高红梅 赵郝锐、郑红艳	马克思主义学院	二等奖
44	2021	省部级	基于“两驱动－三融合”的民族院校商科专业人才培养实验区探索与实践	杨保军	杨保军、祁伟宏 王悦、任现增 王金云	商学院	二等奖
45	2021	省部级	民族高校数学教育类专业课程“一平台，六模块”教学模式的探索与实践	杨莉	杨莉、马少娟 高义、吕淑婷 郝自军	数学与信息科学学院	一等奖
46	2021	省部级	以课程思政为引领，民族院校《数学分析》课程全方位育人体系的构建与实施	李济民	李济民、乔英 高义、汪金燕 刘佳音、陈瑞鹏	数学与信息科学学院	二等奖
47	2021	省部级	民族高校“一立、一创、三强化”音乐表演专业应用型人才培养模式的实践与探索	何皎	何皎、马广成 王建国、韩春 张韧洁	音乐舞蹈学院	二等奖

11. 北方民族大学国家级教师教学竞赛获奖统计表（2014—2023）

竞赛名称	竞赛时间	获奖等级及数量				获奖总数	备注
		一等奖	二等奖	三等奖	专项奖		
外研社多语种“教学之星”大赛区赛全国总决赛	2019	1				1	
第二届全国高校混合式教学设计创新大赛	2020			1		1	
第七届“全国电工电子基础课程实验教学案例设计竞赛”	2020			1		1	
首届全国高校教师教学创新大赛国赛（副高组）	2021			1		1	
第三届全国混合式教学创新大赛	2021				3	3	
第四届全国高等学校青年教师电路信号与系统电磁场课程教学竞赛	2021		1			1	
全国高校数字创意教学技能大赛数字媒体技术组	2021		1			1	
第七届全国西浦教学创新大赛	2022	1	1			2	
第五届全国数字创意教学技能大赛（动画组）	2022	1	1			2	
第五届全国数字创意教学技能大赛（摄影摄像组）	2022	1				1	
第五届全国数字创意教学技能大赛（影视艺术组）	2022		1			1	
第五届全国数字创意教学技能大赛（环艺设计组）	2022		1	1		2	
第四届全国混合式教学创新大赛	2022			1	2	3	
未来设计师 全国艺术设计教师教学创新大赛	2022			1		1	
首届中国高校智能机器人创意大赛	2022		1			1	
第八届西浦教学创新大赛	2023		1	1		2	

续表

竞赛名称	竞赛时间	获奖等级及数量				获奖总数	备注
		一等奖	二等奖	三等奖	专项奖		
中国高校智能机器人创意大赛	2023			1		1	
第三届全国教师教学创新大赛	2023		3	1		4	
17 届中国好创意（国赛教师组）	2023			1		1	
第十届全国高校电工电子基础课程实验教学案例设计竞赛（鼎阳杯）	2023			1		1	
第五届全国高等学校青年教师电工学课程教学竞赛	2023		1			1	
23 年全国高校外语课程思政教学案例大赛	2023	1				2	1 人获得该项竞赛最高等级特等奖
第三届全国高校电子信息类专业课程实验教学案例设计竞赛（RIGOL）杯	2023			2		2	
第五届全国混合式教学设计创新大赛	2023		2	1		3	
未来设计师 全国艺术设计教师教学创新大赛全国总决赛	2023			1		1	
第六届全国数字创意教学技能大赛	2023			1		1	

12. 北方民族大学省部级及以上科研成果奖一览表（2014—2023）

序号	获奖年度	成果名称	奖项名称	获奖人	依托单位	奖项级别
1	2014	白杨　白杨	第三届全国少数民族美术作品展	胡国旺	设计艺术学院	优秀作品奖
2	2014	吉祥蒙古	第三届全国少数民族美术作品展	李峰	设计艺术学院	优秀作品奖
3	2014	融	第三届全国少数民族美术作品展	马丽茵	设计艺术学院	铜质作品奖
4	2014	圪梁梁	第三届全国少数民族美术作品展	陆文军	设计艺术学院	优秀作品奖
5	2014	聚气	第三届全国少数民族美术作品展	龙凯音	设计艺术学院	优秀作品奖
6	2014	红山 NO62009	第三届全国少数民族美术作品展	刘晓华	设计艺术学院	优秀作品奖
7	2014	吉祥的节日	第三届全国少数民族美术作品展	纳建宁	设计艺术学院	优秀作品奖
8	2014	同学	第三届全国少数民族美术作品展	杨占河	设计艺术学院	优秀作品奖
9	2014	笔游天山·墨浸草原	第三届全国少数民族美术作品展	左力光	设计艺术学院	优秀作品奖
10	2015	食品安全标准对我国农产品出口的影响——基于引力模型的实证分析	2014–2015 年度商务发展研究成果奖论文类	王瑛	经济学院	三等奖
11	2015	新疆南疆地区基层组织建设现状调查报告	国家民委全国民族工作优秀调研报告奖	戴宁宁	管理学院	一等奖
12	2015	论凝练和培育民族院校大学生核心价值观	国家民委社会科学研究成果奖（民族问题研究论文类）	王永和	科研处	三等奖

续表

序号	获奖年度	成果名称	奖项名称	获奖人	依托单位	奖项级别
13	2015	马克思主义视野的“民族认同”问题研究	国家民委社会科学研究成果奖（民族问题研究著作类）	陈茂荣	马克思主义学院	三等奖
14	2015	康藏地区的纷争与角逐（1912—1939）	国家民委社会科学研究成果奖（民族问题研究著作类）	王海兵	马克思主义学院	二等奖
15	2015	现代性的信仰困境与信仰塑造	第七届高等学校科学研究优秀成果奖（人文社会科学）	张琳	马克思主义学院	三等奖
16	2015	金沙梦	第九届中国舞蹈“荷花奖”校园舞蹈评奖	马骁 余媛媛 张嘉婧	音乐舞蹈学院	作品铜奖
17	2016	生态移民进程中的“贫困加剧”现象的调研与思考	全国民族工作优秀调研报告	范建荣	经济学院	三等奖
18	2016	马铃薯种薯保鲜贮运综合技术研究与集成示范	宁夏回族自治区科学技术进步奖（参与单位）	曹君迈	生物科学与工程学院	二等奖
19	2017	甘宁两地高校新疆籍少数民族大学生教育管理服务状况调查报告	国家民委社会科学研究成果奖（调研报告类）	戴宁宁	管理学院	三等奖
20	2017	聚居与散居区族际和谐的共性与独特性——来自宁夏和云南的调研报告	国家民委社会科学研究成果奖（调研报告类）	许宪隆	中华民族共同体学院	二等奖
21	2017	社会救助与精准扶贫衔接机制研究	2017 年民族政策理论研究论文奖	刘七军 李昭楠	经济学院	三等奖
22	2017	种族、性别与自然：艾丽斯·沃克小说中的生态女人主义	第十三届宁夏回族自治区社科优秀成果奖（著作类）	王冬梅	外国语学院	二等奖
23	2017	宁夏红寺堡生态移民区社会管理创新探索	第十三届宁夏回族自治区社科优秀成果奖（著作类）	闵文义	校领导	二等奖

续表

序号	获奖年度	成果名称	奖项名称	获奖人	依托单位	奖项级别
24	2017	盐池方言文化研究	第十三届宁夏回族自治区社科优秀成果奖（著作类）	林涛	文学与新闻传播学院	三等奖
25	2017	一带一路黄皮书（2014）	第十三届宁夏回族自治区社科优秀成果奖（著作类）	杨言洪	外国语学院	二等奖
26	2017	企业战略联盟稳定性研究	第十三届宁夏回族自治区社科优秀成果奖（著作类）	梅花·托哈依	创新创业学院	三等奖
27	2017	黑水城西夏文献研究	第十三届宁夏回族自治区社科优秀成果奖（著作类）	束锡红	中华民族共同体学院	三等奖
28	2017	试论马克思主义理论教育在网络领域的拓展	第十三届宁夏回族自治区社科优秀成果奖（论文类）	王永和 杨红星	科研处	一等奖
29	2017	破坏性领导：何时危害性更大——关系取向与工具性破坏性领导与强制性公民行为的调节作用	第十三届宁夏回族自治区社科优秀成果奖（论文类）	陈明	商学院	一等奖
30	2017	重构用人单位违法解除劳动合同法律责任的思考	第十三届宁夏回族自治区社科优秀成果奖（论文类）	肖进成	法学院	二等奖
31	2017	基于基因转移理论的老字号品牌进化路径探索	第十三届宁夏回族自治区社科优秀成果奖（论文类）	杨保军	商学院	二等奖
32	2017	民国时期上海回族教育发展初探	第十三届宁夏回族自治区社科优秀成果奖（论文类）	杨荣斌	中华民族共同体学院	二等奖
33	2017	试论《宋书·符瑞志》的政治意图及价值	第十三届宁夏回族自治区社科优秀成果奖（论文类）	胡祥琴	中华民族共同体学院	二等奖
34	2017	变异告示语的互文研究	第十三届宁夏回族自治区社科优秀成果奖（论文类）	刘晨红	文学与新闻传播学院	二等奖

续表

序号	获奖年度	成果名称	奖项名称	获奖人	依托单位	奖项级别
35	2017	独立审计质量与企业债务结构关系的实证研究	第十三届宁夏回族自治区社科优秀成果奖（论文类）	叶炜	文学与新闻传播学院	三等奖
36	2017	中国古代官箴书中的息讼思想探析	第十三届宁夏回族自治区社科优秀成果奖（论文类）	王旭杰	法学院	三等奖
37	2017	跨越式发展背景下的民族地区社会矛盾纠纷的化解之道	第十三届宁夏回族自治区社科优秀成果奖（论文类）	王银梅	法学院	三等奖
38	2017	民族团结心理的构建及其实证分析	第十三届宁夏回族自治区社科优秀成果奖（论文类）	戴宁宁	中华民族共同体学院	三等奖
39	2017	记忆、历史过程与应对：宁夏海原的个案研究	第十三届宁夏回族自治区社科优秀成果奖（论文类）	马建福	中华民族共同体学院	三等奖
40	2017	扩散－回波效应的研究脉络及其新进展	第十三届宁夏回族自治区社科优秀成果奖（论文类）	韩纪江	经济学院	三等奖
41	2017	信贷支持与房地产金融风险	第十三届宁夏回族自治区社科优秀成果奖（论文类）	罗晓娟	经济学院	三等奖
42	2017	中国对外直接投资与国内全要素生产率提升——基于全面提高开放型经济发展水平的视角	第十三届宁夏回族自治区社科优秀成果奖（论文类）	尹忠明	经济学院	三等奖
43	2017	西夏古都兴庆府复原的考古学观察	第十三届宁夏回族自治区社科优秀成果奖（论文类）	杨蕤	中华民族共同体学院	三等奖
44	2017	2007–2010 年国产电影生产效益分析	第十三届宁夏回族自治区社科优秀成果奖（论文类）	叶非	文学与新闻传播学院	三等奖
45	2018	民族交往心理及其影响因素——对南疆维汉民族交往的民族学考察	第四届全国民族研究优秀成果奖（著作类）	戴宁宁	管理学院	二等奖

续表

序号	获奖年度	成果名称	奖项名称	获奖人	依托单位	奖项级别
46	2018	民族地区城市流动人口社会融入调查研究——基于宁夏的调查数据分析	国家民委社会科学研究成果奖（调研报告类）	朱琳	经济学院	优秀奖
47	2018	城市化进程中的寺庙管理模式调查研究	国家民委社会科学研究成果奖（调研报告类）	周晶	中华民族共同体学院	三等奖
48	2018	青海玛多县藏族生态移民生计变迁与社会适应调查报告	国家民委社会科学研究成果奖（调研报告类）	冯雪红	学报编辑部	三等奖
49	2018	宁夏苦豆子种质资源及其内生菌生物学功能研究和开发利用	2017 年度宁夏回族自治区科学技术进步奖（参与单位）	杨晋	化学与化学工程学院	三等奖
50	2018	智能电网多环节综合互动运行关键技术及应用	2017 年度宁夏回族自治区科学技术进步奖（参与单位）	丁茂生	电气信息工程学院	一等奖
51	2019	甘宁两地高校少数民族大学生族际交往及影响因素调查报告	国家民委社会科学研究成果奖（调研报告类）	戴宁宁	中华民族共同体学院	三等奖
52	2019	民族地区引进海外人才现状分析及对策研究——以宁夏为例	国家民委社会科学研究成果奖（调研报告类）	杨荣斌	中华民族共同体学院	三等奖
53	2019	走进盘田——武陵山片区贫困村典型个案研究	国家民委 2019 年度人文社会科学优秀成果奖（著作类）	刀波	中华民族共同体学院	二等奖
54	2019	畜牧业的式微与石刻业的兴盛——青海和日村藏族生态移民后续产业民族志	国家民委 2019 年度人文社会科学优秀成果奖（论文类）	冯雪红 王玉强	学报编辑部	二等奖
55	2019	从市场价值优先到公共价值优先——政府购买责任研究的进展、不足与展望	国家民委 2019 年度人文社会科学优秀成果奖（论文类）	彭婧	管理学院	二等奖

续表

序号	获奖年度	成果名称	奖项名称	获奖人	依托单位	奖项级别
56	2019	宁夏回族聚集区乡村发展对城镇化的响应及空间特征	国家民委2019年度人文社会科学优秀成果奖（论文类）	刘自强 李静 吴涛	经济学院	二等奖
57	2019	非上市公司股份交易法律问题研究	国家民委2019年度人文社会科学优秀成果奖（著作类）	黄爱学	法学院	三等奖
58	2019	宁夏县域经济的演变类型与城乡耦合协调发展分析	国家民委2019年度人文社会科学优秀成果奖（论文类）	李静 刘自强 董国皇 何瑞娟	管理学院	三等奖
59	2019	干旱绿洲区农业土地利用变化对水资源利用及农民收入的影响	国家民委2019年度人文社会科学优秀成果奖（著作类）	刘七军 李昭楠	经济学院	三等奖
60	2019	新时代“时代新人”之主体性建构	国家民委2019年度人文社会科学优秀成果奖（论文类）	张鲲	马克思主义学院	三等奖
61	2019	阳关（交响乐）	宁夏第九届文学艺术突出贡献奖优秀作品奖	王瑞文	音乐舞蹈学院	二等奖
62	2019	古乐今韵珠玉声（琵琶）	宁夏第九届文学艺术突出贡献奖优秀作品奖	段茹	音乐舞蹈学院	三等奖
63	2019	春舞塞上（琵琶与管弦乐队）	宁夏第九届文学艺术突出贡献奖优秀作品奖	雷兴明	音乐舞蹈学院	三等奖
64	2019	全民健身——广场舞（雕塑）	宁夏第九届文学艺术突出贡献奖优秀作品奖	张戈	设计艺术学院	三等奖
65	2019	论少数民族抗战文学的书写向度（文学评论作品）	宁夏第九届文学艺术突出贡献奖优秀作品奖	乌兰其木格	文学与新闻传播学院	三等奖

续表

序号	获奖年度	成果名称	奖项名称	获奖人	依托单位	奖项级别
66	2020	宁夏特色农产品区域品牌建设调查报告	国家民委社会科学研究成果奖（调研报告类）	杨保军	商学院	二等奖
67	2020	宁夏回族自治区权责清单制度实施情况调查报告	国家民委社会科学研究成果奖（调研报告类）	李存林	管理学院	三等奖
68	2020	宁夏2018年度全域旅游示范区推进项目绩效评价报告	国家民委社会科学研究成果奖（调研报告类）	李志坚	商学院	三等奖
69	2020	利用复合场作用解决材料组分偏析的技术	宁夏回族自治区科学技术进步奖	耿桂宏 陈炜晔 李吉林 秦春 李涌泉 邹忠利 侯俊峰	材料科学与工程学院	三等奖
70	2020	回鹘时代：10–13世纪陆上丝绸之路贸易研究	宁夏第十四届哲学社会科学优秀成果奖（著作类）	杨蕤	中华民族共同体学院	一等奖
71	2020	三江源藏族生态移民三村	宁夏第十四届哲学社会科学优秀成果奖（著作类）	冯雪红	学报编辑部	一等奖
72	2020	中国花儿传承人口述实录	宁夏第十四届哲学社会科学优秀成果奖（著作类）	武宇林	中华民族共同体学院	二等奖
73	2020	《通鉴音注》语音研究	宁夏第十四届哲学社会科学优秀成果奖（著作类）	马君花	文学与新闻传播学院	二等奖
74	2020	个体与真：李贽哲学研究	宁夏第十四届哲学社会科学优秀成果奖（著作类）	韩建夫	马克思主义学院	三等奖
75	2020	劳动保障监察法律制度研究	宁夏第十四届哲学社会科学优秀成果奖（著作类）	肖进成	法学院	三等奖

续表

序号	获奖年度	成果名称	奖项名称	获奖人	依托单位	奖项级别
76	2020	住宅特征价格指数编制问题研究——以银川市为例	宁夏第十四届哲学社会科学优秀成果奖（著作类）	罗晓娟	经济学院	三等奖
77	2020	中国地方政府公务员公共服务动机研究	宁夏第十四届哲学社会科学优秀成果奖（著作类）	吴旭红	管理学院	三等奖
78	2020	新结构经济学视角下FDI外溢的“门限特征”分析	宁夏第十四届哲学社会科学优秀成果奖（论文类）	关春玉	经济学院	一等奖
79	2020	农村村级公共投资结构与变迁——基于5省101村的长期跟踪调查	宁夏第十四届哲学社会科学优秀成果奖（论文类）	杨云帆	经济学院	一等奖
80	2020	从尊重孔子到今世完人：明清时期穆斯林知识分子的孔子观	宁夏第十四届哲学社会科学优秀成果奖（论文类）	仇王军	中华民族共同体学院	一等奖
81	2020	三江源藏族生态移民社会融入实证研究——以青海省泽库县和日村为个案	宁夏第十四届哲学社会科学优秀成果奖（论文类）	束锡红 聂君 樊晔	中华民族共同体学院	一等奖
82	2020	重新思考马克思语境中的社会概念——历史渊源、文本考察及现实价值	宁夏第十四届哲学社会科学优秀成果奖（论文类）	张琳 王永和	马克思主义学院	二等奖
83	2020	知识管理、品牌进化与绩效的实证研究	宁夏第十四届哲学社会科学优秀成果奖（论文类）	杨保军	商学院	二等奖
84	2020	清初宁夏籍名将赵良栋家世考	宁夏第十四届哲学社会科学优秀成果奖（论文类）	马建民	中华民族共同体学院	二等奖
85	2020	服刑人员未成年子女的困境与社会工作的介入	宁夏第十四届哲学社会科学优秀成果奖（论文类）	何瑞	管理学院	二等奖
86	2020	关注田野、跨越学科：人类学家西敏司的学术成就	宁夏第十四届哲学社会科学优秀成果奖（论文类）	马建福	中华民族共同体学院	二等奖

续表

序号	获奖年度	成果名称	奖项名称	获奖人	依托单位	奖项级别
87	2020	宋夏休战与柳永词的“盛世”之音	宁夏第十四届哲学社会科学优秀成果奖（论文类）	郭艳华	文学与新闻传播学院	二等奖
88	2020	民族院校大学生国家意识现状及教育对策分析	宁夏第十四届哲学社会科学优秀成果奖（论文类）	王永和	马克思主义学院	三等奖
89	2020	市场的诞生——青海吾屯“唐卡”文化市场的个案研究	宁夏第十四届哲学社会科学优秀成果奖（论文类）	李军	中华民族共同体学院	三等奖
90	2020	反腐治权的法治思维和法治方式	宁夏第十四届哲学社会科学优秀成果奖（论文类）	张晓琴	法学院	三等奖
91	2020	现代性视野中价值的变量因素与整合路向	宁夏第十四届哲学社会科学优秀成果奖（论文类）	张鲲	马克思主义学院	三等奖
92	2020	新西兰政府构建购买公共服务模式的经验与启示	宁夏第十四届哲学社会科学优秀成果奖（论文类）	彭婧	管理学院	三等奖
93	2020	西部地区人口年龄结构变动对经济增长影响的实证研究	宁夏第十四届哲学社会科学优秀成果奖（论文类）	魏淑清	数学与信息科学学院	三等奖
94	2020	农户生计策略选择与转型动力机制研究——基于宁夏回族聚居区451户农户的调查数据	宁夏第十四届哲学社会科学优秀成果奖（论文类）	刘自强 李静	经济学院	三等奖
95	2020	弘化寺：一个藏传佛教寺院的兴衰与区域演变史	宁夏第十四届哲学社会科学优秀成果奖（论文类）	杨德亮	中华民族共同体学院	三等奖
96	2020	国外高校图书馆服务营销研究现状及启示	宁夏第十四届哲学社会科学优秀成果奖（论文类）	阎秋娟	图书馆	三等奖
97	2020	新旧视听媒体融合发展的路径选择	宁夏第十四届哲学社会科学优秀成果奖（论文类）	冶进海	文学与新闻传播学院	三等奖

续表

序号	获奖年度	成果名称	奖项名称	获奖人	依托单位	奖项级别
98	2020	青年学生手机依赖与网络人际信任的关系：安全感的中介作用	宁夏第十四届哲学社会科学优秀成果奖（论文类）	赵文进	管理学院	三等奖
99	2021	“三区三州”深度贫困治理的经验、难点和对策	国家民委社会科学研究成果奖（调研报告类）	李俊杰 马楠	经济学院	二等奖
100	2021	新时代宁夏回族自治区民族团结进步创建工作现状分析及对策建议	国家民委社会科学研究成果奖（调研报告类）	徐晓美 贺燕 陈文 吴亮 梁娜	马克思主义学院	三等奖
101	2021	宁夏科技人才政策实施效果及对策研究	国家民委社会科学研究成果奖（调研报告类）	聂君	中华民族共同体学院	优秀奖
102	2022	古典与爵士的对话——蓝色狂想曲（钢琴协奏）	宁夏第十届文学艺术突出贡献奖优秀作品奖	李宴君	音乐舞蹈学院	三等奖
103	2022	云想．花想（琵琶协奏）	宁夏第十届文学艺术突出贡献奖优秀作品奖	段茹	音乐舞蹈学院	三等奖
104	2022	贺兰山音画（民乐合奏）	宁夏第十届文学艺术突出贡献奖优秀作品奖	王宇	音乐舞蹈学院	三等奖
105	2022	又见贺兰情	宁夏第十届文学艺术突出贡献奖优秀作品奖	屈舫 张嘉婧 刘庄	音乐舞蹈学院	三等奖
106	2022	共同富裕背景下民族地区巩固脱贫攻坚成果的难点及对策	国家民委社会科学研究成果奖（调研报告类）	李昭楠	经济学院	一等奖
107	2022	宁夏中小学铸牢中华民族共同体意识教育开展情况调查报告	国家民委社会科学研究成果奖（调研报告类）	戴宁宁	中华民族共同体学院	三等奖
108	2022	从脱贫攻坚政策绩效评价看民族地区乡村振兴战略实施政策重点	国家民委社会科学研究成果奖（调研报告类）	范建荣	经济学院	三等奖

续表

序号	获奖年度	成果名称	奖项名称	获奖人	依托单位	奖项级别
109	2022	共同体建设视域下宁夏生态移民全方位嵌入社区调查研究	国家民委社会科学研究成果奖（调研报告类）	王明龙	马克思主义学院	优秀奖
110	2022	宁夏中小学铸牢中华民族共同体意识的调查报告	国家民委社会科学研究成果奖（调研报告类）	周晶	中华民族共同体学院	优秀奖
111	2022	黄土、黄河、黄沙还原与重构——地域性设计的适应性和生态性	宁夏第十五届哲学社会科学优秀成果奖（著作类）	赵得成	设计艺术学院	二等奖
112	2022	天盛改旧新定律令	宁夏第十五届哲学社会科学优秀成果奖（著作类）	陈旭	中华民族共同体学院	三等奖
113	2022	国家能力与治理转型：历史的一瞥	宁夏第十五届哲学社会科学优秀成果奖（论文类）	海云志	马克思主义学院	一等奖
114	2022	民族地区产业扶贫的经验教训及发展对策	宁夏第十五届哲学社会科学优秀成果奖（论文类）	李俊杰等	经济学院	一等奖
115	2022	契约型农业产品营销渠道治理过程研究：收购商管理控制的中介作用	宁夏第十五届哲学社会科学优秀成果奖（论文类）	田敏等	商学院	一等奖
116	2022	十八大以来中国共产党强化自我监督的效能评析和实践取向	宁夏第十五届哲学社会科学优秀成果奖（论文类）	马媛	马克思主义学院	一等奖
117	2022	结构过程：乡村纠纷解决中的权力研究	宁夏第十五届哲学社会科学优秀成果奖（论文类）	易军	法学院	二等奖
118	2022	明清云南少数民族汉语诗歌的地域书写——以文学景观为考察中心	宁夏第十五届哲学社会科学优秀成果奖（论文类）	马志英	中华民族共同体学院	二等奖
119	2022	西夏时期的陆上丝绸之路	宁夏第十五届哲学社会科学优秀成果奖（论文类）	杨蕤	中华民族共同体学院	二等奖

续表

序号	获奖年度	成果名称	奖项名称	获奖人	依托单位	奖项级别
120	2022	充分发挥互联网在铸牢中华民族共同体意识的正向应用	宁夏第十五届哲学社会科学优秀成果奖（论文类）	马惠兰	马克思主义学院	二等奖
121	2022	精准扶贫的媒介话语传播研究	宁夏第十五届哲学社会科学优秀成果奖（论文类）	王宏涛	中华民族共同体学院	二等奖
122	2022	宁夏红色出版的历史回溯及其当代意义	宁夏第十五届哲学社会科学优秀成果奖（论文类）	李小凤	学报编辑部	二等奖
123	2022	宁夏森林生态补偿政策创新与实践探索	宁夏第十五届哲学社会科学优秀成果奖（论文类）	汪亚光	法学院	二等奖
124	2022	宁夏银川市告示语调查分析	宁夏第十五届哲学社会科学优秀成果奖（论文类）	刘晨红	文学与新闻传播学院	三等奖
125	2022	弘化寺与张氏家族：河湟地区民族交融的一个历史缩影	宁夏第十五届哲学社会科学优秀成果奖（论文类）	杨德亮	中华民族共同体学院	三等奖
126	2022	辽代葬俗中金属面具与网络的考古学分析	宁夏第十五届哲学社会科学优秀成果奖（论文类）	张景明等	中华民族共同体学院	三等奖
127	2022	藏族生态移民的生计差异与社会适应——来自玉树查拉沟社区的田野考察	宁夏第十五届哲学社会科学优秀成果奖（论文类）	冯雪红	学报编辑部	三等奖
128	2022	生态补偿的地方立法研究——以宁夏为中心	宁夏第十五届哲学社会科学优秀成果奖（论文类）	施海智	法学院	三等奖
129	2022	稀缺租金视阈下基于MAC和SCC的碳管制分布式效应分析	宁夏第十五届哲学社会科学优秀成果奖（论文类）	马明娟等	经济学院	三等奖
130	2022	“健康中国”背景下宁夏体育公共服务体系建设研究	宁夏第十五届哲学社会科学优秀成果奖（论文类）	黑生林等	体育学院	三等奖

续表

序号	获奖年度	成果名称	奖项名称	获奖人	依托单位	奖项级别
131	2022	铸牢中华民族共同体意识融入民族院校图书馆文化育人路径	宁夏第十五届哲学社会科学优秀成果奖（论文类）	包海燕等	图书馆	三等奖
132	2022	变革中的视听媒体传播形态与价值生成	宁夏第十五届哲学社会科学优秀成果奖（论文类）	冶进海	文学与新闻传播学院	三等奖
133	2022	明代马文升《马端肃公三记》版本考述	宁夏第十五届哲学社会科学优秀成果奖（论文类）	马建民	中华民族共同体学院	三等奖
134	2022	国家权力监督与公民权利保障的宪法平衡	宁夏第十五届哲学社会科学优秀成果奖（论文类）	张晓琴等	法学院	三等奖
135	2022	基于声表面波滤波器应用的低静电黑色钽酸锂晶片制备工艺及性能研究	宁夏科学技术进步奖	肖学峰等	电气信息工程学院	二等奖
136	2022	难成形的碳化硅陶瓷元件制备技术研发	宁夏科学技术进步奖	陆有军等	材料科学与工程学院	三等奖
137	2022	湿陷性黄土基础工程稳定关键技术研究与应用	宁夏科学技术进步奖	张立新等	土木工程学院	三等奖
138	2022	支撑新能源高效运行的评价与控制关键技术及应用	宁夏科学技术进步奖（参与单位）	高峰等	电气信息工程学院	一等奖
139	2023	宁夏就业帮扶车间发展现状及优化策略	国家民委社会科学研究成果奖（调研报告类）	王金云等	商学院	三等奖

13. 北方民族大学省部级及以上教学平台一览表

序号	立项年份	平台名称	批准部门	依托单位	级别
1	2022（第二批）	数学分析课程虚拟教研室	教育部	数学与信息科学学院	国家级
2	2022（第二批）	葡萄与葡萄酒工程专业课程群虚拟教研室	教育部	生物科学与工程学院	国家级
3	2019	国际经济与贸易教研室	教育厅	经济学院	省部级
4	2019	大学物理教研室	教育厅	电气信息工程学院	省部级
5	2019	数字媒体视觉传播教研室	教育厅	设计艺术学院	省部级
6	2019	企业管理教研室	教育厅	商学院	省部级
7	2019	卓越法治人才培养班	教育厅	法学院	省部级
8	2019	自动化专业卓越工程师培养班	教育厅	电气信息工程学院	省部级
9	2020	新能源材料与器件教研室	教育厅	材料科学与工程学院	省部级
10	2020	机械电子教学团队	教育厅	机电工程学院	省部级
11	2020	电工电子实验中心教研室	教育厅	电气信息工程学院	省部级
12	2020	化工学院工程实训中心	教育厅	化学与化学工程学院	省部级
13	2020	卓越机械工程联合培养班	教育厅	机电工程学院	省部级
14	2020	数学拔尖人才培养班	教育厅	数学与信息科学学院	省部级
15	2023	材料科学与工程专业教研室	教育厅	材料科学与工程学院	省部级
16	2023	汉语言文学专业教研室	教育厅	文学与新闻传播学院	省部级
17	2023	机械设计制造及其自动化专业教研室	教育厅	机电工程学院	省部级
18	2023	环境设计教研室	教育厅	设计艺术学院	省部级
19	2023	统计与应用统计专业教研室	教育厅	数学与信息科学学院	省部级
20	2023	音乐表演专业教研室	教育厅	音乐舞蹈学院	省部级
21	2023	化学工程与工艺专业教研室	教育厅	化学与化学工程学院	省部级
22	2023	物理与电工电子课程组教研室	教育厅	电气信息工程学院	省部级

续表

序号	立项年份	平台名称	批准部门	依托单位	级别
23	2023	大学数学教研室	教育厅	数学与信息科学学院	省部级
24	2023	大学计算机教研室	教育厅	计算机科学与工程学院	省部级
25	2023	葡萄栽培与葡萄酒酿造教研室	教育厅	生物科学与工程学院	省部级
26	2023	汉语言文学教学团队	教育厅	文学与新闻传播学院	省部级
27	2023	材料卓越工程师人才培养班	教育厅	材料科学与工程学院	省部级
28	2023	面向西部社会经济发展的经济学卓越拔尖人才培养班	教育厅	经济学院	省部级
29	2023	工商管理数字创新卓越拔尖人才培养班	教育厅	商学院	省部级
30	2023	统计诊断与数据分析卓越人才培养班	教育厅	数学与信息科学学院	省部级
31	2023	卓越软件工程师培养班	教育厅	计算机科学与工程学院	省部级
32	2023	化工专业卓越工程师培养班	教育厅	化学与化学工程学院	省部级
33	2024	教育数字化战略行动“揭榜挂帅”项目（高校虚拟教研室构建项目）	教育厅	数学与信息科学学院	省部级

14. 北方民族大学国家级科研项目一览表（2014—2023）

序号	项目类别	项目名称	负责人	立项年份	资助经费（万元）
1	国家自然科学基金	高雷诺数三维翼边界层湍流的直接数值模拟及机理分析	梁贤	2014	80
2	国家自然科学基金：地区科学基金项目	石墨烯量子点作为固相电子传递介质构建高效、准均相光敏化分解水制氢体系的研究	敏世雄	2014	50
3	国家自然科学基金：地区科学基金项目	侧链含寡肽温度和 PH 双重敏感聚合物的研究	雒春辉	2014	53
4	国家自然科学基金：地区科学基金项目	宁夏枸杞内生菌群落特征及其调控宿主活性成分积累机制的研究	刘建利	2014	50
5	国家自然科学基金：地区科学基金项目	淀粉凝胶的矩阵构建及消化特性对 $Ca(OH)_2$ 的响应机制研究	韩立宏	2014	57
6	国家自然科学基金：地区科学基金项目	雌激素调控可卡因滥用性二型的神经肽机制	王建礼	2014	49
7	国家自然科学基金：地区科学基金项目	Ta_2O_5-WO_3-RxOy 系统相关系及 TaW 基抗氧化合金组分优化	陈宇红	2014	46
8	国家自然科学基金：地区科学基金项目	应用双级矩阵变换器的双馈风力发电系统集成控制策略的研究	王君瑞	2014	48
9	国家自然科学基金：地区科学基金项目	多层复合微晶氧化镁薄膜电子发射机理及制备工艺研究	韦海成	2014	47
10	国家自然科学基金：地区科学基金项目	基于字典学习的小样本高光谱遥感图像稀疏表示分类精度研究与应用	张春梅	2014	40
11	国家自然科学基金：地区科学基金项目	基于遥感的宁夏工业固体废物环境监测研究	保文星	2014	43
12	国家自然科学基金：地区科学基金项目	实例结构限制下信息传播算法的收敛性研究	王晓峰	2014	45
13	国家自然科学基金：地区科学基金项目	西夏文物三维数字化与虚拟复原方法研究	马自萍	2014	45

续表

序号	项目类别	项目名称	负责人	立项年份	资助经费（万元）
14	国家自然科学基金：地区科学基金项目	连续时间 T-S 模糊系统的非二次局部控制器综合研究	潘俊涛	2014	46
15	国家自然科学基金：地区科学基金项目	向西开放的服务业 FDI 信息壁垒与外溢效应研究——以宁夏为例	关春玉	2014	35
16	国家自然科学基金：地区科学基金项目	LPAR3 选择性拮抗剂的设计、合成及抗口腔鳞状细胞癌的活性研究	洪伟	2014	45
17	国家自然科学基金：青年科学基金项目	测度值分枝过程与相关带跳随机偏微分方程	杨叙	2014	23
18	国家自然科学基金：青年科学基金项目	b-->s 衰变中新物理的研究	王志会	2014	23
19	国家自然科学基金：青年科学基金项目	网络协同工作环境中小组协作痕迹的建模和开发利用	李强	2014	26
20	国家自然科学基金：青年科学基金项目	饲用苎麻对硒富集转运特性及其基因型差异与机理研究	朱娟娟	2014	25
21	国家自然科学基金：科学部专项项目	基于 Contourlets 的路面病害自适应检测与识别	常霞	2014	15
22	国家自然科学基金：科学部专项项目	染料敏化太阳电池用石墨烯三维网络结构材料的可控合成及性能研究	马金福	2014	15
23	国家自然科学基金：科学部专项项目	银川地区气溶胶多波长激光雷达与太阳光度计数据融合及实验研究	毛建东	2014	20
24	国家社会科学基金：重点项目	少数民族社会主义核心价值观培育研究	潘忠宇	2014	35
25	国家社会科学基金：一般项目	新型城镇化进程中宁夏民族交往与和谐民族关系研究	李苏	2014	20
26	国家社会科学基金：一般项目	宁夏生态移民方言变化跟踪调查及语料库建设	李生信	2014	20
27	国家社会科学基金：一般项目	西部民族地区城镇化进程中的道德支撑研究	王永和	2014	20
28	国家社会科学基金：一般项目	新型城镇化过程中农村转移人口的土地问题研究	韩纪江	2014	20

续表

序号	项目类别	项目名称	负责人	立项年份	资助经费（万元）
29	国家社会科学基金：一般项目	明代波汉对音与小儿锦语音比较研究	马君花	2014	20
30	国家社会科学基金：一般项目	刑法明确性原则实证研究	黑静洁	2014	20
31	国家社会科学基金：一般项目	艾瑞斯·默多克神秘哲学及其文学表述研究	周丽艳	2014	20
32	国家社会科学基金：青年项目	民族团结心理的构建与西北多民族地区社会稳定发展实证研究	戴宁宁	2014	20
33	国家社会科学基金：青年项目	宁夏生态吊庄移民回族方言研究	张秋红	2014	20
34	国家社会科学基金：青年项目	宗教解决纠纷机制研究	易军	2014	20
35	国家社会科学基金：青年项目	公共服务购买中的政府责任研究	彭婧	2014	20
36	国家社会科学基金：西部项目	西夏文文献的文献学研究	景永时	2014	20
37	国家社会科学基金：西部项目	社会主义核心价值观在回族地区的大众认同及践行路径研究	张琳	2014	20
38	国家社会科学基金：西部项目	宁夏城镇化进程中民族交往模型及其评价系统的量化分析研究	马金林	2014	20
39	国家社会科学基金：西部项目	双语教育视阈下民族文化协同传承模式研究	周慧宁	2014	20
40	国家自然科学基金：面上项目	焊接板结构中缺陷的非规则超声SH导波阵列成像检测研究	朱新杰	2015	86.1
41	国家自然科学基金：地区科学基金项目	关于特种照明中大功率LED二次光学设计的关键理论研究	康学亮	2015	51.9
42	国家自然科学基金：地区科学基金项目	中高能重离子碰撞过程中统计平衡性质的研究	程锦霞	2015	54.52
43	国家自然科学基金：地区科学基金项目	自负载介孔Fe-N-C材料的探索设计、化学制备及电催化性能	严祥辉	2015	47.26
44	国家自然科学基金：地区科学基金项目	亲二氧化碳碳氢聚合物类表面活性剂的合成及应用研究	张守村	2015	46.3

续表

序号	项目类别	项目名称	负责人	立项年份	资助经费（万元）
45	国家自然科学基金：地区科学基金项目	宁夏快速城镇化进程中被动迁居嵌入型社区空间生产协同机制与治理研究	李静	2015	45.54
46	国家自然科学基金：地区科学基金项目	电磁模拟微重力 + 电脉冲复合场作用下镁基复合材料制备研究	耿桂宏	2015	47.2
47	国家自然科学基金：地区科学基金项目	北方寒区反复冻融环境下强度劣化混凝土峰后力学效应研究	康亚明	2015	48
48	国家自然科学基金：地区科学基金项目	基于粒子群优化的多目标智能算法及应用研究	高岳林	2015	45
49	国家自然科学基金：地区科学基金项目	宫颈癌放疗靶区勾画中多模态影像非刚性配准方法研究	张少敏	2015	35.4
50	国家自然科学基金：地区科学基金项目	高维数据分析中的支持向量机核学习及其应用研究	秦传东	2015	43.44
51	国家自然科学基金：地区科学基金项目	可变数据流中精简模式发现的关键技术研究	韩萌	2015	45
52	国家自然科学基金：地区科学基金项目	银川地区气溶胶光学、微物理特性参数及其垂直分布反演研究和实验观测	毛建东	2015	45.31
53	国家自然科学基金：地区科学基金项目	不确定信息条件下的博弈建模及最优策略研究	李存林	2015	36.12
54	国家自然科学基金：地区科学基金项目	产业链金融信用风险致因机理与预警机制研究：以西部地区乳业产业链为例	李光荣	2015	36
55	国家自然科学基金：青年科学基金项目	多自由度齿轮快速测量新原理的研究	张白	2015	24.6
56	国家自然科学基金：青年科学基金项目	基于磁荷分布反演算法的漏磁检测缺陷三维量化方法研究	李红梅	2015	23.7
57	国家自然科学基金：青年科学基金项目	连续子空间混合 Gabor 标架理论及应用研究	张岩	2015	21.6
58	国家自然科学基金：科学部专项项目	截面相依面板中的结构突变问题研究及其应用	王小刚	2015	9.6
59	国家社会科学基金：一般项目	中国传统祭祀仪式的道德整合机制研究	张鲲	2015	20

续表

序号	项目类别	项目名称	负责人	立项年份	资助经费（万元）
60	国家社会科学基金：一般项目	六盘山民族连片特困区慢性贫困形成机理及治理路径研究	李昭楠	2015	20
61	国家社会科学基金：一般项目	城镇化进程中西北地区人口与资源环境协调发展的实证研究	朱玲珊	2015	20
62	国家社会科学基金：一般项目	西夏文藏传佛经“《本续》诸注疏”整理研究	孙昌盛	2015	20
63	国家社会科学基金：一般项目	民族地区依法治税研究	尚元君	2015	20
64	国家社会科学基金：一般项目	近代以来新疆少数民族国家认同的历史进程及发展趋向研究	陈茂荣	2015	20
65	国家社会科学基金：一般项目	基于宁夏布局“新丝路经济带”的银川综合保税区建设研究	刘婷	2015	20
66	国家社会科学基金：青年项目	西北少数民族地区新型城镇化发展模式与动力机制研究	金学惠	2015	20
67	国家社会科学基金：青年项目	频率分布和二语构式习得有效路径研究	张晓鹏	2015	20
68	国家社会科学基金：一般项目	宁夏生态移民“留得住、能致富”调查和对策研究	任志军	2015	20
69	国家社会科学基金：青年项目	民族自治地区传播网络构建及参与式传播模式研究	张学霞	2015	20
70	国家社会科学基金：青年项目	民族地区县级政府治理能力评估指标体系研究	吴旭红	2015	20
71	国家社会科学基金：西部项目	当代回族文学及影视创作中的文化认同研究	马慧茹	2015	20
72	国家社会科学基金：西部项目	西部地区生态环境治理政策研究	张瑜	2015	20
73	国家社科基金艺术学：西部项目	音乐比较分析与作品结构辨异——兼中国音乐分析文献的梳理与评鉴	雷兴明	2015	18
74	国家自然科学基金：地区科学基金项目	二阶锥优化的低阶罚函数算法研究	郝自军	2016	41.68

续表

序号	项目类别	项目名称	负责人	立项年份	资助经费（万元）
75	国家自然科学基金：地区科学基金项目	定向结构 β″-Al_2O_3 电解质离子传导的织构强化效应及电化学稳定性研究	张笑	2016	46.8
76	国家自然科学基金：地区科学基金项目	显微组分相互作用对炼焦煤热解硫变迁的影响机理研究	李梅	2016	43.2
77	国家自然科学基金：地区科学基金项目	基于种子大小及其频率依赖的六盘山区辽东栎种子扩散和幼苗增补策略	闫兴富	2016	49.2
78	国家自然科学基金：地区科学基金项目	CDPK 在硅诱导甜瓜果实抗病反应中的磷酸化修饰作用机理研究	王军节	2016	48
79	国家自然科学基金：地区科学基金项目	腾格里沙漠生物土壤结皮中固氮与氨氧化微生物驱动的氮积累机制研究	李靖宇	2016	45.6
80	国家自然科学基金：地区科学基金项目	硅酸盐质文化遗产盐的迁移和毁损机理研究——以西夏王陵为例	靳治良	2016	45.6
81	国家自然科学基金：地区科学基金项目	电流作用下 ZrB_2 晶粒的择优取向生长行为及其机理	刘利盟	2016	48
82	国家自然科学基金：地区科学基金项目	Si_3N_4-MO_2-M′xOy(M= Zr、Hf,M′=Ba、Sr 或 La) 反应制备 MN 陶瓷及相图构建	陆有军	2016	54
83	国家自然科学基金：地区科学基金项目	基于煤炭固废物新型高温定形相变储热材料制备及其填充床储能行为的研究	朱桂花	2016	46.8
84	国家自然科学基金：地区科学基金项目	基于激励场反相叠加理论的深层 SCC 裂纹定量检测方法研究	张东利	2016	49.2
85	国家自然科学基金：地区科学基金项目	基于自适应控制与电能质量评估模型的微网电能质量全局优化控制策略研究	师洪涛	2016	52.13
86	国家自然科学基金：地区科学基金项目	碱－偏高岭土－矿渣复合胶凝体系物相组成演变规律及其与强度和体积稳定性间关系模型	傅博	2016	47.62
87	国家自然科学基金：地区科学基金项目	不确定性无线传感器网络数据流的聚类问题研究及其在银川地区气溶胶监测中的应用	万仁霞	2016	48.8

续表

序号	项目类别	项目名称	负责人	立项年份	资助经费（万元）
88	国家自然科学基金：地区科学基金项目	网络嵌入视角下基于创新能力提升与品牌进化的回族老字号企业成长机理与路径研究	杨保军	2016	35.4
89	国家自然科学基金：地区科学基金项目	易地扶贫搬迁村公共品投资对扶贫效果的影响研究	杨云帆	2016	36
90	国家自然科学基金：地区科学基金项目	PRMT1 抑制剂的设计、合成及其抗乳腺癌活性的研究	洪伟	2016	48
91	国家自然科学基金：青年科学基金项目	具分数阶耗散的 Boussinesq 方程的整体适定性研究	杨婉蓉	2016	22.8
92	国家自然科学基金：青年科学基金项目	自适应共轭梯度法的研究	董晓亮	2016	22.8
93	国家自然科学基金：青年科学基金项目	长腔体内混合流体 Rayleigh-Bénard 对流的高精度数值模拟	王涛	2016	22.8
94	国家自然科学基金：青年科学基金项目	Lévy 噪声激励下合成基因网络中逻辑随机共振的研究	武娟	2016	26.4
95	国家自然科学基金：青年科学基金项目	拟南芥内质网膜蛋白 ROOT HAIR DEFECTIVE$_3$（RHD$_3$）调控花青素代谢分子机理	王静	2016	24
96	国家自然科学基金：青年科学基金项目	基于灰产色链霉菌基因组信息发掘抗革兰氏阴性菌的天然“木马分子”	江志波	2016	20.36
97	国家自然科学基金：科学部专项项目	基于人工蜂群算法的动态优化算法及应用研究	王贞	2016	15.3
98	国家自然科学基金：科学部专项项目	基于编排的跨组织业务流程形式化建模与验证	姜久雷	2016	15.6
99	国家自然科学基金：科学部专项项目	耦合腔阵列与两个二能级原子耦合系统中双光子的传输特性研究	海莲	2016	5
100	国家社会科学基金：一般项目	西夏文《大宝积经》整理研究集成	孙伯君	2016	20
101	国家社会科学基金：一般项目	六盘山民族连片区精准扶贫长效机制及绩效评估机制构建研究	刘七军	2016	20

续表

序号	项目类别	项目名称	负责人	立项年份	资助经费（万元）
102	国家社会科学基金：一般项目	人口变动背景下西北地区居民消费水平对产业结构影响的实证研究	刘慧	2016	20
103	国家社会科学基金：一般项目	“一带一路”下西北地区图书馆延伸服务体系研究	包海燕	2016	20
104	国家社会科学基金：一般项目	美国当代后黑人艺术运动诗人及其诗歌研究	王冬梅	2016	20
105	国家社会科学基金：青年项目	宏佛塔天宫装藏西夏文木雕版的整理与研究	王荣飞	2016	20
106	国家社会科学基金：西部项目	我国消费品污染转移问题的法律研究	包晴	2016	20
107	国家社会科学基金：西部项目	甘宁青生态移民新村“美丽宜居乡村”建设研究	黄桂华	2016	20
108	国家社会科学基金：西部项目	西北地区特色农牧业发展的保障机制研究	黄爱学	2016	20
109	国家社会科学基金：西部项目	清末民国时期外国文学留学教育研究	杨克敏	2016	20
110	国家社会科学基金：西部项目	西北民族自治地方民族关系研究	闵文义	2016	20
111	国家社会科学基金：西部项目	“一带一路”背景下宁夏经济加快发展与协调发展的关系研究	赵翊	2016	20
112	国家社科基金艺术学：青年项目	基于地域文化特性的宁夏景观设计研究	王薇	2016	18
113	国家自然科学基金：面上项目	连续时空分枝过程与相关带跳随机方程	杨叙	2017	58.8
114	国家自然科学基金：面上项目	基于多源随机因素影响下非线性转子系统的建模及动力学研究	马少娟	2017	66.8
115	国家自然科学基金：地区科学基金项目	Hilbert 空间中 K- 框架的若干问题研究	黄永东	2017	43.2
116	国家自然科学基金：地区科学基金项目	基于统计理论的大气污染状况评估关键技术研究	丁维福	2017	43.36

续表

序号	项目类别	项目名称	负责人	立项年份	资助经费（万元）
117	国家自然科学基金：地区科学基金项目	基于宽度理论的稀疏测量矩阵的构造研究	高义	2017	43.8
118	国家自然科学基金：地区科学基金项目	两类偏微分方程反问题的正则化理论及算法研究	张宏武	2017	42.6
119	国家自然科学基金：地区科学基金项目	泥沙运移数值模拟中的若干数值代数问题研究	李春光	2017	40.2
120	国家自然科学基金：地区科学基金项目	银铜双金属团簇稳定性、光学和磁性的第一性原理研究	李维银	2017	48
121	国家自然科学基金：地区科学基金项目	复杂弹性圆柱壳低频声振特性与有源控制机理研究	丁少虎	2017	39.94
122	国家自然科学基金：地区科学基金项目	非晶态多元过渡金属硫化物助催化剂的光化学原位构建、结构调控及光催化制氢性能研究	敏世雄	2017	45.6
123	国家自然科学基金：地区科学基金项目	液相化学还原作用下超疏水不锈钢网的表面结构可控构建机制及其油水分离构－效关系研究	王锦涛	2017	44.4
124	国家自然科学基金：地区科学基金项目	新型碳纳米筛材料的设计合成、组装和掺杂及超级电容性能研究	汪德伟	2017	45.6
125	国家自然科学基金：地区科学基金项目	Ⅳ族过渡金属元素碳、硼化物制备体系的高温物化反应及其相平衡研究	孙文周	2017	45.6
126	国家自然科学基金：地区科学基金项目	珩轮齿面CBN涂层多磨粒微刃珩削加工特性研究	高阳	2017	40.8
127	国家自然科学基金：地区科学基金项目	时滞种群生态系统的分支与最优策略研究	高建国	2017	45.36
128	国家自然科学基金：地区科学基金项目	基于用户偏好的可信社交服务推荐技术研究	姜久雷	2017	47.6
129	国家自然科学基金：地区科学基金项目	基于深度学习的非刚性三维模型多模态检索研究	白静	2017	46.32
130	国家自然科学基金：地区科学基金项目	银川地区气溶胶吸湿增长特性多波长多参数拉曼激光雷达探测研究	毛建东	2017	50

续表

序号	项目类别	项目名称	负责人	立项年份	资助经费（万元）
131	国家自然科学基金：青年科学基金项目	基于算子理论的量子不确定性关系的研究	范亚静	2017	27.6
132	国家自然科学基金：青年科学基金项目	双稳型反应对流扩散方程的非平面波前解	牛荟玲	2017	24
133	国家自然科学基金：青年科学基金项目	非紧致可渗透边界气动噪声数值预测方法研究	王芳	2017	25.4
134	国家自然科学基金：科学部专项项目	石墨烯 /PEDOT（衍生物）复合材料多形态协同效应及在染料敏化太阳电池对电极中的应用	马金福	2017	10
135	国家社会科学基金：一般项目	甘宁青地区生态移民社会关系重构与文化心理认同研究	束锡红	2017	20
136	国家社会科学基金：一般项目	黄河重要水源涵养区跨区域协同保护与补偿问题研究	宗鑫	2017	20
137	国家社会科学基金：一般项目	基于国际功能、残疾和健康分类模型的我国西部地区残疾青少年体力活动模式研究	齐静	2017	20
138	国家社会科学基金：一般项目	新形势下我国通货膨胀动态机制的结构突变检测及推断研究	王小刚	2017	20
139	国家社会科学基金：青年项目	西北民族地区畜牧业适度规模经营与精准扶贫协同发展机制研究	尹春洋	2017	20
140	国家社会科学基金：西部项目	红军东征西征时期党的思想政治工作研究	杨红星	2017	20
141	国家社会科学基金：西部项目	西部少数民族地区精准扶贫、脱贫的微型金融视角研究	张正斌	2017	20
142	国家社会科学基金：西部项目	“互联网 +”背景下西北民族地区现代农业发展对策研究	王金云	2017	20
143	国家社会科学基金：西部项目	城乡媒介文化再生产研究	叶非	2017	20
144	国家社会科学基金：西部项目	宁夏民族传统体育与非物质文化遗产研究	王平	2017	20
145	国家社会科学基金：西部项目	宁夏段丝绸之路档案文献遗产目录数据库建设研究	陈瑜	2017	20
146	国家社会科学基金：西部项目	当代回族文学史料整理与研究	海晓红	2017	20

续表

序号	项目类别	项目名称	负责人	立项年份	资助经费（万元）
147	国家自然科学基金：地区科学基金项目	向量均衡问题解的最优性与连续性研究	佘国林	2018	48
148	国家自然科学基金：地区科学基金项目	基于格子 Boltzmann 方法的土壤溶质运移数值模拟研究	景何仿	2018	48
149	国家自然科学基金：地区科学基金项目	Spin-Seebeck 效应中多自由度耦合的非平衡动力学研究	魏同利	2018	50.4
150	国家自然科学基金：地区科学基金项目	激发态粲偶素性质的研究	王志会	2018	46.72
151	国家自然科学基金：地区科学基金项目	选择性催化氧化甘油高效催化剂的设计及构效关系研究	柯义虎	2018	47.4
152	国家自然科学基金：地区科学基金项目	g-C_3N_4 量子点修饰 MOFs（以 UiO-66 为例）光催化材料的设计合成及可见光诱导分解水制氢性能研究	靳治良	2018	48
153	国家自然科学基金：地区科学基金项目	炼油环境下高温腐蚀钝化膜的生长、结构与钝化机理研究	刘贵群	2018	45.6
154	国家自然科学基金：地区科学基金项目	硼氢化钾（钠）电化学氧化－水解竞争行为与调控机制研究	马金福	2018	48
155	国家自然科学基金：地区科学基金项目	基于单细胞转录组学的滩羊肌内脂肪细胞－肌卫星细胞互作机制研究	徐小春	2018	46.8
156	国家自然科学基金：青年科学基金项目	热力作用下 Ti-(14-18)Al-xNb 合金相演变规律及组织性能关系研究	秦春	2018	33.2
157	国家自然科学基金：地区科学基金项目	高密度逆变器型分布式电源接入低压配电网的电能质量分析与控制研究	张新闻	2018	40.33
158	国家自然科学基金：地区科学基金项目	基于多模态信息融合特征识别的宁夏地区秸秆焚烧监测算法研究	韦海成	2018	43
159	国家自然科学基金：地区科学基金项目	可信工作流管理系统的关键技术及其标准化研究	韩强	2018	43.8
160	国家自然科学基金：地区科学基金项目	基于多波长角散射激光雷达测量 Stokes 参数的气溶胶微物理特性反演研究与实验观测	赵虎	2018	45.84

续表

序号	项目类别	项目名称	负责人	立项年份	资助经费（万元）
161	国家社会科学基金：重大项目	民族地区深度贫困大调查与贫困陷阱跨越策略研究	李俊杰	2018	60
162	国家社会科学基金：重大项目	中国北方岩画文化遗产资料集成及数据库建设	束锡红	2018	80
163	国家社会科学基金：一般项目	西北地区特色农产品供给质量提升路径及政策研究	景娥	2018	20
164	国家社会科学基金：一般项目	乡村振兴战略中甘宁青农民思想政治教育研究	丁海涛	2018	20
165	国家社会科学基金：一般项目	近代外国探险家和考察队视阈下的中国穆斯林研究	周耀明	2018	20
166	国家社会科学基金：一般项目	宁夏西海固特困地区稳定脱贫政策创新与路径选择研究	成媛	2018	20
167	国家社会科学基金：青年项目	新时代西北民族地区大学生社会政治态度研究	王玉栋	2018	20
168	国家社会科学基金：青年项目	精准扶贫视阈下宁夏生态移民村庄政治生态与治理秩序研究	聂君	2018	20
169	国家社会科学基金：青年项目	黑水城出土数术文献整理研究	王巍	2018	20
170	国家社会科学基金：西部项目	宋元笔记中的西北民族史料整理与研究	杨蕤	2018	20
171	国家社会科学基金：西部项目	“历史交汇期”内陆民族地区构建开放型经济新体制问题研究	王瑛	2018	20
172	国家社会科学基金：西部项目	西夏契约研究	赵天英	2018	20
173	国家自然科学基金：地区科学基金项目	若干非凸规划问题的全局优化算法研究	高岳林	2019	49.2
174	国家自然科学基金：地区科学基金项目	基于催化餐厨废油合成脂肪酸甲酯的低内扩散阻力、高密度磺酸基碳微球固体酸催化剂的制备和性能调控	袁红	2019	50.4
175	国家自然科学基金：地区科学基金项目	廉价过渡金属协同催化烯烃氢芳基化的理论研究	李慧	2019	48

续表

序号	项目类别	项目名称	负责人	立项年份	资助经费（万元）
176	国家自然科学基金：地区科学基金项目	石油污染土壤微生物－电动协同修复的过程调控机制研究	范瑞娟	2019	49.2
177	国家自然科学基金：地区科学基金项目	枸杞根系镉区隔及外排相关基因的克隆及其功能研究	赵会君	2019	46.4
178	国家自然科学基金：地区科学基金项目	湿地植物大花百合的性别转换及其环境响应机制	闫兴富	2019	48
179	国家自然科学基金：地区科学基金项目	西鄂尔多斯荒漠孑遗植物特征内生真菌群落及其对宿主抗旱性影响研究	刘建利	2019	46.8
180	国家自然科学基金：地区科学基金项目	能源作物甜高粱花后碳同化物分配调控及其对盐胁迫响应的生理机制	魏玉清	2019	46.8
181	国家自然科学基金：地区科学基金项目	西北荒漠特色植物沙葱抑菌的化学物质基础及作用机制研究	屈欢	2019	44.4
182	国家自然科学基金：青年科学基金项目	高强钢铁材料的强韧化与损伤断裂行为研究	董福元	2019	28.56
183	国家自然科学基金：地区科学基金项目	Y 改性 Cr-Al 扩散渗层的组织形成机理和热防护性能	李涌泉	2019	41.4
184	国家自然科学基金：地区科学基金项目	转炉钢渣中镁铁锰尖晶石群 $(Mg,Fe,Mn)Fe_2O_4$ 的析出、长大和分离研究	蒋亮	2019	42
185	国家自然科学基金：地区科学基金项目	铸造砂模微滴精准成形喷射调控机制研究	刘宏	2019	34.28
186	国家自然科学基金：青年科学基金项目	原始空间中孪生支持向量机的大规模优化算法研究	薛贞霞	2019	30
187	国家自然科学基金：地区科学基金项目	基于决策过程的广义可能性时序逻辑的符号模型检测方法研究	马占有	2019	45
188	国家自然科学基金：地区科学基金项目	多设备支持的协同工作环境中感知模型的研究与应用	李强	2019	44.7
189	国家自然科学基金：地区科学基金项目	稀土离子掺杂硅酸铋晶体导模法生长及其闪烁机理研究	肖学峰	2019	49.2

续表

序号	项目类别	项目名称	负责人	立项年份	资助经费（万元）
190	国家自然科学基金：地区科学基金项目	靶向AKT激酶的霞客霉素A全合成、结构改造和抗肿瘤作用研究	洪伟	2019	39.6
191	国家自然科学基金：地区科学基金项目	地参酚类化合物激活Nrf_2/ARE信号通路对肝损伤保护作用的抗氧化机制研究	高春燕	2019	42
192	国家社会科学基金：重点项目	清代多民族文学的版图分布与互动研究	马志英	2019	35
193	国家社会科学基金：一般项目	中国方案的实践智慧与世界意义研究	韩建夫	2019	20
194	国家社会科学基金：一般项目	铸牢中华民族共同体意识视角下西北民族地区生态移民社区建设与民族交往交流交融研究	李军	2019	20
195	国家社会科学基金：一般项目	法治视域下乡村习俗异化的多元治理研究	易军	2019	20
196	国家社会科学基金：一般项目	六盘山生态脆弱区森林碳汇补偿机制研究	孔丽霞	2019	20
197	国家社会科学基金：一般项目	新时代甘宁青地区生态文明建设与筑牢生态屏障路径研究	冯雪红	2019	20
198	国家社会科学基金：一般项目	乡村振兴背景下宁夏自发移民生计可持续发展模式与实现路径研究	何粉霞	2019	20
199	国家社会科学基金：一般项目	媒介融合中的智能化传播特征与时空嬗变研究	冶进海	2019	20
200	国家社会科学基金：青年项目	新生代员工强制性组织公民行为的结构维度、影响因素及作用机制研究	陈明	2019	20
201	国家社会科学基金：青年项目	满通古斯诸民族口头传统渔猎词汇文化保护与开发模式研究	崔宝莹	2019	20
202	国家社会科学基金：西部项目	六盘山连片特困区农地流转对农村妇女生计影响研究	乔志霞	2019	20
203	国家社会科学基金：西部项目	人类学视野下西部地区传统村落的贫困问题研究	王宏涛	2019	20

续表

序号	项目类别	项目名称	负责人	立项年份	资助经费（万元）
204	国家社会科学基金：西部项目	西北民族地区自然资源资产核算与环境保护协同发展机制研究	李志坚	2019	20
205	国家社会科学基金：西部项目	明清伊斯兰教汉文译著序跋研究	仇王军	2019	20
206	国家社会科学基金：高校思政课研究专项	新媒体视阈下高校主流意识形态话语权构建机制研究	徐晓美	2019	20
207	国家自然科学基金：青年科学基金项目	手足口病的动力学模型研究与数据分析	汪金燕	2020	28.8
208	国家自然科学基金：青年科学基金项目	辐射对流扩散方程大变形网格上保极值原理格式研究	兰斌	2020	28.4
209	国家自然科学基金：青年科学基金项目	Stokes 方程组及其特征值和最优控制问题稳定等阶虚拟元方法研究	柳伟	2020	28.5
210	国家自然科学基金：地区科学基金项目	半直线上的 Gabor 标架理论及应用研究	张岩	2020	38.4
211	国家自然科学基金：地区科学基金项目	不可压 Boussinesq 方程和 MHD 方程的数学理论研究	杨婉蓉	2020	38.4
212	国家自然科学基金：地区科学基金项目	广义连续状态分枝过程与相关带跳随机方程	杨叙	2020	39.6
213	国家自然科学基金：地区科学基金项目	石墨炔及石墨炔基复合光催化材料的设计合成并原位光催化分解水制氢耦合集成新策略	靳治良	2020	48
214	国家自然科学基金：地区科学基金项目	贺兰山不同植被类型土壤微生物呼吸及微生物多样性对全球气候变化的响应	刘秉儒	2020	42
215	国家自然科学基金：地区科学基金项目	基于转录组学和代谢组学研究寡肽 RQRG 提高玉米耐盐胁迫的机理	张琇	2020	42
216	国家自然科学基金：地区科学基金项目	GPI 锚定蛋白在香芹酚调控枸杞链格孢菌丝细胞壁构建中的作用机理研究	王军节	2020	42
217	国家自然科学基金：地区科学基金项目	ZjWD40 基因甲基化调控水分胁迫诱导冬枣果实风味品质形成的分子机制	徐文娣	2020	42

续表

序号	项目类别	项目名称	负责人	立项年份	资助经费（万元）
218	国家自然科学基金：青年科学基金项目	基于可见波段取样光纤光栅的水汽探测拉曼激光雷达系统及技术研究	巩鑫	2020	28.8
219	国家自然科学基金：地区科学基金项目	西北地区乡村数字普惠金融的空间扩散机制，运行机理与实现路径研究	刘自强	2020	42
220	国家自然科学基金：地区科学基金项目	复合场制备的均质细晶镁基复合材料在强脉冲轧制作用下的变形机理研究	耿桂宏	2020	42
221	国家自然科学基金：地区科学基金项目	ζ相碳化物多型体行为及其对 Ta_4C_3-x-Cu/Ag 复合材料微结构调控和力/热/电综合性能的影响	刘利盟	2020	43.2
222	国家自然科学基金：地区科学基金项目	基于葡萄籽提取物多功能水凝胶伤口敷料的制备与性能研究	雒春辉	2020	43.2
223	国家自然科学基金：地区科学基金项目	沙尘环境中摩擦系统的竞争机制及颗粒的力学行为与调控	汤占岐	2020	40.8
224	国家自然科学基金：地区科学基金项目	高精度光臂放大式连续角度测量原理研究	张白	2020	42
225	国家自然科学基金：地区科学基金项目	高比例新能源密集直流群送端系统暂态电压耦合机理的研究	高峰	2020	41.64
226	国家自然科学基金：地区科学基金项目	命题公式的结构熵在信息传播算法求解 SAT 问题中的应用研究	王晓峰	2020	43.6
227	国家自然科学基金：地区科学基金项目	面向多流固态盘的性能优化技术研究	孙鉴	2020	40.928
228	国家自然科学基金：地区科学基金项目	基于深度学习和稀疏表示的 PET/CT 医学图像语义特征分析与辅助诊断模型研究	周涛	2020	42.6
229	国家自然科学基金：地区科学基金项目	基于精简模式的可变数据流集成分类模型关键技术研究	韩萌	2020	42
230	国家自然科学基金：地区科学基金项目	基于正态混合尺度云的增量三支聚类方法研究	许昌林	2020	43.2
231	国家自然科学基金：地区科学基金项目	枸杞多糖通过 PMI 增加结直肠癌干细胞对奥沙利铂敏感性的研究	马丽君	2020	40.8

续表

序号	项目类别	项目名称	负责人	立项年份	资助经费（万元）
232	国家自然科学基金：科学部专项项目	基于退磁场观点和拓扑优化理论的微型平面线圈磁通门机理及低功耗研究	杨尚林	2020	12
233	国家社会科学基金：重点项目	近代少数民族先贤名人爱国情怀研究	许宪隆	2020	35
234	国家社会科学基金：一般项目	铸牢中华民族共同体意识视角下河西走廊民族交往交流交融研究	钟梅燕	2020	20
235	国家社会科学基金：一般项目	“一带一路”背景下西部内陆地区高质量开放路径与创新政策体系研究	强毅	2020	20
236	国家社会科学基金：一般项目	乡村振兴视域下六盘山连片特困区脱贫户稳定增收长效机制研究	朱琳	2020	20
237	国家社会科学基金：一般项目	铸牢中华民族共同体意识的民族心理基础及实践研究	戴宁宁	2020	20
238	国家社会科学基金：一般项目	西北民族地区新型城镇化高质量发展评价与推进策略研究	李苏	2020	20
239	国家社会科学基金：一般项目	民族地区巩固拓展脱贫攻坚成果研究	任志军	2020	20
240	国家社会科学基金：一般项目	社区治理视域下的宁夏易地搬迁户稳定脱贫路径实证研究	范建荣	2020	20
241	国家社会科学基金：一般项目	民族文化视域下六盘山集中连片特困区农户生计转型机制及生态环境效应研究	马明德	2020	20
242	国家社会科学基金：一般项目	西北地区土地资源生态价值补偿质量评价体系构建与提升路径研究	王健华	2020	20
243	国家社会科学基金：一般项目	“一带一路”建设中金融风险度量及预警研究	王贞	2020	20
244	国家社会科学基金：一般项目	二语构式动态发展与概率性学习机制研究	张晓鹏	2020	20
245	国家社会科学基金：一般项目	新时期西北多民族文学的生态书写与共有家园建构研究	钱文霞	2020	20
246	国家社会科学基金：一般项目	公共服务购买中的供应商评价模型研究	彭婧	2020	20

续表

序号	项目类别	项目名称	负责人	立项年份	资助经费（万元）
247	国家社会科学基金：一般项目	瑞典雅林收集品中的清代察合台文文献《热萨拉》语言研究	日孜完古丽·库尔班	2020	20
248	国家社会科学基金：西部项目	全球价值链视域下“一带一路”建设与西部民族地区制造业发展研究	张玉荣	2020	20
249	国家社会科学基金：西部项目	六盘山连片贫困地区多维相对贫困标准制定及靶向缓贫路径研究	申菊梅	2020	20
250	国家社会科学基金：西部项目	新中国70年民族民间体育赛事文化交流和创新研究	黑生林	2020	20
251	国家自然科学基金：青年科学基金项目	周期耦合作用下复杂网络的同步问题研究	李三三	2021	30
252	国家自然科学基金：地区科学基金项目	图的最大匹配强迫与反强迫问题研究	邓凯	2021	52.8
253	国家自然科学基金：地区科学基金项目	一致高精度紧致格式的研究及其应用	王涛	2021	44.2
254	国家自然科学基金：地区科学基金项目	焊接结构板中缺陷的超声SH导波多帧变秩阵列成像检测研究	朱新杰	2021	46.75
255	国家自然科学基金：地区科学基金项目	晶格出溶法构筑强界面耦合半导体/助催化剂光解水材料及其构效关系	敏世雄	2021	44.9
256	国家自然科学基金：地区科学基金项目	混合价钒氧化物V7O16的微观形貌与结构调控及其储锌性能提升机制	吴建栋	2021	45.5
257	国家自然科学基金：地区科学基金项目	灰喜鹊对四声杜鹃巢寄生的反寄生行为研究	刘建平	2021	45.14
258	国家自然科学基金：地区科学基金项目	环境因子诱导达乌尔黄鼠消化道表型可塑性的神经化学机制	王建礼	2021	45.33
259	国家自然科学基金：地区科学基金项目	腾格里沙漠东南缘藓类植物根际微生物组对藓结皮土壤碳库的影响机制研究	李靖宇	2021	45.5
260	国家自然科学基金：地区科学基金项目	LrMYB1调控黑果枸杞花色苷生物合成的分子机制研究	王静	2021	45.5

续表

序号	项目类别	项目名称	负责人	立项年份	资助经费（万元）
261	国家自然科学基金：地区科学基金项目	硫化氢诱导采后葡萄白藜芦醇富集的机理研究	倪志婧	2021	45.5
262	国家自然科学基金：青年科学基金项目	基于 anti-Stokes 拉曼激光雷达的生物气溶胶数浓度全天时精细探测方法及空间分布预测研究	饶志敏	2021	30
263	国家自然科学基金：地区科学基金项目	多波长双线偏振激光雷达气溶胶微物理特性探测和反演方法研究	赵虎	2021	45.5
264	国家自然科学基金：青年科学基金项目	大比表面积二维 α-Al_2O_3 纳米粉体的表 / 界面特性及组织稳定性研究	张笑	2021	30
265	国家自然科学基金：地区科学基金项目	高铌 TiAl 合金表面 Al-B-Y 改性硅化物梯度涂层的组织调控及热防护性能	李涌泉	2021	45.5
266	国家自然科学基金：地区科学基金项目	Al 及第二相对液相烧结碳化硅导热性能影响机制研究	陈宇红	2021	45.5
267	国家自然科学基金：地区科学基金项目	咔唑基多孔材料的简易合成及二氧化碳动态吸附分离研究	闫骏	2021	44.9
268	国家自然科学基金：地区科学基金项目	物联大数据驱动的大规模复杂生产系统混沌动力学建模与资源配置动态优化	李联辉	2021	33.23
269	国家自然科学基金：地区科学基金项目	基于 VIENNA 整流器的直驱风力发电机侧变流器优化运行控制策略研究	王君瑞	2021	45.6
270	国家自然科学基金：青年科学基金项目	铅碘八面体扭曲调控及其对 CsPbI3 钙钛矿相稳定性的影响机制	王康	2021	30
271	国家自然科学基金：地区科学基金项目	基于层次语义嵌入模型的手绘草图三维模型检索方法研究	白静	2021	48.1
272	国家自然科学基金：地区科学基金项目	网络环境下二维非线性系统的建模、有限区域分析与控制综合	张光晨	2021	44.2
273	国家自然科学基金：地区科学基金项目	基于非线性划分的不可测前件变量模糊系统的观测器综合研究	潘俊涛	2021	41.6
274	国家自然科学基金：地区科学基金项目	可变构型倾侧角的单框架控制力矩陀螺系统优化研究	刘锋	2021	44.4

续表

序号	项目类别	项目名称	负责人	立项年份	资助经费（万元）
275	国家自然科学基金：青年科学基金项目	“碳－能源－金融”复杂系统的时空多尺度网络演化机制研究	吴亚奇	2021	36
276	国家自然科学基金：地区科学基金项目	串联质谱分子网络化分析发掘宁夏“银北”平原盐碱微生物中潜在药用化合物的研究	江志波	2021	43.36
277	国家社会科学基金：一般项目	各民族交往交流交融视野下近代青藏高原商业变迁研究	勉卫忠	2021	20
278	国家社会科学基金：一般项目	党管媒体原则研究	马学清	2021	20
279	国家社会科学基金：一般项目	基于依存句法标注语料库的中国英语学习者时间状语从句语序习得发展研究	李雯雯	2021	20
280	国家社会科学基金：一般项目	文学人类学视野下中国神话资源的影像转化路径研究	张洪友	2021	20
281	国家社会科学基金：一般项目	民族学中国化学科范式的探索历程研究（1949—1966）	王明龙	2021	20
282	国家社会科学基金：一般项目	黄河流域横向生态补偿的法理分析与制度构建	施海智	2021	20
283	国家社会科学基金：一般项目	政府对新兴产业监管中的包容审慎评价模型研究	张超	2021	20
284	国家社会科学基金：一般项目	黄河上游地区环境保护税政策效应评估及优化路径研究	胡菲菲	2021	20
285	国家社会科学基金：一般项目	“人类共同价值”的认同机制研究	张鲲	2021	20
286	国家社会科学基金：一般项目	“双循环”新发展格局下西部民族地区高质量发展研究	李红梅	2021	20
287	国家社会科学基金：一般项目	黄河上游生态经济带人口时空分布格局演变及其环境胁迫机制研究	马学娟	2021	20
288	国家社会科学基金：一般项目	西部地区居民绿色农产品消费行为的影响机制及优化路径研究	张锐	2021	20
289	国家社会科学基金：青年项目	西北民族地区三线建设遗产在铸牢中华民族共同体意识中的价值挖掘与活化利用研究	杜华君	2021	20

续表

序号	项目类别	项目名称	负责人	立项年份	资助经费（万元）
290	国家社会科学基金：青年项目	乡村振兴战略下西部农村校园足球特色学校发展困境及治理路径研究	杨涛	2021	20
291	国家社会科学基金：青年项目	宁夏汉语方言地图集	张秋红	2021	20
292	国家社会科学基金：青年项目	新中国成立初期中华民族共同体建设研究（1949—1957）	张福强	2021	20
293	国家社会科学基金：西部项目	乡村振兴背景下宁夏农村语言生活的调查与研究	郭玉梅	2021	20
294	国家社会科学基金：西部项目	权力控制视野下的中国古代公罪制度研究	杨玉明	2021	20
295	国家社会科学基金：西部项目	碳中和目标下黄河上游民族地区生态保护与高质量发展研究	马明娟	2021	20
296	国家社会科学基金：西部项目	多民族交融的西北地区基层政府突发公共事件治理效能评价及提升策略研究	雷婷	2021	20
297	国家社会科学基金：西部项目	黄河文化旅游带建构研究	张廷刚	2021	20
298	国家社会科学基金：西部项目	西北民族地区巩固脱贫成果与乡村振兴有效接续路径研究	纳慧	2021	20
299	国家社会科学基金：西部项目	魏晋南北朝正史书写与中华民族共同体意识建构研究	胡祥琴	2021	20
300	国家社会科学基金：西部项目	西北地区社区矫正运行制度与实施研究	计莹	2021	20
301	国家社会科学基金：冷门绝学研究专项	西夏文《类林》词汇语法研究	马辉芬	2021	35
302	国家社科基金艺术学：西部项目	中国景区文旅融合高质量发展的制约因素和实现路径研究	贾耀锋	2021	20
303	国家自然科学基金：青年科学基金项目	几类中立型随机混杂系统的有限时间稳定性研究	麻硕	2022	30
304	国家自然科学基金：地区科学基金项目	噪声水平未知的低秩矩阵恢复及其在遥感图像重构中的应用研究	高义	2022	44.8

续表

序号	项目类别	项目名称	负责人	立项年份	资助经费（万元）
305	国家自然科学基金：地区科学基金项目	基于烟气 CO_2 吸附－加氢活化耦合的 Fe/PC/MS 双功能颗粒构筑及构效关系	王燕霞	2022	42.42
306	国家自然科学基金：地区科学基金项目	硅泥原位氧化及协同包覆 Si@SiOx@CPF 复合材料制备及其储锂性能研究	侯春平	2022	37.7
307	国家自然科学基金：地区科学基金项目	中国产枸杞属物种界定和分类学研究	张磊	2022	42.9
308	国家自然科学基金：地区科学基金项目	沙枣叶表伞状棘轮鳞片定向集水研究	贝盏临	2022	42.9
309	国家自然科学基金：地区科学基金项目	枸杞园株间除草机器人复杂多变场景实例级语义理解与快准定位方法研究	李茂强	2022	42.9
310	国家自然科学基金：地区科学基金项目	超声波－韧化协同调控沙米淀粉脂质络合能力及其机理研究	韩立宏	2022	42.9
311	国家自然科学基金：地区科学基金项目	拟茎点霉菌效应因子 DnSCRE1 的功能分析及致病机理研究	李欢欢	2022	42.9
312	国家自然科学基金：地区科学基金项目	银川地区气溶胶－云－降水相互作用激光雷达探测及实验研究	毛建东	2022	42.9
313	国家自然科学基金：地区科学基金项目	用于提取宁夏苦豆子中生物碱的新型固定相的设计、制备及其分离机制	郭生伟	2022	42.9
314	国家自然科学基金：地区科学基金项目	手性螺旋聚异腈负载催化剂的精密合成及在不对称串联反应中的应用	李春龙	2022	42.6
315	国家自然科学基金：地区科学基金项目	本征缺陷对 3D 打印连续碳纤维增强复合材料失效行为的影响机制	娄小飞	2022	42.9
316	国家自然科学基金：地区科学基金项目	基于分布式算法的微网群电能质量综合优化治理策略研究	师洪涛	2022	40.3
317	国家自然科学基金：地区科学基金项目	融合叶绿素荧光光谱及动力学成像的枸杞叶枯病早期诊断方法研究	周春艳	2022	30

续表

序号	项目类别	项目名称	负责人	立项年份	资助经费（万元）
318	国家自然科学基金：地区科学基金项目	西部地区农村内部收入不平等及其对家庭消费的影响研究——基于流动人口家庭的视角	杨云帆	2022	36.4
319	国家自然科学基金：科学部专项项目	基于完整信息矩阵重构的雷达目标抗相干干扰DOA估计方法研究	张薇	2022	19.5
320	国家社会科学基金：一般项目	新时代法治乡村建设的实践路径研究	易军	2022	20
321	国家社会科学基金：一般项目	刑法中定量因素的理论、实践与立法研究	黑静洁	2022	20
322	国家社会科学基金：一般项目	黄河“几”字弯都市圈低碳交通运输体系与经济高质量发展耦合机制及调控路径研究	王伟	2022	20
323	国家社会科学基金：一般项目	建党百年中华民族形象建构的历史演进与当代价值研究	马惠兰	2022	20
324	国家社会科学基金：一般项目	民族院校铸牢中华民族共同体意识实践机制研究	周晶	2022	20
325	国家社会科学基金：一般项目	考古材料所见宋代西北地区多民族文化交融研究	孙昌盛	2022	20
326	国家社会科学基金：一般项目	中华民族共同体语境下西北多民族互嵌式移民社会构建的理论与实践研究	聂君	2022	20
327	国家社会科学基金：一般项目	中华民族共同体视域下的中国民歌数据库建设与计量研究	张晓瑾	2022	20
328	国家社会科学基金：一般项目	西北地区新见明至民国时期汉文契约文书收集、整理与研究	马建民	2022	20
329	国家社会科学基金：一般项目	中华民族共同体视域下两宋与西夏、辽、金文学互动交融关系研究	郭艳华	2022	20
330	国家社会科学基金：一般项目	少数民族网络文学与中华民族共同体意识研究	乌兰其木格	2022	20
331	国家社会科学基金：一般项目	情境－结构双重约束下基层政府常态治理与危机治理动态衔接机制研究	海云志	2022	20

续表

序号	项目类别	项目名称	负责人	立项年份	资助经费（万元）
332	国家社会科学基金：西部项目	“双碳”目标下西北地区企业气候变化表现的ESG评价机制研究	麦海燕	2022	20
333	国家社会科学基金：西部项目	乡村振兴背景下西北民族地区规模性返贫的大数据防范与治理机制研究	焦阳	2022	20
334	国家社会科学基金：西部项目	西北民族地区农户多维相对贫困测度及治理路径研究	李学文	2022	20
335	国家社会科学基金：西部项目	电商平台主导的西部民族地区特色农产品供应链整合研究	田敏	2022	20
336	国家社会科学基金：西部项目	甘宁青多民族口头文学中的中华民族共同体意识研究	闫国芳	2022	20
337	国家社会科学基金：西部项目	中华民族共同体建设视域下新疆多民族村落文化变迁的引导研究	陈文祥	2022	20
338	国家社会科学基金：西部项目	巩固脱贫背景下西北民族地区农牧户生计资本差异化重构促进增收研究	郑惠珍	2022	20
339	国家社会科学基金：西部项目	西北民族地区乡村产业振兴数字金融服务模式创新研究	马琴	2022	20
340	国家社会科学基金：西部项目	黄河上游宁蒙段历史上河道变迁研究	张多勇	2022	20
341	国家社会科学基金：西部项目	新时期以来小说的意象化现象研究	周清叶	2022	20
342	全国教育科学规划课题：国家一般课题	家庭教育促进法实施背景下家庭教育生态系统重构机制研究	海存福	2022	20
343	全国教育科学规划课题：国家青年课题	“双减”背景下农村基础教育生态重构研究	魏夏南	2022	20
344	国家社科基金艺术学：西部项目	媒介融合环境下民族地区的广播艺术发展研究	李拜石	2022	20
345	国家自然科学基金区域创新发展联合基金重点项目	混合驱动的大型新能源基地最优消纳的基础研究	丁茂生	2023	260
346	国家自然科学基金：地区科学基金项目	相依重尾数据下尾部风险度量的统计推断及其应用	马耀兰	2023	27

续表

序号	项目类别	项目名称	负责人	立项年份	资助经费（万元）
347	国家自然科学基金：地区科学基金项目	集优化问题的最优性与标量化及其应用	余国林	2023	27
348	国家自然科学基金：地区科学基金项目	黄河流域城市大气污染和生态韧性时空演变及空间统计关系研究	丁维福	2023	27
349	国家自然科学基金：地区科学基金项目	基于深度学习的乘性分数高斯噪声驱动下复杂系统的动力学分析	马少娟	2023	31
350	国家自然科学基金：地区科学基金项目	激发态 B 介子和 Bs 介子性质的研究	王志会	2023	31
351	国家自然科学基金：地区科学基金项目	石墨炔 / 普鲁士蓝衍生物 (PBAs) 复合材料的可控设计、构筑及光诱导分解水析氢研究	王凯	2023	32
352	国家自然科学基金：地区科学基金项目	“开 / 关”型适配体 – 分子印迹二元响应性聚合物刷固定相一键式萃取粮食中真菌毒素的绿色快检方法研究	卜春苗	2023	32
353	国家自然科学基金：地区科学基金项目	基于多孔碳宿主耦合氧化还原反应提升水系锌离子储能器件电化学性能及其机制研究	汪德伟	2023	32
354	国家自然科学基金：地区科学基金项目	电场强化石油污染土壤微生物修复过程中的碳转化机制研究	范瑞娟	2023	32
355	国家自然科学基金：地区科学基金项目	内生菌协助荒漠孑遗植物蒙古沙冬青抵御镰刀菌的机制	刘建利	2023	32
356	国家自然科学基金：地区科学基金项目	β-1,3- 葡聚糖酶基因 LbGlu1 调控宁夏枸杞花粉败育的分子机理研究	张欣	2023	32
357	国家自然科学基金：地区科学基金项目	旱生植物凋落物光降解的微生态过程及其响应机理	康鹏	2023	32
358	国家自然科学基金：地区科学基金项目	C–di–GMP 介导的酸性电解水抑制肉源性荧光假单胞菌生物被膜形成的分子机制	尤丽琴	2023	32
359	国家自然科学基金：地区科学基金项目	硫化氢抑制采后枸杞乙烯生物合成及其信号转导的机理研究	王薇	2023	32

续表

序号	项目类别	项目名称	负责人	立项年份	资助经费（万元）
360	国家自然科学基金：地区科学基金项目	GS/TOR信号通路介导熊果酸抑制枸杞链格孢致病的作用机制	张怀予	2023	33
361	国家自然科学基金：地区科学基金项目	电脉冲轧制处理镁合金的机理研究	耿桂宏	2023	32
362	国家自然科学基金：地区科学基金项目	积碳利用功能化载氧体构筑及其等温甲烷化学链重整循环反应机理研究	靳菲	2023	32
363	国家自然科学基金：地区科学基金项目	单三相并网变流器混联接入弱电网的稳定性分析与控制研究	张新闻	2023	31
364	国家自然科学基金：地区科学基金项目	主余震序列作用下考虑下部支承的单层球面网壳结构失效机理与控制策略研究	马肖彤	2023	32
365	国家自然科学基金：青年科学基金项目	基于预测信息面向低时延的移动边缘计算资源管理技术研究	王一钍	2023	30
366	国家自然科学基金：地区科学基金项目	基于深度学习的膝骨关节炎多模态信息特征融合及其分析方法研究	韦海成	2023	32
367	国家自然科学基金：地区科学基金项目	基于梯度带隙工程的无机钙钛矿太阳电池制备及其光伏性能研究	张正国	2023	30
368	国家自然科学基金：地区科学基金项目	面向宁夏枸杞近红外光谱分析的安全半监督度量学习方法研究	马军	2023	31
369	国家社会科学基金：一般项目	兴边富民行动绩效评价及稳边固边兴边研究	李俊杰	2023	20
370	国家社会科学基金：一般项目	西北民族地区农民精神生活共同富裕的实践路径研究	马媛	2023	20
371	国家社会科学基金：一般项目	《民法典》对中华优秀传统法律文化的传承发展研究	哈斯巴根	2023	20
372	国家社会科学基金：一般项目	双碳目标下西北地区特色农产品绿色品牌生态系统价值共创研究	杨保军	2023	20
373	国家社会科学基金：一般项目	西北地区高校科技成果转化综合绩效评价及路径优化研究	苗婷	2023	20

续表

序号	项目类别	项目名称	负责人	立项年份	资助经费（万元）
374	国家社会科学基金：一般项目	西北地区农牧产业链数字化转型绩效、驱动因素与提升路径研究	王瑜	2023	20
375	国家社会科学基金：一般项目	19世纪美国文学中的风景政治研究	张银霞	2023	20
376	国家社会科学基金：一般项目	中华民族观念史视阈下的西北书写研究	陈红梅	2023	20
377	国家社会科学基金：一般项目	古代黄河河套农业史研究	景永时	2023	20
378	国家社会科学基金：一般项目	少数民族文学选本研究及史料编年（1949—2022）	海晓红	2023	20
379	国家社会科学基金：一般项目	类型学视域下英、汉原生语言及翻译语言触发模式对比研究	杨晓琳	2023	20
380	国家社会科学基金：青年项目	清代入疆交通格局与西北多民族交往交流交融研究	周明帅	2023	20
381	国家社会科学基金：西部项目	共同富裕目标下西北民族地区巩固移民脱贫成果的多元协同机制与政策研究	李昭楠	2023	20
382	国家社会科学基金：西部项目	高碳企业“漂绿”的组态效应及靶向监管研究	付全存	2023	20
383	国家社会科学基金：西部项目	数字化创新、供应链金融与西部地区专精特新企业高质量发展研究	王波	2023	20
384	国家社会科学基金教育学：西部项目	中华民族共同体视野中的各民族教育交往交流交融历史经验研究	谭月娥	2023	20

15. 北方民族大学省部级教师教学、科研竞赛获奖统计表（2014—2023）

竞赛名称	竞赛年份	获奖等级及数量				获奖总数	备注
		一等奖	二等奖	三等奖	专项奖		
宁夏高校第四届青年教师教学基本功大赛	2014			3		3	
第五届全区高校青年教师基本功大赛	2016		1	2		3	
第九届“外教社杯”全国高校外语教学大赛宁夏赛区	2018		2			2	
2018 年自治区青教赛	2018			1		1	
首届国家民委科普讲解大赛	2018			1		1	
2019 外研社多语种“教学之星”大赛区赛	2019			1		1	
第十届“外教社杯”全国高校外语教学大学（大学英语组）比赛宁夏赛区	2019	1		1		2	
全区高校思政课教师教学能力大赛	2019	1	1	2		4	
西部高校阿拉伯语教学基本功大赛	2019		1			1	
第二届国家民委系统科普讲解大赛	2019			2		2	
全区第七届高校青年教师教学竞赛	2020		1	2		3	
第七届“全国电工电子基础课程实验教学案例设计竞赛”	2020	1	1			2	

续表

竞赛名称	竞赛年份	获奖等级及数量				获奖总数	备注
		一等奖	二等奖	三等奖	专项奖		
第二届全区高校“迅达杯”智慧课堂教学创新大赛	2020		1	1		2	
第三届国家民委系统科普讲解大赛	2020	1		2		3	
第十二届“外教社杯”全国高校英语教学大赛宁夏赛区	2021	1		3		4	
首届全区高校心理健康教育课程微课大赛	2021	2	1			3	
第九届全国高校数字艺术设计大赛	2021			2		2	
全区大中小学“我心中的思政课”教学竞赛暨教学展示活动（高校组）	2021	1	1	1		3	
全区高等学校物理基础课程青年教师讲课比赛	2021	1		1		2	
首届宁夏高校教师教学创新大赛	2021	2			1	3	
宁夏科普讲解大赛	2021			1		1	
第四届国家民委系统科普讲解大赛	2021	1	1	1		3	
第九届全国高校电工电子基础课程实验教学案例设计竞赛西北赛区（鼎阳杯）	2022		1			1	
2022 年全国高等学校物理基础课程青年教师讲课比赛宁夏区分赛	2022	2	4			6	
第八届全区高校青年教师教学竞赛	2022		5	1		6	
2022 年中西部地区高等外语课程思政教学设计大赛	2022		1			1	

续表

竞赛名称	竞赛年份	获奖等级及数量				获奖总数	备注
		一等奖	二等奖	三等奖	专项奖		
第二届“RIGOL 杯”全国电子信息类专业课程实验教学案例设计竞赛西部赛区	2022			2		2	
第二届宁夏高校教师教学创新大赛	2022		5	1		6	
第十三届“外教社杯”全国高校外语教学大赛宁夏赛区	2022	2	1	2		5	
第四届高等学校青年教师电子技术基础、电子线路课程授课竞赛西北赛区竞赛（固纬杯）	2022		1	1		2	
未来设计师　全国艺术设计教师教学创新大赛	2022	2	2	3		7	
全区首届高校教师创新创业教育教学	2022	1	1	1		3	
第九届全国科普讲解大赛	2022			1		1	
宁夏科普讲解大赛	2022			1		1	
“我心中的思政课”全区学校习近平新时代中国特色社会主义思想课程教学竞赛	2023			3		3	
第三届宁夏高校教师教学创新大赛	2023	4	4			8	
第十届全国高校电工电子基础课程实验教学案例设计竞赛（鼎阳杯）	2023	1				1	
全区学校“我心中的思政课”教学竞赛	2023		3			3	
国家民委直属高校“中华民族共同体概论”课程教师教学竞赛	2023	1	1	2		4	

续表

竞赛名称	竞赛年份	获奖等级及数量				获奖总数	备注
		一等奖	二等奖	三等奖	专项奖		
第三届全国高校电子信息类专业课程实验教学案例设竞赛（RIGOL）杯西北赛区	2023		2			2	
“高等教育杯”全国高等学校物理基础课程青年教师讲课比赛西北赛区	2023		1			1	
“高等教育杯”全国高等学校物理基础课程青年教师讲课比赛宁夏赛区	2023	1	1			2	
第二届全区心理健康教育教学竞赛	2023		1			2	1人获得该项竞赛最高等级特等奖
未来设计师全国艺术设计教师教学创新大赛全国总决赛宁夏赛区	2023	1	1	1		3	
第六届国家民委系统科普讲解大赛	2023	2		1		3	
宁夏科学实验展演汇演	2023			1		1	

16. 北方民族大学省部级及以上科研平台一览表

序号	立项年份	平台名称	批准部门	依托单位	负责人	级别
1	2001	黄河流域农牧交错区生态保护重点实验室	国家民委	生物科学与工程学院	闫兴富	省部级
2	2005	化工技术基础重点开放实验室	国家民委	化学与化学工程学院	刘海	省部级
3	2007	省部共建粉体材料与特种陶瓷重点实验室	自治区、国家民委共建	材料科学与工程学院	陈宇红	省部级
4	2008	粉体材料及特种陶瓷技术研发创新团队	科技厅	材料科学与工程学院	陈宇红	省部级
5	2009/2022	北方民族大学化工及机械基础科普教育基地	中国科学技术协会	化学与化学工程学院	刘天霞	国家级
6	2010	宁夏葡萄与葡萄酒技术创新中心	科技厅	生物科学与工程学院	马海军	省部级
7	2011	西北少数民族社会发展研究基地	国家民委	中华民族共同体学院	张多勇	省部级
8	2011	特色微生物资源开发与利用创新团队	科技厅	生物科学与工程学院	张 琇	省部级
9	2014	西北民族地区政府治理与社会管理研究中心	国家民委	管理学院	李存林	省部级
10	2014	图像与智能信息处理创新团队	国家民委	计算机科学与工程学院	保文星	省部级
11	2015/2022	北方民族大学电子科学与物理示范中心科普基地	中国科学技术协会	电气信息工程学院	赵 虎	国家级
12	2015	工业废弃物循环利用及先进材料国际科技合作基地	科技部国际合作司	材料科学与工程学院	韩凤兰	国家级
13	2017	宁夏特殊生境微生物资源开发与利用重点实验室	科技厅	生物科学与工程学院	张 琇	省部级
14	2017	碳基先进陶瓷制备技术国家地方联合工程研究中心	国家发改委—宁夏发改委	材料科学与工程学院	陆有军	国家级
15	2018	清洁能源与绿色化工创新团队	国家民委	化学与化学工程学院	靳治良	省部级

续表

序号	立项年份	平台名称	批准部门	依托单位	负责人	级别
16	2018	宁夏新材料研发人才小高地	人力资源和社会保障厅	材料科学与工程学院	郭生伟	省部级
17	2018	宁夏太阳能化学转化技术重点实验室	科技厅	化学与化学工程学院	靳治良	省部级
18	2018	宁夏智能信息与大数据处理重点实验室	科技厅	数学与信息科学学院	高岳林	省部级
19	2018	国别和区域研究中心：乌兹别克斯坦研究中心	教育部国家民委	中华民族共同体学院	海云志	省部级
20	2018	国别和区域研究中心：巴基斯坦研究中心	教育部国家民委	中华民族共同体学院	马建福	省部级
21	2018	国别和区域研究中心：卡塔尔研究中心	教育部国家民委	中华民族共同体学院	马　迁	省部级
22	2018	激光雷达大气遥感创新团队	科技厅	电气信息工程学院	毛建东	省部级
23	2018	宁夏先进智能感知控制技术创新团队	科技厅	基础实验中心	韦海成	省部级
24	2019	西部地区特色农产品营销创新团队	国家民委	商学院	杨保军	省部级
25	2019	宁夏低品质资源高值化利用技术研发人才小高地	人力资源和社会保障厅	化学与化学工程学院	袁　红	省部级
26	2020	宁夏回族自治区大气环境遥感探测重点实验室	科技厅	电气信息工程学院	毛建东	省部级
27	2020	宁夏回族自治区硅靶及硅碳负极材料工程技术研究中心	科技厅	材料科学与工程学院	盛之林	省部级
28	2020	铸牢中华民族共同体意识研究创新团队	国家民委	学报编辑部	冯雪红	省部级
29	2020	图像图形智能处理实验室	国家民委	计算机科学与工程学院	周　涛	省部级
30	2020	宁夏新型固体电子材料及器件研发创新团队	科技厅	电气信息工程学院	肖学峰	省部级
31	2020	北方民族大学中华民族共同体研究基地	国家民委	中华民族共同体学院	马惠兰	省部级
32	2020	人文社科研究基地：共同现代化研究中心	国家民委	经济学院	刘七军	省部级

续表

序号	立项年份	平台名称	批准部门	依托单位	负责人	级别
33	2021	餐厨废油转化清洁能源与高附加值化学品创新团队	科技厅	化学与化学工程学院	袁 红	省部级
34	2021	经济林遗传改良创新团队	科技厅	生物科学与工程学院	周 军	省部级
35	2021	宁夏电力设备智能化研发人才小高地	人力资源和社会保障厅	电气信息工程学院	赵 虎	省部级
36	2022	医学信息智能感知与先进计算创新团队	国家民委	计算机科学与工程学院	周 涛	省部级
37	2023	宁夏回族自治区复合制造系统工程技术研究中心	科技厅	机电工程学院	高阳	省部级
38	2023	宁夏旱区生态修复工程技术研发人才小高地	人力资源和社会保障厅	生物科学与工程学院	刘秉儒	省部级
39	2023	宁夏智能装备与精密检测技术研究应用创新团队	科技厅	电气信息工程学院	张 白	省部级
40	2023	宁夏非物质文化遗产研究基地	自治区文化和旅游厅	中华民族共同体学院	张景明	省部级

17. 北方民族大学本（预）科生招生统计表（2014—2023）

<table>
<tr><th>招生年份</th><th>2014</th><th>2015</th><th>2016</th><th>2017</th><th>2018</th><th>2019</th><th>2020</th><th>2021</th><th>2022</th><th>2023</th></tr>
<tr><td>本（预）科招生总数（人）</td><td>5327</td><td>5328</td><td>5387</td><td>5450</td><td>5492</td><td>5572</td><td>5632</td><td>5631</td><td>5631</td><td>5625</td></tr>
<tr><td>本科招生总数（人）</td><td>5027</td><td>5028</td><td>5090</td><td>5151</td><td>5192</td><td>5272</td><td>5331</td><td>5332</td><td>5330</td><td>5330</td></tr>
<tr><td>预科招生总数（人）</td><td>300</td><td>300</td><td>297</td><td>299</td><td>300</td><td>300</td><td>301</td><td>299</td><td>301</td><td>295</td></tr>
<tr><td>本科招生专业（类）数</td><td>61</td><td>65</td><td>67</td><td>68</td><td>66</td><td>67</td><td>57</td><td>45</td><td>44</td><td>46</td></tr>
<tr><td>招生专业（类）名称</td><td></td><td></td><td></td><td></td><td></td><td></td><td></td><td></td><td></td><td></td></tr>
<tr><td>测控技术与仪器</td><td>45</td><td>45</td><td>45</td><td>90</td><td>90</td><td>90</td><td rowspan="3">256</td><td rowspan="3">229</td><td rowspan="3">231</td><td>45</td></tr>
<tr><td>电气工程及其自动化</td><td>135</td><td>135</td><td>135</td><td>90</td><td>90</td><td>90</td><td>103</td></tr>
<tr><td>自动化</td><td>88</td><td>81</td><td>91</td><td>89</td><td>90</td><td>90</td><td>80</td></tr>
<tr><td>电子信息工程</td><td>90</td><td>80</td><td>91</td><td>90</td><td>149</td><td>160</td><td rowspan="2">220</td><td rowspan="2">201</td><td rowspan="2">200</td><td rowspan="2">225</td></tr>
<tr><td>通信工程</td><td>91</td><td>91</td><td>91</td><td>91</td><td>91</td><td>90</td></tr>
<tr><td>信息工程</td><td>43</td><td>45</td><td>46</td><td>45</td><td></td><td></td><td></td><td></td><td></td><td></td></tr>
<tr><td>物流管理</td><td>91</td><td>90</td><td>91</td><td>89</td><td>91</td><td>90</td><td>82</td><td>97</td><td>84</td><td>86</td></tr>
<tr><td>电子商务</td><td>91</td><td>91</td><td>89</td><td>91</td><td>90</td><td>90</td><td>103</td><td>90</td><td>91</td><td>89</td></tr>
<tr><td>工商管理</td><td>87</td><td>91</td><td>89</td><td>91</td><td>90</td><td>90</td><td>108</td><td rowspan="4">342</td><td rowspan="4">343</td><td rowspan="2">168</td></tr>
<tr><td>人力资源管理</td><td>94</td><td>89</td><td>100</td><td>90</td><td>90</td><td>91</td><td>85</td></tr>
<tr><td>会计学</td><td>90</td><td>92</td><td>91</td><td>90</td><td>89</td><td>90</td><td>88</td><td rowspan="2">168</td></tr>
<tr><td>财务管理</td><td>90</td><td>92</td><td>90</td><td>90</td><td>88</td><td>90</td><td>88</td></tr>
<tr><td>公共事业管理</td><td>91</td><td>91</td><td>91</td><td>90</td><td>89</td><td>90</td><td rowspan="2">175</td><td rowspan="2">180</td><td rowspan="2">180</td><td rowspan="2">181</td></tr>
<tr><td>行政管理</td><td>96</td><td>91</td><td>88</td><td>91</td><td>90</td><td>90</td></tr>
<tr><td>旅游管理</td><td>124</td><td>91</td><td>90</td><td>89</td><td>90</td><td>90</td><td>85</td><td>126</td><td>117</td><td>84</td></tr>
<tr><td>金融数学</td><td></td><td>46</td><td>45</td><td>45</td><td>45</td><td>45</td><td>43</td><td>46</td><td>44</td><td>45</td></tr>
<tr><td>数学与应用数学</td><td>46</td><td>51</td><td>61</td><td>60</td><td>60</td><td>80</td><td rowspan="2">157</td><td rowspan="2">161</td><td rowspan="2">161</td><td rowspan="2">180</td></tr>
<tr><td>信息与计算科学</td><td>43</td><td>46</td><td>62</td><td>80</td><td>80</td><td>80</td></tr>
<tr><td>统计学</td><td>95</td><td>46</td><td>40</td><td>40</td><td>46</td><td>45</td><td rowspan="2">86</td><td rowspan="2">89</td><td rowspan="2">91</td><td rowspan="2">105</td></tr>
<tr><td>应用统计学</td><td>43</td><td>63</td><td>60</td><td>70</td><td>45</td><td>45</td></tr>
</table>

续表

<table>
<tr><th>招生年份</th><th>2014</th><th>2015</th><th>2016</th><th>2017</th><th>2018</th><th>2019</th><th>2020</th><th>2021</th><th>2022</th><th>2023</th></tr>
<tr><td>数据科学与大数据技术</td><td></td><td></td><td></td><td></td><td>45</td><td>45</td><td>44</td><td>46</td><td>51</td><td>47</td></tr>
<tr><td>音乐表演</td><td>30</td><td>24</td><td>37</td><td>40</td><td>39</td><td>40</td><td>36</td><td>40</td><td rowspan="3">123</td><td rowspan="2">112</td></tr>
<tr><td>音乐学</td><td>85</td><td>87</td><td>85</td><td>85</td><td>86</td><td>85</td><td>89</td><td>86</td></tr>
<tr><td>作曲与作曲技术理论</td><td>4</td><td>5</td><td>8</td><td>9</td><td>8</td><td>9</td><td>8</td><td>8</td><td></td></tr>
<tr><td>舞蹈表演</td><td></td><td></td><td></td><td></td><td></td><td></td><td rowspan="2">87</td><td rowspan="2">85</td><td rowspan="2">82</td><td rowspan="2">82</td></tr>
<tr><td>舞蹈学</td><td>56</td><td>86</td><td>80</td><td>84</td><td>86</td><td>85</td></tr>
<tr><td>航空服务艺术与管理</td><td></td><td></td><td></td><td></td><td></td><td></td><td>160</td><td>145</td><td>164</td><td>171</td></tr>
<tr><td>材料科学与工程</td><td>87</td><td>80</td><td>80</td><td>91</td><td>89</td><td>90</td><td>85</td><td rowspan="3">278</td><td rowspan="4">332</td><td rowspan="4">328</td></tr>
<tr><td>高分子材料与工程</td><td>89</td><td>82</td><td>81</td><td>81</td><td>91</td><td>90</td><td>99</td></tr>
<tr><td>新能源材料与器件</td><td>89</td><td>92</td><td>94</td><td>80</td><td>89</td><td>90</td><td>86</td></tr>
<tr><td>智能材料与结构</td><td></td><td></td><td></td><td></td><td></td><td></td><td></td><td></td></tr>
<tr><td>材料成型及控制工程</td><td>90</td><td>89</td><td>91</td><td>91</td><td>139</td><td>139</td><td>137</td><td rowspan="5">300</td><td rowspan="5">300</td><td rowspan="5">299</td></tr>
<tr><td>机械设计制造及其自动化</td><td>94</td><td>100</td><td>100</td><td>75</td><td>75</td><td>75</td><td rowspan="3">179</td></tr>
<tr><td>机械电子工程</td><td></td><td></td><td></td><td>70</td><td>79</td><td>80</td></tr>
<tr><td>工业设计</td><td></td><td>26</td><td>25</td><td>25</td><td>25</td><td>30</td></tr>
<tr><td>过程装备与控制工程</td><td>130</td><td>120</td><td>117</td><td>117</td><td>120</td><td>121</td><td>114</td></tr>
<tr><td>化学工程与工艺</td><td>122</td><td>118</td><td>119</td><td>122</td><td>121</td><td>120</td><td>114</td><td rowspan="2">242</td><td rowspan="2">209</td><td rowspan="3">262</td></tr>
<tr><td>制药工程</td><td>88</td><td>100</td><td>99</td><td>75</td><td>75</td><td>75</td><td>98</td></tr>
<tr><td>能源化学工程</td><td></td><td></td><td></td><td></td><td></td><td></td><td></td><td></td><td></td></tr>
<tr><td>计算机科学与技术</td><td>94</td><td>92</td><td>92</td><td>90</td><td>91</td><td>90</td><td rowspan="4">309</td><td rowspan="4">325</td><td rowspan="4">292</td><td rowspan="4">267</td></tr>
<tr><td>软件工程</td><td>139</td><td>121</td><td>91</td><td>90</td><td>91</td><td>90</td></tr>
<tr><td>网络工程</td><td>88</td><td>81</td><td>92</td><td>90</td><td>90</td><td>90</td></tr>
<tr><td>智能科学与技术</td><td></td><td></td><td></td><td></td><td></td><td></td></tr>
<tr><td>信息管理与信息系统</td><td>45</td><td>46</td><td>45</td><td>45</td><td>44</td><td>45</td><td></td><td></td><td></td><td></td></tr>
<tr><td>软件工程
（中外合作办学）</td><td></td><td></td><td></td><td></td><td></td><td></td><td></td><td></td><td>35</td><td>70</td></tr>
<tr><td>生物科学</td><td>44</td><td>44</td><td>47</td><td>45</td><td></td><td>45</td><td>117</td><td rowspan="3">170</td><td rowspan="3">170</td><td rowspan="3">167</td></tr>
<tr><td>生物技术</td><td>41</td><td>45</td><td>45</td><td>45</td><td>90</td><td>45</td><td>44</td></tr>
<tr><td>生态学</td><td></td><td></td><td></td><td></td><td></td><td></td><td></td></tr>
<tr><td>食品科学与工程</td><td>88</td><td>96</td><td>99</td><td>100</td><td>99</td><td>120</td><td>74</td><td>102</td><td>104</td><td>124</td></tr>
<tr><td>生物工程</td><td>91</td><td>81</td><td>81</td><td>90</td><td>90</td><td>90</td><td>85</td><td>90</td><td>90</td><td>87</td></tr>
</table>

续表

<table>
<tr><th>招生年份</th><th>2014</th><th>2015</th><th>2016</th><th>2017</th><th>2018</th><th>2019</th><th>2020</th><th>2021</th><th>2022</th><th>2023</th></tr>
<tr><td>经济学</td><td>90</td><td>90</td><td>90</td><td>90</td><td>90</td><td>91</td><td>89</td><td rowspan="3">225</td><td rowspan="3">220</td><td rowspan="4">342</td></tr>
<tr><td>税收学</td><td></td><td>45</td><td>44</td><td>50</td><td>50</td><td>50</td><td>44</td></tr>
<tr><td>国际经济与贸易</td><td>133</td><td>88</td><td>90</td><td>90</td><td>90</td><td>90</td><td>85</td></tr>
<tr><td>金融学</td><td>136</td><td>136</td><td>135</td><td>136</td><td>133</td><td>135</td><td>131</td><td>121</td><td>119</td></tr>
<tr><td>英语</td><td>116</td><td>117</td><td>117</td><td>120</td><td>120</td><td>120</td><td>97</td><td rowspan="2">89</td><td rowspan="2">91</td><td>60</td></tr>
<tr><td>商务英语</td><td>60</td><td>59</td><td>60</td><td>60</td><td>60</td><td>60</td><td>57</td><td></td></tr>
<tr><td>阿拉伯语</td><td>60</td><td>60</td><td>61</td><td>50</td><td>30</td><td>29</td><td>30</td><td>29</td><td>29</td><td>30</td></tr>
<tr><td>日语</td><td>61</td><td>61</td><td>59</td><td>59</td><td>59</td><td>60</td><td>57</td><td>62</td><td>58</td><td>30</td></tr>
<tr><td>汉语言文学</td><td>148</td><td>134</td><td>135</td><td>136</td><td>135</td><td>145</td><td>147</td><td>91</td><td>135</td><td>136</td></tr>
<tr><td>新闻学</td><td>85</td><td>89</td><td>91</td><td>50</td><td>50</td><td>45</td><td>48</td><td rowspan="2">136</td><td rowspan="2">135</td><td rowspan="2">93</td></tr>
<tr><td>传播学</td><td>37</td><td>47</td><td>45</td><td>49</td><td></td><td>45</td><td>44</td></tr>
<tr><td>广告学</td><td>83</td><td>90</td><td>47</td><td>50</td><td>50</td><td></td><td></td><td></td><td></td><td></td></tr>
<tr><td>土木工程</td><td>90</td><td>90</td><td>90</td><td>90</td><td>90</td><td>90</td><td>125</td><td rowspan="2">145</td><td rowspan="2">181</td><td rowspan="2">176</td></tr>
<tr><td>道路桥梁与渡河工程</td><td></td><td></td><td></td><td></td><td></td><td></td><td></td></tr>
<tr><td>水利水电工程</td><td></td><td></td><td>79</td><td>90</td><td>90</td><td>90</td><td>80</td><td>91</td><td>91</td><td>90</td></tr>
<tr><td>医学影像技术</td><td>41</td><td>41</td><td>39</td><td>40</td><td>40</td><td>45</td><td>49</td><td rowspan="2">75</td><td>50</td><td>65</td></tr>
<tr><td>眼视光学</td><td></td><td></td><td></td><td></td><td></td><td></td><td></td><td>37</td><td>46</td></tr>
<tr><td>民族学</td><td></td><td></td><td></td><td></td><td></td><td></td><td>30</td><td>45</td><td>34</td><td>34</td></tr>
<tr><td>历史学</td><td>42</td><td>44</td><td>46</td><td>49</td><td>50</td><td>50</td><td>51</td><td>45</td><td>46</td><td>45</td></tr>
<tr><td>法学</td><td>331</td><td>320</td><td>318</td><td>311</td><td>311</td><td>311</td><td>302</td><td>301</td><td>246</td><td>241</td></tr>
<tr><td>思想政治教育</td><td>29</td><td>40</td><td>40</td><td>80</td><td>80</td><td>91</td><td>81</td><td>89</td><td>80</td><td>82</td></tr>
<tr><td>体育教育</td><td>62</td><td>58</td><td>60</td><td>60</td><td>59</td><td>60</td><td></td><td>60</td><td>59</td><td>60</td></tr>
<tr><td>动画</td><td>52</td><td>52</td><td>50</td><td>50</td><td>51</td><td>50</td><td>49</td><td>49</td><td>50</td><td>50</td></tr>
<tr><td>绘画</td><td>51</td><td>50</td><td>25</td><td>25</td><td>25</td><td>25</td><td>24</td><td>25</td><td>25</td><td>25</td></tr>
<tr><td>雕塑</td><td>23</td><td>25</td><td>25</td><td>25</td><td>25</td><td>25</td><td>24</td><td>26</td><td>25</td><td>25</td></tr>
<tr><td>中国画</td><td></td><td></td><td>25</td><td>25</td><td>24</td><td>25</td><td>24</td><td>25</td><td>25</td><td>25</td></tr>
<tr><td>视觉传达设计</td><td>47</td><td>52</td><td>50</td><td>50</td><td>50</td><td>50</td><td>49</td><td>50</td><td>50</td><td>50</td></tr>
<tr><td>环境设计</td><td>83</td><td>52</td><td>50</td><td>50</td><td>50</td><td>50</td><td>49</td><td>50</td><td>50</td><td>50</td></tr>
<tr><td>产品设计</td><td></td><td>26</td><td>25</td><td>25</td><td>25</td><td>25</td><td>24</td><td>25</td><td></td><td></td></tr>
</table>

续表

招生年份	2014	2015	2016	2017	2018	2019	2020	2021	2022	2023
预科（文史 / 历史类）	110	128	137	135	121	129	128	127	128	123
预科（理工 / 物理类）	190	172	160	164	179	171	169	168	169	168
预科（综合改革）							4	4	4	4

注：蓝色标注部分是按专业类招生。

18. 北方民族大学本科毕业生统计表（2014—2023）

专　业	2014	2015	2016	2017	2018	2019	2020	2021	2022	2023
经济学	64	63	87	98	81	93	85	102	81	87
税收学	0	0	0	0	0	47	45	53	48	47
金融学	153	150	223	239	185	181	171	173	160	126
金融数学	0	0	0	0	0	50	49	45	47	43
国际经济与贸易	75	79	112	84	125	81	74	94	84	81
法学	284	293	355	318	345	326	337	352	325	317
思想政治教育	0	0	0	0	30	40	48	78	74	98
体育教育	0	0	0	41	59	53	58	64	58	58
汉语言文学	145	143	152	145	154	133	142	144	145	147
英语	140	154	166	123	96	102	115	126	137	125
阿拉伯语	0	0	0	0	50	55	46	39	27	26
日语	50	47	47	47	45	43	42	52	55	53
商务英语	0	0	50	61	52	58	53	63	57	56
新闻学	90	92	106	83	83	79	83	57	54	49
广告学	42	52	82	78	75	85	45	50	46	0
传播学	40	33	59	26	34	42	38	42	0	45
历史学	34	40	36	29	41	41	50	48	45	46
数学与应用数学	101	77	81	52	37	37	55	60	56	86
信息与计算科学	86	80	78	60	27	39	54	73	68	78
生物科学	37	44	33	37	34	29	41	38	0	46
生物技术	83	66	75	69	26	27	35	39	74	39
统计学	99	99	137	94	84	42	51	38	46	44
应用统计学	0	0	0	42	45	65	56	63	48	43
机械设计制造及其自动化	0	0	0	80	94	102	90	69	64	74
材料成型及控制工程	96	86	82	80	85	77	76	71	96	103

续表

专 业	2014	2015	2016	2017	2018	2019	2020	2021	2022	2023
机械电子工程	0	0	0	0	0	0	0	60	75	76
工业设计	0	0	0	0	0	22	21	23	20	30
过程装备与控制工程	116	152	149	124	111	94	104	86	76	94
测控技术与仪器	38	43	49	45	36	34	36	65	72	81
材料科学与工程	85	76	79	75	66	62	72	68	82	85
高分子材料与工程	72	73	74	72	81	66	57	66	72	74
新能源材料与器件	0	0	77	73	80	79	81	69	73	80
电气工程及其自动化	71	82	103	139	141	167	142	95	92	95
电子信息工程	71	83	72	89	80	70	91	77	147	158
通信工程	87	78	90	85	86	90	82	87	91	83
信息工程	40	29	35	33	34	35	39	39	0	0
自动化	81	83	89	86	85	72	86	80	82	86
计算机科学与技术	70	79	71	94	86	79	93	96	90	81
软件工程	79	121	173	166	137	120	96	97	89	109
网络工程	80	45	74	81	72	83	88	78	92	82
数据科学与大数据技术	0	0	0	0	0	0	0	0	52	53
土木工程	0	0	0	95	105	77	79	86	80	86
水利水电工程	0	0	0	0	0	0	69	82	84	84
化学工程与工艺	77	69	108	113	95	96	92	99	101	107
制药工程	68	76	61	78	72	91	84	73	74	73
食品科学与工程	37	44	78	44	82	103	93	90	84	103
生物工程	76	75	70	68	71	62	70	70	67	69
医学影像技术	0	0	0	27	47	44	37	42	48	47
信息管理与信息系统	42	46	41	44	42	37	39	48	40	39
工商管理	65	86	78	81	72	95	94	89	85	91
会计学	125	143	161	178	155	137	139	123	92	88
财务管理	107	116	140	112	105	132	101	106	103	102
人力资源管理	113	126	109	107	108	86	97	87	76	89
公共事业管理	71	61	68	92	70	75	85	83	66	83

续表

专　业	2014	2015	2016	2017	2018	2019	2020	2021	2022	2023
行政管理	48	58	80	98	97	81	79	82	76	94
物流管理	0	40	41	50	86	80	76	79	79	68
电子商务	53	36	56	40	78	85	85	84	78	86
旅游管理	97	89	99	85	99	77	83	81	119	107
音乐表演	38	40	34	42	32	25	37	36	40	36
音乐学	82	82	81	85	81	85	81	88	81	81
作曲与作曲技术理论	0	5	11	3	4	5	7	7	10	9
舞蹈学	56	85	79	82	56	84	80	82	79	83
动画	24	48	47	52	48	43	51	49	49	47
绘画	48	46	45	49	50	44	24	27	25	26
雕塑	0	0	25	24	20	23	22	22	20	19
中国画	0	0	0	0	0	0	21	17	20	22
艺术设计	123	145	144	0	0	0	0	0	0	0
视觉传达设计	0	0	0	53	45	53	52	49	51	52
环境设计	0	0	0	75	81	54	57	51	51	49
产品设计	0	0	0	0	0	25	25	23	24	26
合计	3859	4058	4752	4825	4783	4799	4886	4974	4902	5050

注：数据统计含第二学士学位生。

19. 北方民族大学国（境）外交流合作统计表（2014—2023）

年份	教师出访		学生访学		学生出国（境）		外专引智项目数	外国专家人数	外教人数	公务出访（校领导团）	国（境）外来访接待		签订协议数
	港澳台	国外	3个月以内	3个月以上	港澳台	国外					国外来访	境外来访	
2014	2	18	64	29	9	84	49	55	9	3团（18人）	5批（18人）	2批（2人）	8
2015	16	16	79	27	8	98	58	67	9	4团（13人）	12批（51人）	1批（1人）	9
2016	8	31	54	93	27	120	74	134	11	1团（3人）	10批（75人）	3批（37人）	19
2017	9	57	34	98	20	112	72	97	11	3团（9人）	9批（53人）	7批（236人）	9
2018	8	53	64	64	18	110	60	115	11	4+1团（13人）	16批（102人）	2批（31人）	8
2019	6	51	45	50	21	74	43	74	9	4团（9人）	16批（88人）	5批（155人）	3
2020	0	54（1人线下，53人线上参加国际学术会议）	2	0	0	2	1	1	2	0	0	0	2
2021	0	0	6（线上）	34（线上）	0	40（线上）	1	10	2	0	10（线上）	0	0

续表

年份	教师出访		学生访学		学生出国（境）		外专引智项目数	外国专家人数	外教人数	公务出访（校领导团）	国（境）外来访接待		签订协议数
	港澳台	国外	3个月以内	3个月以上	港澳台	国外					国外来访	境外来访	
2022	0	450人次（3人线下，447人次线上）	3	631人次（3人线下，628人次线上）	0	线上：3162人次	1	9	3	0	9（线上）	0	3
2023	0	16	51	4	6	49	9	55	2	2团（5人）	25批（55人）	3批（77人）	1

20. 北方民族大学国内合作交流统计表（2014—2023）

一、校地合作协议情况统计表

年份	协议（份）	合作单位
2014	3	吴忠市人民政府、邵阳市民族宗教事务委员会、宁夏广播电视台
2015	5	新化县人民政府、中国民族博物馆、宁夏回族自治区民族事务委员会、张家川县人民政府、灵武市人民政府
2016	3	新疆维吾尔自治区教育厅、石嘴山市第一人民医院、宁夏回族自治区人民医院
2017	2	彭阳县人民政府、镇江市人民政府
2018	1	宁夏回族自治区人民政府外事办公室
2019	4	国家统计局宁夏调查总队、西夏区人民政府、西夏区辖区 17 所大中专院校、中卫市人民政府、湖州市人力资源和社会保障局
2020	8	西夏区人民政府银川市教育局、宁夏灵武白芨滩国家级自然保护区管理局、中国民族博物馆、湖州市人力资源和社会保障局、文冠果产业国家创新联盟、银川市西夏区人民政府、石嘴山高新技术产业开发区管理委员会、银川市人民政府
2021	6	昆山市人力资源和社会保障局、宁夏广播电视台、石嘴山市人民政府、宁夏回族自治区工商业联合会、宁夏回族自治区人民医院、宁夏大学、宁夏职业技术学院、宁夏财经职业技术学院、宁夏理工学院、国家开放保险学院、人保财险宁夏分公司等 14 家保险公司、自治区保险人才培养联席会议办公室
2022	4	国家民委舆情中心、银川市人民政府、政协宁夏回族自治区委员会办公厅、中共银川市委统战部、银川市民族事务委员会
2023	10	国家税务总局宁夏税务局、东营港经济开发区管理委员会、宁夏残疾人联合会、东莞市人力资源和社会保障局、中央民族歌舞团、民族出版社、民族画报社、中共塔什库尔干塔吉克自治县委员会、中卫市人民政府、西藏自治区民族事务委员会
合计	46	

二、校校合作协议情况统计表

年 份	协议（份）	合作单位	备注
2014	1	邵阳学院	
2015	2	西安交通大学、中央民族大学	单位：人
2016	3	青海民族大学、邵阳学院、大连民族大学	
2017	3	合肥工业大学、兰州大学、银川能源学院	
2018	1	四川外国语大学	
2019	2	华侨大学、合肥工业大学	
2020	7	合肥工业大学、大连民族大学、黑龙江大学、集美大学、中国人民解放军陆军边防学院、哈尔滨工业大学（威海）（访学）、宁夏大学、宁夏职业技术学院、宁夏工商职业技术学院、宁夏工业职业技术学院、银川职业技术学院	
2021	3	集美大学（访学）、安徽大学（访学）、中南民族大学（访学）	
2022	3	华侨大学（访学）、银川能源学院、西安交通大学（访学）	
2023	6	西安交通大学、西南民族大学、中共宁夏回族自治区委党校（宁夏行政学院）、合肥工业大学（访学）、大连民族大学（访学）、四川外国语大学（访学）	
合计	31		

三、校企合作协议情况统计表

年份	校企协议数	合作单位	备注
2014	1	西北轴承股份有限公司	
2015	1	西部电子商务股份有限公司	
2016	1	银川新闻传媒集团	
2017	3	中国移动通信集团宁夏有限公司、宁夏天地奔牛实业集团有限公司、西部（银川）担保有限公司	

续表

年份	校企协议数	合作单位	备注
2018	8	宁夏共享集团股份有限公司、共享智能铸造产业创新中心、福建弘扬软件股份有限公司、达内时代科技集团有限公司、西安达内优创信息科技有限公司、新道科技股份有限公司	
2019	4	中国农业银行宁夏分行、北京市鸿德（银川）律师事务所、南京证券股份有限公司宁夏分公司	
2020	6	百度公司、阿里巴巴丝路有限公司、宁夏第一建筑有限公司、洛克科技（宁夏）有限公司、北京广慧金通教育科技有限公司、宁夏富乐德石英材料有限公司、宁夏银和新能源科技有限公司、宁夏中欣晶圆半导体科技有限公司	
2021	5	中国证券监督管理委员会宁夏监管局、上海证券交易所、南京证券股份有限公司、中铁十一局集团有限公司、智慧宫文化产业集团有限公司、宁夏真呐中巴文化有限公司、宁夏北伏科技有限公司	
2022	21	麒麟软件有限公司、共享智能铸造产业创新中心有限公司、中国铸造协会、宝塔实业股份有限公司、江苏汇博机器人技术股份有限公司、烟台泰和新材料股份有限公司、宁夏金润昌科技有限公司、心芯（宁夏）有限公司、宁夏钜晶源晶体科技有限公司、宁夏索特科新型器件有限公司、宁夏中晶半导体材料有限公司、宁夏西部绿谷节水技术有限公司、宁夏锦润生态建设有限公司、宁夏创耀科技有限公司、哈希（宁夏）科技有限公司、银川合宜科技有限公司、银川市恒益达机械有限公司、宁夏博尔特医疗测试研究院有限公司、联通数字科技有限公司宁夏回族自治区分公司、深圳市剑石科技有限公司、宁夏吉虎科技有限公司、银川欣安瑞电气有限公司、宁夏宏源长城机床有限公司、宁夏特鑫焊接热喷涂有限公司	
2023	7	银川新华百货商业集团股份有限公司、南京阿凡达机器人科技有限公司、东莞市鹏锦机械科技有限公司、宁夏力成电气集团有限公司、宁夏隆基宁光仪表股份有限公司、宁夏银利电器股份有限公司、阿里巴巴国际站西北运营中心、宁夏电子商务协会、杭州橙曦网络科技有限公司、宁夏几宇湾数字科技有限公司	
合计	57		

21. 北方民族大学大型仪器设备一览表

一、20 万元以上大型仪器设备

仪器名称	仪器编号	原值（元）	单位
单晶生长炉	1300961S	784000	材料科学与工程学院
电弧熔炼炉	1300962S	430500	材料科学与工程学院
紫外－可见光分光光度计	1301108S	200000	材料科学与工程学院
转矩流变仪	1301159S	735000	材料科学与工程学院
综合热分析仪	1301160S	665000	材料科学与工程学院
聚焦耦合单模微波合成系统	1301161S	402000	材料科学与工程学院
旋转流变仪	1301434S	496000	材料科学与工程学院
偏光显微镜	1301435S	375000	材料科学与工程学院
微量注射成型仪	1301436S	418000	材料科学与工程学院
甩带甩丝联合系统	1302015S	499000	材料科学与工程学院
高分辨透射电子显微镜	1302512S	3986000	材料科学与工程学院
催化剂评价装置	1400663S	419000	材料科学与工程学院
比表面及孔径分析仪	1400696S	280000	材料科学与工程学院
扫描电化学显微镜	1400697S	275000	材料科学与工程学院
X 射线衍射仪	1400713S	426100	材料科学与工程学院
真空微波烧结炉	1502051S	298500	材料科学与工程学院
傅里叶变换红外光谱仪	1502147S	295000	材料科学与工程学院
高温热压烧结炉	1502870S	2253500	材料科学与工程学院
真空微重力电磁炉	1503652S	973000	材料科学与工程学院
金属纳米粉连续生产设备	1503653S	1406000	材料科学与工程学院
真空高压气体淬火炉	1503707S	446400	材料科学与工程学院
小型真空感应熔炼炉	1503708S	275000	材料科学与工程学院
太阳能光电效率测试仪	1503709S	298000	材料科学与工程学院
光谱椭偏仪	1503710S	513000	材料科学与工程学院
磁选仪	1503747S	386000	材料科学与工程学院
高温摩擦磨损试验机	1503758S	212000	材料科学与工程学院

续表

仪器名称	仪器编号	原值（元）	单位
微波高温气氛实验炉	1503759S	295000	材料科学与工程学院
热场发射扫描电子显微镜综合系统	1608952S	8858000	材料科学与工程学院
高功率脉冲晶粒制备系统	1708911S	554400	材料科学与工程学院
纳米结构金属制备加工试验台	1708912S	346500	材料科学与工程学院
等离子放电烧结炉	1800509S	700000	材料科学与工程学院
四球摩擦试验机	1800916S	285000	材料科学与工程学院
激光粒度分析仪	20021082	300000	材料科学与工程学院
万能材料试验机	20031607	267750	材料科学与工程学院
小型喷雾干燥器	20041366	210000	材料科学与工程学院
高速离心喷雾造粒干燥系统	20070437	264600	材料科学与工程学院
正置金相显微镜	20071031	249128	材料科学与工程学院
高温烧结炉	20071157	340000	材料科学与工程学院
试样磨抛机	20071295	260000	材料科学与工程学院
图像处理维氏硬度计	20071298	260000	材料科学与工程学院
X 射线衍射仪	20071299	708000	材料科学与工程学院
单区定向凝固装置	20101083	437500	材料科学与工程学院
疲劳试验机	20110831	281200	材料科学与工程学院
氧化物燃料电池测试系统	20111376	223000	材料科学与工程学院
差示扫描量热仪	20111379	256400	材料科学与工程学院
多功能激光加工机	20111396	298000	材料科学与工程学院
真空钨丝烧结炉	20111402	227000	材料科学与工程学院
万能材料试验机配套设备	20111403	298500	材料科学与工程学院
等离子刻蚀仪	20112396	359900	材料科学与工程学院
纳米搅拌磨	20113664	250000	材料科学与工程学院
纳米搅拌磨	20113665	250000	材料科学与工程学院
真空管式气氛炉	20113669	250000	材料科学与工程学院
板料成形网格应变系统	20113677	200000	材料科学与工程学院
动态热机械（DMA）分析仪	20115388	385000	材料科学与工程学院
热失重分析仪 TGA	20115389	265000	材料科学与工程学院
凝胶渗透色谱仪 GPC	20115390	295000	材料科学与工程学院

续表

仪器名称	仪器编号	原值（元）	单位
荧光分光光度计	20115391	393000	材料科学与工程学院
喷涂设备	20115844	1141900	材料科学与工程学院
激光粒度分布仪	20115860	265000	材料科学与工程学院
激光粒度及电位分析仪	20116048	346000	材料科学与工程学院
物理气相沉积（PVD）	20121928	447000	材料科学与工程学院
等离子增强化学气相淀积	20121929	497800	材料科学与工程学院
FDM 快速成型机	20124307	373760	材料科学与工程学院
三维扫描仪	20124515	238825	材料科学与工程学院
三维光学面扫描系统	20126055	286000	材料科学与工程学院
X 射线应力测试仪	20129268	666900	材料科学与工程学院
高低温电子拉力机	20129269	361080	材料科学与工程学院
高温四探针测量系统	2019001580	250000	材料科学与工程学院
台式扫描电镜	2021003766	698000	材料科学与工程学院
挤出机	2021006834	250000	材料科学与工程学院
闪射法导热仪	2021006863	1180000	材料科学与工程学院
热等静压系统	2022001827	2030000	材料科学与工程学院
紫外可见近红外分光光度计	2022001828	590000	材料科学与工程学院
真空碳管烧结炉	2022002007	278000	材料科学与工程学院
扫描式电子显微镜	20031599	1310253	材料科学与工程学院
自主移动机器人平台	2020004709	330000	创新创业学院
工频局部放电试验成套装置	1400718S	207500	电气信息工程学院
变压器测试成套装置	1400722S	270000	电气信息工程学院
光谱椭偏仪	1400809S	458000	电气信息工程学院
真空 PLD 激光溅射沉积系统	1400810S	796000	电气信息工程学院
深度制冷 EMCCD	1503419S	286000	电气信息工程学院
激光干涉仪	1703360S	230000	电气信息工程学院
licel 数据采集系统	1801178S	798000	电气信息工程学院
3J 激光器	1801189S	530000	电气信息工程学院
频谱分析仪	1801193S	250000	电气信息工程学院
网络分析仪	1801194S	290000	电气信息工程学院
Nd: YAG 脉冲激光器	20111289	275000	电气信息工程学院

续表

仪器名称	仪器编号	原值（元）	单位
光伏发电与并网控制系统	20122172	1145000	电气信息工程学院
大型双馈风力发电系统	20122173	980000	电气信息工程学院
室外小型风力发电系统	20122174	250000	电气信息工程学院
风光发电系统集成控制系统	20122177	280000	电气信息工程学院
太阳能电池 I−V 测试系统	20124517	260000	电气信息工程学院
太阳能电池量子效率测试系统	20124518	279000	电气信息工程学院
Q 开关固体激光器	20124564	405000	电气信息工程学院
全自动太阳分光光度计	20124570	609000	电气信息工程学院
空气动力学粒径谱仪	20125485	498000	电气信息工程学院
光谱仪主机及 CCD 光谱仪检测器及红外单点探测器	2019020984	607000	电气信息工程学院
全固态 Ka 波段测云仪	2022002161	750000	电气信息工程学院
光电数据采集系统	2019021063	931000	电气信息工程学院
高效液相 – 质谱仪	20070757	1230000	化学与化学工程学院
溶出取样收集系统	1200148S	235740	化学与化学工程学院
分析型高速逆流色谱仪	1200162S	207975	化学与化学工程学院
电子拉扭多功能材料试验机	1200221S	578200	化学与化学工程学院
差式扫描量热仪	1302153S	219240	化学与化学工程学院
全自动微量粘度仪	1302154S	228375	化学与化学工程学院
稳态 / 瞬态荧光光谱仪	1302514S	705000	化学与化学工程学院
聚焦耦合单模微波合成仪	1302515S	371541	化学与化学工程学院
比表面积及微孔孔隙分析仪	1302516S	423666	化学与化学工程学院
全自动程序升温化学吸附仪	1302517S	632000	化学与化学工程学院
多功能催化剂评价装置	1609368S	523334	化学与化学工程学院
中压快速制备色谱仪	1609377S	305000	化学与化学工程学院
离子色谱仪	1609395S	362500	化学与化学工程学院
紫外可见分光光度计	1609462S	230400	化学与化学工程学院
扫描探针显微镜	1704452S	230000	化学与化学工程学院
低温球盘摩擦磨损试验机	1704453S	286000	化学与化学工程学院
高效液相色谱仪	1706504S	310000	化学与化学工程学院
太阳光模拟器	1707928S	200000	化学与化学工程学院

续表

仪器名称	仪器编号	原值（元）	单位
X 射线衍射仪	1800956S	1933000	化学与化学工程学院
高效液相色谱仪	1801346S	340220	化学与化学工程学院
同步热分析仪	1801349S	473000	化学与化学工程学院
傅立叶变换红外光谱仪	20061584	214800	化学与化学工程学院
微波合成系统	20101091	210000	化学与化学工程学院
临界反应与萃取系统	20101092	300000	化学与化学工程学院
液相色谱仪	20101095	256300	化学与化学工程学院
原子吸收分光光度计	20120919	217120	化学与化学工程学院
三维打印机	20122527	200000	化学与化学工程学院
便携式三维扫描系统	20122604	252000	化学与化学工程学院
紫外分光光度计	2019000907	425500	化学与化学工程学院
荧光及吸收光谱仪	2019000910	269650	化学与化学工程学院
烟气综合分析仪	2019000911	318000	化学与化学工程学院
多通道高压加氢催化剂评价装置	2019000922	789600	化学与化学工程学院
X 射线光电子能谱仪（XPS）	2019003309	5449900	化学与化学工程学院
纳米粒度及 ZETA 电位测试仪	2019018425	550000	化学与化学工程学院
旋转流变仪	2019018426	758000	化学与化学工程学院
元素分析仪	2019018427	565000	化学与化学工程学院
独立四站式全自动快速比表面与孔隙度分析系统（含脱气系统）	2020004236	626200	化学与化学工程学院
快速成型机	1604393S	630000	机电工程学院
交流激励多通道磁场响应测量系统	1604402S	410000	机电工程学院
应力检测系统	1604404S	460000	机电工程学院
眼动仪	1604405S	290000	机电工程学院
声学和振动测量系统	1604406S	480000	机电工程学院
动态应变测试分析系统	1604407S	246000	机电工程学院
NI 动态测试分析系统	1604431S	610000	机电工程学院
多导生理记录仪	1604433S	330000	机电工程学院
电磁检测仪	1604602S	350000	机电工程学院
影像仪（轮廓测量仪）	1702433S	215000	机电工程学院
齿轮测量中心	1702434S	595500	机电工程学院

续表

仪器名称	仪器编号	原值（元）	单位
精雕机	1702457S	558000	机电工程学院
双极性电源系统扩展系统	2019001755	227000	机电工程学院
在线多参数测试仪	1702478S	250000	机电工程学院
智能双臂协作机器人	1702479S	300000	机电工程学院
手持式扫描系统	1702481S	600000	机电工程学院
全息台感知系统	1702482S	260000	机电工程学院
眼动跟踪系统	1702484S	310000	机电工程学院
内雕机	1702485S	288000	机电工程学院
脑电分析系统	1702486S	266000	机电工程学院
精密数控电火花成形机床	1708038S	685000	机电工程学院
精密数控线切割机床	1708039S	885000	机电工程学院
加工中心 VARIAXIS j-500	1708885S	1926800	机电工程学院
高精密切削力测量系统（进口产品）	1708886S	800000	机电工程学院
机器人工作站	1708893S	970000	机电工程学院
智能双臂协作机器人	1801141S	352000	机电工程学院
三坐标测量机	20122530	243000	机电工程学院
加工中心 V850	20122531	342900	机电工程学院
杯凸和板料成形试验系统	20126054	1093000	机电工程学院
普及型数控车床 CK7150B	20127947	279600	机电工程学院
三坐标测量仪	20128765	480000	机电工程学院
履带式自主定位与导航移动机器人平台	2020001885	800000	机电工程学院
面部表情分析系统	2020001893	240000	机电工程学院
微波消解仪	1407137S	259500	实验室建设与管理处、基础实验教学与工程实训中心（宁夏分析测试中心）
偏光显微镜	1503753S	219000	实验室建设与管理处、基础实验教学与工程实训中心（宁夏分析测试中心）

续表

仪器名称	仪器编号	原值（元）	单位
无线表面肌电遥测系统	1600587S	335000	实验室建设与管理处、基础实验教学与工程实训中心（宁夏分析测试中心）
测力台	1600588S	202000	实验室建设与管理处、基础实验教学与工程实训中心（宁夏分析测试中心）
测力台	1600589S	202000	实验室建设与管理处、基础实验教学与工程实训中心（宁夏分析测试中心）
三维运动红外分析系统	1600590S	1090000	实验室建设与管理处、基础实验教学与工程实训中心（宁夏分析测试中心）
运动跑台	1600591S	429000	实验室建设与管理处、基础实验教学与工程实训中心（宁夏分析测试中心）
运动心肺功能测试系统	1600592S	285000	实验室建设与管理处、基础实验教学与工程实训中心（宁夏分析测试中心）
等速力量测试与训练系统	1600594S	1050000	实验室建设与管理处、基础实验教学与工程实训中心（宁夏分析测试中心）
骨密度测试系统	1600661S	365000	实验室建设与管理处、基础实验教学与工程实训中心（宁夏分析测试中心）
体成分测试系统	1600662S	236000	实验室建设与管理处、基础实验教学与工程实训中心（宁夏分析测试中心）
多功能自动贴片机	1609149S	256000	实验室建设与管理处、基础实验教学与工程实训中心（宁夏分析测试中心）
加工中心	20031465	520000	实验室建设与管理处、基础实验教学与工程实训中心（宁夏分析测试中心）

续表

仪器名称	仪器编号	原值（元）	单位
等离子体发射光谱仪	20101086	587700	实验室建设与管理处、基础实验教学与工程实训中心（宁夏分析测试中心）
原子荧光光度计	20113675	284000	实验室建设与管理处、基础实验教学与工程实训中心（宁夏分析测试中心）
气相色谱仪	20116051	592000	实验室建设与管理处、基础实验教学与工程实训中心（宁夏分析测试中心）
注塑机	20124203	228965	实验室建设与管理处、基础实验教学与工程实训中心（宁夏分析测试中心）
微波消解炉	20126448	258000	实验室建设与管理处、基础实验教学与工程实训中心（宁夏分析测试中心）
多功能精密金属激光切割机	2022001836	298000	实验室建设与管理处、基础实验教学与工程实训中心（宁夏分析测试中心）
电感耦合等离子质谱仪（ICPMS）	2023000777	1100000	实验室建设与管理处、基础实验教学与工程实训中心（宁夏分析测试中心）
触觉式人机交互系统	1501722S	302900	计算机科学与工程学院
实验室制备系统	1200089S	210000	生物科学与工程学院
高效液相色谱仪	1302162S	249300	生物科学与工程学院
倒置荧光生物显微镜	1302363S	201794	生物科学与工程学院
光合测定系统	1302405S	502740	生物科学与工程学院
双向电泳系统	1302406S	265500	生物科学与工程学院
双流速蛋白纯化系统	1302407S	309750	生物科学与工程学院
正置荧光显微镜	1700008S	250000	生物科学与工程学院
化学发光成像系统	1700020S	240000	生物科学与工程学院
荧光定量 PCR 仪	1700065S	230000	生物科学与工程学院
快速粘度分析仪	1700326S	370000	生物科学与工程学院

续表

仪器名称	仪器编号	原值（元）	单位
多功能酶标仪	1801140S	280000	生物科学与工程学院
流变发酵仪	1802084S	264000	生物科学与工程学院
混合试验仪	1802085S	250000	生物科学与工程学院
损伤淀粉测定仪	1802086S	340000	生物科学与工程学院
电动反射荧光显微镜	20031591	236500	生物科学与工程学院
高速冷冻离心机	20031604	223875	生物科学与工程学院
生物发酵系统	20060317	280000	生物科学与工程学院
便携式光合荧光测量系统	20071484	288876	生物科学与工程学院
高效液相色谱仪	20071569	588000	生物科学与工程学院
气相－质谱联用色谱仪	20071570	721400	生物科学与工程学院
根系生态监测系统	20101128	371157	生物科学与工程学院
质构仪	20111140	287500	生物科学与工程学院
实验型生产装置	20111142	471500	生物科学与工程学院
定量荧光 PCR 扩增仪	20115442	349000	生物科学与工程学院
小型啤酒生产线	20129509	445696.5	生物科学与工程学院
非接触式植物多酚和胁迫测量仪	2019000598	410000	生物科学与工程学院
原子力显微镜	2019001469	390000	生物科学与工程学院
差示扫描量热仪	2019001470	390000	生物科学与工程学院
超速冷冻离心机	2019001472	425000	生物科学与工程学院
旋转流变仪	2019001473	460000	生物科学与工程学院
质构仪（物性测定仪）	2019001474	423000	生物科学与工程学院
超高效液相色谱四极杆串联飞行时间质谱联用仪	2020001902	2966000	生物科学与工程学院
纯化制备分析色谱系统	2020003252	529500	生物科学与工程学院
开路式土壤碳通量测量系统	2023000341	749500	生物科学与工程学院
涡度相关测量系统	2023000342	650000	生物科学与工程学院
手持式三维激光扫描仪	1800418S	260000	数学与信息科学学院
电液伺服万能试验机	1200455S	310000	土木工程学院
三维激光地质监测扫描仪	1400652S	2458860	土木工程学院
走航式声学多普勒测流仪	1400656S	591500	土木工程学院

续表

仪器名称	仪器编号	原值（元）	单位
手持式矿石元素分析仪	1608450S	302600	土木工程学院
手提式拉曼光谱仪	1608451S	333000	土木工程学院
地质探测系统	1608807S	816600	土木工程学院
地震采集系统	1608808S	313000	土木工程学院
高密度电法仪	1608810S	843400	土木工程学院
桥梁静态测量仪	1609533S	230000	土木工程学院
桥梁动态测量仪	1609534S	220000	土木工程学院
手持式 ADV 流速流量测量仪	1609539S	218400	土木工程学院
分体式轻便型取样钻机	1609887S	256800	土木工程学院
手持 ADV 流速流量测量仪	1700715S	218400	土木工程学院
岩土工程综合试验系统	1708898S	1569000	土木工程学院
多功能结构工程综合试验系统	1708899S	1611000	土木工程学院
单自由度电液伺服振动台	1708900S	811000	土木工程学院
结构工程教学创新试验平台	1708902S	891300	土木工程学院
钢桁架电液伺服加载系统	1708905S	327000	土木工程学院
钢桁架电液伺服加载系统	1708906S	327000	土木工程学院
钢筋混凝土简支梁电液伺服加载系统	1708924S	358000	土木工程学院
钢筋混凝土简支梁电液伺服加载系统	1708925S	358000	土木工程学院
水位自动测量系统（无线版本）	1801068S	430000	土木工程学院
高精度变坡水槽及系统平台	1801090S	1450000	土木工程学院
流量控制系统	1801091S	201500	土木工程学院
自动尾门控制系统	1801092S	201500	土木工程学院
PIV 测速系统 /PLIF 浓度测量系统	1801094S	880000	土木工程学院
结构工程疲劳试验系统	1801131S	541200	土木工程学院
落锤冲击试验系统	1801132S	607000	土木工程学院
单自由度伺服振动台	1801135S	386700	土木工程学院
声学多普勒流速剖面仪	20071646	302000	土木工程学院

续表

仪器名称	仪器编号	原值（元）	单位
激光多普勒测速仪	20101087	1747581	土木工程学院
智能激光粒度分析仪	20129895	228000	土木工程学院
智能激光粒度分析仪	20129896	228000	土木工程学院
电容压汞仪	2019020327	415000	土木工程学院
全自动介孔微分析仪	2019020328	385200	土木工程学院
50 孔玄武岩连续纤维两步法拉丝试验设备	2023000296	394999	土木工程学院
视频法接触角测量仪	2023000294	279999	土木工程学院

二、50 万元以上大型仪器设备

序号	仪器名称	编号	原值	单位
1	台式扫描电镜	2021003766	698000	材料科学与工程学院
2	高分辨透射电子显微镜	1302512S	3986000	材料科学与工程学院
3	光谱椭偏仪	1503710S	513000	材料科学与工程学院
4	热场发射扫描电子显微镜综合系统	1608952S	8858000	材料科学与工程学院
5	综合热分析仪	1301160S	665000	材料科学与工程学院
6	闪射法导热仪	2021006863	1180000	材料科学与工程学院
7	X 射线衍射仪	20071299	708000	材料科学与工程学院
8	真空微重力电磁炉	1503652S	973000	材料科学与工程学院
9	等离子放电烧结炉	1800509S	700000	材料科学与工程学院
10	高功率脉冲晶粒制备系统	1708911S	554400	材料科学与工程学院
11	转矩流变仪	1301159S	735000	材料科学与工程学院
12	高温热压烧结炉	1502870S	2253500	材料科学与工程学院
13	X 射线应力测试仪	20129268	666900	材料科学与工程学院
14	喷涂设备	20115844	1141900	材料科学与工程学院
15	单晶生长炉	1300961S	784000	材料科学与工程学院
16	金属纳米粉连续生产设备	1503653S	1406000	材料科学与工程学院
17	热等静压系统	2022001827	2030000	材料科学与工程学院
18	紫外可见近红外分光光度计	2022001828	590000	材料科学与工程学院

续表

序号	仪器名称	编号	原值	单位
19	光伏发电与并网控制系统	20122172	1145000	电气信息工程学院
20	真空 PLD 激光溅射沉积系统	1400810S	796000	电气信息工程学院
21	3J 激光器	1801189S	530000	电气信息工程学院
22	全自动太阳分光光度计	20124570	609000	电气信息工程学院
23	光电数据采集系统	2019021063	931000	电气信息工程学院
24	光谱仪主机及 CCD 光谱仪检测器及红外单点探测器	2019020984	607000	电气信息工程学院
25	licel 数据采集系统	1801178S	798000	电气信息工程学院
26	大型双馈风力发电系统	20122173	980000	电气信息工程学院
27	全固态 Ka 波段测云仪	2022002161	750000	电气信息工程学院
28	电子拉扭多功能材料试验机	1200221S	578200	化学与化学工程学院
29	独立四站式全自动快速比表面与孔隙度分析系统（含脱气系统）	2020004236	626200	化学与化学工程学院
30	全自动程序升温化学吸附仪	1302517S	632000	化学与化学工程学院
31	多通道高压加氢催化剂评价装置	2019000922	789600	化学与化学工程学院
32	多功能催化剂评价装置	1609368S	523334	化学与化学工程学院
33	X 射线衍射仪	1800956S	1933000	化学与化学工程学院
34	X 射线光电子能谱仪（XPS）	2019003309	5449900	化学与化学工程学院
35	稳态 / 瞬态荧光光谱仪	1302514S	705000	化学与化学工程学院
36	元素分析仪	2019018427	565000	化学与化学工程学院
37	纳米粒度及 ZETA 电位测试仪	2019018425	550000	化学与化学工程学院
38	旋转流变仪	2019018426	758000	化学与化学工程学院
39	手持式扫描系统	1702481S	600000	机电工程学院
40	高精密切削力测量系统（进口产品）	1708886S	800000	机电工程学院
41	齿轮测量中心	1702434S	595500	机电工程学院
42	杯凸和板料成形试验系统	20126054	1093000	机电工程学院
43	精密数控电火花成形机床	1708038S	685000	机电工程学院
44	机器人工作站	1708893S	970000	机电工程学院
45	履带式自主定位与导航移动机器人平台	2020001885	800000	机电工程学院

续表

序号	仪器名称	编号	原值	单位
46	快速成型机	1604393S	630000	机电工程学院
47	加工中心 VARIAXIS j-500	1708885S	1926800	机电工程学院
48	精雕机	1702457S	558000	机电工程学院
49	精密数控线切割机床	1708039S	885000	机电工程学院
50	NI 动态测试分析系统	1604431S	610000	机电工程学院
51	加工中心	20031465	520000	实验室建设与管理处、基础实验教学与工程实训中心（宁夏分析测试中心）
52	气相色谱仪	20116051	592000	实验室建设与管理处、基础实验教学与工程实训中心（宁夏分析测试中心）
53	三维运动红外分析系统	1600590S	1090000	实验室建设与管理处、基础实验教学与工程实训中心（宁夏分析测试中心）
54	等离子体发射光谱仪	20101086	587700	实验室建设与管理处、基础实验教学与工程实训中心（宁夏分析测试中心）
55	等速力量测试与训练系统	1600594S	1050000	实验室建设与管理处、基础实验教学与工程实训中心（宁夏分析测试中心）
56	电感耦合等离子质谱仪（ICPMS）	2023000777	1100000	实验室建设与管理处、基础实验教学与工程实训中心（宁夏分析测试中心）
57	高效液相色谱仪	20071569	588000	生物科学与工程学院
58	超高效液相色谱四极杆串联飞行时间质谱联用仪	2020001902	2966000	生物科学与工程学院
59	纯化制备分析色谱系统	2020003252	529500	生物科学与工程学院
60	气相－质谱联用色谱仪	20071570	721400	生物科学与工程学院

续表

序号	仪器名称	编号	原值	单位
61	光合测定系统	1302405S	502740	生物科学与工程学院
62	开路式土壤碳通量测量系统	2023000341	749500	生物科学与工程学院
63	涡度相关测量系统	2023000342	650000	生物科学与工程学院
64	结构工程疲劳试验系统	1801131S	541200	土木工程学院
65	结构工程教学创新试验平台	1708902S	891300	土木工程学院
66	三维激光地质监测扫描仪	1400652S	2458860	土木工程学院
67	单自由度电液伺服振动台	1708900S	811000	土木工程学院
68	岩土工程综合试验系统	1708898S	1569000	土木工程学院
69	多功能结构工程综合试验系统	1708899S	1611000	土木工程学院
70	明渠水槽实验装置（激光多普勒测速仪）	20101087	1747581	土木工程学院
71	地质探测系统	1608807S	816600	土木工程学院
72	高精度变坡水槽及系统平台	1801090S	1450000	土木工程学院
73	PIV 测速系统 /PLIF 浓度测量系统	1801094S	880000	土木工程学院
74	走航式声学多普勒测流仪	1400656S	591500	土木工程学院
75	落锤冲击试验系统	1801132S	607000	土木工程学院
76	高密度电法仪	1608810S	843400	土木工程学院

22. 北方民族大学图书资料统计表（2014—2023）

一、北方民族大学 2014—2023 年纸质图书进书量及生均册数统计表

年份	折合在校生数（人）	年进书量（册）	馆藏总量（册）	生均年进书量（册）	生均图书（册）
2014	20167	50525	1384736	2.50	68.66
2015	20802	42350	1427086	2.03	68.60
2016	20846	65313	1492399	3.13	71.59
2017	21127	92554	1584953	4.3	75
2018	21468.5	94186	1679139	4.39	78.21
2019	22011.5	93942	1773081	4.27	80.55
2020	22731.5	72324	1845405	3.18	80
2021	23237	23631	1869036	1.01	80.43
2022	23983	39639	1908675	1.65	79.58
2023	24462.5	42677	1951352	1.74	79.77

二、北方民族大学 2014—2023 年图书资料购置一览表

年份	纸质图书（册）	电子资源（册）	数据库（个）	报刊（种）
2014	1384736	1261353	26	2020
2015	1427086	1369219	42	1948
2016	1492399	1420521	49	1844
2017	1584953	1497418	44	1542
2018	1679139	1605539	47	1529
2019	1773081	1794009	47	1240
2020	1845405	1839145	47	1217
2021	1869036	1851049	49	1128
2022	1908675	2072440	50	352
2023	1951352	2051843	50	339

23. 北方民族大学校舍建筑一览表

一、教学行政用房

编号	名称	建筑面积（平方米）	结构形式	建筑层数		竣工年月	投资额度（万元）	备注
				地上	地下			
小计		243170.45						
1	明德楼（行政主楼）、北德楼 1 号、南明楼 2 号	11790	框架	13	1	1999 年 6 月	2737	
2	明实楼 3 号（实验实训教学楼一期）	26981	框架	6		2011 年 10 月	6513.54	
	明实楼 3 号（实验实训教学楼二期）	18950				2015 年 8 月	5208.34	
3	图书馆 4 号	24961	框架	6		2004 年 8 月	8427	
4	乐馨楼 6 号、舞韵楼 7 号、天籁楼 8 号（音乐舞蹈学院教学楼）	7583	框架	5		2002 年 8 月	3339.9	
		5700				2010 年 12 月		
5	明理楼 9 号（化工、生科学院教学实验楼）	11345	框架	5		2004 年 8 月	2273.77	
6	明思楼 12 号（预科学院、医学技术学院教学楼）	4973	框架	5		2002 年 10 月	442.86	
7	德言楼 13 号（外语学院教学楼）	4973	框架	5		2000 年 9 月	458.70	
8	明学楼 14 号（综合阶梯教室）、明勤楼 15 号（综合教学楼）	20490	框架	6		2004 年 8 月	3809.85	
9	德尚楼 16 号（商学院、经济学院教学楼）	4973	框架	5		2000 年 9 月	445.93	
10	明启楼 17 号（电气信息学院教学楼）	4973	框架	5		2000 年 5 月	498.25	
11	德智楼 19 号（土木、机电、管理、继续教育学院教学楼，学报）	6456.77	砖混	4		1983 年 7 月		收购原邮校

续表

编号	名称	建筑面积（平方米）	结构形式	建筑层数		竣工年月	投资额度（万元）	备注
				地上	地下			
12	明信楼 20 号（数信、中华民族共同体学院、计算机学院教学楼	7370	框架	4		1982 年 6 月	1176	收购原建校
13	明艺楼 21 号、明术楼 22 号、美术馆 23 号（设计艺术学院教学楼）	18902	框架	6		2011 年 10 月	4401.61	
14	德厚楼 24 号（后勤、国资基建办公楼）	1920	砖混	4		2001 年 6 月	306.34	收购原建校
15	明睿楼 25 号（创新教育学院）	5383	框架	5		1984 年 1 月	107.76	
16	德康楼 26 号（校医院、保卫处）	2081	框架	5		1984 年 1 月	32.72	
17	阶梯教室	461	框架	1		1984 年 1 月	12.7	
18	德泽楼 27 号（信管处、财务处）	2640	框架	3		1990 年 12 月	719	
19	学员公寓（接待中心）	2389.05	砖混	3		2002 年 7 月	379.20	
20	崇德楼（物研所办公楼）	5322	砖混	6		1982 年	151.36	
21	30 号教学楼（西区 2 号教学楼西）	14592	砖混	6		2019 年 9 月	4460	
22	31 号教学楼（西区 2 号教学楼东）	13498	砖混	6		2019 年 9 月	4724.08	
23	工程训练中心楼	4720	钢框架	2		2013 年 7 月	1648.20	
24	大学生心理咨询中心、动力中心	1600	砖混	2		2019 年 12 月		
25	材料学院研发实验室（材料国合基地）	598	砖混	1		2004 年 8 月	14.03	
26	材料学院金工车间	744	砖混	1		2008 年 5 月	25.84	
27	数值研究所实验室	310	框架	1		2013 年 1 月	7.23	
28	测试气室	9.63	砖混	1		2002 年 9 月	0.1	

续表

编号	名称	建筑面积（平方米）	结构形式	建筑层数		竣工年月	投资额度（万元）	备注
				地上	地下			
29	生科学院发酵车间（发酵酿造车间）	1113	框架	1		2002 年 9 月	56.21	
30	车间 3	480	框架	1		2013 年 1 月	2.31	
31	生科学院植物温室实习基地	558	砖混	1		2003 年 8 月	30.98	
32	创新中心车间	720	框架	1		2004 年 4 月	90.15	
33	田径场看台	3611	框架	2		2012 年 12 月	1921.22	

二、学生宿舍用房

编号	名称	建筑面积（平方米）	结构形式	建筑层数		竣工年月	投资额度（万元）	备注
				地上	地下			
小计		208050.68						
1	留学生楼 29 号	3361	框架	2		2013 年 9 月	1915.08	
2	文华苑 A 楼 58 号（1 号学生宿舍楼）	1150	砖混	3		1983 年 7 月	17.75	
3	文华苑 B 楼 59 号（2 号学生宿舍楼）	1150	砖混	3		1983 年 7 月	17.75	
4	文华苑 C 楼 60 号（3 号学生宿舍楼）	1150	砖混	3		1983 年 12 月	19.37	
5	文华苑 D 楼 61 号（4 号学生宿舍楼）	1150	砖混	3		1983 年 12 月	19.37	
6	芳华苑 A 楼 62 号（5 号学生宿舍楼）	2189	砖混	3		1997 年 12 月	192.11	
7	芳华苑 B 楼 63 号（6 号学生宿舍楼）	2189	砖混	3		1997 年 12 月	192.11	
8	芳华苑 C 楼 64 号（7 号学生宿舍楼）	2189	砖混	3		1999 年 8 月	156	
9	芳华苑 D 楼 65 号（8 号学生宿舍楼）	3658	砖混	5		2001 年 8 月	246	

续表

编号	名称	建筑面积（平方米）	结构形式	建筑层数		竣工年月	投资额度（万元）	备注
				地上	地下			
10	铭德苑 A 楼 66 号（9 号学生宿舍楼）	3658	砖混	5		2000 年 8 月	257	
11	铭德苑 B 楼 67 号（10 号学生宿舍楼）	3658	砖混	5		2000 年 8 月	257	
12	铭德苑 C 楼 68 号（11 号学生宿舍楼）	3658	砖混	5		2002 年 8 月	333.64	
13	铭德苑 D 楼 69 号（12 号学生宿舍楼）	3658	砖混	5		2002 年 8 月	333.63	
14	铭德苑 E 楼 70 号（8 号学生公寓楼）	17217.92	框架	6		2010 年 11 月	3961.46	
15	德馨苑 A 楼 50 号（6 号学生公寓楼）	10400	框架	6		2010 年 11 月	2650.5	
16	德馨苑 B 楼 51 号（7 号学生公寓楼）	10598	框架	6		2009 年 9 月	2481.1	
17	德馨苑 C 楼 52 号（1 号学生公寓楼）	7495	砖混	6		2003 年 8 月	923	
18	德馨苑 D 楼 53 号（2 号学生公寓楼）	7495	砖混	6		2003 年 10 月	856	
19	德馨苑 E 楼 54 号（3 号学生公寓楼）	9707	框架	6		2004 年 8 月	1521.2	
20	德馨苑 F 楼 55 号（4 号学生公寓楼）	7694	框架	6		2007 年 8 月	979.2	
21	德馨苑 G 楼 56 号（5 号学生公寓楼）	7694	框架	6		2007 年 7 月	1048.8	
22	博雅苑 57 号（研究生宿舍楼）	1596	砖混	3		1990 年 9 月	193.71	原邮校建筑
23	9 号学生高层公寓楼	17367.88	框剪	12	1	2014 年 9 月	5182.50	
24	10 号学生高层公寓楼	17367.88	框剪	12	1	2014 年 9 月	5142.07	
25	西区 6 号学生宿舍楼	16200	框架	7		2019 年 9 月	5100	
26	西区 7 号学生宿舍楼	16200	框架	7		2019 年 9 月	5234.83	
27	西区 8 号学生公寓楼	28200	框架	6		2022 年 9 月	11000	

三、体育场馆

编号	名称	建筑面积（平方米）	结构形式	建筑层数		竣工年月	投资额度（万元）	备注
				地上	地下			
小计		15280						
1	室内体育馆（11号体育馆）	7826	框架	3		2002年11月	3563	
2	游泳馆28号（室内综合训练馆）	7454	框架	3		2013年7月	3187.59	

四、附属设施（食堂及其他）

编号	名称	建筑面积（平方米）	结构形式	建筑层数		竣工年月	投资额度（万元）	备注
				地上	地下			
小计		36197.94						
1	学生清真餐厅（5号南苑餐厅）	6567	框架	3		2000年10月	821	
2	学生清真餐厅（西苑餐厅）	9291	框架	3		2019年9月	3652.08	
3	学生公寓汉餐厅（10号北苑餐厅）	6144	框架	2		2005年12月	1239	
4	清真餐厅南侧加工车间	354	砖混	1		2011年10月	19	
5	门房	46.44	砖混	1		2013年1月	1.14	物研所
6	变电室	92.46	砖混	1		2013年1月	2.98	物研所
7	库房	543	砖混	1		2002年9月	18.12	物研所
8	中心配电室	391	砖混	1		2000年10月	100.53	
9	配电室	50	砖混	1		1984年10月	8.3	南院
10	锅炉房配电室	259	框架	1		2012年8月		
11	供水增压泵房	300	框架	1		2012年11月	146.88	
12	全媒体中心、大学生事务大厅（锅炉房北）	2137	框架	1		2002年9月		翻建
13	锅炉房、超市、饮食中心	1018	砖混	2		2001年8月	110	
14	北院生活用房	310	砖混	1		2001年9月	22	

续表

编号	名称	建筑面积（平方米）	结构形式	建筑层数		竣工年月	投资额度（万元）	备注
				地上	地下			
15	蒸汽锅炉房	154	钢结构	1		2011年9月	84.58	
16	新建学生浴室	5057.3	框架	3		2012年9月	1904.19	
17	门房车库（前进街教工住宅楼）	33	砖混	1		1989年12月	1.55	
18	学校新大门门房（东大门）	80	砖混	1		2004年8月	123	
19	职工活动室（前进街）	24	砖混	1		1999年10月	1.83	
20	北院门房	69	砖混	1		2000年10月		
21	北大门房（西学生浴室旁）	29	砖混	1		2010年6月	25.70	
22	南大门房（学生清真餐厅后）	27	砖混	1		2012年3月	7.42	学生清真餐厅南侧
23	东小门门房	15.2	砖混	1		2013年8月		
24	幼儿园	3206.54	砖混	1		2015年8月	1351.51	

五、住宅楼、专家楼和周转公寓

编号	名称	建筑面积（平方米）	结构形式	建筑层数		竣工年月	投资额度（万元）	备注
				地上	地下			
小计		36859.15						
1	南院1号教工住宅楼（11套）	846.03	砖混	4		1983年9月	11.87	
2	南院2号教工住宅楼（17套）	1303.99	砖混	4		1984年12月	22.93	
3	南院3号住宅楼（30套）	1597	砖混	5		1988年9月	38	
4	北院1号教工住宅楼（26套）	1713.36	砖混	6		1992年12月	65.53	

续表

编号	名称	建筑面积(平方米)	结构形式	建筑层数		竣工年月	投资额度(万元)	备注
				地上	地下			
5	北院2号教工住宅楼（21套）	1411	砖混	6		1996年11月	102	
6	北院3号、4号住宅楼（15套）	1571.37	砖混	5		2000年8月		
7	北院5号住宅楼（60套）	6008.2	砖混	5		2002年10月	571	
8	1～10号高职楼（4套）	690.59	砖混	2		2000年8月	764	
9	11～22号高职楼（21套）	4139.94	砖混	2		2002年10月		
10	前进街4号住宅楼（3套）	161.26	砖混	5		1988年12月	18.21	
11	星光华小区（1套）	125.14	砖混	6		2004年12月	53.78	
12	公共租赁住房（教师周转公寓）	12368.08	砖混	6		2012年12月	3653.65	
13	1号单身教工楼（原建校西楼）	2138	砖混	3		1982年6月	341.13	
14	2号单身宿舍楼（原建校函授楼）	1565	砖混	4		1999年6月	24.97	
15	3号单身职工宿舍楼	1220.19	砖混	3		1982年1月	28.22	

六、在建项目

编号	名称	建筑面积(平方米)	结构形式	建筑层数		竣工年月	投资额度(万元)	备注
				地上	地下			
小计		72198.15						
1	校园扩建工程3号综合教学楼西楼	18025	框架	5	1	2023年		
2	校园扩建工程3号综合教学楼东楼	25000	框架	5	1	2024年		
3	校园扩建工程14号学生食堂	13307	框架	4	1	2023年		

续表

编号	名称	建筑面积（m^2）	结构形式	建筑层数		竣工年月	投资额度（万元）	备注
				地上	地下			
4	校园扩建工程 18 号风雨操场	4000	框架	2		2024 年		
5	教工餐厅（18 号 东苑餐厅）	7283.79	框架	3	1	2024 年		
6	中华民族共同体意识宣传教育展示中心（储煤库）	4582.36	框架	2	1	2024 年		

注：数据截至 2023 年底，以上 6 项北方民族大学教学办公建筑面积总计为 611756.37 平方米。因资料所限，本表所列部分项目数据未能查证、统计完全，且以前的老建筑年度造价与现在价格相差太大，故本表列举数据仅作为参考资料。

后 记

2022 年 6 月，学校启动了新时代十年校史编纂工作。进入 9 月，为了打赢疫情阻击战，根据统一部署，学校进入为期三个多月的全封闭管理，全体师生众志成城、全力抗疫。在此状况下，校史编写工作极为困难，但也给编写组成员留下了思考的时间。2023 年，校史编写工作进入提速阶段。编写组及每一位具体撰写人都是在极为繁忙、完成本职工作的情况下，利用业余时间加班加点，撰写文字、查阅资料、核对信息、汇总数据、整理图片……这个过程中，每一位参与者既为学校的十年发展成果而自豪，也为事业发展付出辛勤努力的北民大人而感动。经过不懈努力，反复征求意见建议，多次修改，终于完成了书稿。

《北方民族大学校史（2014—2024）》延续了第一部校史的编写体例和成书结构，首先在形式上保证了校史的连续性，其次在内容和结构上也保证了校史的完整性，使得前三十年校史和新时代十年校史互为呼应、连贯完整。通过前三十年的发展可以展望未来，也通过新时代十年发展印证了历史的必然。

《北方民族大学校史（2014—2024）》编纂人员如下：

全书由李俊杰、东·华尔丹统稿，马少刚具体协调执行、提出编写体例和成书结构，并协助主编、副主编统稿。

撰稿负责人分别为：景兆玺（第一章），马广成（第二章），王建伟（第三章），李健（第四章），铁志文（第五章），王村、马玉龙（第六章）。

王恒编写了十年大事记，赵智负责了教学单位简介，李颖霞、王恒负责了附表，齐赫负责了人员名录，杜玮负责了校领导简介，马广成、金华、杨林负责了学校图片，李颖霞负责了版式和装帧设计。

参与各章节编写人员为（按姓氏笔画为序）：

丁　剑　丁雪鹏　马广成　马少刚　马玉龙　马龙龙　马冬梅　马列芳
马光明　马　伟　马旭东　马宇峰　马惠兰　王仁祺　王　村　王　凯
王佳雯　王泽勇　王建伟　王　恒　王雪莲　王　皓　王媛媛　牛跟田
毛建东　艾　娟　左新亚　占西锋　冉旭江　白华龙　包晓彤　包海燕
冯雪红　刘天霞　刘　庄　刘学荣　刘　海　齐　赫　杜　玮　李长法
李占斌　李佳芮　李树宇　李　娜　李　健　李高峰　李家伟　李　彬
李　晶　李颖霞　李　群　杨占河　杨志刚　杨丽莉　杨　林　杨　卓
杨建芳　杨晓芸　杨　特　吴学忠　吴砚婕　吴　将　何　伟　辛勇宏
宋李杰　张云霞　张立新　张永莉　张晓菊　张爱龙　陆　宁　陈　文
陈　帅　陈传捷　苗　虎　苗瑞龙　范佩华　金　华　金英莲　周　炜
周炳伟　周　蕴　孟晓丽　赵　帅　赵丽敏　赵　智　赵　颖　郝淑琼
胡诗媛　胡　威　柳　华　姜卫卫　洪凯悦　贺　云　贺　燕　秦媛媛
袁　惠　栗志超　铁志文　高　原　郭生伟　郭亚渔　郭　伟　郭艳华
唐鸿雁　崔　丽　梁　威　续晶喆　彭　鹏　韩丽丽　景小龙　景兆玺
黑静洁　焦向炜　蔡永敦　魏　燕

学校新时代十年的发展沐浴着党的教育方针和民族政策的光辉照耀，凝聚着全体教职员工的心血和汗水。校史编纂工作体现了学校的政治站位、主线意识、根本任务和大学职能，发挥存史、咨政、育人作用。校史编纂过程中，校党委给予高度重视和大力支持，学校主要领导刀波、李俊杰同志对编纂工作给予了亲切关心和悉心指导，其他校领导对编纂工作给予了多方关注和帮助。全校各部门各单位及时撰写相关内容、汇总相关史料，有效保证了校史编纂工作按期完成。

因时间紧、跨度大、任务重，加之编写人员能力水平所限，疏漏缺项、表述不准之处颇多，敬请广大读者、广大师生、各位校友、全体教职员工批评指正，予以谅解。

民族出版社对本书的编辑出版给予了大力支持，责任编辑李燕妮充分体现了责任心和专业水平，在此深表谢忱。

《北方民族大学校史（2014—2024）》编纂委员会

2024 年 6 月 16 日

图书在版编目（CIP）数据

北方民族大学校史 . 2014—2024 /《北方民族大学校史（2014—2024）》编纂委员会编 . -- 北京 : 民族出版社 , 2024. 7. -- ISBN 978-7-105-17315-0

Ⅰ . G649.284.33

中国国家版本馆 CIP 数据核字第 2024DG1668 号

ISBN 978-7-105-17315-0

北方民族大学校史 . 2014—2024

责任编辑：李燕妮
封面设计：北京东方乾坤文化传媒有限公司
出版发行：民族出版社
地　　址：北京市东城区和平里北街 14 号
邮　　编：100013
电　　话：010–64228001（汉文编辑二室）
　　　　　010–64224782（发行部）
网　　址：http://www.mzpub.com
印　　刷：北京盛通印刷股份有限公司
经　　销：各地新华书店
版　　次：2024 年 7 月第 1 版　2024 年 7 月北京第 1 次印刷
开　　本：787 毫米 ×1092 毫米　1/16
字　　数：640 千字
印　　张：39.5
定　　价：360.00 元
书　　号：ISBN 978–7–105–17315–0/G · 2233（汉 1088）